出土文獻譯注研析叢刊

清華簡伊尹五篇研究

許文獻　著

拙文承許學仁師親署書名

特此誌謝

許序

　　清華簡自 2010 年正式發表，迄今已陸續刊行十冊，學者競相研究，論著勝義紛陳，一時蔚為簡帛研究之熱點，亦為戰國文字之重要課題。昔者尼父好學多聞，容有文獻不足，杞宋難徵之歎。雪堂既獲殷墟卜辭，悟其實乃殷代王室之遺物，殷禮足徵，喜顏其齋名曰殷禮在斯堂。今清華簡繼郭店、上博諸簡之刊布，於《尚書》類文獻及殷商古史研究材料，後來居上，尤為可觀。其中〈伊至〉、〈尹誥〉、〈赤𩁜集於湯之屋〉、〈湯處於湯丘〉、〈湯在啻門〉等五篇，為商湯與伊尹諮議之古史傳說，於伊尹身份、歸湯、輔湯、輔相地位等之商代臣正人物定位，並有可說。且在文字形構、篇章關係或論述內容，五篇關係密切，李學勤、李守奎、艾蘭等學者以下，多所所論，就清華簡整體研究而言，實可謂大宗，亦惟如此，相關研究之待商榷者，更勝他篇。

　　爰此許君梳理傳世文獻所見湯與伊尹關係，綰合清華簡伊尹五篇之研究成果，融貫殷商卜辭以至清華簡之出土文獻古文字資料，深化探研，重予新詮，於材料蒐羅之廣度與研究之向度，務求完備，頗有綜觀全局之雄心。惟清華簡伊尹等五篇疑難字例尚多，破解匪易，且以諸篇用字風格各異，難得碻解。許君孜孜矻矻，鍥而不捨，蘄使貫串前賢研究碩果，循字逐句辨析字形、考訂編聯、釋讀義蘊、討論篇章，條分縷析，務求文義冰釋，通讀暢達，更在校詁釋讀之後，綜貫探研，舉凡字跡分析、字構解析、文本斷代與來源、古史傳說闡發等，加深邃密。又許君對照五篇字形與古籀文，及新見清華簡字例之補證等，可謂用力甚勤，用心宏遠。文末更編有字形表，以資邇後研究之參照。

　　文獻從余研治戰國文字，閱十餘年，揆其碩、博士論文，始於戰國楚地簡帛文字，近年拓宇犖治漢簡《蒼頡篇》，並得簡帛文字之環中。其論學誠悃，平日凡所補訂新研，偶有所思，輒相與切磋舊解之疑義，商量新義之是非，時相往來，樂在其中。近日許君告知新作《清華簡伊尹五篇研究》甫成，梓印在即，乞序於余，爰綴數語，嘉其不忘初衷，精進不息。

2021 年 8 月 1 日

自 序

　　清華簡為近年來相當受到矚目之古文字研究焦點，內容相當豐富，本文以其中所見伊尹五篇為主要研究範圍：〈尹至〉、〈尹誥〉、〈湯處於湯丘〉、〈赤鵠之集湯之屋〉與〈湯在啻門〉等五篇。

　　本文將在古文字之考釋基礎上，針對幾個部分進行討論，包括：文獻綜考、各篇通釋與綜合分析等。其中，文獻綜考以評析出土文獻與傳世文獻所見相關內容為主，並針對學界近年來在清華簡此五篇之研究成果，進行初步之評議，以作為各章節所擬探討重點之依據；而在各篇通釋方面，依「形制編聯」、「字詞校詁」與「篇章釋讀」等三方面進行討論，除了探討各篇在形制與編聯上之相關問題外，亦將通篇逐字考證所見疑難字句，同時，也將從篇章結構角度，分析各篇之主旨大意與相關涵義，不過，釋字為求嚴謹，在「字詞校詁」末尾列入部分疑而未能決之「存疑別解」例，以作為釋文通讀之參考假說；至於綜合分析部分，擬著重於清華簡此五篇在字形上之橫向比較，以建立篇與篇間之字形關係，以及其在抄寫與成書上之先後順序，另外，也將結合簡文所見內容與語言，據此以釐清清華簡此五篇在文本斷代與來源上之相關疑義。

　　本文之付梓，著實感謝家人之體諒與支持，尤其內人尚且須照顧家中兩幼兒，使本人能專心進行寫作，當然，最要感謝先師許錟輝教授、許學仁師、學界師長先進們之指導與協助，尤其兩位匿名出版審查委員專家所惠賜之寶貴高見！惟個人能力有限，闕漏與不妥之處，所在皆有，敬望學者專家不吝賜正！

後學許文獻序於國立臺北教育大學研究室

2021 年 6 月 1 日

目次

凡例

一、 各簡釋文以嚴式隸定為主，另依釋讀內容，標示其今通行異構、釋讀字、
　　訛字或相對於訛字之正書等，其體例如下：

（一） 括號「（）」內基本上是釋讀字，例如：「各（格）」（清華〈尹至〉簡1）；
　　　而釋讀字若超過兩個，則在第一個釋讀字下，另以符號「（）」標示出其他
　　　釋讀字，例如：「是（寔（實））」（清華〈湯處於湯丘〉簡4）。

（二） 隸定字形若未見於今通行字或具有其他同一形源之異體，則括號「（）」
　　　內之字例，前一例為今通行異體或同一形源之異體，後一例則為釋讀字，
　　　並以標點「、」區隔前後例，例如：「顕（夏、夏）」（清華〈尹至〉簡1）、
　　　「䓍（蘁；慝）」（清華〈赤鵠之集湯之屋〉簡9）；若前後例超過一字（含
　　　合文與重文），則以標點「；」區隔之，例如：「哉（戎、戜；戜）」（清華
　　　〈湯處於湯丘〉簡13）、「又=𦱩=（又=？=；有莘。有莘）」（清華〈湯處
　　　於湯丘〉簡1）。

（三） 凡暫且存疑者，另以問號「？」標示之，例如：「虗（？、吾）」（清華〈湯
　　　處於湯丘〉簡8），惟若已有可考之方向者，雖或存疑，但仍標示出其可
　　　能之釋讀內容，例如：「鏤（鏤？、鏤）」（清華〈湯處於湯丘〉簡16）、「㦷
　　　（瞀、懵？）」（清華〈湯在啻門〉簡8）。

（四） 簡文若有訛混者，則以符號「〔〕」表示其原簡字形之隸定，並在括號「（）」
　　　內說明其正字與釋讀，例如：「〔氏〕（乒、厥）」（清華〈尹誥〉簡1），此
　　　中「氏」為原字形之隸定，屬訛混形構，「乒」則為其正字，「厥」為釋讀
　　　字。

（五） 特殊隸定之字形，大抵有以下作法：「見」、「視」二字，即依學界慣例，
　　　皆一併隸作「見」，但在括號「（）」中說明其通行異構與通讀字，例如：「見」
　　　（清華〈赤鵠之集湯之屋〉簡6）、「見（視、視）」（清華〈赤鵠之集湯之
　　　屋〉簡6）；為了使「邑」旁與「阜」旁作出區隔，即便其形位於左半部，
　　　本文仍依楷書字形標準，將其隸在右半部，例如：「邨（夏、夏）」（清華
　　　〈湯處於湯丘〉簡3）；「𠃬」、「𠫔」或「𠫤」等字，其例在簡文中，屬併
　　　筆之上下結構，且或有訛混，不易隸定，因此，除「𠃬」字逐行造字外，
　　　其餘二例，仍依學界慣例隸作「𠫔」或「𠫤」，例如：「𠃬（允、允）」（清
　　　華〈湯處於湯丘〉簡2）、「𠫔（台、始）」（清華〈赤鵠之集湯之屋〉簡15）、
　　　「𠫤（台、台）」（清華〈湯處於湯丘〉簡13）；「衣」旁或省併其上方衣
　　　領之形者，亦依學界慣例，仍隸從衣，未再另外造字，例如：「衾（戜）」
　　　（清華〈湯處於湯丘〉簡11）、「裊（勞、勞）」（清華〈湯處於湯丘〉簡
　　　18）；「訓」字所從川，在簡文中或有所省，今仍依學界慣例，未另行造字，

而是遝隸作「訓」，例如：「訓」（清華〈湯處於湯丘〉簡 11）；字形混而難辨或尚未分化者，今仍依學界慣例遝作隸定，如「少」、「尐」二形一律隸作「少」，又如「不」字，其下部雖已有疑具分化作用之小橫筆，但在清華簡此五篇中，並未見作「丕」之用例者，故仍依學界慣例，俱隸作「不」，至於其偏旁在簡文中混而難辨者，如「戈」、「弋」，亦依其形源遝作隸定，不復別之，例如：「貣」（清華〈湯處於湯丘〉簡 12）；簡文所見「聖」、「所」等字，其字所从形構位置與一般隸定字形或異，但仍依學界慣例，遝隸作「聖」、「所」，例如：「聖」（清華〈湯處於湯丘〉簡 15）、「所」（清華〈湯處於湯丘〉簡 15）；其形繁簡二形混而不分，且具有對釋形無礙之飾筆者，仍依學界慣例，不另作隸定，如「周」字有从「口」、「甘」二形，且或見飾筆，但本文仍一併隸作「周」，例如：「敠（？、彫）」（清華〈湯處於湯丘〉簡 16）；部分字例因其所从相關形構繁化、訛化、異化、類化或聲化，抑或其字形之圖畫與符號表徵明顯，故而難以隸定者，仍依學界慣例，遝隸作今通行異體或暫摹隸其形，例如：「垕（厥）」（清華〈尹至〉簡 2）、「峃（喪、亡）」（清華〈尹至〉簡 2）、「盧（？、虐）」（清華〈尹至〉簡 2）、「瘝（？、暴）」（清華〈尹至〉簡 2）、「絑（？、速）」（清華〈尹至〉簡 3）、「憲（憲、憲；曰）」（清華〈尹至〉簡 3）、「腫（？、隱）」（清華〈尹至〉簡 4）、「孳（？、茲）」（清華〈尹至〉簡 4）、「縈（縈）」（清華〈尹至〉簡 4）、「雋（？、附）」（清華〈尹至〉簡 5）、「料」（清華〈尹至〉簡 5）、「遺」（清華〈尹至〉簡 5）、「恳（悁、怨）」（清華〈尹誥〉簡 2）、「㑴（射？、射）」（清華〈赤鵠之集湯之屋〉簡 1）、「堂」（清華〈赤鵠之集湯之屋〉簡 3）、「翆（？、徽）」（清華〈赤鵠之集湯之屋〉簡 5）、「毘（？、廷）」（清華〈赤鵠之集湯之屋〉簡 5）、「逃」（清華〈赤鵠之集湯之屋〉簡 5）、「暜（曷、曷）-」（清華〈赤鵠之集湯之屋〉簡 10）、「勾＝（恂恂、眩眩）」（清華〈赤鵠之集湯之屋〉簡 12）、「鷹（鷹、筍）」（清華〈赤鵠之集湯之屋〉簡 14）、「埤（陴）」（清華〈赤鵠之集湯之屋〉簡 15）、「嬊（？、勝」（清華〈湯處於湯丘〉簡 1）、「鎡（絕、絕）」（清華〈湯處於湯丘〉簡 1）、「飭（芳）」（清華〈湯處於湯丘〉簡 1）、「躾（？、順）」（清華〈湯處於湯丘〉簡 2）、「劸（？、平）」（清華〈湯處於湯丘〉簡 2）、「峕（惜、舒）」（清華〈湯處於湯丘〉簡 2）、「忲（快、快）」（清華〈湯處於湯丘〉簡 2）、「惡（恆、恆）-」（清華〈湯處於湯丘〉簡 2）、「慸（謀、謀）」（清華〈湯處於湯丘〉簡 3）、「臧（纖？、箴）-」（清華〈湯處於湯丘〉簡 4）、「朝（召）」（清華〈湯處於湯丘〉簡 5）、「祱（？、祟）」（清華〈湯處於湯丘〉簡 5）、「廛（闡）」（清華〈湯處於湯丘〉簡 7）、「孤」（清華〈湯處於湯丘〉簡 11）、「毘（？、舉）」（清華〈湯處於湯丘〉簡 11）、「苹（幸、幸）」（清華〈湯處於湯丘〉簡 11）、「訓（順）」（清華〈湯處於湯丘〉簡

11）、「惑」（清華〈湯處於湯丘〉簡 12）、「卣（攸）」（清華〈湯處於湯丘〉簡 13）、「矣-（疑）」（清華〈湯處於湯丘〉簡 15）、「𦧦（𦨶、過）」（清華〈湯處於湯丘〉簡 16）、「淵（淵、淵）」（清華〈湯處於湯丘〉簡 18）、「𣥿（？、亥）」（清華〈湯在啻門〉簡 1）、「光」（清華〈湯在啻門〉簡 4）、「鼠（𪕮？、一）」（清華〈湯在啻門〉簡 6）、「匃（？、孕）」（清華〈湯在啻門〉簡 7）、「纝（？、顯）」（清華〈湯在啻門〉簡 8）、「戁（？、終）」（清華〈湯在啻門〉簡 9）、「戚（促）」（清華〈湯在啻門〉簡 9）、「纝（？、徐）」（清華〈湯在啻門〉簡 9）、「濬」（清華〈湯在啻門〉簡 13）、「㝮（鞭、褊）」（清華〈湯在啻門〉簡 14）、「澀（？、瀆）」（清華〈湯在啻門〉簡 14）、「弼（費）」（清華〈湯在啻門〉簡 16）、「惪（情、情）」（清華〈湯在啻門〉簡 17）、「金」（清華〈湯在啻門〉簡 19）、「屵（曲、曲）」（清華〈湯在啻門〉簡 19）、「敎（穀？、穀）-」（清華〈湯在啻門〉簡 19）、「宏」（清華〈湯在啻門〉簡 20）、「畫」（清華〈湯在啻門〉簡 20）與簡文所習見從人、從若、從為、從也、從行、從止、從之、從言、從必、從及、從隹、從宔、從朕、從帝、從六、從曰、從旨、從先、從東、從首、從辵、從高、從才、從言、從厷、從复、從良、從廾、從我、從亞、從尔、從四、從出、從矢、從矛、從邑、從乃、從兌、從今、從青、從史、從貴、從凶、從舟、從央、從生、從龍、從山、從宀、從糸、從阜、從它、從广、從金、從黃、從身、從民、從水、從至、從力、從大、從六、從兔、從七、從妻、從肉、從麗、從辟、從者、從牛、從羊、從直、從申、從西、從竹、從弗、從爿、從欠、從李、從木、從五、從鳥、從考、從頁（邔、昰、顕）、從犬、從昌、從𠯑、從茍、從火、從丘、從於、從睿、從心、從成、從疋、從戶、從乍、從美、從淵、從尚、從既、從能、從執、從至、從糸、從頁、從肅、從彔、從桀、從酉、從女、從毛、從克、從肙、從希、從寺、從害、從畏、從弔、從屈、從萬、從虫、從曷、從辛、從川、從屮、從尸、從老、從易、從骨、從角、從几、從翏、從虍、從交、從石、從童、從末、從未、從广、從殺諸例等；若其形下方有楚簡文字所習見之二橫筆羡符，亦依學界慣例，不另作隸定，例如：「命」（清華〈湯處於湯丘〉簡 19）；其他亦繁縟飾筆或飾符，而不影響隸釋者，仍依學界慣例，逕作隸定，例如：「鳥於（鷺、烏）」（清華〈赤鵠之集湯之屋〉簡 6）、「反」（清華〈湯處於湯丘〉簡 3）、「鼏（員、云）」（清華〈湯處於湯丘〉簡 6）、「㝮（鞭、褊）」（清華〈湯在啻門〉簡 14）、「亞」（清華〈湯在啻門〉簡 14）、「夌（夜、夜）」（清華〈湯在啻門〉簡 20）與簡文所習見之從民、從內、從而、從正、從可、從相、從天、從攸、從巫、從不諸例等。

二、 各簡簡文所見之標點符號，依其寫法逕作標示，例如：「-」、「∟」等。

三、 字形殘泐者，其處理方式如下：

（一）尚可辨識其字者，以加外框方式為之，例如：「眾」（清華〈尹至〉簡1）。

（二）無法辨識其字，但能判斷其闕字字數者，每字以符號「」標示之，例如：「□」（清華〈赤鵠之集湯之屋〉簡1）；[1]惟若可據上下文判讀其字者，則仍標示此例可能之釋讀字，例如：「□（?、殺）」（清華〈赤鵠之集湯之屋〉簡2）。

四、各簡嵌字依其實際字形大小，以縮小字體方式標示之，並或在該字釋文下，以隨頁附注方式，說明其性質與學界之研究成果，使其與簡中其他正文文字作區隔，例如：「三月乃【隨頁附注】荊（刑、形）-」（清華〈湯在啻門〉簡7）；若該嵌字在簡中之字體大小與其他文字幾乎一致，則其釋文字體不另作縮小，但仍或於其下以隨頁附注方式，說明其性質與學界之研究成果，例如：「罷（?、一）亞（亞、惡）罷（?、一）孜（好、好）-【隨頁附注】」（清華〈湯在啻門〉簡6）。

五、屬綴合處之字形，若無礙於釋形，則僅於形制部分稍作說明，釋文不另作標示，例如：「哉」（清華〈湯在啻門〉簡6）、「是」（清華〈湯在啻門〉簡6）。

六、本文所使用之字形，儘量以原件圖版為主，或稍調整其亮度。凡字形較為漫漶不清，抑或受圖版色彩影響不易顯像者，以符號「／」區隔原件與經處理過後之圖版，以資對照，例如：（清華〈赤鵠之集湯之屋〉簡13）。

七、本文所使用以下各批簡牘之摹本字形，其主要來源為：

（一）天星觀簡：滕壬生之《楚系簡帛文字編（增訂本）》、[2]李守奎之《楚文字編》。[3]

（二）曾侯乙簡：張光裕、滕壬生與黃錫全所主編之《曾侯乙墓竹簡文字編》。[4]

八、部分字例本文雖提出相關釋讀想法，但由於論證不足或論點不夠適切，以致疑而難決者，為求謹慎起見，實猶不敢妄議，或僅權充屑末假說耳，凡此類例皆置於各批簡文「字詞校詁」末尾【存疑別解】內容之中，並於釋文中另作標示，例如：「戕（?；仇（讎）?、擊?）〔19〕【存疑別解】」。

---

[1] 此闕字位於簡末，而此簡簡末殘斷，原整理者判斷應闕一字。今以簡文上下文意與容字量而言，其簡文云「湯遑□」（清華〈赤鵠之集湯之屋〉簡1），知其字大抵為湯往之地，且相較於他簡約30至32字之容字量，此簡存字29，亦可知其闕字應在2字之內，故原整者對闕字之判斷，應是可信的。清華大學出土文獻研究與保護中心編、李學勤主編：《清華大學藏戰國竹簡（參）》（上海：中西書局，2012年12月第一版），頁167。

[2] 滕壬生：《楚系簡帛文字編（增訂本）》（武漢：湖北教育出版社，2008年10月第一版）。

[3] 李守奎編著：《楚文字編》（上海：華東師範大學出版社，2003年12月第一版）。

[4] 張光裕、滕壬生、黃錫全主編：《曾侯乙墓竹簡文字編》（臺北：藝文印書館，1997年元月初版）。

九、 本文所使用之上古音系，以郭錫良之《漢字古音手冊》為主。[1]

十、 作為引證用之古文字釋文，皆以寬式隸定為之。

十一、 清華簡此五篇學界雖有簡文聯讀與篇序異動之議，但為討論方便，並尊重原整理者據實物編序之成果，本文仍以其發表時間與篇章安排為依據，依序從〈尹至〉、〈尹誥〉、〈赤𪆵之集湯之屋〉、〈湯處於湯丘〉，以至〈湯在啻門〉進行討論，而此中若有涉及簡文聯讀或篇序異動等相關疑義者，再行另作說明。

十二、 本文所引用之古籍資料，皆盡力標示其版本來源，並通讀其內容：該版本若無句讀，逕依文義酌予斷讀之；有句讀者，儘量依原著內容標示之，惟部分書證之句讀，或依文義而有所調整；該版本若見闕文，則另引其他版本內容示之。

十三、 受限網路資料之不穩定性，如部分網站、論壇多有關閉或調整之情況，徒增資料檢索之困難，因此，凡是有此狀況者，本文必於附注中詳加說明。而本文對於所引網路發言者之說法，處理之原則為：悉依檢索時間在網上所見內容詳作標示，惟部分「樓層」或網址資料，依檢索時間或條件而定，其中，「樓層」部分倘若有所差異者，大抵約在 1 至 2 樓之間；若因網站換版或其他因素刪去，但見載於相關論著所引述內容或〈集釋〉類專文者，亦標示見載其內容之資料出處；考量網路發言者暱稱與真實姓名在對應上之不確定性，倘若為同一人，本文仍會重出其暱稱或真實姓名，以避免誤刪或誤併重要之研究訊息。

十四、 部分屬近兩年新見論著所論且釋讀所涉層面較小者，茲在各章節釋文下，以隨頁附注方式考之。

十五、 若因資料取得困難，不得已須使用轉引者，必詳列轉引之出處。

十六、 有鑑於出版與彙整之時程，本文所蒐羅研究文獻之發表或出版時間，至 2020 年 12 月 31 日止。惟於付梓前，若情況允許，尚且來得及將相關新見論著收入者，則以「【附記】」方式註記於該字考證內容之後，並略作說明。

---

[1] 郭錫良：《漢字古音手冊》（北京：北京大學出版社，1986 年 11 月第一版）。

第一章　　緒論

　　清華簡〈尹至〉、〈尹誥〉、〈赤鵠之集湯之屋〉、〈湯處於湯丘〉與〈湯在啻門〉等五篇，內容多為湯與小臣（伊尹）之對話，[1]各篇文字與用語或有不同，但學界大多認定此五篇有其密切之關係，[2]尤其在古文字、古史傳說與傳本來源之考證上，學者多將其併而論之，再者，此五篇以夏末湯與伊尹之諮議情況為主，在內容或性質上，頗具特色，可謂研究當時湯與伊尹關係之重要文獻。

　　其實，同樣在戰國秦漢簡帛中，如上博〈容成氏〉簡、清華〈良臣〉簡、秦簡與馬王堆帛書等出土文獻，亦有伊尹之相關記載，但因其內容多為片斷數語，尚且不如清華簡此五篇來得完整且豐富，而以形制或篇章而言，清華簡此五篇之彼此關聯度，更遠勝於上述幾項簡帛之零星資料。因此，清華簡伊尹五篇，以整體性與完整度而言，實具有相當高之研究意義與價值。

　　有鑑於此，本文仍依循學界既有之作法，以清華簡此五篇為主要研究範疇，彙整學界之研究成果，並綜考相關古文字與文獻資料，以探討此中所見相關疑義。

　　本文將在綜考古文字與傳世文獻伊尹相關資料，以及歷來學界研究成果之基礎上，以文字考釋為核心，逐字逐句考證疑難字例，並討論此中所涉及形制編聯或篇章內容上之相關問題，同時，也將探討清華簡此五篇之文本性質與來源，換言之，研究述評乃本文研究之基礎，而各章節此五篇所見字詞校詁之內容，則為本文之論證主軸與重心，除了簡文所見疑義字例之考證外，也將在字詞校詁後段附記尚且疑而未能決之存疑別解例，以作為通讀釋文之參考，最後，再以各章節所討論此五章之研究結果，進行有關字形特色、文本斷代與來源，以及所見古史傳說之綜合分析，希望能透過此研究方式，全面探討清華簡伊尹五篇之相關內容。因此，在此研究內容之設計原則上，全文之主要架構為：【請詳見下頁架構表】

---

[1] 此類文獻有學者將其界定為「帝師」類文獻（〈湯處於湯丘〉與〈湯在啻門〉二篇），即帝王與賢臣之對話，可參。曹峰：〈道家「帝師」類文獻初探〉，《哲學論集》49（新北：輔仁大學哲學系，2018 年 2 月出版），頁 33-60。

[2] 如清華簡（伍）〈湯在啻門〉之原整理者即最早將此五篇併而論之，其後，學界與此相關之研究，亦多圍繞於此主軸進行。諸家之說可參本文下文所列相關論著。清華大學出土文獻研究與保護中心編、李學勤主編：《清華大學藏戰國竹簡（伍）》（上海：中西書局，2015 年 4 月第一版），頁 141。

研究述評
- 傳世文獻所見湯與伊尹關係資料
- 古文字所見湯與伊尹關係資料
- 清華簡此五篇研究成果

文字考釋
- 形制編聯
- 字詞校註（疑難字詞、存疑別解例）
- 篇章釋讀

綜合分析
- 字形特色綜合分析
- 文字之斷代與來源
- 古史與傳說

【研究架構表】

第二章　　研究述評

　　成湯與伊尹乃商代開國之重要人物，其相關事蹟屢屢見載於古文字或傳世文獻之中，而隨著清華簡伊尹五篇之發表，簡文中所載之諮議對話內容，也進一步體現了戰國時人對其二人關係之界定與認知，尤其此五篇雖以戰國文字書寫，但其中仍有不少逕承甲金文之疑例，代表其內容當有所承，亦即此等簡文所牽涉到之層面，有其歷時性與共時性之複雜問題，值得作更深入之分析與討論。茲以傳世文獻、古文字與清華簡此五篇之相關研究資料為範疇，試評此中所見相關主題。

第一節　傳世文獻言及湯與小臣（伊尹）關係之資料綜考

　　伊尹乃殷商開國之重要功臣，其在古文字與傳世文獻中，多以「小臣」稱之，而據《尚書‧君奭》所云「公曰：『君奭！我聞在昔，成湯既受命，時則有若伊尹，格于皇天。在太甲，時則有若保衡。在太戊，時則有若伊陟、臣扈，格于上帝；巫咸，乂王家。在祖乙，時則有若巫賢。在武丁，時則有若甘盤。率惟茲有陳，保乂有殷；故殷禮陟配天，多歷年所。天惟純佑命則，商實百姓王人，罔不秉德明恤。小臣屏侯甸，矧咸奔走。惟茲惟德稱，用乂厥辟。故一人有事于四方。若卜筮，罔不是孚。」[1]可知湯與伊尹之君臣關係，乃商代國祚長久主要原因之一，因此，伊尹雖名曰「小臣」，但其地位仍是相當重要的。

　　不過，《漢書‧藝文志》雖然曾云傳世文獻曾見道家《伊尹》五十一篇與小說家《伊尹說》二十七篇，惟此等篇章皆已亡佚。[2]而據李守奎之研究，漢代有關伊尹之文獻，在當時可分為「《詩》、《書》」、「道家」與「小說家」等三類，但如其所云「這七八十篇與伊尹相關的文獻現今一篇不存，只有一些殘辭碎句留存和偽作行世」，[3]因此，有關湯與伊尹二人關係之記載，今或僅能從其他傳世文獻中，輯得部分吉光片羽，包括：

一、　與夏桀無道且沉溺女色之事有關者

　　此等內容主要見於《呂氏春秋》、《古本竹書紀年》、《國語》與《韓詩外傳》等古籍，其內容言及夏桀無道與沉溺女色，對有夏情勢可謂描述甚詳，更有不少湯與伊尹之諮議言語，其諮議內容則多以商討有夏情勢為主，如《呂氏春秋‧慎大覽‧慎大》即云「桀為無道，暴戾頑貪，天下顫恐而患之，言者不同，紛紛分分，其情難得。……湯乃惕懼，

---

[1]　〔漢〕孔安國傳、〔唐〕孔穎達疏：《尚書正義》（清嘉慶二十年江西南昌府學重刊宋刻本，臺北：藝文印書館，1997 年 8 月初版），卷十六，頁 245-246。

[2]　〔漢〕班固撰、〔唐〕顏師古注：《漢書》（瞿氏鐵琴銅劍樓藏北宋景祐刊本，臺北：臺灣商務印書館，2010 年 7 月臺二版），〈志〉卷十，頁 451、453。

[3]　李守奎：〈漢代伊尹文獻的分類與清華簡中伊尹諸篇的性質〉，《深圳大學學報（人文社會科學版）》2015年第 3 期，頁 41-49，亦收入李守奎：《古文字與古史考——清華簡整理研究》（上海：中西書局，2015年 10 月第一版），頁 346-368。

憂天下之不寧，欲令伊尹往視曠夏，恐其不信，湯由親自射伊尹。伊尹奔夏三年，反報于亳，曰：『桀迷惑于末嬉，好彼琬、琰，不恤其眾，眾志不堪，上下相疾，民心積怨，皆曰：『上天弗恤，夏命其卒。』湯謂伊尹曰：『若告我曠夏盡如詩。』湯與伊尹盟，以示必滅夏。伊又復往視曠夏，聽於末嬉，末嬉言曰：『今昔天子夢西方有日，東方有日，兩日相與　，西方日勝，東方日不勝。』伊尹以告湯，商涸旱，湯猶發師以信伊尹之盟，故令師從東方，出於國西以進。未接刃而桀走，逐之至大沙，身體離散，為天下戮，不可正諫，雖後悔之，將可奈何？」[4]可知湯滅夏，大抵有兩個關鍵，即伊尹去夏三年，回報夏桀無道，其次則為夏桀寵女卻棄末嬉，以致亡國之事，而關於伊尹回報夏桀無道之事，《韓詩外傳》曾載伊尹對夏桀無道之具體認知，可資補證，其書云「昔者桀為酒池糟隄，縱靡靡之樂，而牛飲者三千。羣臣皆相持而歌，『江水沛兮！舟楫敗兮！我王廢兮！趣歸於亳，亳亦大兮！』又曰：『樂兮樂兮！四牡驕兮！六轡沃兮！去不善兮善，何不樂兮！』伊尹知大命之將至，舉觴造桀，曰：『君王不聽臣言，大命去矣，亡無日矣。』桀怖然而抃，嗑然而笑，曰：『子又妖言矣。吾有天下，猶天之有日也。日有亡乎？日亡，吾亦亡也。』於是伊尹接履而趨，遂適於湯，湯以為相。可謂適彼樂土，爰得其所矣。《詩》曰：『逝將去汝，適彼樂土；適彼樂土，爰得我所。』」[5]不過，《韓詩外傳》此云伊尹在適湯後即拜相，以常理而言，倘若伊尹又返夏，夏桀能否容得下背棄自己卻相事他主之人，實不無可疑，因此，《呂氏春秋》云「湯與伊尹盟」，應該是比較有可能的，因結盟未必為夏桀所能探知，再者，結盟不代表背棄，故伊尹以此身分再回夏，並見到末嬉，確屬合理，至於末嬉助湯滅夏，伊尹則扮演了傳話之角色，更是合作之對象，此可再參《國語‧晉語》云「史蘇曰：『昔夏桀伐有施，有施人以妹喜女焉，妹喜有寵，於是乎與伊尹比而亡夏。』」[6]換言之，湯滅夏，無伊尹與末嬉，則大業不能成，又如《古本竹書紀年》亦曰「后桀伐岷山，岷山女于桀二人，曰琬，曰琰。桀受二女，無子，刻其名于苕華之玉。苕是琬，華是琰。而棄其元妃于洛，曰末喜氏。末喜氏以與伊尹交，遂以間夏。」(《太平御覽》卷一三五皇親部引《古本竹書紀年》語)[7]綜上所述，知有夏情勢、夏桀之無道與寵女、伊尹間夏、滅夏等事蹟，可謂建構夏末湯與伊尹關係之重要關鍵，而此等事蹟亦多見於清華簡此五篇之中，可相互證成與補證，尤其此時期湯與伊尹究竟是結盟關係，抑或已是君臣關係，應是值得探討之焦點，故學者早有云《呂氏春秋‧慎大覽‧慎大》之部分內容與〈尹至〉、〈尹誥〉、〈赤鵠之集湯之屋〉等篇有一定程度之關聯，可從。[8]

---

[4]〔周〕呂不韋著、〔宋〕陸游評、〔明〕凌稚隆批：《呂氏春秋》，收入蕭天石總主編：《中國子學名著集成（宋元明清善本叢刊）》(明萬曆庚申吳興凌氏刊朱墨套印本，臺北：中國子學名著集成編印基金會，1978年12月初版)，卷十五，頁351-353。

[5]〔漢〕韓嬰原著、屈守元箋疏：《韓詩外傳箋疏》(以元刊本為主，兼存明刻本內容，成都：巴蜀書社，1996年3月第一版)，卷二，頁186-187。

[6]〔漢〕韋昭註：《國語》(重刊宋明道二年本，臺北：臺灣商務印書館，1956年4月臺初版)，卷七，頁83-84。

[7] 方詩銘、王修齡：《古本竹書紀年輯證》(臺北：華世出版社，1983年2月影印初版)，夏紀，頁16。

[8] 李學勤：〈清華簡九篇綜述〉，《文物》2010年第5期，頁51-57，亦收入清華大學出土文獻研究與保護中

二、 言及伊尹間夏者

上已言及伊尹曾有間夏之事蹟，猶且見於清華簡此五篇之中，夏大兆與黃德寬曾以為此乃「伊尹事跡流傳過程中才衍生出來的」，[9]但其實在傳世文獻中，言及伊尹可能間夏者不乏其例，如《孟子・告子章句》即曰「五就湯五就桀者，伊尹也。」[10]再如《鬼谷子・忤合》亦曰「故伊尹五就湯，五就桀，而不能有所明，然後合於湯。呂尚三就文王，三入殷，而不能有所明，然後合於文王，此知天命之箝，故歸之不疑也。」[11]不過，此等內容僅言其「出入有夏次數」，至於「間夏」之相關內容，實未多所著墨，因此，始有學者認為此二段書證，並不能證明伊尹曾間夏，[12]其實，另有其他傳世文獻之內容，明確指出殷之興，主因伊尹在夏，很明顯，此即指伊尹間夏，如《孫子・用間》即云「昔殷之興也，伊摯在夏；周之興也，呂牙在殷」，[13]再者，此類文獻將伊尹與呂尚並稱，足證「伊尹間夏」確有其可能，故知三代之際，「用間」或為戰事攻伐之重要策略，而伊尹與呂尚當為此策略下之代表人物，尤其「用間」多為私密之事，不太可能見載於史籍，因此，《孟子》與《鬼谷子》雖未明言「用間」之事，但以伊尹多次出入有夏之情況而言，或多或少仍有可能透露相關訊息，更何況《鬼谷子》亦是將伊尹與呂尚並列，甚至一向強調軍政之《孫子》或言「伊尹間夏」，更應是可信的。

三、 伊尹引湯功蹟以告誡太甲之文獻

《尚書・咸有一德》為此中之代表文獻，其關鍵在於文中伊尹所云「夏王弗克庸德，慢神虐民，皇天弗保，監于萬方，啟迪有命，眷求一德，俾作神主，惟尹躬暨湯，咸有一德。」[14]而《史記・殷本紀》亦云「伊尹作〈咸有一德〉」，[15]可知伊尹可能引用部分湯之事蹟以告誡太甲，並寫成〈咸有一德〉，不過，〈咸有一德〉為偽古文《尚書》篇章之一，其來源或仍有疑，但即便如此，此篇部分文句仍或見於清華〈尹誥〉簡，因此，

心、北京大學出土文獻研究所、荊州文物保護中心編，李學勤、朱鳳瀚、趙平安、方北松主編，馬楠、賈連翔助編：《古代簡牘保護與整理研究》（上海：中西書局，2012年6月第一版），頁3-12；肖芸曉：〈試論清華竹書伊尹三篇的關聯〉，收入武漢大學簡帛研究中心主辦：《簡帛》8（上海：上海古籍出版社，2013年10月第一版），頁471-476。

9 夏大兆、黃德寬：〈關於清華簡《尹至》《尹誥》的形成和性質──從伊尹傳說在先秦傳世和出土文獻中的流變考察〉，《文史》2014年第3輯（總108），頁213-239。

10 〔漢〕趙岐傳、〔宋〕孫奭疏：《孟子注疏》（清嘉慶二十年江西南昌府學重刊宋刻本，臺北：藝文印書館，1997年8月初版），卷十二，頁213。

11 〔周〕鬼谷子撰，趙全璧注、發行：《鬼谷子注釋》（臺北：作者發行，1978年5月初版），頁35-36。

12 荊鈴鈴：〈先秦時期伊尹形象的演變〉，收入教育部人文社會科學重點研究基地、清華大學出土文獻與中國古代文明研究中心、清華大學出土文獻研究與保護中心編，李學勤主編：《出土文獻》11（上海：中西書局，2017年10月第一版），頁184-193。

13 〔周〕孫武原著，〔漢〕曹操等注、郭化若譯：《十一家注孫子》（據宋本標點排印，臺北：華正書局，1989年10月初版），卷下，頁236。

14 〔漢〕孔安國傳、〔唐〕孔穎達疏：《尚書正義》（清嘉慶二十年江西南昌府學重刊宋刻本，臺北：藝文印書館，1997年8月初版），卷八，頁120。

15 〔漢〕司馬遷原著、〔日〕瀧川龜太郎著：《史記會注考證》（臺北：萬卷樓圖書公司，1993年8月初版），卷三，頁57。

學界多以為《尚書》此篇與清華〈尹誥〉簡有一定程度之關聯，[16]故其彼此關係為何，又如伊尹所告誡對象或〈咸有一德〉之篇序等問題，一直是學界探討之焦點。

四、 言及伊尹相湯歷程者

傳世文獻所見此類相關記載甚多，而此中比較具體之內容，仍多以伊尹負鼎俎干湯、湯往見伊尹與其他相關事蹟為主，如《戰國策·趙策·馮忌請見趙王》云「伊尹負鼎俎而干湯，姓名未著而受三公。」[17]另《戰國策·燕策·奉陽君告朱讙與趙足》亦云「伊尹再逃湯而之桀，再逃桀而之湯，果與鳴條之戰，而以湯為天子。」[18]又如《墨子·尚賢》或云「湯舉伊尹於庖廚之中，授之政，其謀得。」[19]再如《墨子·尚賢》曰「昔伊尹為莘氏女師僕，使為庖人，湯得而舉之，立為三公，使接天下之政，而治天下之民。」[20]雖然《孟子·萬章章句》曾云「萬章問曰：『人有言『伊尹以割烹要湯』，有諸？』孟子曰：『否，不然。伊尹耕於有莘之野，而樂堯舜之道焉』」以駁之，[21]但不可否認，此等文獻所云伊尹負鼎俎以干湯，仍是吾人所耳熟能詳之事，而《楚辭·天問》亦云「緣鵠飾玉，后帝是饗。」王逸則注云「后帝謂殷湯也，言伊尹始仕，因緣烹鵠鳥之羹，修飾玉鼎，以事於湯，湯賢之，遂以為相也」，[22]知《楚辭》與王逸注此段內容，不僅對伊尹負鼎俎干湯之事記載最為詳盡，與清華簡此五篇之〈赤鵠之集湯之屋〉簡內容更是直接相關，可謂相當重要，劉國忠與李學勤對此早有所言，[23]其說可信；但其實湯往見伊尹時，尚有部分過程，如《墨子·貴義》云「昔者，湯將往見伊尹，令彭氏之子御。彭氏之子半道而問曰：『君將何之？』湯曰：『將往見伊尹。』彭氏之子曰：『伊尹，天下之賤人也。若君欲見之，亦令召問焉，彼受賜矣。』湯曰：『非女所知也。今有藥於此，食之則耳加聰，目加明，則吾必說而強食之。今夫伊尹之於我國也，譬之良醫善藥也。而子不欲我見伊尹，是子不欲吾善也。』」[24]可知湯本有求賢之決心，而不在乎伊尹之身分，此段內容與清華簡此五篇亦有部分相關，可資補證；另外，如上所引，《韓詩外傳》曾載桀之無道而有伊尹提出諫言之舉，又如《新序·刺奢》亦曰「伊尹知天命之

---

[16] 論及此說之學者不少，可參考本文第八章「文本之斷代與來源」中所論之內容。

[17] 〔漢〕劉向編訂、〔漢〕高誘註：《戰國策》（剡川姚氏本，臺北：藝文印書館，2009 年 11 月初版），卷二十一，頁 427。

[18] 〔漢〕劉向編訂、〔漢〕高誘註：《戰國策》（剡川姚氏本，臺北：藝文印書館，2009 年 11 月初版），卷三十，頁 615。

[19] 〔清〕張純一：《墨子集解》（臺北：文史哲出版社，2011 年 8 月 BOD 版），卷二，頁 68。

[20] 〔清〕張純一：《墨子集解》（臺北：文史哲出版社，2011 年 8 月 BOD 版），卷二，頁 93。

[21] 〔漢〕趙岐傳、〔宋〕孫奭疏：《孟子注疏》（清嘉慶二十年江西南昌府學重刊宋刻本，臺北：藝文印書館，1997 年 8 月初版），卷九，頁 170。

[22] 〔漢〕王逸章句：《楚辭章句》（臺北：藝文印書館，2010 年 9 月初版），卷三，頁 130；〔宋〕朱熹：《楚辭集注》（臺北：藝文印書館，1983 年 6 月四版），卷三，頁 120。

[23] 李學勤文中曾引述劉國忠之看法，贊同其說，其後，原整理者亦從此說。李學勤：〈新整理清華簡六種概述〉，《文物》2012 年第 8 期，頁 66-71；清華大學出土文獻研究與保護中心編、李學勤主編：《清華大學藏戰國竹簡（參）》（上海：中西書局，2012 年 12 月第一版），頁 166。

[24] 〔清〕張純一：《墨子集解》（臺北：文史哲出版社，2011 年 8 月 BOD 版），卷十二，頁 569-570。

至，舉觴而告桀曰：『君王不聽臣之言，亡無日矣』」，[25]知伊尹在相湯之前，仍舊對有夏懷有一定之期許，故學者或將其界定為「諫臣」之形象，[26]不過，此方面之資料不多，亦未見於出土文獻，惟因其與伊尹相湯歷程仍有相關，謹列備參。實則《呂氏春秋》與《史記》二書對伊尹相湯之過程，有極為詳盡之陳述，部分內容亦與清華簡此五篇更是極為相近，大抵有以下幾項主題：

（一）言及湯得伊尹之由來者

此應指湯與伊尹最初相識之過程，如《呂氏春秋・孝行覽・本味》云「（伊尹）長而賢。湯聞伊尹，使人請之有侁氏，有侁氏不可。伊尹亦欲歸湯，湯於是請取婦為婚。有侁氏喜，以伊尹為媵送女。」[27]此說明了伊尹之出身，亦乃湯起用伊尹前之背景，且其內容與《楚辭・天問》所云者相近，其云「成湯東巡，有莘爰極。何乞彼小臣，而吉妃是得？水濱之木，得彼小子。夫何惡之，媵有莘之婦？湯出重泉，夫何辠尤？不勝心伐帝，夫誰使挑之？」[28]或許此中有相近之本源；而另值得留意的是，《呂氏春秋・孝行覽・本味》亦云「有侁氏女子采桑，得嬰兒于空桑之中，獻之其君。其君令烰人養之，察其所以然，曰：『其母居伊水之上，孕夢，有神告之曰：『臼出水而東走，毋顧。』明日視臼出水，告其鄰，東走十里，而顧其邑盡為水，身因化為空桑。』故命之曰伊尹。此伊尹生空桑之故也。」[29]此段話言及伊尹之出身，學者或以為此段話與清華〈赤鵠之集湯之屋〉簡之伊尹神化英雄形象類同，[30]二者可相互參看，另外，《列子・天瑞》亦有云「伊尹生乎空桑」之事，[31]此或與《呂氏春秋》上所言者，皆具有相同之戰國傳說來源或依據，亦可參。

（二）與養身之道有關者

伊尹以身比天下，向湯提供建言，如《呂氏春秋・季春紀・先己》云「湯問於伊尹曰：『欲取天下若何？』伊尹對曰：『欲取天下，天下不可取。可取，身將先取。』凡事之本，必先治身，嗇其大寶。用其新，棄其陳，腠理遂通，精氣日新，邪氣盡去，及其天年。此之謂真人。」[32]此等部分內容亦與清華簡此五篇有關，有其一定之重要性，尤

25　〔漢〕劉向撰、〔清〕陳用光校：《新序》（臺北：臺灣商務印書館，1965 年 5 月臺一版），卷六，頁 93。

26　荊鈴鈴：〈先秦時期伊尹形象的演變〉，收入教育部人文社會科學重點研究基地、清華大學出土文獻與中國古代文明研究中心、清華大學出土文獻研究與保護中心編，李學勤主編：《出土文獻》11（上海：中西書局，2017 年 10 月第一版），頁 184-193。

27　〔周〕呂不韋著、〔宋〕陸游評、〔明〕凌稚隆批：《呂氏春秋》，收入蕭天石總主編：《中國子學名著集成（宋元明清善本叢刊）》（明萬曆庚申吳興凌氏刊朱墨套印本，臺北：中國子學名著集成編印基金會，1978 年 12 月初版），卷十四，頁 312-313。

28　〔宋〕朱熹：《楚辭集注》（臺北：藝文印書館，1983 年 6 月四版），卷三，頁 123-124。

29　〔周〕呂不韋著、〔宋〕陸游評、〔明〕凌稚隆批：《呂氏春秋》，收入蕭天石總主編：《中國子學名著集成（宋元明清善本叢刊）》（明萬曆庚申吳興凌氏刊朱墨套印本，臺北：中國子學名著集成編印基金會，1978 年 12 月初版），卷十四，頁 312。

30　孫飛燕：〈論清華簡《赤鵠之集湯之屋》的性質〉，收入武漢大學簡帛研究中心主辦：《簡帛》16（上海：上海古籍出版社，2018 年 5 月第一版），頁 31-41。

31　〔周〕列禦寇原著、楊伯峻編著：《列子集釋》（以清代汪繼培湖海樓叢書校本為底本，復作訂正，盧重玄之解則以道藏四解本為依據，擇善校正，臺北：華正書局，1987 年 9 月初版），卷一，頁 16。

32　〔周〕呂不韋著、〔宋〕陸游評、〔明〕凌稚隆批：《呂氏春秋》，收入蕭天石總主編：《中國子學名著集成

值得留意的是，趙平安認為此所謂「真人」與〈湯在啻門〉簡之「地真（祇）」相關，[33] 其說至礭，並可作為判定此批文獻性質之標準，可參。

（三）將調和之事比之於天子之道者

伊尹出身於鼎俎之中，對調和之事，頗有心得，因此，湯向伊尹諮議為君之道時，伊尹亦以此項己之所長比擬說之，此等內容在《呂氏春秋・孝行覽・本味》中，有極其詳盡之記載，其或云「湯得伊尹，祓之於廟，爝以爟火，釁以犧猳。明日設朝而見之，說湯以至味，湯曰：『可對而為乎？』對曰：『君之國小，不足以具之，為天子然後可具。夫三群之蟲，水居者腥，肉玃者臊，草食者羶，臭惡猶美，皆有所以。凡味之本，水最為始。五味三材，九沸九變，火之為紀。時疾時徐，滅腥去臊，除羶必以其勝，無失其理。調和之事，必以甘酸苦辛鹹，先後多少，其齊甚微，皆有自起。鼎中之變，精妙微纖，口弗能言，志弗能喻。若射御之微，陰陽之化，四時之數。故久而不弊，熟而不爛，甘而不噮，酸而不酷，鹹而不減，辛而不烈，澹而不薄，肥而不㬅。肉之美者：猩猩之唇、獾獾之炙、雋觾之翠、述蕩之掔、旄象之約、流沙之西、丹山之南、有鳳之丸，沃民所食。魚之美者：洞庭之鱄、東海之鮞、醴水之魚，名曰朱鼈，六足有珠百碧。藿水之魚，名曰鰩，其狀若鯉而有翼，常從西海，夜飛游於東海。菜之美者：崑崙之蘋、壽木之華；指姑之東，中容之國，有赤木玄木之葉焉；餘瞀之南，南極之崖，有菜，其名曰嘉樹，其色若碧；陽華之芸、雲夢之芹、具區之菁、浸淵之草，名曰土英。和之美者：陽樸之薑、招搖之桂、越駱之菌、鱣鮪之醢、大夏之鹽；宰揭之露，其色如玉；長澤之卵。飯之美者：玄山之禾、不周之粟、陽山之穄、南海之秬。水之美者：三危之露、崑崙之井；沮江之丘，名曰搖水；曰山之水，高泉之山，其上有涌泉焉；冀州之原。果之美者：沙棠之實；常山之北，投淵之上，有百果焉，群帝所食；箕山之東，青鳥之所，有甘櫨焉；江浦之橘、雲夢之柚，漢上石耳，所以致之。馬之美者：青龍之匹，遺風之乘。非先為天子，不可得而具。天子不可彊為，必先知道。道者止彼在己，己成而天子成，天子成則至味具。故審近所以知遠也，成己所以成人也。聖人之道要矣，豈越越多業哉！』」[34]清華簡此五篇與此有許多相近之內容，在進行簡文之通釋校讀時，適正可協助正詁之工作，當然，此等以調和比喻治國之內容，除了亦見於上引《墨子・貴義》外，在春秋戰國時期之傳世文獻中，同樣可見及其相關之內容，如《左傳・昭公二十年》即云「公曰：『唯據與我和夫！』晏子對曰：『據亦同也，焉得為和？』公曰：『和與同異乎？』對曰：『異。和如羹焉，水火醯醢鹽梅，以烹魚肉，燀之以薪，宰夫和之，齊之以味，濟其不及，以洩其過，君子食之，以平其心，君臣亦然。君所謂可而有否焉，臣

（宋元明清善本叢刊）》（明萬曆庚申吳興凌氏刊朱墨套印本，臺北：中國子學名著集成編印基金會，1978 年 12 月初版），卷三，頁 79-80。

[33] 趙平安：〈「地真」「女真」與「真人」〉，《管子學刊》2015 年第 2 期，頁 104-105，又收入趙平安：《新出簡帛與古文字古文獻研究續集》（北京：商務印書館，2018 年 6 月第一版），頁 290-294。

[34] 〔周〕呂不韋著、〔宋〕陸游評、〔明〕凌稚隆批：《呂氏春秋》，收入蕭天石總主編：《中國子學名著集成（宋元明清善本叢刊）》（明萬曆庚申吳興凌氏刊朱墨套印本，臺北：中國子學名著集成編印基金會，1978 年 12 月初版），卷十四，頁 314-318。

獻其否以成其可；君所謂否而有可焉，臣獻其可以去其否。是以政平而不干，民無爭心。故《詩》曰：『亦有和羹，既戒既平。鬷嘏無言，時靡有爭。』先王之濟五味，和五聲也，以平其心，成其政也。……」[35]沈建華曾據此考證清華簡此五篇中之〈湯處於湯丘〉簡可能受到晏子思想之影響，[36]可參；另外，伊尹既以調和聞名，此在秦漢傳世文獻中，亦可見相關之記載，如《文選・枚叔〈七發〉》即云「客曰：『犓牛之腴，菜蔬筍蒲，肥狗之和，冒以山膚，楚苗之食，安胡之飰，搏之不解，一啜而散，於是使伊尹煎熬，易牙調和，熊蹯之臑，勺藥之醬，薄耆之炙，鮮鯉之鱠，秋黃之蘇，白露之茹，蘭英之酒，酌以滌口，山梁之餐，豢豹之胎，小飯大歠，如湯沃雪，此亦天下之至美也。太子能彊起嘗之乎？』太子曰：『僕病未能也。』」[37]故伊尹善調和，此在秦漢間應是習見之傳說，不過，值得留意的是，關於《呂氏春秋・孝行覽・本味》之內容，嚴可均曾云「案：『《漢志》道家有《伊尹》五十一篇，小說家有《伊尹說》二十七篇，本注：『其語淺薄，似依託也』，此疑即小說家之一篇，《孟子》『伊尹以割烹要湯』，謂此篇也。』」[38]可知《呂氏春秋》此篇對於清華簡此五篇性質來源之判斷，另有其重要之意義與價值。

（四）言征夏與古籍篇章由來者

《尚書・胤征》曾云「伊尹去亳適夏，既醜有夏，復歸于亳，入自北門，乃遇汝鳩、汝方，作〈汝鳩〉、〈汝方〉」，[39]又《尚書・伊訓》或云「成湯既沒，太甲元年，伊尹作〈伊訓〉、〈肆命〉、〈徂后〉」，孔傳釋云「凡三篇其二亡」，[40]知伊尹曾著〈汝鳩〉、〈汝方〉、〈伊訓〉、〈肆命〉與〈徂后〉等篇章，不過，此等論著除〈伊訓〉外，皆已亡佚，而〈伊訓〉是作於湯歿之後，多為伊尹所遹引湯之事蹟，其言及湯與伊尹關係或對話之內容，本就不多，更何況〈伊訓〉亦屬二十五篇偽《古文尚書》之一，故從《尚書》中，雖可知伊尹之相關著作，但有關其與湯彼此關係或對話之記載，則仍是付之闕如；不過，《呂氏春秋》與《史記》在此方面之內容，則是相對豐富，除了以征夏為主軸外，更有不少湯與伊尹之諮議內容，同時，也可藉此了解古籍部分篇章之撰著背景，如《呂氏春秋・不苟論・贊能》云「舜得皋陶而舜受之，湯得伊尹而有夏民，文王得呂望而服殷商」，[41]又如《史記》有言〈湯征〉者，《史記・殷本紀》或云「湯征諸侯，葛伯不祀，湯始伐

---

[35] 〔晉〕杜預注、〔唐〕孔穎達疏：《春秋左傳正義》（清嘉慶二十年江西南昌府學重刊宋刻本，臺北：藝文印書館，1997 年 8 月初版），卷四十九，頁 858-859。

[36] 沈建華：〈清華簡《唐（湯）處于唐丘》與《墨子・貴義》文本〉，《中國史研究》2016 年第 1 期，頁 19-23。

[37] 〔南朝梁〕蕭統編、〔唐〕李善注：《文選》（宋淳熙本重雕鄱陽胡氏藏版，臺北：藝文印書館，1983 年 6 月十版），卷三十四，頁 488-489。

[38] 〔清〕嚴可均撰；陳延嘉、王同策、左振坤校點主編：《全上古三代秦漢三國六朝文》（石家莊：河北教育出版社，1997 年 10 月第一版），頁 18。

[39] 〔漢〕孔安國傳、〔唐〕孔穎達疏：《尚書正義》（清嘉慶二十年江西南昌府學重刊宋刻本，臺北：藝文印書館，1997 年 8 月初版），卷七，頁 105。

[40] 〔漢〕孔安國傳、〔唐〕孔穎達疏：《尚書正義》（清嘉慶二十年江西南昌府學重刊宋刻本，臺北：藝文印書館，1997 年 8 月初版），卷八，頁 113。

[41] 〔周〕呂不韋著、〔宋〕陸游評、〔明〕凌稚隆批：《呂氏春秋》，收入蕭天石總主編：《中國子學名著集成（宋元明清善本叢刊）》（明萬曆庚申吳興凌氏刊朱墨套印本，臺北：中國子學名著集成編印基金會，1978 年 12 月初版），卷二十四，頁 683-684。

之。湯曰:『予有言:人視水見形,視民知治不。』伊尹曰:『明哉!言能聽,道乃進。君國子民,為善者皆在王官。勉哉,勉哉!』湯曰:『汝不能敬命,予大罰殛之,無有攸赦。』作〈湯征〉」,[42]或言〈女鳩〉、〈女房〉者,如《史記‧殷本紀》曰「伊尹名阿衡,阿衡欲奸湯而無由,乃為有莘氏媵臣,負鼎俎,以滋味說湯,致于王道。或曰:伊尹處士,湯使人聘迎之,五反然後肯往從湯,言素王及九主之事。湯舉,任以國政,伊尹去湯適夏,既醜有夏,復歸于亳,入自北門,遇女鳩、女房,作〈女鳩〉、〈女房〉。」[43]值得留意的是,與此相近之部分內容,早見於上引《尚書‧胤征》之中,[44]也許就是《史記》內容之所本,可資參照,除此之外,《史記》另有言〈湯誓〉者,如《史記‧殷本紀》曰「當是時,夏桀為虐政淫荒,而諸侯昆吾氏為亂。湯乃興師率諸侯,伊尹從湯,湯自把鉞以伐昆吾,遂伐桀。湯曰:『格女眾庶,來,女悉聽朕言。匪台小子敢行舉亂,有夏多罪,予維聞女眾言,夏氏有罪。予畏上帝,不敢不正。今夏多罪,天命殛之。今女有眾,女曰:『我君不恤我眾,捨我嗇事而割政』。女其曰:『有罪,其奈何』?夏王率止眾力,率奪夏國。有眾率怠不和,曰:『是日何時喪?予與女皆亡!』夏德若茲,今朕必往。爾尚及予一人,致天之罰,予其大理女。女毋不信,朕不食言。女不從誓言,予則帑僇女,無有攸赦。』以告令師,作〈湯誓〉。於是湯曰:『吾甚武』,號曰武王。」[45]再有言〈湯誥〉、〈咸有一德〉、〈明居〉者,如《史記‧殷本紀》云「湯歸至于泰卷陶,中𧖸作誥。既絀夏命,還亳,作〈湯誥〉:『維三月,王自至於東郊,告諸侯群后:『毋不有功於民,勤力迺事。予乃大罰殛女,毋予怨。』曰:『古禹、皋陶久勞于外,其有功乎民,民乃有安。東為江,北為濟,西為河,南為淮,四瀆已修,萬民乃有居。后稷降播,農殖百穀。三公咸有功于民,故后有立。昔蚩尤與其大夫作亂百姓,帝乃弗予,有狀。先王言,不可不勉。』曰:『不道毋之在國,女毋我怨。』以令諸侯。伊尹作〈咸有一德〉,咎單作〈明居〉。」[46]此等內容有不少與清華簡此五篇或見相關,尤其是〈尹至〉、〈尹誥〉二篇,更是關係密切,此對簡文或古籍各相關篇章之還原,有相當重要之意義與價值。至於劉向《說苑》一書對征夏之事,亦有所記載,可作為《史記》與清華簡此五篇研究之參考,如《說苑‧權謀》即云「湯欲伐桀。伊尹曰:『請阻乏貢職,以觀其動。』桀怒,起九夷之師以伐之。伊尹曰:『未可。彼尚猶能起九夷之師,是罪在我也。』湯乃謝罪請服,復入貢職。明年,又不供貢職。桀怒,起九夷之師,

---

[42] 〔漢〕司馬遷原著、〔日〕瀧川龜太郎著:《史記會注考證》(臺北:萬卷樓圖書公司,1993 年 8 月初版),卷三,頁 55。

[43] 〔漢〕司馬遷原著、〔日〕瀧川龜太郎著:《史記會注考證》(臺北:萬卷樓圖書公司,1993 年 8 月初版),卷三,頁 55-56。

[44] 〔漢〕孔安國傳、〔唐〕孔穎達疏:《尚書正義》(清嘉慶二十年江西南昌府學重刊宋刻本,臺北:藝文印書館,1997 年 8 月初版),卷七,頁 105;〔漢〕孔安國傳、〔唐〕孔穎達疏:《尚書正義》(清嘉慶二十年江西南昌府學重刊宋刻本,臺北:藝文印書館,1997 年 8 月初版),卷八,頁 113。

[45] 〔漢〕司馬遷原著、〔日〕瀧川龜太郎著:《史記會注考證》(臺北:萬卷樓圖書公司,1993 年 8 月初版),卷三,頁 56。

[46] 〔漢〕司馬遷原著、(日)瀧川龜太郎著:《史記會注考證》(臺北:萬卷樓圖書公司,1993 年 8 月初版),卷三,頁 57。

九夷之師不起。伊尹曰：『可矣。』湯乃興師伐而殘之。遷桀南巢氏焉。」[47]甚至《呂氏春秋》與《史記》二書對於湯征夏以後之作法，也有部分記載，且與伊尹有關，如《呂氏春秋·仲夏紀·古樂》即云「殷湯即位，夏為無道，暴虐萬民，侵削諸侯，不用軌度，天下患之。湯於是率六州以討桀罪，功名大成，黔首安寧。湯乃命伊尹作為大護，歌晨露，修九招、六列，以見其善。」[48]又如《史記·殷本紀》亦云「桀敗於有娀之虛，桀犇於鳴條，夏師敗績。湯遂伐三嵕，俘厥寶玉，義伯、仲伯作典寶。湯既勝夏，欲遷其社，不可，作夏社。伊尹報。於是諸侯畢服，湯乃踐天子位，平定海內。」[49]凡上所述者，多與征夏或古籍篇章由來有關，皆乃清華簡此五篇研究之重要參考依據。

綜上所述，傳世文獻對湯得伊尹歷程之記載，可謂相當豐富且多元，甚至具有神話色彩，可見古人對此部分內容之強調與重視，不過，如上所述，仍有典籍對此類傳說提出質疑，如《孟子·萬章章句》即云「萬章問曰：『人有言『伊尹以割烹要湯』，有諸？』孟子曰：『否，不然。……湯使人以幣聘之，囂囂然曰：『我何以湯之聘幣為哉？』湯三使往聘之，既而幡然改曰：『與我處畎畝之中，由是以樂堯舜之道，吾豈若使是君為堯舜之君哉？吾豈若使是民為堯舜之民哉？吾豈若於吾身親見之哉？天之生此民也，使先知覺後知，使先覺覺後覺也。予，天民之先覺者也，予將以斯道覺斯民也，非予覺之而誰也？』……吾聞其以堯舜之道要湯，未聞以割烹也」，[50]雖然《孟子》此等語料之來源或猶待考，且未見於清華簡此五篇之中，但仍可作為湯得伊尹研究之參考，即如夏大兆與黃德寬所云，戰國時期諸子會為了宣傳己身立場而對古史加工、改造，[51]如此一來，屬儒學代表人物孟子之立場，其與清華簡此五篇之相應度，便可作為此類文獻在性質或來源上分析之依據。

五、 言及湯與伊尹在為政之道上之諮議內容者

湯與伊尹在政治上關係密切，傳世文獻亦多有此二人相互諮議政治內容之記載，其實，湯既師之，亦臣之，如《孟子·公孫丑章句》即云「湯之於伊尹，學焉而後臣之，故不勞而王」，[52]可見湯相當尊重伊尹，且能放低身段向其就教相關事宜，而在《逸周書》

---

47 〔漢〕劉向原撰、左松超著：《說苑集證》（以商務印書館《四部叢刊》景印平湖葛氏傳樸堂藏明鈔本為底本，臺北：國立編譯館，2001 年 4 月初版），卷十三，頁 840。

48 〔周〕呂不韋著、〔宋〕陸游評、〔明〕凌稚隆批：《呂氏春秋》，收入蕭天石總主編：《中國子學名著集成（宋元明清善本叢刊）》（明萬曆庚申吳興凌氏刊朱墨套印本，臺北：中國子學名著集成編印基金會，1978 年 12 月初版），卷五，頁 129。

49 〔漢〕司馬遷原著、（日）瀧川龜太郎著：《史記會注考證》（臺北：萬卷樓圖書公司，1993 年 8 月初版），卷三，頁 56。

50 〔漢〕趙岐傳、〔宋〕孫奭疏：《孟子注疏》（清嘉慶二十年江西南昌府學重刊宋刻本，臺北：藝文印書館，1997 年 8 月初版），卷九，頁 170-171。

51 夏大兆、黃德寬：〈關於清華簡《尹至》《尹誥》的形成和性質——從伊尹傳說在先秦傳世和出土文獻中的流變考察〉，《文史》2014 年第 3 輯（總 108），頁 213-239。

52 〔漢〕趙岐傳、〔宋〕孫奭疏：《孟子注疏》（清嘉慶二十年江西南昌府學重刊宋刻本，臺北：藝文印書館，1997 年 8 月初版），卷四，頁 73。

與《韓詩外傳》中，也有部分湯向伊尹請教為政之道之內容，如《逸周書‧王會解》即云「湯問伊尹曰：『諸侯來獻，或無馬牛之所生而獻遠方之物，事實相反，不利。今吾欲因其地勢所有獻之，必易得而不貴，其為四方獻令。』伊尹受命，於是為四方令曰：『臣請正東符婁、仇州、伊慮、漚深、九夷、十蠻、越漚、鬋文身，請令以魚支之鞞、□鰂之醬，鮫盾、利劍為獻。正南甌鄧、桂國、損子、產里、百濮、九菌，請令以珠璣、瑇瑁、象齒、文犀、翠羽、菌鶴、短狗為獻。正西崑崙、狗國、鬼親、枳巳、闟耳、貫胸、雕題、離丘、漆齒，請令以丹青、白旄、紕罽、江歷、龍角、神龜為獻。正北空同、大夏、莎車、姑他、旦略、貌胡、戎翟、匈奴、樓煩、月氏、孅犁、其龍、東胡，請令以橐駝、白玉、野馬、騊駼、駃騠、良弓為獻。』湯曰：『善。』」[53]此云貢賦之事，又如《韓詩外傳》或曰「有殷之時，穀生湯之廷，三日而大拱。湯問伊尹曰：『何物也？』對曰：『穀樹也。』湯問：『何為而生於此？』伊尹曰：『穀之出澤，野物也。今生天子之庭，殆不吉也。』湯曰：『奈何？』伊尹曰：『臣聞：妖者，禍之先；祥者，福之先。見妖而為善，即禍不至；見祥而為不善，則福不臻』。」湯乃齊戒靜處，夙興夜寐，弔死問疾，赦過賑窮。七日而穀亡，妖孽不見，國家昌。《詩》曰：『畏天之威，于時保之。』」[54]此則言敬天災異之事，這部分在傳世文獻所見湯與伊尹之諮議內容中，甚是少見，有一定之參考價值，其實，李守奎早已指出清華簡〈湯在啻門〉、〈湯處於湯丘〉二篇之表述方式與《逸周書》相近，[55]也進一步突顯了清華簡此五篇之意義與價值。另外，劉向《說苑》亦曾云及湯曾向伊尹請教為政之道，且大抵以用人為主，如《說苑‧君道》云「湯問伊尹曰：『三公、九卿、二十七大夫、八十一元士，知之有道乎？』伊尹對曰：『昔者，堯見人而知，舜任人然後知，禹以成功舉之。夫三君之舉賢，皆異道而成功，然尚有失者，況無法度而任己直意用人，必大失矣。故君使臣自貢其能，則萬一之不失矣。』『王者何以選賢？』『夫王者得賢材以自輔，然後治也。雖有堯舜之明，而股肱不備，則主恩不流，化澤不行，故明君在上，慎於擇士，務於求賢；設四佐以自輔，有英俊以治官。尊其爵，重其祿。賢者進以顯榮，罷者退而勞力。是以主無遺憂，下無邪慝，百官能治，臣下樂職，恩流羣生，潤澤草木。昔者虞舜左禹右皋陶，不下堂而天下治，此使能之效也。』」[56]此即強調選賢之重要性，再如《說苑‧臣術》亦云「湯問伊尹曰：『三公、九卿、大夫、列士，其相去何如？』伊尹對曰：『三公者，知通於大道，應變而不窮，辯於萬物之情，通於天道者也。其言足以調陰陽，正四時，節風雨，如是者，舉以為三公。故三公之事，常在於道也。九卿者，不失四時，通溝渠，修堤防，樹五穀，通

[53] 黃懷信、張懋鎔、田旭東撰；黃懷信修訂；李學勤審訂：《逸周書彙校集注》（以《四部叢刊》影印明嘉靖二十二年四明章檗校刊本為底本，上海：上海古籍出版社，2007年3月第一版），卷七，頁909-922。

[54] 〔漢〕韓嬰原著、屈守元箋疏：《韓詩外傳箋疏》（以元刊本為主，兼存明刻本內容，成都：巴蜀書社，1996年3月第一版），卷三，頁231。

[55] 李守奎：〈漢代伊尹文獻的分類與清華簡中伊尹諸篇的性質〉，《深圳大學學報（人文社會科學版）》2015年第3期，頁41-49，亦收入李守奎：《古文字與古史考——清華簡整理研究》（上海：中西書局，2015年10月第一版），頁346-368。

[56] 〔漢〕劉向原撰、左松超著：《說苑集證》（以商務印書館《四部叢刊》景印平湖葛氏傳樸堂藏明鈔本為底本，臺北：國立編譯館，2001年4月初版），卷一，頁28-29。

於地理者也。能通不能通，能利不能利，如此者，舉以為九卿。故九卿之事，常在於德也。大夫者，出入與民同眾，取去與民同利，通於人事，行猶舉繩，不傷於言，言之於世，不害於身，通於關梁，實於府庫，如是者，舉以為大夫，故大夫之事常在於仁也。列士者，知義而不失其心，事功而不獨專其賞，忠正彊諫，而無有姦詐，去私立公而言有法度，如是者，舉以為列士，故列士之事，常在於義也。故道德仁義定而天下正。凡此四者，明王臣而不臣。』湯曰：『何謂臣而不臣？』伊尹對曰：『君之所不名臣者四：諸父，臣而不名；諸兄，臣而不名；先生之臣，臣而不名；盛德之士，臣而不名。是謂大順也。』　　湯問伊尹曰：『古者所以立三公、九卿、大夫、列士者，何也？』伊尹對曰：『三公者，所以參五事也；九卿者，所以參三公也；大夫者，所以參九卿也；列士者，所以參大夫也。故參而有參，是謂事宗；事宗不失，外內若一。』[57]此便以三公、九卿、大夫、列士之別為題，闡述君臣之道，惟值得留意的是，雖然《說苑》此所見湯與伊尹之諮議內容，未具見於清華簡此五篇之中，但在部分為政相關主題上，仍可謂有所關聯，代表此類諮議文書，或許與漢代雜史小說有一定程度之關係，亦有可能是其內容之所本。

除了上引幾項重點外，傳世文獻尚有諸多僅言伊尹相湯一二語或二人處世之道者，由於此等內容大多簡略，且未涉及湯與伊尹之互動關係，更與清華簡此五篇簡文內容不甚相關，[58]在此便不再贅引，若有可資引證者，容或於下文中引述以證之。

綜上所述，傳世文獻所云涉及湯與伊尹關係之內容，如夏王暴虐失德、寵女、伊尹間夏、伊尹相湯與滅夏等，皆與清華簡此五篇多有相關，尤其有夏上下相疾、寵二女、西進亡夏與伊尹間夏之事，更直接見載於此批清華簡之中，故清華簡此五篇之重要性可謂不言而喻。又值得注意的是，《呂氏春秋》、《史記》與《說苑》等書之內容，尤與清華簡密切相關，應是清華簡此五篇研究工作中，最為重要之參考典籍，其實，清華簡此五篇與傳世文獻相應之內容，其相關古籍多在春秋以下，如上所引《國語》、《孫子》、《墨子》、《孟子》、《呂氏春秋》或《史記》等，故清華簡此五篇之時代，可能就在夏大兆與

---

57 〔漢〕劉向原撰、左松超著：《說苑集證》（以商務印書館《四部叢刊》景印平湖葛氏傳樸堂藏明鈔本為底本，臺北：國立編譯館，2001 年 4 月初版），卷二，頁 99-103。

58 如《孟子・公孫丑章句》即云「曰：『豈謂是與？曾子曰：『晉楚之富，不可及也。彼以其富，我以吾仁；彼以其爵，我以吾義，吾何慊乎哉？』夫豈不義而曾子言之？是或一道也。天下有達尊三：爵一、齒一、德一。朝廷莫如爵，鄉黨莫如齒，輔世長民莫如德。惡得有其一，以慢其二哉？故將大有為之君，必有所不召之臣。欲有謀焉，則就之。其尊德樂道，不如是不足以有為也。故湯之於伊尹，學焉而後臣之，故不勞而王；桓公之於管仲，學焉而後臣之，故不勞而霸。今天下地醜德齊，莫能相尚。無他，好臣其所教，而不好臣其所受教。湯之於伊尹，桓公之於管仲，則不敢召。管仲且猶不可召，而況不為管仲者乎？』」此段內容或云伊尹相湯與二人處世之道，內容雖多，但未涉及二人互動，其相近之內容，在傳世文獻中頗為常見，但與清華簡此五篇之關係，並不如上文所列各篇文獻來得密切，因此，傳世文獻凡是類同此者，茲不贅引，惟或在下文論證中，若有所相關時，再行引證。〔漢〕趙岐傳、〔宋〕孫奭疏：《孟子注疏》（清嘉慶二十年江西南昌府學重刊宋刻本，臺北：藝文印書館，1997 年 8 月初版），卷四，頁 73-74。

黃德寬所界定之「春秋末期到戰國中期」，[59]且如其所云「在形成過程中可能參考了當時所見到的《書》類文獻，整合了春秋戰國時期有關伊尹事跡的傳說並融入當時的某些思想觀念，在此基礎上，將伊尹助湯滅夏的事件條理化、系統化和細節化」，[60]其說是可信的，只不過清華簡此五篇之內容雜揉，其文本來源是否有可能更早，亦非全無可能，或可再續作討論。

第二節　古文字言及湯與小臣（伊尹）關係之資料綜考

在殷商甲骨文中，有關伊尹之資料甚多，曾有學者作過通盤之整理，可參，[61]但湯與伊尹並見於同一版者，卻是甚為罕見，實尚難探知其彼此關係。不過，部分卜辭伊尹與清華簡此五篇所見「西邑」並見於同一版，且有關伊尹之用祀情況，與清華簡此五篇之部分內容亦有所相應，這是頗值得關注之主題，茲以此為探討範圍，略論此中之相關疑義。

殷商甲骨文「伊尹」或「黃尹」二詞習見，例如：

弜秦于伊尹，無雨？（第三期：《合集》27656）

其侑𥳑暨伊尹？（第三期：《合集》30451）

癸丑卜：『侑于伊尹？』（第四期：《合集》32786）

侑彳？劇于伊尹二牢？（第四期：《合集》33273）

癸亥貞：『其有匚于伊尹，車今丁卯彫三牛？茲用。』（《屯南》1122）

□禦伊尹五十□？（《屯南》3132）

貞：『黃尹祟？』（第一期：《合集》03479 正）

貞：『秦于黃尹？』（第一期：《合集》06209）

己未卜，爭貞：『黃尹壱王？』（第一期：《合集》06946 正）

『侑于黃尹？』　貞：『侑于西邑？』（第一期：《合集》07865）

燎黃尹四豕？卯六牛？（《懷特》899）

惟丁酉彫黃尹？（《懷特》899）

唐蘭以為「卜辭伊奭與夔、岳等同祭，必伊尹無疑。然則黃奭必是黃尹，亦即保衡或阿衡，與伊尹為二人，昔人混而為一，非也」；[62]陳夢家則認為「卜辭的黃尹、黃奭即《詩・頌》之阿衡、保衡，阿、保是其官名而黃或衡是其私名，與此同例。黃尹是阿保

---

59 夏大兆、黃德寬：〈關於清華簡《尹至》《尹誥》的形成和性質——從伊尹傳說在先秦傳世和出土文獻中的流變考察〉，《文史》2014 年第 3 輯（總 108），頁 213-239。

60 夏大兆、黃德寬：〈關於清華簡《尹至》《尹誥》的形成和性質——從伊尹傳說在先秦傳世和出土文獻中的流變考察〉，《文史》2014 年第 3 輯（總 108），頁 213-239。

61 溫皓月：《出土文獻與傳世文獻之伊尹材料整理及相關問題研究》（吉林大學碩士論文，2016 年 4 月）。

62 唐蘭：《天壤閣甲骨文存并考釋》（上海：上海古籍出版社，2016 年 12 月第一版），頁 137。

之官，伊尹亦然，所以墨子說他是『女師僕』，叔尸鎛說他『為傅』……如此阿、娶與保、傅皆是保母、姆、女師僕，亦即所謂媵臣。……混伊尹與阿衡、保衡為一人，是不對的」，並云「黃尹可能是伊尹之子」；[63]蔡哲茂據用祀情況，認為「伊尹」與「黃尹」應為同一人；[64]黃庭頎亦贊同蔡哲茂之說，以為「伊尹」與「黃尹」乃同一人；[65]林宏明則從祭儀、配享先王、祭日與歲祭卜問等方面，為卜辭所見黃尹即伊尹作了補證。[66]

　　唐蘭與陳夢家之說有其一定之道理，且串聯起伊尹與阿衡、保衡之關係，但如果依用祀情況而言，將「伊尹」與「黃尹」視為同一人，亦應有其可能性。此中尤值得留意者，乃在於殷商甲骨文所見「黃尹」，其或與傳世文獻、清華〈尹至〉、〈尹誥〉所見「西邑」並列，如上引之《合集》07865 例即屬此類，除此之外，甚至又可與「伊尹」、「蔑（妹喜）」合祭，如上引之《合集》30451 例，知其受祭地位甚高，學界對此已早有所論，[67]可信，而《詩經・商頌・長發》則曾云「玄王桓撥，受小國是達，受大國是達。率履不越，遂視既發。相土烈烈，海外有截。帝命不違，至于湯齊。……昔在中葉，有震且業。允也天子，降予卿士。實維阿衡，實左右商王」，[68]知伊尹與契、相土、湯等先王並列，足證其地位之崇高，尤可與殷商甲骨文相互參照，因此，倘復以清華簡所見湯、伊尹與西邑並見於同一批簡之情況而言，可知夏末商初此段古史應有一定之可信度，而伊尹或黃尹在當時應具有崇高之地位。

　　另外，在殷商甲骨文所見伊尹之用祀情況方面，學界已有相當多之討論，且有豐碩之成果，[69]若再從中揀擇出與清華簡此五篇較有關係之內容，則應包括以下幾條比較關鍵之辭例：

　　　癸丑，子卜：『來丁酨伊尹至？』（第一期：《合集》21574）

　　　癸丑卜：『上甲歲，伊賓，吉？』（第三期：《合集》27057）

---

[63] 陳夢家：《殷虛卜辭綜述》（北京：中華書局，1988 年 1 月第一版），頁 363、頁 364。

[64] 蔡哲茂：〈殷卜辭「伊尹▉示」考——兼論它示〉，《中央研究院歷史語言研究所集刊》58：4（1987 年 12 月），頁 755-808。

[65] 黃庭頎：〈論古文字材料所見之「伊尹」稱號——兼論〈尹至〉、〈尹誥〉之「尹」、「埶」（摯）〉，《東華中文學報》5（2012 年 12 月），頁 63-86。

[66] 林宏明：〈卜辭黃尹即伊尹補證〉，收入國立政治大學中國文學系主編：《出土文獻研究視野與方法》4（臺北：國立政治大學中國文學系、秀威資訊科技公司，2014 年 6 月 POD 一版），頁 145-159。

[67] 如姚孝遂、肖丁等學者早有所論，可參。姚孝遂、肖丁：《小屯南地甲骨考釋》（北京：中華書局，1985 年 8 月第一版），頁 64-65。

[68] 〔漢〕毛亨傳、〔漢〕鄭玄箋、〔唐〕孔穎達疏：《毛詩正義》（清嘉慶二十年江西南昌府學重刊宋刻本，臺北：藝文印書館，1997 年 8 月初版），卷二十之四，頁 801-803。

[69] 例如：宋鎮豪：〈談談商代開國名臣伊尹〉，收入羅運環主編：《楚簡楚文化與先秦歷史文化國際學術研討會論文集》（武漢：湖北教育出版社，2013 年 8 月第一版），頁 252-259；劉風華：〈殷墟村南系甲骨卜辭中有關伊尹稱「示」的材料〉，收入華東師範大學中國文字研究與應用中心編：《中國文字研究》2009 年第 1 輯（總第 12 輯，鄭州：大象出版社，2009 年 6 月第一版），頁 63-69；蔡哲茂：〈殷卜辭「伊尹▉示」考——兼論它示〉，《中央研究院歷史語言研究所集刊》58：4（1987 年 12 月），頁 755-808；夏大兆、黃德寬：〈關於清華簡《尹至》《尹誥》的形成和性質——從伊尹傳說在先秦傳世和出土文獻中的流變考察〉，《文史》2014 年第 3 輯（總 108），頁 213-239。

于來日丁亥侑、劃伊？（第四期：《合集》32795）

丁酉貞：『侑于伊丁？』（第四期：《合集》32802）

甲申卜：『侑伊尹五示？』」（第四期：《合集》33318）

癸□卜：『侑伊五示？』（第四期：《合集》32722）

丁巳卜：『侑于十位，伊又九？』（第四期：《合集》32786）

辛巳貞：『以伊示？』（第四期：《合集》32848）

乙酉貞：『侑、劃于伊◇示？』（第四期：《合集》33329）

乙亥，貞：『其侑伊尹二牛？』（第四期：《合集》33694）

丁亥貞：『多貯以邑，侑伊尹◇示？茲用。』（《屯南》2567）

辛卯卜：『侑于伊尹一羌一牢？』（《屯南》3612）

　　可見伊尹在祀法中，能與先公先王並列，且用牲等級與先公先王亦相近，知其地位確實相當高，再者，如上引《合集》33329 與《屯南》2567 等例，其稱「伊◇示」或「伊尹◇示」者，今若從蔡哲茂之說，[70]則「◇」應可讀為「舅」，知伊尹與殷商王室應有姻親關係，尤其部分卜辭所見商王朝與有先（侁）氏之互動內容，更是此種關係之力證，例如：「壬戌卜，爭貞：『乞命曼田于先侯，十月？』」（第一期：《合集》10923）、「丁卯卜，貞：『畢往先？』　貞：『勿先，九月？』」（第一期：《合集》04068）、「呼婦先？」（第一期：《合集》06349）等，如此一來，伊尹在殷商王室中，既有崇高之地位，也有姻親關係，換言之，清華簡此五篇所見「盟誓」內容，當可從夏大兆與黃德寬之推測，即「『盟誓』傳說可能是由於商湯與有莘氏聯姻結盟的史實在流傳過程中被後人誤解的結果，簡文雖然采綴了『盟誓』的情節，但是顯然已經不能明瞭其深層的內涵」，[71]此尤可見清華簡此五篇內容與殷商甲骨文之承續關係，一為聯姻結盟，一則發展為君臣盟誓，足可證此批清華簡之意義與價值。

　　而在兩周金文中，湯與伊尹並見於同一器者，主要見於山東所出土之叔尸鐘與叔尸鎛，其銘云「尸用或敢再拜稽首，膺受君公之賜光，余弗敢廢乃命，尸典其先舊及其高祖，虩虩成湯，又敢在帝所，尃受天命，剗伐夏后，敗厥靈師，伊少臣唯輔，咸有九州，處禹之堵」（春秋：叔尸鐘，《集成》00275.1、00275.2、00276.1）、「尸用或敢再拜稽首，膺受君公之賜光，余弗敢廢乃命，尸典其先舊，及其高祖，虩虩成湯，又敢在帝所，尃受天命，剗伐夏后，敗厥靈師，伊少臣唯輔，咸有九州，處禹之堵」（春秋：叔尸鎛，《集成》00285.5、00285.6），此二段銘文皆云及成湯、夏后、伊少臣（伊尹）與禹之事，學者或據此以為「至遲在春秋中期，商湯伐桀之事就已經深入人心」，更以此證成郭沫若

---

70 蔡哲茂：〈殷卜辭「伊尹◇示」考——兼論它示〉，《中央研究院歷史語言研究所集刊》58：4（1987年12月），頁 755-808。

71 夏大兆、黃德寬：〈關於清華簡《尹至》《尹誥》的形成和性質——從伊尹傳說在先秦傳世和出土文獻中的流變考察〉，《文史》2014 年第 3 輯（總 108），頁 213-239。

所持「春秋時代一般人之信念中，確承認商之前有夏，而禹為夏之先祖」之說，[72]而叔夷乃宋穆公之後，宋亦為商之後裔，[73]故叔夷感懷其先祖而遠溯伊尹，可見伊尹在商人或其後裔中，仍有極高之地位，換言之，以銘文之合理性而言，此所謂「少（小）臣」，其官位並不低，非僅庖廚之官耳，此應可證成部分學者之說。[74]

　　值得注意的是，叔尸二器銘文內容與清華簡此五篇有相近之處，尤其此等銘文所云伊尹輔成湯以伐夏之事，更可與〈尹至〉或〈尹誥〉互作參照，證明〈尹至〉或〈尹誥〉二篇簡文，其時代應可溯及春秋，甚至更早。

　　除了上所引甲金文外，在清華簡此五篇以外之戰國文字中，亦有疑與伊尹相關之內容，如上博〈容成氏〉簡 37 所見之「泗尹」，原整理者釋讀為「伊尹」，[75]若以其簡文所云「湯乃謀戒求賢，乃立泗尹以為佐，泗尹既已受命，乃執兵欽暴，永得于民」之文意而言，原整理者之說可從，不過，「泗尹」一詞，在古文字中仍是首見，其相關用例之使用情況，尚且待考；另清華〈良臣〉簡亦有與伊尹有關之記載，其簡文或云「唐有伊尹，有伊陟，有臣扈」（簡 2），此所見「伊尹」，也許可作為其稱謂研究之參考。整體而言，〈容成氏〉與〈良臣〉二簡所見伊尹資料，未如清華簡伊尹此五篇來得豐富且完整，但仍可作為研究之參考。

　　再如秦簡中亦有一段可能與伊尹有關之記載，即王家臺秦簡〈易占〉簡 553 曾云「昔者□（殷？）小臣卜逃唐而枚仲虺」，陳劍曾引此段簡文與清華〈赤鵠之集湯之屋〉之部分內容作對照，[76]雖然該文未對此二批簡文之內容性質或彼此關係，作進一步之界定，但其可能皆源自於類似之伊尹傳說，這應該是可以肯定的；除此之外，秦漢簡帛所見湯與伊尹關係之部分內容，又可見於馬王堆帛書，其或云「湯乃自御，五致伊尹」（《伊尹・九主》1／352），[77]即言湯五往返聘伊尹之事，此可與上引傳世文獻之相關史料合證，更

---

[72] 李瑤、孫剛：〈東周齊系金文所見古史傳說輯考〉，《古籍整理研究學刊》2013 年第 6 期，頁 28-31，73；郭沫若著作編輯出版委員會編：《郭沫若全集　歷史編》（北京：人民出版社，1982 年 9 月第一版），卷一，頁 306。

[73] 在部分春秋金文中，明確提及宋公乃商代成湯之孫，例如：「有殷天乙唐孫宋公欒，作其妹句敔夫人季子勝簠。」（春秋：宋公欒簠，《集成》04589、04590），而在《史記・宋微子世家》中，亦云「周武王崩，武庚與管叔、蔡叔作亂，成王命周公誅之，而立微子於宋，以續殷後焉。」此所謂微子，即眾所周知商君之後，凡此皆為宋乃商後裔之實證。〔漢〕司馬遷原著、（日）瀧川龜太郎著：《史記會注考證》（臺北：萬卷樓圖書公司，1993 年 8 月初版），卷三，頁 62。

[74] 「小臣」掌庖廚之事，可能地位不高，但有學者根據相關用例，認為「小臣」之地位本有不低之情況，尤其在西周中期以前，此如陳夢家、李裕民、張亞初、劉雨、黃庭頎等便主此說。陳夢家：《殷虛卜辭綜述》（北京：中華書局，1988 年 1 月第一版），頁 505-507；李裕民：〈伊尹的出身及其姓名考辨〉，《山西大學學報》1983 年第 4 期，頁 98-103；張亞初、劉雨：《西周金文官制研究》（北京：中華書局，1986 年 5 月第一版），頁 43-45；黃庭頎：〈論古文字材料所見之「伊尹」稱號──兼論〈尹至〉、〈尹誥〉之「尹」、「執」（摯）〉，《東華中文學報》5（2012 年 12 月），頁 63-86。

[75] 馬承源主編：《上海博物館藏戰國楚竹書（二）》（上海：上海古籍出版社，2002 年 11 月第一版），頁 279。

[76] 陳劍：〈清華簡字義零札兩則〉，收入復旦大學出土文獻與古文字研究中心編：《戰國文字研究的回顧與展望》（上海：中西書局，2017 年 8 月第一版），頁 190-203。

[77] 湖南省博物館、復旦大學出土文獻古文字研究中心編纂，裘錫圭主編：《長沙馬王堆漢墓簡帛集成》（北京：中華書局，2014 年 6 月第一版），第肆冊，頁 97。

與清華簡五篇內容有關，其時代雖稍晚，仍是相當重要。因此，在秦漢簡帛之中，雖然也有伊尹之相關記載，但仍不算多，尚且不如清華簡此五篇，不過，其具有一定之研究意義與價值，這是不可否認的。

另外，如上所云，《古本竹書紀年》亦有部分與成湯、伊尹有關之記載，其或云「后桀伐岷山，岷山女于桀二人，曰琬，曰琰。桀受二女，無子，刻其名于苕華之玉。苕是琬，華是琰。而棄其元妃于洛，曰末喜氏。末喜氏以與伊尹交，遂以間夏。」（《太平御覽》卷一三五皇親部引《古本竹書紀年》語）[78]又云「……仲壬崩，伊尹放大甲於桐，乃自立也。伊尹即位，放大甲七年，大甲潛出自桐，殺伊尹，乃立其子伊陟、伊奮，命復其父之田宅而中分之。」（《春秋經傳集解後序》引《古本竹書紀年》語（《太平御覽》卷八三皇王部引杜預《春秋後序》之《古本竹書紀年》語亦略同））[79]前者云夏桀寵妃與伊尹間夏之事，此在上引傳世文獻與清華簡此五篇中，皆可見其相關內容，大抵可信，但後者所云伊尹放大甲且自立之事，則未見於其他古籍或出土文獻，故如夏大兆與黃德寬即以為此段記載恐不可信，[80]其言是矣，不過，整體而言，《古本竹書紀年》所云者，當屬戰國時人對伊尹傳說之認知，其與傳世文獻或清華簡此五篇之內容，可謂相去不遠，仍可作為此等相關研究之基礎與參照。

故綜上所述，古文字所見湯與伊尹關係之內容，嚴格說來，其實不多，但此中仍有不少可資清華簡此五篇研究參照之處，如上引甲文所見「西邑」或金文所載湯滅夏等，凡此皆是清華簡此五篇研究之重要佐證資料，確實有其一定之意義與價值，而更值得留意的是，如夏大兆與黃德寬早已據古文字所見伊尹資料，作了更可信之推測，其云「由甲骨文可以肯定，伊尹的事跡在後來的流傳過程中發生了許多變化，後世文獻中的伊尹並非歷史上那個真正的伊尹。而春秋戰國時期的出土文獻資料，則與同時代傳世文獻的記載具有相當的一致性，這可以為我們推斷伊尹事蹟在流傳過程中發生變化的大體時代提供參考」，[81]此無疑是可信的，尤其清華簡此五篇之發表，可進一步串起先秦伊尹傳說演進之環節，並作為分析清華簡此五篇內容性質之重要依據。

第三節　清華簡伊尹五篇之研究成果評析

清華簡伊尹五篇之發表時間不同，自 2010 年陸續發表以來，[82]學界已有一定之研究

---

[78] 方詩銘、王修齡：《古本竹書紀年輯證》（臺北：華世出版社，1983 年 2 月影印初版），夏紀，頁 16。

[79] 方詩銘、王修齡：《古本竹書紀年輯證》（臺北：華世出版社，1983 年 2 月影印初版），殷紀，頁 23。

[80] 夏大兆、黃德寬：〈關於清華簡《尹至》《尹誥》的形成和性質——從伊尹傳說在先秦傳世和出土文獻中的流變考察〉，《文史》2014 年第 3 輯（總 108），頁 213-239。

[81] 夏大兆、黃德寬：〈關於清華簡《尹至》《尹誥》的形成和性質——從伊尹傳說在先秦傳世和出土文獻中的流變考察〉，《文史》2014 年第 3 輯（總 108），頁 213-239。

[82] 〈尹至〉與〈尹誥〉見載於《清華大學藏戰國竹簡（壹）》，而〈赤鵠之集湯之屋〉收於《清華大學藏戰國竹簡（參）》，至於〈湯處於湯丘〉與〈湯在啻門〉等兩篇則載於《清華大學藏戰國竹簡（伍）》。清華大學出土文獻研究與保護中心編、李學勤主編：《清華大學藏戰國竹簡（壹）》（上海：中西書局，2010 年 12 月第一版）、清華大學出土文獻研究與保護中心編、李學勤主編：《清華大學藏戰國竹簡（參）》（上海：中西書局，2012 年 12 月第一版）、清華大學出土文獻研究與保護中心編、李學勤主編：《清華大學

成果，茲以形制編聯、文字考釋、篇章性質、字形特色、文本之斷代與來源、古史研究等面向，略作整理與評析【本章節所引學者說法之論著出處，若本文他處已具引者，為避免繁冗，不再另作標示；而所引字例若未涉及釋形疑義，以釋讀為重者，則逕列其寬式釋文】：

一、 在形制編聯方面

　　相較於其他戰國楚簡，清華簡此五篇在形制編聯上之問題較少，但亦有其特色，學界也有一些討論，大抵如下：

（一）〈尹至〉與〈尹誥〉二篇在編聯上，並無太大疑義，而原整理者則認為該二篇在形制、尺寸與字體風格上幾近相同，應是同時書寫，足見其彼此密切之關係；另學者亦據編繩與字跡之關係，認為〈尹至〉簡屬先寫字，再編聯成冊之文書性質，此在形制研究上有相當重要之意義與價值。

（二）〈赤𫚭之集湯之屋〉篇簡背竹節處有序號，可作為編聯之參考依據，不過，也有數枚簡或見綴合之情況。

（三）〈湯處於湯丘〉簡無篇題與序號，惟內容大致完整，在編聯上，學界幾無異說，不過，此篇可能是《伊尹》之佚篇，亦可能涉及黃老刑名思想，甚至就形制或字跡而言，又與〈湯在啻門〉篇有密切之關係，因此，其性質仍有相當大之討論空間。

（四）〈湯在啻門〉簡稍有殘斷，其中兩枚簡之簡首或殘，七枚簡則闕簡尾，但仍具三道編痕，其綴合情況為何，值得觀察。

（五）清華大學出土文獻讀書會曾據竹簡形制，認為〈湯在啻門〉應排在〈湯處於湯丘〉之前，此與原整理者之篇章排序不同，似可續作討論。

二、 在文字考釋方面

　　清華簡此五篇多數文字之隸釋，並無太大問題，但其中仍有不少疑難字例，或為學界討論聚焦之範圍，所論者甚眾。倘據目前學者之研究情況，此類字例大抵又可分為「較具共識者」、「眾說並陳，各擅勝場或尚未有定論者」與「其他缺字或殘字」等三類，茲列舉各類之代表字例，並略作評述如下：

（一）較具共識者

1. （清華〈尹至〉簡 1）：此字眾說紛紜，惟大抵而言，此字釋从彔，應是目前學界最主要共識，且多已接受郭永秉釋讀為「𣦷」之看法，殆表夜間時稱，不過，其字與「彔」之字形關係，以及簡文下文「在」字訓釋，似仍有可再作討論之空間。

2. （清華〈尹至〉簡1）：簡文此字學界論者甚多，惟大多根據「兇」字進行釋讀，

尤其讀為「微」或「𤫦」，應是目前較多學者所主張之看法，不過，簡文此字字形與

一般楚簡文字類例或異，且其在簡文上下文中之訓釋，仍有部分問題尚待討論。

3. ／（清華〈尹至〉簡2）：簡文此字字形殘泐，但自李松儒釋作「不」

後，學界多從其說，不過，此字不管釋「懷」、「言」或「不」，在釋形上皆有難解之

處，仍可續作討論。

4. （清華〈尹至〉簡2）：簡文此字之釋形有「倉」、「寒」二說，但以釋「倉」者

居多數；而其釋讀學界本亦存異說，惟自沈培讀為「喪」後，近來學者已多從其說。

5. （清華〈尹至〉簡2）：簡文此字學者多釋从允，惟各家之釋讀或有不同。

6. ／（清華〈尹至〉簡5）：簡文此字學界多釋从鳧得聲，讀為「附」，幾已

成為共識。

7. （清華〈尹至〉簡5）、（清華〈尹誥〉簡2）：簡文此等字例原本之釋讀，

可謂異說紛紜，但近來已多從陳劍之說，將其讀為「竊」。

8. ／（清華〈尹誥〉簡4）：簡文此字本有「日」、「田」之辯，但自

陳劍改釋為「田」後，學界已多從其說。

9. ／（清華〈赤鵠之集湯之屋〉簡1）、／（清華〈赤鵠之集

湯之屋〉簡15背）：自李學勤將簡文此等字例隸作「」，讀為「鵠」之後，雖然學

界仍或見異說，但大多數學者都還是讀為「鵠」。

10. 清華〈赤𩵋之集湯之屋〉簡「羹」字數見，其在釋形上，仍存在部分疑義，此等字
例之形為：

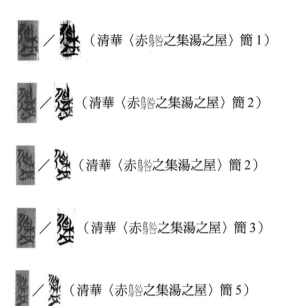

　　　　　　（清華〈赤𩵋之集湯之屋〉簡 1）

　　　　　　（清華〈赤𩵋之集湯之屋〉簡 2）

　　　　　　（清華〈赤𩵋之集湯之屋〉簡 2）

　　　　　　（清華〈赤𩵋之集湯之屋〉簡 3）

　　　　　　（清華〈赤𩵋之集湯之屋〉簡 5）

11. 　　／　　（清華〈赤𩵋之集湯之屋〉簡 9）：簡文此字學者多釋从哭，但其釋讀
仍或存異說。

12. 　　／　　（清華〈赤𩵋之集湯之屋〉簡 13）、　　／　　（清華〈赤𩵋之集
湯之屋〉簡 14）：此等字例之釋讀，學界幾無異說，但其形源仍有不同之解釋方向。

13. 清華〈湯處於湯丘〉簡 1 所見「唐丘」：諸家多根據殷商甲骨文所見「唐」地立論，
其地大抵在今晉南一帶，或為今學界之共識，惟其確切地望仍是眾說紛紜。

14. 清華〈湯處於湯丘〉簡 8 所見「九事」：原整理者本以為其與馬王堆帛書《伊尹・九
主》、《周禮》「九職」或《史記》「九主」有關，但自李學勤與沈建華將其釋作《周
禮・天官・大宰》之「九職」後，使簡文文意之解讀，更為準確。

15. 　　（清華〈湯處於湯丘〉簡 16）、　　（清華〈湯在啻門〉簡 16）：簡文此類
字例从重化，應是學界近來之共識，但其形源或字形發展為何，仍有相當大之討論

空間。

16. 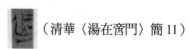／ （清華〈湯處於湯丘〉簡 18）：學界對簡文此字之釋讀，多據原整理

者之隸釋立說，惟此字之字形或嫌漫漶，似可再作進一步之討論。

17. （清華〈湯處於湯丘〉簡 18）：將簡文此字釋讀為「息」，乃今學界多數學者

之看法，不過，其形是否與「息」有所相關，或其確切訓讀為何，仍有可再作討論

之空間。

18. ／ （清華〈湯在啻門〉簡 5）：今學界多從陳劍之說，將其釋為从古得聲，

讀為「胡」，惟其隸釋似仍存在部分疑義，尚待作進一步之研究。

19. ／ （清華〈湯在啻門〉簡 8）：簡文此字雖然學界多釋从解得聲，但仍存在

部分異說，且在釋讀上，部分學者之看法亦有所不同，或有待作進一步之討論。

20. 清華〈湯在啻門〉簡有幾則形構特殊之「伇（役、役；役）」字，學者雖然多已釋

為「役」，但古文字此類字形學界曾有不少之討論，其形源仍或存可續作討論之空間，

此等字例之形為：

（清華〈湯在啻門〉簡 11）

（清華〈湯在啻門〉簡 12）

（清華〈湯在啻門〉簡 15）

（清華〈湯在啻門〉簡 16）

（清華〈湯在啻門〉簡 16）

（清華〈湯在啻門〉簡 16）

（二）眾說並陳，各擅勝場或尚未有定論者

1. 清華〈尹至〉簡之「吉志」、「吉好」與〈尹誥〉簡之「吉言」：此「吉」字之解讀，
   歷來學界之訓釋，有「善」與「堅實」二說，各擅勝場。

2. （清華〈尹至〉簡 2）：簡文此字學者多讀為「亡」，幾無異說，惟楚系文字
   此例習見，歷來釋形有「喪」、「芒」二說，學界對此字似尚未有碻釋，再者，其
   於簡文中之訓釋，同樣仍存異說。

3. 清華〈尹至〉簡 2、3「隹（惟）戜（茲）：矗（？、虐）、慝（賊）、瘴（？、暴）、
   雚（？、貪），亡（無）箕（典、典）」之釋讀：簡文此段文字之釋讀，除了「隹」、
   「慝」與「亡」等字在釋形上較無異說外，其他諸例可謂眾說紛紜，甚至連斷讀
   亦存在多種說法，大抵尚未有定論，此中幾個疑難字之字形為：

（清華〈尹至〉簡 2）

（清華〈尹至〉簡 2）

（清華〈尹至〉簡 2）

（清華〈尹至〉簡 2）

（清華〈尹至〉簡 3）

4. ![字]（清華〈尹至〉簡4）：簡文此字在隸釋上或存異說，而學界對其例之釋讀，亦

大抵有讀為「誓」與「質」等兩種說法，各擅勝場。

5. 清華〈尹至〉簡4「孳（？、茲）乃柔（務）大縈（祭）」句之釋讀：簡文此句之「孳

（？、茲）乃」、「柔（務）」與「縈（祭）」等字，學者之看法多有不同，尚未有

定論，且在斷讀上亦存異說；而此句在釋形上較具爭議者，則為「縈（祭）」字，

其形為：

（清華〈尹至〉簡4）

6. ![字]（清華〈尹至〉簡 5）：簡文此字歷來眾說紛紜，大抵有釋「番」與「料」二

說，另亦有釋「瓚」者，近來更有學者據新出〈越公其事〉簡類例釋從采者，尚

未有定論。

7.「惟尹既及湯咸有一德」（清華〈尹誥〉簡 1）：此句之釋讀，受各本異文之影響，

諸家或存異說。

8. （清華〈尹誥〉簡1）：此字目前僅知從艸從心，其中間字形之隸釋，諸

家仍是勝義並陳，未有定論。

9. 清華〈赤鵠之集湯之屋〉簡「屋」字在釋形上或存疑義，其形為：

![字]（清華〈赤鵠之集湯之屋〉簡1）

![字]（清華〈赤鵠之集湯之屋〉簡13）

![字]（清華〈赤鵠之集湯之屋〉簡14）

（清華〈赤鵠之集湯之屋〉簡 15）

（清華〈赤鵠之集湯之屋〉簡 15 背）

10. （清華〈赤鵠之集湯之屋〉簡 5）：簡文此字疑从未，原整理者本

讀為「眛」或「寐」，惟學者對其釋讀仍多存疑義。

11. （清華〈赤鵠之集湯之屋〉簡 8）：簡文此字从心从疾，在隸釋上

幾無異說，但其釋讀學界則多有不同之看法。

12. （清華〈赤鵠之集湯之屋〉簡 15）：簡文此字之隸釋，並無疑義，

惟其釋讀學界則仍多存異說。

13. （清華〈赤鵠之集湯之屋〉簡 15）：簡文此字字形特殊，其隸釋可謂眾說

紛紜，各擅勝場。

14.「臥（飤、食）、亯（享、烹）之咊（和、和）」：清華〈湯處於湯丘〉簡 1 此句之

校釋或斷讀，歷來或存異說，而「咊」字之釋讀，學界亦有不同之看法。

15.「𢆶（絕、絕）飴（芳）旨以齣（出）」：關於清華〈湯處於湯丘〉簡 1、2 此句之

釋讀，諸家或存異說，尤其「齣（出）」字之釋讀，學界有不少之討論。

16.「𢡃（惜、舒）㤨（快、快）以㤅（恆、恆）-」（清華〈湯處於湯丘〉簡 2）：簡

文此句之釋讀或存異說，其中，「𢡃（惜、舒）」、「㤅（恆、恆）」二字學界有較多

之討論，其形為：

（清華〈湯處於湯丘〉簡 2）

（清華〈湯處於湯丘〉簡2）

17. （清華〈湯處於湯丘〉簡4）：簡文此字之釋讀，學界尚未有定論，

待考。

18. （清華〈湯處於湯丘〉簡11）：簡文此字隸釋作「閒」，應無太大疑義，惟學

者對其例之釋讀，仍或存異說，尚待作進一步之討論。

19. 「𥹢（皆、皆）繇（？、斬）禺（儔）祢-（儷；儺）」（清華〈湯處於湯丘〉簡13）：

此段簡文之釋讀，歷來聚訟紛紜，尤其「繇（？、斬）」、「祢-（儷；儺）」二字，

在楚文字中本屬疑難字形，諸家說法各擅勝場，因此，此段簡文之解讀，仍屬待

考，此二字之形為：

（清華〈湯處於湯丘〉簡13）

（清華〈湯處於湯丘〉簡13）

20. （清華〈湯處於湯丘〉簡15）：學者對於簡文此字得聲之所由，或存

異說，也對其形源有不同之看法。

21. （清華〈湯處於湯丘〉簡16）：簡文此字近來在釋形上，雖較具

共識，但在釋讀上仍或存異說。

22. （清華〈湯在啻門〉簡6、7）：學界雖多贊同簡文此字應釋从勹，

但簡文此字究屬何字，且其確切釋讀為何，學者仍多存異說。

23. 「晉（晉、僭？）緜（繃、㦬）雙（戔、發）絔（？、治）」（清華〈湯在啻門〉

簡8）：此段簡文之釋讀，學者或存異說，尤以首二字之討論內容最多，其形為：

（清華〈湯在啻門〉簡8）

（清華〈湯在啻門〉簡8）

24. ＿＿／＿＿（清華〈湯在啻門〉簡9）：簡文此字之字形特殊，就字形而言，僅知其從相從力從攴，雖原整理者疑其為「壯」字，但歷來學者多未再針對此字字形作進一步之討論；而在釋讀上，諸家亦或存異說，尚未有定論。

25. ＿＿／＿＿（清華〈湯在啻門〉簡9）：簡文此字之字形也是較為特殊，學者對此字之隸釋，大抵仍是以原整理者之說法為基礎，惟在釋讀上，猶且或見異說。

26. ＿＿／＿＿（清華〈湯在啻門〉簡9）：原整理者將簡文此字隸作「纔」，形構亦是特殊，而學者對其例之釋讀，仍是或見異說。

27. 「宀（鞭、褊）」（清華〈湯在啻門〉簡14）：簡文此字歷來有讀「變」與「褊」二說，皆各擅勝場，似尚未有定論。

28. ＿＿（清華〈湯在啻門〉簡17）：簡文此字右旁在楚系文字中頗為常見，而學界對此例之討論亦較多，不過，此字在簡文中之釋讀，則仍是異說紛紜，尚待作進一步之討論。

（三）其他缺字或殘字

1. ＿＿／＿＿（清華〈赤鵠之集湯之屋〉簡1）：此簡殘，未見字形，原整理者判斷仍有一字。

2. （清華〈赤鵠之集湯之屋〉簡 5）：簡文此字右旁字形或殘，原整理者

釋其左旁从示，且疑其與巫祝有關，而學界亦有不同之釋形說法。

3. 清華〈赤鵠之集湯之屋〉簡 2 末字：簡文此處位置亦殘，未見字形。

三、 在篇章性質方面

由於清華簡伊尹五篇之內容，有其相近之處，故學界大多將此五篇放在一起作討論，惟質言之，這五篇在文體、用語與內容仍是稍有不同，因此，學界對其篇章性質之界定，大抵有幾項看法，包括：

（一） 在〈尹至〉篇部分：夏大兆與黃德寬將此篇之結構分為「伊尹自夏徂亳」、「告湯夏隱」、「湯與伊尹盟誓」、「湯往征夏」、「翦滅有夏」等五個部分，可謂脈絡分明，完整呈現了二位學者所云「滅夏全過程」。

（二） 在〈尹誥〉篇部分：學者多以伊尹為主角，將此短篇簡文分為多個層次；而學者對於此篇與《尚書·咸有一德》之關係，亦多有所論，訟議不少。

（三） 關於清華〈赤鵠之集湯之屋〉簡之性質與內容，是目前學界討論最為廣泛的，如李學勤即以為其或見巫術色彩，恐與楚地或楚人之文化有關，且與《漢書·藝文志·諸子略》所錄《伊尹說》二十七篇應有密切之關係，不過，關於此篇文本之來源，學界仍或存異說；另外，關於此篇之內容，李學勤又引劉國忠之說，言及其應與《楚辭·天問》所載伊尹故事相涉。是故，清華〈赤鵠之集湯之屋〉簡不僅有其佚籍研究之價值，而對於楚文化或楚地文獻之研究，亦是同等重要，再者，此篇究竟屬小說或《書》類文獻，學界亦有不同之看法，凡此皆為值得作進一步探究之重點。

（四） 據學界之研究，知〈湯處於湯丘〉簡之內容，又與《墨子》、《呂氏春秋》、《孟子》、《史記》等傳世文獻，甚至是晏子思想俱有所相關，其文本內容與思想之來源為何，同樣是值得關注之焦點。

（五） 學界討論清華〈湯在啻門〉簡之性質，多論及「氣」與「五」等概念，此則又涉及其是否與道家或五行有關，值得作進一步之討論。

四、 在字形特色方面

字跡研究仍為清華簡此五篇學界所關注之焦點，而學界也有一定程度之共識，例如：

（一） 〈尹至〉與〈尹誥〉二篇之字跡相近，應屬同一書手，甚至在與清華簡其他篇比較後，部分篇章亦屬之，如同屬清華簡此五篇之〈赤鵠之集湯之屋〉亦可歸為同一類，故此等篇章又有所謂「尹至體」或「尹至類抄手」之說。學者此等研究成果，對於此二篇成書年代之判定，有其一定之意義與價值。

（二） 相較於〈尹至〉、〈尹誥〉與〈赤鵠之集湯之屋〉，〈湯處於湯丘〉與〈湯在啻門〉

二篇之字跡亦相近，屬同一書手之可能性也高，不過，此二篇在書寫方式或體例上，似較〈尹至〉、〈尹誥〉與〈赤鵠之集湯之屋〉等三篇來得複雜，此中尚有一定程度之討論空間。

五、 在文本之斷代與來源方面

根據學界之研究情況，清華簡此五篇在此方面之主要成果與疑義為：

（一）〈尹至〉簡之文本來源甚早，且與《尚書》有一定程度之關係，此應為學界之共識，至於其在春秋以降以至戰國之修訂情形，則仍有可再討論之空間。

（二）學者多認為〈尹誥〉簡應與《尚書‧咸有一德》有關，但此二篇之內容未臻相同，其所關涉之程度究竟有多少，實仍有不少疑義尚待討論。

（三）學界大多以為〈湯處於湯丘〉簡成書之時間，約在戰國時期，但其內容當有所本，有其流傳之來源，據此，則其是否有更早之本子，甚至成書年代能否再往前推溯，皆為值得作進一步探論之焦點。

（四）關於〈湯在啻門〉篇之簡文，學者多認為其與春秋戰國時期諸子之思想有關，甚至可對應到漢代馬王堆帛書之內容，惟其地域屬性，學者似有部分新說，此是否影響此篇文本斷代或來源之判定，尚且須作進一步之討論。

（五）〈赤鵠之集湯之屋〉簡之文本性質或來源為何，學界聚訟紛紜，包括：「小說」類、虛構內容、《書》類文獻、傳說或楚人為伊尹故事所新增之文本等類別歸屬，皆有學者主張，且各擅勝場，凡此皆可續作進一步之析論。

（六）就目前學界之分類而言，大抵是〈赤鵠之集湯之屋〉、〈尹至〉與〈尹誥〉為同一類，而〈湯處於湯丘〉與〈湯在啻門〉二篇則為另一組，而其篇章間能否聯讀，抑或編為同一卷，亦為學界關注之焦點。

六、 在古史研究方面

（一）〈尹誥〉簡所見「致眾」，則似與殷商甲骨文以下所見「民」與「眾」有關，在古史研究上有一定之參考價值。

（二）清華簡此五篇伊尹之名號或謂「尹」、「摯」，這在出土文獻中算是首見，也讓文獻中眾多之伊尹稱謂，更添一項可資研究之內容，而學界對此亦有不同之考證意見，包括其身分之問題，甚至將其視為簡牘分期斷代之依據，足見伊尹之古史與傳說，至少到了戰國年間，仍有其一定之影響力。

（三）清華簡此五篇中，多有正史未見載之事蹟，其於古史研究上之意義與價值為何，或有可再作討論之空間。

　　總而言之，目前學界在清華簡此五篇之研究成果，可謂相當豐碩，但也有不少問題尚待解決，或須作進一步之討論，尤其在對照古文字或傳世文獻所見伊尹之相關資料後，許多可資證成或調整之處，所在皆有。有鑑於此，本文擬在學界之研究基礎上，嘗試統整與釐清清華簡此五篇所見相關疑義。

第三章　　清華〈尹至〉簡研究

　　清華〈尹至〉簡收於《清華大學藏戰國竹簡（壹）》，[1]簡文內容以湯與伊尹諮議夏商政事為主，能與《尚書・湯誓》、《古本竹書紀年》、《史記・殷本紀》或《呂氏春秋・慎大覽・慎大》等古籍所載相關史事互為呼應，對於戰國文字與夏商古史之研究，有一定之意義與價值。茲先論其形制編聯，復考其相關字詞，再釋其篇章相關內容。

第一節　　形制編聯

　　據原整理者之說明，知〈尹至〉簡共五支簡，簡長約 45 公分，三道編，[2]與〈尹誥〉簡幾近相同，故原整理者在此二篇字體風格相近之基礎上，以為「《尹至》簡同本輯下面收錄的《尹誥》簡，形制、尺寸全然相同，字體風格也出於一手，應為同時書寫」，[3]原整理者之說有其可信度與啟發性。除了字體風格部分留待本文第八章再作討論外，值得注意的是，此二篇在滿簡書寫容字量上，雖然相近但非全同，若含重文，〈尹至〉為29 至 32 字，而〈尹誥〉則為 31 至 34 字，[4]因此，頗疑此二篇雖然有可能是同一書手所寫，但仍有其各自之書寫格局或規範。

　　而在書寫方式上，李均明曾據編繩壓住字跡之現象，認為此篇應該是「先寫字，然後再纏編聯成冊的」，[5]其說符合簡牘書寫與編聯順序之判定原則，[6]可信，再者，此篇簡文簡背存有簡序，這也是簡牘「先寫後編」之主要特徵，[7]因此，〈尹至〉基本上不會是「先編後寫」之長篇文獻，[8]而是屬於較短篇之古籍篇章，即使加上性質相近之〈尹誥〉，將此二篇聯讀，應該也不至於變成長篇文獻。

　　至於此批簡之編聯，因其簡背皆有次序編號，故應無編聯上之疑義，今仍依原整理者所排定之簡序，[9]進行校詁之工作。

---

[1] 清華大學出土文獻研究與保護中心編、李學勤主編：《清華大學藏戰國竹簡（壹）》（上海：中西書局，2010 年 12 月第一版）。

[2] 清華大學出土文獻研究與保護中心編、李學勤主編：《清華大學藏戰國竹簡（壹）》（上海：中西書局，2010 年 12 月第一版），頁 127。

[3] 清華大學出土文獻研究與保護中心編、李學勤主編：《清華大學藏戰國竹簡（壹）》（上海：中西書局，2010 年 12 月第一版），頁 127。

[4] 清華大學出土文獻研究與保護中心編、李學勤主編：《清華大學藏戰國竹簡（壹）》（上海：中西書局，2010 年 12 月第一版），頁 127、132。

[5] 李均明：〈清華簡首集簡冊文本解析〉，收入清華大學出土文獻研究與保護中心、北京大學出土文獻研究所、荊州文物保護中心編，李學勤、朱鳳瀚、趙平安、方北松主編，馬楠、賈連翔助編：《古代簡牘保護與整理研究》（上海：中西書局，2012 年 6 月第一版），頁 39-49。

[6] 此方面說法，可參考李均明、劉軍：《簡牘文書學》（南寧：廣西教育出版社，1999 年 6 月第一版），頁15；張顯成：《簡帛文獻學通論》（北京：中華書局，2004 年 10 月第一版），頁 123。

[7] 此方面說法，可參考張顯成：《簡帛文獻學通論》（北京：中華書局，2004 年 10 月第一版），頁 123。

[8] 此方面說法，可參考張顯成《簡帛文獻學通論》（北京：中華書局，2004 年 10 月第一版），頁 123。

[9] 清華大學出土文獻研究與保護中心編、李學勤主編：《清華大學藏戰國竹簡（壹）》（上海：中西書局，2010 年 12 月第一版）。

第二節　字詞校詁

茲擬〈尹至〉簡釋文如下，並考證此中所見相關疑例：

佳（惟）尹〔1〕自顯（夏、夏）薆（蔽、蘆；徂）白（亳），彔（燦、彔；燦）〔2〕至才（在）湯＝（湯。湯）曰：「各（格），女（汝）元（丌、其）又（有）吉（實）志。〔3〕」尹曰：「句（后），我迷（來、來），越（粵）〔4〕今昀＝（旬日）〔5〕。余兑（微、膱）〔6〕元（丌、其）又（有）顯（夏、夏）眾【簡1】遅（失？、失）〔7〕吉好，元（丌、其）又（有）句（后）〔氏〕（兵、厥）志元（丌、其）倉（喪）-〔8〕，龍（寵）二玉，弗悬（？、虞）元（丌、其）又（有）眾。民浚（浚、率）〔9〕曰：『余返（及、及）女（汝）㫒（皆、皆）屵（喪、亡）〔10〕。』佳（惟）歲（茲）：蟲（？、虐）、惪（賊）、癋（？、暴）、雜（？、貪），【簡2】亡（無）簔（典、典）〔11〕。顯（夏、夏）又（有）羑（祥）〔12〕，才（在）西才（在）東，見章于天，元（丌、其）又（有）民銜（逮、率）曰：『佳（惟）我侏（？、速）禞（？、禍）。』咸曰：『憲（憲、憲；曰）〔13〕今東羑（祥）不章-，今【簡3】元（丌、其）女（如）剡（台、台）-？』」湯曰：「女（汝）告我顯（夏、夏）䞓（？、隱）〔14〕銜（逮、率）若寺（時）-？」尹曰：「若寺（時）-。」湯景（盟、盟）訫（慎；質）〔15〕返（及、及）尹，摯（？、茲）乃柔（務）大縈（縈）〔16〕。湯逴（往、往）【簡4】征（征）弗雋（？、附）〔17〕，執（摯）尾（宅、度），執惪（德、德）不諐（僭、僭）〔18〕。自西戔（？；仇（讎）？、擊？）〔19〕【存疑別解】西邑〔20〕，夽（？；或、截）元（丌、其）又（有）顯＝（夏＝；夏、夏）料〔21〕民內（入）于水曰嘼（戰），帝曰：「一（殪）勿遺L。」〔22〕【存疑別解】【簡5】

一【簡1背】

二【簡2背】

三【簡3背】

四【簡4背】

五【簡5背】

〔1〕尹

原整理者釋作「伊尹」。[10]

伊尹在簡文中單稱「尹」或「摯」，「摯」為其名，簡文或以「執」字代之，如簡4

[10] 清華大學出土文獻研究與保護中心編、李學勤主編：《清華大學藏戰國竹簡（壹）》（上海：中西書局，2010 年 12 月第一版），頁 128。

所云「執度，執德不僭」，前一個「執」字可讀為「摯」，即伊尹之名，傳世文獻或謂「伊摯」。[11]

　　而伊尹其人，如上一章節所述，始見於殷商甲骨文，且多為用祀之對象，其用牲情況接近商王同等級，地位不低，不過，兩周金文與其他戰國文字，則仍未見稱「伊尹」、「尹」或「摯」之例，再者，先秦傳世文獻除「伊尹」外，其稱「伊尹」為「尹」或「摯」者，尚猶未見，因此，簡文此所見「尹」或「摯」之伊尹稱謂，應是目前所見最早之用例，而學界對此早有所論，如黃麗娟即以為「尹」應讀為「伊」，「伊」為其私名，[12]黃庭頎則認為「以『尹』、『執』稱呼伊尹之習慣，乃是戰國時人因應伊尹負鼎干湯傳說而產生，並非伊尹原有之呼」，更以為此具有春秋以降或戰國楚人之分期分域特徵，[13]二家之說皆有其理據，但不可否認的是，「伊尹」之稱謂，自殷商甲骨文以下，即繁多且複雜，而「尹」與「摯」目前卻僅見於清華簡此五篇之中，代表這五篇至少在分期斷代上應有其共性，其實，「尹」在殷墟卜辭中，多與官名有關，鍾柏生對此有詳細之考證，並云「筆者懷疑這些『尹』官，原來都有分類，應稱為『某尹』（或『某某尹』），有如春秋楚國官制，卜辭省稱，故只留下『尹』與『多尹』之名」，[14]可見簡文此所謂「尹」之稱謂，倘暫不論其是否指伊尹，其時代來源可能相當早，也代表清華簡此五篇之部分內容，應是沿承了早期原始之字詞，最早可溯及殷商，更可進一步證明清華簡此五篇有可能是經過一段時間增潤後之文本，不過，目前傳世文獻仍缺稱「伊尹」為「尹」之實證，或猶有待新考與新出矣。

〔2〕（歸、彳；歸）
　　簡文此字之形為：

　　（清華〈尹至〉簡1）

　　原整理者隸作「彳」，釋從彳，並讀為「遾」，表「行」之意；[15]復旦大學出土文獻

---

[11]　如上文所引《孫子·用間》云「昔殷之興也，伊摯在夏；周之興也，呂牙在殷。」又如《墨子·尚賢》曰「伊摯，有莘氏女之私臣，親為庖人，湯得之，舉以為己相，與接天下之政，治天下之民。」再如《楚辭·天問》或云「帝乃降觀，下逢伊摯。」朱熹注曰「帝謂湯也，摯伊尹名也。」凡此所云「伊摯」，即伊尹之名。〔周〕孫武原著、〔漢〕曹操等注、郭化若譯：《十一家注孫子》（據宋本標點排印，臺北：華正書局，1989年10月初版），卷下，頁236；〔清〕張純一：《墨子集解》（臺北：文史哲出版社，2011年8月BOD版），卷二，頁81-82；〔宋〕朱熹：《楚辭集注》（臺北：藝文印書館，1983年6月四版），卷三，頁120。

[12]　黃麗娟：〈清華簡〈尹誥〉疑難字詞考釋〉，《國文學報》52（2012年12月），頁33-58。

[13]　黃庭頎：〈清華大學藏戰國竹簡〈尹至〉探析〉，《有鳳初鳴年刊》8（2012年7月），頁485-503；黃庭頎：〈論古文字材料所見之「伊尹」稱號──兼論〈尹至〉、〈尹誥〉之「尹」、「執」（摯）〉，《東華中文學報》5（2012年12月），頁63-86。

[14]　鍾柏生：〈卜辭中所見的尹官〉，《中國文字》新25（1999年12月），頁1-18。

[15]　清華大學出土文獻研究與保護中心編、李學勤主編：《清華大學藏戰國竹簡（壹）》（上海：中西書局，2010年12月第一版），頁128。

與古文字研究中心研究生讀書會對於讀「逯」之說，尚且存疑；[16]網路發言者ee（單育辰）隸同原整理者，讀為「麓」，並將其上讀；[17]網路發言者dgcf從單育辰之說，亦讀為「麓」，屬上讀，並補證簡文所云「亳麓」疑乃《合集》35501牛距骨刻辭之「白麓」，即「亳」地；[18]廖名春亦從ee（單育辰）與dgcf之說；[19]網路發言者月下聽泉（郭永秉）據黃天樹釋殷商甲骨文「夗」字之說，改讀為「夗」，表夜間時稱之意，屬下讀，並以為簡文辭例當猶古書所云「夜至于楚軍」（《左傳·宣公十二年》）之類，甚至據此認定清華〈尹至〉簡應是一篇較早之文獻，其後，在其正式刊行之專文，所論亦同；[20]網路發言者子居將簡文此字釋為「從夕從彔」，並將此段簡文釋為「湯至祿于伊尹」；[21]張崇禮則改讀為「暮」；[22]宋華強據郭店與上博〈緇衣〉簡所云「從容有常」語，以為簡文此例當即其對應之字，應讀為「從」，屬下讀；[23]黃人二與趙思木認為「簡文此字，應隸讀為『適』，……可視簡文此字從夕、從彔、啻省聲。……簡文這裡應該就是《孟子·告子下》『五就湯』的第四次『就湯』，從『夕』，知其連夜奔湯，示其緊急」；[24]黃懷信仍讀為「逯」，釋作「謹慎而連續地行」之意，屬下讀；[25]黃庭頎贊同「夜間時稱」之說，並以為「此處簡文可斷讀為『逯至，在湯』，即形容伊尹夜半到來」；[26]季旭昇亦從上引郭永秉之說，將簡文此例釋為夜間時稱；[27]沈建華引《詩經·大雅·皇矣》「爰整其旅，

---

[16] 復旦大學出土文獻與古文字研究中心研究生讀書會：〈清華簡《尹至》、《尹誥》研讀札記（附：《尹至》、《尹誥》、《程寤》釋文）〉，復旦大學出土文獻與古文字研究中心，網址：http://www.gwz.fudan.edu.cn/Web/Show/1352，2011年1月5日，檢索日期：2018年6月25日。

[17] 復旦大學出土文獻與古文字研究中心研究生讀書會：〈清華九簡研讀札記〉文末15樓網路發言者ee之評論，復旦大學出土文獻與古文字研究中心，網址：http://www.gwz.fudan.edu.cn/Web/Show/1166，2010年6月12日，檢索日期：2018年6月25日。

[18] 復旦大學出土文獻與古文字研究中心研究生讀書會：〈清華九簡研讀札記〉文末16樓網路發言者dgcf之評論，復旦大學出土文獻與古文字研究中心，網址：http://www.gwz.fudan.edu.cn/Web/Show/1166，2010年6月12日，檢索日期：2018年6月25日。

[19] 廖名春：〈清華簡與《尚書》研究〉，《文史哲》2010年第6期，頁120-125。

[20] 復旦大學出土文獻與古文字研究中心研究生讀書會：〈清華九簡研讀札記〉文末17樓網路發言者月下聽泉之評論，網址：http://www.gwz.fudan.edu.cn/Web/Show/1166，2010年6月17日，檢索日期：2018年6月25日；郭永秉：〈清華簡《尹至》「夗至在湯」解〉，收入郭永秉：《古文字與古文獻論集續編》（上海：上海古籍出版社，2015年8月第一版），頁248-253。

[21] 網路發言者子居：〈清華簡九篇九簡解析〉，「中國先秦史」網站，網址：http://www.xianqin.tk/2010/07/01/185/，2010年7月1日，檢索日期：2018年6月24日。

[22] 復旦大學出土文獻與古文字研究中心研究生讀書會：〈清華簡《尹至》、《尹誥》研讀札記（附：《尹至》、《尹誥》、《程寤》釋文）〉文末21樓張崇禮之評論，復旦大學出土文獻與古文字研究中心，網址：http://www.gwz.fudan.edu.cn/Web/Show/1352，2011年1月7日，檢索日期：2018年6月25日。

[23] 宋華強：〈清華簡校讀散札〉，武漢大學簡帛研究中心，網址：http://www.bsm.org.cn/show_article.php?id=1380，2011年1月10日，檢索日期：2018年8月16日。

[24] 黃人二、趙思木：〈清華簡《尹至》補釋〉，武漢大學簡帛研究中心，網址：http://www.bsm.org.cn/show_article.php?id=1383，2011年1月11日，檢索日期：2018年7月13日。

[25] 黃懷信：〈清華簡《尹至》補釋〉，武漢大學簡帛研究中心，網址：http://www.bsm.org.cn/show_article.php?id=1416，2011年3月17日，檢索日期：2018年8月16日。

[26] 黃庭頎：〈清華大學藏戰國竹簡〈尹至〉探析〉，《有鳳初鳴年刊》8（2012年7月），頁485-503。

[27] 季旭昇主編、王瑜楨等合撰：《清華大學藏戰國竹簡（壹）讀本》（臺北：藝文印書館，2013年11月初版），〈尹至〉譯釋章季旭昇案語，頁1-3、4。

以按徂旅」句，將簡文此例讀為「旅」；[28]羅琨仍讀為「逯」；[29]夏大兆與黃德寬肯定郭永秉之說，並在其釋文中，將此字釋讀為「」；[30]馮勝君隸作「」；[31]馬嘉賢亦釋為「從夕，彔聲，其字是表示夜半時分的『夜間時稱』」；[32]王昆從郭永秉之說；[33]李爽仍從黃天樹與郭永秉之說；[34]劉光勝讀為「歸」；[35]曹雨楊大抵仍從郭永秉之說。[36]

此字形構似从夕从彔，其形與楚簡从帝諸例差異甚鉅，應非「適」字，[37]學者所釋从彔之說，仍是較可信之看法，而其相關之類例，又見於包山簡、郭店簡與上博簡：

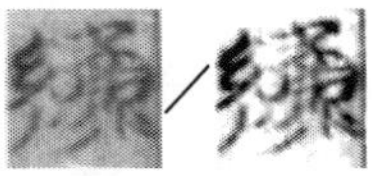（包山簡 262「綠」）

（郭店〈魯穆公問子思〉簡 6「彔」）

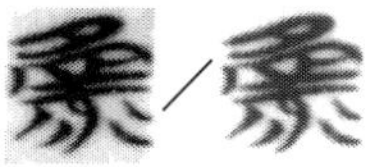（郭店〈魯穆公問子思〉簡 7「彔」）

（郭店〈魯穆公問子思〉簡 7「彔」）

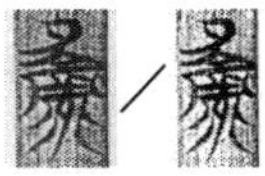（上博〈曹沫之陳〉簡 21「彔」）

28 沈建華：〈清華楚簡《尹至》釋文試解〉，《中國史研究》2011 年第 1 期，頁 67-72。

29 羅琨：〈讀《尹至》「自夏徂亳」〉，收入清華大學出土文獻研究與保護中心編、李學勤主編：《出土文獻》2（上海：中西書局，2011 年 11 月第一版），頁 8-16。

30 夏大兆、黃德寬：〈關於清華簡《尹至》《尹誥》的形成和性質——從伊尹傳說在先秦傳世和出土文獻中的流變考察〉，《文史》2014 年第 3 輯（總 108），頁 213-239。

31 馮勝君：〈清華簡《尹至》「茲乃柔大縈」解〉，收入中國文化遺產研究院編：《出土文獻研究（「簡帛文字與書法國際研討會」特輯）》13（上海：中西書局，2014 年 12 月第一版），頁 310-317。

32 馬嘉賢：《清華壹《尹至》、《尹誥》、《皇門》、《祭公之顧命》研究》（國立彰化師範大學國文學系博士論文，2015 年 7 月），頁 22。

33 王昆：《清華簡《尹至》、《尹誥》、《赤鵠之集湯之屋》集釋》（河北大學文學碩士學位論文，2016 年 5 月），頁 8。

34 李爽：《清華簡「伊尹」五篇集釋》（吉林大學碩士論文，2016 年 6 月），頁 14。

35 劉光勝：《《清華大學藏戰國竹簡（壹）》整理研究》（上海：上海古籍出版社，2016 年 9 月第一版），頁 45-46。

36 曹雨楊：《《清華大學藏戰國竹簡（壹）—（參）》疑難字詞集釋及釋文校注》（吉林大學碩士學位論文，2020 年 5 月），頁 7-13。

37 楚簡从帝諸例，其形或作：（曾侯乙簡 1「適」）、（郭店〈緇衣〉簡 7「帝」）、（郭店〈六德〉簡 4「帝」）、（上博〈子羔〉簡 1「帝」）、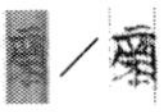（清華〈尹至〉簡 5「帝」），就上引諸例字形而言，其字形確實與簡文此字差異甚鉅，尤其在下方形構部分。

（上博〈曹沬之陳〉簡50「彔」）

　　包山簡例即「綠」字，其右旁與簡文此字最為相近，連上方僅有二長橫筆，且非一般楚簡「彔」字所習見「一短橫、二長橫」之寫法亦同，[38]該例在簡文中表顏色之意，其辭例為「綠裏」（包山簡262）；[39]至於郭店簡此等類例舊多釋為「彔」，讀為「祿」，[40]其簡文或云「夫為其君之故殺其身者，效祿爵者也。」（郭店〈魯穆公問子思〉簡6），可訓作「俸給」；再如上博簡二例，學界或隸作「彔」、「䍪」、「䋷」等，但皆讀為「祿」，[41]其辭例與上引郭店〈魯穆公問子思〉簡近同，或云「進則祿爵有常，機莫之當」（上博〈曹沬之陳〉簡24下、50）。[42]故大抵而言，可知以往學界對於包山簡、郭店簡與上博簡此等類例，舊多逕隸釋為「彔」，但後出轉精，逐漸釋出相關形構，不過，此等字釋從彔，應該是沒有問題的。惟此中值得留意的是，學者所釋「夕」、「宀」等繁縟形構，「宀」乃戰國文字所習見之羨符，自不待言，[43]而「夕」旁則正是〈尹至〉簡此例學者

---

[38] 楚簡一般所見「彔」字，其上方多為「一短橫、二長橫」之寫法，例如：　／　（曾侯乙簡4）、　（上博〈孔子詩論〉簡11）、　／　（清華〈命訓〉簡8），再如上文所引郭店〈魯穆公問子思〉簡與上博〈曹沬之陳〉簡諸例亦同，僅部分「彔」字或從彔例作「二長橫」之形，例如：　／　（包山簡190）、　／　（包山簡153「郟」）、　／　（包山簡130「郟」）。

[39] 包山簡例學界多隸釋作「綠」，幾無異說。張光裕主編、袁國華合編：《包山楚簡文字編》（臺北：藝文印書館，1992年11月初版），頁886；何琳儀：《戰國古文字典——戰國文字聲系》（北京：中華書局，1998年9月第一版），頁383；劉信芳：《包山楚簡解詁》（臺北：藝文印書館，2003年元月初版），頁268；李守奎編著：《楚文字編》（上海：華東師範大學出版社，2003年12月第一版），頁727；陳偉等：《楚地出土戰國簡冊[十四種]》（北京：經濟科學出版社，2009年9月第一版），頁120；朱曉雪：《包山楚簡綜述》（福州：福建人民出版社，2013年12月第一版），頁717。

[40] 郭店簡此三例，學界亦多隸釋作「彔」，大抵無異說。荊門市博物館：《郭店楚墓竹簡》（北京：文物出版社，1998年5月第一版），頁141；張光裕主編、袁國華合編：《郭店楚簡研究　第一卷　文字編》（臺北：藝文印書館，1999年元月初版），頁530；李零：《郭店楚簡校讀記》（北京：北京大學出版社，2002年3月第一版），頁85；劉釗：《郭店楚簡校釋》（福州：福建人民出版社，2003年12月第一版），頁177-178；陳偉等：《楚地出土戰國簡冊[十四種]》（北京：經濟科學出版社，2009年9月第一版），頁175。

[41] 上博簡此二例，原整理者隸作「彔」，讀為「祿」，陳劍亦讀為「祿」，惟李守奎改隸釋作「䍪」，而高佑仁則隸作「䋷」，並釋其形為「上從『夕』，下從『彔』，……『夕』可能兼聲」，可知李守奎已開始注意到此類字例上所從之「夕」旁，此應即〈尹至〉簡此例相類之形構，而高佑仁似又多釋了一個「宀」旁。馬承源主編：《上海博物館藏戰國楚竹書（四）》（上海：上海古籍出版社，2004年12月第一版），頁256、276；陳劍：〈上博竹書《曹沬之陳》新編釋文〉，原發表於簡帛研究網，2005年2月12日，其後經增補修訂後，收入陳劍：《戰國竹書論集》（上海：上海古籍出版社，2013年12月第一版），頁114-124；李守奎：〈《曹沬之陣》之隸定與古文字隸定方法初探〉，收入中國文字學會、河北大學漢字研究中心編：《漢字研究》1（北京：學苑出版社，2005年6月北京第一版），頁492-499；季旭昇主編，袁國華協編，陳思婷、張繼凌、高佑仁、朱賜麟合編：《《上海博物館藏戰國楚竹書（四）》讀本》（臺北：萬卷樓圖書公司，2007年3月初版），頁180。

[42] 此處之編聯與釋讀，主要是採用李旭昇、高佑仁、朱賜麟之說法。季旭昇主編，袁國華協編，陳思婷、張繼凌、高佑仁、朱賜麟合編：《《上海博物館藏戰國楚竹書（四）》讀本》（臺北：萬卷樓圖書公司，2007年3月初版），頁144、147。

[43] 眾所周知，戰國「宀」旁為習見之羨符，如「中」字即有從宀與不從宀等兩種異構：　（郭店〈五行〉

隸釋之焦點，其實，若復以秦漢文字所見从彔之例而言，其「彔」形上方或作交筆、圓弧筆勢，疑即「夕」旁之異化，例如：

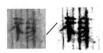（里耶秦簡 8.1516「祿」）

（里耶秦簡 8.2217「祿」）

（《說文》「祿」）

此即此類从夕从彔諸例字形發展之關鍵環節，換言之，此類字例本从夕形，但自秦漢以下，已融入字形且不復見。惟此「夕」形之來源為何，學者或疑其與殷商甲骨文「夊彔」字有關，茲列殷商甲骨文此等類例之字形與辭例如下：

分期	字形	辭例
第一期	（《合集》14103）	☐唯☐中夊彔☐隙嘉？二日☐
第一期	（《合集》20964）	乙巳，夊彔雨？

黃天樹將殷商甲骨文此等類例隸作「夊彔」，釋為从夕从彔，並以為此乃夜間時稱之謂，而其所从夕，即與此用義有關，[44]其說可從，今復考殷商甲骨文此等類例之形構組合，確實與簡文此例相近，其或為一字之異構，故學者將其併而釋之，應屬可信，而此中尚可留意者，乃在於殷商甲骨文此等類例，其形从夕與否不一，例如：「☐熹☐壬其雨，不☐中彔允☐辰亦☐風」（第一期：《合集》13375 正）、「丁酉中彔卜，在兮貞：『在狁田，莫其以右人雨，亡災？』」（第五期：《合集》35344），此二辭例所見「中彔」一詞，鄧飛在黃天樹說之基礎上，將其釋作夜半時刻，[45]可信，據此，則「中彔」與上引殷商甲骨文「夊彔」字二例相同，皆表夜間時稱，惟此二條辭例之「彔」字似不从夕，抑或已有異化，其形分作：

簡 5）、𠁁（郭店《老子‧甲》簡 24），因此，上文附注所引高佑仁之隸釋方式，在本質上，與李守奎說並無太大之不同。

44 黃天樹：〈殷墟甲骨文所見夜間時稱考〉，收入黃天樹：《黃天樹古文字論集》（北京：學苑出版社，2006 年 8 月第一版），頁 178-193。

45 鄧飛：《商代甲金文時間範疇研究》（北京：人民出版社，2013 年 10 月第一版），頁 21、208。

（第一期：《合集》13375 正）

（第五期：《合集》35344）

　　有鑑於此，頗疑古文字所見此類从夕从彖之例，其所从夕或因表夜間時稱之故，而為繁化之形構，其用例在殷商甲骨文中至為明確，惟自戰國秦漢以下，除簡文此例以外，此等類例之義訓，已多作他解，甚或隸近為今所見楷書之形，而與「彖」字混同。另外，上文附注所引高佑仁釋上博簡「」字時，其將「夕」旁釋為聲符，似有其可能，惟屋、鐸二部目前所看到合韻之資料，大抵要晚至漢代，[46]且在古文字或傳世文獻中，「夕」、「彖」二字也甚少見到可相通者，因此，此類从夕之「彖」字，其「夕」旁恐怕仍是以表義功能為重，而非聲符。

　　至於原整理者將簡文此例讀為「逐」，表「行」之意，其所引《方言》之義訓，殆表「隨意行走」之義，似與簡文伊尹間夏返亳後，當持審慎態度與湯諮議之情境不甚相合，甚且簡文所云「行至在湯」，其辭例傳世文獻未見，有鑑於此，學者或改讀為「麓」、「」、「旅」、「暮」、「從」、「逡」（行謹逡逡義）、「歸」等，其中，讀為「麓」與「」者，具殷商甲骨文辭例證據，可信度最高，倘若再考量上引之字形關係與傳世文獻語例，其讀為「」者，應更近於簡文原恉，或猶《左傳·宣公十二年》云「潘黨既逐魏錡，趙旃夜至於楚軍，席於軍門之外，使其徒入之」，[47]此所見「夜至於楚軍」之「於」字，當訓同「在」，與簡文「至在湯」之辭例近同，毋須如原整理者解為「存問」，[48]甚至如黃庭頎將其與下文斷讀，[49]俱猶可商，故廖名春、黃懷信將簡文此「在」字訓作「于」，[50]抑或宋華強與季旭昇釋「在」為介詞，[51]可信，換言之，簡文此例當可讀為「」，當表伊尹於夜間時分至湯處之謂也。

〔3〕吉（實）志

　　簡文所謂「吉志」之釋義，歷來諸家或存異說：原整理者引《說文》將「吉」釋為

[46] 陳新雄：《古音研究》（臺北：五南圖書公司，1999 年 4 月初版），頁 463；李存智：《上博楚簡通假字音韻研究》（臺北：萬卷樓圖書公司，2010 年 2 月初版），頁 218。

[47] 〔晉〕杜預注、〔唐〕孔穎達疏：《春秋左傳正義》（清嘉慶二十年江西南昌府學重刊宋刻本，臺北：藝文印書館，1997 年 8 月初版），卷二十三，頁 395。

[48] 清華大學出土文獻研究與保護中心編、李學勤主編：《清華大學藏戰國竹簡（壹）》（上海：中西書局，2010 年 12 月第一版），頁 128。

[49] 黃庭頎：〈清華大學藏戰國竹簡〈尹至〉探析〉，《有鳳初鳴年刊》8（2012 年 7 月），頁 485-503。

[50] 廖名春：〈清華簡與《尚書》研究〉，《文史哲》2010 年第 6 期，頁 120-125；黃懷信：〈清華簡《尹至》補釋〉，武漢大學簡帛研究中心，網址：http://www.bsm.org.cn/show_article.php?id=1416，2011 年 3 月 17 日，檢索日期：2018 年 8 月 16 日。

[51] 宋華強：〈清華簡校讀散札〉，武漢大學簡帛研究中心，網址：http://www.bsm.org.cn/show_article.php?id=1380，2011 年 1 月 10 日，檢索日期：2018 年 8 月 16 日；季旭昇主編、王瑜楨等合撰：《清華大學藏戰國竹簡（壹）讀本》（臺北：藝文印書館，2013 年 11 月初版），〈尹至〉譯釋章季旭昇案語，頁 1-3、4。

「善也」,「志」則釋作「意也」;[52]廖名春以為「吉志」指「善意,好的打算」;[53]黃懷信疑「志」當作「言」,「吉言」指「好話、好情報、好消息」之意;[54]沈建華解作「好的主意」;[55]劉信芳釋為「志」即「識也」,「吉志」或猶今所言之「好消息」;[56]陳民鎮亦訓作「好消息」;[57]羅琨大抵仍從原整理者之說;[58]網路發言者子居將「吉」、「志」二字讀斷,並將「吉」訓作「利」,「志」則訓作「識、記」;[59]黃庭頎將「志」解作「記誌」,並以為「此處『吉志』可理解為『吉記』,即好的紀錄」;[60]劉國忠以為「所謂的『吉志』(釋為『很好的意願』),就是指伊尹願意重新回到商湯的身邊,追隨商湯。商湯在尋問伊尹是否已經下定了這個決心」;[61]季旭昇以裘錫圭之釋字理論為基礎,疑「吉志」可釋為「堅定的意志」,其後,又補釋為「堅定(滅夏)的心意」,同時,也將簡2之「吉好」釋作「堅實地對國家盡忠」之意,〈尹誥〉簡4之「吉言」則釋為「堅定的話」;[62]夏大兆與黃德寬讀為「吉志」,至於簡2與〈尹誥〉之相關辭例,則分讀為「吉好」與「吉言」,惟皆無說;[63]馬嘉賢仍從原整理者之說;[64]王寧亦訓作「善」;[65]王昆認為「『吉志』,指伊尹所帶來的好消息」,並將「吉言」釋為「好的教化」;[66]李爽大抵贊同季旭昇之說,

[52] 清華大學出土文獻研究與保護中心編、李學勤主編:《清華大學藏戰國竹簡(壹)》(上海:中西書局,2010年12月第一版),頁128。

[53] 廖名春:〈清華簡與《尚書》研究〉,《文史哲》2010年第6期,頁120-125。

[54] 黃懷信:〈清華簡《尹至》補釋〉,武漢大學簡帛研究中心,網址:http://www.bsm.org.cn/show_article.php?id=1416,2011年3月17日,檢索日期:2018年8月16日。

[55] 沈建華:〈清華楚簡《尹至》釋文試解〉,《中國史研究》2011年第1期,頁67-72。

[56] 劉信芳:〈清華藏簡(壹)試讀〉,復旦大學出土文獻與古文字研究中心,網址:http://www.gwz.fudan.edu.cn/Web/Show/1643,2011年9月9日,檢索日期:2018年6月20日。

[57] 陳民鎮:〈清華簡《尹至》集釋〉,復旦大學出土文獻與古文字研究中心,網址:http://www.gwz.fudan.edu.cn/Web/Show/1647,2011年9月12日,檢索日期:2018年8月12日。

[58] 羅琨:〈讀《尹至》「自夏徂亳」〉,收入清華大學出土文獻研究與保護中心編、李學勤主編:《出土文獻》2(上海:中西書局,2011年11月第一版),頁8-16。

[59] 網路發言者子居:〈清華簡《尹至》解析〉,「中國先秦史」網站,網址:http://xianqinshi.blogspot.com/2017/09/blog-post_15.html,2011年12月19日,檢索日期:2018年8月16日。

[60] 黃庭頎:〈清華大學藏戰國竹簡〈尹至〉探析〉,《有鳳初鳴年刊》8(2012年7月),頁485-503。

[61] 劉國忠:〈清華簡《赤鵠之集湯之屋》與伊尹間夏〉,《深圳大學學報(人文社會科學版)》2013年第1期,頁64-67,亦收入清華大學出土文獻研究與保護中心編:《清華簡研究》2,上海:中西書局,2015年8月第一版,頁172-177,另收入劉國忠:《走近清華簡:增補版》(北京:清華大學出版社,2020年6月第一版),頁217-225。

[62] 裘錫圭之說見於其所著〈說字小記〉。季旭昇主編、王瑜楨等合撰:《清華大學藏戰國竹簡(壹)讀本》(臺北:藝文印書館,2013年11月初版),〈尹至〉譯釋章季旭昇案語,頁1-3、4-5;季旭昇:〈清華壹〈尹至〉〈尹誥〉中的「吉」字〉,《彰化師大國文學誌》32(2016年6月),頁43-51;裘錫圭:〈說字小記〉,《北京師院學報(社會科學版)》1988年第2期,頁8-17,亦收入裘錫圭:《古文字論集》,北京:中華書局,1992年8月第一版,頁638-651。

[63] 夏大兆、黃德寬:〈關於清華簡《尹至》《尹誥》的形成和性質——從伊尹傳說在先秦傳世和出土文獻中的流變考察〉,《文史》2014年第3輯(總108),頁213-239。

[64] 馬嘉賢:《清華壹《尹至》、《尹誥》、《皇門》、《祭公之顧命》研究》(國立彰化師範大學國文學系博士論文,2015年7月),頁24。

[65] 王寧:〈清華簡《說命》補釋五則〉,武漢大學簡帛研究中心,網址:http://www.bsm.org.cn/show_article.php?id=2472,2016年2月19日,檢索日期:2018年6月27日。

[66] 王昆:《清華簡《尹至》、《尹誥》、《赤鵠之集湯之屋》集釋》(河北大學文學碩士學位論文,2016

並釋為「滅夏的堅定意志」；[67]劉光勝將「志」訓作「詩」，或指民間歌謠；[68]趙思木大抵仍從李學勤之說，並補云其「意」，當指「夏情」之謂；[69]洪君妤仍從季旭昇之說；[70]曹雨楊釋為「指對於我方而言的利好消息」。[71]

　　諸家之說，皆有其理據，其中，季旭昇之說，有古文字學者之考證成果作為基礎，[72]且有相關文獻為證，更能通讀簡文，最是可信，而劉國忠雖仍將「吉」解作「很好」，但又云「下定決心」，因此，實際上，其論點與季旭昇之說相類，似乎皆有類似「堅實」之義素，故二家之說，應最近於簡文之原恉；不過，歷來傳世文獻與訓詁語料所見「吉」字，幾未見可訓作「堅實」義者，此中或僅《釋名》釋「吉」云「吉，實也，有善實也」，[73]對此，金景芳以為「《釋名》卷四：『吉，實也，善實也。』吉言，善言，好話，符合實際的話，與『浮言』相反」，[74]而季旭昇則認為「金景芳先生體會到此處的『吉言』不能只解釋為『善言』，而應該是帶著『實』的『善言』（只是這個『實』字不宜解為『符合實際』，而應解為擁護王政的立場『堅實』）」，[75]又如《荀子・仲尼》曾云「持寵處位，終身不厭之術：……是持寵處位，終身不厭之術也。雖在貧窮徒處之埶，亦取象於是矣，夫是之謂吉人。《詩》曰：『媚茲一人，應侯順德，永言孝思，昭哉嗣服。』此之謂也。」[76]季旭昇更以為「此處的『善』應該和〈盤庚上〉一樣，帶有堅定不移的情操，這是從『吉』的本義『堅實』來的」，[77]大抵季旭昇已為此等書證作了詳實之詮解，使得文意更為通暢與合理，其說是可從的。其實，荀子所引《詩》以證「吉人」者，在《詩經》中作「吉士」，「吉士」與「吉人」上下對文，[78]「吉士」應即「吉人」，在此應指「賢良之人」，[79]而「賢」字形構本就有「堅實」之意，其字從臤，「臤」可訓「堅」，其猶《說文》

年5月），頁9、49-51。

[67] 李爽：《清華簡「伊尹」五篇集釋》（吉林大學碩士論文，2016年6月），頁16。

[68] 劉光勝：《《清華大學藏戰國竹簡（壹）》整理研究》（上海：上海古籍出版社，2016年9月第一版），頁47-48。

[69] 趙思木：《《清華大學藏戰國竹簡（壹）》集釋及專題研究》（華東師範大學博士論文，2017年6月），頁33。

[70] 洪君妤：《戰國竹書伊尹文獻研究》（國立中興大學中國文學研究所碩士論文，2017年8月），頁11-12。

[71] 曹雨楊：《《清華大學藏戰國竹簡（壹）—（參）》疑難字詞集釋及釋文校注》（吉林大學碩士學位論文，2020年5月），頁13-15。

[72] 與此相關之論著，包括：于省吾：《殷契駢枝全編》（臺北：藝文印書館，1975年11月再版），頁59-60；朱芳圃：《殷周文字釋叢》（臺北：臺灣學生書局，1972年8月景印初版），頁5-6；；裘錫圭：〈說字小記〉，《北京師院學報（社會科學版）》1988年第2期，頁8-17，亦收入裘錫圭：《古文字論集》，北京：中華書局，1992年8月第一版，頁638-651

[73] 〔漢〕劉熙：《釋名》，收入《景印摛藻堂四庫全書薈要》（國立故宮博物院珍藏，臺北：世界書局，1988年2月初版），卷四，頁79-547。

[74] 金景芳：〈《尚書・盤庚》新解〉，《社會科學戰報》1996年第3期，頁266-276。

[75] 季旭昇：〈清華壹〈尹至〉〈尹誥〉中的「吉」字〉，《彰化師大國文學誌》32（2016年6月），頁43-51。

[76] 〔清〕王先謙：《荀子集解》（臺北：藝文印書館，2007年3月初版），卷三，頁250-252。

[77] 季旭昇：〈清華壹〈尹至〉〈尹誥〉中的「吉」字〉，《彰化師大國文學誌》32（2016年6月），頁43-51。

[78] 《詩經・大雅・卷阿》云「藹藹王多吉士，維君子使，媚于天子。……藹藹王多吉人，維君子命，媚于庶人。」〔漢〕毛亨傳、〔漢〕鄭玄箋、〔唐〕孔穎達疏：《毛詩正義》（清嘉慶二十年江西南昌府學重刊宋刻本，臺北：藝文印書館，1997年8月初版），卷十七之四，頁628-629。

[79] 關於《詩經》此篇，〈詩序〉云「卷阿，召康公戒成王也，言求賢用吉士也。」朱守亮雖駁〈詩序〉之

釋「臤」所云「堅也。从又臣聲。凡臤之屬皆从臤。讀若『鏗鏘』之『鏗』，古文以為
『賢』字」，[80]段注亦釋曰「謂握之固也，故從又」，[81]故此類書證所見「吉」字，倘訓
作「堅實」，應是可信的，不過，除了上引幾條書證外，此方面之相關例證仍是不多，
因此，竊疑簡文此「吉」字或亦可逕讀為「實」，「吉」、「實」二字上古音疊韻，有相通
之可能性，[82]在此仍可訓作「堅實」，甚至隱含存有力量之意，其猶《孫子・虛實》所云
「兵之形，避實而擊虛。」[83]又如《鬼谷子・本經陰符》云「養志之始，務在安己，己
安在志意實堅，志意實堅，則威勢不分」，[84]而簡文此所謂「吉志」，尤與《鬼谷子》之
內容或意境最是相近，俱指「堅實或堅定之意志」也；至於簡 2 之「吉好」，則亦當如
季旭昇之所釋，訓作「堅實地對國家盡忠」，同理，〈尹誥〉之「吉言」，亦可如季旭昇
所云，解作「堅定的話」，不過，值得注意的是，曹方向將此「言」字訓作「政令」，[85]適
可進一步證成季旭昇之說，如此一來，此「吉言」或可釋為「堅定之政令」，俾使文意
更為順適。

　　至於〈尹誥〉「吉言」另有讀為「吉焉」之說，[86]由於此讀法似無法順讀「賓」、「舍」
二字在簡文中之語意，且無語例旁證，似不可行，此已如上述，今暫且存疑備參。

部分內容，但仍釋《詩經》此「吉士」為「善士，指王之羣臣」，並云「細考詩篇，首至六章，皆祝勸
頌美之詞，五章兼見用賢意。七至九章言求賢，言用吉士。……七八兩章，就實景以喻賢臣；而臣之
所謂賢，無過於忠君愛民，詩特各用一媚字，遂覺異樣生機」，其說近是矣，此義訓或猶《尚書・立政》
云「繼自今立政，其勿以憸人，其惟吉士，用勱相我國家。」又如《漢書・元紀》曰「咎在朕之不明，
亡以知賢也。是故壬人在位，而吉士雍蔽。」〔漢〕孔安國傳、〔唐〕孔穎達疏：《尚書正義》（清嘉慶
二十年江西南昌府學重刊宋刻本，臺北：藝文印書館，1997 年 8 月初版），卷十七，頁 265；〔漢〕毛
亨傳、〔漢〕鄭玄箋、〔唐〕孔穎達疏：《毛詩正義》（清嘉慶二十年江西南昌府學重刊宋刻本，臺北：
藝文印書館，1997 年 8 月初版），卷十七之四，頁 626；〔漢〕班固撰、〔唐〕顏師古注：《漢書》（瞿
氏鐵琴銅劍樓藏北宋景祐刊本，臺北：臺灣商務印書館，2010 年 7 月臺二版），〈帝紀〉卷九，頁 93；
朱守亮：《詩經評釋》（臺北：臺灣學生書局，1984 年 10 月初版），頁 779-784。

80　〔漢〕許慎編撰、〔宋〕徐鉉校定：《說文解字》（據清同治十二年陳昌治改刻本縮印，香港：中華書局，
2014 年 8 月再版），卷三，頁 65。

81　〔漢〕許慎撰、〔清〕段玉裁注：《說文解字注》（據經韻樓藏版影印，臺北：洪葉文化公司，2016 年
10 月三版），卷三，頁 119。

82　「吉」字上古音屬見母質部，「實」字則屬船母質部，二字疊韻；在傳世文獻中，「吉」、「折」二聲系或
可相通，如《左傳・成公八年》「賴前哲以免也。」《釋文》「喆」作「折」，而「折」在楚簡中，又有讀
為「實」之例，例如：「不取其折」（上博〈邦人不稱〉簡 12），此「折」字沈培即讀為「實」。高亨纂著、
董治安整理：《古字通假會典》（濟南：齊魯書社，1989 年 7 月第一版），頁 514；沈培：〈清華簡和上
博簡「就」字用法合證〉，武漢大學簡帛研究中心，網址：
http://www.bsm.org.cn/show_article.php?id=1779，2013 年 1 月 6 日，檢索日期：2021 年 7 月 15 日。

83　〔周〕孫武原著、〔漢〕曹操等注、郭化若譯：《十一家注孫子》（據宋本標點排印，臺北：華正書局，
1989 年 10 月初版），卷中，頁 102。

84　〔周〕鬼谷子撰，趙全璧注、發行：《鬼谷子注釋》（臺北：作者發行，1978 年 5 月初版），頁 73。

85　曹方向：〈清華大學藏戰國竹簡《尹誥》篇補議一則〉，武漢大學簡帛研究中心，網址：
http://www.bsm.org.cn/show_article.php?id=1373，2011 年 1 月 8 日，檢索日期：2018 年 6 月 24 日。

86　黃傑：〈初讀清華簡釋文筆記〉，武漢大學簡帛研究中心，網址：
http://www.bsm.org.cn/show_article.php?id=1366，2011 年 1 月 7 日，檢索日期：2018 年 6 月 24 日；曹方
向：〈清華大學藏戰國竹簡《尹誥》篇補議一則〉，武漢大學簡帛研究中心，網址：
http://www.bsm.org.cn/show_article.php?id=1373，2011 年 1 月 8 日，檢索日期：2018 年 6 月 24 日；黃麗
娟：〈清華簡〈尹誥〉疑難字詞考釋〉，《國文學報》52（2012 年 12 月），頁 33-58。

〔4〕越（粵）

簡文此例之形為：

（清華〈尹至〉簡1）

原整理者隸作「越」，並釋此「越」字下多從一「止」之形，並引《尚書》所見「越某日」之例，將簡文此例訓作「及」；[87]廖名春以為簡文所謂「越今旬日」，即「于今旬日」，並以為「我來，于今旬日」應指「伊尹來見湯，『自夏徂亳麓』，在路上走了十天」；[88]沈建華訓作「過」；[89]網路發言者子居以為簡文此字「從走從廷從止，似當讀為『廷』」；[90]陳民鎮贊同廖名春之釋讀，並以為此字「同『粵』」；[91]黃庭頎將此處簡文釋為「我由夏來到此地已經過了十天」；[92]季旭昇將簡文「我來越今昀=」釋為「我自夏來至今走了十日」；[93]馬嘉賢仍從原整理者之說；[94]王昆亦讀為「粵」；[95]李爽亦贊同廖名春之說。[96]

今復原簡字形，其例從戉從走，與「廷」字有別，[97]而「止」形本為「走」字之一部分，故簡文此字逕隸作「越」即可，而毋須另作增繁「止」形之隸定，今正，不過，春秋戰國時期讀「越」之例，多從阜從戉或僅以「戉」字代之，著實與簡文此字不同，[98]因此，簡文此從走之「越」字，可能是今所見時代最早之例；至於簡文此例之釋讀，

[87] 清華大學出土文獻研究與保護中心編、李學勤主編：《清華大學藏戰國竹簡（壹）》（上海：中西書局，2010 年 12 月第一版），頁 129。

[88] 廖名春：〈清華簡與《尚書》研究〉，《文史哲》2010 年第 6 期，頁 120-125。

[89] 沈建華：〈清華楚簡《尹至》釋文試解〉，《中國史研究》2011 年第 1 期，頁 67-72。

[90] 網路發言者子居：〈清華簡九篇九簡解析〉，「中國先秦史」網站，網址：http://www.xianqin.tk/2010/07/01/185/，2010 年 7 月 1 日，檢索日期：2018 年 6 月 24 日。

[91] 陳民鎮：〈清華簡《尹至》集釋〉，復旦大學出土文獻與古文字研究中心，網址：http://www.gwz.fudan.edu.cn/Web/Show/1647，2011 年 9 月 12 日，檢索日期：2018 年 8 月 12 日。

[92] 黃庭頎：〈清華大學藏戰國竹簡〈尹至〉探析〉，《有鳳初鳴年刊》8（2012 年 7 月），頁 485-503。

[93] 季旭昇主編、王瑜楨等合撰：《清華大學藏戰國竹簡（壹）讀本》（臺北：藝文印書館，2013 年 11 月初版），〈尹至〉譯釋章季旭昇案語，頁 1-3、5。

[94] 馬嘉賢：《清華壹《尹至》、《尹誥》、《皇門》、《祭公之顧命》研究》（國立彰化師範大學國文學系博士論文，2015 年 7 月），頁 29。

[95] 王昆：《清華簡《尹至》、《尹誥》、《赤鵠之集湯之屋》集釋》（河北大學文學碩士學位論文，2016 年 5 月），頁 10。

[96] 李爽：《清華簡「伊尹」五篇集釋》（吉林大學碩士論文，2016 年 6 月），頁 16。

[97] 楚簡「廷」字或作 ／ （包山簡7）、 （上博〈容成氏〉簡22）、 （上博《周易》簡48）、 ／ （清華〈皇門〉簡5）、 ／ （清華〈筮法〉簡35）、 ／ （清華〈管仲〉簡9）等形，其左下之「土」形，除清華〈筮法〉簡所見少數例字外，餘皆相當清楚明確，與簡文此字之字形明顯不同。

[98] 古文字讀為「越」者，皆未從走，例如： （戰國：越王者旨於賜鐘，《集成》00144）、 （包山簡5）、 （包山簡46）。

原整理者訓「及」，惟其所引《尚書》語例，如《尚書·召誥》所云「越六日乙未」或「越三日庚戌」等，[99]此類「越」字實作「經過」解，非訓「及」，今置於簡文辭例之中，似不甚相合，因此，頗疑簡文此例應從上引陳民鎮之說，讀為「粵」，作介詞解，訓「於」，此大抵亦與廖名春之看法相同，而此讀法在《尚書》或《詩經》中本就習見其例，如《尚書·大誥》云「西土人亦不靜，越茲蠢。」孔傳釋曰「西土人亦不安，於此蠢動。」[100]又《詩經·周頌·清廟》或云「濟濟多士，秉文之德；對越在天，駿奔走在廟。」鄭玄箋曰「越，於也。」[101]凡此類例甚夥，故《說文》「粵」字下段注即釋云「《詩》、《書》多假『越』為『粵』。」其說是矣。[102]因此，簡文或可釋為「於今十日」，而此相近語例在傳世文獻中，多指至今時日解，其用法未必指行旅時間，[103]是故，「於今十日」應指至今十日之意，而非已行進十日，換言之，簡文應可斷讀為「我來，粵今旬日」，並釋為「我自夏至亳，至今已十日」，上引黃庭頎之說近是矣。綜上所述，知簡文此例雖可能為今所見時代最早之「越」字，惟今據此釋讀，似猶未能證其與本義「度」之關係，換言之，此「越」字所从走，是否為繁化之表義緟形，今或僅能尚且存疑，以俟新出。

〔5〕昀=（旬日）

簡文此字之形為：

　（清華〈尹至〉簡1）

簡文此字隸作「旬」，應無疑義，惟因其右下疑似具有合文或重文之符號，故諸家釋讀或異。原整理者以為簡文此例具合文符號，故將其釋為「旬日」合文；[104]復旦大學出土文獻與古文字研究中心研究生讀書會隸釋為「旬旬？／旬日？」，知其對此釋讀方式，似仍有所存疑；[105]沈培以為此應是「旬旬」或「旬日」；[106]網路發言者子居將簡文

99　〔漢〕孔安國傳、〔唐〕孔穎達疏：《尚書正義》（清嘉慶二十年江西南昌府學重刊宋刻本，臺北：藝文印書館，1997年8月初版），卷十五，頁218。

100　〔漢〕孔安國傳、〔唐〕孔穎達疏：《尚書正義》（清嘉慶二十年江西南昌府學重刊宋刻本，臺北：藝文印書館，1997年8月初版），卷十三，頁191。

101　〔漢〕毛亨傳、〔漢〕鄭玄箋、〔唐〕孔穎達疏：《毛詩正義》（清嘉慶二十年江西南昌府學重刊宋刻本，臺北：藝文印書館，1997年8月初版），卷十九之一，頁707。

102　〔漢〕許慎撰、〔清〕段玉裁注：《說文解字注》（據經韻樓藏版影印，臺北：洪葉文化公司，2016年10月三版），卷五，頁206。

103　今考傳世文獻所見「於+日數」之語例，多作「至今之時日」解，例如：《左傳·襄公十八年》云「國人謂不穀主社稷而不出師，死不從禮。不穀即位，於今五年，師徒不出，人其以不穀為自逸，而忘先君之業矣。」又如《史記·趙世家》亦曰「今公仲相趙，於今四年，亦有進士乎？」俱屬此等類例也。〔晉〕杜預注、〔唐〕孔穎達疏：《春秋左傳正義》（清嘉慶二十年江西南昌府學重刊宋刻本，臺北：藝文印書館，1997年8月初版），卷三十三，頁578；〔漢〕司馬遷原著、〔日〕瀧川龜太郎著：《史記會注考證》（臺北：萬卷樓圖書公司，1993年8月初版），卷四十三，頁694。

104　清華大學出土文獻研究與保護中心編、李學勤主編：《清華大學藏戰國竹簡（壹）》（上海：中西書局，2010年12月第一版），頁128、129。

105　復旦大學出土文獻與古文字研究中心研究生讀書會：〈清華九簡研讀札記〉，復旦大學出土文獻與古文

此字讀為「恂恂」，即「溫恭之貌」；[107]廖名春亦釋為「旬日」，指「十天」之意；[108]陳民鎮似持二讀，除了以為「旬」若是「旬日」合文，則應指伊尹由西邑夏至湯亳之時間外，又認為簡文此字可釋為「旬」之重文，即「旬旬」，並讀為「恂恂」，即「恭謹貌或恐懼貌」，在簡文中，或謂「伊尹自夏至湯所，有夏處境恐怖，生民罹難，伊尹自身又是間諜的身份，故於今猶戰戰」；[109]肖芸曉以為此不當為合文「旬日」，而應讀為重文「恂恂」，並從陳民鎮之說，釋作或猶「戰戰」之意；[110]季旭昇認為以伊尹之智慧膽識，不應有恐懼戰慄之情況，故亦贊同釋為「旬日」，即「十日」之意；[111]馬嘉賢亦將「旬日」解作「十日」；[112]洪君好仍讀為「恂恂」。[113]

今復考甲金文「旬」字用例，其字多作「十日」解，在殷商甲骨文中，更是習見之紀時單位，例如：「癸亥卜，㱿貞：『旬無囗？』」（第一期：《合集》01080 正）、「二旬又四日丁卯」（西周：新邑鼎，《集成》02682），此即《說文》釋「旬」所云之用義，[114]惟傳世文獻所云「恂恂」，或作「溫和恭敬」與「緊張恐懼」解，其用義或語料年代，與簡文所云伊尹向湯彙報情報之語境不合，[115]更何況伊尹在此情境下，實毋須有此過度之反應，因此，此合文當非釋讀為「旬旬」或「恂恂」，而應解讀為「旬日」，釋作「十日」，學者所論「十日」之說，可從矣。

字研究中心，網址：http://www.gwz.fudan.edu.cn/Web/Show/1166，2010 年 5 月 30 日，檢索日期：2018 年 6 月 25 日。

[106] 此據諸家論著所引，原為復旦大學出土文獻與古文字研究中心研究生讀書會：〈清華九簡研讀札記〉之文末評論。

[107] 網路發言者子居：〈清華簡九篇九簡解析〉，「中國先秦史」網站，網址：http://www.xianqin.tk/2010/07/01/185/，2010 年 7 月 1 日，檢索日期：2018 年 6 月 24 日。

[108] 廖名春：〈清華簡與《尚書》研究〉，《文史哲》2010 年第 6 期，頁 120-125。

[109] 陳民鎮：〈清華簡《尹至》集釋〉，復旦大學出土文獻與古文字研究中心，網址：http://www.gwz.fudan.edu.cn/Web/Show/1647，2011 年 9 月 12 日，檢索日期：2018 年 8 月 12 日。

[110] 肖芸曉：〈試論清華竹書伊尹三篇的關聯〉，收入武漢大學簡帛研究中心主辦：《簡帛》8（上海：上海古籍出版社，2013 年 10 月第一版），頁 471-476。

[111] 季旭昇主編、王瑜楨等合撰：《清華大學藏戰國竹簡（壹）讀本》（臺北：藝文印書館，2013 年 11 月初版），〈尹至〉譯釋章之釋文與季旭昇案語，頁 1-3、頁 5。

[112] 馬嘉賢：《清華壹《尹至》、《尹誥》、《皇門》、《祭公之顧命》研究》（國立彰化師範大學國文學系博士論文，2015 年 7 月），頁 30。

[113] 洪君好：《戰國竹書伊尹文獻研究》（國立中興大學中國文學研究所碩士論文，2017 年 8 月），頁 9。

[114] 《說文》釋「旬」云「徧也，十日為旬」。〔漢〕許慎編撰、〔宋〕徐鉉校定：《說文解字》（據清同治十二年陳昌治改刻本縮印，香港：中華書局，2014 年 8 月再版），卷九，頁 188。

[115] 如《論語・鄉黨》即云「孔子於鄉黨，恂恂如也，似不能言者。」此「恂恂」即解作「溫和恭敬貌」，此似非如簡文所見彙報情報之語境，且彙報情報也確實不須「溫和恭敬」；又如柳宗元〈捕蛇者說〉云「吾恂恂而起，視其缶，而吾蛇尚存。」此「恂恂」則指緊張恐懼貌，惟此用例先秦文獻未見，今或僅見單用「恂」字者，例如：《莊子・齊物論》云「木處則惴慄恂懼，猨猴然乎哉？」因此，簡文此處若讀為「恂恂」，恐怕仍存有部分疑義。〔魏〕何晏注、〔宋〕邢昺疏：《論語注疏》（清嘉慶二十年江西南昌府學重刊宋刻本，臺北：藝文印書館，1997 年 8 月初版），卷十，頁 86；〔清〕王先謙：《莊子集解》（臺北：東大圖書公司，2019 年 1 月五版），卷一，頁 21。

〔6〕兂（微、𥄉）

簡文此例之形為：

（清華〈尹至〉簡 1）

原整理者隸作「兂」，讀為「閔」；[116]網路發言者子居讀為「微」，訓作「低微」；[117]廖名春從原整理者之說；[118]沈建華隸同原整理者，釋作「微」，並讀為「聞」；[119]復旦大學出土文獻與古文字研究中心研究生讀書會認為簡文此例在楚簡中多讀為「美」，故對原整理者之讀法存疑；[120]黃人二與趙思木將簡文此字讀為「豈」，並將此段簡文釋為「我商豈能擁有夏眾呢？雖然我們是獲得吉占的，能擁有嗎？夏桀的言行舉止是差忒不已，好彼琬、琰，不忖度、考慮夏民的需求」；[121]何有祖疑此字恐當讀為「微」，表「偵查」之意；[122]黃懷信讀為「微」，釋作「伺問、微伺察之，即暗中刺探、打問」之意；[123]劉信芳亦讀為「微」，訓作「暗訪、伺察」或「隱蔽、藏匿」；[124]蕭旭以為簡文此字若訓作「暗訪、伺察」，當讀為「𥄉」，且若訓作「隱蔽、藏匿」，則應讀為「微」；[125]張崇禮仍讀為「微」，訓作「伺察、偵察」；[126]陳民鎮隸作「兂」，讀為「美」；[127]黃庭頎大抵仍從原整理者之說；[128]季旭昇亦以為簡文此例應讀為「微」或「𥄉」，釋為「伺察」義；[129]夏

[116] 清華大學出土文獻研究與保護中心編、李學勤主編：《清華大學藏戰國竹簡（壹）》（上海：中西書局，2010 年 12 月第一版），頁 128、129。

[117] 網路發言者子居：〈清華簡九篇九簡解析〉，「中國先秦史」網站，網址：http://www.xianqin.tk/2010/07/01/185/，2010 年 7 月 1 日，檢索日期：2018 年 6 月 24 日。

[118] 廖名春：〈清華簡與《尚書》研究〉，《文史哲》2010 年第 6 期，頁 120-125。

[119] 沈建華：〈清華楚簡《尹至》釋文試解〉，《中國史研究》2011 年第 1 期，頁 67-72。

[120] 復旦大學出土文獻與古文字研究中心研究生讀書會：〈清華簡《尹至》、《尹誥》研讀札記（附：《尹至》、《尹誥》、《程寤》釋文）〉，復旦大學出土文獻與古文字研究中心，網址：http://www.gwz.fudan.edu.cn/Web/Show/1352，2011 年 1 月 5 日，檢索日期：2018 年 6 月 25 日。

[121] 黃人二、趙思木：〈清華簡《尹至》補釋〉，武漢大學簡帛研究中心，網址：http://www.bsm.org.cn/show_article.php?id=1383，2011 年 1 月 11 日，檢索日期：2018 年 7 月 13 日。

[122] 何有祖：〈清華大學藏簡讀札（一）〉，武漢大學簡帛研究中心，網址：http://www.bsm.org.cn/show_article.php?id=1372，2011 年 1 月 8 日，檢索日期：2018 年 7 月 12 日。

[123] 黃懷信：〈清華簡《尹至》補釋〉，武漢大學簡帛研究中心，網址：http://www.bsm.org.cn/show_article.php?id=1416，2011 年 3 月 17 日，檢索日期：2018 年 8 月 16 日。

[124] 劉信芳：〈清華藏簡（壹）試讀〉，復旦大學出土文獻與古文字研究中心，網址：http://www.gwz.fudan.edu.cn/Web/Show/1643，2011 年 9 月 9 日，檢索日期：2018 年 6 月 20 日。

[125] 劉信芳：〈清華藏簡（壹）試讀〉文末 2 樓蕭旭之評論，復旦大學出土文獻與古文字研究中心，網址：http://www.gwz.fudan.edu.cn/Web/Show/1643，2011 年 9 月 9 日，檢索日期：2018 年 6 月 20 日。

[126] 劉信芳：〈清華藏簡（壹）試讀〉文末 5 樓張崇禮之評論，復旦大學出土文獻與古文字研究中心，網址：http://www.gwz.fudan.edu.cn/Web/Show/1643，2011 年 9 月 10 日，檢索日期：2018 年 6 月 20 日。

[127] 陳民鎮：〈清華簡《尹至》集釋〉，復旦大學出土文獻與古文字研究中心，網址：http://www.gwz.fudan.edu.cn/Web/Show/1647，2011 年 9 月 12 日，檢索日期：2018 年 8 月 12 日。

[128] 黃庭頎：〈清華大學藏戰國竹簡〈尹至〉探析〉，《有鳳初鳴年刊》8（2012 年 7 月），頁 485-503。

[129] 季旭昇主編、王瑜楨等合撰：《清華大學藏戰國竹簡（壹）讀本》（臺北：藝文印書館，2013 年 11 月初版），〈尹至〉譯釋章之釋文與季旭昇案語，頁 1-3、6-7。

大兆與黃德寬仍從原整理者之說，讀為「閔」；[130]張富海也以為簡文此例可讀為「微」，亦可讀為「瞂」或「瞰」；[131]馮勝君亦讀為「微」；[132]馬嘉賢亦讀為「微」，訓作「伺察」；[133]王寧釋讀為「㣲（瞰）」；[134]王昆大抵仍從何有祖之說；[135]李爽則從季旭昇之說；[136]劉光勝則仍從沈建華之說；[137]趙思木仍讀為「微」；[138]洪君好亦讀為「瞰」，訓作「伺視」；[139]曹雨楊認為讀為「微」、「瞰」，抑或「瞰」訓作「伺察」義者，俱可從。[140]知諸家說法之釋讀或存異說，而較早原整理者與子居之說，確實較不易讀通簡文，故學者對其釋讀多所闡發，且各擅勝場。

今復考其形，簡文此例之寫法，確實與楚簡从兟之例或異，例如：

（郭店〈六德〉簡38「敽」）

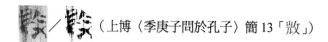（上博〈季庚子問於孔子〉簡13「敽」）

（上博〈季庚子問於孔子〉簡19「敽」）

主要差異乃在於上方髮飾形之書寫方向，簡文此例髮飾開口向右，其他楚簡例則開口向左，實則甲金文从兟之例上方髮飾形本即開口朝右，即便《說文》小篆亦如此，適正為簡文此例字形之所本，例如：

130 夏大兆、黃德寬：〈關於清華簡《尹至》《尹誥》的形成和性質——從伊尹傳說在先秦傳世和出土文獻中的流變考察〉，《文史》2014 年第 3 輯（總 108），頁 213-239。

131 張富海：〈清華簡《尹至》字詞補釋二則〉，中國文字學會編《中國文字學報》5（北京：商務印書館，2014 年 7 月第一版），頁 143-145。

132 馮勝君：〈清華簡《尹至》「茲乃柔大縈」解〉，收入中國文化遺產研究院編：《出土文獻研究（「簡帛文字與書法國際研討會」特輯）》13（上海：中西書局，2014 年 12 月第一版），頁 310-317。

133 馬嘉賢：《清華壹《尹至》、《尹誥》、《皇門》、《祭公之顧命》研究》（國立彰化師範大學國文學系博士論文，2015 年 7 月），頁 35-36。

134 王寧：〈清華簡《說命》補釋五則〉，武漢大學簡帛研究中心，網址：http://www.bsm.org.cn/show_article.php?id=2472，2016 年 2 月 19 日，檢索日期：2018 年 6 月 27 日。

135 王昆：《清華簡《尹至》、《尹誥》、《赤鵠之集湯之屋》集釋》（河北大學文學碩士學位論文，2016 年 5 月），頁 11-12。

136 李爽：《清華簡「伊尹」五篇集釋》（吉林大學碩士論文，2016 年 6 月），頁 19。

137 劉光勝：《《清華大學藏戰國竹簡（壹）》整理研究》（上海：上海古籍出版社，2016 年 9 月第一版），頁 48。

138 趙思木：《《清華大學藏戰國竹簡（壹）》集釋及專題研究》（華東師範大學博士論文，2017 年 6 月），頁 38。

139 洪君好：《戰國竹書伊尹文獻研究》（國立中興大學中國文學研究所碩士論文，2017 年 8 月），頁 9。

140 曹雨楊：《《清華大學藏戰國竹簡（壹）—（參）》疑難字詞集釋及釋文校注》（吉林大學碩士學位論文，2020 年 5 月），頁 15-18。

（第三期：《合集》27996「敳」）

（西周：史牆盤，《集成》10175「敳」）

（西周：散氏盤，《集成》10176「敳」）

（《說文》「敳」）

（《說文》「微」）

　　因此，簡文此例仍可隸釋作「兒」，應無太大疑義，乃「微」字之初文。

　　至於簡文此例之釋讀，因其下文言及有夏暴虐災禍之事，故讀作「閔」或「美」者，確實無所取義，而簡文此處乃伊尹回報湯有夏之情況，一開始若即言表達反詰語氣之「豈能」，似又稍覺文意不甚順遂，因此，將其字讀為「微」或「聞」者，應更近於簡文文意，不過，傳世文獻所見「微」作偵察義者，多作窺探姦私之事解，如《史記·孝武本紀》即曰「會竇太后治黃老言，不好儒術，使人微得趙綰等姦利事，召案綰、臧，綰、臧自殺，諸所興為者皆廢。」[141]又如《漢書·游俠傳》云「解使人微知賊處。賊窘自歸，具以實告解。」[142]不僅與學者所引《說文》釋「微」之「隱行」本義不同，[143]且就簡文內容而言，簡文此例施事對象為廣大之「夏眾」，似與姦私之事無涉，至於讀為「聞」，則又與語境不甚相合，故綜而論之，簡文此例倘讀為「微」、「聞」，似皆仍有可商者。考量簡文云伊尹向湯說明有夏情況，其來源應自窺探，故學者讀「䁗」之說，仍是可信的，只是簡 2 上端有殘字，在文意銜接似不明之情況下，此字釋讀是否有變數，這是值得未來續作留意之處。

141　〔漢〕司馬遷原著、（日）瀧川龜太郎著：《史記會注考證》（臺北：萬卷樓圖書公司，1993 年 8 月初版），卷十二，頁 211。

142　〔漢〕班固撰、〔唐〕顏師古注：《漢書》（瞿氏鐵琴銅劍樓藏北宋景祐刊本，臺北：臺灣商務印書館，2010 年 7 月臺二版），〈列傳〉卷六十二，頁 1121。

143　《說文》釋「微」為「隱行也」，其猶《左傳·哀公十六年》所云「白公奔山而縊，其徒微之」，凡此等「微」字皆表隱匿之意，作動詞解，與學者所論或作偵察義之「微」字副詞用例或異。〔漢〕許慎編撰、〔宋〕徐鉉校定：《說文解字》（據清同治十二年陳昌治改刻本縮印，香港：中華書局，2014 年 8 月再版），卷二，頁 43；〔晉〕杜預注、〔唐〕孔穎達疏：《春秋左傳正義》（清嘉慶二十年江西南昌府學重刊宋刻本，臺北：藝文印書館，1997 年 8 月初版），卷六十，頁 1043。

〔7〕（失？、失）

簡文此字之形為：

（清華〈尹至〉簡2）

　　原整理者以為此字溓失；[144]廖名春疑簡文此字乃「多」字；[145]李松儒以為此當是「不」字，其後，李松儒又據簡3、5之「不」字二例，認為簡文此字當為「不」字之殘泐字形，而將簡文所云「不吉好」，釋為「生活不好」；[146]黃懷信疑簡文此字為「懷」；[147]沈建華則疑為「言」；[148]陳民鎮從李松儒之說；[149]孫飛燕亦從李松儒之說，將簡文此字釋讀為「不」；[150]季旭昇亦在釋文中補入「不」字，並將下文「吉」、「好」二字釋為「『吉』，義同篇首『吉志』之『吉』，堅定不移（指擁護君王）。好，當指百官彼此和諧友好」，其後，又據學界對「吉」字本義之考證成果，將「不吉好」釋為「不肯堅實地對國家盡忠」；[151]馮勝君亦贊同李松儒之說，以為此字應是「不」字；[152]馬嘉賢、王昆與李爽等皆從李松儒之說。[153]

　　今復考簡文此字之形，其形殘泐不明，倘釋為「懷」或「言」，似無「懷」字或「懷」

[144] 清華大學出土文獻研究與保護中心編、李學勤主編：《清華大學藏戰國竹簡（壹）》（上海：中西書局，2010年12月第一版），頁128、129。

[145] 廖名春：〈清華簡與《尚書》研究〉，《文史哲》2010年第6期，頁120-125。

[146] 復旦大學出土文獻與古文字研究中心研究生讀書會：〈清華簡《尹至》、《尹誥》研讀札記（附：《尹至》、《尹誥》、《程寤》釋文）〉文末1樓李松儒之評論，復旦大學出土文獻與古文字研究中心，網址：http://www.gwz.fudan.edu.cn/Web/Show/1352，2011年1月5日，檢索日期：2018年6月25日；李松儒：〈清華簡殘泐字辨析三則〉，收入中國古文字研究會、清華大學出土文獻研究與保護中心、中國社會科學院甲骨文殷商史研究中心、首都師範大學甲骨文研究中心編：《古文字研究》31（北京：中華書局，2016年10月北京第一版），頁397-400。

[147] 黃懷信：〈清華簡《尹至》補釋〉，武漢大學簡帛研究中心，網址：http://www.bsm.org.cn/show_article.php?id=1416，2011年3月17日，檢索日期：2018年8月16日。

[148] 沈建華：〈清華楚簡《尹至》釋文試解〉，《中國史研究》2011年第1期，頁67-72。

[149] 陳民鎮：〈清華簡《尹至》集釋〉，復旦大學出土文獻與古文字研究中心，網址：http://www.gwz.fudan.edu.cn/Web/Show/1647，2011年9月12日，檢索日期：2018年8月12日。

[150] 孫飛燕：〈也談清華簡《尹誥》的「惟尹既及湯，咸有一德」〉，收入清華大學出土文獻研究與保護中心、北京大學出土文獻研究所、荊州文物保護中心編，李學勤、朱鳳瀚、趙平安、方北松主編，馬楠、賈連翔助編：《古代簡牘保護與整理研究》（上海：中西書局，2012年6月第一版），頁99-102，亦收入清華大學出土文獻研究與保護中心編：《清華簡研究》1（上海：中西書局，2012年12月第一版），頁57-61。

[151] 季旭昇主編、王瑜楨等合撰：《清華大學藏戰國竹簡（壹）讀本》（臺北：藝文印書館，2013年11月初版），〈尹至〉譯釋章之釋文、語譯與注釋季旭昇案語，頁1-3、7-8；季旭昇：〈清華壹〈尹至〉〈尹誥〉中的「吉」字〉，《彰化師大國文學誌》32，2016年6月，頁43-51。

[152] 馮勝君：〈清華簡《尹至》「茲乃柔大縈」解〉，收入中國文化遺產研究院編：《出土文獻研究（「簡帛文字與書法國際研討會」特輯）》13（上海：中西書局，2014年12月第一版），頁310-317。

[153] 馬嘉賢：《清華壹《尹至》、《尹誥》、《皇門》、《祭公之顧命》研究》（國立彰化師範大學國文學系博士論文，2015年7月），頁38；王昆：《清華簡《尹至》、《尹誥》、《赤鵠之集湯之屋》集釋》（河北大學文學碩士學位論文，2016年5月），頁12-13；李爽：《清華簡「伊尹」五篇集釋》（吉林大學碩士論文，2016年6月），頁20。

字所從裏之字形特徵，尤其簡文此字上部之形，與「衣」或「目」二旁實不甚相類，再者，簡文此字右上與疑似左曳筆畫等兩部分之寫法，亦與「言」字明顯不同，更無「言」字所從之「口」旁，因此，簡文此字恐與「懷」或「言」二字無關，此可參照以下所列楚簡「懷」或「言」之相關類例：

（清華《繫年》簡 37「裏」）

（郭店〈尊德義〉簡 33「懷」）

（上博〈季康子問於孔子〉簡 22「懷」）

（上博〈用曰〉簡 6「懷」）

（郭店《老子・甲》簡 1「言」）

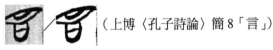（上博〈孔子詩論〉簡 8「言」）

（上博〈緇衣〉簡 16「言」）

（上博〈柬大王泊旱〉簡 15「許」）

至於「不」字，可再參考同簡所見「不」字之字形，即簡 3 與簡 5 二例，其形為：

（清華〈尹至〉簡 3）

（清華〈尹至〉簡 5）

　　以簡 2 此字之殘形而言，其上橫筆與疑為左曳之筆畫，當是與「不」字最相近者，然而，此上橫筆居右上一隅，而疑似左曳之筆畫未知是否與其連筆，皆為此字恐非「不」字之證，甚且「不」字右曳筆與下橫筆之位置，亦或有疑。因此，簡文此字不管是釋作

「懷」、「言」或「不」，在字形上皆有其難以對應之處，故疑簡文此字似仍可另尋他解。

實則依簡文此字所見殘泐筆畫之字形特徵而言，竊疑其乃「逄」字之殘形，即其右上為「止（㞢）」形，因其右上似存一折筆，而左下與下部則為「辵」旁，以筆勢而言，似為「彳」與「止」之結合，此或與楚簡部分「逄」字之字形相類，例如：

（郭店《語叢・二》簡40）

（上博〈緇衣〉簡10）

（上博〈彭祖〉簡5）

因此，以簡文此例殘形之字形特徵而言，似有釋為「逄」之可能性，惟其形殘泐過甚，相關字形證據實仍嫌不足，今暫以殘形存疑待考。

而以簡文辭例之通讀而言，以「逄」讀之，反倒是有其可行性。今考簡文所云「余聞其有夏眾□吉好」（清華〈尹至〉簡1、2），上文曾釋此句為「我知道夏朝官員與平民，或有『□吉好』之情況」，倘簡文此字釋讀為「不」，解作「生活不好」、「不堅定和好」或「不肯堅實地對國家盡忠」，雖在文意勉強可通，但「吉好」一詞古文字與傳世文獻未見，其義訓尚且難明，且上文已可見「有吉志」之語例，可知下文所謂「□吉好」之「□」字，亦應與「有無」之概念有關，而「吉好」則與「吉志」相類，皆為一偏正詞，「好」字可作名詞解，訓作「心中喜愛之事物」，其猶《論語・述而》所云「子曰：『富而可求也，雖執鞭之士，吾亦為之。如不可求，從吾所好。』」[154]此「好」字即同此訓也，若然，則簡文云「余聞其有夏眾□吉好」，此「□」字倘以「逄」字之「失」義解之，[155]便可與上文之「有吉志」相呼應，並訓同《說文》釋「失」所云「縱也」，[156]段玉裁亦注曰：「失，一曰捨也。在手而逸去為失」，[157]此「失」之義與上文「有」，俱存「有無」之概念，換言之，簡文此句話或可釋為「我知道夏朝官員與平民，或有失去其喜好（擁戴夏桀）之情況」。

---

154 〔魏〕何晏注、〔宋〕邢昺疏：《論語注疏》（清嘉慶二十年江西南昌府學重刊宋刻本，臺北：藝文印書館，1997年8月初版），卷七，頁61。

155 楚簡「逄」字多可讀為「失」，例如：「是以聖人無為故無敗，無執故無逄。」（郭店《老子・甲》簡11），又如「子曰：『大人不親其所賢，而信其所賤，教此以逄，民此以煩。』」（郭店《緇衣》簡17、18），此等「逄」字皆可逕讀為「失」。荊門市博物館：《郭店楚墓竹簡》（北京：文物出版社，1998年5月第一版），頁114、130。

156 〔漢〕許慎編撰、〔宋〕徐鉉校定：《說文解字》（據清同治十二年陳昌治改刻本縮印，香港：中華書局，2014年8月再版），卷十二，頁254。

157 〔漢〕許慎撰、〔清〕段玉裁注：《說文解字注》（據經韻樓藏版影印，臺北：洪葉文化公司，2016年10月三版），卷十二，頁610。

〔8〕倉（喪）

簡文此字之形為：

（清華〈尹至〉簡2）

　　原整理者隸作「倉」，讀為「爽」，訓作「差」、「忒」；[158]沈建華疑簡文此例應讀為「喪」；[159]復旦大學讀書會疑簡文此例與楚簡「倉」、「寒」二字之形近相混有關，惟仍對其釋讀存疑；[160]張新俊在釋「寒」之基礎上，疑簡文此例可讀為「渙」，表離散之意；[161]秦樺林則讀為「戕」；[162]網路發言者水土（沈培）以為簡文此字應讀為「喪」；[163]王寧亦讀為「喪」；[164]黃懷信亦讀為「爽」，訓作「違背、不合」；[165]陳民鎮從沈建華與沈培之說；[166]網路發言者子居也讀作「爽」，訓近於黃懷信之說；[167]黃庭頎贊同讀「喪」之說，並以為此處簡文應解為「伊尹憐憫夏君喪志，寵幸女色，不再考慮百姓生活」；[168]季旭昇隸作「倉」，並以為簡文此例應讀為「喪」，其猶「玩物喪志」之「喪」；[169]夏大兆與黃德寬亦讀為「喪」；[170]馬嘉賢從原整理者之說，釋作「倉」，但傾向於讀為「喪」；[171]

---

[158] 清華大學出土文獻研究與保護中心編、李學勤主編：《清華大學藏戰國竹簡（壹）》（上海：中西書局，2010 年 12 月第一版），頁 128、129。

[159] 沈建華：〈清華楚簡《尹至》釋文試解〉，《中國史研究》2011 年第 1 期，頁 67-72。

[160] 復旦大學出土文獻與古文字研究中心研究生讀書會：〈清華簡《尹至》、《尹誥》研讀札記（附：《尹至》、《尹誥》、《程寤》釋文）〉，復旦大學出土文獻與古文字研究中心，網址：http://www.gwz.fudan.edu.cn/Web/Show/1352，2011 年 1 月 5 日，檢索日期：2018 年 6 月 25 日。

[161] 復旦大學出土文獻與古文字研究中心研究生讀書會：〈清華簡《尹至》、《尹誥》研讀札記（附：《尹至》、《尹誥》、《程寤》釋文）〉文末 17 樓張新俊之評論，復旦大學出土文獻與古文字研究中心，網址：http://www.gwz.fudan.edu.cn/Web/Show/1352，2011 年 1 月 7 日，檢索日期：2018 年 6 月 25 日。

[162] 復旦大學出土文獻與古文字研究中心研究生讀書會：〈清華簡《尹至》、《尹誥》研讀札記（附：《尹至》、《尹誥》、《程寤》釋文）〉文末 62 樓秦樺林之評論，復旦大學出土文獻與古文字研究中心，網址：http://www.gwz.fudan.edu.cn/Web/Show/1352，2011 年 1 月 18 日，檢索日期：2018 年 6 月 25 日。

[163] 復旦大學出土文獻與古文字研究中心研究生讀書會：〈清華簡《尹至》、《尹誥》研讀札記（附：《尹至》、《尹誥》、《程寤》釋文）〉文末 63 樓網路發言者水土（沈培）之評論，復旦大學出土文獻與古文字研究中心，網址：http://www.gwz.fudan.edu.cn/Web/Show/1352，2011 年 1 月 19 日，檢索日期：2018 年 6 月 25 日。

[164] 王寧：〈清華簡《尹至》、《尹誥》中的「眾」和「民」〉，復旦大學出土文獻與古文字研究中心，網址：http://www.gwz.fudan.edu.cn/Web/Show/1396，2011 年 2 月 4 日，檢索日期：2018 年 6 月 25 日。

[165] 黃懷信：〈清華簡《尹至》補釋〉，武漢大學簡帛研究中心，網址：http://www.bsm.org.cn/show_article.php?id=1416，2011 年 3 月 17 日，檢索日期：2018 年 8 月 16 日。

[166] 陳民鎮：〈清華簡《尹至》集釋〉，復旦大學出土文獻與古文字研究中心，網址：http://www.gwz.fudan.edu.cn/Web/Show/1647，2011 年 9 月 12 日，檢索日期：2018 年 8 月 12 日。

[167] 網路發言者子居：〈清華簡《尹至》解析〉，「中國先秦史」網站，網址：http://xianqinshi.blogspot.com/2017/09/blog-post_15.html，2011 年 12 月 19 日，檢索日期：2018 年 8 月 16 日。

[168] 黃庭頎：〈清華大學藏戰國竹簡〈尹至〉探析〉，《有鳳初鳴年刊》8（2012 年 7 月），頁 485-503。

[169] 李旭昇主編、王瑜楨等合撰：《清華大學藏戰國竹簡（壹）讀本》（臺北：藝文印書館，2013 年 11 月初版），〈尹至〉譯釋章之釋文與季旭昇案語，頁 1-3、6、8。

[170] 夏大兆、黃德寬：〈關於清華簡《尹至》《尹誥》的形成和性質——從伊尹傳說在先秦傳世和出土文獻中的流變考察〉，《文史》2014 年第 3 輯（總 108），頁 213-239。

[171] 馬嘉賢：《清華壹《尹至》、《尹誥》、《皇門》、《祭公之顧命》研究》（國立彰化師範大學國文學系博士論

王昆亦從原整理者之說；[172]李爽仍隸作「倉」，讀為「喪」。[173]劉光勝逕訓作「喪」；[174]曹雨楊傾向於讀為「喪」。[175]

今復考簡文此之形，其寫法確實與其他楚簡「倉」字或異，例如：

（包山簡 181「倉」）

（郭店〈太一生水〉簡 3「倉」）

（上博〈容成氏〉簡 1「倉」）

（新蔡簡甲三 331「倉」）

其主要差異點，乃在於「倉」字中間所從戶形之位置，簡文此例在右，而楚簡他例則多在左，惟甲金文「倉」字所從戶形本即左右互見，例如：

（第一期：《合集》09645「倉」）

（第一期：《合集》18664「倉」）

（西周：㝬鐘，《集成》00260「倉」）

（戰國：宜陽右昌簋，《集成》03398「倉」）

因此，簡文此例仍具備釋作「倉」之條件，再者，楚簡「寒」字即便異化甚鉅，且

文，2015 年 7 月），頁 41-43。

[172] 王昆：《清華簡《尹至》、《尹誥》、《赤鵠之集湯之屋》集釋》（河北大學文學碩士學位論文，2016 年 5 月），頁 13-14。

[173] 李爽：《清華簡「伊尹」五篇集釋》（吉林大學碩士論文，2016 年 6 月），頁 22。

[174] 劉光勝：《《清華大學藏戰國竹簡（壹）》整理研究》（上海：上海古籍出版社，2016 年 9 月第一版），頁 48-49。

[175] 曹雨楊：《《清華大學藏戰國竹簡（壹）—（參）》疑難字詞集釋及釋文校注》（吉林大學碩士學位論文，2020 年 5 月），頁 18-20。

有形混之可能，[176]但其形仍从人，且未見訛从戶者，例如：

（上博〈緇衣〉簡6「寒」）

（上博《周易》簡45「寒」）

　　是故，簡文此例恐仍應以隸釋作「倉」字為宜。倘復以上古音而言，「倉」與「喪」之關係，似較「倉」與「爽」來得更為密切，[177]而「倉」讀為「喪」，也可找到其可能相通之線索，應可通讀，[178]至於讀「戕」者，在此處簡文之內容與句式中，似無所取義，因此，簡文此例應以讀「喪」為宜，表「失去」之意，其猶《詩經・大雅・皇矣》所云「受祿無喪，奄有四方」，[179]此「喪」字即訓同簡文此例矣。

〔9〕浚（浚、率）
　　簡文此例之形為：

（清華〈尹至〉簡2）

　　原整理者隸作「沇」，讀為「噂」，即「聚語」之謂；[180]復旦大學讀書會對此字存疑待考；[181]沈建華釋其从允得聲，並讀為「怨」；[182]孫飛燕讀為「允」，釋作「誠然」之

---

[176] 李零：《郭店楚簡校讀記》（北京：北京大學出版社，2002年3月第一版），頁23；馮勝君：《郭店簡與上博簡對比研究》（北京：線裝書局，2007年4月第一版），頁110-114；單育辰：《楚地戰國簡帛與傳世文獻對讀之研究》（北京：中華書局，2014年北京第一版），頁189-191。

[177] 「倉」字上古音屬清母陽部，「喪」字為心母陽部，二字為疊韻聲近關係，尤其聲母皆為齒頭音；但「爽」字上古音為山母陽部，其與「倉」字雖亦為疊韻關係，聲母卻屬正齒音，而與「倉」字之齒頭音或異。是故，「倉」、「喪」二字之上古音關係，確實較「爽」字來得密切。

[178] 「倉」字在古文字與傳世文獻中，或見與「相」聲系相通者，例如：楚帛書丙云「倉莫得」，又曰「倉，不可以川□，大不順于邦，有鼻入於上下」，此二「倉」字皆可讀為「相」，再如《詩經・小雅・楚茨》云「我倉既盈」，《太平御覽》亦引此「倉」作「箱」，凡此皆屬此相通之類例；而傳世文獻所見「相」字，又有讀為「喪」者，例如：《詩經・大雅・板》云「喪亂蔑資」，《說苑・政理》引此「喪」作「相」。因此，「倉」可讀為「相」，「相」又可讀為「喪」，此三字似有相通之可能，其實，整體而言，「倉」、「相」、「喪」等三字上古音分屬清母陽部、心母陽部與心母陽部，俱屬陽部齒頭音，或謂疊韻聲近，本即具相通之條件，而上引幾條相通之書證，則可進一步強化「倉」讀為「喪」之可行性。高亨纂著、董治安整理：《古字通假會典》（濟南：齊魯書社，1989年7月第一版），頁307；王輝：《古文字通假釋例》（臺北：藝文印書館，1993年4月初版），頁505；白於藍編著：《戰國秦漢簡帛古書通假字彙纂》（福州：福建人民出版社，2012年5月第一版），頁680。

[179] 〔漢〕毛亨傳、〔漢〕鄭玄箋、〔唐〕孔穎達疏：《毛詩正義》（清嘉慶二十年江西南昌府學重刊宋刻本，臺北：藝文印書館，1997年8月初版），卷十六之四，頁569。

[180] 清華大學出土文獻研究與保護中心編、李學勤主編：《清華大學藏戰國竹簡（壹）》（上海：中西書局，2010年12月第一版），頁128、129。

[181] 復旦大學出土文獻與古文字研究中心研究生讀書會：〈清華簡《尹至》、《尹誥》研讀札記（附：《尹至》、《尹誥》、《程寤》釋文）〉，復旦大學出土文獻與古文字研究中心，網址：http://www.gwz.fudan.edu.cn/

意；[183]孟蓬生隸同原整理者，並據《尚書·湯誓》所云「有眾率怠弗協，曰：時日曷喪，予及汝皆亡」與《無逸》所載「允若時」等語例，將簡文此例改讀為「率」；[184]劉雲不贊同讀為「率」，並以為簡文此字可讀為「均」，訓作「遍」，不過，其後又改讀為「盡」，認為「盡」與「率」、「咸」同義，網路發言者蒿耳從之，並以為此釋讀與「率」可能「不僅是義近的關係」；[185]沈培亦隸作「沇」，並讀為「遂」；[186]陳民鎮雖仍讀為「允」，惟釋其猶「用（以）」也；[187]鄭公渡認為簡文此字應隸作「浚」，後來從林文華、劉呈緹之說，亦釋其从身；[188]黃庭頎從孫飛燕之說，亦讀為「允」；[189]季旭昇以為孟蓬生之說具傳世文獻對讀證據，於文義最為妥適，故贊同其讀「率」之說，並補證「允」、「率」可通讀之義理關係內容；[190]夏大兆與黃德寬仍讀為「允」；[191]張富海也讀為「允」，惟另解作「用」之意，其以為「『民允曰』猶言『民用曰』，前言夏眾不吉好，夏后志爽云云，都是人民說出『余及汝偕亡』這種狠話的原因，所以接『民允曰』即民因此說，文意頗

Web/Show/1352，2011 年 1 月 5 日，檢索日期：2018 年 6 月 25 日。

[182] 沈建華：〈清華楚簡《尹至》釋文試解〉，《中國史研究》2011 年第 1 期，頁 67-72。

[183] 孫飛燕：〈試論《尹至》的「至在湯」與《尹誥》的「及湯」〉，復旦大學出土文獻與古文字研究中心，網址：http://www.gwz.fudan.edu.cn/Web/Show/1373，2011 年 1 月 10 日，檢索日期：2018 年 8 月 1 日；孫飛燕：〈讀《尹至》、《尹誥》札記〉，收入中國文化遺產研究院編：《出土文獻研究》10（北京：中華書局，2011 年 7 月北京第一版），頁 38-41；孫飛燕：〈也談清華簡《尹誥》的「惟尹既及湯，咸有一德」〉，收入清華大學出土文獻研究與保護中心、北京大學出土文獻研究所、荊州文物保護中心編，李學勤、朱鳳瀚、趙平安、方北松主編，馬楠、賈連翔助編：《古代簡牘保護與整理研究》（上海：中西書局，2012 年 6 月第一版），頁 99-102，亦收入清華大學出土文獻研究與保護中心編：《清華簡研究》1（上海：中西書局，2012 年 12 月第一版），頁 57-61。

[184] 復旦大學出土文獻與古文字研究中心研究生讀書會：〈清華簡《尹至》、《尹誥》研讀札記（附：《尹至》、《尹誥》、《程寤》釋文）〉文末 30 樓孟蓬生之評論，復旦大學出土文獻與古文字研究中心，網址：http://www.gwz.fudan.edu.cn/Web/Show/1352，2011 年 1 月 7 日，檢索日期：2018 年 6 月 25 日。

[185] 復旦大學出土文獻與古文字研究中心研究生讀書會：〈清華簡《尹至》、《尹誥》研讀札記（附：《尹至》、《尹誥》、《程寤》釋文）〉文末 31 樓劉雲之評論，復旦大學出土文獻與古文字研究中心，網址：http://www.gwz.fudan.edu.cn/Web/Show/1352，2011 年 1 月 8 日，檢索日期：2018 年 6 月 25 日；沈培：〈清華簡字詞考釋二則〉文末 3 樓劉雲、30 樓網路發言者蒿耳之評論，復旦大學出土文獻與古文字研究中心，網址：http://www.gwz.fudan.edu.cn/Web/Show/1367，2011 年 1 月 9 日、2011 年 2 月 18 日，檢索日期：2018 年 7 月 3 日。

[186] 沈培：〈清華簡字詞考釋二則〉，復旦大學出土文獻與古文字研究中心，網址：http://www.gwz.fudan.edu.cn/Web/Show/1367，2011 年 1 月 9 日，檢索日期：2018 年 7 月 3 日。

[187] 復旦大學出土文獻與古文字研究中心研究生讀書會：〈清華簡《尹至》、《尹誥》研讀札記（附：《尹至》、《尹誥》、《程寤》釋文）〉文末 70 樓陳民鎮之評論，復旦大學出土文獻與古文字研究中心，網址：http://www.gwz.fudan.edu.cn/Web/Show/1352，2011 年 2 月 27 日，檢索日期：2018 年 6 月 25 日。

[188] 沈培：〈清華簡字詞考釋二則〉文末 4 樓鄭公渡、7 樓沈培、8 樓劉呈緹之評論，復旦大學出土文獻與古文字研究中心，網址：http://www.gwz.fudan.edu.cn/Web/Show/1367，2011 年 1 月 9 日，檢索日期：2018 年 7 月 3 日。

[189] 黃庭頎：〈清華大學藏戰國竹簡〈尹至〉探析〉，《有鳳初鳴年刊》8（2012 年 7 月），頁 485-503。

[190] 季旭昇主編、王瑜楨等合撰：《清華大學藏戰國竹簡（壹）讀本》（臺北：藝文印書館，2013 年 11 月初版），〈尹至〉譯釋章之釋文與季旭昇案語，頁 1-3、8-9。

[191] 夏大兆、黃德寬：〈關於清華簡《尹至》《尹誥》的形成和性質——從伊尹傳說在先秦傳世和出土文獻中的流變考察〉，《文史》2014 年第 3 輯（總 108），頁 213-239。

連貫。」[192]馮勝君隸作「沇」，疑其應讀為「遂」，惟仍有所存疑；[193]馬嘉賢根據異文與通假情況，贊同沈建華之說；[194]李爽隸作「沇」，讀為「率」；[195]曹雨楊從孫飛燕之說。[196]

今復考簡文此例之形，疑其「允」字下方之「凵」形，或為「女」形之殘形或省形，此當本於戰國繁化从女形之「允」字，例如：

（戰國：中山王嚳方壺，《集成》09735「允」）

（清華〈程寤〉簡8「允」）

實則戰國「允」字繁化甚鉅，疑聲化从呂，抑或釋為从身得聲，[197]甚至增繁「女」形，其中，「女」形應即「止」形之形近訛化，且為後起「㱞」字之所本，[198]鄭公渡舊所釋者，似仍具其理，再者，簡文此字「凵」形類似「豎撇橫」又上折之寫法，實與楚簡之「呂」或「身」二字或異，恐與此聲化形構無關，是故，在考量形源以及「允」、「㱞」

[192] 張富海：〈清華簡《尹至》字詞補釋二則〉，中國文字學會編《中國文字學報》5（北京：商務印書館，2014年7月第一版），頁143-145。

[193] 馮勝君：〈清華簡《尹至》「茲乃柔大縈」解〉，收入中國文化遺產研究院編：《出土文獻研究（「簡帛文字與書法國際研討會」特輯）》13（上海：中西書局，2014年12月第一版），頁310-317。

[194] 馬嘉賢：《清華壹〈尹至〉、〈尹誥〉、〈皇門〉、〈祭公之顧命〉研究》（國立彰化師範大學國文學系博士論文，2015年7月），頁47-51。

[195] 李爽：《清華簡「伊尹」五篇集釋》（吉林大學碩士論文，2016年6月），頁25。

[196] 曹雨楊：《《清華大學藏戰國竹簡（壹）—（參）》疑難字詞集釋及釋文校注》（吉林大學碩士學位論文，2020年5月），頁21-25。

[197] 《說文》釋「允」為「从儿呂聲」，而戰國「允」字所从「呂」形，應即聲化之形構，例如：（郭店〈緇衣〉簡5）、（上博〈緇衣〉簡3）、/（清華〈保訓〉簡3）、/（清華〈祭公〉簡9），另李守奎、曲冰、孫偉龍所編著之《上海博物館藏戰國楚竹書（一—五）文字編》則是釋云「『允』所从『人』旁變形音化為『身』。『允』、『身』雙音符」，亦可參。〔漢〕許慎編撰、〔宋〕徐鉉校定：《說文解字》（據清同治十二年陳昌治改刻本縮印，香港：中華書局，2014年8月再版），卷八，頁176；李守奎、曲冰、孫偉龍編著：《上海博物館藏戰國楚竹書（一—五）文字編》（北京：作家出版社，2007年12月第一版），頁418-419。

[198] 據曾憲通之研究，已知楚簡「允」、「㱞」二字在字形發展上有密切之關係，而西周金文「允」字或縋「止」形，例如：（西周：不其簋，《集成》04328）、（西周：不其簋，《集成》04329），李旭昇認為「㱞是允的分化字。……允字下部加『止』形，便成了㱞字」，其說是矣，倘據此以推，由於形近之故，則疑戰國「允」字所从之「女」形，應即此類縋形「止」之形近訛化，且為後起「㱞」字之所本。曾憲通：〈楚文字釋叢（五則）〉，《中山大學學報（社會科學版）》1996年第3期，頁58-65；李旭昇：《說文新證》（臺北：藝文印書館，2014年9月二版），頁466。

乃一字分化之情況下，本文將簡文此例嚴式隸定作「浚」，並疑其乃「沈」或「浚」字之異構，惟「沈」、「浚」二字字形雖相關，音義卻或異，[199]倘依其釋讀內容而言，則又以「浚」字之可能性較高，其理為：據上所引孟蓬生與季旭昇之說，知簡文此例讀為「率」，可與傳世文獻之語例合證，最為可信，惟簡文此例若隸作「沈」，其上古音屬余母元部，卻與山母物部之「率」字或隔，此項疑慮李爽已早有所云，因此，在簡文此字字形可隸釋作「沈」或「浚」字之基礎上，恐怕仍是以隸釋作「浚」為宜，「浚」字上古音為心母文部，文部為物部之陽聲韻，聲母亦同為齒音，其與「率」字可謂聲韻俱近，故簡文此字倘隸釋作「浚」字，應當可行。

他如上引沈建華讀「怨」，則又聲韻稍隔，[200]即若馬嘉賢補證相關異文或通假資料從之，惟其所列相關形義資料，似稍嫌曲折，恐亦不足信。

因此，簡文此例應可隸釋作「浚」，並讀為「率」，除上引學者所引《尚書・湯誓》之直接語例外，亦猶《古今韻會舉要・質韻》所云「率，又皆也」之訓，[201]皆表「俱、皆」之意也。

〔10〕㦮（喪、亡）

簡文此例之形為：

（清華〈尹至〉簡2）

原整理者隸作「㦮」，讀為「亡」；[202]季旭昇亦隸作「㦮」，讀為「亡」，訓作「滅亡」；[203]夏大兆與黃德寬亦讀為「亡」；[204]馬嘉賢認為簡文此字應釋作「喪」，乃「喪省體」，而非「桑省聲」；[205]鄔可晶以為此字「从中，乃『芒』之簡體」；[206]趙思木仍訓作

---

[199] 「沈」本作專名解，例如：「徐王庚之淑子沈兒擇其吉金，自作鯀鐘」（春秋：沈兒鎛，《集成》00203），而《說文》亦釋其云「水，出河東東垣王屋山，東為沵」，凡此「沈」字皆為專名，至於「浚」字，《說文》則釋其為「抒也」，段注本作「抒也」，段注釋云「抒者，挹也，取諸水中也」，知其確實與「沈」字用義有別，在古文字與傳世文獻中，亦未見相涉之例，故「沈」、「浚」二字當非一字；而在上古音關係上，「沈」、「浚」二字分屬余母元部與心母文部，聲韻俱隔。〔漢〕許慎編撰、〔宋〕徐鉉校定：《說文解字》（據清同治十二年陳昌治改刻本縮印，香港：中華書局，2014年8月再版），卷十一、十一，頁226、235；〔漢〕許慎撰、〔清〕段玉裁注：《說文解字注》（據經韻樓藏版影印，臺北：洪葉文化公司，2016年10月三版），卷十一，頁566。

[200] 「怨」字上古音屬影母元部，與「浚」字聲韻稍隔。

[201] 〔元〕熊忠編：《古今韻會舉要》，收入〔清〕永瑢、〔清〕紀昀等纂修：《景印文淵閣四庫全書》（國立故宮博物院原書庋藏，臺北：臺灣商務印書館，1986年3月初版），卷二十六，頁238-776。

[202] 清華大學出土文獻研究與保護中心編、李學勤主編：《清華大學藏戰國竹簡（壹）》（上海：中西書局，2010年12月第一版），頁128、129。

[203] 季旭昇主編、王瑜楨等合撰：《清華大學藏戰國竹簡（壹）讀本》（臺北：藝文印書館，2013年11月初版），〈尹至〉譯釋章之釋文與季旭昇案語，頁1-3、8-9。

[204] 夏大兆、黃德寬：〈關於清華簡《尹至》《尹誥》的形成和性質——從伊尹傳說在先秦傳世和出土文獻中的流變考察〉，《文史》2014年第3輯（總108），頁213-239。

[205] 馬嘉賢：《清華壹〈尹至〉、〈尹誥〉、〈皇門〉、〈祭公之顧命〉研究》（國立彰化師範大學國文學系博士論文，2015年7月），頁51-56。

「滅亡」;[207]後來李學勤等學者根據《尚書》「時日曷喪，予及汝皆亡」之「時」讀為「是」、「日」訓作「時間、時候」，以及此句可譯作「這個時候，怎麼還不逃亡啊，我和你們一起跑吧」之理，將簡文「余及汝皆亡」之釋讀改從此釋;[208]曹雨楊釋為「喪」字之省體。[209]

　　簡文此字形構早就見於其他楚簡，學界對此多有所論，如上博簡原整理者將此類形構隸作「灮」，釋作「喪」或「芒」;[210]黃錫全釋為「喪」;[211]李學勤亦隸作「喪」;[212]蘇建洲釋與「桑」字之字形有關;[213]范常喜據楚文字「喪」字之字形分類結果，也將此類形構釋為「喪」，並以為其乃「喪」字之省，惟或从芒;[214]李守奎等以為此類字例上所从中，乃「桑」字之省訛，並或因與「屮（芒）」字混訛之故，在部分字例中增添義符「夕」;[215]蕭從禮則認為相關經籍之傳世本異文字形類例「或為『亡』字的異形，推測其音和『亡』字當相近」，並云「該字從九從入，其造字之理和『亡』字有相似之處」;[216]復旦大學讀書會釋為「芒」字;[217]陳偉又釋作「喪」;[218]單育辰隸作「芒」，讀為「亡」;

206　鄔可晶：〈《尹至》「惟截虐德暴糎亡典」句試解〉，收入教育部人文社會科學重點研究基地、清華大學出土文獻與中國古代文明研究中心、清華大學出土文獻研究與保護中心編，李學勤主編：《出土文獻》9（上海：中西書局，2016 年 10 月第一版），頁 166-172。

207　趙思木：《《清華大學藏戰國竹簡（壹）》集釋及專題研究》（華東師範大學博士論文，2017 年 6 月），頁45。

208　李學勤等著：《出土簡帛與古史再建》（北京：經濟科學出版社，2017 年 7 月第一版），頁 386-387。

209　曹雨楊：《《清華大學藏戰國竹簡（壹）－（參）》疑難字詞集釋及釋文校注》（吉林大學碩士學位論文，2020 年 5 月），頁 25-30。

210　馬承源主編：《上海博物館藏戰國楚竹書（三）》（上海：上海古籍出版社，2003 年 12 月第一版），頁 180、196。

211　因網站調整因素，黃錫全說轉見於范常喜之專文。黃錫全：〈讀上博〈戰國楚竹書（三）〉劄記六則〉，簡帛研究網，2004 年 4 月 29 日；范常喜：〈簡帛《周易‧夬卦》「喪」字補說〉，武漢大學簡帛研究中心，網址：http://www.bsm.org.cn/show_article.php?id=285，2006 年 3 月 14 日，檢索日期：2018 年 8 月2 日。

212　李學勤：〈由楚簡《周易》看馬王堆帛書《周易》經文〉，《湖南省博物館館刊》1（深圳：《船山學刊》雜誌社，2004 年 7 月第一版），頁 56-57。

213　蘇建洲：〈楚文字雜識〉，原表於簡帛研究網，2005 年 10 月 30 日，但因網站內容調整，其說今轉見於范常喜：〈簡帛《周易‧夬卦》「喪」字補說〉，武漢大學簡帛研究中心，網址：http://www.bsm.org.cn/show_article.php?id=285，2006 年 3 月 14 日，檢索日期：2018 年 8 月 2 日，其後，此文刊登於《周易研究》2006 年第 4 期，頁 39-42；蘇建洲：〈「喪」字補說〉，原發表於簡帛研究網，2006 年 3 月 15 日，但因網站內容調整，其說今轉見於范常喜：〈對於楚簡中「喪」字的一點補充〉，武漢大學簡帛研究中心，網址：http://www.bsm.org.cn/show_article.php?id=290，2006 年 3 月 17 日，檢索日期：2018 年 8 月 2 日。

214　范常喜：〈簡帛《周易‧夬卦》「喪」字補說〉，武漢大學簡帛研究中心，網址：http://www.bsm.org.cn/show_article.php?id=285，2006 年 3 月 14 日，檢索日期：2018 年 8 月 2 日，其後，此文刊登於《周易研究》2006 年第 4 期，頁 39-42；范常喜：〈對於楚簡中「喪」字的一點補充〉，武漢大學簡帛研究中心，網址：http://www.bsm.org.cn/show_article.php?id=290，2006 年 3 月 17 日，檢索日期：2018 年 8 月 2 日。

215　李守奎、曲冰、孫偉龍編著：《上海博物館藏戰國楚竹書（一—五）文字編》（北京：作家出版社，2007年 12 月第一版），頁 66。

216　蕭從禮：〈讀簡帛《周易》札記五則〉，收入卜憲群、楊振紅編：《簡帛研究‧2005》（桂林：廣西師範大學出版社，2008 年 9 月第一版），頁 76-83。

217　復旦大學出土文獻與古文字研究中心研究生讀書會：〈《上博七‧吳命》校讀〉，復旦大學出土文獻與古

²¹⁹賈連翔詳考「喪」字之字形來源與發展,並透過文本之對照分析,仍釋為「喪」;²²⁰禤健聰認為楚簡「屵」字多用作表示「喪亡」之「亡」,同時,也將此等字例釋為「喪」字之簡省,並以為此類字例若有從歺者,殆從「死」義近換用而來。²²¹

知學界大抵有釋「芒」、「喪」或「亡」等說法,但以釋「喪」者居多,可謂今學界之共識,不過,仍或可再補證幾項資料,包括:以今所見楚簡字形而言,「芒」字理應從艸,²²²例如:

(信陽簡 2.23)

(新蔡簡甲三 364)

(新蔡簡零 338)

(清華〈子儀〉簡 19)

再者,甲金文「芒」字未見,形源待考,因此,楚簡此類形構若釋作「芒」,恐須再作補證,不過,「芒」字或因形音俱近之故,與「喪」字確實難辨,尤其楚系「喪」字即有省從亡且類從中者,其形便與「芒」字相近,亦應是簡文此字之異構,上引范常

文字研究中心,網址:http://www.gwz.fudan.edu.cn/Web/Show/577,2008 年 12 月 30 日,檢索日期:2018 年 8 月 2 日;復旦大學出土文獻與古文字研究中心研究生讀書會:〈《上博七・鄭子家喪》校讀〉,復旦大學出土文獻與古文字研究中心,網址:http://www.gwz.fudan.edu.cn/Web/Show/584,2008 年 12 月 31 日,檢索日期:2018 年 8 月 2 日。

218 陳偉:〈《鄭子家喪》通釋〉,武漢大學簡帛研究中心,網址:http://www.bsm.org.cn/show_article.php?id=964,2009 年 1 月 10 日,檢索日期:2018 年 8 月 2 日。

219 單育辰:〈佔畢隨錄之九〉,武漢大學簡帛研究中心,網址:http://www.bsm.org.cn/show_article.php?id=977,2009 年 1 月 19 日,檢索日期:2018 年 8 月 3 日。

220 賈連翔:〈清華簡壹—參輯字形校補札記〉,收入清華大學出土文獻研究與保護中心編、李學勤主編:《出土文獻》4(上海:中西書局,2013 年 12 月第一版),頁 97-104。

221 禤健聰:〈楚簡「喪」字補釋〉,收入中國文字學會編:《中國文字學報》3(北京:商務印書館,2010 年 11 月第一版),頁 127-135;禤健聰:《戰國楚系簡帛用字習慣研究》(北京:科學出版社,2017 年 3 月第一版),頁 509-516。

222 舊或釋楚簡從中從亡諸例為「芒」,如 、 、 ![]等,其實皆應改釋為「喪」,讀為「亡」,例如:「故心以體廢,君以民喪」(郭店〈緇衣〉簡9),而楚簡從喪之字,亦有寫作類似「芒」形者,例如: 、 ![],不過,禤健聰已考證此乃「字內偏旁類化」之現象,其說詳列了古文字「喪」字演變序列,可從,因此,在近年未有更新之「芒」字形問世前,仍得暫將「芒」字釋從艸。禤健聰:《戰國楚系簡帛用字習慣研究》(北京:科學出版社,2017 年 3 月第一版),頁 509-516。

喜與蘇建洲即曾為此多有論辯，例如：

（上博《周易》簡 32「喪」）

（上博《周易》簡 38「喪」）

　　范常喜雖釋其為「芒」，但仍釋此類形構與「喪」字有關，抑或如賈連翔所言，此形構乃楚簡「喪」字之某種變形，二說皆可從，而李守奎等則認為此所從中旁，殆「桑」之省訛，若以「喪」字本從桑之形源角度而言，[223]更屬卓識，因此，上博簡此字顯然與楚簡其他「喪」字字形有關，包括：

（上博《周易》簡 44）

（上博《周易》簡 53）

（上博〈民之父母〉簡 14）

（上博〈鮑叔牙與隰朋之諫〉簡 2）

（上博《語叢‧一》簡 98）

（清華〈湯處於湯丘〉簡 7）

（清華〈湯處於湯丘〉簡 9）

---

223 聞一多最早將殷商甲骨文之「喪」字釋從桑，許進雄亦從此說，並補釋桑樹間之「口」形為「採桑時所用的籮筐」，二家之說具古禮與古文物之論證基礎，可信，因此，殷商甲骨文「喪」字本從桑，西周金文則又聲化從亡，此復可參考以下字形：（第一期：《合集》00059）、 ／ （西周：旂鼎，《集成》02555）、 ／ （西周：毛公鼎，《集成》02841）。朱自清、郭沫若、吳晗、葉聖陶編輯：《聞一多全集（二）　古典新義》（臺北：里仁書局，2002 年 12 月 15 日初版），乙集，頁 565-572；許進雄：〈識字有感一〉，《中國文字》新 1（1980 年 3 月），頁 53-64。

　　而此等類例上所從屮或類「九」之形，應如李守奎等與賈連翔所云，乃其字本所從聲符「桑」形之演變或簡化，其惟未從口耳，而此釋形說法，亦可作為此類字例非從九，且非「亡」字之實證，畢竟今所見「亡」字罕有從此緟形者，因此，其他或如新出上博簡與清華簡所見從口之「喪」字簡形，則又應為兩周金文從亡「喪」字諸例省作簡文此形之過渡，此可作為學者所論「喪」字形源與發展之補充，茲列兩周金文、上博簡與清華簡此等字形類例如下：

  （西周：旅鼎，《集成》02555）

  （西周：毛公鼎，《集成》02841）

  （春秋：陳大喪史仲高鐘，《集成》00355.1）

  （春秋：喪史賓瓶，《集成》09982）

  （戰國：冉鉦鍼，《集成》00428）

 （上博〈昭王毀室　昭王與龔之脽〉簡1）[224]

 （上博〈弟子問〉簡7）

 （清華〈子產〉簡6）

---

[224] 上博簡此字從歹，上引李守奎等與襴健聰對其形源之看法，或存歧議。實則「喪」字至戰國文字始從死旁，例如：（郭店《老子·丙》簡8「喪」）、（郭店〈性自命出〉簡67「喪」）、（上博〈民之父母〉簡14「喪」），且「死」、「歹」二旁本就形義俱近，在古文字或見替換，例如：／（包山簡91「葬」）、／（包山簡155「葬」）、（郭店〈六德〉簡16「葬」），再者，就上注所引「喪」字字形而言，早期「喪」字實尚猶未見有寫作從芒形者，而楚簡從芒形之「喪」字，亦僅上引上博〈鮑叔牙與隰朋之諫〉簡2一例，因此，襴健聰證其乃從「芒」形「字內偏旁類化」而來，其說大抵可信的。是故，上博簡此「喪」字所從歹，恐如襴健聰所云，應該不是因「芒（芒）」訛混關係所增繁之形符，而是義近換用之形旁。

（清華〈命訓〉簡4）

（清華〈子產〉簡21）

　　是故，簡文此字仍以釋「喪」為宜，上引馬嘉賢之說，大抵可信，不過，其形仍應釋為桑、亡皆聲，而聲符「桑」或有所省，且「桑」除了省作「九」形外，因其左豎筆直書而下且右折，此「九」形又可謂與「亡」共筆，此亦即上所云范常喜與蘇建洲論辯之關鍵，只是在此類字例可釋从桑或省之情況下，為免與「九」字混淆，本文在此仍依學界慣例，將簡文此字隸作「𠦪」，讀為「亡」。[225]惟是否逕讀為「喪」，訓作「喪失」或「死亡」，其義在此稍嫌侷限，可商，而如上所述，讀為「亡」雖然是學界之共識，但具體訓釋仍或存異說，如上引李學勤等便把「亡」改訓作「逃亡」，其實，此中存在一項關鍵，即《尚書・湯誓》所見「時日」一詞，其於《尚書》或僅一見，且此詞甚少有作「是日」解者，即使孔傳云「是日」，其釋文下文卻又云「眾下相率為怠惰，不與上和合，比桀於日，曰：『是日何時喪，我與汝俱亡』，欲殺身以喪桀」，[226]因此，今本「時日曷喪」，似仍應解作「什麼時候（夏桀）才會滅亡呢？」始得有下文其人民與之共亡之意，另外，《史記・殷本紀》亦載「是日何時喪？予與女皆亡」語，裴駰集解引《尚書大傳》釋云「桀云：『天之有日，猶吾之有民。日有亡哉？日亡吾亦亡矣。』」[227]其仍是將「亡」訓作「滅亡」義的，因此，簡文此字恐怕仍應從原整理者與季旭昇之說，訓作「滅亡」，而非「逃跑」，其如《廣韻》或釋「亡」為「滅也」，[228]亦猶上述《尚書・湯誓》所云「夏王率遏眾力，率割夏邑，有眾率怠弗協，曰：『時日曷喪，予及汝皆亡』」，[229]又如《尚書・仲虺之誥》云「取亂侮亡。」孔疏釋云「國滅為亡」，[230]此等「亡」字

225　「喪」字上古音屬心母陽部，「亡」則為明母陽部，二字疊韻，聲母稍遠，不過，古文字或傳世文獻所見「喪」、「亡」相通之例皆較晚，多屬漢代馬王堆帛書《周易》之資料，甚且如本文上注所引字形，楚系「喪」字又或从死，因此，不排除「亡」乃「喪」字所增繁表義形符之可能，惟《說文》仍釋「喪」為「从哭从亡會意，亡亦聲」，知「喪」疑从亡聲，「喪」應可讀為「亡」。〔漢〕許慎編撰、〔宋〕徐鉉校定：《說文解字》（據清同治十二年陳昌治改刻本縮印，香港：中華書局，2014年8月再版），卷二，頁35；白於藍編著：《戰國秦漢簡帛古書通假字彙纂》（福州：福建人民出版社，2012年5月第一版），頁661-662。

226　〔漢〕孔安國傳、〔唐〕孔穎達疏：《尚書正義》（清嘉慶二十年江西南昌府學重刊宋刻本，臺北：藝文印書館，1997年8月初版），卷八，頁108。

227　〔漢〕司馬遷原著、（日）瀧川龜太郎著：《史記會注考證》（臺北：萬卷樓圖書公司，1993年8月初版），卷三，頁10。

228　〔宋〕陳彭年等重修、林尹校訂：《新校正切宋本廣韻》（臺北：黎明文化事業公司，1976年9月初版），卷二，頁175。

229　〔漢〕孔安國傳、〔唐〕孔穎達疏：《尚書正義》（清嘉慶二十年江西南昌府學重刊宋刻本，臺北：藝文印書館，1997年8月初版），卷八，頁108。

230　〔漢〕孔安國傳、〔唐〕孔穎達疏：《尚書正義》（清嘉慶二十年江西南昌府學重刊宋刻本，臺北：藝文印書館，1997年8月初版），卷八，頁111。

殆皆「滅亡」或「消亡」之意也，故簡文此處云「民率曰：『余及汝皆亡。』」（清華〈尹至〉簡2），或可釋作「人民都說：『我和你都滅亡吧。』」

〔11〕隹（惟）烖（茲）：蠱（？、虐）、悳（賊）、瘧（？、暴）、𧝞（？、貪），亡（無）𥷤（典、典）

簡2與簡3此段話令人費解，似言及災虐之事，除「隹」、「悳」與「亡」等字釋形應無疑義外，茲列其餘各字之字形如下：

（清華〈尹至〉簡2，△1）

（清華〈尹至〉簡2，△2）

（清華〈尹至〉簡2，△3）

（清華〈尹至〉簡2，△4）

（清華〈尹至〉簡3，△5）

學界對此段簡文之釋讀，多存異說，包括：原整理者將「△1」隸作「烖」，讀為「災」，「△2」釋从虍，即《說文》之古文「虐」，而「△3」則隸作「瘧」，讀為「暴」，並將「△4」隸作「𧝞」，讀為「瘴」或「腫」，訓作疾病之相關義，至於「△5」字，原整理者隸作「𥷤」，釋為《說文》古文「典」字，訓作「主」，另此段簡文之「悳」字，原整理者則讀為「極」，故在上引之釋讀基礎上，原整理者將此段簡文讀為「惟災虐極暴瘴（腫），亡典」；[231]復旦大學出土文獻與古文字研究中心研究生讀書會以為「悳」字當如字讀，即讀為「德」，而簡文「虐德」或猶古書之「暴德」，至於「典」亦非訓「主」，疑指「散亡典常、典法」而言，並推論簡文所謂「虐德」、「瘧（暴）𧝞」、「亡𥷤（典）」，或指並列之三件災禍，故讀書會將簡文斷讀為「隹（惟）烖（災）：蠱（虐）悳（德）、瘧（暴）𧝞、亡𥷤（典）」，惟仍對「𧝞」字之釋讀存疑，其後，在復旦大學出土文獻與古文字研究中心另行發表之修訂稿中，對於簡文此句之釋讀，大抵仍沿承舊說，未作太大之更動；[232]網路發言者無數將「△4」讀為「動」，釋作「似乎指地震、山崩一類強烈

231 清華大學出土文獻研究與保護中心編、李學勤主編：《清華大學藏戰國竹簡（壹）》（上海：中西書局，2010年12月第一版），頁128、129。

232 復旦大學出土文獻與古文字研究中心研究生讀書會：〈清華簡《尹至》、《尹誥》研讀札記（附：《尹

的自然災害而言」；[233]網路發言者 lht 疑其與國之「暴動」有關；[234]張崇禮將「△4」字釋作「僮」，殆指「未成年之奴僕」，並以為「暴僮即侵凌僮一類的社會弱勢群體」；[235]孫飛燕讀為「惟災虐、德暴、童忘典」，並以為「德暴」，即「暴德」，而「童」，即「童昏之童」，至於「忘典」，則指「不循法則」之謂；[236]劉信芳認為「△4」字同「僮」，讀為「同」，並釋「△5」字為「典」字之古文，讀為「殄」，訓作「絕」；[237]宋華強對此句之斷讀，仍從原整理者，並依復旦大學讀書會之說，將「惪」讀為「德」，不過，其將「△1」字讀為「載」，訓作「行」，釋其或猶古書所云之「載德」，至於「△4」字，宋華強則贊同網路發言者無斁之看法，將其讀為「動」，訓作「行」，又如「亡腆」一詞，宋華強則以為此或即「不腆」，殆指「夏桀德行無善」之意；[238]黃人二與趙思木以為「惪」似應讀為「得」，「△3」字則為从疒从谷从火，至於「△4」字乃从童得聲，「△3」、「△4」二字或即傳世文獻所見之「罷癃」，進而認為「此句緊承上『余及汝皆喪』句，謂君王之災虐會招致罷癃之病」，並疑伊尹所攜回之夏人詩句，應是「余及汝皆喪，唯災虐得罷癃」；[239]高佑仁認為「△4」字可逕隸釋作「僮」；[240]陳民鎮原讀為「惟災虐德，暴動無典」，其後，在後來所發表之專文中，改從王寧之說，將「惪」改讀為「茲」，另將「△4」

至》、《尹誥》、《程寤》釋文〉，復旦大學出土文獻與古文字研究中心，網址：http://www.gwz.fud
an.edu.cn/Web/Show/1352，2011 年 1 月 5 日，檢索日期：2018 年 6 月 25 日；此文於增補修訂後，另行
發表於《中國經學》，復旦大學出土文獻與古文字研究中心：〈清華簡《尹至》、《尹誥》、《程寤》
研讀札記〉，收入彭林主編：《中國經學》8（桂林：廣西師範大學出版社，2011 年 6 月第一版），頁
23-30。

233 「簡帛論壇：《尹至》中的『暴動』」0 樓網路發言者無斁之發文，武漢大學簡帛研究中心，網址：http:
//www.bsm.org.cn/bbs/read.php?tid=2560&fpage=22，2011 年 1 月 6 日，檢索日期：2018 年 6 月 22 日。

234 「簡帛論壇：《尹至》中的『暴動』」1 樓網路發言者 lht 之發文，武漢大學簡帛研究中心，網址：http://
www.bsm.org.cn/bbs/read.php?tid=2560&fpage=22，2011 年 1 月 6 日，檢索日期：2018 年 6 月 22 日。

235 復旦大學出土文獻與古文字研究中心研究生讀書會：〈清華簡《尹至》、《尹誥》研讀札記（附：《尹
至》、《尹誥》、《程寤》釋文〉文末 9 樓張崇禮之評論，復旦大學出土文獻與古文字研究中心，網
址：http://www.gwz.fudan.edu.cn/Web/Show/1352，2011 年 1 月 6 日，檢索日期：2018 年 6 月 25 日。

236 復旦大學出土文獻與古文字研究中心研究生讀書會：〈清華簡《尹至》、《尹誥》研讀札記（附：《尹
至》、《尹誥》、《程寤》釋文〉文末 19 樓孫飛燕之評論，復旦大學出土文獻與古文字研究中心，網
址：http://www.gwz.fudan.edu.cn/Web/Show/1352，2011 年 1 月 7 日，檢索日期：2018 年 6 月 25 日；孫
飛燕：〈讀《尹至》、《尹誥》札記〉，收入中國文化遺產研究院編：《出土文獻研究》10（北京：中
華書局，2011 年 7 月北京第一版），頁 38-41；孫飛燕：〈也談清華簡《尹誥》的「惟尹既及湯，咸有
一德」〉，收入清華大學出土文獻研究與保護中心、北京大學出土文獻研究所、荊州文物保護中心編，
李學勤、朱鳳瀚、趙平安、方北松主編，馬楠、賈連翔助編：《古代簡牘保護與整理研究》（上海：中
西書局，2012 年 6 月第一版），頁 99-102，亦收入清華大學出土文獻研究與保護中心編：《清華簡研
究》1（上海：中西書局，2012 年 12 月第一版），頁 57-61。

237 劉信芳：〈清華藏簡（壹）試讀〉，復旦大學出土文獻與古文字研究中心，網址：http://www.gwz.fuda
n.edu.cn/Web/Show/1643，2011 年 9 月 9 日，檢索日期：2018 年 6 月 20 日。

238 宋華強：〈清華簡校讀散札〉，武漢大學簡帛研究中心，網址：http://www.bsm.org.cn/show_article.php?
id=1380，2011 年 1 月 10 日，檢索日期：2018 年 8 月 16 日。

239 黃人二、趙思木：〈清華簡《尹至》補釋〉，武漢大學簡帛研究中心，網址：http://www.bsm.org.cn/show
_article.php?id=1383，2011 年 1 月 11 日，檢索日期：2018 年 7 月 13 日。

240 復旦大學出土文獻與古文字研究中心研究生讀書會：〈清華簡《尹至》、《尹誥》研讀札記（附：《尹
至》、《尹誥》、《程寤》釋文〉文末 57 樓高佑仁之評論，復旦大學出土文獻與古文字研究中心，網
址：http://www.gwz.fudan.edu.cn/Web/Show/1352，2011 年 1 月 12 日，檢索日期：2018 年 6 月 25 日。

釋為「憧」,讀為「動」,並進一步將此段簡文釋讀為「惟茲虐德,暴動無典」,表「夏桀殘害道德,暴動而不循常典」之意;[241]沈建華讀為「惟災癧疾,暴瘴荒殄」,並以為「瘴」乃「暴」字異體,而「箕」則疑為「腆」字異構;[242]劉波贊同孫飛燕之斷讀,並認同張崇禮與高佑仁等二位學者將「△4」字釋作「僮」之說,進而將簡文讀為「惟災虐、德暴、僮無典」,而「僮亡典」即「未成年男性到了一定年齡尚未登記入冊」之意;[243]王寧將「戴」讀為「茲」,並以為此段簡文可讀為「惟茲虐德,暴動亡典」,表示「這個夏桀虐害德行,行為暴戾,亡失典常」之意;[244]黃懷信將「△1」字讀為「賊」,訓作「殘害」,並將「惪」字逕讀為「德」,解作「有德之人」或「忠良之類」,同時,另以為「惟戴(賊)癧德」與「暴䮾亡典」應各自為句,「暴」訓「殘暴」,「暴䮾」猶言「暴戾」或「殘暴自用」之意,至於「亡」,則讀為「無」,「亡典」則為「不由典常」之謂;[245]邢文以為「䮾亡箕」與下文之「夏有祥」對舉且對偶,亦認為「䮾」字應是「所從『身』旁乃是『人』形借用了『童』字的末筆」,可釋作「僮」,讀作「動」,並釋「箕」為「典則」義,「䮾亡箕」即「『動無典』——舉動不規,任意妄為,是『動無違事』的反面」之意,至於「祥」,邢文則釋為「凶祥」之謂,在此釋讀基礎上,邢文進而將此段簡文合併下文讀為「惟災虐德暴,動亡典,夏有祥,在西在東,見章于天」;[246]網路發言者子居將「△4」字讀為「重」,訓作「厚、加重」,並釋「△5」字之意為「主持、主管」;[247]《史原》論壇古代史讀書會認為此段話或指無典之人,分指四種不同之身分;[248]黃庭頎以為「此段簡文是訴說夏君無道,故天災人禍橫行,國家失去常規的情景。筆者同意將『䮾』讀為動之說,認為此處可斷讀為『惟災虐德暴,僮無典』,但『夏有祥』

---

[241] 復旦大學出土文獻與古文字研究中心研究生讀書會:〈清華簡《尹至》、《尹誥》研讀札記(附:《尹至》、《尹誥》、《程寤》釋文)〉文末69樓陳民鎮之評論,復旦大學出土文獻與古文字研究中心,網址:http://www.gwz.fudan.edu.cn/Web/Show/1352,2011年2月27日,檢索日期:2018年6月25日;陳民鎮:〈清華簡《尹至》集釋〉,復旦大學出土文獻與古文字研究中心,網址:http://www.gwz.fudan.edu.cn/Web/Show/1647,2011年9月12日,檢索日期:2018年8月12日。

[242] 沈建華:〈清華楚簡《尹至》釋文試解〉,《中國史研究》2011年第1期,頁67-72。

[243] 劉波:〈清華簡《尹至》「僮亡典」補說〉,復旦大學出土文獻與古文字研究中心,網址:http://www.gwz.fudan.edu.cn/Web/Show/1421,2011年3月4日,檢索日期:2018年8月16日。

[244] 劉波:〈清華簡《尹至》「僮亡典」補說〉文末3樓王寧之評論,復旦大學出土文獻與古文字研究中心,網址:http://www.gwz.fudan.edu.cn/Web/Show/1421,2011年3月5日,檢索日期:2018年8月16日。

[245] 黃懷信:〈清華簡《尹至》補釋〉,武漢大學簡帛研究中心,網址:http://www.bsm.org.cn/show_article.php?id=1416,2011年3月17日,檢索日期:2018年8月16日。

[246] 邢文:〈試釋清華簡《尹至》的「一勿遺」〉,收入清華大學出土文獻研究與保護中心編:《清華簡研究》1(上海:中西書局,2012年12月第一版),頁1-8;邢文:〈談清華簡《尹至》的「動亡典,夏有祥」〉,武漢大學簡帛研究中心,網址:http://www.bsm.org.cn/show_article.php?id=1423,2011年3月25日,檢索日期:2018年8月16日;其後,邢文在「楚簡楚文化與先秦歷史文化國際學術研討會」發表專文,篇名為〈《尹至》「夏有祥」小議〉,論點大抵與前文同,並收入羅運環主編:《楚簡楚文化與先秦歷史文化國際學術研討會論文集》(武漢:湖北教育出版社,2013年8月第一版),頁260-261。

[247] 網路發言者子居:〈清華簡《尹至》解析〉,「中國先秦史」網站,網址:http://xianqinshi.blogspot.com/2017/09/blog-post_15.html,2011年12月19日,檢索日期:2018年8月16日。

[248] 因網站調整因素,此說見於洪君好:《戰國竹書伊尹文獻研究》(國立中興大學中國文學研究所碩士論文,2017年8月),頁13-14。

應屬下讀。......故此處應指夏朝天災肆虐，君德殘暴，動靜皆失去典常。」[249]王輝贊同復旦大學讀書會之斷讀，並將「△4」讀為「眾」，認為簡文所謂「暴眾」，即「傷百姓」之意；[250]季旭昇疑「𢦏」應讀為「滋」，表「益也，更加」之意，並釋此段簡文為「夏桀卻『唯滋虐德、暴動、無典』，即『夏桀卻更加地殘虐於德、舉動凶暴、不守典常』」；[251]網路發言者明珍認為「△4」字當从心，而非从身；[252]夏大兆與黃德寬亦將此段簡文讀為「惟茲虐德，暴動無典」；[253]馮勝君以為上引宋華強將「𢦏」讀「載」，或猶古書所云「載德」之說法，因其書證過晚之故，恐不可信，並認為將「𢦏」讀為「滋」之說，應可信從，不過，應改釋作「滋生的意思」，同時，其又以為下文「虐德」應猶古書所見之「凶德」，至於「△3」、「△4」二字，馮勝君則將後者釋作「憧」，進一步認為「『暴』常訓為『亂』......『暴動』，猶言亂動，舉動不循典章法度，即所謂的『亡（無）典』」；[254]馬嘉賢認為「△1」字應讀「茲」，下文並從復旦大學讀書會之說，讀為「虐德」，而對於「△4」字，亦釋為「僮」字異體，「△5」字則讀為「典」；[255]王昆對此句之斷讀，大抵同於復旦大學讀書會之說，並將「△3」字訓作「損害、糟蹋」，「△4」字則釋為「僮」字異體，解作「封建時代受奴役的未成年人」；[256]李爽大抵仍從王寧之說；[257]鄔可晶亦將「𢦏」讀為「滋」，訓同上引馮勝君之說，而對於「△5」字，以為「《尹至》的這個『𥳑』，很明顯在加飾筆的『典』上又增从『竹』，應該是為典冊之『典』造的專字，猶典冊之『冊』古文作『𥳑』」，訓解則贊同復旦大學讀書會之說，並認為「指『常事故法』的『典刑』，跟《尹至》『亡典』之『典』大概是一回事」，同時，在附注中，其又補云「『亡典』之『亡』......有可能當『遺棄』講」，至於「虐德」，鄔可晶則大抵仍從上引陳民鎮與黃懷信之說，再如「△4」字，其亦以上引張崇禮之說為主，並將其例釋為「童（重）身」之專字或合文，認為「簡文『𨈉（重）』當指懷孕者，『暴𨈉』意謂侵凌、殘害孕婦」；[258]高中華疑「△4」字乃「恫」之借字，訓作「痛」，並釋簡文文意

249 黃庭頎：〈清華大學藏戰國竹簡〈尹至〉探析〉，《有鳳初鳴年刊》8（2012 年 7 月），頁 485-503。

250 王輝：〈一粟居讀簡記（一）〉，收入清華大學出土文獻研究與保護中心編：《清華簡研究》1（上海：中西書局，2012 年 12 月第一版），頁 343-355。

251 季旭昇主編、王瑜楨等合撰：《清華大學藏戰國竹簡（壹）讀本》（臺北：藝文印書館，2013 年 11 月初版），〈尹至〉譯釋章之釋文與季旭昇案語，頁 1-3、9-11。

252 「簡帛論壇：《清華壹．尹至》釋字一則」1 樓網路發言者明珍之發文，武漢大學簡帛研究中心，網址：http://www.bsm.org.cn/forum/forum.php?mod=viewthread&tid=3175&extra=page%3D18，2014 年 4 月 11 日，檢索日期：2018 年 6 月 23 日。

253 夏大兆、黃德寬：〈關於清華簡《尹至》《尹誥》的形成和性質——從伊尹傳說在先秦傳世和出土文獻中的流變考察〉，《文史》2014 年第 3 輯（總 108），頁 213-239。

254 馮勝君：〈清華簡《尹至》「茲乃柔大縈」解〉，收入中國文化遺產研究院編：《出土文獻研究（「簡帛文字與書法國際研討會」特輯）》13（上海：中西書局，2014 年 12 月第一版），頁 310-317。

255 馬嘉賢：《清華壹《尹至》、《尹誥》、《皇門》、《祭公之顧命》研究》（國立彰化師範大學國文學系博士論文，2015 年 7 月），頁 57-65。

256 王昆：《清華簡《尹至》、《尹誥》、《赤鵠之集湯之屋》集釋》（河北大學文學碩士學位論文，2016 年 5 月），頁 15-21。

257 李爽：《清華簡「伊尹」五篇集釋》（吉林大學碩士論文，2016 年 6 月），頁 30。

258 鄔可晶：〈《尹至》「惟𢦏虐德暴𨈉亡典」句試解〉，收入教育部人文社會科學重點研究基地、清華大學出

為「夏桀暴虐，夏民痛疾也」；[259]趙思木仍將「△4」隸釋作「僮」，並將此段簡文斷讀為「唯載虐德，暴動無典」，譯作「（夏桀）為人，有殘虐之德，其行事則急驟而不守（先王）常法」；[260]洪君好大抵仍從季旭昇之斷讀，且贊同鄔可晶對「△4」字之釋讀；[261]對於各字之釋讀，曹雨楊認為「△1」字，宋華強與馮勝君二說都有可能，「△2」則可訓作「殘虐」，另將「△3」、「△4」連讀為「暴動」，訓作「暴亂地行事」。[262]

綜上諸說，可知「悳」讀為「德」，應為學界多數學者所持有之看法，但其他諸字之釋讀，學界則多存異說。不過，此段簡文既可能與「德」有關，則當云夏桀暴行或災禍之事，故學界才會多以此為主要之釋讀方向，但是否與疾病有關，在目前仍缺古史之直接實證下，竊以為似猶可商。

今復考其上下文，知其上文云有夏施政無道，下文言及天降災異示警之事，因此，簡文此段應是上文之總結，換言之，此段簡文所云之事應可呼應上文諸事，並引出接下來將發生之災禍，更非指身分，故在此基礎上，或可再復考簡文此則關鍵字例之釋讀，茲略作補證如下：

1. 「△1」例：

倘依其形而言，上引原整理者將簡文此字隸作「烖」，可從，其字又見於：

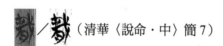／ 𢦏（清華〈說命‧中〉簡7）

清華〈說命‧中〉簡此字，其字形大抵與簡文此例相同。關於「烖」字，《說文》釋其為「大𤎩也。從肉𢦏聲」，[263]又「𢦏」本即從才得聲，[264]「才」字上古音屬從母之部，「烖」字之上古音亦屬莊母之部，因此，簡文此例讀為同屬之部之「災」、「載」、「茲」或「滋」等，[265]在音理上實皆可通，讀「載」者更有清華簡〈說命‧中〉例作為旁證，只是讀「災」，雖與下文相關，但與上文語意不合，此已如上述，而若就辭例而言，倘從上引王寧之說，將其讀為「茲」，則簡文所謂「惟茲」，似又較「惟載」或「惟災」為佳，主因「惟茲」於古文字與傳世文獻中習見其例，例如：「壬寅卜，𡧛貞：『若茲不雨？

土文獻與中國古代文明研究中心、清華大學出土文獻研究與保護中心編，李學勤主編：《出土文獻》9（上海：中西書局，2016年10月第一版），頁166-172。

259 高中華：〈《清華大學藏戰國竹簡（壹）》校讀五則〉，收入姚小鷗主編：：《清華簡與先秦經學文獻研究》（北京：生活‧讀書‧新知三聯書店，2016年10月北京第一版），頁361-365。

260 趙思木：《《清華大學藏戰國竹簡（壹）》集釋及專題研究》（華東師範大學博士論文，2017年6月），頁45-50。

261 洪君好：《戰國竹書伊尹文獻研究》（國立中興大學中國文學研究所碩士論文，2017年8月），頁14-15。

262 曹雨楊：《《清華大學藏戰國竹簡（壹）—（參）》疑難字詞集釋及釋文校注》（吉林大學碩士學位論文，2020年5月），頁30-38。

263 〔漢〕許慎編撰、〔宋〕徐鉉校定：《說文解字》（據清同治十二年陳昌治改刻本縮印，香港：中華書局，2014年8月再版），卷四，頁90。

264 《說文》釋「𢦏」云「傷也。從戈才聲」。〔漢〕許慎編撰、〔宋〕徐鉉校定：《說文解字》（據清同治十二年陳昌治改刻本縮印，香港：中華書局，2014年8月再版），卷十二，頁266。

265 「災」、「載」、「茲」、「滋」等字之上古音分屬精母之部、精母之部、精母之部、精母之部，俱屬之部。

帝惟茲邑，寵不若？』二月。」（第一期：《合集》00094 正）、「惟茲祖丁鼎受祐？」（第
三期：《合集》27288）、「惟茲祝用？」（第三期：《合集》30418）、「惟茲五用？」（第四
期：《合集》34100）、「蔑師見凶，毀折鹿踐，惟茲作彰」（上博〈鬼神之明　融師有成
氏〉簡 6）、《尚書・大禹謨》云「帝曰：『皋陶，惟茲臣庶，罔或于予正。汝作士，明
于五刑，以刑五教，期于予治。刑期于無刑，民協于中時，乃功懋哉』」、[266]《尚書・伊
訓》云「曰：『敢有恒舞于宮，酣歌于室，時謂巫風；敢有殉于貨色，恒于遊畋，時謂
淫風；敢有侮聖言，逆忠直，遠耆德，比頑童，時謂亂風。惟茲三風十愆，卿士有一于
身，家必喪；邦君有一于身，國必亡」、[267]《尚書・君奭》云「武王惟茲四人，尚迪有
祿，後暨武王，誕將天威，咸劉厥敵，惟茲四人，昭武王，惟冒丕單稱德」、[268]《尚書・
畢命》云「王曰：『嗚呼！父師，邦之安危，惟茲殷士，不剛不柔，厥德允修」、[269]《孟
子・萬章章句》云「舜曰：『唯茲臣庶，汝其于予治。』」[270]凡此「惟茲」之例，殆表「於
此」之意，甚或有總結之意涵，故其詞用於此段簡文，適正可作為上文所言有夏為政無
道之結語，與本文上所作之推論相合，換言之，「茲」字在此可讀為「茲」，訓「此」，
而非夏桀之代稱，另外，「惟茲」者，如上所引書證內容，知其在《尚書》中習見其例，
此則又為〈尹至〉簡文本來源疑屬早期文獻之又一實證。

2.　「△2」例：

依形而言，此字可隸作「」，其形又見於：

（清華〈金縢〉簡 3）

（清華〈芮良夫毖〉簡 10）

（清華〈芮良夫毖〉簡 17）

此等字例字形相類，應為同一字，各簡原整理者已釋其為「虐」，[271]故「△2」此例

266　〔漢〕孔安國傳、〔唐〕孔穎達疏：《尚書正義》（清嘉慶二十年江西南昌府學重刊宋刻本，臺北：藝文
　　印書館，1997 年 8 月初版），卷四，頁 55。

267　〔漢〕孔安國傳、〔唐〕孔穎達疏：《尚書正義》（清嘉慶二十年江西南昌府學重刊宋刻本，臺北：藝文
　　印書館，1997 年 8 月初版），卷八，頁 115。

268　〔漢〕孔安國傳、〔唐〕孔穎達疏：《尚書正義》（清嘉慶二十年江西南昌府學重刊宋刻本，臺北：藝文
　　印書館，1997 年 8 月初版），卷十六，頁 247。

269　〔漢〕孔安國傳、〔唐〕孔穎達疏：《尚書正義》（清嘉慶二十年江西南昌府學重刊宋刻本，臺北：藝文
　　印書館，1997 年 8 月初版），卷十九，頁 292。

270　〔漢〕趙岐傳、〔宋〕孫奭疏：《孟子注疏》（清嘉慶二十年江西南昌府學重刊宋刻本，臺北：藝文印書
　　館，1997 年 8 月初版），卷九，頁 162。

271　清華大學出土文獻研究與保護中心編、李學勤主編：《清華大學藏戰國竹簡（壹）》（上海：中西書局，
　　2010 年 12 月第一版），頁 159；清華大學出土文獻研究與保護中心編、李學勤主編：《清華大學藏戰國

上引原整理者釋其从虍，即《說文》古文「虐」，可信。今考《說文》「虐」字古文之形為：

（《說文》「虐」古文）

其形即與簡文此字上部相近，許學仁曾釋「虐」字所从口，應與其字所寓「老虎殘嚙生靈，非但憑借爪牙之利，往往口齒足爪并用」之形構之旨有關，[272]可從，不過，楚系「虖」字多讀為「乎」或「號」，[273]其讀為「虐」者，為數較少，但也非不可能，如上博簡所見部分「虖」字：

（上博〈容成氏〉簡36）

（上博〈姑成家父〉簡1）

此二字之辭例，分別為「民乃宜怨，虖疾始生」（上博〈容成氏〉簡36）、「厲公無道，虖於百豫，百豫反之」（上博〈姑成家父〉簡1），此二簡原整理者皆將其釋讀為「虐」，[274]蘇建洲亦釋讀為「虐」，[275]又李守奎、曲冰、孫偉龍所編著之《上海博物館藏戰國楚竹書（一—五）文字編》則據《說文》古文之形，將此二例歸在「虐」字頭下，並讀作「虐」，[276]因此，簡文「△2」字上所从之「虖」實仍與「虐」字有一定程度之關聯，諸家所釋可從；至於其下所从之「蚰」，魏慈德疑其或與「災禍」義有關，可信，[277]此或即《說文》之「蚰」字，《說文》釋其云「蟲之總名也。从二虫。凡蚰之屬皆从蚰。讀若昆」；[278]不過，簡文此字从虖从蚰，其字在目前古文字中，尚且罕見其例，形源待考。據以上幾項釋形芻議，竊疑簡文此字从虖得聲，或可讀為「虐」，且須與下文斷讀，其理為：如上所述，簡文上文既已云「惟茲」，則簡文下文當云其欲總結上文之諸事，不過，學者據此為釋者，多將「虐德」連讀，「虐德」一詞古文字與先秦古籍卻未嘗得見，似仍缺旁證，或猶有可商，其實，上博簡所云「毋暴、毋虐、毋賊、毋貪」（上博《從

竹簡（參）》（上海：中西書局，2012 年 12 月第一版），頁 145、146、151、153。

[272] 許學仁：《〈古文四聲韻〉古文研究・古文合證篇》（臺北：文史哲出版社，1997 年），頁 171。

[273] 白於藍編著：《戰國秦漢簡帛古書通假字彙纂》（福州：福建人民出版社，2012 年 5 月第一版），頁 252-254。

[274] 馬承源主編：《上海博物館藏戰國楚竹書（二）》（上海：上海古籍出版社，2002 年 11 月第一版），頁 278；馬承源主編：《上海博物館藏戰國楚竹書（五）》（上海：上海古籍出版社，2005 年 12 月第一版），頁 240。

[275] 季旭昇主編，陳美蘭、蘇建洲、陳嘉凌合撰：《〈上海博物館藏戰國楚竹書（二）〉讀本》（臺北：萬卷樓圖書公司，2003 年 7 月初版），頁 164。

[276] 李守奎、曲冰、孫偉龍編著：《上海博物館藏戰國楚竹書（一—五）文字編》（北京：作家出版社，2007 年 12 月第一版），頁 264。

[277] 魏慈德：《新出楚簡中的楚國語料與史料》（臺北：五南圖書公司，2016 年 4 月初版），頁 256-257。

[278] 〔漢〕許慎編撰、〔宋〕徐鉉校定：《說文解字》（據清同治十二年陳昌治改刻本縮印，香港：中華書局，2014 年 8 月再版），卷十三，頁 283。

政‧甲》簡15），此中「暴」、「虐」、「賊」、「貪」等事，似與清華簡此段內容相近，或可相互證成，[279]即簡文此「△2」字可單獨讀為「虐」即可，訓作吾人所熟知之「殘害」或「欺凌」義，此於上引陳民鎮之說早有所云，可從，其義或猶《尚書‧洪範》所云「無虐煢獨，而畏高明。」孔傳釋曰「煢獨者不侵虐之。」[280]亦猶《左傳‧文公十五年》云「君子之不虐幼賤，畏于天也。」[281]凡此「虐」字皆同此訓，換言之，清華〈尹至〉簡與上博《從政‧甲》簡此二段簡文皆云傷德或暴行之事也。

3. 「△3」例：

簡文此字从厂，右下與楚系「暴（暴）」字形近，上引原整理者之隸定有其道理，不過，「暴」字之字源應為「虣」，[282]且如季旭昇所云，基本上，楚系「（虣、暴）」字多已用「暴」字代替，[283]例如：

（郭店〈性自命出〉簡64）[284]

（上博〈鬼神之明　融師有成氏〉簡1）

甚至簡文此例似从火，更疑其與《說文》「暴」字古文有關，[285]如此一來，簡文此

279 簡文此讀為「虐」之字，其形為：⬚／⬚，圖版稍嫌漫漶，或可隸作「禤」，原整理者讀為「號」、「呼」或「乎」，不過，陳劍、周鳳五、陳美蘭與蘇建洲等學者，俱已將簡文此例改釋讀為「虐」，今以清華簡簡文此處並見「虐」、「暴」二字而言，可信。馬承源主編：《上海博物館藏戰國楚竹書（二）》（上海：上海古籍出版社，2002年11月第一版），頁228；陳劍：〈上博簡《子羔》、《從政》篇的竹簡拼合與編連問題小議〉，《文物》2003年第5期，頁56-59、64，亦收入陳劍：《戰國竹書論集》（上海：上海古籍出版社，2013年12月第一版），頁24-31；周鳳五：〈讀上博楚竹書《從政（甲篇）》劄記〉，收入周鳳五：《朋齋學術文集：戰國竹書卷》（臺北：國立臺灣大學出版中心，2016年12月），頁219-235；季旭昇主編，陳美蘭、蘇建洲、陳嘉凌合撰：《《上海博物館藏戰國楚竹書（二）》讀本》（臺北：萬卷樓圖書公司，2003年7月初版），頁54；蘇建洲：《《上海博物館藏戰國楚竹書（二）校釋（上）》》（臺北：花木蘭文化出版社，2006年9月初版），頁424。

280 〔漢〕孔安國傳、〔唐〕孔穎達疏：《尚書正義》（清嘉慶二十年江西南昌府學重刊宋刻本，臺北：藝文印書館，1997年8月初版），卷十二，頁172。

281 〔晉〕杜預注、〔唐〕孔穎達疏：《春秋左傳正義》（清嘉慶二十年江西南昌府學重刊宋刻本，臺北：藝文印書館，1997年8月初版），卷十九，頁340。

282 裘錫圭：〈說「玄衣朱襮裣」——兼釋甲骨文「虣」字〉，《文物》1976年第12期，頁75-76，亦收入裘錫圭：《古文字論集》（北京：中華書局，1992年8月第一版），頁350-352，另收入裘錫圭：《裘錫圭自選集》（鄭州：大象出版社，1994年7月第一版），頁73-76；許學仁：《《古文四聲韻》古文研究‧古文合證篇》（臺北：文史哲出版社，1997年），頁144-145；季旭昇：《說文新證》（臺北：藝文印書館，2014年9月二版），頁777-778。

283 季旭昇：《說文新證》（臺北：藝文印書館，2014年9月二版），頁777-778。

284 此字周鳳五釋為「暴」，可參，而季旭昇則對此字之釋形，仍有所存疑。周鳳五：〈郭店〈性自命出〉「怒欲盈而毋暴」說〉，收入周鳳五：《朋齋學術文集：戰國竹書卷》（臺北：國立臺灣大學出版中心，2016年12月），頁147-159；季旭昇主編，陳惠玲、連德榮、李綉玲合撰：《《上海博物館藏戰國楚竹書（三）》讀本》（臺北：萬卷樓圖書公司，2005年10月初版），頁256-257。

285 《說文》「暴」字之古文字形為⬚，今復考其形，知其「日」上確有「火」形，此「火」形疑與簡文此字所从火旁有關，只是《說文》此古文字形，許慎釋其从麃，其與簡文此字形構之關係為何，尚且待考。〔漢〕許慎編撰、〔宋〕徐鉉校定：《說文解字》（據清同治十二年陳昌治改刻本縮印，香港：中華書

字恐怕以隸釋从暴為宜，不過，簡文此字从广从暴，目前古文字仍是罕見其例，形源待考。惟值得留意的是，荊門左塚楚墓漆梮或存一例，其形為：

（方框第一欄 D 邊）

陳偉武、馮勝君俱釋為「暴」，[286]疑是簡文此字類例，不過，此字確如蘇建洲所云，其與楚簡「暴」字之字形仍有差距，[287]此中或可留意者，大概就在於簡文此「△3」例下方形構與荊門左塚楚墓漆梮此字相類，但能否證明此二字確為一字，恐仍待考，今暫且存疑備參。

而據上引上博《從政‧甲》簡所云「毋暴、毋虐、毋賊、毋貪」，知簡文此例仍應單獨斷讀，或應从暴得聲，且從原整理之說，讀為「暴」，[288]不過，恐非訓作「亂」，因此義多用於多數人之「暴亂」，其猶《大戴禮記‧用兵》云「聖人之用兵也，以禁殘止暴於天下也。」[289]又如《淮南子‧本經訓》或曰「故兵者，所以討暴，非所以為暴也。」高誘注云「言兵討人之暴亂，非所以自為暴亂也。」[290]凡此用例皆與簡文此所言個人為德之事無關，因此，簡文此「暴」字應訓作「凶殘」，其如《正字通》釋「暴」云「橫也」，[291]亦猶《易經‧繫辭上》云「上慢下暴，盜思伐之矣。」孔穎達疏曰「小人居上位必驕慢，而在下必暴虐。」[292]再如《後漢書‧文苑列傳》云「暴辛惑婦，拒諫自孤。」李賢注曰「暴，虐也。紂……名辛，以其暴虐，故曰暴辛。」[293]凡此所見「暴」字皆同此訓也，再者，此等「暴」字多與「虐」字連文，甚至近義為訓，適正與簡文上文之「虐」字相呼應，更與簡文此所謂夏桀為君之暴行有關，可相互為證，當然，因其下文並無賓語，故簡文此字亦毋須訓作殘害或傷害等相關義。

局，2014 年 8 月再版），卷七，頁 139。

286 陳偉武：〈荊門左塚楚墓漆梮文字補釋〉，復旦大學出土文獻與古文字研究中心，網址：http://www.gwz.fudan.edu.cn/Web/Show/853，2009 年 7 月 21 日，檢索日期：2018 年 8 月 2 日，此文修訂後，另收於復旦大學出土文獻與古文字研究中心編：《出土文獻與傳世典籍的詮釋——紀念譚樸森先生逝世兩週年國際學術研討會論文集》（上海：上海古籍出版社，2010 年 10 月第一版），頁 197-201；蘇建洲：《楚文字論集》（臺北：萬卷樓圖書公司，2011 年 12 月初版），頁 79-86 引馮勝君之說。

287 蘇建洲：《楚文字論集》（臺北：萬卷樓圖書公司，2011 年 12 月初版），頁 79-86 引馮勝君之說。

288 「暴」、「暴（暴）」二字上古音皆屬並母藥部，二字雙聲疊韻，有其相通之可能性，而上述季旭昇所云楚系「暴」字以「暴」字代之，也許就是音近通用之例。

289 〔漢〕戴德原編、〔清〕王聘珍著、王文錦點校：《大戴禮記解詁》（以清光緒十三年廣雅書局刻本為底本，並同咸豐元年家刻本進行校對，臺北：文史哲出版社，1986 年 4 月初版），卷十一，頁 209。

290 〔漢〕劉安原撰、〔漢〕劉向、劉歆原校訂，劉文典撰：《淮南鴻烈集解》（以莊逵吉校本為底本，臺北：文史哲出版社，2003 年 10 月再版），卷八，頁 268。

291 〔明〕張自烈編、〔清〕廖文英補：《正字通》（北京：國際文化出版公司，1996 年 1 月第一版），辰集，頁 547。

292 〔魏〕王弼注、〔東晉〕韓康伯注、〔唐〕孔穎達疏：《周易正義》（清嘉慶二十年江西南昌府學重刊宋刻本，臺北：藝文印書館，1997 年 8 月初版），卷七，頁 152。

293 〔南劉宋〕范曄：《後漢書》（據涵芬樓藏紹興本影印（百衲本），新北：臺灣商務印書館，2010 年 10 月臺二版），卷八十，頁 03-1195。

4.「△4」例：

　　簡文此字从身从童，上引原整理者之隸釋，應無疑義，不過，其例在目前古文字中，尚未見其他異構，形源待考，但此字是否可隸釋作「僮」，似仍有疑，主因楚簡「僮」字从人之形構相當明確，甚少見到訛从身者，且「人」旁多在左上方，明顯與簡文此字不同，例如：

（曾侯乙簡 75）

（包山簡 3）

（包山簡 237）

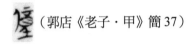（郭店《老子・甲》簡 37）

（上博《周易》簡 1）

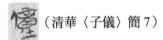（清華〈子儀〉簡 7）

　　再如上引鄔可晶云其例乃「童（重）身」之合文或專字，嚴格說來，仍缺直接之字形實證，即便其說有較為充分之史料證據，因此，本文仍依原整理者之隸釋，將簡文此字隸作「𨾊」，但對其形源仍有所存疑，至於其例又是否从心，若就書寫筆勢而言，其可能性實在不高，亦暫且不作此考慮。而關於此字之釋讀，其例恐與疾病無關，此已如上述，故原整理者與諸家所釋讀之疾病相關義，或可再作商榷，又其是否與地震、暴動、加重或傷害有關，在用例與書證上，似也缺直接之實證或書證，甚至能否讀為「同」，由於上文已有「皆亡」之語，且「亡」字在古文字或楚文字中，罕有解作「滅亡」義者，因此，此說亦仍有可疑者，有鑑於此，本文復據上引諸例之釋讀，以及上博《從政・甲》簡所云「毋暴、毋虐、毋賊、毋貪」四事，疑簡文此例當从童得聲，或可單獨斷讀為「貪」，而毋須與「暴」字連讀為「暴動」，「童」字上古音屬定母東部，「貪」字則為透母侵部，二字聲近但韻隔，惟戰國文字仍可見東侵相通之例，例如：「隹送先王，茅蒐田獵，……以取鮮槁，饗祀先王。」（戰國：妾子𧊒壺，《集成》09734.3A、09734.4A），王輝以為銘文所見東部之「送」字，可讀為侵部之「朕」，[294]又如「告子贛曰」（上博〈相邦之道〉

---

294 王輝：《古文字通假釋例》（臺北：藝文印書館，1993 年 4 月初版），頁 922。

簡4），此中屬侵部之「贛」字即可讀為東部之「貢」，[295]另外，先秦以至西漢末年，侵東二部亦或見合韻旁轉之例，[296]而聲韻學者亦曾以為「雙唇鼻音尾的『侵部』與舌根鼻音尾的『蒸冬東』的接觸應有語音關係」，[297]是故，簡文「△4」例讀為「貪」，應有其可能性，在此可訓作「欲求無度」，其猶《呂氏春秋‧慎大覽‧慎大》云「桀為無道，暴戾頑貪。」[298]高誘注曰「求無厭足為貪。」[299]又如《史記‧項羽本紀》亦云「猛如虎，很如羊，貪如狼，彊不可使者，皆斬之。」[300]凡此「貪」字皆同此訓也，其中，《呂氏春秋》所云者，更與夏桀直接相關，尤可與簡文內容互證。

5.「△5」例：

依形而言，上引原整理者釋簡文此字乃《說文》「典」字古文，即其例从竹，或《說文》「典」字古文之所本，大抵原整理之隸釋是可信的，不過，此「竹」形究竟是從「冊」形之繁化形構異化而來，抑或屬兼義之繁化偏旁，卻是值得討論，[301]如上引鄔可晶之說，即以為簡文此字乃加飾筆「典」字又增「竹」而來，今以簡文此字所从竹形下方「典」字疑有二短橫飾筆之情況而言，其說確實有其可能性，同時，也間接證明《說文》「典」古文所从竹，有可能為後起疊加兼義之形符，而非從飾筆訛變而來，甚至亦可如鄔可晶

---

[295] 原整理者即作如是讀，歷來多無異說，而李存智亦將上博簡此組釋讀字列為東侵通假例。馬承源主編：《上海博物館藏戰國楚竹書（四）》（上海：上海古籍出版社，2004年12月第一版），頁237；李存智：《上博楚簡通假字音韻研究》（臺北：萬卷樓圖書公司，2010年2月初版），頁272。

[296] 陳新雄：《古音研究》（臺北：五南圖書公司，1999年4月初版），頁472；李存智：《上博楚簡通假字音韻研究》（臺北：萬卷樓圖書公司，2010年2月初版），頁249-251、272-277。

[297] 李存智：《上博楚簡通假字音韻研究》（臺北：萬卷樓圖書公司，2010年2月初版），頁249-251、272-277。

[298] 〔周〕呂不韋著、〔宋〕陸游評、〔明〕凌稚隆批：《呂氏春秋》，收入蕭天石總主編：《中國子學名著集成（宋元明清善本叢刊）》（明萬曆庚申吳興凌氏刊朱墨套印本，臺北：中國子學名著集成編印基金會，1978年12月初版），卷十五，頁351。

[299] 〔周〕呂不韋著、〔漢〕高誘註：《呂氏春秋》（臺北：藝文印書館，1969年10月再版），卷十五，頁362。

[300] 〔漢〕司馬遷原著、〔日〕瀧川龜太郎著：《史記會注考證》（臺北：萬卷樓圖書公司，1993年8月初版），卷七，頁144。

[301] 《說文》「典」字古文之形為 ，與簡文此字字形相近，而春秋金文「典」字之形，或作 （春秋：叔尸鐘，《集成》00275.2）、（春秋：叔尸鐘，《集成》00285.5），戰國相類「典」字之形則如：（陳侯因𦈚錞，《集成》04649）、（望山簡2.1）、（包山簡3），此等「冊」字之形，可謂一脈相承，季旭昇將戰國文字此等類例釋為「上部繁化，為《說文》古文所承，而釋為『从竹』，當正」，可從，不過，值得注意的是，簡文此字上部明顯从竹，似為獨立之偏旁，與上引「典」字諸例不同，故其「竹」形究屬單純之繁化兼義形構，抑或從此類「典」字字形異化而來，頗值得再作進一步之討論。

〔漢〕許慎編撰、〔宋〕徐鉉校定：《說文解字》（據清同治十二年陳昌治改刻本縮印，香港：中華書局，2014年8月再版），卷五，頁99；季旭昇：《說文新證》（臺北：藝文印書館，2014年9月二版），頁377、378。

所言，將此字釋為「典冊」之專字，只是《說文》「典」字古文所從竹旁下方似未有飾筆，其形仍與鄔可晶所云或異，此亦上所云「竹」形來源待考之主因，總之，此中仍有部分釋形關鍵環節尚待解決，但即便如此，在此釋形基礎上，簡文此例仍可從原整理者之說，將其隸作「簨」，釋為「典」，至於其是否與「腆」字有關，以目前仍未見更多古文字證據之情況下，或猶可商，而且「典」字讀為「腆」，於古文字與傳世文獻中，仍罕見其例，另外，此字倘訓作「絕」或「主持、主管」，似乎也無法切合上下文意，因此，簡文此所謂「無典」，仍應依上引多位學者之看法，將其解作「無常道或法則」之意，此「典」字之訓，或為「典章」義之引申，即《爾雅・釋詁》所釋「典、彝、法、則、刑、範、矩、庸、恒、律、戛、職、秩，常也」，[302]或猶戰國金文所云「世萬子孫，永為典常」（戰國：陳侯因育錞，《集成》04649），抑或如《尚書・皋陶謨》所曰「天敘有典，勑我五典五惇哉」，孔穎達疏云「天次敘人倫，使有常性，故人君為政當勑正我父母兄弟子五常之教，教之使五者皆惇厚哉」，[303]再如《史記・禮書》亦云「乃以太初之元，改正朔，易服色，封太山，定宗廟百官之儀，以為典常，垂之於後云」，[304]凡此「典」字皆同此訓也，據此，則簡文「無典」一詞，在此處適正可呼應上文所云「虐、賊、暴、貪」等四件不合乎為政常道或法則之事，甚或近於上引《尚書・皋陶謨》孔疏之所釋者。至於上引鄔可晶曾謂簡文此「亡」字或可作「遺棄」解之說，有其理據，然而，簡文此所謂「亡典」，若依本文之斷讀分析，則應是上所述「虐、賊（詳下文）、暴、貪」等四事之總結，而非與此四事同屬並列之事，因此，「亡」若訓作「遺棄」，恐仍有可商者。

至於「惪」字，其與「德」字或本一字之分化，[305]故在此仍以讀為「德」為宜，不過，上引馮勝君已就書證時代，論及「載德」說之不可行，其說可信，而諸家雖有共識將其讀為「德」，但據本文上文初步之討論，知「惪」字之上下文皆為語義可單獨存在之負面用字，故其字在此恐怕無法逕讀為「德」，有鑑於此，疑其例之釋讀，當另作別解。頗疑此「惪」字或可改讀為「賊」，「惪」、「賊」二字古音相近，有相通之可能，[306]其例在此可訓作「傷害」，與上文之「虐」、下文之「暴」、「貪」等，俱可相呼應，其

302　〔晉〕郭璞注、〔宋〕邢昺疏：《爾雅注疏》（清嘉慶二十年江西南昌府學重刊宋刻本，臺北：藝文印書館，1997 年 8 月初版），卷一，頁 8。

303　〔漢〕孔安國傳、〔唐〕孔穎達疏：《尚書正義》（清嘉慶二十年江西南昌府學重刊宋刻本，臺北：藝文印書館，1997 年 8 月初版），卷四，頁 62。

304　〔漢〕司馬遷原著、（日）瀧川龜太郎著：《史記會注考證》（臺北：萬卷樓圖書公司，1993 年 8 月初版），卷二十三，頁 423。

305　殷商甲骨文「德」字從彳從直或從行從直，會直視前進之意，兩周金文與戰國文字則或從心，乃後來「惪」字字形之所本，甚或「彳」替換為「辵」旁，例如：（第一期：《合集》00559 正）、（第一期：《合集》01867）、（第一期：《合集》20547）、（西周：盂鼎，《集成》02837）、（西周：師俞尊，《集成》05995）、（戰國：陳侯因育錞，《集成》04649）、（上博〈孔子詩論〉簡 2），故「德」、「惪」二字字形可謂一脈相承。

306　「惪」字上古音屬端母職部，「賊」則為從母職部，二字疊韻，而「惪」字與精系字相通者，在古文字中亦可找到例子，因此，「惪」、「賊」二字應有相通之可能。白於藍編著：《戰國秦漢簡帛古書通假字

猶西周金文所云「我既付散氏田器，有爽，實余有散氏心賊，則爰千罰千，傳棄之」（西周：散氏盤，《集成》10176），亦猶《楚辭·招魂》云「歸來歸來，恐自遺賊些。」朱熹集注釋曰「賊，害也，言覬覦欲往者，自予賊害也。」[307]又如《史記·衛康叔世家》：「為武庚未集，恐其有賊心。」[308]此等「賊」字皆同此訓也，如此一來，清華簡此所謂「虐、賊、暴、貪」，適可與上述上博〈為政〉所言「毋暴、毋虐、毋賊、毋貪」四事合證，更可呼應上文有夏施政無道之事，有鑑於此，此段簡文應可斷讀為「惟茲：虐、賊、暴、貪，無典」，即「（夏桀之行）在此大抵有：殘害（人民）、傷害（人民）、凶殘與欲求無度等，皆已無常道或法則」。

〔12〕恙（祥）

簡文此字之釋讀，或存異說。原整理者讀為「祥」，並引《左傳》與《國語》，將其訓作「變異之氣」或「吉氣」；[309]沈建華釋作「祥」，惟對其義訓僅引兩條不甚相近之例，似未作界定；[310]黃懷信以為此所謂「祥」，殆指「吉凶的徵兆」；[311]黃庭頎以為「簡文此處之祥應指變異之氣，並非吉祥之徵，正因囚夏的天空出現變異之氣，民眾才會感到害怕，進而認為禍事將及於我身」；[312]邢文仍讀為「祥」，並在黃懷信之訓釋基礎上，將簡文此字訓作「凶祥」；[313]王雲飛遂讀為「恙」，訓作「憂」；[314]夏大兆與黃德寬亦讀為「祥」，惟無說；[315]王昆仍從原整理者之說；[316]李爽認為此所謂「祥」，應即「變異之氣」，或指「二日」。[317]

猶未可知沈建華釋「祥」之理，因目前尚且未見「恙」、「祥」二字乃異體之相關證據，待商，而諸家多將簡文此字讀為「祥」，惟訓解或有不同。今復考簡文此處云「夏

彙纂》（福州：福建人民出版社，2012 年 5 月第一版），頁 389。

307 〔宋〕朱熹：《楚辭集注》（臺北：藝文印書館，1983 年 6 月四版），卷九，頁 274。

308 〔漢〕司馬遷原著、（日）瀧川龜太郎：《史記會注考證》（臺北：萬卷樓圖書公司，1993 年 8 月初版），卷三十七，頁 600。

309 清華大學出土文獻研究與保護中心編、李學勤主編：《清華大學藏戰國竹簡（壹）》（上海：中西書局，2010 年 12 月第一版），頁 129。

310 沈建華：〈清華楚簡《尹至》釋文試解〉，《中國史研究》2011 年第 1 期，頁 67-72。

311 黃懷信：〈清華簡《尹至》補釋〉，武漢大學簡帛研究中心，網址：http://www.bsm.org.cn/show_article.php?id=1416，2011 年 3 月 17 日，檢索日期：2018 年 8 月 16 日。

312 黃庭頎：〈清華大學藏戰國竹簡〈尹至〉探析〉，《有鳳初鳴年刊》8（2012 年 7 月），頁 485-503。

313 邢文：〈試釋清華簡《尹至》的「一勿遺」〉，收入清華大學出土文獻研究與保護中心編：《清華簡研究》1（上海：中西書局，2012 年 12 月第一版），頁 1-8；邢文：〈《尹至》「夏有祥」小議〉，收入羅運環主編：《楚簡楚文化與先秦歷史文化國際學術研討會論文集》，武漢：湖北教育出版社，2013 年 8 月第一版，頁 260-261。

314 王雲飛：〈清華簡《尹至》補釋〉，收入羅運環主編：《楚簡楚文化與先秦歷史文化國際學術研討會論文集》（武漢：湖北教育出版社，2013 年 8 月第一版），頁 262-264。

315 夏大兆、黃德寬：〈關於清華簡《尹至》《尹誥》的形成和性質——從伊尹傳說在先秦傳世和出土文獻中的流變考察〉，《文史》2014 年第 3 輯（總 108），頁 213-239。

316 王昆：《清華簡《尹至》、《尹誥》、《赤鵠之集湯之屋》集釋》（河北大學文學碩士學位論文，2016 年 5 月），頁 21-22。

317 李爽：《清華簡「伊尹」五篇集釋》（吉林大學碩士論文，2016 年 6 月），頁 32。

有恙，在西在東，見章于天，其有民率曰：『惟我速禍。』咸曰：『曰今東恙不章，今其如台？』」（清華〈尹至〉簡 3、4），知此所謂「恙」，東西方俱見，且其後有其民咸言東恙不章之事，而夏在西，殷在東，可見「恙」應如上引黃懷信、邢文或黃庭頎所云，當指「凶祥」或「變異之氣」，始可通讀上下文意，即「恙」在此仍可讀為「祥」，其如《玉篇》釋「祥」云「祥，妖怪也」，[318] 或猶《尚書‧咸有一德》云「亳有祥，桑穀共生于朝」，孔傳釋曰「祥，妖怪」，孔穎達疏則釋云「祥是惡事先見之徵，故為妖怪也」，[319] 凡此「祥」字皆同此訓，再如原整理者與諸家所引《左傳‧昭公十八年》，其文云「鄭之未災也，里析告子產曰：『將有大祥，民震動，國幾亡，吾身泯焉，弗良及也。』」杜預注云「祥，變異之氣」，[320] 亦屬此等類例也，另值得留意的是，上引《尚書》與《左傳》等書證，皆屬邦國之「祥」，與簡文此所謂「夏有祥」之例相近，可證簡文此「恙」，其讀為「祥」者，確實應作「凶祥」或「變異之氣」解，至於古籍所云「恙」者，其訓「憂」或「病」之例，多以人為主語，尚難見及如簡文以朝代為之者，如《爾雅‧釋詁》釋「恙」云「憂也」，[321] 其猶《史記‧平津侯主父列傳》曰「君不幸罹霜露之病，何恙不已，迺上書歸侯乞骸骨，是章朕之不德也。」司馬貞索隱釋云「恙，憂也。言罹霜露寒涼之疾，輕何憂於病不止」，[322] 再如《廣韻》又釋「恙」云「恙，病也。」[323] 或猶《呂氏春秋‧孟冬紀‧異用》曰「孔子之弟子，從遠方來者，孔子荷杖而問之，曰：『子之公不有恙乎？』」[324] 甚至「恙」字雖有訓「禍患」者，仍舊是以描述人或事件為主，而非邦國，如《史記‧外戚世家》云「及高祖崩，呂后夷戚氏，誅趙王，而高祖後宮，唯獨無寵疏遠者得無恙」，[325] 因此，簡文此字若逕讀為「恙」，恐得再作補證。有鑑於此，本文仍從原整理者之說，將簡文此字讀為「祥」，但傾向於釋作其所引《左傳》之「變異之氣」，換言之，簡文此所云「夏有祥」（清華〈尹至〉簡 3）與「今東祥不章」（清華〈尹至〉簡 3），應當分指「夏有凶祥」與「東方（商）無凶祥」之意，至於是否為「二日」，尚且有待更多之出土文獻實證以資證明。

---

318 〔南朝梁〕顧野王原著、國字整理小組編：《玉篇》（臺北：國字整理小組，出版年不詳），卷一，頁 41。

319 〔漢〕孔安國傳、〔唐〕孔穎達疏：《尚書正義》（清嘉慶二十年江西南昌府學重刊宋刻本，臺北：藝文印書館，1997 年 8 月初版），卷八，頁 122。

320 〔晉〕杜預注、〔唐〕孔穎達疏：《春秋左傳正義》（清嘉慶二十年江西南昌府學重刊宋刻本，臺北：藝文印書館，1997 年 8 月初版），卷四十八，頁 841。

321 〔晉〕郭璞注、〔宋〕邢昺疏：《爾雅注疏》（清嘉慶二十年江西南昌府學重刊宋刻本，臺北：藝文印書館，1997 年 8 月初版），卷二，頁 22。

322 〔漢〕司馬遷原著、〔日〕瀧川龜太郎著：《史記會注考證》（臺北：萬卷樓圖書公司，1993 年 8 月初版），卷一百二十二，頁 1216。

323 〔宋〕陳彭年等重修、林尹校訂：《新校正切宋本廣韻》（臺北：黎明文化事業公司，1976 年 9 月初版），卷四，頁 424。

324 〔周〕呂不韋著、〔宋〕陸游評、〔明〕凌稚隆批：《呂氏春秋》，收入蕭天石總主編：《中國子學名著集成（宋元明清善本叢刊）》（明萬曆庚申吳興凌氏刊朱墨套印本，臺北：中國子學名著集成編印基金會，1978 年 12 月初版），卷十，頁 230。

325 〔漢〕司馬遷原著、〔日〕瀧川龜太郎著：《史記會注考證》（臺北：萬卷樓圖書公司，1993 年 8 月初版），卷四十九，頁 774。

〔13〕憲（憲、憲；曰）

簡文此例之形為：

（清華〈尹至〉簡3）

原整理者隸作「憲」，讀為「胡」；[326]復旦大學讀書會以為簡文此例或可讀為「曷」，與〈尹誥〉或傳世文獻之「曷不」同例；[327]劉洪濤以為簡文此字从心从害，或即「憲」字異構，亦讀為「曷」；[328]沈建華亦釋从害得聲，讀為「曷」；[329]其後，復旦大學讀書會在修訂稿中，改從劉洪濤之說，將簡文此字隸作「憲」，也同時將〈尹誥〉簡2之另一例隸作「害」，而在此釋形基礎上，讀書會將簡文此字讀為「曷」，以為「《尹至》簡3的『憲』，字從『心』、『害』聲，可能就是《說文·心部》訓為『息也』、分析為『从心、曷聲』的『愒』字的異體。……與讀《尹誥》『害不』為『曷不』同例」；[330]黃庭頎在釋形上，仍從劉洪濤之說，即釋作「憲」，而在釋讀上，則依復旦讀書會之說，讀為「曷」；[331]孫飛燕亦從復旦大學讀書會之說，將簡文此字讀為「曷」；[332]季旭昇則以為讀「胡」或「何」皆可，且以「何」字之古音與「害」最近，故而將簡文此例改讀為「何」，表示「為什麼」之意；[333]夏大兆與黃德寬仍讀為「曷」；[334]馮勝君亦從復旦大學讀書會之說；[335]馬嘉賢仍從劉洪濤與沈建華之說；[336]王昆亦讀為「曷」；[337]洪君好從沈建華與復

[326] 清華大學出土文獻研究與保護中心編、李學勤主編：《清華大學藏戰國竹簡（壹）》（上海：中西書局，2010年12月第一版），頁128。

[327] 復旦大學出土文獻與古文字研究中心研究生讀書會：〈清華簡《尹至》、《尹誥》研讀札記（附：《尹至》、《尹誥》、《程寤》釋文）〉，復旦大學出土文獻與古文字研究中心，網址：http://www.gwz.fudan.edu.cn/Web/Show/1352，2011年1月5日，檢索日期：2018年6月25日。

[328] 復旦大學出土文獻與古文字研究中心研究生讀書會：〈清華簡《尹至》、《尹誥》研讀札記（附：《尹至》、《尹誥》、《程寤》釋文）〉文末5樓劉洪濤之評論，復旦大學出土文獻與古文字研究中心，網址：http://www.gwz.fudan.edu.cn/Web/Show/1352，2011年1月6日，檢索日期：2018年6月25日；劉洪濤：〈清華簡補釋四則〉，復旦大學出土文獻與古文字研究中心，網址：http://www.gwz.fudan.edu.cn/Web/Show/1479，2011年4月27日，檢索日期：2018年6月26日。

[329] 沈建華：〈清華楚簡《尹至》釋文試解〉，《中國史研究》2011年第1期，頁67-72。

[330] 復旦大學出土文獻與古文字研究中心：〈清華簡《尹至》、《尹誥》、《程寤》研讀札記〉，收入彭林主編：《中國經學》8，桂林：廣西師範大學出版社，2011年6月第一版，頁23-30。

[331] 黃庭頎：〈清華大學藏戰國竹簡〈尹至〉探析〉，《有鳳初鳴年刊》8（2012年7月），頁485-503。

[332] 孫飛燕：〈也談清華簡《尹誥》的「惟尹既及湯，咸有一德」〉，收入清華大學出土文獻研究與保護中心、北京大學出土文獻研究所、荊州文物保護中心編，李學勤、朱鳳瀚、趙平安、方北松主編，馬楠、賈連翔助編：《古代簡牘保護與整理研究》（上海：中西書局，2012年6月第一版），頁99-102，亦收入清華大學出土文獻研究與保護中心編：《清華簡研究》1（上海：中西書局，2012年12月第一版），頁57-61。

[333] 季旭昇主編、王瑜楨等合撰：《清華大學藏戰國竹簡（壹）讀本》（臺北：藝文印書館，2013年11月初版），〈尹至〉譯釋章之釋文與季旭昇案語，頁1-3、12-13。

[334] 夏大兆、黃德寬：〈關於清華簡《尹至》《尹誥》的形成和性質——從伊尹傳說在先秦傳世和出土文獻中的流變考察〉，《文史》2014年第3輯（總108），頁213-239。

[335] 馮勝君：〈清華簡《尹至》「茲乃柔大縈」解〉，收入中國文化遺產研究院編：《出土文獻研究（「簡帛文字與書法國際研討會」特輯）》13（上海：中西書局，2014年12月第一版），頁310-317。

[336] 馬嘉賢：《清華壹〈尹至〉、〈尹誥〉、〈皇門〉、〈祭公之顧命〉研究》（國立彰化師範大學國文學系博士論文，2015年7月），頁70-71。

且大學讀書會之說，讀為「曷」。[338]

　　今復考簡文此字之形，此字當即「憲」字異構，殆無疑義，劉洪濤之說可從，若復以「憲」字之金文字形而言，其形或疑从心从目，害省聲，確實與《說文》所云「从心从目害省聲」之釋形內容相近，[339]例如：

 ／ （春秋：秦公鐘，《集成》00262）

（春秋：秦公鎛，《集成》00268.1）

而清華簡部分「憲」字，其形亦可謂與清華〈尹至〉簡此例相類，例如：

（清華〈皇門〉簡4）

（清華〈皇門〉簡13）

再者，戰國簡牘部分「害」字之形，與清華簡此例上部更是極為相近，例如：

（上博〈曹沫之陳〉簡9）

（上博〈曹沫之陳〉簡10）

（清華〈成人〉簡2）

　　關於此部分在字形上之演變環節，劉洪濤已作了詳細之考證，即使或如黃澤鈞所云，該說在釋形上或存疑義，尤其是簡文此字有否从宀之論證上，[340]此部分確實尚待釐清，但大抵上，劉洪濤此說在筆法演進之說明方面，仍應該是可信的，因此，清華簡此例應可釋為从心，害省聲，當即「憲」字異構。值得注意的是，清華簡此等「憲」字異構，其上部之寫法，或異於楚簡其他「憲」字，例如：

---

[337] 王昆：《清華簡《尹至》、《尹誥》、《赤鵠之集湯之屋》集釋》（河北大學文學碩士學位論文，2016年5月），頁23。

[338] 洪君妤：《戰國竹書伊尹文獻研究》（國立中興大學中國文學研究所碩士論文，2017年8月），頁10。

[339]〔漢〕許慎編撰、〔宋〕徐鉉校定：《說文解字》（據清同治十二年陳昌治改刻本縮印，香港：中華書局，2014年8月再版），卷十，頁217。

[340] 黃澤鈞：〈清華簡〈尹誥〉研究四題〉，收入《思辨集》15（第十八屆臺灣師範大學國文學系研究生論文發表會論文集，臺北：國立臺灣師範大學國文學系，2012年6月），頁165-190。

（郭店〈尊德義〉簡23）

（郭店〈尊德義〉簡38）

此或許是楚簡「害」、「羣」二字相涉之另一例證，而以清華簡此等類例而言，其寫法應該是較接近「害」字一系的，甚至有可能是源自於劉釗所考甲文「害」字「截取簡化」後之字形系統，[341]例如：

（第一期：《合集》06032 正「壹」）

（第三期：《合集》29371「菩」）

（第四期：《合集》33572「達」）

不過，「害」或「憲」二字之字形發展頗為複雜，此中仍有諸多問題尚待解決。

至於簡文此例之釋讀，原整理者讀為「胡」，其用例亦類同《左傳·昭公七年》所云「同始異終，胡可常也」，[342]或表疑問代詞「怎樣」之意，似未嘗不可，然而，「胡」字上古音與「憲」、「害」俱或隔，[343]相通之可能性不高，而上引復旦讀書會將其讀為「曷」，在古音條件上，確實與「憲」、「害」較為相近，惟其訓作「曷不」之例，此在其下文已云疑問句「今其如台」之情況下，恐難以通讀如此繁冗疑問之文意，再如季旭昇將其改讀為「何」，音義可謂順適，應是目前較好之解法，不過，「何」字作副詞解時，其後多接程度或狀態補語，遆接時地補語者，似仍罕見其例，如《論語·先進》云「夫子何哂由也？」[344]又如《漢書·東方朔傳》亦曰「割之不多，又何廉也！歸遺細君，又何仁也！」[345]因此，簡文此例倘讀為「何」，恐仍有難以解釋之環節。故本文另疑簡文此例應改讀

341 劉釗：〈甲骨文「害」字及從「害」諸字考釋〉，收入劉釗：《書馨集續編——出土文獻與古文字論叢》（上海：中西書局，2018 年 11 月第一版），頁 51-65。

342 〔晉〕杜預注、〔唐〕孔穎達疏：《春秋左傳正義》（清嘉慶二十年江西南昌府學重刊宋刻本，臺北：藝文印書館，1997 年 8 月初版），卷四十四，頁 766。

343 「胡」字上古音屬匣母魚部，「憲」、「害」二字則分屬曉母元部與匣母月部，因此，「胡」字與「憲」、「害」二字雖可謂聲近，但韻部實或遠隔。

344 〔魏〕何晏注、〔宋〕邢昺疏：《論語注疏》（清嘉慶二十年江西南昌府學重刊宋刻本，臺北：藝文印書館，1997 年 8 月初版），卷十一，頁 101。

345 〔漢〕班固撰、〔唐〕顏師古注：《漢書》（瞿氏鐵琴銅劍樓藏北宋景祐刊本，臺北：臺灣商務印書館，2010 年 7 月臺二版），〈列傳〉卷三十五，頁 822。

為「曰」,「憲」、「曰」二字上古音相近,應可相通,[346]此或傳世文獻習見之句首助詞,
如《玉篇》所釋「曰,語端也」,[347]亦猶《詩經‧豳風‧七月》所云「嗟我婦子,曰為
改歲,入此室處。」[348]又如《墨子‧尚賢》亦云「曰今天下之士君子,皆欲富貴而惡貧
賤」,[349]皆類同此也,據此,則簡文所云「曰今東祥不章」當指「東方(商)無凶祥」
之事,而以助詞「曰」引出此傳說。

〔14〕𤺺(?、隱)

簡文此字之形為:

（清華〈尹至〉簡 4）

原整理者隸作「𤺺」,認為簡文此字「從㥉聲,影母文部,讀為同音之『隱』」,訓
作「痛」;[350]廖名春亦讀為「隱」,訓作「隱情」;[351]黃人二與趙思木釋作「俔」;[352]王寧
以為簡文此字與字書所見「覞」字有關,或即「靦」字或體,在此可讀為「用間、間諜
之『間』」;[353]沈建華仍讀為「隱」;[354]黃懷信亦讀為「隱」,但更傾向於訓「蔽」,並以
為「夏隱,謂夏人幽隱蔽藏之情,即上伊尹所告諸事。因為伊尹所言皆刺探得來的隱蔽
之情,故曰隱」;[355]季旭昇以為「『隱』釋為『隱痛』、『隱情』皆有理可說,但以『隱情』
較合伊尹間夏之目的」;[356]夏大兆與黃德寬仍讀為「隱」;[357]馮勝君亦讀為「隱」;[358]馬

---

[346] 「曰」字上古音屬匣母月部,與曉母元部之「憲」字,在聲母上同為喉音,韻部則為陽入對轉之關係,
　　此二字可謂聲韻俱近;再如上引學者所云,「憲」字本多可與月部之「曷」字相通,顯見其例與月部確
　　實有相當密切之關係。故「憲」、「曰」二字應有相通之可能性。

[347] 〔南朝梁〕顧野王原著、國字整理小組編:《玉篇》(臺北:國字整理小組,出版年不詳),卷九,頁 147。

[348] 〔漢〕毛亨傳、〔漢〕鄭玄箋、〔唐〕孔穎達疏:《毛詩正義》(清嘉慶二十年江西南昌府學重刊宋刻本,
　　臺北:藝文印書館,1997 年 8 月初版),卷八之一,頁 284。

[349] 〔清〕張純一:《墨子集解》(臺北:文史哲出版社,2011 年 8 月 BOD 版),卷二,頁 95。

[350] 清華大學出土文獻研究與保護中心編、李學勤主編:《清華大學藏戰國竹簡(壹)》(上海:中西書局,
　　2010 年 12 月第一版),頁 128、130。

[351] 廖名春:〈清華簡與《尚書》研究〉,《文史哲》2010 年第 6 期,頁 120-125。

[352] 黃人二、趙思木:〈清華簡《尹至》補釋〉,武漢大學簡帛研究中心,網址:http://www.bsm.org.cn/sho
　　w_article.php?id=1383,2011 年 1 月 11 日,檢索日期:2018 年 7 月 13 日。

[353] 王寧:〈清華《尹至》釋證四例〉,武漢大學簡帛研究中心,網址:http://www.bsm.org.cn/show_article.
　　php?id=1403,2011 年 2 月 21 日,檢索日期:2018 年 7 月 12 日。

[354] 沈建華:〈清華楚簡《尹至》釋文試解〉,《中國史研究》2011 年第 1 期,頁 67-72。

[355] 黃懷信:〈清華簡《尹至》補釋〉,武漢大學簡帛研究中心,網址:http://www.bsm.org.cn/show_article.
　　php?id=1416,2011 年 3 月 17 日,檢索日期:2018 年 8 月 16 日。

[356] 季旭昇主編、王瑜楨等合撰:《清華大學藏戰國竹簡(壹)讀本》(臺北:藝文印書館,2013 年 11 月初
　　版),〈尹至〉譯釋章之釋文與季旭昇案語,頁 1-3、14。

[357] 夏大兆、黃德寬:〈關於清華簡《尹至》《尹誥》的形成和性質──從伊尹傳說在先秦傳世和出土文獻中
　　的流變考察〉,《文史》2014 年第 3 輯(總 108),頁 213-239。

[358] 馮勝君:〈清華簡《尹至》「茲乃柔大縈」解〉,收入中國文化遺產研究院編:《出土文獻研究(「簡帛文
　　字與書法國際研討會」特輯)》13(上海:中西書局,2014 年 12 月第一版),頁 310-317。

嘉賢從廖名春之說；[359]王昆讀為「隱」；[360]張富海則將簡文此字釋為「眕」字之「母字」，以為「表示省視察看義時，『眕』是假借字，『𥊚（覞）』是本字」，且在此基礎上，將此字訓作「所省察的情況、狀況，轉為名詞」；[361]曹雨楊傾向於贊同張富海之說。[362]

今復考簡文此字之形，其左旁从視，右从圣，殆無疑義，不過，其左旁本文仍依學界慣例與字體布局，暫隸作「見」，故全字可依原整理者，將其隸作「𥊚」。惟上引黃人二與趙思木將其釋作「倪」，未知其所據字形證據為何，或暫可不論，實則「𥊚」字又見於清華〈殷高宗問於三壽〉簡，其形為：

（清華〈殷高宗問於三壽〉簡 22）

（清華〈殷高宗問於三壽〉簡 23）

張富海將此類字例釋為「眕」字之本字，有其可能性，然而，「眕」字與其所云疑為「𥊚」異構之「覞」字聲韻或隔，[363]且其說僅言《玉篇》、《廣韻》與《集韻》所見音切「疑均係後起變讀，其本音可能與同訓視之『眕』字相同」，但並未說明其證據為何，再者，「眕」字多用於診問症狀，其用於或指國家者，實罕見其例，因此，簡文此字若依其說釋讀為「眕」，恐猶有可商者，至於〈殷高宗問於三壽〉二例之釋讀，其簡文云「覞覺聰明，音色柔巧而叡武不罔，效純宣獻，牧民而御王，天下𥊚稱，以詻四方，是名曰叡信之行」（清華〈殷高宗問於三壽〉簡22）、「我寅晨降在九宅，𥊚夏之歸商，方般于路，用孼昭后成湯，代桀敷佑下方」（清華〈殷高宗問於三壽〉簡 23、24），原整理者將第一個「𥊚」字讀為「甄」，訓作「明」，[364]很顯然原整理者之釋讀，主要是從「𥊚」字可能从圣得聲立論，此殆「𥊚」字本从圣，而「甄」字亦从圣得聲也，[365]至於第二個「𥊚」字，原整理者則讀為「眕」，訓作「視」，[366]此可能就是上引張富海說之基礎，只

[359] 馬嘉賢：《清華壹《尹至》、《尹誥》、《皇門》、《祭公之顧命》研究》（國立彰化師範大學國文學系博士論文，2015 年 7 月），頁 73。

[360] 王昆：《清華簡《尹至》、《尹誥》、《赤鵠之集湯之屋》集釋》（河北大學文學碩士學位論文，2016 年 5月），頁 24。

[361] 張富海：〈清華簡字詞補釋三則〉，收入中國古文字研究會、清華大學出土文獻研究與保護中心、中國社會科學院甲骨文殷商史研究中心、首都師範大學甲骨文研究中心編：《古文字研究》31（北京：中華書局，2016 年 10 月北京第一版），頁 351-354。

[362] 曹雨楊：《《清華大學藏戰國竹簡（壹）—（參）》疑難字詞集釋及釋文校注》（吉林大學碩士學位論文，2020 年 5 月），頁 38-41。

[363] 「眕」上古音屬章母文部，「覞」字則為見母元部，二聲聲韻或隔。

[364] 清華大學出土文獻研究與保護中心編、李學勤主編：《清華大學藏戰國竹簡（伍）》（上海：中西書局，2015 年 4 月第一版），頁 158。

[365] 如《說文》即釋「甄」之形為「从瓦㙴聲」。〔漢〕許慎編撰、〔宋〕徐鉉校定：《說文解字》（據清同治十二年陳昌治改刻本縮印，香港：中華書局，2014 年 8 月再版），卷十二，頁 268。

[366] 清華大學出土文獻研究與保護中心編、李學勤主編：《清華大學藏戰國竹簡（伍）》（上海：中西書局，2015 年 4 月第一版），頁 159。

是此字若讀為「診」，不僅其與「覘」字之聲韻關係或仍有疑，在義訓上亦有扞格之處，此俱已如上所述，因此，在此二「煙」字前後相距不遠之情況下，竊疑此二字之釋讀也應相同，俱應讀為「甄」，但第二個「煙」字應訓作「考察」，其如《廣韻》釋「甄」云「察也」，[367]亦猶《抱朴子·正郭》或云「雖頗甄無名之士於草萊，指未剖之璞於丘園，然未能進忠烈於朝廷，立禦侮於壇場，解亡徵於倒懸，折逆謀之競逐」，[368]在簡文此處殆指「考察夏之歸於商」之意，惟此義訓書證之時代或嫌稍晚，未來仍有待續作補證；另新見清華〈治邦之道〉亦見此類例，其形為：

（清華〈治邦之道〉簡3）

原整理者、拙見與網路發言者子居俱亦讀為「甄」，可參。[369]

綜上所述，可知〈尹至〉簡此字也有可能从堊得聲，而簡文此處云「湯曰：『汝告我夏煙率若時？』」（清華〈尹至〉簡4）知簡文所謂「夏煙」應指名詞之謂，而非如上引王寧所云屬動詞之「間」，至於上引諸家所讀之「隱」，「隱」與「堊」之上古音相近，理應可通，[370]但學者之訓釋或有不同，如上引原整理者訓「痛」，應指上文所云夏民不滿之情緒或痛苦，而黃懷信改訓作「幽隱蔽藏之情」，似亦無不可，不過，「隱」字作此訓者，時代甚晚，如《晉書·王湛列傳》：「初有隱德，人莫能知，兄弟宗族皆以為癡，其父昶獨異焉。」[371]又如《新唐書·李勉列傳》云「始調開封尉，汴州水陸一都會，俗厖錯，號難治，勉摧姦決隱為有名」，[372]凡此書證，皆晚至唐宋以後，再者，上引張富海也已指出此釋為「隱情」之困難點，因此，黃懷信此說尚且有其可商之處，反而原整理者訓「痛」之說，其相關書證不僅與簡文時代相近，也確實與簡文所云夏民之不滿或痛苦義相似，此等書證或如《楚辭·九章》所云「孰能思而不隱兮，昭彭咸之所聞」，王逸注云「隱，憂也」，[373]又如原整理者所引之《國語·周語》曰「是先王非務武也，

367 〔宋〕陳彭年等重修、林尹校訂：《新校正切宋本廣韻》（臺北：黎明文化事業公司，1976年9月初版），卷二，頁138。

368 〔晉〕葛洪：《抱朴子內外篇》（臺北：臺灣商務印書館，1965年11月臺一版），卷四十六，頁761-762。

369 清華大學出土文獻研究與保護中心編、李學勤主編：《清華大學藏戰國竹簡（捌）》（上海：中西書局，2018年11月第一版），頁136。「簡帛論壇：清華八《治邦之道》初讀」84樓許文獻之發文，武漢大學簡帛研究中心，網址：http://www.bsm.org.cn/forum/forum.php?mod=viewthread&tid=4357&extra=page%3D1&page=9，2018年11月25日，檢索日期：2019年11月25日；網路發言者子居：〈清華簡八《治邦之道》解析〉，「中國先秦史」網站，網址：http://www.xianqin.tk/2010/07/01/185/，2019年5月10日，檢索日期：2019年11月25日。

370 「隱」、「堊」二字之上古音俱屬影母文部，理應可通。

371 〔唐〕房玄齡等撰、楊家駱編：《新校本晉書并附編六種》（臺北：鼎文書局，1987年元月五版），卷七十五，頁1959。

372 〔宋〕歐陽修等撰、楊家駱編：《新校本新唐書附索引》（臺北：鼎文書局，1985年二月四版），卷一百三十一，頁4506-4507。

373 〔漢〕王逸章句：《楚辭章句》（臺北：藝文印書館，2010年9月初版），卷四，頁204-205；〔宋〕朱熹：《楚辭集注》（臺北：藝文印書館，1983年6月四版），卷四，頁191。

勤恤民隱，而除其害也」，[374]凡此所謂「思之隱」或「民隱」之意，實皆與簡文伊尹所告夏民之「隱」相類，是故，本文仍從原整理者之說，將簡文此字讀為「隱」，訓作「痛」，殆指「憂傷或疾苦」之意。

〔15〕（慎；質）

此字之形為：

（清華〈尹至〉簡4）

原整理者將此字隸作「慂」，並以為其乃「誓」字之誤寫；[375]復旦大學讀書會將簡文此例隸作「訴」，並疑其當讀為「慎」或「誓」；[376]網路發言者海天以為此當讀為「質」，而與上文之「盟」為同義語；[377]復旦大學讀書會在其後來所發表之另文中，則又改從海天（蘇建洲）之說，將其隸作「慂」，讀為「質」；[378]網路發言者子居以為「盟質」與「盟誓」本即一源，但傾向於將簡文此字讀為「誓」；[379]王寧釋此字為「從言斤聲或忻（忻）聲的『訢』字，假借為『慎』，並以為「湯盟慎及尹」即「湯慎及尹盟」，表「湯謹敬真誠地與伊尹同盟」之意，或猶《尚書·慎大》所云「湯與伊尹盟」；[380]黃庭頎在其釋文與分段校讀中，似乎是讀「質」與「誓」二說並存，並以為「重新檢視〈尹至〉『湯盟誓及尹』一語，可知此處之盟誓乃指商湯與伊尹兩大勢力之結合，此處之『盟』顯然非血祭之意，『誓』亦非單方面立誓人之約束，而是更加符合《左傳》所記載之約束兩方行為以維持誠信之盟誓」；[381]季旭昇仍讀為「誓」，並以為簡文此例毋須釋為「誓」字之誤寫；[382]夏大兆與黃德寬亦讀為「誓」；[383]馮勝君則從上引網路發言者海天（蘇建洲）

[374] 〔漢〕韋昭註：《國語》（重刊宋明道二年本，臺北：臺灣商務印書館，1956年4月臺初版），卷一，頁2。

[375] 清華大學出土文獻研究與保護中心編、李學勤主編：《清華大學藏戰國竹簡（壹）》（上海：中西書局，2010年12月第一版），頁128、130。

[376] 復旦大學出土文獻與古文字研究中心研究生讀書會：〈清華九簡研讀札記〉，復旦大學出土文獻與古文字研究中心，網址：http://www.gwz.fudan.edu.cn/Web/Show/1166，2010年5月30日，檢索日期：2018年6月25日。

[377] 復旦大學出土文獻與古文字研究中心研究生讀書會：〈清華九簡研讀札記〉文末1樓網路發言者海天之評論，復旦大學出土文獻與古文字研究中心，網址：http://www.gwz.fudan.edu.cn/Web/Show/1166，2010年5月30日，檢索日期：2018年6月25日。

[378] 復旦大學出土文獻與古文字研究中心研究生讀書會：〈清華簡《尹至》、《尹誥》研讀札記（附：《尹至》、《尹誥》、《程寤》釋文）〉，復旦大學出土文獻與古文字研究中心，網址：http://www.gwz.fudan.edu.cn/Web/Show/1352，2011年1月5日，檢索日期：2018年6月25日。

[379] 網路發言者子居：〈清華簡九篇九簡解析〉，「中國先秦史」網站，網址：http://www.xianqin.tk/2010/07/01/185/，2010年7月1日，檢索日期：2018年6月24日。

[380] 王寧：〈清華《尹至》釋證四例〉，武漢大學簡帛研究中心，網址：http://www.bsm.org.cn/show_article.php?id=1403，2011年2月21日，檢索日期：2018年7月12日。

[381] 黃庭頎：〈清華大學藏戰國竹簡〈尹至〉探析〉，《有鳳初鳴年刊》8（2012年7月），頁485-503。

[382] 季旭昇主編、王瑜楨等合撰：《清華大學藏戰國竹簡（壹）讀本》（臺北：藝文印書館，2013年11月

之說，仍讀為「質」，並以為此所謂「盟質」應為動詞，且釋簡文此所云者為「似表明二人並非僅僅立盟起誓，而且有交換質信的行為」；[384]馬嘉賢釋為「慎」，並讀為「質」；[385]王昆亦讀為「質」；[386]周鳳五亦將此字隸作「懥」，讀為「質」；[387]洪君好仍從蘇建洲（海天）之說；[388]鄔可晶亦贊同讀為「質」，但疑其與「策名委質」有關。[389]

今復考簡文此例之形，知其確實與楚系從丨或從十形之「慎」字相近，而另從幺之「慎」字，亦是如此，例如：

（上博〈緇衣〉簡 17）

（上博〈性情論〉簡 16）

（上博《從政‧甲》簡 4）

（郭店〈五行〉簡 16）

（上博〈孔子詩論〉簡 28）

此等類例所從之「丨」或「十」形，裘錫圭或疑其為聲符，[390]此說有一定之道理，

初版），〈尹至〉譯釋章之釋文與季旭昇案語，頁 1-3、14-16。

383 夏大兆、黃德寬：〈關於清華簡《尹至》《尹誥》的形成和性質——從伊尹傳說在先秦傳世和出土文獻中的流變考察〉，《文史》2014 年第 3 輯（總 108），頁 213-239。

384 馮勝君：〈清華簡《尹至》「茲乃柔大縈」解〉收入中國文化遺產研究院編：《出土文獻研究（「簡帛文字與書法國際研討會」特輯）》13（上海：中西書局，2014 年 12 月第一版），頁 310-317。

385 馬嘉賢：《清華壹《尹至》、《尹誥》、《皇門》、《祭公之顧命》研究》（國立彰化師範大學國文學系博士論文，2015 年 7 月），頁 75-76。

386 王昆：《清華簡《尹至》、《尹誥》、《赤鵠之集湯之屋》集釋》（河北大學文學碩士學位論文，2016 年 5 月），頁 25-26。

387 周鳳五：《朋齋學術文集：戰國竹書卷》（臺北：國立臺灣大學出版中心，2016 年 12 月），頁 451-455。

388 洪君好：《戰國竹書伊尹文獻研究》（國立中興大學中國文學研究所碩士論文，2017 年 8 月），頁 10。

389 鄔可晶：〈「咸有一德」探微〉，收入復旦大學出土文獻與古文字研究中心與耶魯—新加坡國立大學學院陳振傳基金漢學研究委員會編：《出土文獻與中國古典學》（上海：中西書局，2018 年 3 月第一版），頁 153-167。

390 裘錫圭認為郭店簡所見「丨」字，即「針」之初文，並將從丨、十、十等形之「慎」字，釋為從斦（斲）省，且從丨或十得聲。裘錫圭：〈釋郭店《緇衣》「出言有丨，黎民所訂」——兼說「丨」為「針」之初文〉，收入郭店楚簡研究（國際）中心編：《古墓新知——紀念郭店楚墓出土十周年論文專輯》（香港：香港國際炎黃文化出版社，2003 年 11 月第一版），頁 1-8，亦收入裘錫圭：《中國出土古文獻十講》（上海：復旦大學出版社，2004 年 12 月第一版），頁 294-302。

尤其將「｜」釋為「針」之初文，更是可信，然而，「慎」與「針」、「十」之上古音不甚相近，[391]而古文字與傳世文獻也較少見到其相通之例，且若考量該文所談「十」字為論證之關鍵，則「慎」字所從 **｜**、**｜**、**十** 等形是否即「｜」，抑或是否也具表音功能，恐怕是須再作進一步討論的；至於從幺者，陳劍疑其與戰國璽印「**所**」字所　之「**彡**」形有關，[392]此說有一定之釋形理據，惟從「幺」之形構之旨為何，恐怕仍是有待作進一步討論，而上引王寧釋其乃聲符「玄」，若以其形音而言，似可備一說，不過，其說僅以「書寫簡便」解釋此類字例「｜」或「十」之來源，似仍有所不足。今考量「七」字亦與「慎」字左上形構形近，頗疑「慎」字此類字形恐非「｜」或「十」，而是「七」，其理為：古文字「七」、「十」二字，基本上是用橫筆之長短作區隔，其字形發展本有形近易混之趨勢，[393]如橫筆較短、豎筆未彎且與「十」字易混之「七」字，所在皆有，例如：

（包山簡 269）

（上博〈孔子詩論〉簡 27）

（上博〈競建內之〉簡 3）

（清華〈治政之道〉簡 7）

凡此皆可謂與「慎」字所從十形最為接近者，因此，「慎」字從七得聲，似有其可能，此其一也；其次，清華〈祭公〉簡有一「七」字，其形為：

（清華〈祭公〉簡 7 背）

其中豎筆下方似殘去，若假設此「七」字為抄者有意為之之省形，則據此又或疑楚系「慎」字左上部所從｜形，有可能即「七」之省，並與下方之「言」旁共用「⊥」形，

---

[391]「慎」之上古音屬禪母真部，「針」、「十」二字則分屬章母侵部與禪母緝部，知「慎」與「針」、「十」二字雖屬聲近，但韻部遠隔。

[392] 陳劍：〈說慎〉，收入陳劍：《甲骨金文考釋論集》（北京：線裝書局，2007 年 4 月第一版），頁 39-53。

[393] 何琳儀：《戰國古文字典──戰國文字聲系》（北京：中華書局，1998 年 9 月第一版），頁 1098；李旭昇：《說文新證》（臺北：藝文印書館，2014 年 9 月二版），頁 951-952。

此亦有可能是「慎」從七之線索，更可解釋「慎」字左上形構為何省作「丨」形；最後，再論其聲韻關係，如陳劍之研究成果，知西周金文「質」字多可讀為「慎」，[394]而「質」上古音屬章母質部，「七」字則為清母質部，二字聲母雖不同，但一屬舌上音，一屬齒頭音，發音部位不致相差太遠，且在韻部上屬疊韻關係，因此，「七」字若作為「慎」字之聲符，是有其可能性的。是故，楚系此類「慎」字所從幺（玄）或七，皆有可能為聲符，則與其或謂形近之簡文此字，亦有可能從七，尤其此字上所從十形，其橫筆明顯拉長，與「七」字更近，其例倘從七得聲，當可進一步證成學者所論讀「質」之說。

　　另外，古文字「誓」、「慎」二形判然有別，前者從折得聲或省聲，後者則從斤，但不從折，此等字形除了上引「慎」字數例外，亦可參見以下幾則類例：

（西周：𩝝攸比鼎，《集成》02818「誓」）

（西周：散盤，《集成》10176「誓」）

（西周：番生簋蓋，《集成》04326「慎」）

（西周：梁其鐘，《集成》00189.1「慎」）

（春秋：叔家父簠，《集成》04615「慎」）

（郭店《老子・甲》簡11「慎」）

（上博〈緇衣〉簡16「慎」）

（上博〈緇衣〉簡9「慎」）

　　而古文字「折」字左旁艸木之形訛作「十」、「丨」或「幺」形者，實罕見其例，尤其楚系「折」字與簡文此字之字形更是不同，例如：

---

394 陳劍：〈說慎〉，收入陳劍：《甲骨金文考釋論集》（北京：線裝書局，2007年4月第一版），頁39-53。

（郭店《老子·甲》簡 19）

（新蔡簡甲一 7）

（上博〈孔子詩論〉簡 18）

（清華〈皇門〉簡 2）

（郭店〈緇衣〉簡 26）

（郭店〈性自命出〉簡 59）

知楚系「折」字與《說文》籀文之形最是相近，[395]但都與簡文此字字形或異，因此，將簡文此例釋為「誓」字之誤寫，恐猶有可商者，換言之，上引季旭昇以為非誤寫之說，可從，甚且「慎」、「誓」二字在聲韻上亦或隔，[396]是故，簡文此例似仍應釋從慎，且疑其所从七乃聲化之形構。倘循此理，則簡文此例讀為「質」，似為較有可能之說法，至於上引學者所釋之「委質」，其例在傳世文獻中，多為臣對君，與簡文此所云「湯盟質及尹」之君對臣之語境似有不合，[397]如《左傳·僖公二十三年》云「策名委質，貳乃辟也。」杜預注曰「屈膝而君事之，則不可以貳。」孔穎達疏云「質，形體也。……拜則屈膝而委身體於地，以明敬奉之也。」[398]又如《國語·晉語》云「臣委質於狄之鼓，未委質於晉之鼓也。臣聞之，委質為臣，無有二心，委質而策死，古之法也。君有烈名，臣無叛質。敢即私利，以煩司寇，而亂舊法，其若不虞何！」韋昭注曰「言委贄於君，書名於冊，示必死也。」[399]故訓「委質」之說，似仍猶存疑義，據此，則「質」字在此

---

[395] 《說文》「折」字籀文之形為：。〔漢〕許慎編撰、〔宋〕徐鉉校定：《說文解字》（據清同治十二年陳昌治改刻本縮印，香港：中華書局，2014 年 8 月再版），卷一，頁 25。

[396] 「誓」字之上古音屬禪母月部，與禪母真部的「慎」字，二字雖雙聲，但韻部或隔。

[397] 雖然上引學者或謂此所見「盟誓」乃兩大勢力之結合，然而，以簡文內容而言，其上半部以湯主問，伊尹回答，顯見其地位似有尊卑之分，再者，二人對話皆言有夏之情勢，與二方勢力無關，因此，簡文此處所見「盟慎」，恐怕仍是屬於君臣關係之對話層次，而非雙方勢力之結合。

[398] 〔晉〕杜預注、〔唐〕孔穎達疏：《春秋左傳正義》（清嘉慶二十年江西南昌府學重刊宋刻本，臺北：藝文印書館，1997 年 8 月初版），卷十五，頁 250。

[399] 〔漢〕韋昭註：《國語》（重刊宋明道二年本，臺北：臺灣商務印書館，1956 年 4 月臺初版），卷十五，頁 49。

大抵可從上引海天與馮勝君之說，解作「誠信」之意，其猶《左傳‧昭公十六年》云「楚子聞蠻氏之亂也，與蠻子之無質也。」杜預注云「質，信也。」[400]又如《韓非子‧難言》曰「殊釋文學，以質性言，則見以為鄙。」[401]盡屬此訓也，再如學者所引《國語‧晉語》云「晉、鄭兄弟也，吾先君武公與晉文侯戮力一心，股肱周室，夾輔平王，平王勞而德之，而賜之盟質，曰：『世相起也。』」韋昭注曰：「質，信也。」[402]此「質」之訓，其義亦當同於「信」也，而馮勝君認為「盟質」在此可當動詞，更可信之，據此，則疑簡文所云「湯盟質及尹」，殆指「湯與伊尹盟誓信約」之意，故而有下文「務大縈」之云云，以往征有夏也，同時，此亦可證成本文在上文根據傳世文獻內容，所作湯與小臣（伊尹）應有結盟之說。

〔16〕孳（？、茲）乃柔（務）大縈（禜）

　　此句之釋讀，學界或存異說，如原整理者將「茲」訓作「此」，「柔」訓為「安」，並將「縈」釋為从焂得聲，讀為「傾」，表「危」之意也；[403]網路發言者子居以為「縈」應讀為「禜」；[404]廖名春將「茲乃」釋作「這樣就」，並將「柔」訓作「懷柔」、「安撫」，至於「縈」字，則仍從原整理者之說，讀為「傾」，但改訓作「順從、歸服」；[405]黃人二與趙思木將「柔」讀為「務」，訓作「促疾於事」，「縈」亦讀為「禜」，故其將簡文所謂「柔大縈」讀為「務大禜」，解作「專力於行大禜祭除災」之謂；[406]王寧原將「縈」讀為「營」，訓作「惑」，其後又將「縈」字改隸作「縈」，釋為「从糸勞省聲」，即「繚」之本字或異體，在此可讀為「勞」，訓作「操勞」，引申為「輔佐」之意，並將此處簡文斷讀為「湯盟誓迨尹，[尹]茲乃柔，大縈（勞）湯，往征弗虒（附）」；[407]沈建華讀為「茲乃擾大淫」，釋作「此時天下被夏桀大淫所擾亂」；[408]黃庭頎亦從黃人二之說，將「縈」讀為「禜」；[409]陳民鎮將「柔」訓作「安撫」，抑或讀為「擾」，訓作「侵擾」，但對此字

[400] 〔晉〕杜預注、〔唐〕孔穎達疏：《春秋左傳正義》（清嘉慶二十年江西南昌府學重刊宋刻本，臺北：藝文印書館，1997 年 8 月初版），卷四十七，頁 825。

[401] 〔清〕王先慎：《韓非子集解》（臺北：藝文印書館，2008 年 3 月初版），卷一，頁 58。

[402] 〔漢〕韋昭註：《國語》（重刊宋明道二年本，臺北：臺灣商務印書館，1956 年 4 月臺初版），卷十，頁 5。

[403] 清華大學出土文獻研究與保護中心編、李學勤主編：《清華大學藏戰國竹簡（壹）》（上海：中西書局，2010 年 12 月第一版），頁 128、130。

[404] 網路發言者子居：〈清華簡九篇九簡解析〉，「中國先秦史」網站，網址：http://www.xianqin.tk/2010/07/0 1/185/，2010 年 7 月 1 日，檢索日期：2018 年 6 月 24 日。

[405] 廖名春：〈清華簡與《尚書》研究〉，《文史哲》2010 年第 6 期，頁 120-125。

[406] 黃人二、趙思木：〈清華簡《尹至》餘釋〉，武漢大學簡帛研究中心，網址：http://www.bsm.org.cn/sho w_article.php?id=1385，2011 年 1 月 12 日，檢索日期：2018 年 6 月 11 日。

[407] 王寧：〈清華《尹至》釋證四例〉，武漢大學簡帛研究中心，網址：http://www.bsm.org.cn/show_article. php?id=1403，2011 年 2 月 21 日，檢索日期：2018 年 7 月 12 日；王寧：〈清華簡《尹至》「勞」字臆解〉，武漢大學簡帛研究中心，網址：http://www.bsm.org.cn/show_article.php?id=1724，2012 年 7 月 31 日，檢索日期：2018 年 7 月 12 日。

[408] 沈建華：〈清華楚簡《尹至》釋文試解〉，《中國史研究》2011 年第 1 期，頁 67-72。

[409] 黃庭頎：〈清華大學藏戰國竹簡〈尹至〉探析〉，《有鳳初鳴年刊》8（2012 年 7 月），頁 485-503。

之釋讀，仍是有所存疑；[410]王雲飛將「縈」字訓作「繞、旋」，並以為「『柔大縈』就可以相應理解為滅夏得安環繞在伊尹內心，即伊尹和湯盟誓之後，伊尹內心想的完全是滅夏獲得太平之世」；[411]季旭昇仍從原整理者之釋讀；[412]夏大兆與黃德寬對部分字例之釋讀，猶且存疑，並將此段簡文讀為「茲（？）乃柔（務？）大，縈」，惟為何作如此斷讀，無說；[413]馮勝君以為「茲乃」一詞乃「表示因果關係之連詞」，並在上引王寧所釋文意之基礎上，將「縈」讀為「援」，而對於「柔」字，馮勝君仍從原整理者之說，將其訓作「安」，但改釋為「安撫」之意，故在此釋讀基礎上，其將此段簡文解作「安撫了伊尹這一強援（『茲乃柔大縈』），使他不再依違於夏商之間，而是一心一意與湯合作（也就是《尹誥》所說的『唯尹既及湯咸，有一德』）；[414]梁鶴讀為將「縈」讀為「營」，訓作「謀事」；[415]馬嘉賢認為此「柔」字應用其本義，而「縈」字之釋讀則從廖名春之說；[416]對於「柔」、「縈」二字之釋讀，王昆大抵仍從黃人二與趙思木之說；[417]李爽仍從馮勝君之釋讀；[418]趙思木將「柔」讀為「順」，訓作「和」，但仍將「縈」讀為「縈」；[419]洪君好在此段簡文之釋讀上，大抵仍從廖名春之看法；[420]鄔可晶疑其與星象「大縈」有關。[421]

學者之說皆有其理據，而在字形上，或存異說者，大抵為「縈」字，其形為：

（清華〈尹至〉簡4）

清華簡其他「縈」字亦有作此形者，例如：

410 陳民鎮：〈清華簡《尹至》集釋〉，復旦大學出土文獻與古文字研究中心，網址：http://www.gwz.fudan.edu.cn/Web/Show/1647，2011 年 9 月 12 日，檢索日期：2018 年 8 月 12 日。

411 王雲飛：〈清華簡《尹至》補釋〉，收入羅運環主編：《楚簡楚文化與先秦歷史文化國際學術研討會論文集》（武漢：湖北教育出版社，2013 年 8 月第一版），頁 262-264。

412 季旭昇主編、王瑜楨等合撰：《清華大學藏戰國竹簡（壹）讀本》（臺北：藝文印書館，2013 年 11 月初版），〈尹至〉譯釋章之釋文與季旭昇案語，頁 1-3、16。

413 夏大兆、黃德寬：〈關於清華簡《尹至》《尹誥》的形成和性質——從伊尹傳說在先秦傳世和出土文獻中的流變考察〉，《文史》2014 年第 3 輯（總 108），頁 213-239。

414 馮勝君：〈清華簡《尹至》「茲乃柔大縈」解〉，收入中國文化遺產研究院編：《出土文獻研究（「簡帛文字與書法國際研討會」特輯）》13（上海：中西書局，2014 年 12 月第一版），頁 310-317。

415 梁鶴：《《清華大學藏戰國竹簡（壹）》、《清華大學藏戰國竹簡（貳）》通假字整理》（吉林大學碩士論文，2015 年 4 月），頁 207。

416 馬嘉賢：《清華壹《尹至》、《尹誥》、《皇門》、《祭公之顧命》研究》（國立彰化師範大學國文學系博士論文，2015 年 7 月），頁 77、78。

417 王昆：《清華簡《尹至》、《尹誥》、《赤鵠之集湯之屋》集釋》（河北大學文學碩士學位論文，2016 年 5 月），頁 26-27。

418 李爽：《清華簡「伊尹」五篇集釋》（吉林大學碩士論文，2016 年 6 月），頁 39。

419 趙思木：《《清華大學藏戰國竹簡（壹）》集釋及專題研究》（華東師範大學博士論文，2017 年 6 月），頁 54。

420 洪君好：《戰國竹書伊尹文獻研究》（國立中興大學中國文學研究所碩士論文，2017 年 8 月），頁 16。

421 鄔可晶：〈「咸有一德」探微〉，收入復旦大學出土文獻與古文字研究中心與耶魯—新加坡國立大學學院陳振傳基金漢學研究委員會編：《出土文獻與中國古典學》（上海：中西書局，2018 年 3 月第一版），頁 153-167。

（清華〈芮良夫毖〉簡 1）

（清華〈芮良夫毖〉簡 16）

　　知簡文此字依形隸作「縈」，應無疑義，似無須改釋為从勞省聲，再者，其例是否為「繚」之本字，即如上引王寧所云，似有聲系相通之可能，但此二字尚無直接關係之實證，或須再作補證，因此，本文仍從原整理者之說，將其隸作「縈」。

　　其實，簡文此句之「茲乃」，確實應如上引馮勝君所言，有其承接上下文因果關係之功能，即簡文此句上文云「湯盟質及尹」，下文則當言「盟質」以後之事，但值得注意的是，簡文此句下文旋接「往征」之事，換言之，在「往征」前之簡文，有可能是古人出征前所應行之事，而此中當然包含祭祀，其猶傳世文獻所見之「禡」祭，即屬此類，此可參《說文》釋「禡」云「師行所止，恐有慢其神，下而祀之曰禡」，[422]又如《禮記・王制》亦云「天子將出征，類乎上帝，宜乎社，造乎禰，禡於所征之地。」鄭玄注曰「禡，師祭也，為兵禱。」[423]據此，「盟質」、「祭祀」與「往征」等三事，適正為出征前之三部曲，雖然此三事彼此間或如上引馮勝君所言，無直接關係，但仍有其相關性，且皆為具體之作法，並非如部分學者所云內心之事，另外，上引學者或釋此與星象「大鑾」有關，但此所謂「大鑾」，在目前所見古文字與傳世文獻中，罕見其例，故此說亦有可商者，至於夏大兆與黃德寬所斷讀之「務大」，雖傳世文獻或見其用例，在此卻也不易通讀上下文，[424]總之，在考量以上幾項因素下，本文仍贊同原整理者將「縈」釋从熒得聲之看法，惟讀「傾」諸訓在此似無所取義，當然，學者或云讀「營」之看法，亦同此理，故今改從網路發言者子居、黃人二與趙思木之釋讀，將「縈」讀為「禜」，「禜」祭乃禳災之用，其如《說文》釋「禜」云「禜，設緜蕝為營，以禳風雨雪霜水旱癘疫於日月星辰山川也」，[425]亦猶《周禮・地官司徒・黨正》所云「春秋祭禜，亦如之」，鄭玄注曰「禜，謂雩禜水旱之神。蓋亦為壇位，如祭社稷云。」[426]再如《左傳・昭公元年》亦曰「山川

[422] 〔漢〕許慎編撰、〔宋〕徐鉉校定：《說文解字》（據清同治十二年陳昌治改刻本縮印，香港：中華書局，2014 年 8 月再版），卷一，頁 9。

[423] 〔漢〕孔安國傳、〔唐〕孔穎達疏：《禮記注疏》（清嘉慶二十年江西南昌府學重刊宋刻本，臺北：藝文印書館，1997 年 8 月初版），卷十二，頁 236。

[424] 「務大」或可解作「求取國家疆土之廣大」，其猶《大戴禮記・保傅》所云「是以國不務大而務得民心，佐不務多而務得賢臣，得民心者民從之，有賢佐者士歸之」，故「務大」一詞，在此實與簡文上文之「盟質」一事不甚相應，可商。〔漢〕戴德原編、〔清〕王聘珍著、王文錦點校：《大戴禮記解詁》（以清光緒十三年廣雅書局刻本為底本，並同咸豐元年家刻本進行校對，臺北：文史哲出版社，1986 年 4 月初版），卷三，頁 65。

[425] 〔漢〕許慎編撰、〔宋〕徐鉉校定：《說文解字》（據清同治十二年陳昌治改刻本縮印，香港：中華書局，2014 年 8 月再版），卷一，頁 8。

[426] 〔漢〕鄭玄注、〔唐〕賈公彥疏：《周禮注疏》（清嘉慶二十年江西南昌府學重刊宋刻本，臺北：藝文印書館，1997 年 8 月初版），卷十二，頁 183。

之神,則水旱、癘疫之災,於是乎禜之;日月星辰之神,則雪霜、風雨之不時,於是乎禜之。」孔穎達疏云「日月山川之神,其祭非有常處,故臨時營其地,立攢表,用幣告之,以祈福祥也。攢,聚也,聚草木為祭處耳。」[427]凡此「禜」字俱同此訓也。

　　至於「柔」字,上引黃人二與趙思木將「柔」讀為「務」,亦可信,雖然「柔」、「務」二字上古音或隔,[428]但「柔」與「務」皆與「矛」聲系有密切之關係,且與「矛」各有相通之例,故彼此間應具相通之條件,[429]「柔」應可讀為「務」。因此,簡文此所謂「務大禜」,應是上文「湯盟質及尹」之後續作為,且為下文「湯往征」之行前準備,以祈求禳災與一切順利,甚至有可能是在盟質之後,或如上引傳世文獻所見「禜」祭一樣,「茲乃」或「隨即且臨時」地進行「務大禜」,以強調其決心,換言之,此「柔」字讀「務」,其義蘊將比訓「安」、或「擾」、抑或「和」為佳,據此,此段簡文應該是一句語意完整的話,毋須再作斷讀,原整理者所斷釋文仍是可從的。

〔17〕隺（?、附）

　　簡文此字之形為:

／（清華〈尹至〉簡5）

　　原整理者據單育辰之說,將簡文此例釋從鳥（梟）得聲,並讀為「服」;[430]復旦大學讀書會據李家浩考證包山簡「菎芷」或作「符菅」與「苻芷」之說,將簡文此例讀為「附」,其後,復旦大學讀書會在其修訂稿中,仍維持原說;[431]黃人二與趙思木以為簡文此字似從九得聲,可讀為「軌」,訓作「道」、「法」,並將簡文所云「征弗軌」釋作「湯

427 〔晉〕杜預注、〔唐〕孔穎達疏:《春秋左傳正義》(清嘉慶二十年江西南昌府學重刊宋刻本,臺北:藝文印書館,1997年8月初版),卷四十一,頁706-707。

428 「柔」字上古音屬日母幽部,「務」字則為明母侯部,二字聲韻或隔。

429 《說文》釋「柔」字曰「从木矛聲」,並釋「務」云「从力敄聲」,而「敄」字《說文》則釋其為「从攴矛聲」,因此,「柔」、「務」二字皆應與「矛」聲系有密切之關係;而「柔」、「務」二字在古文字中,與「矛」皆有相通之例,例如:郭店〈五行〉簡云「剛,義之方也。矛,仁之方也。不競不絿,不剛不矛,此之謂也」,簡文所見此二「矛」字,可讀為「柔」,又如上博〈從政〉簡曰「從政所矛三:『敬、謙、信。信則得眾,謙則遠戾,遠戾所以▨』」,上博簡此「矛」字則可讀為「務」。因此,在上述聲符關係與通假情況上,「柔」、「務」應具有相通之條件。〔漢〕許慎編撰、〔宋〕徐鉉校定:《說文解字》(據清同治十二年陳昌治改刻本縮印,香港:中華書局,2014年8月再版),卷六、卷十三、卷三,頁119、292、67;白於藍編著:《戰國秦漢簡帛古書通假字彙纂》(福州:福建人民出版社,2012年5月第一版),頁91。

430 清華大學出土文獻研究與保護中心編、李學勤主編:《清華大學藏戰國竹簡(壹)》(上海:中西書局,2010年12月第一版),頁128、130。

431 復旦大學出土文獻與古文字研究中心研究生讀書會:〈清華簡《尹至》、《尹誥》研讀札記(附:《尹至》、《尹誥》、《程寤》釋文)〉,復旦大學出土文獻與古文字研究中心,網址:http://www.gwz.fudan.edu.cn/Web/Show/1352,2011年1月5日,檢索日期:2018年6月25日;復旦大學出土文獻與古文字研究中心:〈清華簡《尹至》、《尹誥》、《程寤》研讀札記〉,收入彭林主編:《中國經學》8,桂林:廣西師範大學出版社,2011年6月第一版,頁23-30。

前往征討無道之有夏」；[432]蘇建洲認為此字所從勹，寫成了「九」；[433]黃庭頎對復旦讀書會之說法存疑，但未提出新解；[434]王輝認為簡文此字應是「鳩」字異構，從九得聲，可讀為「歸」；[435]季旭昇以為簡文此例釋從兒聲，合理可從，且認為其所從九形，殆「勹」旁之訛，並依聲韻條件，將其讀為「附」；[436]夏大兆與黃德寬仍讀為「附」；[437]馮勝君亦從復旦大學讀書會之說，將簡文此字讀為「附」；[438]馬嘉賢從復旦大學讀書會之說；[439]王昆亦從復旦大學讀書會之看法；[440]李爽仍從復旦大學讀書會之說法；[441]洪君妤亦從復旦大學讀書會之看法。[442]

今復考簡文此例之形，知其下從肉，上部形構可據單育辰之說，[443]釋作從兒，此可參考以下所列相關字形：

（曾侯乙簡 46）

（曾侯乙簡 86）

（曾侯乙簡 89）

（包山簡 183）

[432] 黃人二、趙思木：〈讀《清華大學藏戰國竹簡》書後（一）〉，武漢大學簡帛研究中心，網址：http://www.bsm.org.cn/show_article.php?id=1368，2011 年 1 月 7 日，檢索日期：2018 年 7 月 15 日。

[433] 蘇建洲：《楚文字論集》（臺北：萬卷樓圖書公司，2011 年 12 月初版），頁 406-411。

[434] 黃庭頎：〈清華大學藏戰國竹簡〈尹至〉探析〉，《有鳳初鳴年刊》8（2012 年 7 月），頁 485-503。

[435] 王輝：〈一粟居讀簡記（一）〉，收入清華大學出土文獻研究與保護中心編：《清華簡研究》1（上海：中西書局，2012 年 12 月第一版），頁 343-355。

[436] 季旭昇主編、王瑜楨等合撰：《清華大學藏戰國竹簡（壹）讀本》（臺北：藝文印書館，2013 年 11 月初版），〈尹至〉譯釋章之釋文與季旭昇案語，頁 1-3、16-17。

[437] 夏大兆、黃德寬：〈關於清華簡《尹至》《尹誥》的形成和性質——從伊尹傳說在先秦傳世和出土文獻中的流變考察〉，《文史》2014 年第 3 輯（總 108），頁 213-239。

[438] 馮勝君：〈清華簡《尹至》「茲乃柔大縈」解〉，收入中國文化遺產研究院編：《出土文獻研究（「簡帛文字與書法國際研討會」特輯）》13（上海：中西書局，2014 年 12 月第一版），頁 310-317。

[439] 馬嘉賢：《清華壹〈尹至〉、〈尹誥〉、〈皇門〉、〈祭公之顧命〉研究》（國立彰化師範大學國文學系博士論文，2015 年 7 月），頁 79。

[440] 王昆：《清華簡《尹至》、《尹誥》、《赤鵠之集湯之屋》集釋》（河北大學文學碩士學位論文，2016 年 5 月），頁 28。

[441] 李爽：《清華簡「伊尹」五篇集釋》（吉林大學碩士論文，2016 年 6 月），頁 40。

[442] 洪君妤：《戰國竹書伊尹文獻研究》（國立中興大學中國文學研究所碩士論文，2017 年 8 月），頁 10。

[443] 單育辰：〈談戰國文字中的「兒」〉，收入武漢大學簡帛研究中心主辦：《簡帛》3（上海：上海古籍出版社，2008 年 10 月第一版），頁 21-28。

（包山簡 183）

（包山簡 258）

楚系「臱」字下所从勹（俯）之形或見異化，其橫筆似有穿出左撇筆之情況，也與簡文此字相同，上引單育辰釋其為訛變，[444]而蘇建洲與季旭昇皆釋為「九」形，俱可信，換言之，此字恐非从九，其「九」形僅是「勹（俯）」形之訛變，更非與「鳩」字有關，因此，簡文此例釋从臱，應無疑義，惟其下所从肉旁，尚難推知其來源，今暫且存疑待考。

至於簡文此例之釋讀，原整理者將其讀為「服」，似仍可商，主因「臱」字从勹（俯）得聲，而「勹（俯）」、「臱」二字與「服」之古音俱或隔，[445]且楚簡中讀為「服」者，其例多从茍（蒲），而非从臱，例如：「欽敬惟備（服），天像是則」（楚帛書乙）、「卿士之騙為左騙（服）」（曾侯乙簡 142）「非倫而民備（服），世此亂也」（郭店〈尊德義〉簡 25），故清華簡此例是否仍可讀為「服」，實不無可疑；而復旦大學讀書會讀為「附」，其立論基礎，乃在於李家浩將包山簡 258 例所云「莧茈」釋讀為傳世文獻所見「符茈」，抑或見於他簡之「苻茈」，[446]此具楚簡之實證，大抵可從，且「臱」字本从「俯」字初文得聲，即「勹」，「勹」字在西周金文中，即進一步疊加了聲旁「府」，[447]上博簡更逕以「府」字代之，[448]只是「府」字上古音為幫母侯部，可推知至少在楚地，「俯」或「勹」之音讀或許更近於侯部，此可證成上引季旭昇所考古文字「臱」字當入侯部之說，換言之，簡文此例仍應以讀為侯部之「附」字較為妥適，其如學者所引《孟子·滕文公章句》引《書》曰「有攸不惟臣，東征，綏厥士女，篚厥玄黃，紹我周王見休，惟臣附于大邑周」，[449]亦猶《尚書·武成》云「天休震動，用附我大邑周」，[450]又如《淮南子·主術訓》載云「所任者得其人，則國家治，上下和，羣臣親，百姓附」，[451]凡此等「附」字之例，

---

444 單育辰：〈談戰國文字中的「臱」〉，收入武漢大學簡帛研究中心主辦：《簡帛》3（上海：上海古籍出版社，2008 年 10 月第一版），頁 21-28。

445 「臱」字上古音為並母魚部，「勹（俯）」字則為幫母侯部，二字聲韻俱近，惟「服」字卻屬並母職部，其與「臱」、「勹（俯）」二字之聲韻關係，除聲母外，似非十分密切。

446 李家浩：〈信陽楚簡中的「柿枳」〉，收入李學勤主編：《簡帛研究》2（北京：法律出版社，1996 年 9 月第一版），頁 1-11。

447 例如：（西周：伯要簋，《集成》03537.1）、（西周：伯要簋，《集成》03537.2）。

448 例如：上博〈三德〉簡 15 云「府視地利。」此「府」字即讀為「俯」。

449 〔漢〕趙岐傳、〔宋〕孫奭疏：《孟子注疏》（清嘉慶二十年江西南昌府學重刊宋刻本，臺北：藝文印書館，1997 年 8 月初版），卷六，頁 111。

450 〔漢〕孔安國傳、〔唐〕孔穎達疏：《尚書正義》（清嘉慶二十年江西南昌府學重刊宋刻本，臺北：藝文印書館，1997 年 8 月初版），卷十一，頁 162。

451 〔漢〕劉安原編，〔漢〕劉向、劉歆原校訂，劉文典撰：《淮南鴻烈集解》（以莊逵吉校本為底本，臺北：文史哲出版社，2003 年 10 月再版），卷九，頁 286。

皆表「歸附」之意，故簡文此處所云「湯往征弗務（敄），摯度，執德不僭」（清華〈尹至〉簡3、4），殆表湯往征韋、顧、昆吾等不願歸附之小國，伊尹助謀之，持德而不僭亂。

〔18〕執（摯）厇（宅、度），執悳（德、德）不􀀀（僭、僭）

　　原整理者將第一個「執」字釋讀為伊尹之名「摯」，「厇」字則釋為「宅」，讀為「度」，訓作「謀」，另將「􀀀」讀為「僭」，訓作「差」；[452]黃人二與趙思木以為此二「執」字皆讀如本字即可，尤其第一個「執」字毋須再訓作「伊摯」，並將簡文釋讀為「執度執德，不僭」；[453]沈建華將「悳」字讀為「值」，訓作「施」；[454]黃懷信疑第二個「執」字「疑當作『其』，涉前誤」，並將「度」訓作「思」，謂簡文當云「尹摯自度其德不僭」；[455]陳民鎮以為此段簡文或謂「伊尹謀劃有方，盛德無失」；[456]黃庭頎認為此二「執」字仍應從原整理者之說，將其讀為伊尹之名「摯」，並釋簡文此段之文意為「伊尹謀度得當，伊尹的德行都沒有僭越」；[457]姚蘇傑亦以為此二「執」字皆為伊尹之名「摯」；[458]季旭昇將簡文此句斷讀為「摯度，執德不僭」，並釋此段簡文為「伊尹謀畫征弗附、翦西邑，秉德無差失」；[459]夏大兆與黃德寬則將此段簡文讀為「摯度，摯德不僭」，惟無說；[460]李爽大抵仍從季旭昇之說，並將前一個「執」字釋指伊尹，第二個「執」字則釋為動詞；[461]趙思木大抵贊同姚蘇傑之說；[462]洪君好認為此二「執」字皆當如字讀。[463]

　　簡文第一個「執」字，以句式而言，在此段語句中，確實可作為主語，故其例讀為伊尹之名「摯」，應無疑義，而第二個「執」字，倘仍讀為「摯」，則如上引季旭昇所云，二句難以並列，且語意亦不甚順暢，連用兩個主語更有冗贅之嫌，因此，本文仍從季旭昇之所釋，將第二個「執」字逕作本字讀，表「持守」或「掌握」之意，其如《廣韻》

[452] 清華大學出土文獻研究與保護中心編、李學勤主編：《清華大學藏戰國竹簡（壹）》（上海：中西書局，2010年12月第一版），頁128、130。

[453] 黃人二、趙思木：〈清華簡《尹至》餘釋〉，武漢大學簡帛研究中心，網址：http://www.bsm.org.cn/show_article.php?id=1385，2011年1月12日，檢索日期：2018年6月11日。

[454] 沈建華：〈清華楚簡《尹至》釋文試解〉，《中國史研究》2011年第1期，頁67-72。

[455] 黃懷信：〈清華簡《尹至》補釋〉，武漢大學簡帛研究中心，網址：http://www.bsm.org.cn/show_article.php?id=1416，2011年3月17日，檢索日期：2018年8月16日。

[456] 陳民鎮：〈清華簡《尹至》集釋〉，復旦大學出土文獻與古文字研究中心，網址：http://www.gwz.fudan.edu.cn/Web/Show/1647，2011年9月12日，檢索日期：2018年8月12日。

[457] 黃庭頎：〈清華大學藏戰國竹簡〈尹至〉探析〉，《有鳳初鳴年刊》8（2012年7月），頁485-503。

[458] 姚蘇傑：〈清華簡《尹誥》「一德」論析〉，《中華文史論叢》2013年第2期，頁371-404。

[459] 季旭昇主編、王瑜楨等合撰：《清華大學藏戰國竹簡（壹）讀本》（臺北：藝文印書館，2013年11月初版），〈尹至〉譯釋章之釋文與季旭昇案語，頁1-3、17-18。

[460] 夏大兆、黃德寬：〈關於清華簡《尹至》《尹誥》的形成和性質——從伊尹傳說在先秦傳世和出土文獻中的流變考察〉，《文史》2014年第3輯（總108），頁213-239。

[461] 李爽：《清華簡「伊尹」五篇集釋》（吉林大學碩士論文，2016年6月），頁40。

[462] 趙思木：《《清華大學藏戰國竹簡（壹）》集釋及專題研究》（華東師範大學博士論文，2017年6月），頁55-56。

[463] 洪君好：《戰國竹書伊尹文獻研究》（國立中興大學中國文學研究所碩士論文，2017年8月），頁10。

釋云「執，守也。」[464]亦猶《尚書・大禹謨》云「惟精惟一，允執厥中。」[465]又如《論語・子張》載云「子張曰：『執德不弘，信道不篤，焉能為有？焉能為亡？』」[466]抑或《莊子・天地》所云「故執德之謂紀，德成之謂立，循於道之謂備，不以物挫志之謂完。」[467]凡此所見「執」或「執德」之例，皆指「持守其德」之謂，與簡文文意相類；至於「悳」字是否可讀為「值」，因其上文「執」字義已完足，在此似又不一定得讀為「值」，其逕讀為「德」即可。是故，簡文此段話應可讀為「摯度，執德不僭」，即「伊尹協助籌劃，並謹守其德而不失」之意。

〔19〕戠（？；仇（讎）？、擊？）

請參考本章節「字詞校詁」末尾【存疑別解】之內容。

〔20〕西邑

「西邑」一詞，古文字或見其例，學界已有一定之研究成果，大抵有以下幾種說法：

一、釋為地名者：丁山、陳夢家與崔恒昇等俱主此說。[468]

二、釋為夏王朝先王之亡靈者：蔡哲茂釋卜辭所見「西邑」乃受祭之對象，並以為「『西邑』最早是夏的王都，但在卜辭中已轉化為代表夏王朝先王之亡靈」。[469]

知學界對「西邑」究屬地名或神靈，或仍存異說，而「西邑」一詞，在〈尹誥〉簡中，疑作「西邑夏」，李學勤釋為「夏」，[470]且其相關類例亦見於《尚書・太甲上》或《逸周書・史記解》，故簡文所謂「西邑」或「西邑夏」，倘若暫且不論其地名或亡靈之性質，則至少可知應與夏代或夏人有關，而以今簡文辭例所云「自西戠西邑」（清華〈尹至〉簡5）或「尹諗天之敗西邑夏」（清華〈尹誥〉簡1）之內容而言，似應以釋作地名為佳，此地名雖不盡然與上引學者所考之地相近，但至少應與夏代或夏人有關，或即夏都，此與《尚書・太甲上》孔傳釋「夏都」之說相合，可相互證成。[471]

[464] 〔宋〕陳彭年等重修、林尹校訂：《新校正切宋本廣韻》（臺北：黎明文化事業公司，1976 年 9 月初版），卷五，頁 531。

[465] 〔漢〕孔安國傳、〔唐〕孔穎達疏：《尚書正義》（清嘉慶二十年江西南昌府學重刊宋刻本，臺北：藝文印書館，1997 年 8 月初版），卷四，頁 55。

[466] 〔魏〕何晏注、〔宋〕邢昺疏：《論語注疏》（清嘉慶二十年江西南昌府學重刊宋刻本，臺北：藝文印書館，1997 年 8 月初版），卷十九，頁 171。

[467] 〔清〕王先謙：《莊子集解》（臺北：東大圖書公司，2019 年 1 月五版），卷三，頁 99。

[468] 丁山：〈由三代都邑論其民族文化〉，收入鄭傑祥編：《夏文化論集》（北京：文物出版社，2002 年 12 月第一版），頁 24-61；陳夢家：《殷虛卜辭綜述》（北京：中華書局，1988 年 1 月第一版），頁 321；崔恒昇：《簡明甲骨文詞典：增訂本》（合肥：安徽教育出版社，2001 年 9 月第二版），頁 202。

[469] 蔡哲茂：〈夏王朝存在新證　說殷卜辭的「西邑」〉，《中國文化》44（2016 年第 2 期），頁 47-51。

[470] 李學勤：〈清華簡與《尚書》、《逸周書》的研究〉，《史學史研究》2011 年第 2 期，頁 104-109。

[471] 此所云「西邑」、《尚書・太甲上》或《逸周書・史記解》等相關內容之討論，因其又涉及〈尹誥〉簡之內容，或可再參見本文第四章。

　　惟簡文云「自西戡（殺、翦、仇（讎）、擊）西邑，裁其有夏」（簡 5），其所謂「自
西」，似與文獻所載西夏東殷之情況不合，如《禮記・緇衣》引《尚書・尹誥》即云「尹
吉曰：『惟尹躬天，見于西邑夏』」，鄭注釋云「夏之邑在亳西」，孔疏則亦釋曰「夏都在
亳西，故云『西邑』也」，[472]知夏應在西、殷則在東，再者，簡文亦載夏人皆云「曰今
東祥不章，今其如台？」（清華〈尹至〉簡 3、簡 4），即「東方（商）無凶祥」之事，
更可證成西夏東殷之說，如此一來，便難以理解為何簡文云「自西」攻打夏都，因此，
學者對此釋讀或存異說：如王寧與陳民鎮等學者即根據《墨子・非攻》所云「少少有神
來告曰：『夏德大亂，往攻之，予必使汝大堪之。予既受命於天，天命融隆火，于夏之
城閒西北之隅。湯奉桀眾以克有夏，屬諸侯於薄，薦章天命，通于四方，而天下諸侯，
莫敢不賓服。則此湯之所以誅桀也」，[473]重新對此問題作了詮解，即使二位學者對夏商
地理位置之解讀仍或異，但都以為商人自發生火災之夏都西北隅趁虛進攻；季旭昇則據
兵法運用之理，以為「夏人向城的西北隅救火，商人恰好趁機從東方進攻」；[474]劉成群
則以為此與湯伐桀之河曲系列戰役有關，乃夏桀西退之證。[475]諸家之說皆有其理據，不
過，簡文既言「自西」，顯然西邊方位是重要關鍵，故本文大抵仍從王寧、陳民鎮與季
旭昇之說，以為簡文所謂「自西」，應與《墨子・非攻》所言祝融降火於西之事有關，
並得與《呂氏春秋・慎大覽・慎大》所云「末嬉言曰：『今昔天子夢西方有日，東方有
日，兩日相與鬥，西方日勝，東方日不勝。』伊尹以告湯，商涸旱，湯猶發師以信伊尹
之盟，故令師從東方，出於國西以進」之內容相互證成，[476]只是湯師究竟從何方向進攻，
或仍有待新證矣。

〔21〕料

　　簡文此字之形為：

 （清華〈尹至〉簡 5）

[472]　〔漢〕孔安國傳、〔唐〕孔穎達疏：《禮記注疏》（清嘉慶二十年江西南昌府學重刊宋刻本，臺北：藝
　　　文印書館，1997 年 8 月初版），卷五十五，頁 932-933。

[473]　王寧：〈清華簡〈尹至〉、〈尹誥〉中「西邑」和「西邑夏」的問題〉，簡帛研究網，網址：http://www.
　　　jianbo.org/admin3/2011/wangning001.htm，2011 年 1 月 19 日，檢索日期：2013 年 2 月 1 日；陳民鎮：〈清
　　　華簡《尹至》集釋〉，復旦大學出土文獻與古文字研究中心，網址：http://www.gwz.fudan.edu.cn/Web/S
　　　how/1647，2011 年 9 月 12 日，檢索日期：2018 年 8 月 12 日；本文此段《墨子》之文字內容，逯引自
　　　〔清〕張純一：《墨子集解》（臺北：文史哲出版社，2011 年 8 月 BOD 版），卷五，頁 196-197。

[474]　季旭昇主編、王瑜楨等合撰：《清華大學藏戰國竹簡（壹）讀本》（臺北：藝文印書館，2013 年 11 月
　　　初版），〈尹至〉譯釋章之釋文與季旭昇案語，頁 1-3、18-20。

[475]　劉成群：〈清華簡《湯處於湯丘》與商湯始居地考辨〉，《人文雜誌》2015 年第 9 期，頁 100-107。

[476]　〔周〕呂不韋著、〔宋〕陸游評、〔明〕凌稚隆批：《呂氏春秋》，收入蕭天石總主編：《中國子學名
　　　著集成（宋元明清善本叢刊）》（明萬曆庚申吳興凌氏刊朱墨套印本，臺北：中國子學名著集成編印基金
　　　會，1978 年 12 月初版），卷十五，頁 353。

原整理者隸作「 」，以為此字乃《說文》古文「番」，在此可讀為「播」，訓作「散」；[477]沈建華亦讀為「番」，但訓作「勇」；[478]復旦大學讀書會將簡文此字改釋作「料」，其後，讀書會在其修訂稿中，仍維持原說，但調整了原書證，並補證不少字形與辭例上之相關證據，同時，亦以為「所謂『料民』或『料人』，大概包括『安集吏民』、『順俗而教』等工作，最核心的就是『簡篡（選）良材』，考察民眾的不同才幹，分別徵調、聚集起來，以應敵作戰。這是『料民』與攻戰治兵有關的最直接的證據」；[479]黃人二與趙思木仍從原整理者之隸釋，並釋其形為「從亡、番（《說文》「古文番」，……）聲」，同時，也將此字訓作「逃」；[480]蘇建洲亦釋為「料」，但讀為「勞」，訓作「逼迫人民」；[481]陳民鎮仍訓讀為「播」，訓作「迸逃」；[482]黃懷信將「播」訓作「布」，並釋「播民」為「逃散之民」；[483]劉雲亦從原整理者之釋形；[484]鄔可晶則認為簡文此字從斗，且不宜與傳抄古文之「播」或「番」相比附；[485]張崇禮改釋為「瓚」，並讀為「贊」，訓作「引導」；[486]李學勤似也贊同釋為「料」，並據此證成新出斗子鼎「斗」字之釋讀；[487]李春桃認為

---

[477] 清華大學出土文獻研究與保護中心編、李學勤主編：《清華大學藏戰國竹簡（壹）》（上海：中西書局，2010 年 12 月第一版），頁 128、130-131。

[478] 沈建華：〈清華楚簡《尹至》釋文試解〉，《中國史研究》2011 年第 1 期，頁 67-72。

[479] 復旦大學出土文獻與古文字研究中心研究生讀書會：〈清華簡《尹至》、《尹誥》研讀札記（附：《尹至》、《尹誥》、《程寤》釋文）〉，復旦大學出土文獻與古文字研究中心，網址：http://www.gwz.fudan.edu.cn/Web/Show/1352，2011 年 1 月 5 日，檢索日期：2018 年 6 月 25 日；復旦大學出土文獻與古文字研究中心：〈清華簡《尹至》、《尹誥》、《程寤》研讀札記〉，收入彭林主編：《中國經學》8，桂林：廣西師範大學出版社，2011 年 6 月第一版，頁 23-30。

[480] 黃人二、趙思木：〈清華簡《尹至》餘釋〉，武漢大學簡帛研究中心，網址：http://www.bsm.org.cn/show_article.php?id=1385，2011 年 1 月 12 日，檢索日期：2018 年 6 月 11 日。

[481] 復旦大學出土文獻與古文字研究中心研究生讀書會：〈清華簡《尹至》、《尹誥》研讀札記（附：《尹至》、《尹誥》、《程寤》釋文）〉文末 60 樓蘇建洲之評論，復旦大學出土文獻與古文字研究中心，網址：http://www.gwz.fudan.edu.cn/Web/Show/1352，2011 年 1 月 15 日，檢索日期：2018 年 6 月 25 日；蘇建洲：《楚文字論集》（臺北：萬卷樓圖書公司，2011 年 12 月初版），頁 364-367。

[482] 復旦大學出土文獻與古文字研究中心研究生讀書會：〈清華簡《尹至》、《尹誥》研讀札記（附：《尹至》、《尹誥》、《程寤》釋文）〉文末 72 樓陳民鎮之評論，復旦大學出土文獻與古文字研究中心，網址：http://www.gwz.fudan.edu.cn/Web/Show/1352，2011 年 2 月 27 日，檢索日期：2018 年 6 月 25 日。

[483] 黃懷信：〈清華簡《尹至》補釋〉，武漢大學簡帛研究中心，網址：http://www.bsm.org.cn/show_article.php?id=1416，2011 年 3 月 17 日，檢索日期：2018 年 8 月 16 日。

[484] 因復旦大學出土文獻與研究中心論壇已關閉，劉雲（2011 年 5 月 10 日）此說轉引自張崇禮：〈釋清華簡《尹至》的「瓚」字〉，復旦大學出土文獻與古文字研究中心，網址：http://www.gwz.fudan.edu.cn/Web/Show/1748，2011 年 11 月 23 日，檢索日期：2020 年 7 月 25 日。

[485] 因復旦大學出土文獻與研究中心論壇已關閉，鄔可晶此說轉引自張崇禮：〈釋清華簡《尹至》的「瓚」字〉，復旦大學出土文獻與古文字研究中心，網址：http://www.gwz.fudan.edu.cn/Web/Show/1748，2011 年 11 月 23 日，檢索日期：2020 年 7 月 25 日。

[486] 張崇禮：〈釋清華簡《尹至》的「瓚」字〉，復旦大學出土文獻與古文字研究中心，網址：http://www.gwz.fudan.edu.cn/Web/Show/1748，2011 年 11 月 23 日，檢索日期：2020 年 7 月 25 日。

[487] 李學勤在考證新出斗子鼎之「斗」字時（ ），指出「清華簡《尹誥》『料』字所从也與之相似」，並於附注中或云「按在《尹誥》簡整理過程中也曾提出『料』字的釋讀」（謹按：文中此處所云《尹誥》疑為誤植，當為《尹至》）。李學勤：〈斗子鼎與成王岐陽之盟〉，《中國國家博物館館刊》2012 年第 1 期，頁 53-55；湖北省文物考古研究所、隨州市博物館：〈湖北隨州葉家山西周墓地發掘簡報〉，《文物》2011 年第 11 期，頁 4-60。

此字應从斗，且仍釋讀為「料」；[488]黃庭頎則據詞性與字形等條件，對釋「番」或「料」二說，皆有所存疑；[489]季旭昇大抵仍從復旦讀書會之說，亦隸釋作「料」，並認為「料民，即清查民戶，點計人口，預備徵調兵員作戰」；[490]袁金平以為簡文此字釋作从斗采聲之可能性很高，並贊同將其釋讀為「播」；[491]夏大兆與黃德寬則仍從原整理者之說，讀為「播」；[492]馬嘉賢認為蘇建洲與鄔可晶之說皆有理，但傾向於從後者之看法；[493]王昆仍從原整理者之說；[494]劉光勝亦從原整理者之說；[495]石小力據清華〈越公其事〉簡類例，認為簡文此字應釋為「采斗」，且從原整理者之說，讀為「播」；[496]趙思木仍從原整理者與石小力之說；[497]洪君妤從復旦大學讀書會之說，讀為「料」；[498]曹雨楊從石小力之說。[499]

今復考簡文此例之形，其左从米，右旁確實从斗，與一般楚簡「番」字之形不甚相同，例如：

（信陽簡 2.22「番」）

（信陽簡 2.22「番」）

[488] 李春桃：《傳抄古文綜合研究》（吉林大學博士學位論文，2012 年 4 月），頁 236-239。

[489] 黃庭頎：〈清華大學藏戰國竹簡〈尹至〉探析〉，《有鳳初鳴年刊》8（2012 年 7 月），頁 485-503。

[490] 季旭昇主編、王瑜楨等合撰：《清華大學藏戰國竹簡（壹）讀本》（臺北：藝文印書館，2013 年 11 月初版），〈尹至〉譯釋章之釋文與季旭昇案語，頁 1-3、20-21。

[491] 袁金平：〈從《尹至》篇「播」字的討論談文義對文字考釋的重要性〉，收入清華大學出土文獻研究與保護中心編、李學勤主編：《出土文獻》5（上海：中西書局，2014 年 10 月第一版），頁 121-126，亦收入袁金平：《出土文獻與古籍新詮》（北京：社會科學文獻出版社·人文分社，2020 年 8 月第一版），頁 164-172。

[492] 夏大兆、黃德寬：〈關於清華簡《尹至》《尹誥》的形成和性質──從伊尹傳說在先秦傳世和出土文獻中的流變考察〉，《文史》2014 年第 3 輯（總 108），頁 213-239。

[493] 馬嘉賢：《清華壹《尹至》、《尹誥》、《皇門》、《祭公之顧命》研究》（國立彰化師範大學國文學系博士論文，2015 年 7 月），頁 85-86。

[494] 王昆：《清華簡《尹至》、《尹誥》、《赤鵠之集湯之屋》集釋》（河北大學文學碩士學位論文，2016 年 5 月），頁 30-31。

[495] 劉光勝：《《清華大學藏戰國竹簡（壹）》整理研究》（上海：上海古籍出版社，2016 年 9 月第一版），頁 51-52。

[496] 石小力：〈據清華簡（柒）補證舊說四則〉，清華大學出土文獻研究與保護中心，網址：http://www.ctwx.tsinghua.edu.cn/publish/cetrp/6831/2017/20170423064545430510109/201704230645454305 10109_.html，2017 年 4 月 23 日，檢索日期：2018 年 7 月 10 日。

[497] 趙思木：《《清華大學藏戰國竹簡（壹）》集釋及專題研究》（華東師範大學博士論文，2017 年 6 月），頁 57-59。

[498] 洪君妤：《戰國竹書伊尹文獻研究》（國立中興大學中國文學研究所碩士論文，2017 年 8 月），頁 11。

[499] 曹雨楊：《《清華大學藏戰國竹簡（壹）─（參）》疑難字詞集釋及釋文校注》（吉林大學碩士學位論文，2020 年 5 月），頁 53-59。

（包山簡 46「番」）

（郭店〈緇衣〉簡 29「膰」）

（上博〈緇衣〉簡 15「番」）

（清華〈逎命一〉簡 11「番」）

而《說文》「番」字古文右側以下之形構，也如上引學者所云，與「斗」形不類：

（《說文》古文）

至於簡文此字是否為「瓚」字，嚴格說來，其形與上引張崇禮所列字形仍是有所差異，尤其在「斗」形內部形構部分，例如：

（戰國：燕客量，《集成》10373）[500]

（春秋：徐醓尹鉦鍼，《集成》00425.2）

（望山簡 2.45（李守奎摹本：）[501]）

（信陽簡 2.011）

（包山簡 266）[502]

---

[500] 值得留意的是，殷周金文暨青銅器資料庫將此字隸作「⿱爫子」，讀為「爵」，倘以楚簡「爵」字或从雀之情況而言，例如：⿰糸（清華〈耆夜〉簡3），並復考量「雀」字本亦从小，例如：⿰（第一期：《合集》06948 正），故此釋當可信，換言之，銘文此字也有可能非「瓚」字。中央研究院歷史語言研究所金文工作室：「殷周金文暨青銅器資料庫」，網址：http://www.ihp.sinica.edu.tw/~bronze/，檢索日期：2019 年 10 月 3 日。

[501] 李守奎編著：《楚文字編》（上海：華東師範大學出版社，2003 年 12 月第一版），頁 517。

倘復據上引諸例附注之說明，知其是否為「瓚」字，爭議仍大，故簡文此字應非「番」或「瓚」字，當隸釋作「料」，而「料」字最早疑見於春秋金文，其形即从米从斗，再者，部分楚系「斗」字之形，亦與簡文此字字形相近，皆為側居右上一隅之包覆形構，因此，將簡文此字隸釋作「料」，應有較高之可能性，此可參考以下所列幾則从斗之字形：

（上博《周易》簡42「斜」）

（上博《周易》簡51「主斗」）[503]

不過，上引石小力據〈越公其事〉簡類例釋从采之說，[504]亦有其道理，趙思木也作了詳細之補證，只是簡文此句之主語為「夏」，下文又有「戰」，而趙思木所引《尚書‧康誥》、《尚書‧大誥》所見「播民」與「逋播臣」，如其所云，其實指的都是殷遺民，如此一來，有夏如何能徙殷商之遺民，甚至前往戰鬥，不只語句扞格，時代亦有疑，故此說仍猶有可商者。總之，本文仍傾向於贊同將簡文此字釋為「料」，畢竟此說在釋形上，具有較高之可信度，再者，拙文曾據此與《蒼頡篇》異文作比較研究，疑各本之「悉起臣僕」、「迷起臣僕」與「己（已）起臣僕」等用例，或與清華簡此「料」字有關，皆言治軍之事，[505]亦可互作參照。

---

[502] 此所列信陽簡、望山簡與包山簡三例，歷來有二說，如貫連敏便將包山簡例釋从瓚，而李家浩亦俱釋為「瓚」，惟李守奎、劉信芳與陳偉等，則有釋作从毛从斗，或从毛得聲，抑或「料」字異體之說，換言之，此等字例不一定是「瓚」字；另外，近期董蓮池亦將西周金文𪗙器部分字例釋作「瓚」，例如：（西周：𪗙尊，《集成》06015）、（西周：𪗙方彝，《集成》09893.1）、（西周：𪗙方彝，《集成》09893.2）、（西周：𪗙盂，《集成》09451）、（西周：𪗙盂，《集成》09451）、（西周：𪗙鼎，《集成》02706），此等字例與簡文此字之差異更大，應無直接之關聯。貫連敏：〈釋裸、瓚〉，中國古文字研究會第九屆學術研討會發表論文（南京：南京大學，1992年11月）；李家浩：〈包山二六六號簡所記木器研究〉，收入袁行霈主編：《國學研究》2，北京：北京大學出版社，1994年7月第一版，頁525-554，其後經修訂，收入李家浩：《著名中年語言學家自選集　李家浩卷》（合肥：安徽教育出版社，2002年12月第一版），頁222-257；董蓮池：〈釋𪗙器銘文中的「𪗙、𪗙」〉，收入中國古文字研究會、河南大學甲骨學與漢字文明研究所編：《古文字研究》33（北京：中華書局，2020年8月北京第一版），頁184-190；李守奎編著：《楚文字編》（上海：華東師範大學出版社，2003年12月第一版），頁517；劉信芳：《包山楚簡解詁》（臺北：藝文印書館，2003年元月初版），頁290-291；陳偉等：《楚地出土戰國簡冊[十四種]》（北京：經濟科學出版社，2009年9月第一版），頁129。

[503] 此從季旭昇、何琳儀、程燕與陳惠玲之所釋。季旭昇：〈上博三‧周易零釋七則〉，原發表於簡帛研究網，2004年4月24日，又何琳儀、程燕：〈滬簡《周易》選釋〉，本亦發表於簡帛研究網，2004年5月16日，惟因網站內容調整，此二篇俱轉見於季旭昇主編，陳惠玲、連德榮、李綉玲合撰：《《上海博物館藏戰國楚竹書（三）》讀本》（臺北：萬卷樓圖書公司，2005年10月初版），頁150。

[504] 此二類例之形為／（清華〈越公其事〉簡4）、／（清華〈越公其事〉簡23）。

[505] 許文獻：〈試論北大簡《蒼頡篇》「悉起臣僕」與其版本之訛抄異文〉，《中國文字》總4，2020年冬季號（2020年12月），頁131-149。

　　而簡文此處辭例云「夏料民入于水曰戰」（清華〈尹至〉簡5），此「料」字既不可釋「番」，則自無詞性問題，而讀為「勞」，意似可通，然而，先秦古籍所見「勞民」而戰者甚少，其大多指一般之勞務，如《周禮·天官冢宰·宮人》云「凡寢中之事：掃除、執燭、共爐炭，凡勞事，四方之舍事亦如之」，鄭玄注云「勞事，勞褻之事」，[506]又如《論語·子張》曰「君子信而後勞其民；未信，則以為厲己也。」[507]再如《韓非子·亡徵》或云「私門之官用，馬府之世，鄉曲之善舉，官職之勞廢，貴私行而賤公功者，可亡也。」[508]凡此皆與勞務有關，而非軍事作戰，而「勞民」用作軍事作戰，恐怕是在漢代以後，即使《淮南子·脩務訓》曾云「昔者，楚欲攻宋，墨子聞而悼之，自魯趎而十日十夜，足重繭而不休息，裂衣裳裹足，至於郢，見楚王，曰：『臣聞大王舉兵將攻宋，計必得宋而後攻之乎？亡其苦眾勞民，頓兵挫銳，負天下以不義之名，而不得咫尺之地，猶且攻之乎？』」[509]但《淮南子》時代稍晚，且「頓兵」在此已然指戰敗，與簡文之「赴戰」義不同，因此，簡文此字倘讀為「勞」，似仍有再作補證之空間，至於復旦大學讀書會以為此「料」字有「考察、簡擇、聚集、計數」之意，[510]其說在字形與辭例證據上，較為充分，大抵可從，茲再補充幾項書證，如《隸續·平輿令薛君碑》云「料揀眞實，好此徽戲」，[511]又如蔡邕《司空楊秉碑》或曰「復拜太常，遂陟上司，沙汰海內，料簡貞實。」[512]凡此皆亦類同此訓也。至於簡文所云之「水」，學界對其所在或性質，仍或存異說：如原整理者將「水」釋為地名，即「南巢」，古籍稱為「大本」、「大水」、「大沙」、「沙丘」或「大涉」，在今桐城西南一帶；[513]沈建華認為其地在洛水與晉西南一帶；[514]王寧則認為此或與古說之「流沙」有關；[515]黃懷信則云此殆指「水域」之意，或即「大沙即南巢所在地之巢湖」；[516]網路發言者子居更以為「上古凡江河湖海皆可稱大水。……清華簡《尹至》篇所言之『水』，則是指伊洛河，彼時正逢大旱，伊洛河淺至徒步可涉，

506 〔漢〕鄭玄注、〔唐〕賈公彥疏：《周禮注疏》（清嘉慶二十年江西南昌府學重刊宋刻本，臺北：藝文印書館，1997年8月初版），卷六，頁92。

507 〔魏〕何晏注、〔宋〕邢昺疏：《論語注疏》（清嘉慶二十年江西南昌府學重刊宋刻本，臺北：藝文印書館，1997年8月初版），卷十九，頁172。

508 〔清〕王先慎：《韓非子集解》（臺北：藝文印書館，2008年3月初版），卷五，頁190。

509 〔漢〕劉安原編，〔漢〕劉向、劉歆原校訂，劉文典撰：《淮南鴻烈集解》（以莊逵吉校本為底本，臺北：文史哲出版社，2003年10月再版），卷十九，頁635-636。

510 復旦大學出土文獻與古文字研究中心：〈清華簡《尹至》、《尹誥》、《程寤》研讀札記〉，收入彭林主編：《中國經學》8，桂林：廣西師範大學出版社，2011年6月第一版，頁23-30。

511 〔宋〕洪适：《隸續》，收入嚴耕望編：《石刻史料叢書甲編》（臺北：藝文印書館，1966年），卷一，頁三。

512 〔漢〕蔡邕：《蔡中郎集》，收入《四部叢刊初編·集部》（上海涵芬樓景印明蘭雪堂活字本原書，上海：上海書店，據商務印書館1926年版重印），卷三，未著錄頁數。

513 清華大學出土文獻研究與保護中心編、李學勤主編：《清華大學藏戰國竹簡（壹）》（上海：中西書局，2010年12月第一版），頁130、131。

514 沈建華：〈清華楚簡《尹至》釋文試解〉，《中國史研究》2011年第1期，頁67-72。

515 王寧：〈清華簡〈尹至〉、〈尹誥〉中「西邑」和「西邑夏」的問題〉，簡帛研究網，網址：http://www.jianbo.org/admin3/2011/wangning001.htm，2011年1月19日，檢索日期：2013年2月1日。

516 黃懷信：〈清華簡《尹至》補釋〉，武漢大學簡帛研究中心，網址：http://www.bsm.org.cn/show_article.php?id=1416，2011年3月17日，檢索日期：2018年8月16日。

故言『入於水』，也正是因為伊洛河之水甚淺的緣故，使夏桀之都斟鄩鄩失去了一個天然的地理屏障」；[517]邢文則直接認定南巢之地應該有水；[518]劉光勝據古書之語法結構，將「水」釋如其本義，而非作地名解；[519]洪君好則亦釋作水名，[520]整體而言，諸家之說皆有其理據，但徵調人民至「某水域」或乾河谷作戰，恐仍需直接之歷史證據，更何況傳世文獻所云「大沙」或「大水」，僅知在巢湖或南巢附近，恐怕未必是「水域」或與水有關，此可參原整理者所引《呂氏春秋・慎大覽・慎大》所云「未接刃而桀走，逐之於大沙，身體離散，為天下戮。」[521]王利器《呂氏春秋注疏》引《墨子・三辯》釋此或曰「『大水』之『水』字，又當為『沙』字之壞文相涉而誤也」，[522]又引呂調陽釋云「大沙即南巢也，今桐城西南有沙河埠，其水東迤故巢城南，而東入菜子湖也」等書證，[523]再者，傳世文獻所見「入于＋地名」之例，亦所在皆有，如《左傳・隱公元年》云「京叛大叔段，段入于鄢，公伐諸鄢。」[524]又如《史記・周本紀》或曰「周絕於秦，必入於郢矣。」[525]因此，本文仍從原整理者之說，將「水」釋為地名。綜上所述，則此段簡文之文意，殆指「夏徵調人民至『水』地作戰」之謂也。

〔22〕帝曰：「一（殪）勿遺」

　　請參考本章節「字詞校詁」末尾【存疑別解】之內容。

【存疑別解】

　　此部分收錄「𢧵（？；仇（讎）？、擊？）」與「帝曰：『一（殪）勿遺』」二例之釋讀，主因此二例於學界或具共識，抑或拙文在論證上總覺疑而未能決者，如前者學界多從讀「翦」之說，本文則提出另一釋讀方案，後者則為本文論點尚且不夠堅實者。今謹慎起見，將此二例暫廁於此，姑權充學者付之一哂之假說，並或作簡文通讀之參考。

---

[517] 網路發言者子居：〈清華簡《尹至》解析〉，「中國先秦史」網站，網址：http://xianqinshi.blogspot.com/2017/09/blog-post_15.html，2017 年 9 月 23 日，檢索日期：2018 年 8 月 16 日。

[518] 邢文：〈試釋清華簡《尹至》的「一勿遺」〉，收入清華大學出土文獻研究與保護中心編：《清華簡研究》1（上海：中西書局，2012 年 12 月第一版），頁 1-8。

[519] 劉光勝：《《清華大學藏戰國竹簡（壹）》整理研究》（上海：上海古籍出版社，2016 年 9 月第一版），頁 50-51。

[520] 洪君好：《戰國竹書伊尹文獻研究》（國立中興大學中國文學研究所碩士論文，2017 年 8 月），頁 11。

[521] 〔周〕呂不韋著、〔宋〕陸游評、〔明〕凌稚隆批：《呂氏春秋》，收入蕭天石總主編：《中國子學名著集成（宋元明清善本叢刊）》（明萬曆庚申吳興凌氏刊朱墨套印本，臺北：中國子學名著集成編印基金會，1978 年 12 月初版），卷十五，頁 353。

[522] 王利器：《呂氏春秋注疏》（成都：巴蜀書社，2002 年 1 月第一版），頁 1618。

[523] 王利器：《呂氏春秋注疏》（成都：巴蜀書社，2002 年 1 月第一版），頁 1617。

[524] 〔晉〕杜預注、〔唐〕孔穎達疏：《春秋左傳正義》（清嘉慶二十年江西南昌府學重刊宋刻本，臺北：藝文印書館，1997 年 8 月初版），卷二，頁 36。

[525] 〔漢〕司馬遷原著、（日）瀧川龜太郎著：《史記會注考證》（臺北：萬卷樓圖書公司，1993 年 8 月初版），卷四，頁 85。

存疑別解　例一：

〔19〕䍜（？；仇（讎）？、擊？）

簡文此字之形為：

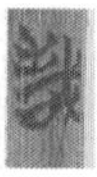（清華〈尹至〉簡5）

原整理者將此字隸作「𢧀」，以為其乃三體石經《春秋》僖公三十二年「捷」字之古文「𢧢」，訓作「克」；[526]復旦大學讀書會將簡文此字讀為「翦」，其後之修訂稿亦未易其說；[527]劉洪濤則以為簡文此字應釋為「截」，讀為「殲」，不過，其在後來發表之相關專文中，並未將此字列入討論；[528]黃人二與趙思木以為簡文此字應讀為「劉」，或作「鎦」，訓「殺」；[529]沈建華釋即「𢦏」字；[530]黃懷信亦釋為《說文》之「𢦏」字；[531]陳民鎮仍讀為「翦」；[532]孫飛燕亦從復旦讀書會之說，讀為「翦」；[533]王雲飛據「哉」字小篆，將簡文此字隸作「哉」，並以為「『𢧀』即為『哉』，讀音也為『哉』，含義通『烖』，災害的意思，《尹至》：『自西哉西邑』的『哉西邑』可以理解為給西邑帶來災害，即殲滅了西邑」；[534]季旭昇亦讀為「翦」；[535]夏大兆與黃德寬仍讀為「翦」；[536]馮勝君也讀為

526 清華大學出土文獻研究與保護中心編、李學勤主編：《清華大學藏戰國竹簡（壹）》（上海：中西書局，2010年12月第一版），頁128、130。

527 復旦大學出土文獻與古文字研究中心研究生讀書會：〈清華簡《尹至》、《尹誥》研讀札記（附：《尹至》、《尹誥》、《程寤》釋文）〉，復旦大學出土文獻與古文字研究中心，網址：http://www.gwz.fudan.edu.cn/Web/Show/1352，2011年1月5日，檢索日期：2018年6月25日；復旦大學出土文獻與古文字研究中心：〈清華簡《尹至》、《尹誥》、《程寤》研讀札記〉，收入彭林主編：《中國經學》8，桂林：廣西師範大學出版社，2011年6月第一版，頁23-30。

528 復旦大學出土文獻與古文字研究中心研究生讀書會：〈清華簡《尹至》、《尹誥》研讀札記（附：《尹至》、《尹誥》、《程寤》釋文）〉文末5樓劉洪濤之評論，復旦大學出土文獻與古文字研究中心，網址：http://www.gwz.fudan.edu.cn/Web/Show/1352，2011年1月6日，檢索日期：2018年6月25日；劉洪濤：〈甲骨金文「截」字補釋——兼釋《詩經》中的「截」字〉，收入教育部人文社會科學重點研究基地、清華大學出土文獻與中國古代文明研究中心、清華大學出土文獻研究與保護中心編，李學勤主編：《出土文獻》9（上海：中西書局，2016年10月第一版），頁34-40。

529 黃人二、趙思木：〈清華簡《尹至》餘釋〉，武漢大學簡帛研究中心，網址：http://www.bsm.org.cn/show_article.php?id=1385，2011年1月12日，檢索日期：2018年6月11日。

530 沈建華：〈清華楚簡《尹至》釋文試解〉，《中國史研究》2011年第1期，頁67-72。

531 黃懷信：〈清華簡《尹至》補釋〉，武漢大學簡帛研究中心，網址：http://www.bsm.org.cn/show_article.php?id=1416，2011年3月17日，檢索日期：2018年8月16日。

532 陳民鎮：〈清華簡《尹至》集釋〉，復旦大學出土文獻與古文字研究中心，網址：http://www.gwz.fudan.edu.cn/Web/Show/1647，2011年9月12日，檢索日期：2018年8月12日。

533 孫飛燕：〈也談清華簡《尹誥》的「惟尹既及湯，咸有一德」〉，收入清華大學出土文獻研究與保護中心、北京大學出土文獻研究所、荊州文物保護中心編，李學勤、朱鳳瀚、趙平安、方北松主編，馬楠、賈連翔助編：《古代簡牘保護與整理研究》（上海：中西書局，2012年6月第一版），頁99-102，亦收入清華大學出土文獻研究與保護中心編：《清華簡研究》1（上海：中西書局，2012年12月第一版），頁57-61。

534 王雲飛：〈清華簡《尹至》補釋〉，收入羅運環主編：《楚簡楚文化與先秦歷史文化國際學術研討會論文集》（武漢：湖北教育出版社，2013年8月第一版），頁262-264。

「窮」；[537]馬嘉賢亦釋為「窮」；[538]王昆亦讀為「窮」；[539]李爽釋為「窮」；[540]趙思木同是讀為「窮」；[541]洪君好也釋讀為「窮」；[542]曹雨楊仍讀為「窮」。[543]

簡文此字亦見於清華〈尹誥〉簡、〈說命〉簡與陶文，其形為：

（清華〈尹誥〉簡2）

（清華〈說命・中〉簡3）

（《陶文圖錄》2.144.4）[544]

而在上引諸說中，除釋「哉」者以小篆為證，或仍有疑外，[545]其餘諸家在字形考證上，皆有其一定之理據，本文在下一章節討論〈尹誥〉簡時，即對此類字例作了通盤之整理，今在此基礎上，試說〈尹至〉簡此字之釋讀。

此等類例或與甲金文習見之「戈」字有關，歷來諸家已論之甚詳，而近年張政烺、黃盛璋、吳振武、李學勤、陳劍與彭裕商等，更以專文考之，並提出幾項關鍵論證，包括：張政烺以為「戠」字乃「戈」字之繁體，並讀為「搏」，或訓「擊」；[546]黃盛璋根據

[535] 季旭昇主編、王瑜楨等合撰：《清華大學藏戰國竹簡（壹）讀本》（臺北：藝文印書館，2013年11月初版），〈尹至〉譯釋章之釋文與季旭昇案語，頁1-3、18-20。

[536] 夏大兆、黃德寬：〈關於清華簡《尹至》《尹誥》的形成和性質——從伊尹傳說在先秦傳世和出土文獻中的流變考察〉，《文史》2014年第3輯（總108），頁213-239。

[537] 馮勝君：〈清華簡《尹至》「茲乃柔大縈」解〉，收入中國文化遺產研究院編：《出土文獻研究（「簡帛文字與書法國際研討會」特輯）》13（上海：中西書局，2014年12月第一版），頁310-317。

[538] 馬嘉賢：《清華壹《尹至》、《尹誥》、《皇門》、《祭公之顧命》研究》（國立彰化師範大學國文學系博士論文，2015年7月），頁82-83。

[539] 王昆：《清華簡《尹至》、《尹誥》、《赤鵠之集湯之屋》集釋》（河北大學文學碩士學位論文，2016年5月），頁29-30。

[540] 李爽：《清華簡「伊尹」五篇集釋》（吉林大學碩士論文，2016年6月），頁43。

[541] 趙思木：《《清華大學藏戰國竹簡（壹）》集釋及專題研究》（華東師範大學博士論文，2017年6月），頁56-57。

[542] 洪君好：《戰國竹書伊尹文獻研究》（國立中興大學中國文學研究所碩士論文，2017年8月），頁10。

[543] 曹雨楊：《《清華大學藏戰國竹簡（壹）—（參）》疑難字詞集釋及釋文校注》（吉林大學碩士學位論文，2020年5月），頁49-53。

[544] 王恩田編著：《陶文圖錄》（濟南：齊魯書社，2006年6月第一版），頁232。

[545] 學者將簡文此等類例釋「哉」者甚少，即若黃懷信初本主此說，但其後來皆已改釋，而此處王雲飛以時代較晚之小篆為證，在字形證據上，更嫌不足。黃懷信之說可參：黃懷信：〈由清華簡《尹誥》看《古文尚書・咸有一德》〉，武漢大學簡帛研究中心，網址：http://www.bsm.org.cn/show_article.php?id=1424，2011年3月25日，檢索日期：2018年6月26日；黃懷信：〈由清華簡《尹誥》看《古文尚書》〉，《魯東大學學報（哲學社會科學版）》2012年第6期，頁66-69。

[546] 張政烺：〈釋「戈」〉，收入中國古文字研究會、四川大學歷史系古文字研究室編：《古文字研究》6（北京：中華書局，1981年11月第一版），頁133-140，亦收入張政烺：《張政烺文史論集》（北京：中華書局，2004年4月第一版），頁607-613。

從戔諸例之形源與用例，並參酌「斬」與「芟」等字之形音義證據，將「𢦏」字釋為「截」，殆會以戈斬斷或截斷草木之意，可讀為「捷」或「截」；[547]吳振武以為「𢦏」字當即「殺」字初文，且疑其應从散得聲，並釋卜辭此等類例之用義為「實指戰爭之結果，是克、戰勝的意思」，另將「𢦏」字釋為「彤沙之『沙』的象形寫法」，認為其乃「𢦏」之借字，而「𢦏」則為「𢦏」字異體；[548]李學勤仍讀為「捷」，並以為「如果釋為義為『勝』、『克』的別字，『有𢦏』、『亡𢦏』恐不好講。因此，儘管我們還不太明白『𢦏』何以通『捷』，這仍是當前最好的釋讀」；[549]陳劍贊同吳振武將「𢦏」與「𢦏」分為不同二字，且釋其存在通用關係之說，不過，陳劍將此等字例改讀為「古書中常訓為『滅』的『翦』、『踐』和『殘』等字」，並以為「『𢦏』形像以戈翦斷樹木頂端之枝條形……『𢦏』是『翦除』、『翦滅』等義的本字，『𢦏』是彤沙之『沙』的象形初文，以讀音相近而可以與『𢦏』相通」，而近年陳劍在釋讀清華《繫年》簡「𢦏」字與部分楚簡「𢦏」字時，更曾引清華〈尹至〉與〈尹誥〉簡二例之形，作為「𢦏」字可釋為「捷」字異體或繁體之部分佐證；[550]彭裕商贊同釋「翦」、「踐」和「殘」，並以為古文字此等字例之本字當即「戩」字。[551]

　　諸家據形義考之，皆有其理據，惟簡文下文接「西邑」，與卜辭所謂「有𢦏」或「亡𢦏」無關，知此例顯然是訓作「滅」，「滅某」一詞，傳世文獻習見，例如：《左傳・哀公元年》云「昔有過澆殺斟灌以伐斟鄩，滅夏后相，后緡方娠，逃出自竇，歸于有仍，生少康焉」，[552]又如《呂氏春秋・慎大覽・慎大》曰「湯與伊尹盟，以示必滅夏」，[553]盡屬其類例也，甚至《呂氏春秋》所言者，更與簡文直接相關，因此，簡文此不管釋為何字，都應訓作「滅」，是故，吳振武釋「殺」或讀書會引陳劍讀「翦」之說，恐是目前較合適之說法，且其具有傳世文獻之相近辭例為證，例如：「其呼戍御羌方于義則，𢦏羌方，不喪眾」（第三期：《合集》27972），又如「唯周公于征伐東夷，豐伯、薄姑咸𢦏」

547　黃盛璋：〈「𢦏」為「截」之初文形、音、義證〉，收入《于省吾教授誕辰 100 周年紀念文集》（長春：吉林大學出版社，1996 年 9 月第一版），頁 233-238。

548　吳振武：〈「𢦏」字的形音義〉，原發表於臺灣師範大學國文系、中央研究院歷史語言研究所合辦之「甲骨文發現一百周年學術研討會」，1998 年 5 月 10 日-12 日，收入臺灣師範大學國文學系、中研院歷史語言研究所編：《甲骨文發現一百周年學術研討會論文集》（臺北：文史哲出版社，1998 年 5 月 10 日），頁 287-300，其後又收入王宇信、宋鎮豪主編：《紀念殷墟甲骨文發現一百周年國際研討會論文集》（北京：社會科學文獻出版社，2003 年 3 月第一版），頁 139-148。

549　李學勤：〈再談甲骨金文的「𢦏」字〉，收入李學勤：《三代文明研究》（北京：商務印書館，2011 年11 月第一版），頁 70-72。

550　陳劍：〈甲骨金文「𢦏」字補釋〉，收入陳劍：《甲骨金文考釋論集》（北京：線裝書局，2007 年 4 月第一版），頁 99-106；陳劍：〈簡談《繫年》的「𢦏」和楚簡部分「𢦏」字當釋讀為「捷」〉，《安徽大學學報（哲學社會科學版）》2013 年第 6 期，頁 67-70。

551　彭裕商：〈關於「𢦏」字釋讀的一點淺見〉，收入中國古文字研究會、清華大學出土文獻研究與保護中心、中國社會科學院甲骨文殷商史研究中心、首都師範大學甲骨文研究中心編《古文字研究》31（北京：中華書局，2016 年 10 月北京第一版），頁 497-499。

552　〔晉〕杜預注、〔唐〕孔穎達疏：《春秋左傳正義》（清嘉慶二十年江西南昌府學重刊宋刻本，臺北：藝文印書館，1997 年 8 月初版），卷五十七，頁 990-991。

553　〔周〕呂不韋著、〔宋〕陸游評、〔明〕凌稚隆批：《呂氏春秋》，收入蕭天石總主編：《中國子學名著集成（宋元明清善本叢刊）》（明萬曆庚申吳興凌氏刊朱墨套印本，臺北：中國子學名著集成編印基金會，1978 年 12 月初版），卷十五，頁 352-353。

（西周：量鼎，《集成》02739），再如《楚辭・天問》云「武發殺殷何所悒？」[554]另《詩經・魯頌・閟宮》亦云「后稷之孫，實維大王，居岐之陽，實始翦商。」[555]凡此諸例，皆可謂釋「殺」或讀「翦」之重要佐證，然而，此二說或如本文下一章節內容所云，清華簡與陶文所見此等類例之形，皆難以解釋其與諸家所考从𢧜諸例之字形關係，再者，清華〈尹誥〉簡例下接「滅」字，已具結果義，此亦與吳振武所釋「𢧜（殺）」字當指戰爭結果之說或有不合，因此，或可考慮另作他解，今本文暫將此字釋為「戠」字異構，讀為「仇（讎）」或「擊」，兼存「仇（讎）滅」或「擊滅」義，並主「攻伐」（詳見本文第四章之內容），此或與上引張政烺讀「搏」或訓「擊」之說，有些許相近之處。

　　本文將簡文此字改釋作「戠」，不可否認，實仍闕乎行之字形演變證據，今姑存此假說，將此條考證置於存疑別解例，猶且存疑待考。

存疑別解　例二：

〔22〕帝曰：「一（殪）勿遺」

　　此段話見於簡5，其釋讀諸家或存異說。原整理者以為「帝」即「已即位之湯」，並訓「一」為「皆」，「勿遺」則猶《盤庚中》之「我乃劓殄滅之，無遺育」與西周禹鼎之「勿遺壽幼」；[556]黃人二與趙思木以為此「帝」字當指「上帝」；[557]網路發言者dgcf認為此「一」字與《尚書・康誥》之「殪」有關；[558]王寧釋「帝」亦從黃人二與趙思木之說；[559]黃懷信將此所謂「一勿遺」釋為「一個不留，全部殺死」，但對此解似仍存在與諸書所記不同之疑惑；[560]陳民鎮將「一勿遺」釋為「殆指商湯下令宜以剩勇追窮寇，夏桀身死，為天下戮，即此之謂也」；[561]黃庭頎將「一」讀為「殪」，並將簡文此句釋為「已即位的湯便說：『全殺，不要留下任何一個活口。』」但其對此「帝」字或指夏桀之說，仍是兼而存之；[562]邢文所設定之「帝」，亦為商湯，並將簡文上文之「戰」字改讀為「散」，

[554] 〔宋〕朱熹：《楚辭集注》（臺北：藝文印書館，1983 年 6 月四版），卷三，頁 131。

[555] 〔漢〕毛亨傳、〔漢〕鄭玄箋、〔唐〕孔穎達疏：《毛詩正義》（清嘉慶二十年江西南昌府學重刊宋刻本，臺北：藝文印書館，1997 年 8 月初版），卷二十之二，頁 777。

[556] 清華大學出土文獻研究與保護中心編、李學勤主編：《清華大學藏戰國竹簡（壹）》（上海：中西書局，2010 年 12 月第一版），頁 131。

[557] 黃人二、趙思木：〈清華簡《尹至》餘釋〉，武漢大學簡帛研究中心，網址：http://www.bsm.org.cn/show_article.php?id=1385，2011 年 1 月 12 日，檢索日期：2018 年 6 月 11 日。

[558] 復旦大學出土文獻與古文字研究中心研究生讀書會：〈清華簡《尹至》、《尹誥》研讀札記（附：《尹至》、《尹誥》、《程寤》釋文）〉文末 64 樓網路發言者 dgcf 之評論，復旦大學出土文獻與古文字研究中心，網址：http://www.gwz.fudan.edu.cn/Web/Show/1352，2011 年 1 月 19 日，檢索日期：2018 年 6 月 25 日。

[559] 王寧：〈清華《尹至》釋證四例〉，武漢大學簡帛研究中心，網址：http://www.bsm.org.cn/show_article.php?id=1403，2011 年 2 月 21 日，檢索日期：2018 年 7 月 12 日。

[560] 黃懷信：〈清華簡《尹至》補釋〉，武漢大學簡帛研究中心，網址：http://www.bsm.org.cn/show_article.php?id=1416，2011 年 3 月 17 日，檢索日期：2018 年 8 月 16 日。

[561] 陳民鎮：〈清華簡《尹至》集釋〉，復旦大學出土文獻與古文字研究中心，網址：http://www.gwz.fudan.edu.cn/Web/Show/1647，2011 年 9 月 12 日，檢索日期：2018 年 8 月 12 日。

[562] 黃庭頎：〈清華大學藏戰國竹簡〈尹至〉探析〉，《有鳳初鳴年刊》8（2012 年 7 月），頁 485-503。

「一勿遺」則釋為「『俘厥寶玉』,『一勿遺』」;[563]劉國忠釋「帝」為「天帝」;[564]季旭昇仍將「帝」釋為「帝湯」,並釋「一勿遺」云『『一』即數字『一』,謂『(全部殺掉,)一個也不要遺漏』。」同時,季旭昇亦認為「彼時之戰爭,本自如此,與仁不仁無關」;[565]夏大兆與黃德寬則將此段簡文讀為「帝曰:『一勿遺。』」,惟無說;[566]馬文增亦將「帝」釋作「天帝」;[567]馬嘉賢大抵仍從原整理者之說,並將「一勿遺」釋為「商湯下令要將夏桀黨羽一網打盡」;[568]王昆將「帝」釋作「天帝」,並將「一勿遺」釋作「商湯假借天帝之口,下達的徹底殲滅敵人的命令」;[569]劉光勝認為簡文此處之「帝」,指「天帝」。[570]曹雨楊贊同將「一」讀為「殪」。[571]

　　學者之說皆有其理據,而上引黃人二與趙思木釋「帝」指「上帝」之說,最具啟發性,其後學者「天帝」說亦近於此。今復考〈尹至〉全文,稱湯皆言「湯」,未有稱「帝」者;再者,傳世文獻僅見「帝桀」一詞,而未有「帝湯」之云,如《史記·夏本紀》即曰「孔甲崩,子帝皋立。帝皋崩,子帝發立。帝發崩,子帝履癸立,是為桀。帝桀之時,自孔甲以來,而諸侯多畔夏,桀不務德而武傷百姓,百姓弗堪。乃召湯而囚之夏臺,已而釋之。湯修德,諸侯皆歸湯,湯遂率兵以伐夏桀。桀走鳴條,遂放而死。桀謂人曰:『吾悔不遂殺湯於夏臺,使至此。』湯乃踐天子位,代夏朝天下。湯封夏之後,至周封於杞也。」[572]最有可能與湯有關者,應即原整理者所引《楚辭·天問》或云「緣鵠飾玉,后帝是饗。」王逸注曰「后帝謂殷湯也,言伊尹始仕,因緣烹鵠鳥之羹,修飾玉鼎,以事於湯,湯賢之,遂以為相也」,[573]不過,傳世文獻言「后帝」,多指「天帝」,此可參

[563] 邢文:〈試釋清華簡《尹至》的「一勿遺」〉,收入清華大學出土文獻研究與保護中心編:《清華簡研究》1(上海:中西書局,2012 年 12 月第一版),頁 1-8。

[564] 劉國忠:〈清華簡《赤鵠之集湯之屋》與伊尹間夏〉,《深圳大學學報(人文社會科學版)》2013 年第 1期,頁 64-67,亦收入清華大學出土文獻研究與保護中心編:《清華簡研究》2,上海:中西書局,2015年 8 月第一版,頁 172-177,另收入劉國忠:《走近清華簡:增補版》(北京:清華大學出版社,2020 年6 月第一版),頁 217-225。

[565] 季旭昇主編、王瑜楨等合撰:《清華大學藏戰國竹簡(壹)讀本》(臺北:藝文印書館,2013 年 11 月初版),〈尹至〉譯釋章之釋文與季旭昇案語,頁 3、21。

[566] 夏大兆、黃德寬:〈關於清華簡《尹至》《尹誥》的形成和性質——從伊尹傳說在先秦傳世和出土文獻中的流變考察〉,《文史》2014 年第 3 輯(總 108),頁 213-239。

[567] 馬文增:〈清華簡《尹至》新釋、注解、白話譯文〉,武漢大學簡帛研究中心,網址:http://www.bsm.org.cn/show_article.php?id=2246,2015 年 6 月 1 日,檢索日期:2018 年 6 月 20 日。

[568] 馬嘉賢:《清華壹《尹至》、《尹誥》、《皇門》、《祭公之顧命》研究》(國立彰化師範大學國文學系博士論文,2015 年 7 月),頁 87。

[569] 王昆:《清華簡《尹至》、《尹誥》、《赤鵠之集湯之屋》集釋》(河北大學文學碩士學位論文,2016 年 5月),頁 32-33。

[570] 劉光勝:《《清華大學藏戰國竹簡(壹)》整理研究》(上海:上海古籍出版社,2016 年 9 月第一版),頁49-50;劉光勝:《出土文獻與《古文尚書》研究》(北京:中國社會科學出版社,2020 年 8 月第一版),頁 121。

[571] 曹雨楊:《《清華大學藏戰國竹簡(壹)—(參)》疑難字詞集釋及釋文校注》(吉林大學碩士學位論文,2020 年 5 月),頁 59-60。

[572] 〔漢〕司馬遷原著、(日)瀧川龜太郎著:《史記會注考證》(臺北:萬卷樓圖書公司,1993 年 8 月初版),卷二,頁 53。

[573] 〔漢〕王逸章句:《楚辭章句》(臺北:藝文印書館,2010 年 9 月初版),卷三,頁 130;〔宋〕朱熹:《楚

《詩經・魯頌・閟宮》所云「皇皇后帝，皇祖后稷。」鄭玄箋曰「皇皇后帝，謂天也。」[574]又《論語・堯曰》亦有云「予小子履敢用玄牡，敢昭告于皇皇后帝。」[575]甚至此用例更見於同篇《楚辭》之中，如《楚辭・天問》即云「何獻蒸肉之膏，而后帝不若。」王逸注曰「后帝，天帝也。」[576]因此，「后帝」是否即湯，實有可疑者；至於簡文此「帝」字是否為桀，若以〈尹至〉此所云「湯與伊尹諮議伐夏」之情況而言，似也不太可能尊稱桀為「帝」，抑或以其命令作結；再者，簡文此所云「一勿遺」，或有趕盡殺絕之意，學者即曾懷疑此口吻或行為與傳世文獻所見商湯之形象不合，[577]上引黃懷信所云與諸書所記不同者，亦當類同此；再如本文前面章節所引《史記・殷本紀》曾載湯所說的一段話，其云「予畏上帝，不敢不正。今夏多罪，天命殛之」，[578]顯然「上帝」與「湯」當是不同之人物形象，且可並見於同一篇文獻之中，尤其「借」形而上之上帝或天命，以其意旨行征伐之事，可提高出征之合理性，此亦當是先秦傳世文獻所習見之天命觀，甚至具有神話傳說性質，且有可能是〈尹至〉或〈尹誥〉上篇之清華〈赤鵠之集湯之屋〉簡，已有學者指出此篇「該篇文獻強調上帝的意願，進而強調商伐桀是天命所歸」，[579]據此，亦可知清華簡此類伊尹文獻大抵皆與所謂「天帝」或「上帝」，應有一定程度之關聯。有鑑於此，知簡文此「帝」字，既非「湯」，亦非「桀」，而是甲金文與傳世文獻中所云「天帝」之「帝」，上引黃人二與趙思木之說可從，其如「……上帝若王受有祐。」（第三期：《合集》30388），又如「事喜上帝」（西周：天亡簋，《集成》04261），另如「以饗上帝」（戰國：中山王響壺，《集成》09735），傳世文獻則如《尚書・洪範》云「帝乃震怒，不畀洪範九疇，彝倫攸斁。」[580]再如《禮記・文王世子》亦曰「武王對曰：『夢帝與我九齡。』」[581]凡此「帝」字皆指「天帝」也，故以商人重卜筮之情況而言，簡文此「帝」或即「天帝」，殆以其崇高地位所云之命令作結，以提高滅夏之權威性與合理性。

　　綜上所述，簡文此「帝」字既指「天帝」，則此所謂「一勿遺」，殆天帝之指示，自

辭集注》（臺北：藝文印書館，1983 年 6 月四版），卷三，頁 120。

574 〔漢〕毛亨傳、〔漢〕鄭玄箋、〔唐〕孔穎達疏：《毛詩正義》（清嘉慶二十年江西南昌府學重刊宋刻本，臺北：藝文印書館，1997 年 8 月初版），卷二十之二，頁 778。

575 〔魏〕何晏注、〔宋〕邢昺疏：《論語注疏》（清嘉慶二十年江西南昌府學重刊宋刻本，臺北：藝文印書館，1997 年 8 月初版），卷二十，頁 178。

576 〔漢〕王逸章句：《楚辭章句》（臺北：藝文印書館，2010 年 9 月初版），卷三，頁 125；〔宋〕朱熹：《楚辭集注》（臺北：藝文印書館，1983 年 6 月四版），卷三，頁 114。

577 邢文：〈試釋清華《尹至》的「一勿遺」〉，收入清華大學出土文獻研究與保護中心編：《清華簡研究》1（上海：中西書局，2012 年 12 月第一版），頁 1-8。

578 〔漢〕司馬遷原著、〔日〕瀧川龜太郎著：《史記會注考證》（臺北：萬卷樓圖書公司，1993 年 8 月初版），卷三，頁 56。

579 孫飛燕：〈論清華簡《赤鳩之集湯之屋》的性質〉，收入武漢大學簡帛研究中心主辦：《簡帛》16（上海：上海古籍出版社，2018 年 5 月第一版），頁 31-41。

580 〔漢〕孔安國傳、〔唐〕孔穎達疏：《尚書正義》（清嘉慶二十年江西南昌府學重刊宋刻本，臺北：藝文印書館，1997 年 8 月初版），卷十二，頁 167。

581 〔漢〕孔安國傳、〔唐〕孔穎達疏：《禮記注疏》（清嘉慶二十年江西南昌府學重刊宋刻本，臺北：藝文印書館，1997 年 8 月初版），卷二十，頁 391。

然不會有如邢文所釋勝利者「俘厥寶玉」之命令，上文「戰」字亦毋須讀為「散」了，不過，此「一」字若讀為「殪」，於文意似更為妥適，上引 dgcf 與黃庭頎之說可從，其猶《尚書‧康誥》云「天乃大命文王殪戎殷。」[582]或如《詩經‧小雅‧吉日》：「發彼小豝，殪此大兕。」[583]凡此「殪」字皆可訓作「殺死」，只是此處之「帝」非如黃庭頎所云之「湯」，而是「天帝」。是故，簡文此句或可解為「天帝說：『將其（夏料之民）殺盡！』」

不過，由於「帝」字在簡文中僅此一見，其能否確如本文所云，即「天帝」，恐怕仍有待尋得更多實證以資證成，姑將此條校詁置於存疑別解例，權充假說，待商。

第三節　篇章釋讀

依原整理者之說明，[584]以及本文在第二章所作之分析結果，知清華〈尹至〉簡所言之部分內容，亦見於相關傳世文獻，足見清華〈尹至〉簡之意義與價值。

而關於此篇簡文內容，夏大兆與黃德寬曾有相當明確之分析，其云「《尹至》篇記述了滅夏全過程：伊尹自夏徂亳——告湯夏隱——湯與伊尹盟誓——湯往征夏——翦滅有夏」，[585]此分析內容完整概括了〈尹至〉之各個語意段落，所言甚是。實則若以事件發展為前提，則此篇結構又或可併為兩個主要之段落：如簡1至簡4中段之前，乃商湯稱讚伊尹有堅定之意志，伊尹便將有夏之無道與其人民之憤懣情況，向商湯彙報，此為一事；而從簡4中段至簡5，則為商湯與伊尹盟誓信約與往征之事，則又為另一事，如此一來，此篇全文之脈絡可謂清楚，多能與上引《呂氏春秋‧慎大覽‧慎大》與《史記‧殷本紀‧成湯本紀》之內容相呼應。不過，此中仍有部分內容或有差異，如《呂氏春秋‧慎大覽‧慎大》云「未接刃而桀走，逐之至大沙，身體離散，為天下戮」，[586]抑或《史記‧殷本紀》所言「湯曰：『汝不能敬命，予大罰殛之，無有攸赦。』作〈湯征〉」等，[587]其所云涉及之對象，皆與簡文不同，其原因為何，尚難推知，也許是各本所據古本來源不同所致，但值得留意的是，此等差異俱見於清華〈尹至〉簡第二個段落之內容，上述邢文更據此云清華〈尹至〉簡所見商湯之形象，似與傳世文獻所載之聖君形象不合，

582 〔漢〕孔安國傳、〔唐〕孔穎達疏：《尚書正義》（清嘉慶二十年江西南昌府學重刊宋刻本，臺北：藝文印書館，1997年8月初版），卷十四，頁201。

583 〔漢〕毛亨傳、〔漢〕鄭玄箋、〔唐〕孔穎達疏：《毛詩正義》（清嘉慶二十年江西南昌府學重刊宋刻本，臺北：藝文印書館，1997年8月初版），卷十之三，頁370。

584 清華大學出土文獻研究與保護中心編、李學勤主編：《清華大學藏戰國竹簡（壹）》（上海：中西書局，2010年12月第一版），頁127。

585 夏大兆、黃德寬：〈關於清華簡《尹至》《尹誥》的形成和性質——從伊尹傳說在先秦傳世和出土文獻中的流變考察〉，《文史》2014年第3輯（總108），頁213-239。

586 〔周〕呂不韋著、〔宋〕陸游評、〔明〕凌稚隆批：《呂氏春秋》，收入蕭天石總主編：《中國子學名著集成（宋元明清善本叢刊）》（明萬曆庚申吳興凌氏刊朱墨套印本，臺北：中國子學名著集成編印基金會，1978年12月初版），卷十五，頁353。

587 〔漢〕司馬遷原著、（日）瀧川龜太郎著：《史記會注考證》（臺北：萬卷樓圖書公司，1993年8月初版），卷三，頁55。

故而進一步探討「一勿遺」之釋讀，以企圖還原商湯之君德，[588]另如林啟新亦曾對〈尹至〉商湯之形象提出質疑，[589]可見古代先王之研究，隨著出土文獻之陸續發表，仍有很大之開展空間，惟依邢文與本文之初步探討，即便彼此之釋讀或有不同，至少到目前為止，商湯聖君之形象，仍是未可撼動的。

[588] 邢文：〈試釋清華簡《尹至》的「一勿遺」〉，收入清華大學出土文獻研究與保護中心編：《清華簡研究》1（上海：中西書局，2012 年 12 月第一版），頁 1-8。

[589] 林啟新：〈清華簡〈尹至〉與上博簡〈容成氏〉互證研究〉，《問學》19（2015 年 6 月），頁 33-58。

第四章　　清華〈尹誥〉簡研究

　　清華〈尹誥〉簡共四支簡，凡百十二字（不包含重文符與簡背簡號），李學勤以為此篇或即《禮記・緇衣》所引之《尹吉》。[1]而其簡文載伊尹論述「一德」之內容，民本思想濃厚，廖名春以為其文應為孟子思想之源，[2]與今本《尚書・咸有一德》或異。實則以今本《尚書・咸有一德》一篇而言，因其乃梅賾所偽造偽古文《尚書》二十五篇之一，故如屈萬里即對其內容價值持否定之態度，[3]不過，簡本〈尹誥〉所云夏商政德與民心交替之部分內容，似仍與今本內容有所相關，且學者亦認為此篇之主旨乃「以史為鑒」，[4]因此，清華〈尹誥〉簡對於相關文獻或古史之研究而言，確實仍有其一定之意義與價值。

第一節　形制編聯

　　據原整理者之說明，知〈尹誥〉簡簡長45公分，三道編，簡4上端首字或有缺損，其各簡滿簡書寫為31至34字（含重文），[5]較〈尹至〉簡略多。不過，此批簡與〈尹至〉簡相同，簡背皆有簡序數字，而簡2「麗」字下、簡3「虐=」字下與簡4「至」字下皆有綴合之痕跡，今以簡牘寬度、缺口形狀、殘字筆畫（簡4「眾」字）與簡背數字筆畫而言，此綴合結果應是可信的，因此，原整者所作之編聯，應無太大疑義，故本文仍依其編聯順序，進行校詁工作。

第二節　字詞校詁

　　茲擬〈尹誥〉簡之釋文如下，並考證此中所見相關疑例：

　　佳（惟）尹〔叔〕（既、既；既）逯（及）湯咸，又（有）一惪（德）〔1〕，尹念（諗）天（顚）之敗（敗、敗）西邑顕（夏、夏）〔2〕，曰：「顕（夏、夏）自莡（匜？、移）〔3〕亓（丌、其）又（有）民，亦佳（惟）〔氐〕（氒、厥）眾〔4〕，非民亡（無）與獸（守）邑。【簡1】〔氐〕（氒、厥）辟复（作、作）悥（悁、怨）于民=（民，民）㝅（復、復）之甬（用）麗（離）心，我戠（？；仇（讎）？、擊？）〔5〕【存疑別解】滅顕（夏、夏）！今句（後）害（曷）不藍（監）？」執（摯）告湯曰：「我克劦（協、協）〔6〕我㠯（友、友），今【簡2】佳（惟）民遠邦逜（歸、歸）志？」

1　李學勤：〈清華簡的文獻特色與學術價值〉，收入姚小鷗主編：《清華簡與先秦經學文獻研究》（北京：生活・讀書・新知三聯書店，2016年10月北京第一版），頁1-6。

2　廖名春：〈清華簡《尹誥》研究〉，《史學史研究》2011年第2期，頁110-115。

3　屈萬里：《尚書釋義》（臺北：中國文化大學出版部，1995年7月第二版），頁230。

4　曹娜：〈試論清華簡《尹誥》篇研究中的兩個問題〉，《先秦、秦漢史》2018年第4期，頁90-94。

5　清華大學出土文獻研究與保護中心編、李學勤主編：《清華大學藏戰國竹簡（壹）》（上海：中西書局，2010年12月第一版），頁132、133。

湯曰：「於（烏）虐=（呼，吾）可（何）𢓊（作、作）⁶于民，卑（俾）我眾勿韋（違）朕言？」埶（摯）曰：「句（後）亓（丌、其）李（賚）⁷之亓（丌、其）又（有）顯（夏、夏）之【簡3】⟨金⟩玉曰（牣？）〔7〕（【存疑別解】）邑，舍（舍、予）之吉言⁸。」

---

6 簡文此字原整理者讀為「祚」，訓作「福」，廖名春、復旦大學研究生讀書會、曹方向與陳民鎮等改讀為「作」，馬嘉賢從之，而李學勤等在後來出版之專書中，亦據簡文上文「作怨于民」之語例，將其改讀為「作」，訓作「製造」，並認為簡文所謂「何作於民」，即「作何於民」，近年洪君好亦讀為「作」。李學勤等之說，能使文意上下呼應，故本文今改從其說，將簡文此字讀為「作」，解作「製造」之意。清華大學出土文獻研究與保護中心編、李學勤主編：《清華大學藏戰國竹簡（壹）》（上海：中西書局，2010年12月第一版），頁133、134；廖名春：〈清華〈尹誥〉篇補釋〉，「孔子2000」網站「清華大學簡帛研究」專欄，2011年1月5日，該網站目前已關閉，今據其後來之刊行稿誌之；復旦大學出土文獻與古文字研究中心研究生讀書會：〈清華簡《尹至》、《尹誥》研讀札記（附：《尹至》、《尹誥》、《程寤》釋文）〉，復旦大學出土文獻與古文字研究中心，網址：http://www.gwz.fudan.edu.cn/Web/Show/1352，2011年1月5日，檢索日期：2018年6月25日； 曹方向：〈清華大學藏戰國竹簡《尹誥》篇補議一則〉，武漢大學簡帛研究中心，網址：http://www.bsm.org.cn/show_article.php?id=1373，2011年1月8日，檢索日期：2018年6月24日；陳民鎮：〈清華簡《尹誥》釋文校補〉，《中華文化論壇》2011年第4期，頁110-114；馬嘉賢：《清華壹〈尹至〉、〈尹誥〉、〈皇門〉、〈祭公之顧命〉研究》（國立彰化師範大學國文學系博士論文，2015年7月），頁105；李學勤著著：《出土簡帛與古史再建》（北京：經濟科學出版社，2017年7月第一版），頁382；洪君好：《戰國竹書伊尹文獻研究》（國立中興大學中國文學研究所碩士論文，2017年8月），頁18。

7 原整理者將簡文此字讀為「賚」，但又引《史記》作「理」，故而引起後來一些學者之討論，如廖名春即認為此訓「理」不可信，而張崇禮則認為此字「即楚文字中常見之『李』字，亦即『理』，讀為『賚』，恐不可從」，又如劉洪濤仍贊同讀「賚」之說，並訓作「賜予」，他如曹方向與洪君好等學者，則仍贊同原整理者之說，至於王昆與趙思木雖皆認同此字可釋作「李」，但亦主張讀為「賚」。大抵而言，張崇禮說有楚文字之字形依據，在釋形上是可信的，但此字若作「理」解，訓作「治理」或「整理」，則似無法對應於下文「舍」之動作，因此，此說尚有可再討論之空間，今暫存疑備參，仍從原整理之說。清華大學出土文獻研究與保護中心編、李學勤主編：《清華大學藏戰國竹簡（壹）》（上海：中西書局，2010年12月第一版），頁133、134；廖名春：〈清華〈尹誥〉篇補釋〉，「孔子2000」網站「清華大學簡帛研究」專欄，2011年1月5日，該網站目前已關閉，今據其後來之刊行稿誌之；復旦大學出土文獻與古文字研究中心研究生讀書會：〈清華簡《尹至》、《尹誥》研讀札記（附：《尹至》、《尹誥》、《程寤》釋文）〉文末24樓張崇禮、27樓劉洪濤之評論，復旦大學出土文獻與古文字研究中心，網址：http://www.gwz.fudan.edu.cn/Web/Show/1352，2011年1月5日、2011年1月7日，檢索日期：2018年6月25日；復旦大學出土文獻與古文字研究中心研究生讀書會：〈清華簡《尹至》、《尹誥》研讀札記（附：《尹至》、《尹誥》、《程寤》釋文）〉，復旦大學出土文獻與古文字研究中心，網址：http://www.gwz.fudan.edu.cn/Web/Show/1352，2011年1月7日，檢索日期：2018年6月25日；曹方向：〈清華大學藏戰國竹簡《尹誥》篇補議一則〉，武漢大學簡帛研究中心，網址：http://www.bsm.org.cn/show_article.php?id=1373，2011年1月8日，檢索日期：2018年6月24日；王昆：《清華簡《尹至》、《尹誥》、《赤鵠之集湯之屋》集釋》（河北大學文學碩士學位論文，2016年5月），頁48；趙思木：《《清華大學藏戰國竹簡（壹）》集釋及專題研究》（華東師範大學博士論文，2017年6月），頁73；洪君好：《戰國竹書伊尹文獻研究》（國立中興大學中國文學研究所碩士論文，2017年8月），頁18。

8 黃傑則將此「言」字讀為「焉」，並將此段簡文斷讀為「舍之，吉焉」，又曹方向據「用『言』為句末語助，似無辭例可查」之理，認為此「言」字應非語助詞，而應訓作「政令」，再如黃懷信則認為此「言」字乃涉上文「朕言」所衍，惟廖名春仍從黃傑之說，且黃麗娟亦讀為「吉焉」。黃傑此說在語意上未嘗不可行，但此段簡文前已有「賚之」，後若再云疑似賞予相同賞賜物之「舍之焉」，似嫌冗贅，再者，曹方向已指出「言」作語末助詞，罕有其對應語例，因此，簡文此「言」字似不能從讀「焉」之方向去作思考，而曹方向之說，具古籍語例旁證，可從。黃傑：〈初讀清華簡釋文筆記〉，武漢大學簡帛研究中心，網址：http://www.bsm.org.cn/show_article.php?id=1366，2011年1月7日，檢索日期：2018年6月24日；曹方向：〈清華大學藏戰國竹簡《尹誥》篇補議一則〉，武漢大學簡帛研究中心，網址：http://www.bsm.org.cn/show_article.php?id=1373，2011年1月8日，檢索日期：2018年6月24日；黃懷信：〈由清華簡《尹

乃至（致）􂊀于白（亳）􂈮（中、中）⁹邑􀃇。【簡4】

一【簡1背】

二【簡2背】

三【簡3背】

四【簡4背】

　　在部分文字之考釋上，學界仍或存異說，茲復作評述與補證如下：

〔1〕隹（惟）尹〔猷〕（旣、既；既）迮（及）湯咸，又（有）一悳（德）

　　簡文此段，今本作「惟尹躬暨湯咸有一德」，¹⁰學界對此已有一定之研究成果，惟諸家論證焦點多集中在「及」字。¹¹今考量古文字「成」、「咸」二字用例，知「咸」字亦為此中釋讀之關鍵，茲先論「及」字之訓釋，復論「咸」字在釋讀上之相關疑義。

　　關於此句，據臧克和之研究，知傳世各本之用字情況較為一致，¹²其說可信，因即

誥〉看《古文尚書·咸有一德》〉，武漢大學簡帛研究中心，網址：http://www.bsm.org.cn/show_article.php?id=1424，2011年3月25日，檢索日期：2018年6月26日；黃懷信：〈由清華簡《尹誥》看《古文尚書》〉，《魯東大學學報（哲學社會科學版）》2012年第6期，頁66-69；廖名春：〈清華簡《尹誥》篇的內容與思想〉，收入清華大學出土文獻研究與保護中心編：《清華簡研究》1，上海：中西書局，2012年12月第一版，頁40-47；黃麗娟：〈清華簡〈尹誥〉疑難字詞考釋〉，《國文學報》52（2012年12月），頁33-58。

9　劉雲據《詩經》之研究情況與相關用例，認為此「中」字當作語詞解，惟廖名春將此段簡文改讀為「亳邑中」，黃懷信則作讀「中心」，又陳民鎮以為此與卜辭之「中商」有關，至於馬嘉賢則仍從劉雲之說，王昆與曹雨楊俱從廖名春之說。倘依語料時代與書證用例而言，劉雲之說當較為可信，今從之。復旦大學出土文獻與古文字研究中心研究生讀書會：〈清華簡《尹至》、《尹誥》研讀札記（附：《尹至》、《尹誥》、《程寤》釋文）〉文末13樓劉雲之評論，復旦大學出土文獻與古文字研究中心，網址：http://www.gwz.fudan.edu.cn/Web/Show/1352，2011年1月5日，檢索日期：2018年6月25日；廖名春：〈清華簡《尹誥》研究〉，《史學史研究》2011年第2期，頁110-115；黃懷信：〈由清華簡《尹誥》看《古文尚書·咸有一德》〉，武漢大學簡帛研究中心，網址：http://www.bsm.org.cn/show_article.php?id=1424，2011年3月25日，檢索日期：2018年6月26日；黃懷信：〈由清華簡《尹誥》看《古文尚書》〉，《魯東大學學報（哲學社會科學版）》2012年第6期，頁66-69；陳民鎮注釋、按語：〈清華簡《尹誥》集釋〉，復旦大學出土文獻與古文字研究中心，網址：http://www.gwz.fudan.edu.cn/Web/Show/1648，2011年9月12日，檢索日期：2018年6月28日；馬嘉賢：《清華壹《尹至》、《尹誥》、《皇門》、《祭公之顧命》研究》（國立彰化師範大學國文學系博士論文，2015年7月），頁110；王昆：《清華簡《尹至》、《尹誥》、《赤鵠之集湯之屋》集釋》（河北大學文學碩士學位論文，2016年5月），頁52-53；曹雨楊：《《清華大學藏戰國竹簡（壹）—（參）》疑難字詞集釋及釋文校注》（吉林大學碩士學位論文，2020年5月），頁68-70。

10　〔漢〕孔安國傳、〔唐〕孔穎達疏：《尚書正義》（清嘉慶二十年江西南昌府學重刊宋刻本，臺北：藝文印書館，1997年8月初版），卷八，頁120。

11　例如：虞萬里：〈清華簡《尹誥》「隹尹既迮湯咸又一悳」解讀〉，《史林》2011年第2期，頁35-40；孫飛燕：〈也談清華簡《尹誥》的「惟尹既及湯，咸有一德」〉，收入清華大學出土文獻研究與保護中心、北京大學出土文獻研究所、荊州文物保護中心編，李學勤、朱鳳瀚、趙平安、方北松主編，馬楠、賈連翔助編：《古代簡牘保護與整理研究》（上海：中西書局，2012年6月第一版），頁99-102，亦收入清華大學出土文獻研究與保護中心編：《清華簡研究》1（上海：中西書局，2012年12月第一版），頁57-61；季旭昇主編、王瑜楨等合撰：《清華大學藏戰國竹簡（壹）讀本》（臺北：藝文印書館，2013年11月），〈尹誥〉譯釋章之釋文與季旭昇案語，頁22-25。

12　臧克和：〈上海博物館藏《戰國楚竹書·緇衣》所引《尚書》文字考——兼釋《戰國楚竹書·緇衣》有關的幾個字〉，《古籍整理研究學刊》2003年第1期，頁4-8。

如隸古定本亦是如此，[13]或僅今所見出土文獻與各本稍異；另《禮記・緇衣》引文作「《尹吉》曰：『惟尹躬及湯，咸有壹德。』」[14]許錟輝以為《禮記・緇衣》此段引文之「及」與「壹」俱為借字；[15]原整理者將簡文「既」字訓作「已」；[16]孫飛燕將此句斷讀為「惟尹既及湯，咸有一德」，「既」訓作「已經」；[17]沈培認為簡文「惟尹既及湯咸有一德」此句，毋須斷讀，指二人有共同一條心之意；[18]虞萬里將此句解作「惟伊尹既（已）以（為）成湯具備一德」；[19]季旭昇則曾釋云「伊尹與湯並列『咸有一德』之謂」，[20]惟其後在考釋清華簡此句時，又有所改釋；[21]姚蘇傑認為此處之「咸有一德」，指二人具備相同且正確之「德」；[22]夏大兆與黃德寬將簡文此句讀為「惟尹既［允］及湯咸有一德」，並釋此段簡文之文意為「湯與伊尹都能信守盟約，都有專一之德」；[23]張崇禮將「咸有一德」釋為商王朝從天子至民眾同心同德；[24]馮勝君亦曾釋此段簡文，認為「一心一意與湯合作（也就是《尹誥》所說的『唯尹既及湯咸，有一德』）」；[25]李守奎則釋為「同心同德」，並以為「惟尹既及湯咸有一德」在〈尹至〉與〈尹誥〉二篇中有「承前啟後」之地位；[26]王昆將「咸有一德」釋為「一心一德，同心同德」；[27]劉光勝將「既」訓作「已」，並

[13] 〔宋〕薛季宣撰、〔清〕劉世珩校刊：《尚書隸古定經文》，收入《叢書集成續編》（上海：上海書店出版社，1994 年 6 月初版），卷上，頁 377。

[14] 〔漢〕鄭玄注、〔唐〕孔穎達疏：《禮記注疏》（清嘉慶二十年江西南昌府學重刊宋刻本，臺北：藝文印書館，1997 年 8 月初版），卷五十五，頁 929-930。

[15] 許錟輝：《先秦典籍引《尚書》考》（臺北：花木蘭文化出版社，2009 年 9 月初版），頁 102。

[16] 清華大學出土文獻研究與保護中心編、李學勤主編：《清華大學藏戰國竹簡（壹）》（上海：中西書局，2010 年 12 月第一版），頁 133。

[17] 孫飛燕：〈試論《尹至》的「至在湯」與《尹誥》的「及湯」〉，復旦大學出土文獻與古文字研究中心，網址：http://www.gwz.fudan.edu.cn/Web/Show/1373，2011 年 1 月 10 日，檢索日期：2018 年 8 月 1 日；孫飛燕：〈也談清華簡《尹誥》的「惟尹既及湯，咸有一德」〉，收入清華大學出土文獻研究與保護中心、北京大學出土文獻研究所、荊州文物保護中心編，李學勤、朱鳳瀚、趙平安、方北松主編，馬楠、賈連翔助編：《古代簡牘保護與整理研究》（上海：中西書局，2012 年 6 月第一版），頁 99-102，亦收入清華大學出土文獻研究與保護中心編：《清華簡研究》1（上海：中西書局，2012 年 12 月第一版），頁 57-61。

[18] 孫飛燕：〈試論《尹至》的「至在湯」與《尹誥》的「及湯」〉文末 2 樓沈培之評論，復旦大學出土文獻與古文字研究中心，網址：http://www.gwz.fudan.edu.cn/Web/Show/1373，2011 年 1 月 11 日，檢索日期：2018 年 8 月 1 日。

[19] 虞萬里：〈清華簡《尹誥》「隹尹既迟湯咸又一悳」解讀〉，《史林》2011 年第 2 期，頁 35-40。

[20] 季旭昇主編，陳霖慶、鄭玉珊、鄒濬智合撰：《《上海博物館藏戰國楚竹書（一）》讀本》（臺北：萬卷樓圖書公司，2004 年 6 月初版），頁 88-89。

[21] 季旭昇主編、王瑜楨等合撰：《清華大學藏戰國竹簡（壹）讀本》（臺北：藝文印書館，2013 年 11 月），〈尹誥〉譯釋章之釋文與季旭昇案語，頁 23-25。

[22] 姚蘇傑：〈清華簡《尹誥》「一德」論析〉，《中華文史論叢》2013 年第 2 期，頁 371-404。

[23] 夏大兆、黃德寬：〈關於清華簡《尹至》《尹誥》的形成和性質──從伊尹傳說在先秦傳世和出土文獻中的流變考察〉，《文史》2014 年第 3 輯（總 108），頁 213-239。

[24] 張崇禮：〈清華簡《尹誥》考釋〉，復旦大學出土文獻與古文字研究中心，網址：http://www.gwz.fudan.edu.cn/Web/Show/2400，2014 年 12 月 17 日，檢索日期：2018 年 6 月 25 日。

[25] 馮勝君：〈清華簡《尹至》「茲乃柔大縶」解〉，收入中國文化遺產研究院編：《出土文獻研究（「簡帛文字與書法國際研討會」特輯）》13（上海：中西書局，2014 年 12 月第一版），頁 310-317。

[26] 李守奎：〈漢代伊尹文獻的分類與清華簡中伊尹諸篇的性質〉，《深圳大學學報（人文社會科學版）》2015 年第 3 期，頁 41-49，亦收入李守奎：《古文字與古史考──清華簡整理研究》（上海：中西書局，2015 年 10 月第一版），頁 346-368。

云「尹『既及湯咸有一德』之『既』」，指的是伊尹棄夏歸商之後，君臣德行如一，商湯對伊尹言聽計從，所以才有下文伊尹獻言之事」；[28]周鳳五在「既」、「允」、「躬」、「摯」可以通假之基礎上，認為簡文「尹既」與伊尹有關，另以為簡文「逮（及）」字有盟誓之意，「一」字在此當讀為「殪」，因此，其以為「簡文『咸有一德』也當讀作『咸有殪德』，乃伊尹與商湯盟誓，以殺桀滅夏為共同目標」；[29]洪君妤對「咸有一德」之看法，大抵仍從孫飛燕或張崇禮之說；[30]鄔可晶詳考「一德」之意涵，其根據傳世文獻與清華簡所見「德」之意涵，並參酌伊尹可能為「異姓貴族之長」之情況，以為「伊尹本與商湯『異姓異德』，伊尹族既為商族所併（但伊尹族的內部宗族組織並未泯亂），伊尹族之『德』自然也就從屬於商族之『德』了。……此文開篇點出『惟尹既及湯咸有一德』，伊尹之『德』與商湯之『德』為一，實暗示二族已經融合，商湯的方國聯盟盟主（天下共主）地位在夏亡後得以真正確立，伊尹（及其族團）完全站到了商族的立場上來為其擘畫天下」，另外，在其文末「補記」中，引蔡哲茂釋卜辭「成」、「咸」之說，提及「其說若確，『咸』就不宜再與『有一德』連讀；『咸有一德』乃前人不知『湯咸』之名而產生的錯誤斷句。附識於此以備考」之可能性；[31]趙思木大抵仍從鄔可晶之說，並將「有一德」，訓作「二族（商族、伊族）之同心同德」；[32]曹雨楊亦從鄔可晶之看法。[33]

今復考此段簡文，其異文亦見於其他楚地出土文獻，包括：

尹誥云：「惟尹允及湯，咸有一德。」（郭店〈緇衣〉簡5）[34]
尹誥云：「惟尹允及湯，咸有一德。」（上博〈緇衣〉簡3）[35]

據上所述與異文內容，可知簡文釋讀關鍵當在「既及」二字，而今本「躬」字之異文訓釋，亦為解讀之重點。即以簡文「既及」二字而言，此二字釋形無礙，可逕作隸定，惟學者對「既及」一詞之釋讀仍存異說，大抵有五：

[27] 王昆：《清華簡《尹至》、〈尹誥〉、《赤鵠之集湯之屋》集釋》（河北大學文學碩士學位論文，2016年5月），頁37-38。

[28] 劉光勝：《《清華大學藏戰國竹簡（壹）》整理研究》（上海：上海古籍出版社，2016年9月第一版），頁53-54；劉光勝：《出土文獻與《古文尚書》研究》（北京：中國社會科學出版社，2020年8月第一版），頁83-84。

[29] 周鳳五：《朋齋學術文集：戰國竹書卷》（臺北：國立臺灣大學出版中心，2016年12月），頁449-458。

[30] 洪君妤：《戰國竹書伊尹文獻研究》（國立中興大學中國文學研究所碩士論文，2017年8月），頁20。

[31] 鄔可晶：〈「咸有一德」探微〉，收入復旦大學出土文獻與古文字研究中心與耶魯—新加坡國立大學學院陳振傳基金漢學研究委員會編：《出土文獻與中國古典學》（上海：中西書局，2018年3月第一版），頁153-167。

[32] 趙思木：《《清華大學藏戰國竹簡（壹）》集釋及專題研究》（華東師範大學博士論文，2017年6月），頁465-472。

[33] 曹雨楊：《《清華大學藏戰國竹簡（壹）—（參）》疑難字詞集釋及釋文校注》（吉林大學碩士學位論文，2020年5月），頁61-64。

[34] 荊門市博物館：《郭店楚墓竹簡》（北京：文物出版社，1998年5月第一版），頁129、132；張光裕主編、袁國華合編：《郭店楚簡研究　第一卷　文字編》（臺北：藝文印書館，1999年元月初版），頁517。

[35] 馬承源主編：《上海博物館藏戰國楚竹書（一）》（上海：上海古籍出版社，2001年11月第一版），頁177。

一、 將「既及」釋為「與」義者

季旭昇曾將郭店簡與上博簡引文所見「及」字釋為「與」，[36]惟其後將〈尹誥〉此「返（及）」字改訓為「至」；[37]廖名春則以為簡文「既及」二字為同義複詞，俱可釋作「與」，而將「惟尹既及湯」釋為「惟尹與湯」，並認為今本「躬暨」當為「允及」，與「既及」義同；[38]陳民鎮大抵贊同廖名春之說，惟認為「既」具「即」或「其」之意，而清華簡所謂「既及」應相當於郭店簡、上博簡之「允及」，其「允」字作語詞解；[39]陳劍則釋為「參與」義；[40]鄔可晶大抵贊同陳劍之說，但將「及」改釋作介詞，「咸」則釋作此句之謂語，並將簡文釋為「伊尹已經（或『果然』）同湯完成了『有一德』這件事」之意。[41]

二、 將「及」釋為「至」義，並將「既及」釋為「已經歸於」或「已經抵達」者

孫飛燕主此說，並以為簡文所云「惟尹既及湯」應即〈尹至〉簡 1 之「惟尹自夏徂亳，𤔪至在湯」，故其進而將簡文此句應斷讀為「惟尹既及湯，咸有一德」；[42]洪君妤亦從孫飛燕之說；[43]季旭昇也將「及」訓作「至」，表「伊尹既至湯處」之意；[44]申超仍從孫飛燕之說。[45]

36 季旭昇主編，陳霖慶、鄭玉珊、鄒濬智合撰：《《上海博物館藏戰國楚竹書（一）》讀本》（臺北：萬卷樓圖書公司，2004 年 6 月初版），頁 88-89。

37 季旭昇主編、王瑜楨等合撰：《清華大學藏戰國竹簡（壹）讀本》（臺北：藝文印書館，2013 年 11 月），〈尹誥〉譯釋章之釋文與季旭昇案語，頁 22-25。

38 廖名春：〈清華簡與《尚書》研究〉，《文史哲》2010 年第 6 期，頁 120-125；廖名春：〈清華簡《尹誥》研究〉，《史學史研究》2011 年第 2 期，頁 110-115。

39 陳民鎮：〈清華簡《尹誥》釋文校補〉，《中華文化論壇》2011 年第 4 期，頁 110-114。

40 鄔可晶文中所引陳劍來函之內容。鄔可晶：〈「咸有一德」探微〉，收入復旦大學出土文獻與古文字研究中心與耶魯—新加坡國立大學學院陳振傳基金漢學研究委員會編：《出土文獻與中國古典學》（上海：中西書局，2018 年 3 月第一版），頁 153-167。

41 鄔可晶：〈「咸有一德」探微〉，收入復旦大學出土文獻與古文字研究中心與耶魯—新加坡國立大學學院陳振傳基金漢學研究委員會編：《出土文獻與中國古典學》（上海：中西書局，2018 年 3 月第一版），頁 153-167。

42 孫飛燕：〈試論《尹至》的「至在湯」與《尹誥》的「及湯」〉，復旦大學出土文獻與古文字研究中心，網址：http://www.gwz.fudan.edu.cn/Web/Show/1373，2011 年 1 月 10 日，檢索日期：2018 年 8 月 1 日；孫飛燕：〈讀《尹至》、《尹誥》札記〉，收入中國文化遺產研究院編：《出土文獻研究》10（北京：中華書局，2011 年 7 月北京第一版），頁 38-41；孫飛燕：〈也談清華簡《尹誥》的「惟尹既及湯，咸有一德」〉，收入清華大學出土文獻研究與保護中心、北京大學出土文獻研究所、荊州文物保護中心編，李學勤、朱鳳瀚、趙平安、方北松主編，馬楠、賈連翔助編：《古代簡牘保護與整理研究》（上海：中西書局，2012 年 6 月第一版），頁 99-102，亦收入清華大學出土文獻研究與保護中心編：《清華簡研究》1（上海：中西書局，2012 年 12 月第一版），頁 57-61。

43 洪君妤：《戰國竹書伊尹文獻研究》（國立中興大學中國文學研究所碩士論文，2017 年 8 月），頁 18。

44 季旭昇主編、王瑜楨等合撰：《清華大學藏戰國竹簡（壹）讀本》（臺北：藝文印書館，2013 年 11 月），〈尹誥〉譯釋章之釋文與季旭昇案語，頁 23-25。

45 申超：《清華簡與先秦史事探研》（北京：光明日報出版社，2019 年 9 月第一版），頁 21-22。

三、 將「及」讀為「尹」，並將郭店簡與上博簡異文所見「允」字讀為
　　「以」、用同「已」者

　　　張崇禮主此說，其說與上引釋為「與」者相近。[46]

四、 將「及」讀為「以」者

　　　虞萬里主此說，並將「既」字訓作「既然」。[47]

五、 將「及」釋作與盟誓有關者

　　　周鳳五主此說。[48]

　　　綜上諸家之說，知「既及」之釋讀關鍵，大抵有二：

一、 今本「躬」字之來源與訓釋

　　趙延早以為今本《尚書》「尹暨」二字不通，「躬」應為衍文，並以《尚書·伊訓》
之相近文例「惟我商王」為證，將今本《尚書》「惟尹躬暨湯」改釋為「惟先君湯」；[49]季
旭昇曾據「允」、「㠯」、「身」等三字之密切關係，釋郭店與上博簡異文所見「尹躬（躳）」
一詞為「伊尹」；[50]馬士遠認為「躬」與「躳」二字結構相似，屬傳抄過程之誤用；[51]林
志強釋此「躬」字乃「隸定訛變」而來；[52]虞萬里以為此字與「既」之草率簡寫有關；[53]
廖名春則從裘錫圭之說，以為今本「躬」應是「允」之訛字；[54]馬曉穩認為今本「躬」
字乃簡本例之假借；[55]黃懷信將「躬」釋為「身也」；[56]孫飛燕贊同裘錫圭將「躬」釋作
「允」訛字之說，並以為簡本之「既」與「允」，乃不同文本之差異，而非訛字；[57]黃麗

[46] 復旦大學出土文獻與古文字研究中心研究生讀書會：〈清華簡《尹至》、《尹誥》研讀札記（附：《尹至》、
《尹誥》、《程寤》釋文）〉，復旦大學出土文獻與古文字研究中心，網址：http://www.gwz.fudan.edu.cn/We
b/Show/1352，2011 年 1 月 5 日，檢索日期：2018 年 6 月 25 日；張崇禮：〈清華簡《尹誥》考釋〉，復旦
大學出土文獻與古文字研究中心，網址：http://www.gwz.fudan.edu.cn/Web/Show/2400，2014 年 12 月 17
日，檢索日期：2018 年 6 月 25 日。

[47] 虞萬里：〈清華簡《尹誥》「隹尹既迟湯咸又一惠」解讀〉，《史林》2011 年第 2 期，頁 35-40。

[48] 周鳳五：《朋齋學術文集：戰國竹書卷》（臺北：國立臺灣大學出版中心，2016 年 12 月），頁 451-455。

[49] 趙延早：《尚書正譌》（作者自著出版，1970 年 7 月初版），頁 71。

[50] 季旭昇主編，陳霖慶、鄭玉珊、鄒濬智合撰：《《上海博物館藏戰國楚竹書（一）》讀本》（臺北：萬卷樓
圖書公司，2004 年 6 月初版），頁 88-89。

[51] 馬士遠：《周秦《尚書》學研究》（北京：中華書局，2008 年 9 月北京第一版），頁 39-40。

[52] 林志強：《古本《尚書》文字研究》（廣州：中山大學出版社，2009 年 4 月第一版），頁 67。

[53] 虞萬里：〈清華簡《尹誥》「隹尹既迟湯咸又一惠」解讀〉，《史林》2011 年第 2 期，頁 35-40。

[54] 廖名春：〈清華簡《尹誥》研究〉，《史學史研究》2011 年第 2 期，頁 110-115；裘錫圭釋形之說，見荊
門市博物館：《郭店楚墓竹簡》（北京：文物出版社，1998 年 5 月第一版），裘錫圭按語，頁 132。

[55] 馬曉穩：《出土戰國文獻《尚書》文字輯證》（安徽大學碩士論文，2012 年 4 月），頁 9。

[56] 黃懷信：〈由清華簡《尹誥》看《古文尚書》〉，《魯東大學學報（哲學社會科學版）》2012 年第 6 期，
頁 66-69。

[57] 孫飛燕：〈也談清華簡《尹誥》的「惟尹既及湯，咸有一德」〉，收入清華大學出土文獻研究與保護中心、
北京大學出土文獻研究所、荊州文物保護中心編，李學勤、朱鳳瀚、趙平安、方北松主編，馬楠、賈連
翔助編：《古代簡牘保護與整理研究》（上海：中西書局，2012 年 6 月第一版），頁 99-102，亦收入清華
大學出土文獻研究與保護中心編：《清華簡研究》1（上海：中西書局，2012 年 12 月第一版），頁 57-61。

娟亦釋為「允」字繁構。[58]今復考郭店簡與上博簡之對應字形：

（郭店〈緇衣〉簡5）

（上博〈緇衣〉簡3）

　　此二例確實為「允」字繁構，裘錫圭釋形之說可從，故今本「躬」應源自「允」字，甚至有可能是其訛字，不過，「允」、「躬」二字古文字字形不甚相近，其例從簡本以至今本之字形演變關係，實仍有不小之討論空間，上引林志強指出隸定「身呂」字乃此中字形訛變之關鍵，確有其可能性，若然，倘依據「身呂」字見於文獻之時間，[59]則「身呂」訛為「身呂」之時間，可能不會晚於魏晉南北朝，以致唐寫本以下之《尚書》俱作「躬」，如此一來，由「允」、「身呂」、「身呂」至「躬」之字形訛變路線即逐漸明朗，換言之，從「允」至「躬」，主要仍是受字形之影響，而非假借。另外，「躬」字是否為「既」字之訛寫，以目前所見相關字形資料而言，恐仍需更多之字形實證，或如孫飛燕所云，殆文本之差異耳，而非字形之傳訛。

二、「既及」與「躬暨」之關係

　　若依上引廖名春之考證，知「既及」似為同義複詞，惟虞萬里將「既」字解作「既然已經」，而陳民鎮更以為「既」具有「即」或「其」之意涵。今復考古史，知伊尹本曾仕夏，後又轉事湯，[60]據此，則簡文「既」字應可從虞萬里之說，訓作「既已」，此副詞用例古文字習見，符合其時之用語習慣，例如：

> 既伐，大啟（第一期：《合集》05843）
> 友既拜稽首，升于厥文祖考。（西周：友簋，《集成》04194）
> 君貞：既在郢，將見王，還返毋有咎。（新蔡簡乙四44）
> 《詩》云：『我龜既厭，不我告猷。』（郭店〈緇衣〉簡46、47）
> 既成，功逾而厭之。（新蔡簡甲三111）
> 武王既克殷三年。（清華簡〈金縢〉簡1）

　　若然，則「及」字更可指「致仕」義，此大抵為上孫飛燕與季旭昇訓「至」義之引

---

58 黃麗娟：〈清華簡〈尹誥〉疑難字詞考釋〉，《國文學報》52（2012年12月），頁33-58。

59 〔南朝梁〕顧野王原著、國字整理小組編：《玉篇》（臺北：國字整理小組，出版年不詳），卷三，頁72。

60 如《史記‧殷本紀》云「伊尹名阿衡，阿衡欲奸湯而無由，乃為有莘氏媵臣，負鼎俎，以滋味說湯，致于王道。或曰：伊尹處士，湯使人聘迎之，五反然後肯往從湯，言素王及九主之事。湯舉，任以國政，伊尹去湯適夏，既醜有夏，復歸于亳，入自北門，遇女鳩、女房，作〈女鳩〉、〈女房〉。」又清華〈尹至〉簡1亦云「惟尹自夏徂亳」，此俱伊尹曾仕夏，後又歸於湯之證也。〔漢〕司馬遷原著、（日）瀧川龜太郎著：《史記會注考證》（臺北：萬卷樓圖書公司，1993年8月初版），卷三，頁55-56。

申，是故，「既及」應非同義複詞，「既」字應可作副詞解，另「既」字解作狀語，亦能證成上引裘錫圭釋郭店簡或夏大兆、黃德寬所釋「允」之說，因「允」字本可在季旭昇釋作副詞義之基礎上，[61]將其訓作「信然」或「誠然」，其猶《尚書・堯典》「允恭克讓」之謂，[62]故郭店簡與上博簡之「允及」語，當可訓作「信然致仕」，適正與簡文之「既及」相呼應；至於今本「躬」字是否為衍文，或仍有疑，疑簡本之傳訛字耳。是故，簡本「既及」與今本「躬暨」當為一組近義詞，「躬」字則為簡本之傳訛字。

根據上述對簡文「既及」一詞之釋讀，可知簡文「惟尹既及湯咸有一德」一語，其「有一德」之主語疑即「尹」，而非趙延旱所釋「湯」之定語「先君」，再者，今本《尚書・咸有一德》本即伊尹還政太甲誥諭之語，今本既言「眷求一德」，則當言尹相湯後，始「有一德」，因此，今本《尚書・咸有一德》「惟尹躬暨湯咸有一德」仍當從簡文作「惟尹既及湯咸有一德」，以正其詁訓原恉。

然而，簡文「惟尹既及湯咸有一德」一語主語既為「尹」，則「咸」字又應作何解，此又當亦為另一釋讀之關鍵。在今本《尚書・咸有一德》中，孔傳與孔疏皆云「咸有一德」，即君臣皆有純一之德，[63]換言之，「咸」可訓作「皆」，惟如上所云，此句主語為「尹」，而非「先君湯」，故此「咸」字是否仍可解作「皆」，尚且有疑。上引陳劍曾將「咸」字釋作「事畢」，鄔可晶亦從之，陳劍此說有其理據，惟此為簡文首句，且「咸」字之上文已云「既已」，倘從陳劍之說，則首句在此便言「既已完事」，似又不太合乎一般為文首句語氣能引起下文內容之常理，而應該是伊尹既然已經受用於湯，則便有了「一德」之共識，藉此以引起下文所云伊尹告知有夏情勢之事，再者，目前所見古文字「咸」字用例，[64]其所修飾之對象，大多是具體之事物，鮮有心理或道德層面之事者，例如：「王宴，咸飲。」（西周：鄂侯馭方鼎，《集成》02810）、「用牲于康宮，咸既。」（西周：矢令方彝，《集成》09901），即若陳劍所引之作冊䰧卣亦是如此，其銘云「公大史咸見服于辟王」（西周：作冊䰧卣，《集成》05432.2），殆指完成其職事，因此，此「咸」字能否釋作「事畢」，恐仍存部分疑義，不過，據其說，仍或可推知「咸」字未必可如舊說，或作「有一德」之修飾語副詞解，而是有可能解作謂語或動詞，抑或另作他解。

其實上引夏大兆與黃德寬所釋「專一之德」之說、馮勝君與鄔可晶所云「唯尹既及湯咸，有一德」之斷讀，[65]以及張崇禮、李守奎、王昆與趙思木等將「一德」釋為「同

61 季旭昇主編、王瑜楨等合撰：《清華大學藏戰國竹簡（壹）讀本》（臺北：藝文印書館，2013 年 11 月），〈尹誥〉譯釋章之釋文與季旭昇案語，頁 22-25。

62 〔漢〕孔安國傳、〔唐〕孔穎達疏：《尚書正義》（清嘉慶二十年江西南昌府學重刊宋刻本，臺北：藝文印書館，1997 年 8 月初版），卷二，頁 19。

63 〔漢〕孔安國傳、〔唐〕孔穎達疏：《尚書正義》（清嘉慶二十年江西南昌府學重刊宋刻本，臺北：藝文印書館，1997 年 8 月初版），卷八，頁 119。

64 此可參考蔣文所整理之語例。蔣文：《先秦秦漢出土文獻與《詩經》文本校勘和解讀》（上海：中西書局，2019 年 8 月第一版），頁 140-144。

65 另如馬曉穩亦提出作此斷讀之想法，但其仍是疑而未決。馬曉穩：《出土戰國文獻《尚書》文字輯證》（安徽大學碩士論文，2012 年 4 月），頁 10。

心同德」等說法，皆有一定之啟發性，這使人聯想到曩者卜辭研究曾有「咸」、「成」之辯，例如：陳夢家曾分釋「成」、「咸」二字；[66]孫海波則將卜辭中部分从丁或从口之例，釋為「咸」字；[67]胡小石據西周金文以下「成」字俱从午之證，以為卜辭未有从丁之「成」字；[68]張秉權將卜辭中所見幾個「咸」字，釋作大乙（成湯、唐），並以為《禮記‧緇衣》引《尚書‧尹吉》逸文一段，或可斷讀為「惟尹躬及湯咸，有壹德」；[69]屈萬里將卜辭从午例釋作「成」，惟對其釋讀存疑；[70]島邦男則將卜辭从口（丁）者，釋為「成」字；[71]陳復澄據《乙》5303 左右對貞例，證卜辭从口或从□之例為一字，即「咸」字；[72]姚孝遂以為「成湯」之「成」皆从口（丁）；[73]蔡哲茂復考之以西周至戰國「成」字未从丁之證，以為卜辭此類从口或从□之例，當即「咸」字，並從張秉權之說，以為《禮記‧緇衣》所引《尚書‧尹吉》逸文，應斷讀為「惟尹躬及湯咸，有壹德」。[74]綜上諸家之說，可知卜辭「成」、「咸」二字，當考其所从之「午」、「口」與「□（丁）」等形構，並證之以祀序內容，始能得其正詁。茲試擬卜辭此等類例之形義比較表：

字形分類　　比較內容	釋形	字形	辭例【寬式隸定】
成	从戌从午		「土于☑成☑若」（第一期：《合集》19619 正）
			「貞：告于上甲、成」（第一期：《合集》39492）[75]

---

[66] 陳夢家：《殷虛卜辭綜述》（北京：中華書局，1988 年 1 月第一版），頁 411-412。

[67] 孫海波：《古文聲系》，收入《民國時期語言文字學叢書》第一編（臺中：文听閣圖書公司，2009 年 10 月初版），頁 145-145。

[68] 胡小石：〈讀絜雜記〉，《胡小石論文集三編》（上海：上海古籍出版社，1995 年 10 月第一版），頁 101-102。

[69] 張秉權：《小屯‧第二本‧殷虛文字：丙編‧上輯（一）》（臺北：中央研究院歷史語言研究所，1957 年），頁 67-69、頁 72-75。

[70] 屈萬里：《小屯‧第二本‧殷虛文字甲編考釋》（臺北：中央研究院歷史語言研究所，1961 年），頁 105。

[71] 島邦男撰，溫天河、李壽林譯：《殷墟卜辭研究》（臺北：鼎文書局，1975 年），頁 79-81。

[72] 陳復澄：〈咸為成湯說〉，《遼寧文物》1983 年第 5 期，頁 6-9。

[73] 于省吾主編、姚孝遂按語編撰：《甲骨文字詁林》第三冊（北京：中華書局，1996 年 5 月第一版），頁 2412-2413。

[74] 蔡哲茂：〈論殷卜辭中的「」字為成湯之「成」——兼論「」「」為咸字說〉，《中央研究院歷史語言研究所集刊》77：1（2006 年 3 月），頁 1-32。

[75] 此「成」字於《合集釋文》中，或釋為「咸」，且以為「『咸』字摹寫有誤」，惟此件為摹本，其字形確未見从口或□等形構，因此，今暫將其釋作从午之「成」字例。胡厚宣主編：《甲骨文合集釋文》（北京：中國社會科學出版社，1999 年 8 月第一版），39492 號，釋文（3）。

			「貞：屮羌自成」（第一期：《合集》39503）
			「□于妣辛□又成」（第三期：《合集》27511）
			「癸未卜□成衣于□上甲示弜□　改」（第五期：《合集》39465）[76]
咸	从戌从□（或从口）		「貞：『咸賓于帝』」（第一期：《合集》01402正）
			1.「貞：『咸允左王』」（第一期：《合集》00248正）
			2.「貞：『咸弗左王』」（第一期：《合集》00248正）
			3.「『翌乙酉，祐伐自咸若』」（第一期：《合集》00248正）
			4.「『翌乙酉，祐伐于五示：上甲、咸、大

[76] 《刻辭類纂》將此「成」字與从丁諸例混而為一，《合集釋文》則將此段卜辭釋為「（1）癸未卜……成衣于……上甲示。（「上」、「甲」缺刻）（2）弜改。　二」然而，卜辭告祭與上甲並列者，亦見疑从午或非从口（□）之「成」字例，如上表之《合集》39492例，因此，卜辭此例隸釋作「成」應無疑義。姚孝遂主編、肖丁（趙誠）副主編：《殷墟甲骨刻辭類纂》（北京：中華書局，1989年1月第一版），頁1378-1379；胡厚宣主編：《甲骨文合集釋文》（北京：中國社會科學出版社，1999年8月第一版），39465號，釋文（1）、（2）。

			丁、大甲、祖乙」（第一期：《合集》00248正）
			「桒于上甲、咸、大丁、大甲、祖乙」（第一期：《合集》06947）

據上表內容，可知：

（一）以祀序與祀法而言，上引卜辭从戌从午之「成」字諸例，皆祀指成湯，即大乙。

（二）　今考部分从囗（或从口）之「咸」字祀序，皆居上甲之後、大丁之前，亦相當於大乙之位置，例如：上表之《合集》00248正與《合集》06947等例，故此等「咸」字即成湯，乃文獻所見「湯咸」，此學者早有所證。[77]

可知卜辭此類从戌从午或从戌从囗（或从口）之例，皆與成湯有關，惟如上引學者之說，此二類形構究應釋「成」或「咸」，曾或有爭辯。其實，从午者，應可逕釋作「成」，即告祭對象「成湯」之「成」，即西周金文以下所見「成王」、「成周」之「成」，例如：

王尊（西周：成王方鼎，《集成》01734）

憲聖　王（西周：史牆盤，《集成》10175）

唯三月王在　周（西周：德方鼎，《集成》02661）

換言之，許慎釋「成」，應以古文从午例為是，[78]「午」形為訛變，釋从丁聲則非，因从丁難以解釋「成」字為何从午（或从丨、或从土），抑或其例從卜辭以至小篆之字形發展現象。

至於从戌从囗（或从口）者，或即《說文》釋「咸」所云「从口从戌」，[79]而卜辭

---

77 例如：《尚書‧酒誥》云「經德秉哲，自成湯咸至于帝乙」。〔漢〕孔安國傳、〔唐〕孔穎達疏：《尚書正義》（清嘉慶二十年江西南昌府學重刊宋刻本，臺北：藝文印書館，1997年8月初版），卷十四，頁209；胡厚宣、胡振宇：《殷商史》（上海：上海人民出版社，2003年4月第一版），頁144。

78 〔漢〕許慎編撰、〔宋〕徐鉉校定：《說文解字》（據清同治十二年陳昌治改刻本縮印，香港：中華書局，2014年8月再版），卷十四，頁309。

79 〔漢〕許慎編撰、〔宋〕徐鉉校定：《說文解字》（據清同治十二年陳昌治改刻本縮印，香港：中華書局，

从口或从▢者，其形易混，學者早已證之，故卜辭此類字例釋「咸」應無疑義，而毋須另改釋作「成」。

是故，自卜辭以下，其从戌从午者，當釋為「成」字，而其例若从口、从▢者，則應可改釋為「咸」字異構，而此二字皆可指成湯。

倘循此理，則〈尹誥〉簡1此例，其形从口：

此當為「咸」字無疑。而今本與〈尹誥〉簡或異者，乃在於今本言君臣一德，簡文卻僅言商湯代夏以立一德，是故，今本云「咸有一德」是否可適用於簡文，或仍有疑。實則張秉權曾以為《尚書》逸文〈尹吉〉（〈尹誥〉）之「惟尹躬及湯咸有壹德」句，可斷為「惟尹躬及湯咸，有壹德」，並將「湯咸」、「成湯」、「成唐」與「咸父乙」等例，釋為同一性質類屬之名詞，[80]其說可從，再者，先秦古人名字體式不一，清華簡亦然，[81]故今在簡文「既及」可如上博簡、郭店簡所見「允及」解作「信然盟誓」之基礎上，當可據張秉權之說，將「咸有一德」句之古本原讀，斷讀為「惟尹既及湯咸，有一德」，其猶學者所證《尚書・酒誥》「自成湯咸至于帝乙」一語，[82]此所謂「湯咸」或「成湯咸」，俱大乙成湯也。[83]另值得一提的是，上引周鳳五將「一」讀為「燈」，其說能以上下文為證，有其一定之道理，但「德」字用作非良善或負面義者，畢竟較少，故本文今仍將「一」逕讀如本字，或言「一致」之謂也，且基於清華〈尹誥〉簡談的是商代夏君臣之諮議內容，與德行無關，大抵贊同上引鄔可晶將「一德」釋作「異姓同德」之說。

〔2〕尹念（諗）天（顛）之敗（敗、敗）西邑顒（夏、夏）

傳世文獻與此相關之引文，見於《禮記・緇衣》，其云「《尹吉》曰：「惟尹躬天見于西邑夏，自周有終，相亦惟終。」鄭注：「『尹吉』亦『尹誥』也，『天』當為『先』字之誤，……『見』或為『敗』，『邑』或為『予』。」[84]

李學勤曾據此段引文證成簡本確為〈尹誥〉，並認為鄭玄所見本有其道理；[85]馬楠

2014年8月再版），卷二，頁32。

[80] 張秉權：《小屯・第二本・殷虛文字：丙編・上輯（一）》（臺北：中央研究院歷史語言研究所，1957年），頁72-75。

[81] 黃庭頎：〈論古文字材料所見之「伊尹」稱號——兼論〈尹至〉、〈尹誥〉之「尹」、「埶」（摯）〉，《東華中文學報》5（2012年12月），頁63-86。

[82] 〔漢〕孔安國傳、〔唐〕孔穎達疏：《尚書正義》（清嘉慶二十年江西南昌府學重刊宋刻本，臺北：藝文印書館，1997年8月初版），卷十四，頁209。

[83] 胡厚宣、胡振宇：《殷商史》（上海：上海人民出版社，2003年4月第一版），頁144。

[84] 〔漢〕孔安國傳、〔唐〕孔穎達疏：《禮記注疏》（清嘉慶二十年江西南昌府學重刊宋刻本，臺北：藝文印書館，1997年8月初版），卷五十五，頁932。

[85] 李學勤：〈清華簡與《尚書》、《逸周書》的研究〉，《史學史研究》2011年第2期，頁104-109；李學勤等著：《出土簡帛與古史再建》（北京：經濟科學出版社，2017年7月第一版），頁341-342。

以為「念」、「躬」為侵冬旁轉之關係，並引傳世文獻「躬」、「今」之異文為證；[86]沈培將「念」訓作「回想」；[87]廖名春則以為《禮記‧緇衣》之「躬」字乃假借，並應以簡本「念」字為本字；[88]虞萬里將「念」字訓作「憂慮」，並將此處簡文釋為「殆憂慮殷商重蹈有夏棄捐黎民、自取滅亡之覆轍」，同時，亦以為今本「躬」字乃整理、傳授者所補之字，進而「導致康成捨棄《禮記》『天敗』本而擇取『天見』本，並將『天』誤解為『先』」；[89]馬曉穩亦認為「念」、「躬」音近可通，並以為鄭玄在〈緇衣〉引文「貝」訛作「見」，且復添「於」字之情況下，將「天」強解為「先」；[90]季旭昇則將「念」讀為「諗」，表深諫之意；[91]夏大兆與黃德寬將簡文此句讀為「尹念天之敗西邑夏」，惟無說；[92]馬嘉賢仍從廖名春之說；[93]趙思木仍讀為「念」，訓作「思考」。[94]今復考古文字與相關古注，可知：

一、「西夏」與「西邑夏」

李學勤以為此等類例當即「夏」。[95]今考殷商甲骨文之相關類例，其作「西邑」者，其凡四見：

（一）「貞：『燎于西邑』」（第一期：《合集》06156 正）

（二）「貞：『□于西邑』」（第一期：《合集》07863）

（三）「西邑壱」（第一期：《合集》07864 正）

（四）「貞：侑于西邑」（第一期：《合集》07865）

[86] 馬楠：〈清華簡第一冊補釋〉，《中國史研究》2011 年第 1 期，頁 93-98，又收入清華大學出土文獻研究與保護中心、北京大學出土文獻研究所、荊州文物保護中心編，李學勤、朱鳳瀚、趙平安、方北松主編，馬楠、賈連翔助編：《古代簡牘保護與整理研究》（上海：中西書局，2012 年 6 月第一版），頁 66-72。

[87] 孫飛燕：〈試論《尹至》的「至在湯」與《尹誥》的「及湯」〉文末 2 樓沈培之評論，復旦大學出土文獻與古文字研究中心，網址：http://www.gwz.fudan.edu.cn/Web/Show/1373，2011 年 1 月 11 日，檢索日期：2018 年 8 月 1 日。

[88] 廖名春：〈清華簡《尹誥》研究〉，《史學史研究》2011 年第 2 期，頁 110-115；廖名春：〈清華簡《尹誥》篇的內容與思想〉，收入清華大學出土文獻研究與保護中心編：《清華簡研究》1（上海：中西書局，2012 年 12 月第一版），頁 40-47。

[89] 虞萬里：〈由清華簡《尹誥》論《古文尚書‧咸有一德》之性質〉，《史林》2012 年第 2 期，頁 32-45，亦收入清華大學出土文獻研究與保護中心編：《清華簡研究》1，上海：中西書局，2012 年 12 月第一版，頁 9-30。

[90] 馬曉穩：《出土戰國文獻《尚書》文字輯證》（安徽大學碩士論文，2012 年 4 月），頁 10-11。

[91] 季旭昇主編、王瑜楨等合撰：《清華大學藏戰國竹簡（壹）讀本》（臺北：藝文印書館，2013 年 11 月初版），〈尹誥〉譯釋章之釋文與季旭昇案語，頁 22-23、25-26。

[92] 夏大兆、黃德寬：〈關於清華簡《尹至》《尹誥》的形成和性質——從伊尹傳說在先秦傳世和出土文獻中的流變考察〉，《文史》2014 年第 3 輯（總 108），頁 213-239。

[93] 馬嘉賢：《清華壹《尹至》、《尹誥》、《皇門》、《祭公之顧命》研究》（國立彰化師範大學國文學系博士論文，2015 年 7 月），頁 96。

[94] 趙思木：《《清華大學藏戰國竹簡（壹）》集釋及專題研究》（華東師範大學博士論文，2017 年 6 月），頁 63-64。

[95] 李學勤：〈清華簡與《尚書》、《逸周書》的研究〉，《史學史研究》2011 年第 2 期，頁 104-109；李學勤等著：《出土簡帛與古史再建》（北京：經濟科學出版社，2017 年 7 月第一版），頁 341-342。

　　蔡哲茂曾將此等「西邑」釋為「夏王朝先王之亡靈」，[96]另外，沈建華則釋「西邑」乃卜辭中所見之「舌方」，其以為「商代山西晉南向來是夏裔民和諸戎羌狄集中混合雜居的地區，商代卜辭中的敵方，其地理位置在西北一帶，……因此，舌方與唐地這一帶，被卜辭稱為『西邑』……清華簡《尹誥》篇索性稱之曰『西邑夏』，說明這是一個涵蓋面積很大的區域」，[97]知殷商甲骨文此類「西邑」，或可指祭祀之對象，且接近神祇，應是比殷商先祖更早且地位較高者，且曾帶予商人災禍，同時，「西邑」亦有可能為夏之都邑或屬地；至於「西夏」一詞並未見於其他古文字中，今僅於傳世文獻中，或見幾則相近之類例，包括：《尚書・太甲上》云「惟尹躬先見于西邑夏，自周有終，相亦惟終。」孔傳釋曰「夏都在亳西」，[98]又《逸周書・史記解》云「文武不行者亡。昔者西夏性仁非兵，城郭不脩，武士無位，惠而好賞，屈而無以賞。唐氏伐之，城郭不守，武士不用，西夏以亡。」[99]可知鄭玄所考「天」、「先」之誤，當是本諸於《尚書・太甲上》引文以校之，而非版本取擇或有所誤解之緣故，至於此所謂「西夏」者，應與夏代或夏人有關，甚至指夏都。是故，李學勤釋為「夏」之說，殆可從矣。

二、「尹念（諗）天（顛）之敗（敗、敗）西邑夏」、「惟尹躬天見於西邑夏」二句異文之關係

　　鄭注云「見」、「邑」二字或本作「敗」、「予」，李學勤以為「邑」乃「予」之傳鈔訛字，[100]廖名春之說亦近同。[101]然而，「邑」與「予」、「見」與「敗」、「天」與「先」等三組字形，在古文字中，判然有別，並無形近或形混之確證，因此，《禮記・緇衣》所引《尹吉》文與鄭注所釋者，並非全然可信，再者，「躬」與「念」二字聲韻殊遠，[102]除「躬」、「今」雙聲與「念」、「今」疊韻外，尚難連繫簡本「念」與「躬」之聲韻關係，[103]是故，「躬」是否即「念」之假借，實不無可疑者，至於其字是否為整理者或傳授者

96　蔡哲茂：〈夏王朝存在新證　說殷卜辭的「西邑」〉，《中國文化》44（2016年第2期），頁47-51。

97　沈建華：〈楚簡「唐丘」與晉南夏商遺跡考〉，收入清華大學出土文獻與保護中心編、李學勤主編：《出土文獻》6（上海：中西書局，2015年4月第一版），頁207-214。

98　〔漢〕孔安國傳、〔唐〕孔穎達疏：《尚書正義》（清嘉慶二十年江西南昌府學重刊宋刻本，臺北：藝文印書館，1997年8月初版），卷八，頁116。

99　黃懷信、張懋鎔、田旭東撰；黃懷信修訂；李學勤審訂：《逸周書彙校集注》（以《四部叢刊》影印明嘉靖二十二年四明章檗校刊本為底本，上海：上海古籍出版社，2007年3月第一版），卷八，頁968。

100　李學勤：〈清華簡與《尚書》、《逸周書》的研究〉，《史學史研究》2011年第2期，頁104-109；李學勤等著：《出土簡帛與古史再建》（北京：經濟科學出版社，2017年7月第一版），頁341-342。

101　廖名春：〈清華簡《尹誥》篇的內容與思想〉，收入清華大學出土文獻研究與保護中心編：《清華簡研究》1（上海：中西書局，2012年12月第一版），頁40-47。

102　「躬」字上古音屬見母冬部，「念」字則為泥母侵部，二字聲韻俱隔。

103　雖然楚簡或見疑似「今」、「躬」二聲系相通之例，上引馬嘉賢之說曾將其列為通假之證，例如：「一言而終不窮」（上博《凡物流形・甲》簡20），此「窮」字本从身从会，其形為 ![字形] ，在此讀「窮」，乃復旦大學讀書會之釋讀，但關於此字之考證，學者異說紛呈，各擅勝場，再者，「終」字之情況亦復如此，換言之，在此段簡文句意待商之情況下，倘以其作為「念」、「躬」相通之有力實證，或猶可商。復旦大學出土文獻與古文字研究中心研究生讀書會：〈《上博（七）・凡物流形》重編釋文〉文末50樓網路發言者海天之評論，復旦大學出土文獻與古文字研究中心，網址：http://www.gwz.fudan.edu.cn/We

所增之字，包括「於」字，皆有其可能，但目前同樣尚無實證，故有鑑於此，竊疑今本「躬」字仍為傳鈔之訛，今考楚簡「躬」、「念」二字，其形似形近易混，茲以形近為標準，試擬此二字之楚簡字形比較表如下：

分類 ╲ 隸定	念	躬
第一形		（包山簡簡 226）
第二形	（郭店楚簡《語叢·二》簡 13） （郭店楚簡《成之聞之》簡 2） （上博簡《鬼神之明　融師有成氏》簡 7） （清華《繫年》簡 17）	（包山簡簡 210） （包山簡簡 232） （包山簡簡 228）

在上表第二形中，「躬」字所從宮不省，甚或其所從之「呂」（吕）形進一步簡化為填實點畫，此與第二形之「念」字極其相近，因此，「念」字於戰國時期因形近而傳鈔致誤為「躬」，或有其可能性，不過，此僅屬推測，實仍缺直接之字形實證，今暫且存疑、待考。而考量語意與書證用例，簡本此「念」字似以讀「諗」為佳，主因「念」字之「思慮」或「憂慮」義，在語例使用上，未必盡合於簡文此段「擬向成湯具告有夏情

勢」之語境，甚至簡文下文亦無表現出「憂慮」心情之文字，故簡文「念」字可從季旭昇之說，讀為「諗」，其如《說文》釋「諗」云「深諫也」，[104]段玉裁注曰「深諫者，言人之所不能言也」，[105]亦猶《左傳·閔公二年》云「昔辛伯諗周桓公云：『內寵並后，外寵二政，嬖子配適，大都耦國，亂之本也。』」杜預注曰「諗，告也」，[106]又如《國語·晉語》云「使果敢者諗之，使鎮靜者修之」，韋昭注曰「諗，告也，告得失」，[107]凡此「諗」字皆同此訓也，另值得注意的是，《左傳·閔公二年》杜預注引《說文》云「深謀」，[108]可見「諗」亦應有「謀劃」之意，此與簡文所云商湯與伊尹諮議之語境相合。綜上所述，此段異文或僅能初步推知「躬」與「念」有字形訛混之可能性，但今本「躬」字之確切來源，恐怕仍須再作深入討論，不過，簡本用「念」、「敗」二字，確實使文意更為暢達，甚至二本「天」都疑可讀為「顛」，表「顛覆」之意，其猶《逸周書·嘗麥解》云「如木既顛厥巢，其猶有枝葉作休。」[109]又如《莊子·人間世》曰「形莫若就，心莫若和。雖然，之二者有患。就不欲入，和不欲出。形就而入，且為顛為滅，為崩為蹶。心和而出，且為聲為名，為妖為孽。彼且為嬰兒，亦與之為嬰兒。」[110]成玄英疏云「顛，覆也……則是顛危而不扶持，故致顛覆、滅絕、崩蹶、敗壞，與彼俱亡也矣。」[111]則其所謂「惟尹躬天見於西邑夏」，當作「惟尹念顛見於西邑夏」，殆伊尹提及有夏覆滅之事，即如簡本亦云「尹諗顛之敗西邑夏」，更有了顛覆且如何擊敗有夏之意，以引起下文所云有夏情勢之分析，因此，不論是《禮記·緇衣》引文或今本《尚書·太甲上》異文，皆不如簡本來得文從字順與簡潔有力，此或許是後世傳鈔致訛之故，但這也不能絕對肯定，僅知相較於簡本，今本相關異文已較難以解讀其義蘊矣。

三、「自周有終，相亦惟終」與〈尹誥〉之關係：

李銳認為此句「對應今傳本《緇衣》所引《咸有一德》的『自周〈害（竭）〉有終（眾），相（胥）亦惟終』，並將〈尹誥〉簡之「夏自絕其有民，亦惟厥眾」，讀為「夏自倦其有民，亦惟厥終」；[112]李守奎亦以為此句與簡文之「夏自絕其有民，亦惟厥眾」

104　〔漢〕許慎編撰、〔宋〕徐鉉校定：《說文解字》（據清同治十二年陳昌治改刻本縮印，香港：中華書局，2014 年 8 月再版），卷三，頁 52。

105　〔漢〕許慎撰、〔清〕段玉裁注：《說文解字注》（據經韻樓藏版影印，臺北：洪葉文化公司，2016 年10 月三版），卷三，頁 93。

106　〔晉〕杜預注、〔唐〕孔穎達疏：《春秋左傳正義》（清嘉慶二十年江西南昌府學重刊宋刻本，臺北：藝文印書館，1997 年 8 月初版），卷十一，頁 193。

107　〔漢〕韋昭註：《國語》（重刊宋明道二年本，臺北：臺灣商務印書館，1956 年 4 月臺初版），卷十三，頁 33。

108　〔晉〕杜預注、〔唐〕孔穎達疏：《春秋左傳正義》（清嘉慶二十年江西南昌府學重刊宋刻本，臺北：藝文印書館，1997 年 8 月初版），卷十一，頁 193。

109　黃懷信、張懋鎔、田旭東撰；黃懷信修訂；李學勤審訂：《逸周書彙校集注》（以《四部叢刊》影印明嘉靖二十二年四明章檗校刊本為底本，上海：上海古籍出版社，2007 年 3 月第一版），卷六，頁 739。

110　〔清〕王先謙：《莊子集解》（臺北：東大圖書公司，2019 年 1 月五版），卷一，頁 38。

111　〔唐〕成玄英：《南華真經注疏》，收入嚴靈峯編輯：《莊子集成續編》（據民國二十三年排印本影印，臺北：藝文印書館，1974 年 12 月初版），卷二，頁 199-200。

112　李銳：〈讀清華簡札記（五則）〉，收入卜憲群、楊振紅主編：《簡帛研究　2012》（桂林：廣西師範大學

相對應，並在馬楠與其自己所考相關字例之釋讀基礎上，將此段文句讀為「自害有眾，喪亦惟眾」，且將簡文釋作「夏自害其民眾，喪亡也是因為其民眾的離心反抗」之意；[113]劉光勝則疑此句為衍文，但仍有所存疑。[114]劉光勝之懷疑，確有其道理，而李銳與李守奎之說，亦有其一定之理據，實際上，此句話與〈尹誥〉簡有一定之關係，這是可以肯定的，不過，此二「終」字若讀為「眾」，似又難與今本《尚書》同一文意段落之下文「其後嗣王，罔克有終，相亦罔終」句互作對應，尤其「相亦罔終」之「罔終」，若讀為「罔眾」，則又當作何解，似仍有疑慮，而須另作他解。今復考《尚書》孔傳與《禮記》鄭注，可知此所謂「周」者，疑指忠信，[115]如郭店簡云「不期而可要者，天也，配天地也者，忠信之謂此。」（郭店《忠信之道》簡4、5），是故，《禮記・緇衣》引文所云「自周有終，相亦惟終」，應與簡本下文，甚或其上文「天（顛）」相應，而今本《尚書・太甲上》異文之「先」則無所取義矣。

綜上所述，知簡本所云「尹念天之敗西邑夏」，仍為較可信之內容，其文意順適，且優於《禮記・緇衣》引文或今本《尚書・太甲上》異文。

〔3〕蓙（匜？、移）

簡1或存一疑例，其形為：

（清華〈尹誥〉簡1）

其辭例為「夏自▉/▉其有民，亦惟厥眾，非民無與守邑。」（清華〈尹誥〉簡1）

原整理者疑此例从匸（絕），釋為「蓙」字異構，讀為「絕」；[116]張新俊與蘇建洲等改釋从弦；[117]張崇禮原釋為「屏絕、隔絕之『絕』」，其後，也以為此例當从弦，並釋為

出版社，2013年10月第一版），頁1-7。

[113] 李守奎：〈漢代伊尹文獻的分類與清華簡中伊尹諸篇的性質〉，《深圳大學學報（人文社會科學版）》2015年第3期，頁41-49，亦收入李守奎：《古文字與古史考──清華簡整理研究》（上海：中西書局，2015年10月第一版），頁346-368。

[114] 劉光勝：《《清華大學藏戰國竹簡（壹）》整理研究》（上海：上海古籍出版社，2016年9月第一版），頁54。

[115] 〔漢〕孔安國傳、〔唐〕孔穎達疏：《尚書正義》（清嘉慶二十年江西南昌府學重刊宋刻本，臺北：藝文印書館，1997年8月初版），卷八，頁116；〔漢〕孔安國傳、〔唐〕孔穎達疏：《禮記注疏》（清嘉慶二十年江西南昌府學重刊宋刻本，臺北：藝文印書館，1997年8月初版），卷五十五，頁932。

[116] 清華大學出土文獻研究與保護中心、李學勤編：《清華大學藏戰國竹簡（壹）》（上海：中西書局，2010年12月第一版），頁133。

[117] 復旦大學出土文獻與古文字研究中心研究生讀書會：〈清華簡《尹至》、《尹誥》研讀札記（附：《尹至》、《尹誥》、《程寤》釋文）〉文末18樓張新俊、20樓蘇建洲等學者之評論，復旦大學出土文獻與古文字研究中心，網址：http://www.gwz.fudan.edu.cn/Web/Show/1352，2011年1月7日，檢索日期：2018年6月25日；蘇建洲，〈《清華簡》考釋四則〉，復旦大學出土文獻與古文字研究中心，網址：http://www.gwz.fudan.edu.cn/Web/Show/1368，2011年1月9日，檢索日期：2018年8月24日；蘇建洲：《楚文字論集》（臺北：萬卷樓圖書公司，2011年12月初版），頁352-355。

「幻」，表詐惑或惑亂義；[118]網路發言者紫竹道人亦釋从弦，讀為「珍」；[119]王寧則改讀為「賢」；[120]馬楠亦疑此字从弦，讀為「害」，訓作「割害」；[121]廖名春仍从張新俊與蘇建洲之說，亦釋从弦，並訓作「虔」，表「殺、翦除、滅絕」之意；[122]黃懷信亦釋讀為「絕」；[123]陳民鎮大抵依原整理者之釋形，亦將簡文此例讀為「絕」；[124]虞萬里仍從原整理者之說，以為簡文此處可釋為「夏桀自絕其民與眾」之意；[125]黃澤鈞仍釋為「絕」；[126]李銳亦據釋「弦」者立說，將此字讀為「倦」；[127]季旭昇釋為从艸从心从尸，龍省聲，並讀為「雍」；[128]夏大兆與黃德寬仍讀為「絕」；[129]馬嘉賢仍從蘇建洲之說；[130]王昆則仍從原整理者之說；[131]石小力隸釋作「𢣷」，以為其字應是「傑」字異體，从心傑聲，讀

---

[118] 復旦大學出土文獻與古文字研究中心研究生讀書會：〈清華簡《尹至》、《尹誥》研讀札記（附：《尹至》、《尹誥》、《程寤》釋文）〉文末 36 樓張崇禮之評論，復旦大學出土文獻與古文字研究中心，網址：http://www.gwz.fudan.edu.cn/Web/Show/1352，2011 年 1 月 8 日，檢索日期：2018 年 6 月 25 日；張崇禮：〈清華簡《尹誥》考釋〉，復旦大學出土文獻與古文字研究中心，網址：http://www.gwz.fudan.edu.cn/Web/Show/2400，2014 年 12 月 17 日，檢索日期：2018 年 6 月 25 日。

[119] 復旦大學出土文獻與古文字研究中心研究生讀書會：〈清華簡《尹至》、《尹誥》研讀札記（附：《尹至》、《尹誥》、《程寤》釋文）〉文末 37 樓網路發言者紫竹道人之評論，復旦大學出土文獻與古文字研究中心，網址：http://www.gwz.fudan.edu.cn/Web/Show/1352，2011 年 1 月 8 日，檢索日期：2018 年 6 月 25 日。

[120] 王寧：〈清華簡《尹至》、《尹誥》中的「眾」和「民」〉，復旦大學出土文獻與古文字研究中心，網址：http://www.gwz.fudan.edu.cn/Web/Show/1396，2011 年 2 月 4 日，檢索日期：2018 年 6 月 25 日。

[121] 馬楠：〈清華簡第一冊補釋〉，《中國史研究》2011 年第 1 期，頁 93-98，又收入清華大學出土文獻研究與保護中心、北京大學出土文獻研究所、荊州文物保護中心編，李學勤、朱鳳瀚、趙平安、方北松主編，馬楠、賈連翔助編：《古代簡牘保護與整理研究》（上海：中西書局，2012 年 6 月第一版），頁 66-72。

[122] 廖名春：〈清華簡《尹誥》研究〉，《史學史研究》2011 年第 2 期，頁 110-115；廖名春：〈清華簡《尹誥》篇的內容與思想〉，收入清華大學出土文獻研究與保護中心編：《清華簡研究》1（上海：中西書局，2012 年 12 月第一版），頁 40-47。

[123] 黃懷信：〈由清華簡《尹誥》看《古文尚書·咸有一德》〉，武漢大學簡帛研究中心，網址：http://www.bsm.org.cn/show_article.php?id=1424，2011 年 3 月 25 日，檢索日期：2018 年 6 月 26 日；黃懷信：〈由清華簡《尹誥》看《古文尚書》〉，《魯東大學學報（哲學社會科學版）》2012 年第 6 期，頁 66-69。

[124] 陳民鎮：〈清華簡《尹誥》釋文校補〉，《中華文化論壇》2011 年第 4 期，頁 110-114。

[125] 虞萬里：〈由清華簡《尹誥》論《古文尚書·咸有一德》之性質〉，《史林》2012 年第 2 期，頁 32-45，亦收入清華大學出土文獻研究與保護中心編：《清華簡研究》1，上海：中西書局，2012 年 12 月第一版，頁 9-30。

[126] 黃澤鈞：〈清華簡〈尹誥〉研究四題〉，收入《思辨集》15（第十八屆臺灣師範大學國文學系研究生論文發表會論文集，臺北：國立臺灣師範大學國文學系，2012 年 6 月），頁 165-190。

[127] 李銳：〈讀清華簡札記（五則）〉，收入卜憲群、楊振紅主編：《簡帛研究　2012》（桂林：廣西師範大學出版社，2013 年 10 月第一版），頁 1-7。

[128] 季旭昇主編、王瑜楨等合撰：《清華大學藏戰國竹簡（壹）讀本》（臺北：藝文印書館，2013 年 11 月初版），〈尹誥〉譯釋章之釋文與季旭昇案語，頁 22-23、26。

[129] 夏大兆、黃德寬：〈關於清華簡《尹至》《尹誥》的形成和性質——從伊尹傳說在先秦傳世和出土文獻中的流變考察〉，《文史》2014 年第 3 輯（總 108），頁 213-239。

[130] 馬嘉賢：《清華壹《尹至》、《尹誥》、《皇門》、《祭公之顧命》研究》（國立彰化師範大學國文學系博士論文，2015 年 7 月），頁 99。

[131] 王昆：《清華簡《尹至》、《尹誥》、《赤鵠之集湯之屋》集釋》（河北大學文學碩士學位論文，2016 年 5 月），頁 38-39。

為「害」，訓作「割害」，抑或讀為「遏」，訓「止」；[132]趙思木仍讀為「害」；[133]洪君好亦從蘇建洲之看法；[134]曹娜仍從原整理者之說；[135]曹雨楊從石小力之說。[136]

簡文此字之釋讀可謂眾說紛紜，莫衷一是，此中又以釋「弦」者為多數，上引王寧更據此將簡文此字讀為「賢」，且有《呂氏春秋》「自賢」為證，似有其一定之道理，但上引虞萬里已從傳世文獻所見「自賢」用例中，歸納出「自賢之君往往對鄰國、群臣而言，與下民實無與」之看法，其說應是可信的，再者，傳世文獻「自賢」下亦未見有接賓語者，因此，簡文此字倘讀為「賢」，恐猶有可商者。

其實，簡文此字若從釋「弦」之角度出發，在字形上似仍存部分疑義，茲略述如下：

今復考簡文此例之形，知其上從艸、下從心，而中左之形構，雖西周以下「弓」、「尸」二字寫法趨於類化，惟此例似更近於「尸」，例如：

（西周：不其簋，《集成》04328「弓」）

（西周：兮甲盤，《集成》10174「尸」）

（上博〈仲弓〉簡9「弓」）

（郭店〈窮達以時〉簡8「射」）

（包山簡38「射」）

（新蔡簡乙四85「居」）

知西周以下，「弓」、「尸」二字形近類化，甚且戰國「弓」字更繁縟點畫以有別於「尸」字，惟楚簡「尸」字尚猶未見與此相類之繁化形構，因此，季旭昇改釋從尸，可

---

[132] 石小力：《東周金文與楚簡合證》（上海：上海古籍出版社，2017年7月第一版），頁40-45。

[133] 趙思木：《《清華大學藏戰國竹簡（壹）》集釋及專題研究》（華東師範大學博士論文，2017年6月），頁64-66。

[134] 洪君好：《戰國竹書伊尹文獻研究》（國立中興大學中國文學研究所碩士論文，2017年8月），頁18。

[135] 曹娜：〈試論清華簡《尹誥》篇研究中的兩個問題〉，《先秦、秦漢史》2018年第4期，頁90-94。

[136] 曹雨楊：《《清華大學藏戰國竹簡（壹）—（參）》疑難字詞集釋及釋文校注》（吉林大學碩士學位論文，2020年5月），頁64-68。

從，至於其右中之形構，多數學者釋从弦，惟「弦」字所从玄形與簡文此例不甚相類，甚至釋作从幺（絕）、絲或絲者，其字形亦有所差異，例如：

（曾侯乙簡 3「弦」）

（包山簡 192「邸」）

（上博〈三德〉簡 1「弦」）

（上博〈用曰〉簡 12「弦」）

（望山簡 2.9「幺（絕）」）

（望山簡 2.15「絀（絕）」）

（曾侯乙簡 14「絲（絕）」）

／（九店簡 56.34「絀（絕）」）

（郭店《老子‧甲》簡 1「幺（絕）」）

（郭店〈六德〉簡 29「絲（絕）」）

（郭店〈六德〉簡 29「絲（絕）」）

（上博〈孔子詩論〉簡 27「絲（絕）」）

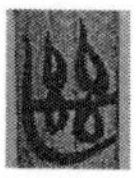（上博〈紂衣〉簡22「𢆶（絕）」）

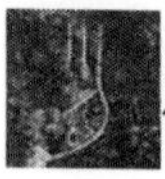／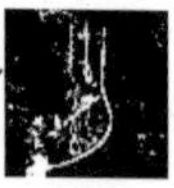（戰國：中山王譽方壺，《集成》09735「𢇍（絕）」）

因此，就釋形而言，簡文此字釋从尸，應是可信，但若釋从弦或𢇍（絕），似仍有部分疑義尚待解決，也就是除了上述王寧之說外，其他學者據「弦」所作之釋讀，恐皆猶有可商，再如其是否从龍省，因簡文此字之「龍」字字形特徵不是很明顯，或仍須再作補證，另外，學者或有釋其从㓞者，其釋形之關鍵在於右上之「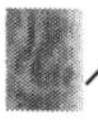／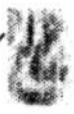」形，倘不論其是否可能从刀，則其左下仍有二曲筆，以目前所見楚簡文字而言，似仍未見可合理解釋此字形之字例，即以幾則較相近之字形而言，例如：

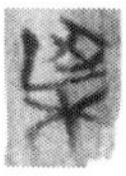（上博〈鬼神之明　融師有成氏〉簡2「桀」）

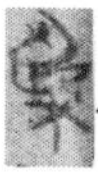／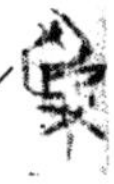（上博〈鬼神之明　融師有成氏〉簡2背「桀」）

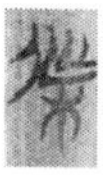（上博〈曹沫之陳〉簡65「傑」）

首二例雖从刃，且古文字「刀」、「刃」形義俱近，可通，但此二例無法解釋簡文所見之二曲筆，至於〈曹沫之陳〉例，雖具二曲筆，但其形未从刀，亦無法與簡文此字之字形作對應，因此，簡文此字倘釋从㓞，亦有可再作商榷或補證之處。

而以簡文文意而言，此云「夏自／其有民，亦惟厥眾，非民無與守邑」，指有夏對其民或眾進行某事，或有夏與民、眾之間存在某種原因，而使之無與守邑，且此所謂「某事」或「某項原因」，並未致使其民或眾有所傷亡，否則將無下文所云「守邑」之事，可證簡文此例若讀為「害」或「虔」，在文意訓釋上，似猶存部分疑義，再如讀為「絕」、「幻」或「壅」者，在文意通讀上，似較為順適，然而，「絕」與「壅」在文獻中，甚少有用於民或眾者，且如上所述，倘釋作「弦」，並據此釋形所作之釋讀，其形仍是難解，更有部分訓釋上之困難點，因此，關於簡文此例之釋讀，仍存在多項疑義，或可續作討論與補證。

有鑑於此，竊疑簡文此例與「㔯」字字形有關。關於「㔯」字字源之考證，受商

周金文匜、盉、盂、盤等器自名混用之影響，學界論之者眾，[137]並已逐漸釐清「匜」字之字形發展脈絡。今在諸家研究基礎上，重新整理其所討論之字例，茲試擬「匜」字之字形分類表如下：

形構分析　　　　　字形	來源
从尸（夷）从它[138]	（西周：伯庶父匜，《集成》10200）
从盉从它[139]	（西周：穌甫人匜，《集成》10205）
从金从它	（西周：中友父匜，《集成》10224）
	（戰國：楚王酓肯鈿鼎，《集成》02479）
从皿从它	（西周：鄭大內史叔上匜，《集成》10281）
	（春秋：曾子白父匜，《集成》10207）
	（春秋：楚嬴匜，《集成》10273）
从金从皿从它	（春秋：陳子匜，《集成》10279）

---

137 例如：趙平安：〈釋易與匜──兼釋史喪尊〉，《考古與文物》1991 年第 3 期，頁 71-73；陳劍：〈青銅器自名代稱、連稱研究〉，收入李圃主編：《中國文字研究》1（南寧：廣西教育出版社，1999 年 7 月第一版），頁 335-370；陳昭容：〈從古文字材料談古代的盥洗用具及其相關問題──自淅川下寺春秋楚墓的青銅水器自名說起〉，《中央研究院歷史語言研究所集刊》71：4（2000 年 12 月），頁 857-932；張利軍：〈釋金文中 ⿰ 字──兼論青銅器匜之得名〉，《文博》2008 年第 6 期，頁 33-36；王帥：〈商周青銅器自名新解〉，《中原文物》2013 年第 4 期，頁 75-77，90。

138 陳昭容：〈從古文字材料談古代的盥洗用具及其相關問題──自淅川下寺春秋楚墓的青銅水器自名說起〉，《中央研究院歷史語言研究所集刊》71：4（2000 年 12 月），頁 857-932。

139 李旭昇：《說文新證》（臺北：藝文印書館，2014 年 9 月二版），頁 876。

	（春秋：蔡侯匜，《集成》10189）
从廾从与（與）或从倒人之形[140]	（春秋：蔡子匜，《集成》10196）
从廾（或「皿」、或「廾」、或「金」）从曳（臾）[141]	（春秋：曾兴臣匜，《新收》0691） （春秋：以鄧匜，《新收》0405） （春秋：東姬匜，《新收》0398） （春秋：攻敔季生匜，《集成》10212） （春秋：彭子射匜，《新收》0466） （春秋：曾少宰黃仲酉匜，《新收》0544）

---

[140] 此字與下所引「从金从与（與）」例，學界或釋从与（與），抑或釋从倒人之形，皆有其理據，但整體而言，在此釋讀作「匜」是沒有問題的。陳昭容：〈從古文字材料談古代的盥洗用具及其相關問題——自淅川下寺春秋楚墓的青銅水器自名說起〉，《中央研究院歷史語言研究所集刊》71：4（2000 年 12 月），頁 857-932；馮勝君：《郭店簡與上博簡對比研究》（北京：線裝書局，2007 年 4 月第一版），頁 369；李守奎：〈漢字倒寫構形與古文字的釋讀〉，《漢學研究》33.2（2015 年 6 月），頁 173-194，亦收入李守奎：《古文字與古史考——清華簡整理研究》（上海：中西書局，2015 年 10 月第一版），頁 251-271。

[141] 原整理者將彭子射匜例釋从曳，曹錦炎贊同此說，並復行補證，其後，李守奎亦從之，並疑此類相關字形皆應與「曳」有關。南陽市文物考古研究所：〈河南南陽春秋楚彭射墓發掘簡報〉，《文物》2011 年第 3 期，頁 4-31；曹錦炎：〈彭射銅器銘文補釋〉，《文物》2011 年第 6 期，頁 94-95；李守奎：〈漢字倒寫構形與古文字的釋讀〉，《漢學研究》33.2（2015 年 6 月），頁 173-194，亦收入李守奎：《古文字與古史考——清華簡整理研究》（上海：中西書局，2015 年 10 月第一版），頁 251-271。

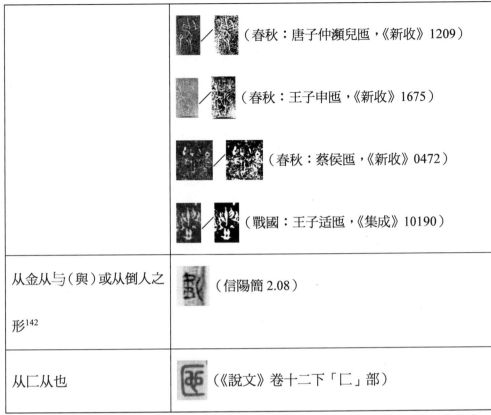

	（春秋：唐子仲瀕兒匜，《新收》1209）
	（春秋：王子申匜，《新收》1675）
	（春秋：蔡侯匜，《新收》0472）
	（戰國：王子适匜，《集成》10190）
从金从与（與）或从倒人之形[142]	（信陽簡 2.08）
从匚从也	（《說文》卷十二下「匚」部）

　　知「匜」字異構紛呈，且因「盉」、「匜」二字器物功能相近之關係，二字在自名時，或見混用，[143]甚或如穌甫人匜之「匜」，更逕从盉，而半數以上「匜」字或从它，當然也有部分逕借自「它」字者，[144]其中，又以伯庶父匜「匜」字之形與簡文此例最近，故疑簡文此例所从尸或右旁類「它」之形構，皆應本於此，再者，楚簡部分「匜」字亦从它，與簡文此字類「它」之形可謂相近，例如：

（望山簡 2.46「鉈（匜）」）

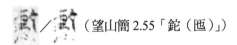（望山簡 2.55「鉈（匜）」）

　　知簡文此倘釋从它，應具字形發展之條件，甚或中間曲筆（乚），亦疑其乃西周以下「它」字簡化發展之孑遺，其猶裘錫圭所云「金文『它』字中間的一豎是甲骨文『它』

---

[142] 陳昭容：〈從古文字材料談古代的盥洗用具及其相關問題——自淅川下寺春秋楚墓的青銅水器自名說起〉，《中央研究院歷史語言研究所集刊》71：4（2000 年 12 月），頁 857-932。

[143] 朱鳳瀚：《古代中國青銅器》（天津：南開大學出版社，1995 年 6 月第一版），頁 136。

[144] 例如：　（西周：蔡侯匜，《集成》10195）、　（春秋：番伯酓匜，《集成》10259），此等「匜」字即皆作「它」形。

字蛇身花紋的簡化,省去中間的較晚的寫法」,[145]換言之,「它」字自甲文以下即或呈簡化之勢,此又可再參考以下幾則西周或春秋金文从它之例:

（西周:中友父匜,《集成》10224「匜」（摹本: ）)

（春秋:夆叔匜,《集成》10282「它（含重文符）」（摹本: ）)

（春秋:番伯酓匜,《集成》10259「匜」（摹本: ）)

可知其簡化之勢,除裘錫圭所云之主流變化外,另可見其單側蛇身或縮筆為之之情況,且多數「它」字左側筆畫較長,呈右曳曲筆之勢,此在西周時期間或見其例,可視為戰國「它」字蛇身全部簡化為二交筆形構之過渡,上引望山簡「匜」字所从之「它」形,即屬此類例,因此,簡文此例右所从者,應為戰國「它」字之簡化字形,而其左方曲筆,則或為「它」字蛇身左側右曳曲筆之遺緒,惟與「它」形分離耳。故綜上所述,簡文此例中所从之「尸」、「它」與「乚」等形構,似皆與「匜」字有一定程度之關係,令人懷疑此字是否即「匜」字異構。

然而,簡文此例上疑从艸,下則从心,此二形在「匜」字異構中未見,今僅能暫作以下幾項推測:

其下所从之「心」形,倘依清華簡之文字書寫風格,竊疑其乃「皿」形之訛省,例如:

（清華〈鄭武夫人規孺子〉簡6「檻」)

（清華〈鄭武夫人規孺子〉簡8「鹽」)

清華簡此類「皿」旁即寫近「心」形,換言之,簡文此例之「心」形也許就是从皿「匜」字之省形,惟此至今仍未能尋得其他字形演變實證,尚未敢斷言,今暫且存疑,仍將其隸从心,或釋為楚簡所習見之繁化形構。

至於簡文此例上所从「艸」形,則疑其乃雙手「廾（収）」形之異化,此可從「廾（収）」字之兩項字形發展推之:如从廾（収）之「丞」字,最晚自戰國以下,即已逐步將「廾（収）」形移至「卩」形以下,例如:

---

[145] 裘錫圭:〈釋「𡉚」〉,收入裘錫圭:《古文字論集》（北京:中華書局,1992年8月第一版),頁11-16。

（第一期：《合集》02279 正）

／（戰國：二年寺工師初壺，《集成》09673）

（戰國：高奴禾石權，《集成》10384）

（上博《周易》簡 8）

可知古文字所從卄（収）形，或有上下異位之可能，換言之，簡文此例所從疑為「艸」之形，或乃上引蔡子匜「匜」字所從卄形之上下異位現象，此其一也；又如隸楷「若」字所從艸，即源自甲金文雙手形之進一步訛化，[146]亦不排除簡文此例所從艸，或有從卄（収）訛化之可能。因此，若從上引兩種「卄（収）」字之字形演變現象而言，簡文此例所從艸之形，似乎具有從卄（収）發展而來之初步條件。

故綜而論之，知簡文此例依形雖可隸作「蓯」，惟依其偏旁之組成與來源，除「皿」形尚且待考外，似有釋作「匜」字異構之可能，惟目前證據仍或猶不足，尚不敢驟斷其形。但即便如此，簡文此例既然在形構組合上，與「匜」字有密切關係，則似有可能從匜得聲，而可讀為「移」，「匜」、「移」二字上古音俱屬歌部，聲母亦同為余母，二字音近可通，其例在此表「遷移」或「驅逐」之意，義近於「敺（驅）」，在傳世文獻中習見其例，且「敺（驅）」、「移」常見於同一詞之中，如《管子・七法》即云「不明於決塞，而欲敺眾移民，猶使水逆流。……故曰：……敺眾移民，不知決塞不可。」[147]又如《管子・治國》亦曰「安鄉重家則雖變俗易習，敺眾移民，至於殺之，而民不惡也，此務粟之功也。」[148]另外，「匜」、「易」二字學者更已證其乃一字之分化，[149]而「易」、「移」本即義近，[150]故「匜」、「易」與「移」等字，甚或可視為同源字，簡文「蓯」字倘讀為「移」，在音義上亦有其成立之可能條件。

---

146 「若」字之釋形，可參季旭昇：《說文新證》（臺北：藝文印書館，2014 年 9 月二版），頁 69-70。

147 〔唐〕尹知章注、〔清〕戴望校正：《管子校正》（以張巨山紹興己未寫本內容為基礎，定其句讀且校正之，臺北：世界書局，1955 年 11 月臺一版），卷二，頁 29。

148 〔唐〕尹知章注、〔清〕戴望校正：《管子校正》（以張巨山紹興己未寫本內容為基礎，定其句讀且校正之，臺北：世界書局，1955 年 11 月臺一版），卷十五，頁 262。

149 趙平安：〈釋易與匜──兼釋史喪尊〉，《考古與文物》1991 年第 3 期，頁 71-73。

150 例如：《呂氏春秋・孟秋紀・蕩兵》云「性者所受於天也，非人之所能為也，武者不能革，而工者不能移」，高誘注云「移，易。」〔周〕呂不韋著、〔宋〕陸游評、〔明〕凌稚隆批：《呂氏春秋》，收入蕭天石總主編：《中國子學名著集成（宋元明清善本叢刊）》（明萬曆庚申吳興凌氏刊朱墨套印本，臺北：中國子學名著集成編印基金會，1978 年 12 月初版），卷七，頁 156；〔周〕呂不韋撰、〔漢〕高誘註：《呂氏春秋》（臺北：藝文印書館，1974 年三版），卷七，頁 159。

若再回歸簡文文意，其云「惟尹既及湯咸，有一德。尹詺天之敗西邑夏曰：『夏自
蒸其有民，亦惟厥眾，非民無與守邑。厥辟作怨于民，民復之用離心，我戠（仇、雔、
擊）滅夏！今後曷不監？』……」（清華《尹詣》簡1、簡2）知簡文此段當云伊尹向成
湯彙報夏亡之原因，其關鍵有二，即「移民以致無與守邑」與「作怨於民，使民離心」，
今復考傳世文獻所見「移民」，其意或指「驅趕人民」或「使人民離開」之意，此除可
參上所引《管子》文外，《孟子》亦可見與簡文相近之語境，其猶《孟子·離婁章句》
所云「故為淵敺魚者，獺也；為叢敺爵者，鸇也；為湯武敺民者，桀與紂也。」[151]即言
夏桀敺民與湯矣。是故，頗疑簡文此所云者，或可讀為「夏自移其有民」，其「移」者，
殆指「遷移」或「驅逐」之意，而使之「無與守邑」與「作怨離心」，以致《尚書·湯
誓》始有「時日曷喪，吾與汝皆亡」之云云。[152]

〔4〕亦隹（惟）〔氏〕（氒、厥）眾

簡1「〔氏〕（氒、厥）」字此例之形作：

（清華〈尹詣〉簡1）

原整理者隸作「氒」，讀為「厥」，釋作代詞「其」義；[153]復旦大學讀書會讀為「蹶」，
惟未作說明；[154]廖名春亦認為此字應讀為「蹶」，釋作「挫敗」義；[155]陳民鎮則以為此
字誤寫作「氏」，仍釋讀為「厥」；[156]季旭昇亦隸作「氒」，讀為「厥」；[157]夏大兆與黃德
寬亦讀為「厥」；[158]劉光勝訓作「其」。[159]

[151] 〔漢〕趙岐注、〔宋〕孫奭疏：《孟子注疏》（清嘉慶二十年江西南昌府學重刊宋刻本，臺北：藝文印書
館，1997年8月初版），卷七，頁132。

[152] 〔漢〕孔安國傳、〔唐〕孔穎達疏：《尚書正義》（清嘉慶二十年江西南昌府學重刊宋刻本，臺北：藝文
印書館，1997年8月初版），卷八，頁108。

[153] 清華大學出土文獻研究與保護中心、李學勤編：《清華大學藏戰國竹簡（壹）》（上海：中西書局，2010
年12月第一版），頁133。

[154] 復旦大學出土文獻與古文字研究中心研究生讀書會：〈清華簡《尹至》、《尹詣》研讀札記（附：《尹至》、
《尹詣》、《程寤》釋文）〉，復旦大學出土文獻與古文字研究中心，網址：http://www.gwz.fudan.edu.cn/
Web/Show/1352，2011年1月5日，檢索日期：2018年6月25日。

[155] 廖名春：〈清華簡《尹詣》研究〉，《史學史研究》2011年第2期，頁110-115；廖名春：〈清華簡《尹
詣》篇的內容與思想〉，收入清華大學出土文獻研究與保護中心編：《清華簡研究》1（上海：中西書局，
2012年12月第一版），頁40-47。

[156] 陳民鎮：〈清華簡《尹詣》釋文校補〉，《中華文化論壇》2011年第4期，頁110-114。

[157] 季旭昇主編、王瑜楨等合撰：《清華大學藏戰國竹簡（壹）讀本》（臺北：藝文印書館，2013年11月初
版），〈尹詣〉譯釋章之釋文與季旭昇案語，頁22-23、26-27。

[158] 夏大兆、黃德寬：〈關於清華簡《尹至》《尹詣》的形成和性質——從伊尹傳說在先秦傳世和出土文獻中
的流變考察〉，《文史》2014年第3輯（總108），頁213-239。

[159] 劉光勝：《《清華大學藏戰國竹簡（壹）》整理研究》（上海：上海古籍出版社，2016年9月第一版），頁
54-55。

今復考簡文此例，其形確近於「氏」，惟古文字「氒」、「氏」二字本形近易混，[160]故此或形近致訛矣，而簡 2 同形之「氒」字亦當作如是解，[161]即此二字皆屬「氒」訛近「氏」形之例，在簡文中仍應讀為「氒」或「厥」。不過，若以簡文此段文意而言，則又須考量幾項關鍵，包括：

一、「亦隹（惟）〔氏〕（氒、厥）眾」在有夏絕民中之意義

「民」與「眾」乃古代極為重要之社會階級，殷墟卜辭習見其例，今〈尹誥〉簡復見之，且文末亦有所謂「致眾」之舉，足可證〈尹誥〉簡在上古史研究上之意義與價值，[162]即如簡文所云「夏自移其有民，亦惟氒眾，非民無與守邑」，可知有夏一朝，自絕其「民」，且及於「眾」，以致「民」不願守其邑，若然，則簡文所謂「惟氒眾」之「氒」似應解作謂語，不過，此解能否成立，此中似仍有疑。今復考《尚書》「亦惟」之相關辭例，可知「亦惟」多作連接詞解，其用法大抵有三：

（一）即今之所謂「而且」之用例，如《尚書・大誥》云「爾庶邦君，越庶士、御事，罔不反曰：『艱大，民不靜，亦惟在王宮、邦君室，越夷小子考翼，不可征，王害不違卜？』」[163]

（二）或表「只有」義，如《尚書・大誥》即云「爽邦由哲，亦惟十人，迪知上帝命！」[164]

（三）語氣延伸，表「還有」之意，如《尚書・君奭》云「惟文王尚克修和我有夏，亦惟有若虢叔、有若閎夭、有若散宜生、有若泰顛、有若南宮括。」[165]

從上所列《尚書》「亦惟」之各項用例而言，頗疑簡本「亦惟厥民」之「亦惟」應如上引「還有」之訓，即有夏既自絕其民外，又再棄絕其眾，而「民」與「眾」俱為「絕

---

[160] 東周以後「氒」、「氏」二字趨於形近，例如：（春秋：郳公釛鐘「氒」，《集成》00102）、（戰國：中山侯鉞「氒」，《集成》11758）、（春秋：干氏叔子盤「氏」，《集成》10131）、（戰國：鳳氏鐘「氏」，《集成》00163.1），而楚系部分「氏」字更與簡文此例之形極為相近，此可參考：（包山簡 127「氏」）。

[161] 簡 2 此例之形為　。

[162] 關於清華簡「眾」之解讀，王寧將「眾」釋作軍隊，張崇禮則從朱鳳瀚之說，將其釋為「泛指商人諸宗族成員」之意，二說俱各有勝義，俱可參，惟其下文云「非民亡（無）與歆（守）邑」，或補充說明前文「亦隹（惟）氒（厥）眾」之結果，因此，此似仍以王寧所釋軍隊說為佳，以呼應前文「歆（守）邑」之意。朱鳳瀚：〈再讀殷墟卜辭中的「眾」〉，《古文字與古代史》2（臺北：中央研究院歷史語言研究所，2009 年 12 月），頁 1-37；王寧：〈清華簡《尹至》、《尹誥》中的「眾」和「民」〉，復旦大學出土文獻與古文字研究中心，網址：http://www.gwz.fudan.edu.cn/Web/Show/1396，2011 年 2 月 4 日，檢索日期：2018年 6 月 25 日；張崇禮：〈清華簡《尹誥》考釋〉，復旦大學出土文獻與古文字研究中心，網址：http://www.gwz.fudan.edu.cn/Web/Show/2400，2014 年 12 月 17 日，檢索日期：2018 年 6 月 25 日。

[163] 〔漢〕孔安國傳、〔唐〕孔穎達疏：《尚書正義》（清嘉慶二十年江西南昌府學重刊宋刻本，臺北：藝文印書館，1997 年 8 月初版），卷十三，頁 191-192。

[164] 〔漢〕孔安國傳、〔唐〕孔穎達疏：《尚書正義》（清嘉慶二十年江西南昌府學重刊宋刻本，臺北：藝文印書館，1997 年 8 月初版），卷十三，頁 194。

[165] 〔漢〕孔安國傳、〔唐〕孔穎達疏：《尚書正義》（清嘉慶二十年江西南昌府學重刊宋刻本，臺北：藝文印書館，1997 年 8 月初版），卷十六，頁 247。

棄」之賓語，且主語「有夏」明確，依文言語法而言，則「乓」字似不應解作動詞謂語。

二、《尚書》「乓（厥）」字之用法

　　根據張其昀之統計，《尚書》所見「厥」字多作代詞解，且幾作定語之用，[166]倘依其說，則疑簡本「[氏]（乓、厥）」字亦應作如是解，尤其簡本所云「[氏]（乓、厥）」之語例，與張其昀所論之詞彙結構相合，再者，張其昀認為「厥」字之代詞用法，在《尚書》以後迅速減少，此適可證成清華〈尹誥〉簡屬先秦《尚書》古本之說。是故，將簡本「[氏]（乓、厥）」字釋作代詞定語，或有其理據。

　　據此，簡本所云「亦隹（惟）[氏]（乓、厥）眾」者，仍應從舊說，釋作「還有其眾」之謂，以切合《尚書》語法與簡文文意，而毋須將「[氏]（乓、厥）」字解作動詞謂語或其相關義訓。

〔5〕敊（？；仇（讎）？、擊？）

　　請參考本章節「字詞校詁」末尾【存疑別解】之內容。

〔6〕縋（協、協）

　　簡文此字之形為：

／ （清華〈尹誥〉簡2）

　　原整理者將「縋」字釋作「協」；[167]廖名春釋云「簡文『我克協我友』，是說要盡力協和自己的友邦」；[168]陳民鎮亦從原整理者之說，並以為甲金文與楚簡「協」字或其類例，皆近同此形；[169]黃麗娟將簡文此字訓作「協合」；[170]季旭昇釋為「協」，並譯作「協同」；[171]夏大兆與黃德寬則讀為「協」；[172]馬嘉賢釋云「即協字，釋為『和』」；[173]王昆仍

166 張其昀：〈論《尚書》「其」字兼及「厥」字〉，載林慶彰編《經學研究論叢》第十一輯（臺北：臺灣學生書局，2003 年 6 月初版），頁 57-79。

167 清華大學出土文獻研究與保護中心、李學勤編：《清華大學藏戰國竹簡（壹）》（上海：中西書局，2010年 12 月第一版），頁 134。

168 廖名春：〈清華〈尹誥〉篇補釋〉，「孔子2000」網站「清華大學簡帛研究」專欄，2011 年 1 月 5 日，該網站目前已關閉，今據其後來之刊行稿誌之；廖名春：〈清華簡《尹誥》篇的內容與思想〉，收入清華大學出土文獻研究與保護中心編：《清華簡研究》1，上海：中西書局，2012 年 12 月第一版，頁 40-47。

169 陳民鎮注釋、按語：〈清華簡《尹誥》集釋〉，復旦大學出土文獻與古文字研究中心，網址：http://www.gwz.fudan.edu.cn/Web/Show/1648，2011 年 9 月 12 日，檢索日期：2018 年 6 月 28 日。

170 黃麗娟：〈清華簡《尹誥》疑難字詞考釋〉，《國文學報》52（2012 年 12 月），頁 33-58。

171 季旭昇主編、王瑜楨等合撰：《清華大學藏戰國竹簡（壹）讀本》（臺北：藝文印書館，2013 年 11 月初版），〈尹誥〉譯釋章之釋文與季旭昇案語，頁 22-23、28-29。

172 夏大兆、黃德寬：〈關於清華簡《尹至》《尹誥》的形成和性質──從伊尹傳說在先秦傳世和出土文獻中的流變考察〉，《文史》2014 年第 3 輯（總 108），頁 213-239。

173 馬嘉賢：《清華壹《尹至》、《尹誥》、《皇門》、《祭公之顧命》研究》（國立彰化師範大學國文學

從原整理者之說；[174]沈建華以為簡文此字與甲骨文有承襲關係，並認為「所謂從肉 形符的『協』字，其實是三具耜錋側面。春秋以後『協』字，在傳抄過程中耜錋被訛變成『肉』字混淆替代，以致後人不能明白而誤作『、顏、』。實際上，他們是卜辭『』字異體。『』字省形作『』與楚簡『』字上半部基本相同」。[175]

　　上引諸家皆釋「協」，應已為學界共識，俱可從。而從沈建華所作之考證內容中，又可知尚有幾則字形與簡文此字有關，包括：

（春秋：叔尸鐘，《集成》00277.2）

（春秋：叔尸鎛，《集成》00285.8）

／（清華〈芮良夫毖〉簡 13）

／（清華〈鄭文公問太伯（甲本）〉簡 5）

／（清華〈鄭文公問太伯（乙本）〉簡 5）

　　從上述字形中，大抵可看出〈尹誥〉簡此「協」字應是叔尸鐘例之異化與繁化，或僅未從言耳，而為〈芮良夫毖〉簡、〈鄭文公問太伯〉簡等例之所本，除了〈芮良夫毖〉簡例應是簡文此字遆省之形外，此又應如原整理者所云，〈鄭文公問太伯〉簡例已聲化，[176]有可能是後起之形聲形構。茲以其主要形構為基礎，試擬「協」字之字形來源表，復論如下：

　　系博士論文，2015 年 7 月），頁 103。

[174] 王昆：《清華簡《尹至》、《尹誥》、《赤鵠之集湯之屋》集釋》（河北大學文學碩士學位論文，2016 年 5 月），頁 44。

[175] 沈建華：〈釋卜辭「協」及有關字〉，收入中國古文字研究會、吉林大學中國古文字研究中心編：《古文字研究》32（北京：中華書局，2018 年 8 月北京第一版），頁 49-53。

[176] 原整理者釋〈鄭文公問太伯〉簡例乃〈尹誥〉簡此字之省形，且認為其形應釋為「從犬、肉，頁為聲符」。清華大學出土文獻研究與保護中心編、李學勤主編：《清華大學藏戰國竹簡（陸）》（上海：中西書局，2016 年 4 月第一版），頁 121。

主要形構 分期	從秝	從秝從犬	從肉從犬	從力從犬	從殳從力 從肉
殷墟甲骨文	（第一期：《合集》05203） （第三期：《合集》30852）				
商代金文		（王罍：《集成》09821）			
西周金文		（南宮乎鐘：《集成》00181.1）			
春秋金文		（秦公鐘：《集成》00265） （春秋：叔	（春秋：叔尸鐘，《集成》00277.2）		

		尸鎛，《集成》 00285.8）			
戰國文字	（《璽彙》 0460） （《陶 彙》3.837）		／（清 華〈尹誥〉簡 2） ／ （清華〈鄭 文公問太伯（甲 本）〉簡 5） ／ （清華 〈鄭文公問太伯 （乙本）〉簡 5）	／ （清華〈芮良夫 毖〉簡 13）	／ （清華 〈攝命〉簡 4）

據字形表所列字形，知清華〈尹誥〉此例所從肉形，當即甲金文「耒」形下方形構之裂解訛化，並進而簡化為清華〈芮良夫毖〉簡僅從力之形，此字形演變情況，上引沈建華皆已有所論，可參，另〈攝命〉簡從力從肉且改從殳之例，亦應屬〈尹誥〉此例之異化形構；而從叔尸鐘與叔尸鎛二例之字形特色中，亦可推知大抵春秋晚期應是「協」字所從耒形訛變之過渡階段；至於《說文》所收篆形從劦，其從三力者，則當本於上述清華簡此類形構：

（《說文》「協」）

惟《說文》所載古文與或體之形，俱與古文字「協」字諸例不類：

（《說文》「協」古文）

（《說文》「協」或體）

不過，《說文》釋「協」云「眾之同和也。从劦从十」，[177]段注則釋曰「同眾之和，一如同力」、「十口所同，亦同眾之意」，[178]知「協」字形構本存「多」或「眾」之意，故《說文》古文與或體之形當本於此，換言之，清華簡此「協」字所从縄三力、三肉、三犬之形，亦乃會其「多」或「眾」之意也。

而簡文此處云「摯告湯曰：『我克協我友，今惟民遠邦歸志？』」（清華〈尹誥〉簡2、3）知此「協」字可逕讀如本字，不過，由於簡文上文云夏朝君民失和，但湯與伊尹並無「調和」或「使和諧」之意，因此，學者或釋「協和」，似仍未臻精準，反而上引黃麗娟「協合」說近是，而季旭昇所譯之「協同」義更是準確，殆藉此以強調伊尹擬會同友我力量以滅夏之想法，甚至呼應下文之「歸志」，據此，則「協」字在此應訓作「彙集」或「匯聚」，其猶《周禮·秋官司寇·大行人》云「冬遇以協諸侯之慮。」鄭玄注曰「冬見諸侯則合其慮之異同。」[179]孫詒讓則云「謂協合諸侯之志慮，而辨其異同。」[180]是故，簡文此所謂「克協我友」，即「能夠匯聚友我之人」之意。不過，另值得注意的是，如《國語·周語》云「宣王既喪南國之師，乃料民於太原。仲山父諫曰：『民不可料也！夫古者不料民而知其少多，司民協孤終，司商協民姓，司徒協旅，司寇協姦，牧協職，工協革，場協入，廩協出，是則少多死生出入往來者，皆可知也，於是乎又審之以事，王治農于籍，蒐于農隙，耨穫亦於籍，獮於既烝，狩於畢時，是皆習民數者也，又何料焉？不謂其少而大料之，是示少而惡事也。臨政示少，諸侯避之。治民惡事，無以賦令。且無故而料民，天之所惡也，害於政而妨於後嗣。』王卒料之，及幽王乃廢滅。」韋昭注曰「協，合也……合其名籍，以登於王也。」[181]知「協」字又可與「料民」並用，換言之，此「協」字當可與〈尹至〉簡5之「料民」遙相呼應，但〈尹誥〉之「協」字此訓似有揀擇分工之意，較之有夏「料民」，在在體顯出湯比桀更有作為。

---

177 〔漢〕許慎編撰、〔宋〕徐鉉校定《說文解字》（據清同治十二年陳昌治改刻本縮印，香港：中華書局，2014年8月再版），卷十三，頁293。
178 〔漢〕許慎撰、〔清〕段玉裁注：《說文解字注》（據經韻樓藏版影印，臺北：洪葉文化公司，2016年10月三版），卷十三，頁708。
179 〔漢〕鄭玄注、〔唐〕賈公彥疏：《周禮注疏》（清嘉慶二十年江西南昌府學重刊宋刻本，臺北：藝文印書館，1997年8月初版），卷三十七，頁560。
180 〔清〕孫詒讓撰，王文錦、陳玉霞點校：《周禮正義》（以乙巳本為底本，再與楚本對校，北京：中華書局，1987年12月第一版），卷七十一，頁2946。
181 〔漢〕韋昭註：《國語》（重刊宋明道二年本，臺北：臺灣商務印書館，1956年4月臺初版），卷一，頁8-9。

　　最後，再談談此段簡文幾個字詞之釋讀，其在學界或存異說，例如：原整理者釋云「遠邦歸志，云去其家邦者有回歸之志」；[182]廖名春除了上所引對「我克協我友」句之解釋外，另將「民」讀為「泯」，訓作「泯滅」，並釋云「『民遠邦歸志』，即泯滅遠方之國的背離之心」；[183]張崇禮將此段簡文斷讀為「我克協我友，今惟民，遠邦歸志」，並釋此段簡文之上下語意為「我能協和我友，今唯不能協于民，如能協和于民，則遠邦歸心，天下太平。所以下文湯曰：『嗚呼！吾何作于民，俾我眾勿違朕言？』」[184]曹方向認為此處之「民」，指的是「商民」；[185]王寧將「民」釋為「全體人民、民眾」；[186]黃懷信將「遠邦」釋作「遠邦有歸附之心」，並認為「民」字乃涉上文所衍；[187]陳民鎮在此段簡文之讀法上，亦將「民」與「遠邦」斷開，將其讀為「我克協我友，今惟民、遠邦歸志」，但在語意上，與張崇禮說稍有不同，或謂此段簡文為「伊尹告湯，謂若我商人能協和我友邦，民眾、遠邦均有歸附之心」；[188]劉國忠將「遠邦」釋作「原來離開故土的人民」，並將「歸志」訓作「回歸的意願」；[189]申超以為此段話之「友」，應指「歸降商湯的夏臣」，「民」則指「夏民」，乃「今惟民遠邦歸志」此段話之主語，同時，其亦將此所云「今惟民遠邦歸志」，釋作「但夏民卻因遷徙有人心不安的跡象」之意；[190]虞萬里將「今惟民遠邦歸志」釋為「只是因為民心向著大邑商之緣故」；[191]黃麗娟認為此處之「民」，兼指「夏民、商民、友邦冢君暨其百工」，而「遠邦」則為「夏商眾庶逐漸

182 清華大學出土文獻研究與保護中心、李學勤編：《清華大學藏戰國竹簡（壹）》（上海：中西書局，2010年12月第一版），頁134。

183 廖名春：〈清華簡《尹誥》研究〉，《史學史研究》2011年第2期，頁110-115；廖名春：〈清華簡《尹誥》篇的內容與思想〉，收入清華大學出土文獻研究與保護中心編：《清華簡研究》1，上海：中西書局，2012年12月第一版，頁40-47。廖名春此說早在2011年1月5日，於「孔子2000」網站「清華大學簡帛研究」專欄中發表〈清華〈尹誥〉篇補釋〉一文揭示之，惟該網站目前已關閉，今據其後來之刊行稿誌之。

184 復旦大學出土文獻與古文字研究中心研究生讀書會：〈清華簡《尹至》、《尹誥》研讀札記（附：《尹至》、《尹誥》、《程寤》釋文）〉文末35樓張崇禮之評論，復旦大學出土文獻與古文字研究中心，網址：http://www.gwz.fudan.edu.cn/Web/Show/1352，2011年1月8日，檢索日期：2018年6月25日。

185 曹方向：〈清華大學藏戰國竹簡《尹誥》篇補議一則〉，武漢大學簡帛研究中心，網址：http://www.bsm.org.cn/show_article.php?id=1373，2011年1月8日，檢索日期：2018年6月24日。

186 王寧：〈清華簡《尹至》、《尹誥》中的「眾」和「民」〉，復旦大學出土文獻與古文字研究中心，網址：http://www.gwz.fudan.edu.cn/Web/Show/1396，2011年2月4日，檢索日期：2018年6月25日。

187 黃懷信：〈由清華簡《尹誥》看《古文尚書·咸有一德》〉，武漢大學簡帛研究中心，網址：http://www.bsm.org.cn/show_article.php?id=1424，2011年3月25日檢索日期：2018年6月26日；黃懷信：〈由清華簡《尹誥》看《古文尚書》〉，《魯東大學學報（哲學社會科學版）》2012年第6期，頁66-69。

188 陳民鎮注釋、按語：〈清華簡《尹誥》集釋〉，復旦大學出土文獻與古文字研究中心，網址：http://www.gwz.fudan.edu.cn/Web/Show/1648，2011年9月12日，檢索日期：2018年6月28日。

189 劉國忠：《走近清華簡》（北京：高等教育出版社，2011年4月第一版），頁124-125。

190 申超：〈清華簡《尹誥》「我克協我友，今惟民遠邦歸志」試說〉，武漢大學簡帛研究中心，網址：http://www.bsm.org.cn/show_article.php?id=1672，2012年4月20日，檢索日期：2018年6月26日，此文之相關內容，其後亦收入申超：《清華簡與先秦史事探研》（北京：光明日報出版社，2019年9月第一版），頁21-30。

191 虞萬里：〈由清華簡《尹誥》論《古文尚書·咸有一德》之性質〉，《史林》2012年第2期，頁32-45，亦收入清華大學出土文獻研究與保護中心編：《清華簡研究》1，上海：中西書局，2012年12月第一版，頁9-30。

離的心志」，至於「歸志」則訓作「歸附之心、回歸之志」；[192]王挺斌雖然認為黃懷信與陳民鎮之說法較優，但也提出幾項補證意見，其云「『遠邦』是『民』的後置賓語，……『遠邦』即遠方的國家，不能理解為『去其邦家』；而『歸志』的意思是有歸附之心，……上引《孔叢子·論書》一文中的『遠方歸志』即對應清華簡《尹誥》中的『遠邦歸志』。……『遠邦歸志』意思即遠方的邦國及人民有歸附之心」；[193]李銳認為簡文此「民」，主要應即「湯的子民」；[194]季旭昇仍從陳民鎮之說；[195]馬嘉賢將「遠邦」釋為「遠國」，並釋此段簡文為「商湯推翻夏桀後能夠善待人民、協和友邦，因此人民、遠國皆有歸附之志」；[196]對於「民」字，王昆從申超之說，但對「遠邦歸志」一詞，則仍從原整理者之看法；[197]李爽將「遠邦」釋為「民」之後置定語，並將此段簡文譯作「我們要能夠協和友邦，使遠離邦國的人民有回歸的意向」；[198]劉光勝認為「歸志」之主體是夏民，與「遠方之國（遠邦）」無關，並將此句斷讀為「今佳（惟）民遠邦，歸志（之）」；[199]趙思木認為「民」是「夏民」，「遠邦」則為「遠方邦國」；[200]洪君好從虞萬里之說，將「遠邦歸志」釋為「遠邦民心歸附於商」；[201]曹娜亦將「民」釋為夏民。[202]諸家之說皆有其理據，惟此中尚有部分疑義或可續作推論，包括：此段上文為伊尹向湯說明有夏之情況，並請湯作評估，同一人接續說了兩次，就語境而言，大抵應是上文內容之補充，如此看來，此段簡文與上文有夏相關，應是必然，因此，申超以「文意脫節」否定「友」乃「友邦」之說，應是可信的，即此「友」字在此應解作「友我之人士或力量」，甚至與有夏歸降者有關；[203]又「遠邦」一詞，諸家或釋「遠方邦國」之義，惟此用例最早只見於東漢之

---

[192] 黃麗娟：〈清華簡《尹誥》疑難字詞考釋〉，《國文學報》52（2012年12月），頁33-58。

[193] 王挺斌：〈清華簡《尹誥》「遠邦歸志」考〉，復旦大學出土文獻與古文字研究中心，網址：http://www.gwz.fudan.edu.cn/Web/Show/2082，2013年6月30日，檢索日期：2018年7月16日。

[194] 李銳：〈讀清華簡札記（五則）〉，收入卜憲群、楊振紅主編：《簡帛研究 2012》（桂林：廣西師範大學出版社，2013年10月第一版），頁1-7。

[195] 季旭昇主編、王瑜楨等合撰：《清華大學藏戰國竹簡（壹）讀本》（臺北：藝文印書館，2013年11月初版），〈尹誥〉譯釋章之釋文與季旭昇案語，頁22-23、28-29。

[196] 馬嘉賢：《清華壹〈尹至〉、〈尹誥〉、〈皇門〉、〈祭公之顧命〉研究》（國立彰化師範大學國文學系博士論文，2015年7月），頁104。

[197] 王昆：《清華簡《尹至》、《尹誥》、《赤鵠之集湯之屋》集釋》（河北大學文學碩士學位論文，2016年5月），頁45-47。

[198] 李爽：《清華簡「伊尹」五篇集釋》（吉林大學碩士論文，2016年6月），頁65。

[199] 劉光勝：《《清華大學藏戰國竹簡（壹）》整理研究》（上海：上海古籍出版社，2016年9月第一版），頁56。

[200] 趙思木：《《清華大學藏戰國竹簡（壹）》集釋及專題研究》（華東師範大學博士論文，2017年6月），頁71-72。

[201] 洪君好：《戰國竹書伊尹文獻研究》（國立中興大學中國文學研究所碩士論文，2017年8月），頁21-22。

[202] 曹娜：〈試論清華簡《尹誥》篇研究中的兩個問題〉，《先秦、秦漢史》2018年第4期，頁90-94。

[203] 學界曾有將「友」釋為「友邦」之議，如劉國忠、廖名春、黃懷信與洪君好皆主此說，另虞萬里則釋為諸侯國，而曹娜又將「我友」釋作「商人自己」，均與申超所釋降臣稍有不同，茲列備參。劉國忠：《走近清華簡》（北京：高等教育出版社，2011年4月第一版），頁124-125；廖名春：〈清華簡《尹誥》研究〉，《史學史研究》2011年第2期，頁110-115；黃懷信：〈由清華簡《尹誥》看《古文尚書·咸有一德》〉，武漢大學簡帛研究中心，網址：http://www.bsm.org.cn/show_article.php?id=1424，2011年3月25日檢索日期：2018年6月26日；黃懷信：〈由清華簡《尹誥》看《古文尚書》〉，《魯東大學學

《吳越春秋》、《中論》，[204]因此，倘作如是解，恐猶有可商，而原整理者與申超俱將「遠邦」釋作「遠去家邦」之意，抑或劉光勝釋作「遠離亳中邑」，雖有其一定之道理，不過，「遠離亳中邑」在此似無所取義，則其斷讀亦猶可商，又原整理者與申超說法之根據，乃在於「遠志」，但「遠志」與「遠邦」二詞用法迥異，一般不會有太大之關聯，其關係似可再作討論，此部分王挺斌早提出質疑，亦可參，[205]且原整理者所釋者，或存「回歸」義，申超說則為「叛逃離散」或「人心不安」之意，二說實仍或異，故若據「遠志」談「遠邦歸志」，似不可行，另外，倘循此理，則廖名春所釋「泯滅遠方之國的背離之心」，恐怕也是立基於「遠志」一詞，若然，則「民」字實也不能再讀為「泯」，畢竟簡文所謂「歸志」並無「叛逃離散」或「人心不安」之書證用例，當然，虞萬里將「民」解作「民心」，在此亦無法解釋其與「遠邦」一詞之關係，亦待商，除此之外，王挺斌所引證《孔叢子》「遠方歸志」一詞，與簡文此所謂「遠邦歸志」相近，且其文中亦提及「邦」、「方」二字相通之可能性，但比較可惜的是，「遠方歸志」一詞之時代似乎較晚，即《孔叢子》已為東漢末以至三國之文獻，雖然此項論證上之困難，於其文中亦曾言及，並以「原作者當採周秦舊事為文，保留了當時的一些說法」釋之，惟此終究缺乏實證，因此，「遠邦」是否如其云，即「遠方」之對應詞彙，這恐怕仍是有所存疑的，再者，如上所述，先秦「遠邦」一詞罕見其例，而上所引《中論》、《吳越春秋》之「遠邦」，似仍皆為邦國義，與一般「遠方」一詞多指遠方處所或區域之泛指義不同，其猶《周禮・夏官司馬・懷方氏》云「懷方氏掌來遠方之民，致方貢，致遠物，而送逆之，達之以節。」[206]又如《論語・學而》亦曰「子曰：『……有朋自遠方來，不亦樂乎？』」[207]故總而言之，上述諸家對「遠邦」之詮解，似乎都仍有待商之處，或須另作新詮，其實，申超曾提及夏民遷徙與安置之問題，若考量下文所云賞賜與訓令之事，此倒不失為一可行之解決方案，換言之，此所謂「今惟民遠邦歸志」句，可如申超之說，其「民」當為此句之主語，而非如黃懷信所云之衍文，[208]其在此也毋須與「遠邦」斷開，甚至「遠

報（哲學社會科學版）》2012 年第 6 期，頁 66-69；虞萬里：〈由清華簡《尹誥》論《古文尚書・咸有一德》之性質〉，《史林》2012 年第 2 期，頁 32-45，亦收入清華大學出土文獻研究與保護中心編：《清華簡研究》1，上海：中西書局，2012 年 12 月第一版，頁 9-30；洪君妤：《戰國竹書伊尹文獻研究》（國立中興大學中國文學研究所碩士論文，2017 年 8 月），頁 20-21；曹娜：〈試論清華簡《尹誥》篇研究中的兩個問題〉，《先秦、秦漢史》2018 年第 4 期，頁 90-94。

204 如《吳越春秋・勾踐伐吳外傳》即云「聲傳海內咸遠邦，稱霸穆桓齊楚莊，天下安寧壽考長。」《中論・譴交》亦曰「則何為其不獲賢交哉？非有釋王事、廢交業、遊遠邦、曠年歲者也。」〔漢〕徐幹：《中論》，收入蕭天石總編：《中國子學名著集成（宋元明清善本叢刊）》（明程榮刊漢魏叢書本，臺北：中國子學名著集成編印基金會，1978 年 12 月初版），卷下，頁 231；〔漢〕趙曄：《吳越春秋》，收入《吳越春秋　越絕書》（臺北：世界書局，1959 年 12 月初版），卷十，頁 305-306。

205 王挺斌：〈清華簡《尹誥》「遠邦歸志」考〉，復旦大學出土文獻與古文字研究中心，網址：http://www.gwz.fudan.edu.cn/Web/Show/2082，2013 年 6 月 30 日，檢索日期：2018 年 7 月 16 日。

206 〔漢〕鄭玄注、〔唐〕賈公彥疏：《周禮注疏》（清嘉慶二十年江西南昌府學重刊宋刻本，臺北：藝文印書館，1997 年 8 月初版），卷三十三，頁 503。

207 〔魏〕何晏注、〔宋〕邢昺疏：《論語注疏》（清嘉慶二十年江西南昌府學重刊宋刻本，臺北：藝文印書館，1997 年 8 月初版），卷一，頁 5。

208 「民」字非衍文，王挺斌亦有所云，可參。王挺斌：〈清華簡《尹誥》「遠邦歸志」考〉，復旦大學出

邦」一詞,「遠」字在此也應解作動詞,而非後置定語,且訓猶原整理者、劉國忠與申超之說,只是若配合上文所云「民復離心」之文意,竊疑此「遠」字應訓近黃麗娟之看法,釋作「疏遠、不親近」,或許會更為準確,其猶《尚書・伊訓》云「敢有侮聖言,逆忠直,遠耆德,比頑童,時謂亂風。」[209]又如《漢書・楚元王傳》曰「宜發明詔,吐德音,援近宗室,親而納信,黜遠外戚,毋授以政,皆罷令就弟,以則效先帝之所行,厚安外戚,全其宗族,誠東宮之意,外家之福也。」[210]若然,則「遠邦」、「歸志」二詞適正為正反與因果關係之對文,另外,由於此段簡文前云「克」,或即古文字與傳世文獻習見之「能夠」義,[211]在此應代表條件,而下文談「賚」、「予」以撫民之事,故簡文所謂「烏呼,吾何作于民」,很可能是伊尹言其能夠匯聚上文所述有夏友我力量之情況下,使湯進一步提問對「民」該有何等作法之過渡或假設語境,俾使上下文意能有所銜接,如此一來,則簡文此所見「惟」,當猶《尚書・康誥》之用法,可訓作「假使」,其文云「王曰:『封,予惟不可不監,告汝德之說于罰之行。今惟民不靜,未戾厥心,迪屢未同,爽惟天其罰殛我,我其不怨。惟厥罪無在大,亦無在多,矧曰其尚顯聞于天。』」[212]此中「今惟」一詞之「惟」字,屈萬里即引《尚書故》釋云「有『假令』義」,[213]可從,當然,也由於下文乃湯提問對「民」作法之過渡或假設語境,且此篇上半之篇章結構皆言有夏,因此,此處之「民」,當以申超、劉光勝或趙思木所云之「夏民」較為準確,而非曹方向所云之「商民」、王寧所釋之「全體人民、民眾」、黃麗娟所論之「夏民、商民、友邦冢君暨其百工」,抑或李銳所云「湯的子民」;至於「歸志」一詞,就上述諸家之說而言,大抵有「歸附」或「背離、不安」等兩種說法,若就傳世文獻用例而言,如《左傳・襄公九年》云「子孔曰:『晉師可擊也,師老而勞,且有歸志,必大克之。』」[214]《孟子・公孫丑章句》亦曰「夫出晝,而王不予追也,予然後浩然有歸志。」[215]凡此

土文獻與古文字研究中心,網址:http://www.gwz.fudan.edu.cn/Web/Show/2082,2013 年 6 月 30 日,檢索日期:2018 年 7 月 16 日。

[209] 〔漢〕孔安國傳、〔唐〕孔穎達疏:《尚書正義》(清嘉慶二十年江西南昌府學重刊宋刻本,臺北:藝文印書館,1997 年 8 月初版),卷八,頁 115。

[210] 〔漢〕班固撰、〔唐〕顏師古注:《漢書》(瞿氏鐵琴銅劍樓藏北宋景祐刊本,臺北:臺灣商務印書館,2010 年 7 月臺二版),〈列傳〉卷六,頁 525。

[211] 例如:「癸卯卜,其克翦周?四月。」(第一期:《合集》20508)又《尚書・舜典》或云「慎徽五典,五典克從。」孔傳釋曰「五教能從,無違命。」再如《詩經・齊風・南山》則云「析薪如之何?匪斧不克。」毛傳更逕釋曰「克,能也。」凡此「克」字之訓,俱屬此等類例也。〔漢〕孔安國傳、〔唐〕孔穎達疏:《尚書正義》(清嘉慶二十年江西南昌府學重刊宋刻本,臺北:藝文印書館,1997 年 8 月初版),卷三,頁 34;〔漢〕毛亨傳、〔漢〕鄭玄箋、〔唐〕孔穎達疏:《毛詩正義》(清嘉慶二十年江西南昌府學重刊宋刻本,臺北:藝文印書館,1997 年 8 月初版),卷五之二,頁 197。

[212] 〔漢〕孔安國傳、〔唐〕孔穎達疏:《尚書正義》(清嘉慶二十年江西南昌府學重刊宋刻本,臺北:藝文印書館,1997 年 8 月初版),卷十四,頁 205。

[213] 屈萬里:《尚書集釋》(臺北:聯經出版事業公司,1983 年 2 月初版),頁 155。

[214] 〔晉〕杜預注、〔唐〕孔穎達疏:《春秋左傳正義》(清嘉慶二十年江西南昌府學重刊宋刻本,臺北:藝文印書館,1997 年 8 月初版),卷三十,頁 529。

[215] 〔漢〕趙岐傳、〔宋〕孫奭疏:《孟子注疏》(清嘉慶二十年江西南昌府學重刊宋刻本,臺北:藝文印書館,1997 年 8 月初版),卷四,頁 84。

所見「歸志」，皆訓作「返回」，但簡文上文已云「遠邦」，既有「疏遠、不親近」義，則下文之「歸」自無相反且不太相關之「返回」義，否則「遠邦」加「歸志」之二行為，在文意上便難以理解，因此，簡文此所謂「歸志」，恐怕仍應作「歸附」解，關於「歸志」之義訓解詁與詞例分析，王挺斌已作了相當詳細之考證，可參，雖然其所引證《孔叢子》之「遠方歸志」，時代或嫌稍晚，但文中所證之「歸心」，時代較早，[216]猶可信之，今且從其所釋「歸志」之說矣。故綜上所述，此段簡文應可釋作「我能匯聚友我之力量（意志），但現在如果夏民疏遠其邦且歸附的話呢？」

〔7〕日（籾？）

　　請參考本章節「字詞校詁」末尾【存疑別解】之內容。

【存疑別解】

　　此處亦將簡文「敎（？；仇（讎）？、擊？）」字收錄於此，其理與前一章節〈尹至〉類例相同；而另一「日（籾？）」字，則因學界目前以釋「田」為主要共識，本文大膽假設，提出再從原整理者與復旦大學讀書會舊說之可能性，惟論證尚嫌不足，能否成立，或可續作討論。有鑑於此，為求謹慎，茲將此二例移廁於此，權充假說，並作為簡文釋讀之參考。

存疑別解　例一：

〔5〕敎（？；仇（讎）？、擊？）

　　簡2此字之釋讀，或猶存疑義，其形作：

（清華〈尹誥〉簡2）

　　其辭例為「我▨／▨滅夏！今後曷不監。」（清華〈尹誥〉簡2）

　　原整理者釋為「捷」；[217]復旦大學出土文獻與古文字研究中心研究生讀書會以為簡文此字乃甲金文「戔」字，並改讀為「翦」，其後之修訂稿亦同此說；[218]黃懷信初釋作

216　如《論語‧堯曰》云「興滅國，繼絕世，舉逸民，天下之民歸心焉。」又如《史記‧太史公自序》亦云「漢既初興，繼嗣不明，迎王踐祚，天下歸心」，俱為「歸心」較早之用例。〔魏〕何晏注、〔宋〕邢昺疏：《論語注疏》（清嘉慶二十年江西南昌府學重刊宋刻本，臺北：藝文印書館，1997年8月初版），卷二十，頁178；〔漢〕司馬遷原著、（日）瀧川龜太郎著：《史記會注考證》（臺北：萬卷樓圖書公司，1993年8月初版），卷一百三十，頁1373。

217　清華大學出土文獻研究與保護中心、李學勤編：《清華大學藏戰國竹簡（壹）》（上海：中西書局，2010年12月第一版），頁134。

218　復旦大學出土文獻與古文字研究中心研究生讀書會：〈清華簡《尹至》、《尹誥》研讀札記（附：《尹至》、《尹誥》、《程寤》釋文）〉，復旦大學出土文獻與古文字研究中心，網址：http://www.gwz.fudan.edu.cn/

「哉」字之訛體誤書，亦讀為「翦」，惟其後又改釋為「捷」；[219]廖名春仍從讀書會之釋讀；[220]劉國忠釋為「捷」，以為其例當表「迅速」之意；[221]陳民鎮將此例釋為《說文》之「𢦏」，並讀為「翦」；[222]黃麗娟亦讀為「翦」；[223]梁立勇釋為「戩」，仍讀為「翦」；[224]季旭昇隸作「哉」，亦讀為「翦」；[225]馬文增釋讀為「捷」，訓作「迅捷」；[226]馬嘉賢仍釋為「翦」；[227]王昆也讀為「翦」；[228]洪君好亦讀為「翦」。[229]

今復考簡文此字之形，知其例從戈從口，左上形構不明，上引諸家多以陳劍釋甲金文「𢦏」字之說為基礎，[230]釋為「翦」字初文。實則在陳劍之前，學界即對甲金文此類形構，聚訟多年，近年亦陸續有新說，例如：早期學界多將其與「戋」字併釋為一字；[231]管燮初原釋為《說文》之「戋」（戋）字，並將卜辭之「𢦏」字釋為「蠡」，表示亂或擾動之意，惟其後又將「𢦏」字改釋為「捷」字初文；[232]郭沫若則釋為古「捷」字；[233]王顯釋作「芟」字之古體；[234]張政烺將「𢦏」字釋為「戳」，改讀為「博」，且以為此字能否斷定為今某字，仍有一定之困難；[235]黃盛璋則據「疌」與「捷」之形源、「捷」

Web/Show/1352，2011 年 1 月 5 日，檢索日期：2018 年 6 月 25 日；復旦大學出土文獻與古文字研究中心：〈清華簡《尹至》、《尹誥》、《程寤》研讀札記〉，收入彭林主編：《中國經學》8，桂林：廣西師範大學出版社，2011 年 6 月第一版，頁 23-30。

219 黃懷信：〈由清華簡《尹誥》看《古文尚書·咸有一德》〉，武漢大學簡帛研究中心，網址：http://www.bsm.org.cn/show_article.php?id=1424，2011 年 3 月 25 日，檢索日期：2018 年 6 月 26 日；黃懷信：〈由清華簡《尹誥》看《古文尚書》〉，《魯東大學學報（哲學社會科學版）》2012 年第 6 期，頁 66-69。

220 廖名春：〈清華簡《尹誥》研究〉，頁 110-115；廖名春：〈清華簡《尹誥》篇的內容與思想〉，收入清華大學出土文獻研究與保護中心編：《清華簡研究》1（上海：中西書局，2012 年 12 月第一版），頁 40-47。

221 劉國忠：《走近清華簡》（北京：高等教育出版社，2011 年 4 月第一版），頁 124-125。

222 陳民鎮：〈清華簡《尹誥》釋文校補〉，《中華文化論壇》2011 年第 4 期，頁 110-114。

223 黃麗娟：〈清華簡〈尹誥〉疑難字詞考釋〉，《國文學報》52（2012 年 12 月），頁 33-58。

224 梁立勇：〈甲骨文「𢦏」補釋兼釋清華簡「𢦏」〉，清華大學出土文獻研究與保護中心編：《清華研究》1（上海：中西書局，2012 年 12 月第一版），頁 53-56。

225 季旭昇主編、王瑜楨等合撰：《清華大學藏戰國竹簡（壹）讀本》（臺北：藝文印書館，2013 年 11 月初版），〈尹誥〉譯釋章之釋文與季旭昇案語，頁 22-23、28。

226 馬文增：〈清華簡《尹誥》新釋、簡注、白話譯文〉，武漢大學簡帛研究中心，網址：http://www.bsm.org.cn/show_article.php?id=2256，2015 年 6 月 8 日，檢索日期：2018 年 6 月 20 日。

227 馬嘉賢：《清華壹《尹至》、《尹誥》、《皇門》、《祭公之顧命》研究》（國立彰化師範大學國文學系博士論文，2015 年 7 月），頁 101。

228 王昆：《清華簡《尹至》、《尹誥》、《赤鵠之集湯之屋》集釋》（河北大學文學碩士學位論文，2016 年 5 月），頁 42。

229 洪君好：《戰國竹書伊尹文獻研究》（國立中興大學中國文學研究所碩士論文，2017 年 8 月），頁 18。

230 陳劍：〈甲骨金文「𢦏」字補釋〉，《甲骨金文考釋論集》（北京：線裝書局，2007 年 4 月），頁 99-106。

231 例如：單周堯：〈甲骨文中的𢦏與𢦏〉，《中國語文》1980 年第 2 期，頁 140-141；中國社會科學院考古研究所編輯：《甲骨文編》（北京：中華書局，1965 年 9 月第一版），頁 490-492；容庚編著、張振林與馬國權摹補：《金文編》（北京：中華書局，1985 年 7 月第一版），頁 826-827。

232 管燮初：〈說𢦏〉，《中國語文》1978 年第 3 期，頁 206。

233 郭沫若：《兩周金文辭大系考釋》（上海：上海書店出版社，1999 年 7 月第一版），頁 20、25。

234 王顯：〈讀了《說𢦏》以後〉，《中國語文》1980 年第 2 期，頁 137-139。

235 張政烺：〈釋『𢦏』〉，收入中國古文字研究會、四川大學歷史系古文字研究室編：《古文字研究》6（北京：中華書局，1981 年 11 月第一版），頁 133-140，亦收入張政烺：《張政烺文史論集》（北京：中華書局，2004 年 4 月），頁 607-613。

字語例、「斬」與「芟」之形音義證據，稍修正學者釋形之說，而將寰鼎、呂行壺、書鼎、敔簋、庚壺等器所見「戈」之類例，俱釋為「截」，並釋其形為會以戈斬斷或截斷草木之意，在辭例中讀為「捷」或「截」；[236]吳振武據「戈」左形乃象披髮形構之理，以為「戈」字當即「殺」字之表意初文，[237]其後麻愛民與徐在國俱從其說，並補證金文與楚簡之相關類例；[238]沈建華與曹錦炎之《新編甲骨文字形總表》仍隸作「戈」；[239]周鳳五將新見四十二年　鼎所見「蔑」字改釋為「略」，[240]惟其後商豔濤仍將「蔑」字釋為「捷」；[241]而李學勤亦將甲金文所見「戈」字類例讀為「捷」，訓為「克」或「勝」之意；[242]李宗焜《甲骨文字編》則釋作「翦」；[243]彭裕商從字義與詞性之角度，以為古文字此類字例可釋為「翦」、「踐」或「殘」，且為「戩」之本字。[244]綜上諸說，可知甲金文此等舊釋為「戈」字諸例，眾說紛紜，茲據上引學者所論相關字例，試擬其字形比較表如下，並復考此中之相關疑義：

字形分析 隸釋	形源	代表字形
戈	1.以戈斷人首之形 2.翦除草木之形	（西周：量鼎，《集成》02739）

[236] 黃盛璋：〈「戈」為「截」之初文形、音、義證〉，收入《于省吾教授誕辰 100 周年紀念文集》（長春：吉林大學出版社，1996 年 9 月第一版），頁 233-238。

[237] 吳振武：〈「戈」字的形音義──為紀念殷墟甲骨文發現一百週年而作〉，收入國立臺灣師範大學國文系、中央研究院歷史語言研究所編《甲骨文發現一百周年學術研討會論文集》（臺北：文史哲出版社，1998 年 5 月），頁 287-300，亦收入王宇信、宋鎮豪主編：《夏商周文明研究（四）　紀念殷墟甲骨文發現一百周年國際學術研討會論文集》（北京：社會科學文獻出版社，2003 年 3 月第一版），頁 139-148。

[238] 麻愛民：《墻盤銘文集釋與考證》（東北師範大學碩士學位論文，2002 年 5 月），頁 49-50；徐在國：〈郭店楚簡文字三考〉，收入李學勤、謝桂華主編：《簡帛研究》（桂林：廣西師範大學出版社，2001 年 9 月第一版），頁 177-185。

[239] 沈建華、曹錦炎編著：《新編甲骨文字形總表》（香港：香港中文大學，2001 年），頁 120。

[240] 周鳳五：〈眉縣楊家村窖藏《四十二年逑鼎》銘文初探〉，《華學》7（廣州：中山大學出版社，2004 年 12 月第一版），頁 93-103。

[241] 商豔濤：〈金文「蔑」字補議〉，《古漢語研究》2008 年第 2 期，頁 83-85。

[242] 李學勤：〈再談甲金文的「戈」字〉，收入李學勤：《三代文明研究》（北京：商務印書館，2011 年 11 月第一版），頁 70-72。

[243] 李宗焜編著：《甲骨文字編》（北京：中華書局，2012 年 3 月第一版），頁 902-905。

[244] 彭裕商：〈關於「戈」字釋讀的一點淺見〉，收入中國古文字研究會、清華大學出土文獻研究與保護中心、中國社會科學院甲骨文殷商史研究中心、首都師範大學甲骨文研究中心編《古文字研究》31（北京：中華書局，2016 年 10 月北京第一版），頁 497-499。

		（西周：史牆盤，《集成》10175） （西周：癲鐘，《集成》00251）
𢦏	从戈才聲	／（上博《采風曲目》簡5） ／（楚帛書甲「哉」） （《說文》卷十二下「戈」部） （《說文》卷二上「口」部：「哉」）
截（戠、捷）	會以戈斬斷或截斷草木之意	（西周：䜌鼎，《集成》02740「𢧢」） （西周：寰鼎，《集成》02731「戠」） ／（西周：呂行壺，《集成》09689「戠」） ／（戰國：陳侯因𫆧錞，《集成》04649） （《說文》卷六下「邑」部）

		（三體石經《春秋》僖公 32 年「捷」字古文）
截（戬、捷）	1.會以戈斬斷或截斷草木之意 2.从邑从戈从廾，廾亦聲	（西周：四十二年　鼎，《新收》0746「葴」）
伐	从从持戈	（第一期：《合集》5736） （包山簡 169「鄼」） （《說文》卷十二下「戈」部）
戳	斷也，从戈雀聲	（《說文》卷十二下「戈」部） （《說文》卷九上「髟」部：「鬓」）
殺	以戈斷人首之形 （左為「披頭散髮」之「散」字初文）	（西周：爾攸比鼎，《集成》02818） （西周：爾比簋蓋，《集成》

		04278）
		（西周：庚壺，《集成》09733.1B）
		（包山簡簡 86）
		（郭店《老子・丙》簡 7）
芰	从艸从攴，「艸」與「屮」同意、「戈」與「攴」同意	（《說文》卷一上「艸」部）
戠	滅也，从戈晉聲	（《說文》卷十二下「戈」部）

245

　　上表所列字形與清華簡此例皆不甚相近，甚至同屬戰國簡帛文字之包山簡或楚帛書所見類例，亦與簡文此例或異；至於「截（戠、捷）」字，其語義雖與清華簡此例近同，惟諸家所釋者，皆據三體石經《春秋》「捷」字立論，對此，黃盛璋已證其為音義通讀為「捷」之故，與形無關，再者，此類「戠」字亦可讀為「哉」，例如：「皇考孝武趩公，恭戠，大慕克成」（戰國：陳侯因資錞，《集成》04649），此則又與「戈」字相

245 上博〈曹沫之陳〉尚見二疑例，其形為：（上博〈曹沫之陳〉簡 42）、（上博〈曹沫之陳〉簡 43），原整理者分隸作「」、「」，俱讀為「散」，陳斯鵬改釋為「捷」，而高佑仁在釋讀此字時，也提及與此所論「戈」字之相關字形，不過，季旭昇對此二字是否即「戈」字，仍有所存疑。今以上表所列字形而言，上博簡此二例確實與其他字形或異，再者，楚簡「散（甹）」字之形或作 ／（上博〈用日〉簡），其上所从之形，即與此二例左上形構相類，因此，上博〈曹沫之陳〉此所見二疑例，似仍應釋从散為宜，而與「戈」字之字形無涉。馬承源主編：《上海博物館藏戰國楚竹書（四）》（上海：上海古籍出版社，2004 年 12 月第一版），頁 270-271；陳斯鵬：〈上海博物館藏楚簡《曹沫之陳》釋文校理稿〉，原發表於簡帛研究網，2005 年 2 月 20 日，因網站內容調整，其說轉見於季旭昇主編，袁國華協編，陳思婷、張繼凌、高佑仁、朱賜麟合編：《〈上海博物館藏戰國楚竹書（四）〉讀本》（臺北：萬卷樓圖書公司，2007 年 3 月初版），頁 192-194；馬承源主編：《上海博物館藏戰國楚竹書（六）》（上海：上海古籍出版社，2007 年 7 月第一版），頁 305。

混，甚至三體石經所列字形非全為異體關係，例如：「是」、「夏」二字即溷合為一，[246]是故，簡文此例是否即三體石經之「捷」字，恐或可再商；倘復以辭例而言，除▦鼎與憲鼎外、呂行壺、敔簋與庚壺所見从⿰戈之類例，其辭例亦與清華簡此字不同，[247]即其例所接賓語皆非國名，再者，在西周金文與傳世文獻中，關於武王滅商之記載，多云「克」、「征」、「有」或「勝」，卻未見「捷」或上表所列諸例者，例如：「武王征商，隹甲子朝，歲鼎克昏，夙有商。」（西周：利簋，《集成》04131）、「隹武王既克大邑商」（西周：冟尊，《集成》06014）、《尚書·洪範》云「武王既勝殷邦」等。[248]是故，清華簡此例應非「截（戩、捷）」字或上表相關字例，而應另作他解。

　　實則清華簡與陶文所見幾則从戈類例，與清華簡此例相近，應併而釋之，其形為【包含〈尹誥〉簡此例在內，下文將此等類例稱作「△」】：

（清華〈尹至〉簡5）

（清華〈說命·中〉簡3）

（《陶文圖錄》2.144.4）[249]

　　「△」與〈尹至〉簡2所見从⿰戈之「㦰」（災）字明顯有異，故「△」當非从⿰戈，近來陳劍釋陶文例為「从邑从⿰戈（捷）」，惟仍對左上形構之演變環節存疑。[250]茲據其說，復論以下幾項疑義：

一、　部分兩周金文所見形近類例，應與「△」無關，包括：

　　　　　　🖊（西周：敔簋，《集成》04323）

　　　　　　🖊（春秋：庚壺，《集成》09733.1B）

[246] 陸肇興藏：《三體石經》（有正書局代印，1924年11月出版），收入林慶彰主編《民國時期經學叢書》（臺中：文听閣圖書公司，2013年5月初版），頁19。

[247] 例如：「以師氏🖊有司後國戓伐貊」（西周：寰鼎，《集成》02740）、「王令遺🖊東反夷」（西周：憲鼎，《集成》02731）、「呂行🖊，俘馬」（西周：呂行壺，《集成》09689）、「🖊首百」（西周：敔簋，《集成》04323）、「庚🖊其兵」（春秋：庚壺，《集成》09733）。

[248] 〔漢〕孔安國傳、〔唐〕孔穎達疏：《尚書正義》（清嘉慶二十年江西南昌府學重刊宋刻本，臺北：藝文印書館，1997年8月初版），卷一二，頁179。

[249] 王恩田編著：《陶文圖錄》（濟南：齊魯書社，2006年6月第一版），頁232。

[250] 陳劍：〈簡談《繫年》的「🖊」和楚簡部分「🖊」字當釋讀為「捷」〉，《安徽大學學報（哲學社會科學版）》2013年第6期，頁67-70。

（春秋：戴叔朕鼎，《集成》02690）

上引諸例左上似從重中或類似「生」之形，或可謂與「△」相近，惟戴叔朕鼎例屬專名，可讀為「戴」，應即「㦰（哉）」字之異化訛變；而西周敔簋屬摹本字形，今仍缺原拓，原件字形待考；至於春秋庚壺例亦為摹本，今所見拓片又嫌漫漶，似猶未知其是否從重中。因此，此等類例是否與「△」有關，似猶可商，甚且庚壺另見「殺」字，其形與「△」差異尤甚（可參上文字形比較表「殺」字），可證此等類例皆應非「△」。

二、 楚簡所見「𢦏」、「𩠐」等例，應與「△」無關：

張世超以為「𢦏」字乃從歲省從百，會斬獲之意，即楚人為「斬獲」所造之專字，其義與「斬獲」或「俘獲」有關，可逕釋為「獲」；[251]陳劍則以為此等類例當可釋讀為「捷」；[252]賴怡璇仍從陳劍之說。[253]惟其猶上引陳劍所言，不論何說，「△」之字形演變環節仍存在部分疑義，例如：陳劍從「中」、「止」、「之」、「木」等形之對應，解釋「𢦏」字與金文「㦰」字之關係，[254]然而，金文「㦰」字如何演變成「△」左上所見之形構，確仍需更多實證；再者，楚簡所見「𢦏」字之立論基礎，乃在於其辭例句式，其例或可分為三類：

（一）其後接所俘獲之人者，例如：「秦公率師與惠公戰于韓，𢦏惠公以歸。」（清華《繫年》簡34-35）

（二）其後接所俘獲之物者，例如：「晉景公會諸侯以救鄭，鄭人𢦏鄖公儀，獻諸景公，景公以歸。」（清華《繫年》簡85-86）

（三）作為受事主語之謂語者，例如：「連尹𢦏于河雍。」（清華《繫年》簡 76-77）或「景之賈與舒子共𢦏而死。」（清華《繫年》簡128）

　　　　如上所述，知「𢦏」字所搭配賓語皆指人或物，與上引之西周𣪠鼎、敔簋、春秋庚壺近同，[255]卻猶未見指朝代者；至於「𩠐」字，沈培以為此乃從首之聲之例，多可讀為「得」或「止」，[256]陳劍則改讀為「捷獲」之「捷」，釋為與「𢦏」混同之同形字，[257]然而，今所見「𩠐」字三例，不僅無賓語，

---

[251] 張世超：〈清華簡〈繫年〉「𢦏」字說〉，中國古文字研究會第十九屆學術年會論文，2012 年 12 月。

[252] 陳劍：〈簡談《繫年》的「𢦏」和楚簡部分「𩠐」字當釋讀為「捷」〉，《安徽大學學報（哲學社會科學版）》2013 年第 6 期，頁 67-70。

[253] 蘇建洲、吳雯雯、賴怡璇：《清華二《繫年》集解》（臺北：萬卷樓圖書公司，2013 年 12 月初版），頁 336-337。

[254] 陳劍：〈簡談《繫年》的「𢦏」和楚簡部分「𩠐」字當釋讀為「捷」〉，《安徽大學學報（哲學社會科學版）》2013 年第 6 期，頁 67-70。

[255] 𣪠鼎銘文云「豐伯、薄姑咸㦰」，此亦受事主語前置者（《集成》02739）；敔簋銘文云「𢦏首百。」（《集成》04323），知敔所獲者，應即敔首；又庚壺銘文云「庚𢦏其兵」（《集成》09733），知庚所「𢦏」者，乃兵甲之物。因此，此二器辭例所云內容，或與此所引清華《繫年》簡諸例近同。

[256] 沈培：〈試釋戰國時代從「之」從「首（或從『頁』）」之字〉，武漢大學簡帛研究中心，網址：http://www.bsm.org.cn/show_article.php?id=630，2007 年 7 月 17 日，檢索日期：2015 年 8 月 22 日。

[257] 陳劍：〈簡談《繫年》的「𢦏」和楚簡部分「𩠐」字當釋讀為「捷」〉，《安徽大學學報（哲學社會科

餘例但且指人耳，亦未見朝代或國名者。[258]是故，楚簡所見「𢦏」、「𡇯」等例，應與「△」無關，甚至如上引兩周金文敔簋與庚壺等器諸例，以其辭例與「𢦏」字相近之故，亦不可與「△」混而釋之。

　　綜上所述，「△」之形源確實令人費解。竊疑「△」乃「𢦏」字異構，可讀為「仇（讎）」或「擊」，兼存「仇（讎）滅」或「擊滅」義，具有「攻伐」之意涵，清華〈尹誥〉簡此例下文所接「滅」字，更表結果義，其理為：上引吳振武釋「𢦐」字疑與披頭散髮形構有關，[259]此說極具啟發性，雖其所釋「殺」字，在楚文字中，與「△」不甚相近，且「殺」字在清華〈尹誥〉簡此例辭例中，亦無所取義，然而，倘依循其釋形脈絡，則疑「△」應與「老」或「考」字之筆法異化趨勢有關，此亦可補足上引陳劍說所缺之字形關鍵證據。今考「老」、「考」二字乃一字之分化，俱象老人披髮傴僂且持杖之形，茲試擬此二字之字形發展比較表：

分期　　　字形	老	考
殷墟甲骨文	（第一期：《合集》18973）	／（第五期：《合集》36416）
西周金文	（殳季良父壺：《集成》09713）	（智壺蓋：《集成》09728）
春秋金文		／（王孫遺者鐘：《集

學版）》2013 年第 6 期，頁 67-70。

258 此三例為：「三戰而三𡇯，而邦人不稱勇」（上博《邦人不稱》簡 3）、「此以桀折于鬲山，而紂𡇯于只祗」（上博《鬼神之明　融師有成氏》簡 2 背）、「陳公子皇𡇯皇子」（上博《莊王既成　申公臣靈王》簡 4 下），可知除《邦人不稱》簡外，餘「𡇯」例所搭配之賓語，皆為人，而非朝代。

259 吳振武：〈「𢦐」字的形音義——為紀念殷墟甲骨文發現一百週年而作〉，收入國立臺灣師範大學國文系、中央研究院歷史語言研究所編《甲骨文發現一百周年學術研討會論文集》（臺北：文史哲出版社，1998 年 5 月），頁 287-300，亦收入王宇信、宋鎮豪主編：《夏商周文明研究（四）　紀念殷墟甲骨文發現一百周年國際學術研討會論文集》（北京：社會科學文獻出版社，2003 年 3 月第一版），頁 139-148。

		成》00261.1）
戰國文字	（包山簡簡217） （上博〈容成氏〉簡17） （清華〈鄭武夫人規孺子〉 簡6）	（郭店〈唐虞之道〉簡6） （清華〈皇門〉簡13）
《說文》小篆	（卷八上「老」部）	（卷八上「老」部）

　　可知「老」字上部所从類似「屮」之形，其後增筆繁化，而與「△」左上字形相近，若然，則此等類例應可釋為「𦒶」字異構，其例又見於：

（包山簡簡138反）

／ （包山簡簡138反）

（郭店《緇衣》簡19（含重文符））

（郭店《緇衣》簡43）

（上博《紂衣》簡10）

（上博《紂衣》簡22）

　　關於上引諸例之考證，除上博簡从各外，[260]學界或釋从考、[261]或釋从棗、[262]抑釋从來或从求，[263]近來則又有釋从卒者，[264]其中，據从來或从求以釋讀之者，似較能通讀簡文，此中又或可議者有二：

一、「來」、「求」、「考」、「老」等字上古音相近，[265]例可互通，而在古文字中，

亦見聲符替換例，例如：（戰國：徐 尹皆鼎，《集成》02766.1

蓋內），此例疑本从孝，[266]後又疑其形近聲化从來，再者，古文字因形近聲化而从來者之例甚多，例如：「鼇」字本从麥或未，其異構亦習見形近聲化从來者，[267]又如古文字部分从老之例，或於其髮下增添飾筆，進而趨近「來」形，[268]因此，古文字中部分从求或从來之例，亦或可釋作从考或老之聲符替換例。

二、古文字从老之例，多省下半而存上半髮形，其中，與「△」形最為相近者，或如：

（西周：辛中姬皇母鼎，《集成》02582「老」）

---

260 季旭昇主編，陳霖慶、鄭玉珊、鄒濬智合撰：《《上海博物館藏戰國楚竹書（一）》讀本》（臺北：萬卷樓圖書公司，2004 年 6 月初版），頁 109-110。

261 郭店簡原整理者釋从考，惟裴錫圭按語疑此似不从考，另張光裕與袁國華則仍釋从考。荊門市博物館：《郭店楚墓竹簡》（北京：文物出版社，1998 年 5 月第一版），頁 130、134（裴錫圭按語）、136；張光裕主編、袁國華合編：《郭店楚簡研究　第一卷　文字編》（臺北：藝文印書館，1999 年元月初版），頁 214、頁 520、527。

262 何琳儀：〈郭店竹簡選釋〉，收入李學勤、謝桂華主編：《簡帛研究》（桂林：廣西師範大學出版社，2001 年 9 月第一版），頁 159-167；黃德寬、何琳儀、徐在國：《新出楚簡文字考》（合肥：安徽大學出版社，2007 年 9 月第一版），頁 6-7、104、110。

263 李零：《郭店楚簡校讀記》（北京：北京大學出版社，2002 年 3 月第一版），頁 64、65；劉釗：《郭店楚簡校釋》（福州：福建人民出版社，2003 年 12 月第一版），頁 58、頁 66-67；王輝：〈郭店楚簡釋讀五則〉，收入李學勤、謝桂華主編：《簡帛研究》（桂林：廣西師範大學出版社，2001 年 9 月第一版），頁 168-173。

264 李守奎、賈連翔、馬楠：《包山楚墓文字全編》（上海：上海世紀出版公司，2012 年 12 月第一版），頁 444。

265 「來」字上古音為來母之部、「求」字則為羣母幽部、「老」字為來母幽部、「考」字為溪母幽部，上古之、幽二部相通例習見，而舌根音與來母亦多存相涉之例。

266 何琳儀，《戰國古文字典——戰國文字聲系》（北京：中華書局，1998 年 9 月第一版），頁 223。

267 例如：（西周：師酉簋，《集成》04288.1）、（郭店《太一生水》簡 8）、／（郭店《尊德義》簡 33）。

268 例如：（西周：師害簋，《集成》04116.2「考」）。

（西周：散氏盤，《集成》10176「孝」）

（春秋：考叔訴父簠，《集成》04608.1「考」）

（春秋：大司馬簠，《集成》04505.1 蓋內「孝」）

（春秋：樂子簠，《集成》04618「壽」）

（春秋：長子沬臣簠，《集成》04625.2「壽」）

（包山簡 117「壽」）

再者，「老（考）」本類从毛形，「△」字左上之形適正與楚簡「毛」字極為相近，亦可謂「老（考）」之省，例如：

（郭店《老子·甲》簡 25「霝」）

（上博〈容成氏〉簡 49「霝」）

因此，竊疑上引「△」可釋作「戵」字，其左上即从老（考）省之形，或謂類近「來」形者，殆形近之聲化耳，換言之，「△」字从戈，象斬披髮人士之形，或有問罪伐夏，並使其順服之意，[269]至於其下之「口」形，應即上列辛中姬皇母鼎「老」字下部形構之訛化，抑或猶「哉」字之繇「口」，[270]此皆「△」字字形之所本也。據此，則「△」可逕釋作「戵」，讀為「仇（讎）」或「擊」：

（一）「辜（厥）辟（辟）复（作）息（悁、怨）于民=（民，民）復之甬（用）麗（離）心，我戵（仇、讎、擊）滅夏」（清華〈尹誥〉簡 2）：

---

[269] 古文字所見披髮形構之例，例如：若、老、鬥等，多有攻伐、問罪，抑或使其順服之意。

[270] 西周金文「哉」字多不从口，如：（西周：禹鼎，《集成》02833：其左下圈形應為鏽斑，《金文編》不从口），其至春秋以下則多繇口，例如：（春秋：邿公華鐘，《集成》00245）、（楚帛書甲），或隸楷字形之所本。容庚編著、張振林與馬國權摹補：《金文編》（北京：中華書局，1985 年 7 月第一版），頁 826。

簡文此「𢦏」字應可讀為「仇（讎）」，表「仇（讎）滅」之意，其所謂「仇（讎）」者，更有「怨恨」之感；抑或可將此字釋為从戈得聲，疑乃雙聲符字，並可讀為「擊」，[271]在簡文中表「擊滅」之意，文意可謂順適暢達，其猶《史記・秦始皇本紀》所云「趙公子嘉乃自立為代王，故舉兵擊滅之。」[272]又如《史記・楚世家》所云「九年，相若敖氏。人或讒之王，恐誅，反攻王，王擊滅若敖氏之族。」[273]再如《史記・南越列傳》亦曰「佗曰：『高帝立我，通使物。今高后聽讒臣，別異蠻夷，隔絕器物，此必長沙王計也，欲倚中國，擊滅南越而并王之，自為功也。』」[274]知此甚至有「消滅」或「併入」之意，其或與戰國「滅」字訓作「絕其社稷，有其土地」或「用大師大眾陷敵，因而有之」之義例近同，[275]且合於古史。

（二）「自西𢦏西邑，戡其有夏」（清華〈尹至〉簡 5）：簡文此「𢦏」字同樣可讀為「仇（讎）」或「擊」，訓作「仇（讎）滅」或「擊滅」，惟以「攻伐」之意為主（詳下文），其猶《尚書・五子之歌》所云「萬姓仇予，予將疇依」之用例。[276]

（三）「我先王滅夏，燮疆，𢦏蠢邦」（清華〈說命・中〉簡 3）：簡文「𢦏」字或可讀為「擊」，而與上文之「燮疆」互為對文，皆指平定邊疆或邦國之意。

---

271 據相關異文，頗疑此「戈」旁亦具表音功能。今考傳世典籍、古文字與楚文字，或見之幽與歌支二系相通例，例如：《詩經・南有嘉魚之什・車攻》韻腳「調」（幽）與「支」（支）通押；望山 48 號墓遣策簡「峊」（元）可讀為「彫」（幽）；上博《從政・乙》簡 3「巳」（之）可讀為「也」（歌）；郭店〈窮達以時〉簡 4、上博〈曹沫之陳〉簡 57「戰」（元）可讀為「守」（幽）；上博〈競建內之〉簡 10「𢦏」（之）可讀為「易」（錫）等。因此，簡文此「𢦏」字，既可依異文讀為屬之幽音系之「仇（讎）」，亦可依其另一形構「戈」讀為屬歌支音系之「擊」，換言之，簡文此「𢦏」字所从之「考」與「戈」，二形構皆應具表音功能，再者，楚文字从戈之形構，亦或見為多聲符字者，例如：越王者旨於賜戈之「𢦏」字（《集成》11310），其所从之「圭」與「戈」，皆具表音功能，清華簡此例亦當類此，至於清華簡此例倘釋為从戈得聲，則「戈」上古音為見母歌部，「擊」則為見母錫部，二字或可依上古音與楚方言歌支音近互通之理，自可通讀無礙。王輝：《古文字通假釋例》（臺北：藝文印書館，1993 年 4 月初版），頁 214；陳新雄：《古音研究》（臺北：五南圖書公司，1999 年 4 月初版），頁 453-454；李存智：《上博楚簡通假字音韻研究》（臺北：萬卷樓圖書公司，2010 年 2 月初版），頁 121-122、147-148、172-173、181-182。

272 〔漢〕司馬遷原著、（日）瀧川龜太郎著：《史記會注考證》（臺北：萬卷樓圖書公司，1993 年 8 月初版），卷六，頁 116。

273 〔漢〕司馬遷原著、（日）瀧川龜太郎著：《史記會注考證》（臺北：萬卷樓圖書公司，1993 年 8 月初版），卷四十，頁 649。

274 〔漢〕司馬遷原著、（日）瀧川龜太郎著：《史記會注考證》（臺北：萬卷樓圖書公司，1993 年 8 月初版），卷一百十三，頁 1224。

275 《左傳・文公十五年》「凡勝國，曰滅之；獲大城焉，曰入之。」杜預注云「勝國絕其社稷，有其土地」孔穎達疏「用大師，起大眾，重力以陷敵，因而有之，故曰勝國，通以滅為文也。」〔晉〕杜預注、〔唐〕孔穎達疏：《春秋左傳正義》（清嘉慶二十年江西南昌府學重刊宋刻本，臺北：藝文印書館，1997 年 8 月），卷十九，頁 339；蘇建洲：〈《清華二・繫年》中的「申」及相關問題討論〉，《古文字與古代史》4（臺北：中央研究院歷史語言研究所，2015 年 2 月），頁 449-490。

276 〔漢〕孔安國傳、〔唐〕孔穎達疏：《尚書正義》（清嘉慶二十年江西南昌府學重刊宋刻本，臺北：藝文印書館，1997 年 8 月初版），卷七，頁 101。

（四）「大䧹陽鑄諸⬚」（《陶文圖錄》2.144.4）：此例疊加戰國文字所習見之「止」或「足」形，在此作人名解。

實則清華〈尹誥〉簡此所謂「仇（讎）滅」或「擊滅」語，在此雖可通，但若考量古文字用例，則又應以學者所謂「攻伐」義為主，此亦可與上引〈尹至〉例相互證成。今考殷墟卜辭與上引西周所見从戈之幾件器：

王固曰：『重既，三日戊子。』允既，戈戈方。（第一期：《合集》06648 正）

雩武王既戈殷。（西周：史牆盤，《集成》10175）

雩武王既戈殷。（西周：㝬鐘。《集成》00251）

以師氏眔有司後或伐貊。（西周：𫫇鼎，《集成》02740）

王令遣蕆東反夷。（西周：𫇭鼎，《集成》02731）

以史牆盤「戈」字而言，早期李學勤或釋作「捷」，[277]表戰勝之意，徐中舒則釋同「災」，並云此乃作器者牆自述身世，為求隱諱，故「不忍言滅之情」，[278]又如𫫇鼎例其後接一「伐」字，另如西周利簋、何尊銘文所云「征商」、「有商」或「克大邑商」等，其辭例亦與清華〈尹誥〉簡此例近同，故「戈」、「或」、「蕆」、「征」、「有」、「克」、「勝」或「戠」等字在古文字中，應屬同一組近義詞，皆表征伐之中心義，而清華簡「戠」其或稍異者，乃在於其例下接一「滅」字，黃盛璋曾以為甲金文「戈」、「克」、「捷」等例之釋讀，應考量「攻伐」、「結果」與「戰勝」等三層面，[279]故疑清華簡此例之辭例位置，雖兼有「仇（讎）滅」或「擊滅」之義，似仍以「攻伐」義素為主，主以其後接結果義「滅」字之故也。

綜上所述，竊疑清華〈尹誥〉簡此例或即「戠」字異構，从考或有問罪伐夏之意，而其例可讀為「仇（讎）」或「擊」，雖兼存「仇（讎）滅」或「擊滅」義，但在此主「攻伐」之意也。

不過，簡文此字之釋讀，與前一章所談〈尹至〉類例相同，皆為本文改釋之假說，但此等說法同樣缺乏字形發展之平行演變證據，今暫且存疑，並置於存疑別解例之中，待考。

存疑別解　例二：

〔7〕日（牣？）

簡 4 存一疑例，其形作：

---

[277] 李學勤：〈論史牆盤及其意義〉，《考古學報》1978 年第 2 期，頁 149-158。

[278] 徐中舒：〈西周牆盤銘文箋釋〉，《考古學報》1978 年第 2 期，頁 139-148。

[279] 黃盛璋：〈「戈」為「截」之初文形、音、義證〉，收入《于省吾教授誕辰 100 周年紀念文集》（長春：吉林大學出版社，1996 年 9 月第一版），頁 233-238。

（清華〈尹誥〉簡4）

（摹本）[280]

　　原整理者將其隸作「日」，讀為「實」，表「實」或「滿」之意；[281]復旦大學讀書會改讀為「牣」；[282]廖名春改從復旦大學讀書會之說；[283]惟曹方向與黃麗娟仍從原整理者之說法；[284]馬文增亦從原整理者之釋形，但將簡文所謂「日邑」釋為夏都「陽城」。[285]

　　今復考簡文之形，知此字釋讀之關鍵，乃在於「金玉日（實）邑」一詞讀來窒礙難通，因此，學界或有「日」、「田」之辯，如陳劍便將其例改釋為「田」，故多數學者皆已從其釋「田」之說，[286]其後賈連翔又據紅外線照片，確認其為「田」字，不過，虞萬

---

[280] 清華大學出土文獻研究與保護中心、李學勤編：《清華大學藏戰國竹簡（壹）》（上海：中西書局，2010年12月第一版），頁230。

[281] 清華大學出土文獻研究與保護中心、李學勤編：《清華大學藏戰國竹簡（壹）》（上海：中西書局，2010年12月第一版），頁134。

[282] 復旦大學出土文獻與古文字研究中心研究生讀書會：〈清華簡《尹至》、《尹誥》研讀札記（附：《尹至》、《尹誥》、《程寤》釋文）〉，復旦大學出土文獻與古文字研究中心，網址：http://www.gwz.fudan.edu.cn/Web/Show/1352，2011年1月5日，檢索日期：2018年6月25日。

[283] 廖名春：〈清華簡《尹誥》篇的內容與思想〉，收入清華大學出土文獻研究與保護中心編：《清華簡研究》1（上海：中西書局，2012年12月第一版），頁40-47。

[284] 曹方向：〈清華大學藏戰國竹簡《尹誥》篇補議一則〉，武漢大學簡帛研究中心，網址：http://www.bsm.org.cn/show_article.php?id=1373，2011年1月8日，檢索日期：2018年6月24日；黃麗娟：〈清華簡〈尹誥〉疑難字詞考釋〉，《國文學報》52（2012年12月），頁33-58。

[285] 馬文增：〈清華簡《尹誥》新釋、簡注、白話譯文〉，武漢大學簡帛研究中心，網址：http://www.bsm.org.cn/show_article.php?id=2256，2015年6月8日，檢索日期：2018年6月20日。

[286] 復旦大學出土文獻與古文字研究中心研究生讀書會：〈清華簡《尹至》、《尹誥》研讀札記（附：《尹至》、《尹誥》、《程寤》釋文）〉文末22樓劉洪濤、48樓陳劍、59樓黃傑、61樓網路發言者jiaguwen1899、67樓網路發言者柴夫等學者之評論，其中陳劍將簡文此字改釋為「田」，復旦大學出土文獻與古文字研究中心，網址：http://www.gwz.fudan.edu.cn/Web/Show/1352，2011年1月7日、2011年1月9日、2011年1月13日、2011年1月16日、2011年2月12日，檢索日期：2018年6月25日。另劉信芳、陳民鎮、季旭昇、夏大兆與黃德寬、馬嘉賢、王昆、趙思木與洪君好等俱從陳劍釋「田」之說，不過，後來仍有學者釋為「日」，如黃澤鈞即持此說，惟其終究還是將此字釋作「田」之訛寫。劉信芳：〈清華藏簡（壹）試讀〉，復旦大學出土文獻與古文字研究中心，網址：http://www.gwz.fudan.edu.cn/Web/Show/1643，2011年9月9日，檢索日期：2018年6月20日；陳民鎮注釋、按語：〈清華簡《尹誥》集釋〉，復旦大學出土文獻與古文字研究中心，網址：http://www.gwz.fudan.edu.cn/Web/Show/1648，2011年9月12日，檢索日期：2018年6月28日；陳民鎮：〈清華簡《尹誥》釋文校補〉，《中華文化論壇》2011年第4期，頁110-114；黃澤鈞：〈清華簡〈尹誥〉研究四題〉，收入《思辨集》15（第十八屆臺灣師範大學國文學系研究生論文發表會論文集，臺北：國立臺灣師範大學國文學系，2012年6月），頁165-190；季旭昇主編、王瑜楨等合撰：《清華大學藏戰國竹簡（壹）讀本》（臺北：藝文印書館，2013年11月初版），〈尹誥〉譯釋章之釋文與季旭昇案語，頁22-23、30-33；夏大兆、黃德寬：〈關於清華簡《尹至》《尹誥》的形成和性質——從伊尹傳說在先秦傳世和出土文獻中的流變考察〉，《文史》2014年第3輯（總108），頁213-239；馬嘉賢：《清華壹〈尹至〉、〈尹誥〉、〈皇門〉、〈祭公之顧命〉研究》（國立彰化師範大學國文學系博士論文，2015年7月），頁108；王昆：《清華簡〈尹至〉、〈尹誥〉、〈赤鵠之集湯之屋〉集釋》（河

里對此字之釋形，似乎仍有些不確定，故其云「原文中間一畫有折角，即使仍是『日』字，也不無輾轉抄錯之可能性」。[287]茲轉錄賈連翔此照片資料與其重作處理之圖版，續作討論：

【紅外線照片】　　　　【作者重新整理之圖版】

知此照片雖較原圖版清晰，然而，其中豎筆似仍短小不易辨識，或可確定者，殆其中橫筆之起筆逆鋒筆勢，仍相當明顯，此乃楚系部分「日」字之書寫特徵，因此，此字若逕隸釋作「田」，或仍有疑。

今以書寫筆勢與結構格局為比較範疇，復考楚系「日」、「田」二字之別。茲試擬此二字之字形比較表：

形構 別嫌 　　隸定	日	田
上橫筆	（包山簡 20）	（包山簡 77）
中橫筆	（包山簡 24） （包山簡 64） （新蔡簡甲三 223）	（包山簡 82） （上博〈孔子詩論〉簡 25） （上博〈子羔〉簡 2）

北大學文學碩士學位論文，2016 年 5 月），頁 49；趙思木：《《清華大學藏戰國竹簡（壹）》集釋及專題研究》（華東師範大學博士論文，2017 年 6 月），頁 73-74；洪君好：《戰國竹書伊尹文獻研究》（國立中興大學中國文學研究所碩士論文，2017 年 8 月），頁 18。

287 賈連翔：〈清華簡壹～參輯字形校補札記〉，收入清華大學出土文獻研究與保護中心編、李學勤主編：《出土文獻》4（上海：中西書局，2013 年 12 月第一版），頁 97-104；王寧：〈清華簡〈尹誥〉獻疑〉之疑〉，復旦大學出土文獻與古文字研究中心，網址：http://www.gwz.fudan.edu.cn/Web/Show/2298，2014 年 6 月 23 日，檢索日期：2018 年 6 月 12 日；虞萬里：〈由清華簡《尹誥》論《古文尚書‧咸有一德》之性質〉，《史林》2012 年第 2 期，頁 32-45，亦收入清華大學出土文獻研究與保護中心編：《清華簡研究》1，上海：中西書局，2012 年 12 月第一版，頁 9-30；李爽：《清華簡「伊尹」五篇集釋》（吉林大學碩士論文，2016 年 6 月），頁 68；劉光勝：《《清華大學藏戰國竹簡（壹）》整理研究》（上海：上海古籍出版社，2016 年 9 月第一版），頁 56-57。

| 中豎筆 | （清華〈程寤〉簡 9）

（清華〈周公之琴舞〉簡 8）

（清華〈芮良夫毖〉簡 23）

（清華〈八氣五味五祀五行之屬〉簡 2） | （上博〈容成氏〉簡 18） |
| | | （包山簡 77）

（包山簡 94）

（包山簡 151）

（包山簡簡 154）

（清華《繫年》簡 120）

（清華〈迺命二〉簡 10） |

　　知楚系「日」、「田」二字字形或有別者，乃在於部分字例之上橫筆是否出頭，抑或中橫筆之起筆筆勢也不太相同，多數「日」字中橫筆之逆筆特徵顯著，且與左部筆畫保持距離，與簡文此例近同，而清華〈八氣五味五祀五行之屬〉簡例之寫法，更是與簡文此字最為相近，再者，「田」字中豎筆與中橫筆之上下左右比重，幾為均等，且多數字例之中豎筆皆挺直明顯，未如簡文此字如此短小難辨或左撇之書寫勁勢，或許包山簡151例之中豎筆較短，但其豎畫筆跡仍是清晰可辨，因此，簡文此例究應釋作「日」或「田」，若以上引字形之比較分析內容而言，似以釋作「日」較為妥適，而毋須改釋為「田」，然而，不可諱言，如上引黃澤鈞所云，古文字「日」、「田」二形或見相混之例，尤其楚文字更可見到形近替換之情況，例如：楚文字「昔」字或從田、[288]「畜」字訛從日與田者互見，[289]是故，簡文此例仍須考其辭例，以進一步確立其釋讀，並避其形溷之弊，只是馬嘉賢考此字時，又云古文字獨體之「日」或「田」未見相混之情況，其說點出了此二字在獨體時，並未見訛混之重要關鍵，而簡文此字為獨體文，故此字若非「日」，就必須是「田」，恐得排除訛混之因素，即若馬嘉賢仍從陳劍說，釋為「田」，但透過本文上文之初步討論，拙意以為簡文此字似仍以釋「日」為佳。

　　今復考簡文此所謂「金玉日邑」，知其例或猶戰國文獻所習見「金玉 V.＋處所」語，例如：《老子・九章》云「金玉滿堂，莫之能守。富貴而驕，自遺其咎」、[290]「金玉盈室，莫能守也」（郭店《老子・甲》簡38）、「雖勇力聞於邦不如材，金玉盈室不如謀，眾強甚多不如時」（郭店《語叢・四》簡24、25），因此，簡文此例亦應與「充滿」義有關，更與夏都無涉，若然，則釋「日」，並讀為狀語「牣」者，自優於釋作名詞性之「田產」或陽城者，再者，《說文》曾以聲訓釋「日」為「實也」，[291]段注亦引古籍云「〈月令〉正義引《春秋元命》包云：『日之為言實也』。《釋名》曰：『日，實也，光明盛實也。』」[292]此俱為簡文此字訓釋之力證，只是目前「日」字此「實」之訓，仍與此處簡文未臻相合，尤其詞性並不相同，猶須通讀，是故，原復旦大學讀書會依原整理者「日」之釋形，並改讀為「牣」之說，似乎更為準確，殆表「國家充滿金玉」之意也。

　　然而，簡文此字之釋讀，又涉及簡3與簡4伊尹所云語句之斷讀問題。大抵而言，此段話之斷讀說法有以下幾種：

288　例如： （郭店《成之聞之》簡6）、 （郭店《成之聞之》簡37）。

289　例如： （春秋：樂書缶，《集成》10008.2A 頸至肩下）、 ／ （郭店《六德》簡15）、 ／ （郭店《六德》簡20）。

290　〔魏〕王弼等：《老子四種》（臺北：臺大出版中心，2016年6月初版），頁7；朱情奉注：《老子譯釋》（唐易州龍興觀道德經碑本，臺北：里仁書局，1980年10月），頁22-23。

291　〔漢〕許慎編撰、〔宋〕徐鉉校定：《說文解字》（據清同治十二年陳昌治改刻本縮印，香港：中華書局，2014年8月再版），卷七，頁137。

292　〔漢〕許慎撰、〔清〕段玉裁注：《說文解字注》（據經韻樓藏版影印，臺北：洪葉文化公司，2016年10月三版），卷七，頁305。

（一）摯曰：「后其賚之，其有夏之金玉日（實）邑，舍之吉言。」乃致眾于亳中邑。[293]

（二）「句（后）亓（其）牵（賚）之亓（其）又（有）顕（夏）之金玉、田邑，舍（予）之吉言」乃致眾于亳中邑。[294]

（三）執（摯）曰：「句（后）其牵（賚）之。其有夏之金玉田邑舍之。」「吉言！」乃至（致）眾於白（亳）中邑。[295]

（四）摯曰：「后，其賚之，其有夏之金玉（、）田邑予（舍）之，吉言乃致眾於亳中邑。」[296]

（五）「后其賚之，其有夏之金玉田邑，舍之，吉言。」[297]

知諸家論證之關鍵，乃在於「日」、「舍」、「吉言」等字之釋讀，以及此段話在〈尹誥〉整篇章法上之解讀。今復考其辭，知「田」字既應釋作「日」，則「金玉日（切）邑」當為一詞，毋須強分；「舍」、「予」二字乃一字之分化，故廖名春將「舍」釋讀為「予」，[298]可從，「舍」讀為「予」，可與「賚」字相呼應，換言之，「賚」字下之賓語「有夏之金玉日邑」，亦當有一相對應之賓語，而此賓語當即「吉言」；「吉言」於《尚書》或見其例，例如：《尚書·盤庚上》：「汝不和吉言于百姓，惟汝自生毒。」孔疏云「知此經是責公卿不能和喻善言於百官，使之樂遷也」，[299]其辭多作政令解，故如孫飛燕即將「舍」字釋作「宣布、公布的意思」，[300]因此，「吉言」在此應有「訓示、命令」之意，

---

[293] 清華大學出土文獻研究與保護中心、李學勤編：《清華大學藏戰國竹簡（壹）》（上海：中西書局，2010年12月第一版），頁133；復旦大學出土文獻與古文字研究中心研究生讀書會：〈清華簡《尹至》、《尹誥》研讀札記（附：《尹至》、《尹誥》、《程寤》釋文）〉，復旦大學出土文獻與古文字研究中心，網址：http://www.gwz.fudan.edu.cn/Web/Show/1352，2011年1月5日，檢索日期：2018年6月25日。

[294] 復旦大學出土文獻與古文字研究中心研究生讀書會：〈清華簡《尹至》、《尹誥》研讀札記（附：《尹至》、《尹誥》、《程寤》釋文）〉文末48樓陳劍之評論，復旦大學出土文獻與古文字研究中心，網址：http://www.gwz.fudan.edu.cn/Web/Show/1352，2011年1月9日，檢索日期：2018年6月25日；季旭昇主編、王瑜楨等合撰：《清華大學藏戰國竹簡（壹）讀本》（臺北：藝文印書館，2013年11月初版），〈尹誥〉譯釋章之釋文與季旭昇案語，頁22-23、30-33。

[295] 王寧：〈《清華簡〈尹誥〉獻疑》之疑〉，復旦大學出土文獻與古文字研究中心，網址：http://www.gwz.fudan.edu.cn/Web/Show/2298，2014年6月23日，檢索日期：2018年6月12日。

[296] 陳民鎮：〈清華簡《尹誥》釋文校補〉，《中華文化論壇》2011年第4期，頁110-114；夏大兆、黃德寬：〈關於清華簡《尹至》《尹誥》的形成和性質——從伊尹傳說在先秦傳世和出土文獻中的流變考察〉，《文史》2014年第3輯（總108），頁213-239。

[297] 劉光勝：《《清華大學藏戰國竹簡（壹）》整理研究》（上海：上海古籍出版社，2016年9月第一版），頁56-57。

[298] 廖名春：〈清華簡《尹誥》研究〉，《史學史研究》2011年第2期，頁110-115；廖名春：〈清華簡《尹誥》篇的內容與思想〉，收入清華大學出土文獻研究與保護中心編：《清華簡研究》1，上海：中西書局，2012年12月第一版，頁40-47。廖名春此說早在2011年1月5日，於「孔子2000」網站「清華大學簡帛研究」專欄中發表〈清華〈尹誥〉篇補釋〉一文揭示之，惟該網站目前已關閉，今據其後來之刊行稿誌之。

[299] 〔漢〕孔安國傳、〔唐〕孔穎達疏：《尚書正義》（清嘉慶二十年江西南昌府學重刊宋刻本，臺北：藝文印書館，1997年8月初版），卷九，頁128。

[300] 孫飛燕：〈讀《尹至》、《尹誥》札記〉，收入中國文化遺產研究院編：《出土文獻研究》10（北京：

以引出以下「致眾」之語，而毋須將「吉」、「言」二字另作切割與斷讀，劉光勝釋其為「善喻百姓」，[301]可參，不過，此中「吉言」一詞，恐怕不是解作「善言」或「善喻之言」而已，而應訓作如上引季旭昇所釋「堅定話語」之意，[302]以進一步證成此處「訓示、命令」之語氣，且其詞並非動詞謂語，在此也毋須另作斷讀，再者，雖然本文大抵仍從復旦大學讀書會之說，將簡文上文釋讀為「金玉㓞邑」，但「㓞」之語氣並不亞於「田」，因此，簡文此所謂「吉言」，其堅實之意，並不因上文釋讀之爭議而有所改變，甚至進一步強化了「金玉㓞邑」一詞釋讀之可靠性；至於本段簡文在整篇章法上之位置，知其乃伊尹回覆湯「何作於民」之語，若然，則伊尹之回應理應強調作法，因此，先「賚之某某」，續言「予之某某」，最後復以期望結果「致眾」作結，此作法先施恩再予訓令，符合恩威並濟之精神，且有一定之先後層次性，況《尚書》「誥」體多以話語作結，故本文仍從上引王寧與陳民鎮將此段話盡歸於伊尹話語之說，而未將末句析離。是故，本文以為簡3、簡4此二段話，應可斷讀為「摯曰：『后其賚之其有夏之金玉日（㓞）邑，予之吉言，乃致眾於亳中邑。』」與上述諸家之說稍有不同。

總的來說，簡文此字釋讀為「田」，乃目前學界大多數學者所接受之看法，對文意而言，亦暢達無礙，惟在考量相關形義因素後，本文提出原整理者與復旦大學讀書會舊說似仍可行之假說，只是此項假說或猶存在部分盲點，如「金玉某某」義訓之疏理，總覺有所不足，因此，為求謹慎，今姑且將此不成熟之芻議，暫廁於本章之存疑別解例，權充諸家鴻論下，微不足道之末流耳。

第三節　篇章釋讀

綜上所述，知清華〈尹誥〉簡大抵為伊尹與湯之對話，其內容言及伊尹仕商後，有夏一朝滅亡與商湯代之而起之主因，惟目前僅存四簡，部分字詞之內涵仍有待考證，例如：「一德」一詞，其內涵實非現存四枚簡之簡文所能概括。茲就其篇章內容，復論此中所見相關疑義如下：

清華〈尹誥〉簡之內容亦不長，虞萬里曾將其為四個層次，再加上開頭之「鋪墊語」，分別為：簡1至簡2前段所論「伊尹總述夏亡之原因」之第一層次、簡2後段至簡3前段所言「伊尹告成湯殷所以成功之緣由」之第二層次、簡3中段所說「成湯問伊尹如何可以作福於民，使群臣民眾擁戴自己」之第三層次、簡3後段至簡4末所談「伊尹告成湯聚眾福民之政策」之第四層次等，至於簡1首二句所載「史官為使下文所記伊尹與成湯對話有一明確之主題所作之鋪墊」之內容，則為「鋪墊語」；[303]另外，夏大兆與黃德

中華書局，2011年7月北京第一版），頁38-41。

[301] 劉光勝：《《清華大學藏戰國竹簡（壹）》整理研究》（上海：上海古籍出版社，2016年9月第一版），頁56-57。

[302] 季旭昇：〈清華壹〈尹至〉〈尹誥〉中的「吉」字〉，《彰化師大國文學誌》32（2016年6月），頁43-51。

[303] 虞萬里：〈由清華簡《尹誥》論《古文尚書·咸有一德》之性質〉，《史林》2012年第2期，頁32-45，亦收入清華大學出土文獻研究與保護中心編：《清華簡研究》1，上海：中西書局，2012年12月第一版，頁9-30。

寬也將〈尹誥〉簡分為四個層次，其云「《尹誥》篇內容可分四層：（1）承《尹至》篇，贊『尹既〔允〕及湯咸有一德』，信守盟約；（2）伊尹總結夏亡原因，告誡湯要以夏為鑑，『克協我友』，使『民遠邦歸志』；（3）成湯問伊尹如何賜福於民，使『眾勿違朕言』；（4）伊尹告成湯聚眾福民之策：『其賚之（民），其有夏之金玉田邑舍之，吉言乃致眾于亳中邑。』」[304]

上引二家之說大同小異，主要差異在於首二層次之歸併，但整體而言，此二層次皆是湯與伊尹商談有夏情勢之一部分，屬於下文湯應有所作為之前提，或可併為同一層次，但即便如此，〈尹誥〉簡之內容複雜度仍是超過〈尹至〉簡，而二家所分層次，也可再依其主要內容，合併為兩個主要段落，即簡1至簡2前段所云「伊尹向商湯報告有夏之情況」與簡2後段至簡4末所言之「使臣民效忠之施政方針」等兩部分，如此一來，可使其主題性更為明確。不過，整體而言，清華〈尹誥〉簡所載有夏之情況，其詳細程度則稍不如〈尹至〉簡，且用語也未及〈尹至〉生動，此可能就如虞萬里所言，此篇「一誥到底，全無分別」，[305]亦即在早期「誥」體雛形之要求下，降低了其文字之生動度，但這也許說明了清華〈尹誥〉簡與《尚書》或有一定程度之關係。

而清華〈尹誥〉簡此等內容，亦或見於本文第二章所引部分傳世文獻之中，二者可互作參看與補證，尤其是《呂氏春秋》與《史記》二書，如上引《呂氏春秋·仲夏紀·古樂》即云「殷湯即位，夏為無道，暴虐萬民，侵削諸侯，不用軌度，天下患之。湯於是率六州以討桀罪，功名大成，黔首安寧。湯乃命伊尹作為大護，歌晨露，修九招、六列，以見其善。」[306]又如上文曾引《史記·殷本紀》亦云「桀敗於有娀之虛，桀犇於鳴條，夏師敗績。湯遂伐三㚇，俘厥寶玉，義伯、仲伯作典寶。湯既勝夏，欲遷其社，不可，作夏社。伊尹報。於是諸侯畢服，湯乃踐天子位，平定海內。」[307]此中所見商湯伐桀後之作法，包括「俘寶玉」與「遷夏社」等事蹟，皆與清華〈尹誥〉簡有所相關，可證明商湯在戰勝夏桀之後，賞賜其民，以獲取其信任，應當是確有其事。

又《漢書·藝文志》曾云「故書之所起遠矣，至孔子纂焉，上斷於堯，下訖于秦，凡百篇，而為之序，言其作意。」[308]知《尚書》本有百篇之數，其中，〈咸有一德〉篇亦或在百篇之林，而以近年出土文獻之研究情況而言，《詩經》、《尚書》、《周易》與《禮

[304] 夏大兆、黃德寬：〈關於清華簡《尹至》《尹誥》的形成和性質——從伊尹傳說在先秦傳世和出土文獻中的流變考察〉，《文史》2014年第3輯（總108），頁213-239。

[305] 虞萬里：〈由清華簡《尹誥》論《古文尚書·咸有一德》之性質〉，《史林》2012年第2期，頁32-45，亦收入清華大學出土文獻研究與保護中心編：《清華簡研究》1，上海：中西書局，2012年12月第一版，頁9-30。

[306] 〔周〕呂不韋著、〔宋〕陸游評、〔明〕凌稚隆批：《呂氏春秋》，收入蕭天石總主編：《中國子學名著集成（宋元明清善本叢刊）》（明萬曆庚申吳興凌氏刊朱墨套印本，臺北：中國子學名著集成編印基金會，1978年12月初版），卷五，頁129。

[307] 〔漢〕司馬遷原著、（日）瀧川龜太郎著：《史記會注考證》（臺北：萬卷樓圖書公司，1993年8月初版），卷三，頁56。

[308] 〔漢〕班固撰、〔唐〕顏師古注：《漢書》（瞿氏鐵琴銅劍樓藏北宋景祐刊本，收入《百衲本二十四史》，臺北：臺灣商務印書館，2010年7月臺二版），〈志〉卷十，頁445。

記》等古籍,實為研究之焦點,而此等古本又分見於郭店簡、上博簡、清華簡與馬王堆帛書等。[309]不過,歷來《尚書》傳本本即存在諸多疑義,包括:今古文《尚書》之爭、古文《尚書》辨偽與版本流傳等,[310]近年則在出土文獻證成下,大抵有以下幾項成果,包括:

一、據古文字或新出楚簡,以求《尚書》字句正詁或探其禮法者,已有一定之成果。[311]

二、郭店簡之公布與出版,或見群經引《尚書》古本之例,學界在〈緇衣〉簡與〈成之聞之〉簡所引《尚書》文句之疏證上,亦已有一定之成果。[312]

三、清華簡之發表,代表《尚書》古本可溯推至戰國,其部分篇章疑即《尚書》古本,例如:〈尹至〉、〈尹誥〉、〈程寤〉、〈保訓〉、〈耆夜〉、〈金縢〉、〈皇門〉、〈祭公〉、〈說命〉、〈厚父〉、〈封許之命〉等,可證《尚書》傳本非僅石經本、隸古定寫本與版刻本而已,[313]尚應包括先秦戰國時期之簡本。

四、眾所皆知,《尚書》各本古文異構習見,尤以隸古定本《書古文訓》與敦煌《釋文》本為然,[314]而清華簡《尚書》各篇屬戰國文字,[315]其相關古文字字形之分析與考證,當即各本文字正詁之校讀依據,抑或《尚書》古本還原之佐證。

五、在辨偽成果上,清華簡《尚書》古本之公布,使學界重行審視今本《尚書》所見〈咸有一德〉與〈說命〉等篇之真偽。[316]

綜上所述,可知《尚書》傳本之研究,在出土文獻佐證下,已有一定之成果。其中,以〈咸有一德〉一篇而言,此篇原屬鄭註《書序》所云古文《尚書》之其中一篇,[317]又

---

[309] 此方面研究成果之評述,可參張淑惠:〈近二十年來出土文獻對經學研究的影響〉,載林慶彰編《經學研究論叢》7(臺北:臺灣學生書局,1999 年 9 月初版),頁 295-316。

[310] 程元敏:《尚書學史》(臺北:大安圖書公司,2006 年 6 月初版)。

[311] 例如:李旭昇:〈《上博二・昔者君老》簡文探究及其與《尚書・顧命》〉,《中國文哲研究集刊》24(2004 年 3 月),頁 253-292;蔡哲茂:〈金文研究與經典訓讀——以《尚書・君奭》與《逸周書・祭公篇》兩則為例〉,《東華漢學》12(2010 年 12 月),頁 1-20。

[312] 例如:臧克和:〈上海博物館藏《戰國楚竹書・緇衣》所引《尚書》文字考——兼釋《戰國楚竹書・緇衣》有關的幾個字〉,《古籍整理研究學刊》2003 年第 1 期,頁 4-8;林志強:〈新出材料與《尚書》文本的解讀〉,《福建師範大學學報(哲學社會科學版)》2004 年第 3 期,頁 129-132。

[313] 顧頡剛、顧廷龍輯:《尚書文字合編》(上海:上海古籍出版社,1996 年 1 月第一版),頁 815-856;劉起釪:《尚書源流及傳本考》(瀋陽:遼寧大學出版社,1997 年 3 月第二版),頁 127-314。

[314] 朱疆:〈從古璽文等出土文字看《尚書》文獻〉,《中文自學指導》2000 年第 3 期,頁 38-40。

[315] 李學勤:〈初識清華簡〉,收入李學勤:《初識清華簡》(上海:中西書局,2013 年 6 月第一版),頁 1-14。

[316] 例如:廖名春從思想內容、各本異文換用關係與錯簡與否,論證清華〈尹誥〉簡當非偽造,且以為今本《尚書》之〈咸有一德〉確屬偽書,而清華簡《傅說之命》則為今本《說命》篇之原本;而房德鄰、姜廣輝、傅贊與張岩等則認為清華〈尹誥〉簡應屬偽作。廖名春:〈清華簡《尹誥》研究〉,《史學史研究》2011 年第 2 期,頁 110-115;房德鄰:〈《清華大學藏戰國竹簡(壹)》收錄的〈尹誥〉是一篇偽作〉,北京大學歷史學系官方網站(http://web5.pku.edu.cn/history/),2011 年 3 月 10 日,檢索日期:2011 年 4 月 10 日;姜廣輝、傅贊:〈清華簡《尹誥》獻疑〉,《湖南大學學報(社會科學版)》2014 年第 3 期,頁 109-114;張岩:〈清華簡《咸有一德》《說命》真偽考辨〉,《山東青年政治學院學報》2015 年第 1 期,頁 119-137;廖名春著〈清華簡與《尚書》研究〉,《文史哲》2010 年第 6 期,頁 120-125。

[317] 孔疏引鄭註《書序》云「舜典一、……大禹謨十二、益稷十三、五子之歌十四、胤征十五、湯誥十六、咸有一德十七、典寶十八、伊訓十九、肆命二十、原命二十一、武成二十二、旅獒二十三、冏命二十四」。〔漢〕孔安國傳、〔唐〕孔穎達疏:《尚書正義》(清嘉慶二十年江西南昌府學重刊宋刻本,臺北:藝文

屬今本偽古文《尚書》二十五篇之一，本即存在部分爭議，[318]但《尚書》輯佚在清代以前已取得相當豐碩之成果，[319]民國以來，學者更接續此研究成果，成就斐然。[320]而清華〈尹誥〉簡部分內容未見於今本，對還原《尚書》古本卻有極其重要之研究意義與價值，惟如李學勤所云，清華〈尹誥〉簡所見「惟尹既及湯咸有一德」或「尹念天之敗西邑夏」等語，在用語斷代與引書來源上仍存異說，另外，《禮記・緇衣》引〈尹誥〉「自周有終，相亦惟終」語之來源，亦頗令人費解，[321]故此中仍存有不少字句校詁上之疑義。

實則古文《尚書》內容之考證，早自閻若璩撰著《尚書古文疏證》，即多所闡發，[322]今在清華簡此批《尚書》古本發表後，知簡本〈尹誥〉與今本《尚書・咸有一德》部分文句重出，此即是《尚書》古本還原之研究重點，而以今本偽古文《尚書・咸有一德》而言，其語句來源複雜，據屈萬里之考證，其所引字句之出處為：[323]

（一）「天難諶」：語出《尚書・君奭》。

（二）「命靡常」：語出《詩・大雅・文王》。

（三）「九有以亡」：語出《墨子・非樂》、《墨子・非命》。

（四）「惟尹躬暨湯，咸有一德」：語出《禮記・緇衣》引〈尹吉〉之文。

（五）「服厥命」：語出《尚書・召誥》。

（六）「終始惟一」：語出《荀子・議兵篇》。

（七）「七世之廟，可以觀德；萬夫之長，可以觀政」：改易《呂氏春秋・諭大》篇引〈商書〉之文。

（八）「匹夫匹婦」：語出《論語・憲問》、《孟子・萬章》。

而虞萬里亦透過簡本與今本之校讀，認為二本之意旨相近，且今本可能即孔安國為簡本〈尹誥〉所作之傳。[324]據上引二家之說，可知今本所見語句之時代跨距甚大，其中，「天」、「尹躬暨湯」與「九有」等概念亦見於簡本，可證《尚書・咸有一德》之語句，或可溯推至戰國末年，且雜揉儒、墨二家色彩，換言之，今本《尚書・咸有一德》雖屬偽作，惟其部分內容或仍有可信者，甚或偽本作者應擁有與簡本內容相近之古本或底本。

然而，《尚書》古本之原貌為何，仍有待更多新證，今本文擬在上引研究基礎上，以清華〈尹誥〉簡為主要文本，若暫不論其真偽，或依其字句文意，重新編次其內容，

印書館，1997 年 8 月初版），卷二，頁 17。

318 屈萬里：《尚書集釋》（臺北：聯經出版事業公司，1983 年 2 月初版），「概說」頁 21-26；許錟輝：〈《尚書》的經學要義與史學價值〉，《台北市立圖書館錢穆先生紀念館館刊》5，1997 年 12 月，頁 47-70。

319 古國順：〈清儒輯佚尚書之成績（一）、（二）〉，《孔孟月刊》第 19 卷第 6 期、第 7 期，1981 年 2 月、3 月，頁 51-54、頁 26-31。

320 許錟輝：《先秦典籍引《尚書》考》（臺北：花木蘭文化出版社，2009 年 9 月初版）。

321 李學勤：〈清華簡與《尚書》、《逸周書》的研究〉，《史學史研究》2011 年第 2 期，頁 104-109。

322 〔清〕閻若璩：《尚書古文疏證》，上海：上海古籍出版社，2010 年 12 月。

323 屈萬里：《尚書集釋》（臺北：聯經出版事業公司，1983 年 2 月初版），頁 315-316；屈萬里：《尚書釋義》（臺北：中國文化大學出版部，1995 年 7 月第二版），頁 238-239。

324 虞萬里：〈由清華簡〈尹誥〉論《古文尚書・咸有一德》之性質〉，《史林》2012 年第 2 期，頁 32-45，亦收入清華大學出土文獻研究與保護中心編：《清華簡研究》1，上海：中西書局，2012 年 12 月第一版，頁 9-30。

並依據下列幾項標準，標示出各本參照研究或今本較可信之重要語句，謹供學界作古本《尚書》章句還原之參考：

一、其文句或語義各本互見者。

二、今本辭例見於古文字或簡本者。

三、文獻多見其引文，且引其文之文獻未晚於戰國者。

　　茲試擬古本《尚書》章句還原之初步成果【著底線之語句，乃合乎上引三項條件之一者，即各本參照研究之重點句或今本較可信之語句】：

簡本（寬式）：

　　惟尹既及湯咸，有一德，尹諗顛之敗西邑夏曰：「夏自移其有民，亦惟厥眾，非民無與守邑。【簡1】厥辟作怨于民，民復之用離心，我仇（讎、擊）滅夏！[325]今後曷不監？」摯告湯曰：「我克協我友，今【簡2】惟民遠邦歸志？」湯曰：「烏呼，吾可祚于民，俾我眾勿違朕言？」摯曰：「後其賚之，其有夏之【簡3】 金玉牣邑，舍之結言。」乃致眾于亳中邑。【簡4】

一【簡1背】

二【簡2背】

三【簡3背】

四【簡4背】

今本（偽古文《尚書》）：[326]

伊尹作〈咸有一德〉。〈咸有一德〉：

　　伊尹既復政厥辟，將告歸，乃陳戒于德，曰：「嗚呼！『天難諶』！『命靡常』！常厥德，保厥位，厥德匪常，『九有以亡』！」夏王弗克庸德，慢神虐民，皇天弗保，監于萬方，啟迪有命，眷求一德，俾作神主，惟尹躬暨湯，咸有一德，克享天心，受天明命，以有九有之師，爰革夏正，非天私我有商，惟天佑于一德，非商求于下民，惟民歸于一德。

　　德惟一，動罔不吉；德二三，動罔不凶。惟吉凶不僭在人，惟天降災祥在德。今嗣王新服厥命，惟新厥德，終始惟一，時乃日新：任官為賢才，左右惟其人；臣為上為德，為下為民。其難、其慎：惟和、惟一。

　　德無常師，主善為師；善無常主，協于克一。俾萬姓咸曰：「大哉王言。」又曰：「一哉王心，克綏先王之祿，永底烝民之生。」嗚呼！七世之廟可以觀德，萬夫之長可以觀政，后非民罔使，民非后罔事，無自廣以狹人，匹夫、匹婦不獲自盡，民、主罔與成厥功。

---

[325] 此段語義簡本與今本近同。

[326] 〔漢〕孔安國傳、〔唐〕孔穎達疏：《尚書正義》（清嘉慶二十年江西南昌府學重刊宋刻本，臺北：藝文印書館，1997年8月初版），頁119-122。

　　綜上分析內容，可知簡本與今本文句互見例不少，且部分文意相類，二本似或為同文異簡，惟今本又冗見諸多簡本未見之思想意涵，應屬後起雜揉之篇，而簡本未論「一德」，且「誥」體色彩似乎較淡，則應屬較早之本子；再就內容而言，戰國簡本云伊尹仕商後陳戒之詞，今本補云簡本所未論之「一德」意涵，其性質可能或如學者所論，疑即孔安國為〈尹誥〉所作之傳，[327]抑或是今本偽作者誤將伊尹告誡太甲之語編入；[328]另外，二本主語皆為伊尹，故其篇序當可移至〈太甲〉之前，此與鄭玄、司馬遷之說近同，而近世劉國忠亦認同司馬遷之論，[329]虞萬里更認為「〈咸有一德〉係因『今嗣王』三字而誤置於〈太甲〉之後」，[330]又李守奎也以為〈尹誥〉應在〈湯誥〉之後，[331]諸家之說與本文此所論者近是，俱可從矣。

　　綜上所述，即以學者看法、篇章分析、文獻古注、字句重出與篇序等角度而言，可知清華〈尹誥〉簡之內容複雜，且其發表對《尚書‧咸有一德》傳本之研究，有相當重要之意義與價值，惟大抵而言，在章句還原部分，或僅初步之推論耳，實仍有待新出矣。

---

[327] 虞萬里：〈由清華簡《尹誥》論《古文尚書‧咸有一德》之性質〉，《史林》2012 年第 2 期，頁 32-45，亦收入清華大學出土文獻研究與保護中心編：《清華簡研究》1，上海：中西書局，2012 年 12 月第一版，頁 9-30。

[328] 魏慈德：〈楚地出土戰國書籍抄本與傳世文獻同源異本關係試探——以與《尚書》有關的篇章為主〉，收入教育部人文社會科學重點研究基地、清華大學出土文獻與中國古代文明研究中心、清華大學出土文獻研究與保護中心編、李學勤主編：《出土文獻》9(上海：中西書局，2016 年 1 月第一版)，頁 98-116。

[329] 劉國忠：《走近清華簡》(北京：高等教育出版社，2011 年 4 月第一版)，頁 75。

[330] 虞萬里：〈由清華簡《尹誥》論《古文尚書‧咸有一德》之性質〉，《史林》2012 年第 2 期，頁 32-45，亦收入清華大學出土文獻研究與保護中心編：《清華簡研究》1，上海：中西書局，2012 年 12 月第一版，頁 9-30。

[331] 李守奎：〈漢代伊尹文獻的分類與清華簡中伊尹諸篇的性質〉，《深圳大學學報（人文社會科學版）》2015 年第 3 期，頁 41-49，亦收入李守奎：《古文字與古史考——清華簡整理研究》(上海：中西書局，2015 年 10 月第一版)，頁 346-368。

第五章　清華〈赤䲨之集湯之屋〉簡研究

清華〈赤䲨之集湯之屋〉簡之內容，據原整理者所云，具有濃厚之巫術色彩，[1]其與本文上文所論之〈尹至〉、〈尹誥〉簡，在題材編取或語言使用等方面，有著顯著之不同，不過，主角仍是湯與伊尹，且亦有諮議之內容，因此，清華簡此三篇基本上仍應有一定程度之關係。茲如上文之架構，試論此篇之相關疑義。

第一節　形制編聯

清華〈赤䲨之集湯之屋〉簡共 15 支簡，依原整理者之描述，知此批簡三道編，簡長 45 公分，[2]其與〈尹至〉、〈尹誥〉簡幾乎等長，但較下文將作討論之〈湯處於湯丘〉與〈湯在啻門〉略長，惟簡 1、簡 2 末端殘斷，原整理者判斷各闕一字，[3]簡 15 背或見標題「赤䲨之集湯之屋」。[4]

而此批簡簡背竹節處有序號，其中，簡 5、6、7、8、9、10 等，皆有綴合之痕跡，簡 6 甚至有兩處，今從各簡上下片缺口形狀、綴合處字形、簡片紋路與簡背簡號字形之密合度而言，此綴合是可信的，換言之，原整理者之編聯應無疑義。

第二節　字詞校詁

茲擬此篇釋文，並略作討論如下：

曰故（古）又（有）赤䲨（？、鵠）〔1〕，集于湯之麌（屋、屋）〔2〕，湯矤（射？、射）〔3〕之腜（腜、獲）之，乃命少（小）臣[5]曰：「脂（旨）𦏡（䕅、羹；羹）〔4〕之，我亓（丌、其）亯（享、享）之-。」湯遅（往）□。【簡 1】少（小）臣〔猷〕（既、既；既）𦏡（䕅、羹；羹）之，湯句（后）妻紝巟（荒、荒）胃（謂）少（小）臣曰：「嘗我於而（尒）𦏡（䕅、羹；羹）。」少（小）臣弗敢（敢、敢）嘗，曰：「句（后）亓（丌、其）□（？、殺）【簡 2】我。」紝巟胃（謂）少（小）臣曰：「尒不我嘗，虔（？、吾）不亦殺尒？」少（小）臣自堂下受（授）紝巟𦏡（䕅、羹；羹）。紝巟受少（小）臣而【簡 3】嘗之-，乃昭（邵、昭）然，四巟（荒）之外，

---

[1] 清華大學出土文獻研究與保護中心編、李學勤主編：《清華大學藏戰國竹簡（參）》（上海：中西書局，2012 年 12 月第一版），頁 166。

[2] 清華大學出土文獻研究與保護中心編、李學勤主編：《清華大學藏戰國竹簡（參）》（上海：中西書局，2012 年 12 月第一版），頁 166。

[3] 清華大學出土文獻研究與保護中心編、李學勤主編：《清華大學藏戰國竹簡（參）》（上海：中西書局，2012 年 12 月第一版），頁 166、167。

[4] 在此篇篇名部分，由於「䲨」字尚未能確認其形源（其詳下文之考證），故本文在行文上，仍以其嚴式隸定之字形為主。

[5] 馬文增曾認為此篇所見「小臣」恐非伊尹，而是指庖人，惟其說但舉清華簡他篇之比較用例為證，卻未逐列本篇內容之直接實證，似猶有所不足，茲列備參。馬文增：〈清華簡《赤鳩之集于湯之屋》九題〉，《殷都學刊》2020 年第 1 期，頁 34-40。

亡（無）不見也-；少（小）臣受亓（丌、其）余（餘）而嘗之，亦昭（邵、昭）然，四晦（晦、海）之外，亡（無）不見也⁶-。【簡4】湯舁（？、徹）騯（？、廷）〔5〕，少（小）臣饋。湯忢（恕、怒）曰：「箮（篤、孰）洀（汎；班）〔6〕虘（？、吾）蘨（黨、羹；羹）？」少（小）臣愳（懼、懼），乃逃于顕（夏、夏）。湯乃□（敨？、敁）【存疑別解】〔7〕之，少（小）臣乃痳（？；寐）〔8〕而帚（寢、寢）【簡5】於逄（路、路），見（視、視）而不能言。眾鴣（鴇、烏）⁷酉（醬、將）飤（飼、食）之。晉（巫、巫）鴣（鴇、烏）曰：「是少（小）臣也-，不可飤（飼、食）也。顕（夏、夏）句（后）又（有）疾，酉（醬、將）襓（？、撫）楚，于飤（飼、食）【簡6】亓（丌、其）祭-。」眾鴣（鴇、烏）乃縣（訊、訊）〔9〕晉（巫、巫）鴣（鴇、烏）曰：「顕（夏、夏）句（后）之疾女（如）可（何）？」晉（巫、巫）鴣（鴇、烏）乃言曰：「帝命二黃它（蛇）與二白兔尻（處、處）句（后）之帚（寢）室【簡7】之棟，亓（丌、其）下舍（舍）句（后）疾，是凶（使）〔10〕句（后）癏（嫉；疢？）〔11〕【存疑別解】疾而不惷（智、知）人-。帝命句（后）土為二陝（？、笭）〔12〕屯（笥）〔13〕，共尻（處、處）句（后）之牀下，亓（丌、其）【簡8】赴（上、上）Κ（析？、刺）〔14〕句（后）之體，是思（使）句（后）之身瓸（？；疴）蠚（蠚；惡）〔15〕，不可堊（毆？、極）〔16〕于笘（席、席）-。」眾鴣（鴇、烏）乃遷（往），晉（巫、巫）鴣（鴇、烏）乃伏（？；伏、附）〔17〕少（小）臣之胸（喉）渭（胃），【簡9】少（小）臣乃记（起、起）而行，至于顕=（夏夏、夏夏）句=（后后）曰：「尔佳（惟）旦（曷、曷）-？」少（小）臣曰：「我天晉（巫、巫）。」顕（夏、夏）句（后）乃縣（訊、訊）少（小）臣曰：「女（如）尔天晉（巫、巫），【簡10】而惷（智、知）朕疾？」少（小）臣曰：「我惷（智、知）之。」顕（夏、夏）句（后）曰：「朕疾女（如）可（何）-？」少（小）臣曰：「帝命二黃它（蛇）與二白兔尻（處、處）句（后）之帚（寢）【簡11】室之棟，亓（丌、其）下舍（舍）句（后）疾，是思（使）句（后）鋄=（？、梦梦）旬=（恟恟、眩眩）而不惷（智、知）人-，帝命句（后）土為二陝（？、笭）屯（笥），共尻（處、處）句（后）之牀下【簡12】亓（丌、其）赴（上、上）Κ（析？、刺）句（后）之身，是思（使）句（后）㜀（聞、昏）嬰（亂、亂）旨（甘、甘）心，句（后）女（如）敨（？、徹）〔18〕墨（屋、屋），殺黃它（蛇）與白兔，坕（密？、宓）〔19〕墬（地、地）斬陝（？、笭）-，句（后）之疾亓（丌、其）瘳。」【簡13】顕（夏、夏）句

---

⁶ 馬文增將此「也」字改釋為「它」，有其一定之理據，惟簡文此字之形為：，其上从口，恐仍是「也」字，而楚簡「也」字讀為「它」之例亦不多，因此，關於此字之釋讀，本文仍從原整理者之說。馬文增：〈清華簡《赤鳩之集于湯之屋》九題〉，《殷都學刊》2020 年第 1 期，頁 34-40。

⁷ 簡文此類字例右上多存一「口」形，原因不明。竊疑其與下方「於」字筆畫共筆，而成為「兄」形，「兄」字上古音屬曉母陽部，「烏」、「於」則皆為影母魚部，此三字聲母之發音部位極近，韻部亦互為陰陽對轉，其彼此之聲韻關係，雖仍或隔，但也不至太遠，因此，此「兄」形有可能是此類字例之疊加聲符也說不定，今暫且以此釋之，存疑待考。

⁸ 其字形下方疑誤植筆畫或符號。

（后）乃從少（小）臣之言，敓（？、徹）塵（屋、屋），殺二黃它（蛇）與一白兔-；乃坒（密？、宓）墬（地、地），又（有）二陜（？、窆）鳸（鳸、筍）〔20〕，乃斬之。亓（丌、其）一白兔【簡14】不夏（得、得），是訋（台、始）為埤（陴）〔21〕巾（覆、覆）〔22〕者（諸）塵（屋、屋），吕（以、以）戗（御、御）白兔∟。【簡15】

一【簡1背】

二【簡2背】

三【簡3背】

四【簡4背】

五【簡5背】

六【簡6背】

七【簡7背】

八【簡8背】

九【簡9背】

十【簡10背】

十一【簡11背】

十二【簡12背】

十三【簡13背】

十四【簡14背】

十五　赤𩿧（？、鵠）之集湯之塵（屋、屋）【簡15背】

〔1〕𩿧（？、鵠）

簡文此字分見於簡1與簡15背：

（清華〈赤𩿧之集湯之屋〉簡1）

（清華〈赤𩿧之集湯之屋〉簡15背）

在原整理者尚未發表前，李學勤即已根據簡15背此例之形，將其隸作「𪃹」，釋從咎得聲，讀為「鵠」；[9]網路發言者汗天山改讀為「鳩」；[10]原整理者根據「咎」、「告」雙聲韻近，以及簡文此篇內容與《楚辭·天問》所云「緣鵠飾玉，后帝是饗」有所相關之

---

[9] 李學勤：〈新整理清華簡六種概述〉，《文物》2012年第8期，頁66-71。

[10] 「簡帛論壇：《清華（參）》〈赤鵠之集湯之屋〉初讀」1樓網路發言者汗天山之發文，武漢大學簡帛研究中心，網址：http://www.bsm.org.cn/forum/forum.php?mod=viewthread&tid=2979&extra=page%3D3&page=1，2012年9月6日，檢索日期：2018年6月7日。

理，亦將簡文此字讀為「鵠」；[11]王寧亦讀為「鳩」；[12]黃德寬以為「鵠」與「鴒」乃一字之異體；[13]侯乃峰則據古音相近之理，認為簡文此字或可讀為「鳩」，同時亦以為簡文所謂「赤鴒」，應與《三國志・吳志卷一》之典故「殷湯有白鳩之祥」存在某種關係；[14]王昆從侯乃峰之說；[15]李爽亦從侯乃峰之說；[16]姚小鷗、孟祥笑仍從原整理者之說；[17]洪君妤亦讀為「鳩」；[18]馬文增則認為王逸注《楚辭》所云湯與伊尹之相關內容不可信，進而將簡文此字讀為「鳩」。[19]

今復考簡文此二字之形，其形確實从鳥从咎，惟是否為「鵠」字異構，尚無直接之實證，或猶可商。

而簡文此類字若釋从咎得聲，則其字讀為「鳩」，也確實如上引汗天山與侯乃峰所云，在古音、韻律與情節上有其可能性，不過，此說亦有可疑者，如侯乃峰所引《三國志・吳書・孫破虜討逆傳》注云《吳錄》載策使張紘為書之「殷湯有白鳩之祥」，雖有下文「周武有赤烏之瑞」語，[20]及其典源《春秋繁露》之內容為證，但今復考《春秋繁露・同類相動》引《尚書傳》此段所云「周將興之時，有大赤烏銜穀之種，而集王屋之上者，武王喜，諸大夫皆喜。周公曰：『茂哉！茂哉！天之見此以勸之也』」，[21]知其終究指周武王，而非湯，因此，《春秋繁露》此內容是否與簡文所謂「赤鴒之集湯之屋」有關，恐仍有可疑者，再者，「赤鳩」何以演變為「白鳩」，侯乃峰雖以五行相勝說釋之，惟殷德尚「白」卻為何有「赤」，似仍缺古文字或傳世文獻之證據，至於馬文增否定王逸注之說，更未知其所據為何。是故，考量《楚辭・天問》之內容與古音關係，本文仍暫從李學勤與原整理者之說，將簡文此「鴒」字讀為「鵠」。

---

[11] 清華大學出土文獻研究與保護中心編、李學勤主編：《清華大學藏戰國竹簡（參）》（上海：中西書局，2012 年 12 月第一版），頁 168。

[12] 王寧：〈讀清華簡三〈赤鵠之集湯之屋〉散札〉，武漢大學簡帛研究中心，網址：http://www.bsm.org.cn/show_article.php?id=1814，2013 年 1 月 16 日，檢索日期：2018 年 6 月 18 日。

[13] 黃德寬：〈清華簡《赤鵠之集湯之屋》與先秦「小說」——略說清華簡對先秦文學研究的價值〉，《復旦學報（社會科學版）》2013 年第 4 期，頁 81-86。

[14] 侯乃峰：〈《赤鵠之集湯之屋》的「赤鵠」或當是「赤鳩」〉，武漢大學簡帛研究中心，網址：http://www.bsm.org.cn/show_article.php?id=1786，2013 年 1 月 8 日，檢索日期：2018 年 7 月 18 日；其後收入清華大學出土文獻與保護中心編、李學勤主編：《出土文獻》6（上海：中西書局，2015 年 4 月第一版），頁 195-197。

[15] 王昆：《清華簡《尹至》、《尹誥》、《赤鵠之集湯之屋》集釋》（河北大學文學碩士學位論文，2016 年 5 月），頁 54-55。

[16] 李爽：《清華簡「伊尹」五篇集釋》（吉林大學碩士論文，2016 年 6 月），頁 77。

[17] 姚小鷗、孟祥笑：〈清華簡《赤鵠之集湯之屋》「曰」字的句讀問題〉，收入姚小鷗主編：《清華簡與先秦經學文獻研究》（北京：生活・讀書・新知三聯書店，2016 年 10 月北京第一版），頁 366-374。

[18] 洪君妤：《戰國竹書伊尹文獻研究》（國立中興大學中國文學研究所碩士論文，2017 年 8 月），頁 27-28。

[19] 馬文增：〈清華簡《赤鳩之集于湯之屋》九題〉，《殷都學刊》2020 年第 1 期，頁 34-40。

[20] 〔晉〕陳壽原撰、〔宋〕裴松之注、楊家駱編：《新校本三國志注附索引》（臺北：鼎文書局，1987 年 5 月六版），卷四十六，頁 1105-1106。

[21] 〔漢〕董仲舒撰、〔明〕孫鑛等評：《春秋繁露》，收入蕭天石總主編：《中國子學名著集成（宋元明清善本叢刊）》（明天啟乙丑西湖沈氏花齋刊本，臺北：中國子學名著集成編印基金會，1978 年 12 月初版），卷十三，頁 321。

〔2〕⿸鹿室（屋、屋）

簡文此字之形為：

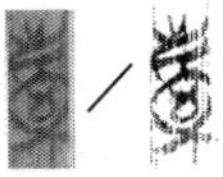（清華〈赤䳓之集湯之屋〉簡 1）

其類例又見於簡 13、14、15、15 背：

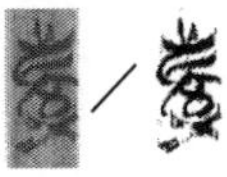（清華〈赤䳓之集湯之屋〉簡 13）

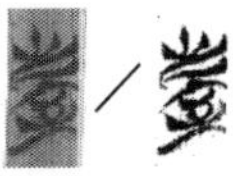（清華〈赤䳓之集湯之屋〉簡 14）

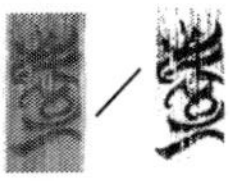（清華〈赤䳓之集湯之屋〉簡 15）

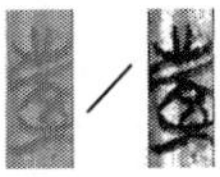（清華〈赤䳓之集湯之屋〉簡 15 背）

原整理者隸作「⿸声室」，並引《說文》「屋」字古文與西周儹匜「⿰黑屋」字之形，認為簡文此等類例上所从之形構，殆「丯」形之訛變，並與「声」形混淆；[22]孟蓬生將簡文此字改隸作「⿸鹿室」，並釋作「从室、鹿聲（或鹿省聲）」，同時，也認為「屋」字應本从⿱土冂，其後始變从鹿，屬古文字所見「變形聲化」之現象；[23]黃德寬認為此字乃《說文》「屋」字之古文。[24]

今復考相關字形，知簡文此等字例釋作「屋」，應無疑義，楚系「屋」字之形，俱與此相類，例如：

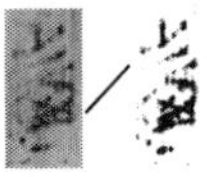（望山簡 2.2）

（望山簡 2.15）

燕系文字亦有相類之字形，上引孟蓬生亦釋為「屋」，可參，其形為：

---

22 清華大學出土文獻研究與保護中心編、李學勤主編：《清華大學藏戰國竹簡（參）》（上海：中西書局，2012 年 12 月第一版），頁 167、168。

23 孟蓬生：〈清華簡（參）「屋」字補釋——兼說戰國文字中的「虎」字異構〉，收入武漢大學簡帛研究中心主辦：《簡帛》9（上海：上海古籍出版社，2014 年 10 月第一版），頁 137-146。

24 黃德寬：〈清華簡《赤鵠之集湯之屋》與先秦「小說」——略說清華簡對先秦文學研究的價值〉，《復旦學報（社會科學版）》2013 年第 4 期，頁 81-86。

（《璽彙》0015）

不過，簡文此類字例下部之形構，上引幾家之隸釋或有不同，其實，若以「屋」義與孟蓬生文中所引「室」字釋形內容而言，隸釋從室應該是較為可信的，尤其「室」字更為貼近「屋」之義，對於「屋」字初形本義之解釋，自然較釋從至來得更佳，孟蓬生在其文中，早已說明了此觀點，並提出對《說文》釋從至之質疑，[25]可從；至於簡文此等類例上所從者，倘依上引原整理者之說，可參西周儠匜「𪙊」字三例與《說文》「屋」字古文，除此之外，西周金文亦見其他從屋之例，茲將此類字形列舉如下：

（西周：㭪氏車父壺，《集成》09669「醒」）

（西周：㭪車父壺，《集成》09697「醒」）

（西周：應侯見工簋，《新收》0079（器內底銘）「」）

／（西周：儠匜，《集成》10285.1「𪙊」）

／（西周：儠匜，《集成》10285.2「𪙊」）

／（西周：儠匜，《集成》10285.2「𪙊」）

（《說文》「屋」字古文）

此等字例所從屋形，多具「𦍋」之形構，原整理者以為此乃簡文諸例上部訛形之來源，並與「严」形混，然而，此所見西周金文「𦍋」形終究與簡文各例上所從者，並非完全相同，[26]且「严」形之來源又有「薦」或「鹿」二者，因此，此中應有部分釋形關

---

[25] 《說文》釋「屋」云「居也。從尸，尸所主也，一曰尸象屋形。從至，至，所至止，室屋皆從至」。〔漢〕許慎編撰、〔宋〕徐鉉校定：《說文解字》（據清同治十二年陳昌治改刻本縮印，香港：中華書局，2014 年 8 月再版），卷八，頁 175。

[26] 西周金文此「𦍋」形，抑或其延伸筆畫之形構，學者多釋作與《說文》「屋」字之古文有關，例如：李學勤、裘錫圭與吳振武等。諸家之說皆有其理據，但其主要字形特徵，乃在於此類字形皆為一豎筆，

鍵尚待釐清，其實，孟蓬生已指出簡文此等字例應與「鹿（严）」字有關，且「㚖」形
應即「㞷」，其說有一定之啟發性，而季旭昇亦據燕系「屋」字之字形特色，認為其例
上部倘釋從鹿，應是較為合理之說法，[27]據此，簡文此類字例所從严形，似應以釋從鹿
之可能性較高，茲在此基礎上，復稍作補證如下：楚系「麂」、「鹿」二字形近，惟其仍
有別者，乃在於「麂」多具其尾形之中豎筆，而「鹿」字則在其鹿首下多寫作二分筆，
且逕接其足形，例如：

（郭店〈成之聞之〉簡 9「麂」）

／（上博〈緇衣〉簡 5「麂」）

／（上博〈容成氏〉簡 48「麂」）

（上博〈曹沫之陳〉簡 41「麂」）

（上博〈曹沫之陳〉簡 42「麂」）

（包山簡 179「鹿」）

（上博〈容成氏〉簡 41「鹿」）

（清華〈楚居〉簡 7「鹿」）

再加二至三筆幾近平行筆畫，而無類似頭角之形，因此，嚴格說來，其與簡文此類形構，似仍有一定
程度之差異。李學勤：〈岐山董家村訓匜考釋〉，收入中國古文字研究會、吉林大學古文字研究室編：
《古文字研究》1（北京：中華書局，1979 年 8 月第一版），頁 149-156，亦收入李學勤：《新出青銅器
研究》（北京：人民美術出版社，2016 年 2 月第一版），頁 93-96；裘錫圭：〈應侯視公簋補釋〉，《文
物》2002 年第 7 期，頁 72-74，亦收入裘錫圭：《裘錫圭學術文集》（上海：復旦大學出版社，2012 年 6
月第一版），頁 142-145；吳振武：《《古璽文編》校訂》（北京：人民美術出版社，2011 年 1 月第一版），
頁 335-336。

27 季旭昇據幾方燕璽「屋」字之字形，包括：[圖]（《璽彙》0015）、[圖]（《璽彙》5541），認為「以燕
系文字『盧』多向左方開口來看，此字上部從『鹿』較合理」。季旭昇：《說文新證》（臺北：藝文印
書館，2014 年 9 月二版），頁 677-678。

（上博〈鬼神之明　融師有成氏〉簡6「鹿」）

上引上博〈鬼神之明　融師有成氏〉簡例所从鹿首目形之寫法，二筆平行，應是西周金文「屋」字「𥬇（𥄑或吉）」形訛寫成「鹿」形之過渡，此可作為孟蓬生說之增補例證，亦屬變形聲化之範圍，再者，鹿首「目」形下寫作二分筆，與簡文諸例最是相近，孟蓬生將此二分筆釋作與「宀」之借筆，可信，因此，若以字形角度而言，簡文此例似乎與「鹿」形之關係較為密切。

是故，簡文此等類例之釋形，應可從孟蓬生之說，將其改隸作「塵」，並可進一步釋為从室鹿省聲，即「屋」字異構，換言之，《說文》釋「屋」从至，雖然猶且未知其原因為何，但以戰國「屋」字而言，其形从室，不从至，這應該是可以肯定，也更可以貼合「屋」義，或許就是其初文之所从者。

〔3〕𪕋（射？、射）

簡文此字之形為：

（清華〈赤鵠之集湯之屋〉簡1）

原整理者隸作「𪕋」，讀為「射」；[28]王寧仍從原整理者之釋形，並補云此例或即《說文》「矤」之本字，其本義為「拉弓射箭」；[29]黃德寬認為「此字當是『射』的異體字，从弓从矢从夬」，會射箭之意；[30]王昆大抵是從原整理者與王寧之說；[31]李爽釋其形為「從弓從倒矢從夬，會意字」；[32]周鳳五則以為簡文此字从射从夬，可讀為「弋」，訓作「繳射」。[33]

今復考簡文此字之形，上引李爽釋形之說，可從，即其形从弓从夬从倒矢，可隸作「𪕋」，實則簡文此字之釋形，可再參酌以下幾則形近之字例，包括：

（清華《繫年》簡64）

28 清華大學出土文獻研究與保護中心編、李學勤主編：《清華大學藏戰國竹簡（參）》（上海：中西書局，2012年12月第一版），頁167、168。

29 王寧：〈讀清華簡三〈赤鵠之集湯之屋〉散札〉，武漢大學簡帛研究中心，網址：http://www.bsm.org.cn/show_article.php?id=1814，2013年1月16日，檢索日期：2018年6月18日。

30 黃德寬：〈清華簡《赤鵠之集湯之屋》與先秦「小說」——略說清華簡對先秦文學研究的價值〉，《復旦學報（社會科學版）》2013年第4期，頁81-86。

31 王昆：《清華簡《尹至》、《尹誥》、《赤鵠之集湯之屋》集釋》（河北大學文學碩士學位論文，2016年5月），頁55。

32 李爽：《清華簡「伊尹」五篇集釋》（吉林大學碩士論文，2016年6月），頁79。

33 周鳳五：《朋齋學術文集：戰國竹書卷》（臺北：國立臺灣大學出版中心，2016年12月），頁467-468。

（清華〈鄭武夫人規孺子〉簡7）

　　前者原整理者隸作「狭」，疑其乃「射」之表意字，讀為「席」，其後學界又有釋「發」之說；[34]而後者之原整理者亦將其例隸作「狭」，並釋從夬聲，讀為「价」，但也疑其乃「射」字異體；[35]周鳳五釋為「弋」，仍讀為「席」；[36]拙作曾以為〈鄭武夫人規孺子〉簡例可隸作「狭」，即「夬」字異構。[37]

　　此類字例與「弋」形不近，恐非其字，至於是否為「狭」、「夬」、「弦」、「矧」或「發」，因清華《繫年》簡例右旁所從之形，似仍缺「攴」形之直接字形演變證據，故釋「發」似仍有可疑者，再者，其例與〈鄭武夫人規孺子〉例一樣，皆與射箭有關，在簡文中可讀為「席」，「席」字很顯然就是「射」字之假借，二字音近可通，因此，〈赤鵠之集湯之屋〉簡此字與清華簡此二例應是一字之異構，即「射」字，而非「弋」、「狭」、「夬」、「弦」、「矧」或「發」等字，其例或僅繁縟一表義之形符「矢」耳，故上引黃德寬釋「射」之說，可從，不過，此三字仍與古文字所見「射」字字形或異，未盡完全相同，其形源或猶待考。

　　而簡文辭例云「湯狭之獲之」（〈赤鵠之集湯之屋〉簡1），此「狭」字在此可逕讀為「射」，即「射箭」之意，其猶《易經・解》：「上六：『公用射隼于高墉之上，獲之，无不利。』」[38]其意境亦與簡文相類也。

〔4〕脂（旨）𩱷（𩱱、羹；羹）之

　　簡文「𩱷」字之形為：

（清華〈赤鵠之集湯之屋〉簡1）

　　此字亦見於簡2、3、5，其字形與簡1例大抵相同：

（清華〈赤鵠之集湯之屋〉簡2）

34　清華大學出土文獻研究與保護中心編、李學勤主編：《清華大學藏戰國竹簡（貳）》（上海：中西書局，2011年12月第一版），頁166；郭永秉之說原以〈疑《繫年》64號簡的「射」字實是「發」字〉為題，發表於復旦大學出土文獻與古文字研究中心網站（2012年1月7日），今轉見於蘇建洲、吳雯雯、賴怡璇：《清華二《繫年》集解》（臺北：萬卷樓圖書公司，2013年12月初版），頁487-492。

35　清華大學出土文獻研究與保護中心編、李學勤主編：《清華大學藏戰國竹簡（陸）》（上海：中西書局，2016年4月第一版），頁107。

36　周鳳五：《朋齋學術文集：戰國竹書卷》（臺北：國立臺灣大學出版中心，2016年12月），頁467-468。

37　許文獻：〈關於清華〈鄭武夫人規孺子〉簡7之「狭」字〉，武漢大學簡帛研究中心，網址：http://www.bsm.org.cn/show_article.php?id=3024，2018年3月16日，檢索日期：2018年6月7日。

38　〔魏〕王弼注、〔東晉〕韓康伯注、〔唐〕孔穎達疏：《周易正義》（清嘉慶二十年江西南昌府學重刊宋刻本，臺北：藝文印書館，1997年8月初版），卷四，頁94。

／（清華〈赤𪎭之集湯之屋〉簡2）

／（清華〈赤𪎭之集湯之屋〉簡3）

／（清華〈赤𪎭之集湯之屋〉簡5）

　　李學勤將簡1例隸作「𪎭」，以為簡文此字應即徐王糧鼎與庚兒鼎之「𪎭」字，可釋為「𧆓」；[39]原整理者隸同李學勤，亦認為簡文此例乃春秋金文「𪎭」字之省形，可釋為「𧆓」；[40]李爽據陳劍釋「𧆓」之說，補說簡文此等類例。[41]

　　今復考春秋金文「𪎭」字，其例或見於以下諸器：[42]

（春秋：徐王糧鼎，《集成》02675，△1）

／（春秋：庚兒鼎，《集成》02715，△2）

／（春秋：庚兒鼎，《集成》02716，△3）

／（春秋：襄腫子湯鼎，《新收》1310，△4）

　　上引諸例歷來諸家雖或存異說，但仍多釋从采；[43]殷周金文暨青銅器資料庫將此等

39　李學勤：〈新整理清華簡六種概述〉，《文物》2012年第8期，頁66-71。

40　清華大學出土文獻研究與保護中心編、李學勤主編：《清華大學藏戰國竹簡（參）》（上海：中西書局，2012年12月第一版），頁167、168。

41　李爽：《清華簡「伊尹」五篇集釋》（吉林大學碩士論文，2016年6月），頁81。

42　另近來王志平與李豪曾釋出部分疑从量得聲之「𧆓」字，例如：🖾🖾（△，商或西周：𡚇鼎，《集成》02702「用作母己尊△」）、🖾🖾（△，西周：䵼作又母辛鼎，《集成》00688「䵼入△于汝子」）、🖾🖾（△，上博〈競建內之〉簡4「高宗命傳說△之以祭【簡4、簡3】」（此從陳劍之編聯）），雖有其理，但此說似無直接之字形演變依據或堅實之辭例為證，更未兼顧其例與曩昔學者所論春秋金文「𧆓」字諸例之關係，或猶有可商，待議，茲列備參。王志平：〈釋「🖾」〉，收入中國古文字研究會、河南大學甲骨學與漢字文明研究所編：《古文字研究》33（北京：中華書局，2020年8月北京第一版），頁203-211；李豪：〈上博簡「𧆓」字補釋〉，復旦大學出土文獻與古文字研究中心，網址：http://www.gwz.fudan.edu.cn/Web/Show/4738，2020年12月29日，檢索日期：2020年12月30日；陳劍：〈談談《上博（五）》的竹簡分篇、拼合與編聯問題〉，收入陳劍：《戰國竹書論集》（上海：上海古籍出版社，2013年12月第一版），頁168-182。

43　例如：楊樹達即釋从采，並釋其為「𧆓」字；郭沫若亦釋从采，且从其得聲，惟釋其例為「腦」之古文；張桂光則釋从棗；吳振武亦釋从采得聲。楊樹達：《積微居金文說（增訂本）》（北京：中華書局，1997年12月第一版），頁126-127；郭沫若：《兩周金文辭大系圖錄攷釋》（上海：上海書店出版社，1999年

字例隸作「鬻」，讀為「煮」。[44]

　　而在楚簡中，亦有相近之字形，分見於：

（上博〈容成氏〉簡21）

（上博〈曹沫之陳〉簡11）

（上博〈三德〉簡13）

（上博〈平王與王子木〉簡3）

　　大抵而言，上二例為繁構，下二例則為省文，此學者早有所論，[45]若循此理，則清華簡此等字例恐怕是上博簡此二類字例之過渡形構，主因其仍保留了「采」旁左側之偏旁，而未盡省之，其實，張新俊與禤健聰最早將楚簡此等字例釋出，即「鬻」，其後，學界對此類字例討論亦不少，茲列各家主要說法如下：張新俊將上引春秋金文與楚簡前二例釋從采得聲，並據上博《周易》與傳世本之「菜」、「喜」異文，將此等相關字例讀為「饎」；[46]而如上所述，禤健聰將〈三德〉例釋為「鬻」之省體，並認為此即《說文》之「莘」字，訓作「烹菜為羹」；[47]高佑仁釋〈曹沫之陳〉例時，仍從禤健聰之說，將其釋為「鬻」，並釋其形為從弼從采；[48]何有祖將〈平王與王子木〉例釋為從采從皿，讀為「菜」；[49]陳劍認為春秋金文與楚簡此字字例，皆可釋為「羹」字異體，從采會鼎鬲中

7月第一版），頁159；張桂光：〈金文札記三則〉，中國古文字研究會、吉林大學古文字研究室編：《古文字研究》27（北京：中華書局，2008年9月北京第一版），頁228-232；吳振武：〈說徐王糧鼎銘文中的「魚」字〉，收入中國古文字研究會、華南師範大學文學院編：《古文字研究》26，北京：中華書局，2006年11月第一版，頁224-229。

44　中央研究院歷史語言研究所金文工作室：「殷周金文暨青銅器資料庫」，網址：http://www.ihp.sinica.edu.tw/~bronze/，檢索日期：2017年5月3日。

45　如禤健聰即指出〈三德〉例乃「鬻」字之省體，即前二例之省。禤健聰：〈上博楚簡（五）零札（一）〉，武漢大學簡帛研究中心，網址：http://www.bsm.org.cn/show_article.php?id=226，2006年2月24日，檢索日期：2018年6月17日。

46　張新俊：《上博楚簡文字研究》（吉林大學博士學位論文，2005年4月），頁131-134。此說本亦見於其於簡帛研究網所發表之〈說饎〉一文，2004年4月29日，因該網站內容進行調整，今據其博士論文之內容補之。

47　禤健聰：〈上博楚簡（五）零札（一）〉，武漢大學簡帛研究中心，網址：http://www.bsm.org.cn/show_article.php?id=226，2006年2月24日，檢索日期：2018年6月17日。

48　季旭昇主編，袁國華協編，陳思婷、張繼凌、高佑仁、朱賜麟合編：《《上海博物館藏戰國楚竹書（四）》讀本》（臺北：萬卷樓圖書公司，2007年3月初版），頁168。

49　何有祖：〈讀《上博六》札記（二）〉，武漢大學簡帛研究中心，網址：http://www.bsm.org.cn/show_article.php?id=601，2007年7月9日，檢索日期：2018年6月15日。

煮菜之意，可訓作「作羹」，或有「菜羹」、「以菜配羹」之意，而對於此類字例之字形特色，陳劍則釋其例屬六國古文字之特殊寫法，不見於秦漢與後世文字；[50]單育辰於考證〈曹沫之陳〉例時，本亦贊同讀為「饎」，其後又有隸從釆或讀「菜」之想法，不過，近年則傾向於陳斯鵬讀「葴」之說；[51]郭永秉以為上博簡此等字例下所從皿，應是從春秋金文省變而來，並在總結諸家之說後，再行引證西周寓鼎之例，考證上引諸例應即「羹」字。[52]

今復考春秋金文此四例，其俱未從鬲，上從釆，下則從陳劍所釋「烹煮的容器『鼎』或『鬲』的底部筆畫加上『火』旁之形」，[53]而非「羔」，倘若以此形構組合情況而言，似最近於《說文》「鬻」字，《說文》釋此字為「五味盉羹也。從䰜從羔。《詩》曰：亦有和鬻。，鬻或省。，或從美，鬻省。羹，小篆從羔從美。」[54]據此，春秋金文四例應可隸作「䰞」，即「羹」之異構，上引楊樹達之舊說與陳劍之考證，殆可從矣。

至於春秋金文與戰國楚簡此等字例，是否與「菜」或從喜之例有關，目前似尚無直接之字形證據，如西周金文本有「菜」字，其形構便與此有別，用例亦不同，當非一字，此可參：

（西周：佣生簋，《集成》04264.2）

（西周：佣生簋，《集成》04265）

此類字例之辭例或如「格伯履，歐妊彶佋厥從格伯安彶甸，殷谷、杜木、邍谷旅菜，

50 陳劍：〈釋上博竹書和春秋金文的「羹」字異體〉，2007 年中國簡帛學國際論壇論文，2007 年 11 月 10 日-11 日，同文修訂後，發表於復旦大學出土文獻與古文字研究中心，網址：http://www.gwz.fudan.edu.cn/Web/Show/295，2008 年 1 月 6 日，檢索日期：2018 年 6 月 16 日，其後亦收入陳劍：《戰國竹書論集》（上海：上海古籍出版社，2013 年 12 月第一版），頁 231-260。

51 單育辰：《〈曹沫之陳〉文本集釋與相關問題研究》（吉林大學碩士論文，2007 年 4 月），頁 40；單育辰：《楚地戰國簡帛與傳世文獻對讀之研究》（北京：中華書局，2014 年北京第一版），頁 309；單育辰：《新出楚簡《容成氏》研究》（北京：中華書局，2016 年 3 月北京第一版），頁 21-22，本書所引陳斯鵬之說，見於陳斯鵬：《簡帛文獻與文學考論》（廣州：中山大學出版社，2007 年 12 月第一版），頁 97。

52 郭永秉：〈上博藏西周寓鼎銘文新釋——兼為春秋金文、戰國楚簡中的「羹」字祛疑〉，收入《出土文獻與傳世典籍的詮釋——紀念譚樸森先生逝世兩週年國際學術研討會論文集》（上海：上海古籍出版社，2010 年 10 月第一版），頁 81-97。

53 陳劍：〈釋上博竹書和春秋金文的「羹」字異體〉，2007 年中國簡帛學國際論壇論文，2007 年 11 月 10 日-11 日，同文修訂後，發表於復旦大學出土文獻與古文字研究中心，網址：http://www.gwz.fudan.edu.cn/Web/Show/295，2008 年 1 月 6 日，檢索日期：2018 年 6 月 16 日，其後亦收入陳劍：《戰國竹書論集》（上海：上海古籍出版社，2013 年 12 月第一版），頁 231-260。

54 〔漢〕許慎編撰、〔宋〕徐鉉校定：《說文解字》（據清同治十二年陳昌治改刻本縮印，香港：中華書局，2014 年 8 月再版），卷三，頁 62。

涉東門」（西周：倗生簋，《集成》04264.2），倗生簋各器諸銘俱同，凡此所見「菜」字，皆作地名或專名解，與食物無關，再者，戰國文字亦見「菜」字，其形為：

 ／ （上博〈孔子詩論〉簡 17）

 （上博《周易》簡 21）

　　此類字例倘據上引陳劍之說，可釋從采，讀為「采」或「喜」，各簡文或云「〈采葛〉之愛婦☐」（上博〈孔子詩論〉簡 17）、「九五：无妄有疾，勿藥有菜。」（上博《周易》簡 21），其中，上博《周易》簡 21 例乃上引張新俊說之論證基礎，其例帛書本與今本異文皆作「喜」，[55]此乃音近異文，[56]可證明「菜」讀為「喜」聲系之可能性，不過，陳劍已釋春秋金文與戰國楚簡此等字例所從采（菜）為表意偏旁，再者，睡虎地秦簡「菜」、「羹」二字並列，如「御史卒人使者，食粺米半斗，醬四分升一，采羹，給之韭蔥。」（睡虎地秦簡〈傳食律〉179），又如「不更以下到謀人，粺米一斗，醬半升，采羹，芻稾各半石。」（睡虎地秦簡〈傳食律〉181），再如「上造以下到官佐、史毋（無）爵者，及卜、史、司御、寺、府，糲米一斗，有采羹，鹽廿二分升二。」（睡虎地秦簡〈傳食律〉182）此等「采」字皆可讀為「菜」，但與「羹」字為相連之上下文，且與「韭蔥」對文，顯然「菜」、「羹」二字當指二字二物，未可混淆，因此，將春秋金文與戰國楚簡此等字例通讀為「饎」，恐仍有可商者，尚待作進一步之討論，陳劍在文中，已針對「菜」之本義與用例，論證甚詳，可參，另值得一提的是，上引單育辰與陳斯鵬曾指出此類字例或可讀為「裁」，如今看來，此等字例所從采（菜）既為表意偏旁，則自無作此讀法之可能，亦順補誌之。

　　又如簡文此例所從皿，倘據上引郭永秉之說，此「皿」形殆從春秋金文省變而來，應屬表義之形符，可信，這其實也應是本於陳劍所云「『鼎或鬲加火旁』之形的下方變為從『鬲』或從『皿』之省變形源；再如簡文此例從弓之形，今僅能疑其或「弜」之省，惟此省構仍缺旁證，今暫且存疑。

　　另外，郭永秉曾引證西周寓鼎疑可釋作「羹」字之例，其形為：

 （西周：寓鼎，《集成》02756）

55 湖南省博物館、復旦大學出土文獻古文字研究中心編纂，裘錫圭主編：《長沙馬王堆漢墓簡帛集成》（北京：中華書局，2014 年 6 月第一版），第參冊，頁 15；〔魏〕王弼注、〔東晉〕韓康伯注、〔唐〕孔穎達疏：《周易正義》（清嘉慶二十年江西南昌府學重刊宋刻本，臺北：藝文印書館，1997 年 8 月初版），卷三，頁 67。

56 「菜」字上古音屬清母之部，「喜」字則為曉母之部，二字雖聲母或隔，但為疊韻關係，或可謂音近。

（西周：寓鼎，《集成（修訂增補本）》02756）[57]

此字字形稍嫌殘泐，但以其殘形之特徵而言，郭永秉釋从采、火、鼎或鬲，[58]仍是較可行之說法，換言之，此字釋為「羹」，可從。

是故，整體而言，簡文此字隸作「𩰬」，並進一步隸釋作「𩱛」，且釋為春秋金文「𩱛」之省構，大抵仍是較可行之釋形方向，且如上引陳劍之考證，此類字例應即東方六國之特定寫法，因為目前所見从羔从美之「羹」字，確實僅見於西漢帛書，例如：

（馬王堆〈胎產書〉8）

亦即楚簡此類寫作「𩱛」之「羹」字，與春秋金文一脈相承，若再證之以上引郭永秉所考西周金文「羹」字，則楚簡此類字形之形源，更可上溯西周，雖然周秦文字較近，但若從春秋國別論之，東方六國文字遞承本已沿用西周金文之春秋金文，形成自己的特色，亦非全不可能，至少楚簡此等字例之字形，與西周金文或春秋金文未盡全同，似乎已有分域特徵，因此，上引陳劍與郭永秉對此類字例分期分域之說，不管是否具六國文字特徵，應皆有其可能性，也或許只能說楚簡此類字例確實沿承西周金文與春秋金文，其形源發展脈絡可謂相當明確。

今在此釋形基礎上，可再討論此等字例之釋讀問題。若以春秋金文此四器辭例言之：

鑄其饙鼎，用△1 魚腊，[59]用饗賓客。（春秋：徐王糧鼎，《集成》02675）
用征用行，用鯀用△2，眉壽無疆。（春秋：庚兒鼎，《集成》02715）
用征用行，用鯀用△3，眉壽無疆。（春秋：庚兒鼎，《集成》02716）
襄腫子湯之△4，子子孫孫永保用之。（春秋：襄腫子湯鼎，《新收》1310，△4）

可知此四例皆可讀為「羹」，表烹煮之意，作動詞解，與《說文》之名詞用例稍有不同，其猶《史記・貨殖列傳》云「總之，楚越之地，地廣人希，飯稻羹魚，或火耕而水耨，果隋蠃蛤，不待賈而足，地埶饒食，無飢饉之患，以故呰窳偷生，無積聚而多貧。」[60]據此，則簡文所謂「脂𩱛之」，其「脂」字應遞讀為「旨」，表美味之意，而非原整理

[57] 茲據郭永秉文中所分析拓片質量之結果，補列此拓片備參。郭永秉：〈上博藏西周寓鼎銘文新釋——兼為春秋金文、戰國楚簡中的「羹」字祛疑〉，收入《出土文獻與傳世典籍的詮釋——紀念譚樸森先生逝世兩週年國際學術研討會論文集》（上海：上海古籍出版社，2010 年 10 月第一版），頁 81-97。

[58] 郭永秉：〈上博藏西周寓鼎銘文新釋——兼為春秋金文、戰國楚簡中的「羹」字祛疑〉，收入《出土文獻與傳世典籍的詮釋——紀念譚樸森先生逝世兩週年國際學術研討會論文集》（上海：上海古籍出版社，2010 年 10 月第一版），頁 81-97。

[59] 此「魚」字乃依吳振武之所釋。吳振武：〈說徐王糧鼎銘文中的「魚」字〉，收入中國古文字研究會、華南師範大學文學院編：《古文字研究》26（北京：中華書局，2006 年 11 月第一版），頁 224-229。

[60] 〔漢〕司馬遷原著、（日）瀧川龜太郎著：《史記會注考證》（臺北：萬卷樓圖書公司，1993 年 8 月初

者所釋「美」意，[61]其猶《論語・陽貨》云「食旨不甘，聞樂不樂。」[62]至於簡文「黌」字則應讀同春秋金文例，皆作動詞解，亦非原整理者所釋「五味盉羹」之名詞義，[63]且此訓尤可呼應下文簡2所云之「小臣既羹之」語，因簡2「羹」字二例確以解作動詞為佳，若然，則簡文所謂「旨羹之，我其享之」，即指烹煮美味由湯享用之意，惟其賓語或提前耳。

惟值得留意者，在簡2「嘗我於尔羹」、簡3「小臣自堂下授紝尻羹」與簡5「執叛吾羹」等語例中，此等「羹」字則應作名詞解，或即原整理者所釋之「五味盉羹」意，此乃據上引《說文》「鬻」下所云「五味盉羹也」，亦猶《尚書・說命下》所云「若作和羹，爾惟鹽梅」，[64]又如《左傳・隱公元年》曰「小人有母，皆嘗小人之食矣，未嘗君之羹，請以遺之。」[65]凡此「羹」字皆可釋作「以五味調和而成之食物」。

〔5〕羿（？、徵）騁（？、廷）

簡文此二字之形為：

（清華〈赤䲴之集湯之屋〉簡5，△1）

（清華〈赤䲴之集湯之屋〉簡5，△2）

原整理者將「△1」字隸作「羿」，釋為「樊」，讀為「返」，至於次字，原整理者則隸作「騁」，釋從呈聲，讀為「廷」；[66]黃傑則將「△1」字釋為地名；[67]楊蒙生讀為「省視」之「省」；[68]王昆仍從原整理者之說；[69]周鳳五將「△1」字隸同原整理者，讀為「徵」，

版），卷一百二十九，頁1359。

61 清華大學出土文獻研究與保護中心編、李學勤主編：《清華大學藏戰國竹簡（參）》（上海：中西書局，2012年12月第一版），頁168。

62 〔魏〕何晏注、〔宋〕邢昺疏：《論語注疏》（清嘉慶二十年江西南昌府學重刊宋刻本，臺北：藝文印書館，1997年8月初版），卷十七，頁157-158。

63 清華大學出土文獻研究與保護中心編、李學勤主編：《清華大學藏戰國竹簡（參）》（上海：中西書局，2012年12月第一版），頁168。

64 〔漢〕孔安國傳、〔唐〕孔穎達疏：《尚書正義》（清嘉慶二十年江西南昌府學重刊宋刻本，臺北：藝文印書館，1997年8月初版），卷十，頁142。

65 〔晉〕杜預注、〔唐〕孔穎達疏：《春秋左傳正義》（清嘉慶二十年江西南昌府學重刊宋刻本，臺北：藝文印書館，1997年8月初版），卷二，頁37。

66 清華大學出土文獻研究與保護中心編、李學勤主編：《清華大學藏戰國竹簡（參）》（上海：中西書局，2012年12月第一版），頁167、169。

67 黃傑：〈初讀清華簡（參）《赤䳅（從鳥）之集湯之屋》筆記〉，武漢大學簡帛研究中心，網址：http://www.bsm.org.cn/show_article.php?id=1802，2013年1月10日，檢索日期：2018年6月18日。

68 楊蒙生：〈讀清華簡〈赤䲴之集湯之屋〉筆記〉，出土文獻與中國古代文明國際學術研討會發言稿，2013年，其內容轉引自李爽：《清華簡「伊尹」五篇集釋》（吉林大學碩士論文，2016年6月），頁82。

69 王昆：《清華簡《尹至》、《尹誥》、《赤鵠之集湯之屋》集釋》（河北大學文學碩士學位論文，2016年5月），頁57。

訓作「遮繞」，次字則釋為「淫」，讀為「循」；[70]李爽對於「△1」字之釋讀，仍從黃傑之說，至於「△2」字，則大抵或與原整理者之看法相同；[71]洪君妤亦從黃傑之說；[72]宮島和也亦讀為「返」，訓作「從某地……回來」。[73]

今復考簡文「△1」字之形，知其从网从廾，應無疑義，惟此字是否為「樊」字，似仍有爭議，[74]今本文暫且對「△1」字形源存疑，待考。而周鳳五隸同原整理者，並將

---

[70] 周鳳五：《朋齋學術文集：戰國竹書卷》（臺北：國立臺灣大學出版中心，2016 年 12 月），頁 469。

[71] 李爽：《清華簡「伊尹」五篇集釋》（吉林大學碩士論文，2016 年 6 月），頁 82-83。

[72] 洪君妤：《戰國竹書伊尹文獻研究》（國立中興大學中國文學研究所碩士論文，2017 年 8 月），頁 23。

[73] （日）宮島和也：〈戰國楚簡中的「網」字以及古書中若干「反／返」的含意〉，收入中山大學古文字研究所、出土文獻與中國古代文明研究協同創新中心、中山大學中國語言文學系編：《文字‧文獻‧文明》（上海：上海古籍出版社，2019 年 10 月第一版），頁 99-105。

[74] 楚簡此等字例又見於 ▨（天星觀卜筮簡，此為《楚文字編》之摹本）、▨（包山簡 130 反）、▨／▨（上博〈容成氏〉簡 41）、▨（上博〈昭王毀室 昭王與龔之脾〉簡 7）、▨／▨（上博〈王居〉簡 1 正），其例不算少，不過，關於此類字例之釋讀，學界異說紛紜，如：何琳儀、邱德修、陳佩芬、李運富、范常喜、晏昌貴、張崇禮、單育辰、蘇建洲、周鳳五、張繼凌、季旭昇、滕壬生、陳劍、程燕、李守奎等，皆提出不同之看法。若綜諸家之說，其實各家仍有釋形之共識，即各家多釋从网（網），並隸作「网」、「毀」或「網」，因此，清華簡原整理者對簡文此字之隸釋，應是可從，惟值得注意的是，程燕將楚簡此等字例釋作「樊」，並認為其乃「▨形之省」，其說有一定之理據，不過，其所據以立論朋戈疑从樊之例，其形為 ▨（春秋：佣戈，《新收》0469），此字陳劍曾根據春秋金文多數「樊」字之形，否定其例从樊之可能性，其說亦有一定之道理，再者，相較於西周與春秋時期絕大多數多从林之「樊」字，例如：▨（西周：小臣氏樊尹鼎，《集成》02351）、▨（西周或春秋：爐叔樊鼎，《集成》02679）、▨（春秋：樊君鬲，《集成》00626）、▨（春秋：樊君盆，《集成》10329.2）、▨（春秋：樊君簠，《集成》04487），程燕在文中亦未云及楚簡此等字例為何省去「林」旁，故簡文此字是否確為「樊」字，似仍有補證之空間，至於近期李守奎亦有釋「樊」之說，其以為上所列楚簡此類字例屬於「截除式省形（略）」，此可為程燕說補上字形發展規律方面之證據，不過，其主要問題仍在於或闕直接之字形構實證，今暫且存疑待考。李守奎編著：《楚文字編》（上海：華東師範大學出版社，2003 年 12 月第一版），頁 476；何琳儀：〈第二批滬簡選釋〉，收入上海大學古代文明研究中心、清華大學思想文化研究所編：《上博館藏戰國楚竹書研究續編》（上海：上海書店出版社，2004 年 7 月第一版），444～455 頁；邱德修：《上博楚簡《容成氏》注譯考證》（臺北：臺灣古籍出版公司，2003 年 10 月初版），頁 579；馬承源主編：《上海博物館藏戰國楚竹書（二）》（上海：上海古籍出版社，2002 年 11 月第一版），頁 282；馬承源主編：《上海博物館藏戰國楚竹書（四）》（上海：上海古籍出版社，2004 年 12 月第一版），頁 188；李運富：〈楚系簡帛文字叢考（一）〉，《古漢語研究》1996 年第 3 期，頁 1-9；李運富：《楚國簡帛文字構形系統研究》（長沙：嶽麓書社，1997 年 10 月第一版），頁 101；范常喜：〈《上博（四）‧昭王與龔之脾》簡 8 補釋〉，簡帛研究網，2005 年 5 月 9 日，該網站內容已調整，其內容今參見陳劍〈楚簡「網」字試解〉與程燕〈說樊〉二文中所引；晏昌貴：〈天星觀「卜筮祭禱」簡譜文輯校（修訂稿）〉，武漢大學簡帛研究中心，網址：http://www.bsm.org.cn/show_article.php?id=31，2005 年 11 月 2 日，檢索日期：2018 年 9 月 1 日，其後收入丁四新主編：《楚地簡帛文獻思想研究（二）》，武漢：湖北教育出版社，2005 年 4 月第一版，頁 265-298；張崇禮：〈讀上博四《昭王與龔之脾》劄記〉，武漢大學簡帛研究中心，網址：http://www.bsm.org.cn/show_article.php?id=557，2007 年 5 月 1 日，檢索日期：2018 年 9 月 1 日；單育辰：〈佔畢隨錄之六〉，武漢大學簡帛研究中心，網址：http://www.bsm.org.cn/show_article.php?id=860，2008 年 8 月 5 日，檢索日期：2018 年 9 月 1 日；蘇建洲之說見於季旭昇主編，陳美蘭、蘇建洲、陳嘉凌合撰：《上海博物館藏戰國楚竹書（二）讀本》，臺北：萬卷樓圖書公司，2003 年 7 月初版，頁 171；周鳳五：〈上博四〈昭王與龔之脾〉重探〉，收入周鳳五：《朋齋學術文集：戰國竹書卷》（臺北：國立臺灣大學出版中心，2016 年 12 月），頁 339-355；季旭昇主編，袁國華協編，陳思婷、張繼凌、高佑仁、朱賜麟合編：《上海博物館藏戰國楚竹書（四）讀本》（臺北：萬卷樓圖書公司，2007 年 3 月初版），頁 68；滕壬生：《楚系簡帛文字編（增訂本）》（武漢：湖北教育出版社，2008 年 10 月第一版），頁 620；陳劍：〈楚簡「網」字試解〉，收入武漢大學簡帛研究中心主辦：《簡帛》4（上海：上海古籍出版社，2009 年 10 月第一版），頁 135-159，其後亦收入陳劍：《戰國竹書論集》（上海：上海古籍出版社，2013 年 12 月

此字讀為「徼」，此說可與陳劍曾將楚簡此等字例讀「徼」之說相互為證，[75]應是可信的，亦可解決上引黃傑所云原整理者讀「廷」不合於楚簡用例，以及侯乃峰逕讀「省」仍闕相通書證等問題，今從之，其例在此可訓作「巡視」或「巡察」，其猶《荀子·富國》云「其候徼支繚，其竟關之政盡察，是亂國已。」楊倞注曰「徼，巡也。」[76]又《漢書·景十三王傳》亦曰「常夜從走卒行徼邯鄲中。」顏師古注：「徼謂巡察也。」[77]此等「徼」字俱屬此訓也。

至於「△2」字，其形確實从馬从呈，可逕隸作「䮓」，原整理者之隸釋可從，不過周鳳五釋作「淫」，讀為「循」，在聲韻通讀上似仍或隔，[78]而古文字或傳世文獻亦不易找到相通之實證，因此，簡文此字讀為「循」，在文意上雖可行，但仍有部分關鍵環節尚待解決，有鑑於此，本文仍暫從原整理者之說，將其讀為「廷」，疑即「官舍」，其猶《墨子·號令》云「諸城門若亭，謹候視往來行者符，符傳疑，若無符，皆詣縣廷言請。」[79]

值得留意的是，簡1末殘斷，原整理者認為此處有缺字，疑即「湯往某地之地名」，並認為「『往』字與下文『返』字為對文」，[80]黃傑疑為地名「䮓」，即「逃琍」，[81]此二說皆有其一定之道理，不過，「△1」字在此既可讀為「徼」，則其便毋須與「返」互為對文，當然也可能就不是黃傑所云之「䮓」了，只是此殘字之具體釋讀為何，仍是待考。

綜上所述，則簡文此處云「湯䝮䮓，少（小）臣饋」（清華〈赤鵠之集湯之屋〉簡5），倘承上下之文意，殆指湯循視官舍時，小臣伊尹饋食之，使之嚐味。

〔6〕汌（汛；班）

簡文此字之形為：

（清華〈赤鵠之集湯之屋〉簡5）

第一版），頁353-384；程燕：〈說樂〉，武漢大學簡帛研究中心，網址：http://www.bsm.org.cn/show_article.php?id=1363，2011年1月6日，檢索日期：2018年6月28日；李守奎：〈《楚居》中的樂字及出土楚文獻中與樂相關文例的釋讀〉，《文物》2011年第3期，頁75-78，亦收入李守奎：《古文字與古史考──清華簡整理研究》（上海：中西書局，2015年10月第一版），頁40-48。

75 陳劍：〈楚簡「䍐」字試解〉，收入武漢大學簡帛研究中心主辦：《簡帛》4（上海：上海古籍出版社，2009年10月第一版），頁135-159，其後亦收入陳劍：《戰國竹書論集》（上海：上海古籍出版社，2013年12月第一版），頁353-384。

76 〔清〕王先謙：《荀子集解》（臺北：藝文印書館，2007年3月初版），卷六，頁365。

77 〔漢〕班固撰、〔唐〕顏師古注：《漢書》（瞿氏鐵琴銅劍樓藏北宋景祐刊本，收入《百衲本二十四史》，臺北：臺灣商務印書館，2010年7月臺二版），〈列傳〉卷二十三，頁681。

78 「淫」字上古音屬余母侵部，「循」字則為邪母文部，二字聲韻或隔。

79 〔清〕張純一：《墨子集解》（臺北：文史哲出版社，2011年8月BOD版），卷十五，頁706。

80 清華大學出土文獻研究與保護中心編、李學勤主編：《清華大學藏戰國竹簡（參）》（上海：中西書局，2012年12月第一版），頁168。

81 黃傑：〈初讀清華簡（參）《赤咎（从鳥）之集湯之屋》筆記〉，武漢大學簡帛研究中心，網址：http://www.bsm.org.cn/show_article.php?id=1802，2013年1月10日，檢索日期：2018年6月18日。

　　原整理者將此字隸作「洀」，並疑其當讀為「調」，或謂「發取」之意；[82]梁月娥則認為簡文此字當从舟得聲，應讀為「盜」，訓作「偷取」；[83]網路發言者汗天山釋為「渝」字異體，讀為「偷」；[84]網路發言者溜達溜達將此字譯作「動了」；[85]吳雪飛亦贊同原整理者之隸釋，但改讀為「班」，訓作類似「分賜」之意，另外，對於此段文之解讀，其則釋云「孰，在這裏不是『誰』的意思，而是作『疑問副詞』，『與『何』同。何故也，為何也。』『孰班吾羹？』，即『為何（隨便）頒賜我的鳥羹？』」；[86]楊蒙生亦讀為「班」；[87]侯乃峰疑其當釋為从俞省，讀為「偷」；[88]王昆仍從原整理者之說；[89]李爽亦釋為「偷」；[90]于茀釋為「盤」，讀為「班」，訓作「分」；[91]洪君好仍從汗天山之說；[92]馬文增亦讀為「調」，但改訓作「調和、摻水」；[93]范常喜將簡文此字讀為「調」，訓作「調和」、「調製」；[94]曹雨楊引李守奎之說，釋从俞，並讀為「偷」。[95]

　　此字依形可釋作从水从舟，隸作「洀」，殆無疑義，更非从俞，畢竟目前古文字从俞之例罕有省作僅从舟者，而其字在郭沫若釋為「般」與于省吾釋作「汎」、「盤」後，[96]學者立論多以此二家之說為基礎，抑或稍修正其釋形。[97]今復考諸家之說，知各家說

---

[82] 清華大學出土文獻研究與保護中心編、李學勤主編：《清華大學藏戰國竹簡（參）》（上海：中西書局，2012年12月第一版），頁167、169。

[83] 梁月娥：〈說《清華（參）》〈赤鵠之集湯之屋〉之「洀」〉，武漢大學簡帛研究中心，網址：http://www.bsm.org.cn/show_article.php?id=1793，2013年1月8日，檢索日期：2018年6月16日。

[84] 「簡帛論壇：《清華（參）》〈赤鵠之集湯之屋〉初讀」31樓網路發言者汗天山之發文，武漢大學簡帛研究中心，網址：http://www.bsm.org.cn/forum/forum.php?mod=viewthread&tid=3051&extra=page%3D3&page=4，2013年1月12日，檢索日期：2018年6月7日。

[85] 「簡帛論壇：《清華（參）》〈赤鵠之集湯之屋〉初讀」44樓網路發言者溜達溜達之發文，武漢大學簡帛研究中心，網址：http://www.bsm.org.cn/forum/forum.php?mod=viewthread&tid=3051&extra=page%3D4&page=5，2013年1月12日，檢索日期：2018年6月7日。

[86] 吳雪飛：〈也談清華簡（三）《赤鵠之集湯之屋》之「洀」〉，武漢大學簡帛研究中心，網址：http://www.bsm.org.cn/show_article.php?id=1817，2013年1月16日，檢索日期：2018年6月16日。

[87] 楊蒙生：〈讀清華簡〈赤鵠之集湯之屋〉筆記〉，出土文獻與中國古代文明國際學術研討會發言稿，2013年，其內容轉引自洪君好：《戰國竹書伊尹文獻研究》（國立中興大學中國文學研究所碩士論文，2017年8月），頁29。

[88] 侯乃峰：〈也說清華〈赤鵠之集湯之屋〉篇的「洀」〉，中國文字學會第八屆學術年會發言稿，2015年，其內容轉引自李爽：《清華簡「伊尹」五篇集釋》（吉林大學碩士論文，2016年6月），頁84，其後收入收入教育部人文社會科學重點研究基地、華東師範大學中國文字研究與應用中心、華東師範大學語言文字工作委員會主辦：《中國文字研究》24（上海：上海書店出版社，2016年12月第一版），頁64-67。

[89] 王昆：《清華簡《尹至》、《尹誥》、《赤鵠之集湯之屋》集釋》（河北大學文學碩士學位論文，2016年5月），頁57。

[90] 李爽：《清華簡「伊尹」五篇集釋》（吉林大學碩士論文，2016年6月），頁84。

[91] 于茀：〈清華簡《赤鵠之集湯之屋》補釋〉，《北方論叢》2017年第2期，頁29-31。

[92] 洪君好：《戰國竹書伊尹文獻研究》（國立中興大學中國文學研究所碩士論文，2017年8月），頁29-30。

[93] 馬文增：〈清華簡《赤鳩之集于湯之屋》九題〉，《殷都學刊》2020年第1期，頁34-40。

[94] 范常喜：〈清華簡、金文與〈管子·小問〉「洀」字合證〉，收入復旦大學出土文獻與古文字研究中心編：《出土文獻與傳世典籍的詮釋》（上海：中西書局，2019年11月第一版），頁89-96。

[95] 曹雨楊：《《清華大學藏戰國竹簡（壹）—（參）》疑難字詞集釋及釋文校注》（吉林大學碩士學位論文，2020年5月），頁635-638。

[96] 郭沫若說見於《甲骨文詁林》所引其《卜辭通纂》之內容，而于省吾在考證《管子·乘馬》「泛」字時，即云「『泛』即『洀』，即『盤』，古文从舟、从凡一也。」並將甲文所見「旬洀」讀為「徇盤」。于省吾

法皆有其理據，惟依字形特徵、古文字辭例與傳世文獻書證，其例若釋作「氾」，應是較為精確之說法，且其類例可逕讀為本字，抑或「泛」、「盤」，茲列甲金文之代表字例，並略述如下：

（第一期：《合集》11477）

（第一期：《合集》11478）

（第一期：《合集》11479）

（第一期：《合集》20273）

／（第一期：《合集》22264）

主編、姚孝遂按語編撰：《甲骨文字詁林》（北京：中華書局，1996 年 5 月第一版），頁 3171；郭沫若：《卜辭通纂：附考釋索引》（臺北：大通書局，1976 年 5 月初版）；于省吾：《諸子新證・雙劍誃管子新證》（臺北：樂天出版社，1970 年 9 月 25 日再版），卷一，頁 5；于省吾：《殷契駢枝全編》（臺北：藝文印書館，1975 年 11 月再版），頁 75-76；于省吾：《甲骨文字釋林》（北京：中華書局，1979 年 6 月第一版），頁 93-94。

97　如楊樹達即贊同郭沫若釋「般」之說，惟改釋其形應从水，又如姚孝遂亦從楊樹達釋形之說，並將「洀」字釋為「氾」、「泛」、「渢」等字之初文，但也認為「盤之古文作『凡』，象槃皿之形。『洀』不得為『盤』之初形」，再如何琳儀亦曾撰專文討論古文字中所見「洀」字諸例，並以讀「盤」為立論之基礎，釋讀多數字例，值得留意的是，該文指出「嗣後出現的『洀』當然也就與商周古文毫無瓜葛」，戰國秦漢文字『洀』與《集韻》『洀』應是一字，讀若『舟』，其實商承祚在更早之前，即已指出甲文「洀」字「疑『舟』字之變」，此俱可作為上引原整理者與梁月娥二說之補證，然而，何琳儀文中所舉此等類例，罕有屬楚系文字者，因此，簡仄此字是否可從此一字形發展系統去作思考，恐仍猶有可商，另李家浩也曾指出古代「洀」字有「音『盤』」與「音『舟』」兩個讀音，亦可參，凡此皆為學界據郭沫若與于省吾二說所作之論證。不過，對於「洀」字，早期商承祚釋為「『舟』字之變」，郭沫若亦曾從之，疑此應上述學者所云之《集韻》系統，可參，而何琳儀又有將燕璽「洀」字讀「朝」之說，惟其說與本文所論此例較無直接關聯，茲錄備參，除此之外，學界對於「洀」字，亦有釋「覆」之看法，如吳匡與蔡哲茂、馬承源等俱主此說，惟此釋讀方式，或如上引于茀所云，似無法通讀清華簡此處簡文，故在此亦僅暫存備參。楊樹達：《積微居甲文說》，收入楊樹達：《楊樹達文集》（上海：上海古籍出版社，2006 年 12 月第一版），卷上，頁 45；于省吾主編、姚孝遂按語編撰：《甲骨文字詁林》（北京：中華書局，1996 年 5 月第一版），頁 3171-3173；何琳儀：〈釋洀〉，《華夏考古》1995 年第 4 期，頁 104-109；李家浩：〈燕國「洀谷山金鼎瑞」補釋——為紀念朱德熙先生逝世四周年而作〉，收入李家浩：《著名中年語言學家自選集　李家浩卷》（合肥：安徽教育出版社，2002 年 12 月第一版），頁 148-159；何琳儀：〈古璽雜識再續〉，《中國文字》新 17（1993 年 3 月），頁 289-300；羅振玉考釋、商承祚類次：《殷虛文字類編》，收入羅振玉：《羅雪堂先生全集》（臺北：大通書局，1976 年 7 月初版），六編，頁 4414；郭沫若：《卜辭通纂：附考釋索引》（臺北：大通書局，1976 年 5 月初版），頁 161；吳匡、蔡哲茂：〈釋金文諸字〉，收入吳榮曾等著：《盡心集：張政烺先生八十慶壽論文集》（北京：中國社會科學出版社，1996 年 11 月第一版），頁 137-145；馬承源：〈新獲西周青銅器研究二則〉，收入上海博物館集刊編輯委員會編：《上海博物館集刊——建館四十周年特輯》6（上海：上海古籍出版社，1992 年 1 月第一版），頁 150-154。

（第三期：《合集》41317）

（《英藏》2264）

（西周：啟尊，《集成》05983）

（西周：保員簋，《新收》1442）

（西周：晉侯穌鐘，《新收》0871）

（西周：晉侯穌鐘，《新收》0871）

此等字例確實從水，非從攴，上引楊樹達改釋其形之說，可信；而甲文其辭或云「甲戌卜，爭貞：『來辛子，其旬汎？』」（第一期：《合集》11477）、「辛未卜：『今日王汎，不風？』」（第一期：《合集》20273）此等「汎」字據上引于省吾之說，即「汎」字，在此除可逕讀為本字外，亦可從上引姚孝遂之說，讀為「泛」，訓作「浮」，其猶《詩經·鄘風·柏舟》云「汎彼柏舟，在彼中河。」[98]又如《莊子·列禦寇》或曰「巧者勞而知者憂，无能者无所求，飽食而敖遊，汎若不繫之舟，虛而敖遊者也。」[99]凡此「汎」字皆同此訓也，同理，西周啟尊辭例曰「啟從王南征，徬山谷，在汎水上」，其「汎」字之釋讀亦當同此；又于省吾所據以立論之傳世文獻書證，包括：《管子·小問》或云「管仲對曰：『意者，君乘駁馬而汎桓，迎日而馳乎？』」尹注釋曰「汎，古盤字。」[100]再如《管子·乘馬》亦云「汎山，其木可以為棺，可以為車，斤斧得入焉，十而當一。」[101]其既已釋云「汎即汎，即盤，古文從舟、從凡一也。……旬汎應讀為徇盤」，則可知「汎」、「盤」、「汎」等字應有密切之關係，不過，「盤」字自有其初形本義，應與「汎」、「汎」無涉，此姚孝遂早有所證，故此三字之關係，當如其所云，即「汎」、「汎」為同一字，

98　〔漢〕毛亨傳、〔漢〕鄭玄箋、〔唐〕孔穎達疏：《毛詩正義》（清嘉慶二十年江西南昌府學重刊宋刻本，臺北：藝文印書館，1997 年 8 月初版），卷三之一，頁 109。

99　〔清〕王先謙：《莊子集解》（臺北：東大圖書公司，2019 年 1 月五版），卷八，頁 294。

100　〔唐〕尹知章注、〔清〕戴望校正：《管子校正》（以張巨山紹興己未寫本內容為基礎，定其句讀且校正之，臺北：世界書局，1955 年 11 月臺一版），卷十六，頁 276。

101　〔唐〕尹知章注、〔清〕戴望校正：《管子校正》（以張巨山紹興己未寫本內容為基礎，定其句讀且校正之，臺北：世界書局，1955 年 11 月臺一版），卷一，頁 14。

而「盤」則非，甚至可從其說，將「泭」釋作「汎」、「泛」、「渢」等字之初文，殆象汎舟於水之形，抑或可在其說之基礎上，另釋其形為从水从舟，會汎舟於水之意，屬異文會意字，換言之，甲金文「泭」字應釋為「汎」，且可逕讀作本字，也可讀為「泛」或「盤」。

　　而簡文此云「孰泭吾羹？」（清華〈赤鵠之集湯之屋〉簡 5），「泭」字在此似無可解，其實吳雪飛已指出簡文此字應與于省吾所考「泭」字說有關，可信，如此一來，倘復據本文上所論「泭」字之相關內容，知「泭」字乃異文會意字，而非从舟得聲，便不太可能讀為「調」或「盜」，再者，簡文上文既云羹幾已食盡，則重製並無確切記載，故其例在此應可如吳雪飛與于茀之所釋，讀為「班」，只是在通假關係與訓釋內容上，或可續作幾點補充：如上所述，據學者之說，知「泭」字可釋讀為「汎」或「泛」，但與「盤」字並無形源上之關係，而只是單純之通假，因此，吳雪飛從「盤」字通讀至「班」，雖未嘗不可，但若求精確，且考量傳世文獻之「泭」字或可讀為「盤」，竊疑「泭」字應有近「盤」的音，始得通讀為「班」，[102]換言之，「泭」字可逕讀為「班」，而毋須再透過「盤」字，今正；若據簡文上文云湯妻紝巟以略帶威脅口吻要求品嚐之內容，則或可更精確地將簡文此字訓作「分予」，而非上對下關係之「分賜」，更非「分等」，其猶《禮記・檀弓上》云「請班諸兄弟之貧者。」[103]抑或《後漢書・馬援列傳》亦曰「既而歎曰：『凡殖貨財產，貴其能施賑也，否則守錢虜耳。』乃盡散以班昆弟、故舊，身衣羊裘、皮絝。」[104]另外，簡文下文或謂小臣伊尹驚懼出逃之事，且紝巟並未繼續見於簡文之中，顯見簡文所云「孰班吾羹？」一語，其「孰」者，應非指問何人，而是何事，小臣也未舉報紝巟，因此，此處之「孰」，確可從吳雪飛之說，訓作「為何」，但非疑問副詞，而是疑問代詞，且有詰問之語氣，亦可訓作「怎麼」，其猶《楚辭・九章》云「曾不知夏之為丘兮，孰兩東門之可蕪？」王逸注曰「言郢城兩東門非先王所作耶？何使遂廢而無路」，[105]朱熹雖訓「孰」為「誰」，但又將此句釋為「楚王曾不知都邑宮殿之夏屋當為丘墟，又不知兩東門亦先王所設以守國者，豈可使之至於蕪廢耶？」[106]顯然仍是訓「孰」為「怎麼」，再者，《楚辭・九章》亦云「萬變其情豈可蓋兮，孰虛偽之可長！」洪興祖補注釋曰「此言聲有隱而先倡者，然明者察之，則虛偽安可久長乎？」[107]凡此「孰」

---

102 如上引《管子・乘馬》之「泭山」，上引于省吾已釋為「盤山」，惟如上所述，姚孝遂則改釋為「盤」非「泭」字初文，故此「盤」字應是「泭」字通讀之例。而「盤」字上古音並母元部，與「泭」字所屬異體「汎」、「泛」二字之上古音（滂母侵部與滂母談部），其實只在聲母上相近，但韻部或隔，因此，頗疑「泭」字另有一近「盤」之音，並可通讀為聲韻條件相當接近之「班」字（幫母元部）。

103 〔漢〕孔安國傳、〔唐〕孔穎達疏：《禮記注疏》（清嘉慶二十年江西南昌府學重刊宋刻本，臺北：藝文印書館，1997 年 8 月初版），卷八，頁 142。

104 〔南劉宋〕范曄：《後漢書》（據涵芬樓藏紹興本影印（百衲本），新北：臺灣商務印書館，2010 年 10 月臺二版），卷二十四，頁 03-368。

105 〔漢〕王逸章句：《楚辭章句》（臺北：藝文印書館，2010 年 9 月初版），卷四，頁 172。

106 〔宋〕朱熹：《楚辭集注》（臺北：藝文印書館，1983 年 6 月四版），卷四，頁 155。

107 〔宋〕洪興祖：《楚辭補注》（據汲古閣刊本標點、排印、校正與增補，臺北：頂淵文化事業公司，2005 年 10 月初版），卷四，頁 156；〔宋〕朱熹：《楚辭集注》（臺北：藝文印書館，1983 年 6 月四版），卷四，頁 188。

字皆同此訓也，換言之，簡文云「孰班吾羹？」即謂湯向小臣質問「（你）為何（怎麼）分了我的羹？」

【附記】

本文出版在即，另又於付梓日前，獲讀吳雪飛之新作，其新說已改從范常喜之說，亦將簡文此字改讀為「調」，訓作「調和」、「調製」。[108]吳雪飛主要之依據，仍在於另一類从水舟聲之「洲」字，但簡文此訓倘作「調和」或「調製」解，在此似無法暢讀文意，此在本文在上文已或言之，再者，清華簡伊尹五篇多有沿承較早之甲文用例者，故簡文此字承緒「洲」字異文會意系統之可能性仍是無法排除。

〔7〕□（叔？、叔）　　請參考本章節「字詞校詁」末尾【存疑別解】之內容。

〔8〕痲（？；寐）

簡文此字之形為：

（清華〈赤鵠之集湯之屋〉簡5）

原整理者隸作「痲」，讀為「眛」或「寐」，分訓作「目不明」或「病臥」；[109]黃傑認為此字當讀為「寐」，指「睡著」之意，並將簡文所云「視而不能言」，釋作「即有視聽但不能說話，這只是夢中的一種狀態」；[110]白於藍以為「簡文下句明言『見（視）而不能言』，既然能『見（視）』，說明小臣並非『目不明』。……小臣既然能『見（視）』，顯然不應該是睡著的狀態，睡夢中人顯然更不可能『見（視）』的」，並進而將簡文此字讀為「忽」，訓作「恍惚、迷暗」，故在此釋讀基礎上，白於藍釋此簡文所云「少（小）臣乃痲（忽）而歸（寢）於逾」為「小臣恍惚而臥於路」；[111]黃德寬以為「由下文可知，小臣之病乃能視不能言，屬於喉疾，疑不應讀為『眛』，待考」；[112]馮勝君讀為「痿」，表示「痿痺而不能行動之義」；[113]王昆大抵仍從原整理者之說；[114]周鳳五讀為「憒」；[115]

---

[108] 吳雪飛：〈說「洲」〉，收入濟南大學出土文獻與文學研究中心編：《出土文獻文本釋讀與文學研究學術研討會論文集》（2021年5月）。

[109] 清華大學出土文獻研究與保護中心編、李學勤主編：《清華大學藏戰國竹簡（參）》（上海：中西書局，2012年12月第一版），頁167、169。

[110] 黃傑：〈初讀清華簡（參）《赤杏（从鳥）之集湯之屋》筆記〉，武漢大學簡帛研究中心，網址：http://www.bsm.org.cn/show_article.php?id=1802，2013年1月10日，檢索日期：2018年6月18日。

[111] 白於藍：〈《清華大學藏戰國竹簡（三）拾遺》，收入安徽大學漢字發展與應用研究中心《漢語言文字研究》第一輯（上海：上海古籍出版社，2015年2月第一版），頁142-148；白於藍：〈《清華大學藏戰國竹簡（參）拾遺》〉，收入白於藍著《拾遺錄——出土文獻研究》（北京：科學出版社，2017年6月第一版），頁146-154。

[112] 黃德寬：〈清華簡《赤鵠之集湯之屋》與先秦「小說」——略說清華簡對先秦文學研究的價值〉，《復旦學報（社會科學版）》2013年第4期，頁81-86。

[113] 馮勝君：〈讀清華三《赤鵠之集湯之屋》札記〉，收入吉林大學古籍研究所編：《吉林大學古籍研究所建

李爽仍從馮勝君之說；[116]于茀則改讀為「瘝」；[117]洪君好亦從馮勝君之看法；[118]曹雨楊從馮勝君之說。[119]

　　簡文此字依形可逕隸作「疒未」，殆無疑義，惟此字古文字未見，其形源待考。

　　而簡文此處云「湯乃歠之，小臣乃疒未而寢於路，視而不能言。」（清華〈赤鵠之集湯之屋〉簡5、6），原整理者讀為「眛」或「寐」，與簡文此字疑从未得聲之情況相合，應是較合理之解釋，不過，上引白於藍與黃德寬之懷疑，亦有其道理，因此，可初步排除讀為「眛」之可行性，當然，若讀為「瘝」，似也無法連結與其下文「寢」之關係，至於「憒」之聲韻關係則又稍遠，[120]其與「疒未」字能否相通，或仍有疑，再如讀「瘝」者，未嘗不可，但並無確切實證可證明此處之病徵確為「瘝」。有鑑於此，在考量此字下文同句有「寢」字之情況下，竊疑其下所云「視而不能言」，並非「疒未」字之接續動作，也就是小臣在「疒未而寢於路」後，可能經過一段時間，才又有「視而不能言」之情況，二者非指一事，再者，在白於藍所引「忽而寢臥」之相關書證中，其實仍多有「睡著」或「睡夢」之意，如《史記・太史公自序》云「二十而南游江、淮，上會稽，探禹穴，闚九疑，浮於沅、湘。」張守節正義引《吳越春秋》釋曰「禹乃東巡，登衡山，血白馬以祭。禹乃登山，仰天而笑，忽然而臥，夢見繡衣男子，自稱玄夷蒼水使者，卻倚覆釜之山」，[121]又如《文選・司馬相如〈長門賦〉》曰「忽寢寐而夢想兮，魄若君之在旁。惕寤覺而無見兮，魂迋迋若有亡」，[122]如此一來，則上引原整理者與黃傑讀「寐」之說，似仍有其一定之道理，故本文依舊將簡文此字讀為「寐」，訓作「睡著」，其如段注《說文》釋「寐」所云「俗所謂睡著也」，[123]亦猶《詩經・邶風・柏舟》曰「耿耿不寐，如有隱憂」，[124]則簡文所云「疒未而寢於路」，當指「病臥在路上，且睡著了」，而下文「視而不能言」，則應是伊尹醒後之情況，表示其只能看，卻無法言語了。

所三十周年紀念論文集》（上海：上海古籍出版社，2014年11月第一版），頁80-84。

114　王昆：《清華簡《尹至》、《尹誥》、《赤鵠之集湯之屋》集釋》（河北大學文學碩士學位論文，2016年5月），頁58-59。

115　周鳳五：《朋齋學術文集：戰國竹書卷》（臺北：國立臺灣大學出版中心，2016年12月），頁469。

116　李爽：《清華簡「伊尹」五篇集釋》（吉林大學碩士論文，2016年6月），頁87。

117　于茀：〈清華簡《赤鵠之集湯之屋》補釋〉，《北方論叢》2017年第2期，頁29-31。

118　洪君好：《戰國竹書伊尹文獻研究》（國立中興大學中國文學研究所碩士論文，2017年8月），頁23-24。

119　曹雨楊：《《清華大學藏戰國竹簡（壹）—（參）》疑難字詞集釋及釋文校注》（吉林大學碩士學位論文，2020年5月），頁640-642。

120　若「疒未」字从未得聲，「未」字之上古音屬明母物部，「憒」字則為明母蒸部，二字雖雙聲，但韻部遠隔，其聲韻關係仍是有些距離。

121　〔漢〕司馬遷原著、〔日〕瀧川龜太郎著：《史記會注考證》（臺北：萬卷樓圖書公司，1993年8月初版），卷一百三十，頁1369。

122　〔南朝梁〕蕭統編、〔唐〕李善注：《文選》（宋淳熙本重雕鄱陽胡氏藏版，臺北：藝文印書館，1983年6月十版），卷十六，頁234。

123　〔漢〕許慎撰、〔清〕段玉裁注：《說文解字注》（據經韻樓藏版影印，臺北：洪葉文化公司，2016年10月三版），卷七，頁351。

124　〔漢〕毛亨傳、〔漢〕鄭玄箋、〔唐〕孔穎達疏：《毛詩正義》（清嘉慶二十年江西南昌府學重刊宋刻本，臺北：藝文印書館，1997年8月初版），卷二之一，頁74。

〔9〕繇（訊、訊）

簡文此字之形為：

（清華〈赤鵠之集湯之屋〉簡 7）

其例又見於簡 10：

（清華〈赤鵠之集湯之屋〉簡 10）

二字字形相同，原整理者引清華〈說命‧上〉簡類例與郭永秉之說，以為此字應「讀若『訊』，訓為『問』」；[125]黃德寬亦以為此字即「訊」字古文；[126]王昆亦讀為「訊」。[127]

今復考簡文此例之形，如原整理者所引，其例又見於清華〈說命‧上〉簡：

（清華〈說命‧上〉簡 3）

而關於楚簡此等類例之考證，可參郭永秉所考上博〈平王問鄭壽〉之「訊」字，[128]上博簡此等字例之形為：

（上博〈平王問鄭壽〉簡 1）

（上博〈平王問鄭壽〉簡 2）

不過，甲金文「訊」字多從口從卩（或從人），從糸或省，似象一人跽跪遭反綁，且接受訊問之形，其形與楚簡字形稍有差異，例如：

（第五期：《合集》36389）

---

[125] 清華大學出土文獻研究與保護中心編、李學勤主編：《清華大學藏戰國竹簡（參）》（上海：中西書局，2012 年 12 月第一版），頁 167、169。

[126] 黃德寬：〈清華簡《赤鵠之集湯之屋》與先秦「小說」——略說清華簡對先秦文學研究的價值〉，《復旦學報（社會科學版）》2013 年第 4 期，頁 81-86。

[127] 王昆：《清華簡《尹至》、《尹誥》、《赤鵠之集湯之屋》集釋》（河北大學文學碩士學位論文，2016 年 5 月），頁 60。

[128] 郭永秉：〈釋上博楚簡《平王問鄭壽》的「訊」字〉，收入中國古文字研究會、吉林大學古文字研究室編：《古文字研究》27（北京：中華書局，2008 年 9 月北京第一版），頁 489-493。

（西周：敢簋，《集成》04322.1）

（西周：衛鼎，《集成》02832）

（西周：師同鼎，《集成》02779）

（西周：多友鼎，《集成》02835）

（西周：虢季子白盤，《集成》10173）

　　對於此字形差異之解釋，上引郭永秉認為「訊」字初文象手反綁之形，後來演變為「係」旁，而「口」則替換為「言」旁，其說若對照楚簡字形與古文字形符「口」與「言」之替換律，[129]應當是可信的，因此，簡文此例確實可釋為「訊」，倘復以目前所見材料出處而言，應是楚地之異構，在此可訓作「詢問」，即《說文》「訊」字下所釋「問也」，[130]亦猶《詩經・小雅・正月》所云「召彼故老，訊之占夢」，毛傳釋云「訊，問也」，[131]故簡文云「眾鳥乃訊巫烏曰」（清華〈赤鵠之集湯之屋〉簡7）或「夏后乃訊小臣曰」（清華〈赤鵠之集湯之屋〉簡10），此二「訊」字皆同此訓也。

〔10〕囟（使）
　　簡文此字之形為：

／（清華〈赤鵠之集湯之屋〉簡7）

　　原整理者將此字隸作「囟」，讀為「使」。[132]今復考簡文此字之形，知其釋為「囟」，應無疑義，因楚簡从囟之例即類近此形，例如：

129　高明：《中國古文字學通論》（臺北：五南圖書公司，1993年12月初版），頁113；何琳儀：《戰國文字通論（訂補）》（上海：上海古籍出版社，2017年7月第一版），頁281-282。

130　〔漢〕許慎編撰、〔宋〕徐鉉校定：《說文解字》（據清同治十二年陳昌治改刻本縮印，香港：中華書局，2014年8月再版），卷三，頁52。

131　〔漢〕毛亨傳、〔漢〕鄭玄箋、〔唐〕孔穎達疏：《毛詩正義》（清嘉慶二十年江西南昌府學重刊宋刻本，臺北：藝文印書館，1997年8月初版），卷十二之一，頁399。

132　清華大學出土文獻研究與保護中心編、李學勤主編：《清華大學藏戰國竹簡（參）》（上海：中西書局，2012年12月第一版），頁167、169。

（望山楚簡 60「囟」）

（上博〈鄭子家喪・甲本〉簡 4「囟」）

（清華〈周公之琴舞〉簡 16「思」）

　　原整理者將簡文此例讀為「使」，雖文中未提及，但確實有辭例上之佐證，例如：「於今而後，楚邦囟為諸侯正」（上博〈鄭子家喪・甲本〉簡 2）、「余將必囟子家毋以成名立於上，而滅□於下」（上博〈鄭子家喪・甲本〉簡 4、5），[133]倘依復旦大學讀書會之看法，此二「囟」字應分讀為「思」與「使」，[134]可從，而楚簡「囟」或「思」字多可讀為「使」，更早已有學者論之，[135]可信，因此，清華簡此例亦可讀為「使」，簡文所云「是囟后疢疾而不知人」（清華〈赤鵠之集湯之屋〉簡 8），當指「使夏后罹病痛苦而不省人事」之意，文意可謂順適，而其下文云「是思后之身疴懣」（清華〈赤鵠之集湯之屋〉簡 9）、「是思后梦梦眩眩而不知人」（清華〈赤鵠之集湯之屋〉簡 12）、「是思后昏亂甘心」（清華〈赤鵠之集湯之屋〉簡 13）等語，此等辭例之句式與簡文此處近同，其「思」字相當於「囟」，皆可讀為「使」，凡此諸例，皆可作為「囟」可讀為「思」或「使」之有力佐證。惟「思」字疑從囟得聲，[136]而「囟」字之上古音卻與「思」、「使」等字或隔，[137]此中是否為許慎釋形之誤，抑或「囟」與「思」本為一字之分化，今暫且存疑待考。

---

[133] 此依復旦大學讀書會之斷讀。復旦大學出土文獻與古文字研究中心研究生讀書會：〈《上博七・鄭子家喪》校讀〉，復旦大學出土文獻與古文字研究中心，網址：http://www.gwz.fudan.edu.cn/Web/Show/584，2008 年 12 月 31 日，檢索日期：2018 年 8 月 2 日。

[134] 復旦大學出土文獻與古文字研究中心研究生讀書會：〈《上博七・鄭子家喪》校讀〉，復旦大學出土文獻與古文字研究中心，網址：http://www.gwz.fudan.edu.cn/Web/Show/584，2008 年 12 月 31 日，檢索日期：2018 年 8 月 2 日。

[135] 如劉信芳、蘇建洲、沈培、大西克也、陳斯鵬與單育辰等皆曾論及此看法，可參。劉信芳：《包山楚簡解詁》（臺北：藝文印書館，2003 年元月初版），頁 209；季旭昇主編，陳美蘭、蘇建洲、陳嘉凌合撰：《上海博物館藏戰國楚竹書（二）讀本》（臺北：萬卷樓圖書公司，2003 年 7 月初版），頁 116-117；沈培：〈周原甲骨文裡的「囟」和楚墓竹簡裡的「囟」或「思」〉，收入中國文字學會、河北大學漢字研究中心編：《漢字研究》1（北京：學苑出版社，2005 年 6 月北京第一版），頁 345-366；（日）大西克也：〈從語法的角度論楚簡中的「囟」字〉，收入中山大學古文字研究所編：《康樂集：曾憲通教授七十壽慶論文集》（廣州：中山大學出版社，2006 年 1 月第一版），頁 310-318；劉信芳：《子彈庫楚墓出土文獻研究》（臺北：藝文印書館，2002 年元月初版），頁 35、43；陳斯鵬：〈論周原甲骨和楚系簡帛中的「囟」與「思」——兼論卜辭命辭之性質〉，《文史》2006 年第 1 輯，頁 5-20；單育辰：《楚地戰國簡帛與傳世文獻對讀之研究》（北京：中華書局，2014 年北京第一版），頁 193-196。

[136] 〔漢〕許慎編撰、〔宋〕徐鉉校定：《說文解字》（據清同治十二年陳昌治改刻本縮印，香港：中華書局，2014 年 8 月再版），卷十，頁 216。

[137] 「囟」字之上古音屬心母真部，「思」、「使」二字則分別為心母之部與山母之部，其聲韻似仍或隔。

〔11〕瘥（嫉；疢？）

請參考本章節「字詞校詁」末尾【存疑別解】之內容。

〔12〕薐（？、莜）

此字在簡文中，其凡四見，其形為：

（清華〈赤鵠之集湯之屋〉簡 8）

（清華〈赤鵠之集湯之屋〉簡 12）

（清華〈赤鵠之集湯之屋〉簡 13）

（清華〈赤鵠之集湯之屋〉簡 14）

　　原整理者隸作「薐」，讀為「陵」，並以為簡文所云「陵屯」，即「陵阜」，且「未必如《列子》張湛注所云為『高潔』之地。簡文云后土受帝命，在夏后牀下隆起兩道陵阜，其氣上犯，夏后罹疾」；[138]王寧釋為「薐」，以為其乃「薆」異體字，訓作「菱角」，屬土中尖銳之物；[139]王昆仍從原整理者之說；[140]陳劍亦將簡文此類字例隸作「薐」，並以為「『薐』字據包山簡等楚文字資料，可以肯定即『薆』字異體」，不過，其說又引蘇建洲之專著，認為此類形構「與字書『薆』字不一定有關」，而在釋讀上，陳劍則將簡文此字讀為「莜」，訓作「竹筍」；[141]李爽仍從陳劍之說。[142]

　　與此相類之形構，又見於包山簡，其形為：

（包山簡 154）

---

[138] 清華大學出土文獻研究與保護中心編、李學勤主編：《清華大學藏戰國竹簡（參）》（上海：中西書局，2012 年 12 月第一版），頁 167、169。

[139] 王寧：〈讀清華簡三〈赤鵠之集湯之屋〉散札〉，武漢大學簡帛研究中心，網址：http://www.bsm.org.cn/show_article.php?id=1814，2013 年 1 月 16 日，檢索日期：2018 年 6 月 18 日。

[140] 王昆：《清華簡《尹至》、《尹誥》、《赤鵠之集湯之屋》集釋》（河北大學文學碩士學位論文，2016 年 5 月），頁 61。

[141] 陳劍：〈清華簡字義零札兩則〉，收入復旦大學出土文獻與古文字研究中心編：《戰國文字研究的回顧與展望》（上海：中西書局，2017 年 8 月第一版），頁 190-203。

[142] 李爽：《清華簡「伊尹」五篇集釋》（吉林大學碩士論文，2016 年 6 月），頁 91。

其形从艸从阜从夂，可隸作「茷」，其與簡文此等字例稍有差異者，大抵在於其所從夂並無中間之橫筆，此種寫法又見於其他清華簡，例如：

（清華〈說命・下〉簡7「冰」）

因此，〈赤鵠之集湯之屋〉簡此等字例，隸釋其从夂，殆無疑義，而包山簡例在簡文中作地名解，其辭例云「東與茷君執疆」（包山簡154），若以包山簡所習見之「某陵君」之用例而言，此字讀為「陵」，大抵是可信的，不過，即如上引蘇建洲與陳劍之說，尚無法確認其與字書「薩」字之關係，但即便如此，至少可以肯定的是，楚簡此類从夂之字例，可與「夌」聲系相通，這對其相關類例之釋讀，仍有一定之幫助。

而簡文此字之辭例在此篇中，分別為「二茷屯」（清華〈赤鵠之集湯之屋〉簡8、簡12）、「埑地斬茷」（清華〈赤鵠之集湯之屋〉簡13）、「二茷鹿」（清華〈赤鵠之集湯之屋〉簡14），據簡13例，可知其字當是中心語，其下之語素則或為補充修飾之成分，雖然楊蒙生曾認為簡13此例「茷」下可能脫去一字，[143]但上引陳劍已據此段簡文「埑地／斬茷」之規整句式結構否定其說，因此，「茷」字屬中心語，這應該是沒有問題的，故本文今仍從陳劍之說，將簡文此字讀為「箉」，訓作「竹筍」，此部分書證，陳劍已補證甚詳，可參。

〔13〕屯（筍）

簡文此字之形為：

（清華〈赤鵠之集湯之屋〉簡8）

此字亦見於簡12：

（清華〈赤鵠之集湯之屋〉簡12）

簡文此二字原整理者皆隸釋作「屯」，讀如本字，並釋作「陵阜」之相關義，不過，原整理者亦云「陵屯，即陵阜，未必如《列子》張湛注所云為『高潔』之地」；[144]王寧以為「『屯』疑當為『杶』，字或作『櫄』、『橁』，此讀為『筍』，就是竹筍」，指生於土中尖銳之物；[145]王昆則仍從原整理者之說；[146]周鳳五讀為「𡊅」，訓作「土堆」；[147]陳劍

---

[143] 楊蒙生：〈讀清華簡〈赤鵠之集湯之屋〉筆記〉，出土文獻與中國古代文明國際學術研討會發言稿，2013年，其內容轉引自李奭：《清華簡「伊尹」五篇集釋》（吉林大學碩士論文，2016年6月），頁91。

[144] 清華大學出土文獻研究與保護中心編、李學勤主編：《清華大學藏戰國竹簡（參）》（上海：中西書局，2012年12月第一版），頁167、169。

[145] 王寧：〈讀清華簡三〈赤鵠之集湯之屋〉散札〉，武漢大學簡帛研究中心，網址：http://www.bsm.org.cn/show_article.php?id=1814，2013年1月16日，檢索日期：2018年6月18日。

大抵贊同王寧讀「筍」之說，但對於其所釋「杶」、「石筍」、「石牙」、「坒（侳）」與「『菱角』生於土中」等內容，仍或有所存疑；[148]如上所云，李爽從陳劍之說。[149]

簡文此二字皆為「屯」字，在釋形上並無太大問題。

其辭例或云「帝命后土為二陵屯」（清華〈赤鵠之集湯之屋〉簡 8）、「帝命后土為二陵屯」（清華〈赤鵠之集湯之屋〉簡 12），就語例或句式而言，此二辭例之內容可謂近同。上引王寧讀「筍」，似以比擬引申釋義，且仍缺「筍傷人」之直接實證，而陳劍對其部分內容之質疑，有其道理，再者，下文「坒」字又非必解作「掘地」不可，故其說似仍有可商者，至於周鳳五讀為「皀」，解作「土堆」，雖亦可通，但簡文此字既作「屯」，則或依原字逕作釋讀即可，似毋須再作通讀。因此，有鑑於上文「茨」字可讀為具「筍」義之「筊」，故本文仍從陳劍之說，將簡文此字讀為「筍」。

〔14〕Ƙ（析？、刺）

簡文此形分見於簡 9 與簡 13，其形為：

（清華〈赤鵠之集湯之屋〉簡 9，△1）

（清華〈赤鵠之集湯之屋〉簡 13，△2）

原整理者將此等字例隸作「Ƙ」，並釋為「象析木形，『析』字所從，即『析』字本文，讀為『刺』」；[150]黃傑改讀為「漬」，訓作「浸染」；[151]黃德寬亦釋作「字本象析木一半形，即析字古文」；[152]王昆大抵仍從原整理者之說。[153]

今復考簡文此例之形，知原整理者與黃德寬釋為「析」，在古文字中，確實有形近之例，例如：

146 王昆：《清華簡《尹至》、《尹誥》、《赤鵠之集湯之屋》集釋》（河北大學文學碩士學位論文，2016 年 5 月），頁 61。

147 周鳳五：《朋齋學術文集：戰國竹書卷》（臺北：國立臺灣大學出版中心，2016 年 12 月），頁 470。

148 陳劍：〈清華簡字義零札兩則〉，收入復旦大學出土文獻與古文字研究中心編：《戰國文字研究的回顧與展望》（上海：中西書局，2017 年 8 月第一版），頁 190-203。

149 李爽：《清華簡「伊尹」五篇集釋》（吉林大學碩士論文，2016 年 6 月），頁 91。

150 清華大學出土文獻研究與保護中心編、李學勤主編：《清華大學藏戰國竹簡（參）》（上海：中西書局，2012 年 12 月第一版），頁 167、169-170。

151 黃傑：〈初讀清華（參）《赤咎（從鳥）之集湯之屋》筆記〉，武漢大學簡帛研究中心，網址：http://www.bsm.org.cn/show_article.php?id=1802，2013 年 1 月 10 日，檢索日期：2018 年 6 月 18 日。

152 黃德寬：〈清華簡《赤鵠之集湯之屋》與先秦「小說」——略說清華簡對先秦文學研究的價值〉，《復旦學報（社會科學版）》2013 年第 4 期，頁 81-86。

153 王昆：《清華簡《尹至》、《尹誥》、《赤鵠之集湯之屋》集釋》（河北大學文學碩士學位論文，2016 年 5 月），頁 61-62。

（戰國：析君戟，《集成》11214「析」）[154]

（上博〈仲弓〉簡20「析」）

上引「析」字二例，其左旁似半木且近「片」之形構，即與清華簡此二例相近，故將其釋為「析」，或具其理，然而，古文字「析」字至今未見省「斤」者，為何在此省從半木（片）之形，其猶待考；另網路發言者海天遊踪曾補證仰天湖簡此字類例，[155]當可為對比字形之實證，可參，今在其基礎上，再行補證幾則字例：

（仰天湖簡25.18「策」）

（望山簡2.48「策」）

此類字例當即从析（斨）省，其从束應是聲符之替換。

簡文此二例之辭例分別為「其上△1后之體」（清華〈赤鵠之集湯之屋〉簡8、9）、「其上△2后之身」（清華〈赤鵠之集湯之屋〉簡13），辭例句式或謂相近，殆皆指傷害夏后身體之意，上引黃傑讀為「漬」，似較無法切合上文「箘簬」之尖銳義，而原整理者讀為「刺」，在聲系相通上，有其依據，且音理可通，更具異文證據，當可從之，其意當指穿透或滲入之意，或猶《廣韻》所釋「刺，穿也」，[156]殆《說文》所云「直傷義」之引申也。[157]

〔15〕𧈫（？；疴）蠚（蠚；蠧）
　　簡文此二字之形為：

（清華〈赤鵠之集湯之屋〉簡9，△1）

---

[154] 《殷周金文集成（修訂增補本）》另見摹本，其形為：（《集成（修訂增補本）》11214B），與原拓字形大抵相同。中國社會科學院考古研究所編：《殷周金文集成（修訂增補本）》（北京：中華書局，2007年4月第一版），頁6014。

[155] 「簡帛論壇：《清華（參）》〈赤鵠之集湯之屋〉初讀」1樓網路發言者海天遊踪之發文，武漢大學簡帛研究中心，網址：http://www.bsm.org.cn/bbs/read.php?tid=3051&fpage=16&page=5，2013年1月9日，檢索日期：2018年6月25日。

[156] 〔宋〕陳彭年等重修、林尹校訂：《新校正切宋本廣韻》（臺北：黎明文化事業公司，1976年9月初版），卷五，頁518。

[157] 〔漢〕許慎編撰、〔宋〕徐鉉校定：《說文解字》（據清同治十二年陳昌治改刻本縮印，香港：中華書局，2014年8月再版），卷四，頁92。

（清華〈赤鵠之集湯之屋〉簡9，△2）

　　原整理者將「△1」字隸作「蝨」，讀為「痾」，訓作「病」，另將「△2」字隸作「𧏮」，釋其即「蠚」字，解作「痛」之意；[158]王寧將「△1」字釋為「蚵」字，並將簡文此二字讀為「酷虐」、「苛虐」；[159]馮勝君將此「△1」字讀為「苛」，訓作「瘙癢」，並釋「△2」例或存「螫痛、刺痛」之意，故進而將簡文所謂「蝨𧏮」釋作「陵屯這種尖銳之物上刺夏后之體而導致的病痛」；[160]王昆仍從原整理者之說；[161]周鳳五釋「△1」字從可得聲，可讀為「阢」或「杌」，並將「△2」字讀為「陧」，故以為簡文此二字可讀為「阢陧」、「杌陧」，訓作「不安」；[162]陳劍仍從馮勝君之說，將「△1」字讀為「苛」；[163]李爽亦從馮勝君之說；[164]洪君好仍從馮勝君之看法；[165]呂佩珊則猶從原整理者之說。[166]

　　簡文此二字，原整理者隸釋無誤，而「△2」之「𧏮」字，在相關字書中，亦載其乃「蠚」字異體，如《龍龕手鑑》、《廣韻》等，[167]因此，原整理者之釋形殆無疑義，可從。簡文此二字類例又見於：

（上博〈容成氏〉簡33「蝨」）

（清華〈心是謂中〉簡5「蝨」）

（郭店《老子・甲》簡33「蠚」）

[158] 清華大學出土文獻研究與保護中心編、李學勤主編：《清華大學藏戰國竹簡（參）》（上海：中西書局，2012年12月第一版），頁167、170。

[159] 王寧：〈讀清華簡三〈赤鵠之集湯之屋〉散札〉，武漢大學簡帛研究中心，網址：http://www.bsm.org.cn/show_article.php?id=1814，2013年1月16日，檢索日期：2018年6月18日。

[160] 馮勝君：〈讀清華三《赤鵠之集湯之屋》札記〉，收入吉林大學古籍研究所編：《吉林大學古籍研究所建所三十周年紀念論文集》（上海：上海古籍出版社，2014年11月第一版），頁80-84。

[161] 王昆：《清華簡《尹至》、《尹誥》、《赤鵠之集湯之屋》集釋》（河北大學文學碩士學位論文，2016年5月），頁62。

[162] 周鳳五：《朋齋學術文集：戰國竹書卷》（臺北：國立臺灣大學出版中心，2016年12月），頁470-471。

[163] 陳劍：〈清華簡字義零札兩則〉，收入復旦大學出土文獻與古文字研究中心編：《戰國文字研究的回顧與展望》（上海：中西書局，2017年8月第一版），頁190-203。

[164] 李爽：《清華簡「伊尹」五篇集釋》（吉林大學碩士論文，2016年6月），頁92。

[165] 洪君好：《戰國竹書伊尹文獻研究》（國立中興大學中國文學研究所碩士論文，2017年8月），頁24。

[166] 呂佩珊：〈楚簡「疾」字用例初探〉，收入《第31屆中國文字學國際學術研討會論文集》（花蓮：中國文字學會、慈濟大學國際暨跨領域學院、國立東華大學中國語文學系，2020年12月），頁347-367。

[167] 〔遼〕釋行均：《新修龍龕手鑑》（上海涵芬樓景印江安傅氏雙鑑樓藏宋刊本，臺北：臺灣商務印書館，1966年），卷二，頁十；〔宋〕陳彭年等重修、林尹校訂：《新校正切宋本廣韻》（臺北：黎明文化事業公司，1976年9月初版），卷五，頁502-503。

此等字例應當都是簡文此二字之異體，只是除了「薑」字尚可從後世字書覓得其相關字形外，「蠱」字之形源或用例訊息較少，亦尚無其是否為「蚵」字異構之證據，或猶待考。

而簡文此處云「其上剌后之體，是使后之身蠱薑，不可極于席。」（清華〈赤鵠之集湯之屋〉簡8、9）「蠱薑」一詞，原整理者以為其與上博〈容成氏〉簡之「蠱匿」同義，此段簡文云「其生賜養也，其死賜葬，去蠱懸，是以為名。」（上博〈容成氏〉簡33），其實，除了上博〈容成氏〉簡外，此相類之詞語，亦見於上博〈競公瘧〉簡6，其云「今君之貪昏蠱懸」，此周鳳五已行補證之，凡此「蠱懸」之類例，皆言病痛之事，與簡文此處語境相近，因此，簡文「蠱薑」一詞，可逕作此解，即讀為「痌懸」，此或稍修正原整理者之說，不過，周鳳五將此詞讀為「阢隉」或「杌隉」，此中除了古音通讀之問題外，「杌隉」一詞在傳世文獻中，多用作邦國之危，如《尚書・秦誓》云「邦之杌隉，曰由一人。」孔傳釋曰「杌隉，不安，言危也。」[168]其例若用於簡文所處所云「后之身」，恐仍有疑，至於其他學者之看法，如馮勝君讀「苛螫」之說，亦有其理據，然而，簡文此處並無直接之證據可說明夏后之感覺為「騷癢或刺痛」，再如王寧將「蠱」字釋作「蚵」，並讀為「酷」，此中實仍闕形音之實證，[169]且若讀為「苛」者，則又不如「痌」字來得更貼近簡文此處病痛之語境。是故，本文仍從原整理者之說，並配合上博簡之相類語境，以較保守之角度釋讀簡文此二字，即讀其為「痌懸」。

〔16〕㹷（蚵？、極）
簡文此字之形為：

（清華〈赤鵠之集湯之屋〉簡9）

原整理者在釋文中讀為「及」，而在注釋中，則釋讀為「極」，訓作「至」；[170]黃傑讀為「息」；[171]馮勝君讀為「極」，訓作「止息」、「安處」；[172]王昆大抵仍從原整理者之說；[173]陳劍則猶從馮勝君之說；[174]關於此段簡文，李爽則釋云「『不可及於席』即『（身

---

168 〔漢〕孔安國傳、〔唐〕孔穎達疏：《尚書正義》（清嘉慶二十年江西南昌府學重刊宋刻本，臺北：藝文印書館，1997年8月初版），卷二十，頁315。

169 簡文「△1」字不一定是「蚵」字已如上述；而「蚵」上古音屬匣母歌部與溪母魚部，「酷」字則為溪母覺部，雖然聲母相近，但韻部遠隔。

170 清華大學出土文獻研究與保護中心編、李學勤主編：《清華大學藏戰國竹簡（參）》（上海：中西書局，2012年12月第一版），頁167、170。

171 黃傑：〈初讀清華簡（參）《赤咎（從鳥）之集湯之屋》筆記〉，武漢大學簡帛研究中心，網址：http://www.bsm.org.cn/show_article.php?id=1802，2013年1月10日，檢索日期：2018年6月18日。

172 馮勝君：〈讀清華三《赤鵠之集湯之屋》札記〉，收入吉林大學古籍研究所編：《吉林大學古籍研究所建所三十周年紀念論文集》（上海：上海古籍出版社，2014年11月第一版），頁80-84。

173 王昆：《清華簡《尹至》、《尹誥》、《赤鵠之集湯之屋》集釋》（河北大學文學碩士學位論文，2016年5月），頁62。

174 陳劍：〈清華簡字義零札兩則〉，收入復旦大學出土文獻與古文字研究中心編：《戰國文字研究的回顧與

體）不能挨到席上」，不必作為『止息』迂曲之義」；[175]洪君好亦從馮勝君之說。[176]

　　楚簡此類从亞从止之偏旁，又見於：

（清華〈金縢〉簡11「濡」）

　　而簡文此字亦从止，此以古文字之常例而言，恐怕仍以行動義為主，李爽之說有其啟發性，即其當非「棲止」、「止息」或「安處」等類義，且疑是「亞」字之異構，因此，其例在此仍可如上引原整理者之說，讀為「極」，但應訓作「至」或「到」，即如《爾雅・釋詁》釋「極」云「極，至也」，[177]或猶《詩經・大雅・崧高》曰「崧高維嶽，駿極于天。」鄭玄箋亦云「極，至也」，[178]故簡文云「不可極于席」（清華〈赤鵠之集湯之屋〉簡9），應指「無法至床席」之意，其語例亦尤近於上引《詩經》文，可相互證成之。

〔17〕𣨼（？；伏、附）

　　簡文此字之形為：

（清華〈赤鵠之集湯之屋〉簡9）

　　原整理者將此字隸作「𣨼」，讀為「歇」，惟其後注釋釋其形為「字左從罒，即『罩』」，並將此例又讀為「宅」，訓作「居」；[179]網路發言者汗天山認為此字左旁乃傳世字書之「軍」字古文，故將其讀為「燻」；[180]網路發言者鳲鳩疑此字左旁乃「蜀」之壞字或訛字，或可讀為「噣」、「啄」等字；[181]蘇建洲將此字釋為「從欠罙聲」，讀為「伏」，表「居處、棲身」之意，抑或讀為「閟」，訓作「掩蔽、隱藏」，並以為「伏藏是一種治療的行為，大概有巫術的成分在其中」；[182]王寧讀為「度」或「渡」，訓作「疏通」；[183]黃德寬讀為

展望》（上海：中西書局，2017年8月第一版），頁190-203。

[175]　李爽：《清華簡「伊尹」五篇集釋》（吉林大學碩士論文，2016年6月），頁93。

[176]　洪君好：《戰國竹書伊尹文獻研究》（國立中興大學中國文學研究所碩士論文，2017年8月），頁24。

[177]　〔晉〕郭璞注、〔宋〕邢昺疏：《爾雅注疏》（清嘉慶二十年江西南昌府學重刊宋刻本，臺北：藝文印書館，1997年8月初版），卷一，頁7。

[178]　〔漢〕毛亨傳、〔漢〕鄭玄箋、〔唐〕孔穎達疏：《毛詩正義》（清嘉慶二十年江西南昌府學重刊宋刻本，臺北：藝文印書館，1997年8月初版），卷十八之三，頁669。

[179]　清華大學出土文獻研究與保護中心編、李學勤主編：《清華大學藏戰國竹簡（參）》（上海：中西書局，2012年12月第一版），頁167、170。

[180]　「簡帛論壇：《清華（參）》〈赤鵠之集湯之屋〉初讀」48樓網路發言者汗天山之發文，武漢大學簡帛研究中心，網址：http://www.bsm.org.cn/bbs/read.php?tid=3051&fpage=16&page=5，2013年1月13日，檢索日期：2018年6月22日。

[181]　「簡帛論壇：《清華（參）》〈赤鵠之集湯之屋〉初讀」49樓網路發言者鳲鳩之發文，武漢大學簡帛研究中心，網址：http://www.bsm.org.cn/bbs/read.php?tid=3051&fpage=16&page=5，2013年1月13日，檢索日期：2018年6月22日。

[182]　蘇建洲：〈釋《赤鵠之集湯之屋》的「罙」字〉，復旦大學出土文獻與古文字研究中心，網址：http://www.gwz.fudan.edu.cn/Web/Show/1994，2013年1月16日，檢索日期：2018年6月22日；蘇建洲：〈清華

「釋」，訓作「消解」；[184]馮勝君贊同鳴鳩之說，亦讀為「啄」；[185]鄔可晶亦釋此字左旁從𤔣（𤔔）；[186]王昆從王寧之說；[187]洪君好則從蘇建洲之說。[188]

今復考簡文此字之形，其右從欠，左則似從目從大，倘釋從蜀，在字形確實不甚相類，例如：

（郭店《老子‧甲》簡21「蜀」）

（上博〈孔子詩論〉簡16「蜀」）

（上博〈性情論〉簡23「蜀」）

（上博〈性情論〉簡30「蜀」）

（清華〈皇門〉簡10「蜀」）

知楚簡從蜀之例，倘以「目」下之字形特徵而言，大抵可分為三種形構，即從虫、從人（勹）從虫或添加飾筆等三類，卻尚猶未見從大之形者，故簡文此字不從蜀，應無疑義，此在上引蘇建洲專文中早有所論，可從。

至於簡文此字究或從罧、抑或從𤔣，上引鄔可晶與蘇建洲釋從𤔣之說，大抵可從，換言之，上引學者之釋讀，如據從罧立說者，皆猶有可商。惟後世字書另見「𤔣」字，《玉篇》釋云「古文与『軍』字同」，[189]依隸定字形，其例疑與「四」或「网」有關，

三《赤鵠之集湯之屋》考釋兩篇〉，收入清華大學出土文獻研究與保護中心編：《清華簡研究》2（上海：中西書局，2015年8月第一版），頁178-192。

[183] 王寧：〈讀清華簡三〈赤鵠之集湯之屋〉散札〉，武漢大學簡帛研究中心，網址：http://www.bsm.org.cn/show_article.php?id=1814，2013年1月16日，檢索日期：2018年6月18日。

[184] 黃德寬：〈清華簡《赤鵠之集湯之屋》與先秦「小說」——略說清華簡對先秦文學研究的價值〉，《復旦學報（社會科學版）》2013年第4期，頁81-86。

[185] 馮勝君：〈讀清華三《赤鵠之集湯之屋》札記〉，收入吉林大學古籍研究所編：《吉林大學古籍研究所建所三十周年紀念論文集》（上海：上海古籍出版社，2014年11月第一版），頁80-84。

[186] 鄔可晶：〈《墨子》「畢劫」、「畢強」解〉，《文史》2014年第3輯，頁275-280，又收入鄔可晶：《戰國秦漢文字與文獻論稿》（上海：上海古籍出版社，2020年6月第一版），頁380-388。

[187] 王昆：《清華簡《尹至》、《尹誥》、《赤鵠之集湯之屋》集釋》（河北大學文學碩士學位論文，2016年5月），頁62-63。

[188] 洪君好：《戰國竹書伊尹文獻研究》（國立中興大學中國文學研究所碩士論文，2017年8月），頁32-33。

[189] 〔南朝梁〕顧野王原著、國字整理小組編：《玉篇》（臺北：國字整理小組，出版年不詳），卷二十一，頁301。

卻似仍未見釋从目之說，故恐非本文此處所論从目之「哭」字，而姚萱雖以為花東甲骨文「『哭』當釋為『爨（奰）』字異體」，[190]但以今所見相關字形資料而言，亦似猶未見「哭」與「爨（奰）」二字乃異體之相關證據，因此，倘依目前所看到之資料而言，並依上述學者所考之內容，則簡文此字確應以釋从爨（奰）省為宜，惟其相當於今所見之通行字為何，抑或與「哭」字有無直接關聯，俱或猶待考。不過，姚萱以為花東甲骨例可讀為「宓」或「毖」，[191]此說卻有一定之啟發性，即以西周金文「爨（奰）」字而言，其形為：

（西周：縣改簋，《集成》04269）

郭沫若將銘文此字釋為「从目从矢，乃古『瞬』字……本銘哭字以文義推之乃叚為『詢』」，並以為下文「莊卹」應釋作「豐卹」，可讀為「體恤」。[192]郭沫若所釋「莊卹」一詞，確為卓識，今復考縣改簋銘或云「縣改每揚伯屖父休，曰：『休伯爨莊卹縣伯室，賜君我唯賜儔，我不能不　縣伯萬年保。」倘據上文之推論內容，疑「爨」字亦應讀為「毖」，訓作「辛勞」，其猶《尚書·大誥》所云「無毖于恤，不可不成。」[193]而銘文此所言者，若從郭沫若之說，則當指縣改讚揚伯屖父之美德，感念其辛勞且能體恤縣伯家，其下文「卹」字適正可補足其義，並得與《尚書》「毖」、「恤」二字連用互證，換言之，縣改簋「爨（奰）」字之釋讀，亦可證成花東甲骨文所云「乙未卜：『子其使徵往西爨子媚，若？』」（《花東》290）其「爨」字倘讀為「毖」，確有其可行性，惟其例在此當改訓作「謹慎」，或猶《尚書·畢命》云「惟周公左右先王，綏定厥家，毖殷頑民，遷于洛邑。」孔穎達疏曰「慎彼殷之頑民，恐其或有叛逆，故遷於洛邑。」[194]

因此，簡文此例可暫釋作从欠爨（奰）省，惟其字相當於現代何字，尚且待考，且如同上引甲金文相關類例之釋讀，或有讀為「毖」之可能，然而，若復考諸簡文文意，頗疑除了讀「伏」可通外，似亦可考慮另讀為「附」，[195]訓作「附著」，其如《玉篇》釋「附」云「著也」，[196]又《詩經·小雅·角弓》曰「如塗塗附。」毛傳釋云「附，著也。」

190　姚萱所釋花東甲骨文類例之字形為：（《花東》290）。姚萱：《殷墟花園莊東地甲骨卜辭的初步研究》（北京：線裝書局，2006 年 11 月第一版），頁 144-148。

191　姚萱：《殷墟花園莊東地甲骨卜辭的初步研究》（北京：線裝書局，2006 年 11 月第一版），頁 144-148。

192　郭沫若：《兩周金文辭大系圖錄考釋·考釋》（上海：上海書店出版社，1999 年 7 月第一版），頁 67-68。

193　〔漢〕孔安國傳、〔唐〕孔穎達疏：《尚書正義》（清嘉慶二十年江西南昌府學重刊宋刻本，臺北：藝文印書館，1997 年 8 月初版），卷十三，頁 192。

194　〔漢〕孔安國傳、〔唐〕孔穎達疏：《尚書正義》（清嘉慶二十年江西南昌府學重刊宋刻本，臺北：藝文印書館，1997 年 8 月初版），卷十九，頁 290-291。

195　「附」字上古音屬並母侯部，「伏」字則為並母職部，二字雙聲但韻隔，惟「俯」、「伏」二字疑同一字源，「俯」字為幫母侯部，其與「附」字便是疊韻聲近之關係，因此，簡文此字或亦有讀為「附」之可能。

196　〔南朝梁〕顧野王原著、國字整理小組編：《玉篇》（臺北：國字整理小組，出版年不詳），卷二十二，頁 323。

¹⁹⁷此猶近於艾蘭所云之「附體」，¹⁹⁸而簡文所云「巫烏乃附小臣之喉胃」（清華〈赤鵠之集湯之屋〉簡9），應即表示「巫烏附體在小臣之喉與胃」，以致有下文「小臣乃起而行」（清華〈赤鵠之集湯之屋〉簡10）之動作。

〔18〕歆（？、徹）

此字於簡文中凡二見，其形為：

 （清華〈赤鵠之集湯之屋〉簡13）

 （清華〈赤鵠之集湯之屋〉簡14）

原整理者隸作「敓」，讀為「撤」；¹⁹⁹黃傑改讀為「徹」，訓作「毀壞」；²⁰⁰王寧亦讀為「徹」，並以為「『徹屋』就是將房屋拆毀」；²⁰¹王昆讀為「徹」或「撤」；²⁰²陳劍則仍從黃傑與王寧之說，讀為「徹」；²⁰³李爽亦釋為「敓」，以為其乃古「徹」字，訓作「拆毀」；²⁰⁴洪君好亦讀為「徹」，並將簡文所謂「徹屋」釋作「拆掉屋頂」；²⁰⁵鄔可晶釋作「敓（徹／撤）」，認為簡文此字具有「毀壞」之訓。²⁰⁶

簡文此類形構以往在楚系文字中或有所見，學界歷來頗多訟議，大抵有以下幾種說法：

一、釋從曷者：《郭店楚墓竹簡》、²⁰⁷裘錫圭、²⁰⁸李零、²⁰⁹張光裕、²¹⁰劉信芳、²¹¹林素

---

¹⁹⁷ 〔漢〕毛亨傳、〔漢〕鄭玄箋、〔唐〕孔穎達疏：《毛詩正義》（清嘉慶二十年江西南昌府學重刊宋刻本，臺北：藝文印書館，1997年8月初版），卷十五之一，頁504。

¹⁹⁸ 艾蘭：〈〈赤鵠之集湯之屋〉：戰國時期關於伊尹「神靈附體」和房屋建造的故事〉，收入清華大學出土文獻研究與保護中心編：《出土文獻與中國古代文明國際學術研討會論文集》（北京，2013年6月17日-18日），頁168-177。

¹⁹⁹ 清華大學出土文獻研究與保護中心編、李學勤主編：《清華大學藏戰國竹簡（參）》（上海：中西書局，2012年12月第一版），頁167。

²⁰⁰ 黃傑：〈初讀清華簡（參）《赤咎（从鳥）之集湯之屋》筆記〉，武漢大學簡帛研究中心，網址：http://www.bsm.org.cn/show_article.php?id=1802，2013年1月10日，檢索日期：2018年6月18日。

²⁰¹ 王寧：〈讀清華簡三〈赤鵠之集湯之屋〉散札〉，武漢大學簡帛研究中心，網址：http://www.bsm.org.cn/show_article.php?id=1814，2013年1月16日，檢索日期：2018年6月18日。

²⁰² 王昆：《清華簡《尹至》、《尹誥》、《赤鵠之集湯之屋》集釋》（河北大學文學碩士學位論文，2016年5月），頁64-65。

²⁰³ 陳劍：〈清華簡字義零札兩則〉，收入復旦大學出土文獻與古文字研究中心編：《戰國文字研究的回顧與展望》（上海：中西書局，2017年8月第一版），頁190-203。

²⁰⁴ 李爽：《清華簡「伊尹」五篇集釋》（吉林大學碩士論文，2016年6月），頁96。

²⁰⁵ 洪君好：《戰國竹書伊尹文獻研究》（國立中興大學中國文學研究所碩士論文，2017年8月），頁25。

²⁰⁶ 鄔可晶：〈戰國時代寫法特殊的「曷」的字形分析，並說「敓」及其相關問題〉，收入鄔可晶：《戰國秦漢文字與文獻論稿》（上海：上海古籍出版社，2020年6月第一版），頁1-34。

²⁰⁷ 荊門市博物館：《郭店楚墓竹簡》（北京：文物出版社，1998年5月第一版），頁137、218。另涂宗流與劉祖信大抵亦從原整理者之說，茲列備參。涂宗流、劉祖信：〈郭店楚簡《緇衣》通釋〉，收入武漢

清、[212]劉曉東、[213]馮勝君、[214]林清源、[215]季旭昇[216]等，皆主此說。

二、 釋从呂者：此說又有不同之釋讀方式，但基本上，皆認為此字應从呂，諸家之說又可分為以下三類：

（一） 釋从呂得聲者：白於藍主此說。[217]

（二） 釋从敔者：徐在國、[218]陳劍、[219]曹錦炎、[220]肖攀、[221]鄔可晶[222]等，皆主此說。

（三） 釋與「弼」有關者：如林志鵬即皆主此說。[223]

大學中國文化研究院編：《郭店楚簡國際學術研討會論文集》（武漢：湖北人民出版社，2000 年 5 月第一版），頁 182-197。

[208] 荊門市博物館：《郭店楚墓竹簡》（北京：文物出版社，1998 年 5 月第一版），裘錫圭按語，頁 136、218。

[209] 李零：《郭店楚簡校讀記》（北京：北京大學出版社，2002 年 3 月第一版），頁 45-46。

[210] 張光裕主編、袁國華合編：《郭店楚簡研究　第一卷　文字編》（臺北：藝文印書館，1999 年元月初版），頁 526、648。

[211] 劉信芳：〈郭店簡《緇衣》解詁〉，收入武漢大學中國文化研究院編：《郭店楚簡國際學術研討會論文集》（武漢：湖北人民出版社，2000 年 5 月第一版），頁 165-181。

[212] 林素清：〈郭店竹簡《語叢四》箋釋〉，收入武漢大學中國文化研究院編：《郭店楚簡國際學術研討會論文集》（武漢：湖北人民出版社，2000 年 5 月第一版），頁 389-397。

[213] 劉曉東：〈《郭店楚墓竹簡·緇衣》初探〉，《蘭州大學學報（社會科學版）》2000 年第 4 期，頁 108-115。

[214] 馮勝君雖然或釋其形从呂，但整體而言，仍是傾向於釋从咼。馮勝君：《郭店簡與上博簡對比研究》（北京：線裝書局，2007 年 4 月第一版），頁 172-175。

[215] 林清源：〈「敔」、「敀」考辨──釋「𣪊」及相關諸字〉，《漢學研究》28.1（2010 年 3 月），頁 1-34。

[216] 季旭昇原釋从敔，不過，其後又將此類字例歸在「咼」字頭下，並補云「諸說應如何論定，似尚有討論空間」，可知季旭昇對此類字例之釋讀，似仍持較保留之態度。季旭昇主編，陳霖慶、鄭玉珊、鄒濬智合撰：《上海博物館藏戰國楚竹書（一）讀本》（臺北：萬卷樓圖書公司，2004 年 6 月初版），頁 140；季旭昇：《說文新證》（臺北：藝文印書館，2014 年 9 月二版），頁 387-388。

[217] 白於藍：〈釋「𣪊」〉，收入中國古文字研究會、中山大學古文字研究所編：《古文字研究》24（北京：中華書局，2002 年 7 月第一版），頁 355-359。

[218] 徐在國：〈釋楚簡「敀」兼及相關字〉，收入中國古文字研究會、浙江省文物考古研究所編：《古文字研究》25（北京：中華書局，2004 年 10 月第一版），頁 347-351。

[219] 陳劍說見於蘇建洲《〈上博楚竹書〉文字及相關問題研究》一書所引之內容（據蘇建洲於書中引述，陳劍此說乃其在 2003 年 12 月 20 日中央研究院歷史語言研究所「中國南方文明學術研討會」上之發言內容）；除此之外，陳劍亦曾釋楚簡部分字形為「蔑」，例如：／（上博《周易》簡 43）、／（上博〈采風曲目〉簡 1）、／（上博〈季康子問於孔子〉簡 8），惟其說並未言及與此所論字形之關係，今暫引之備參；另陳劍曾撰〈釋甲骨金文的「徹」字異體──據卜辭類組差異釋字又一例〉一文，考證甲金文所見「徹」字之異體，並云「而此所論『』字，其形從『示』前有『貝』或『血』、從『丑』表對『貝』或『血』施加某動作，則顯然應解釋為『徹去、徹除祭品』（祭品或用血，或用貝，都是很常見的）之『徹』的表意字，或者說是從『徹去、徹除祭品』角度為『徹』所造的異體」，其說有一定之理據，大抵可信，不過，文中並未論及甲金文此等形構是否與本文在此所云楚系文字字形有關，茲列備參。蘇建洲：《〈上博楚竹書〉文字及相關問題研究》（臺北：萬卷樓圖書公司，2008 年 1 月初版），頁 184；陳劍：〈上博竹書「蔑」字小考〉，收入華東師範大學中國文學研究與應用中心主編：《中國文字研究》2007 年第一輯，頁 68-70、99，其後收入陳劍：《戰國竹書論集》（上海：上海古籍出版社，2013 年 12 月第一版），頁 183-188；陳劍：〈釋甲骨金文的「徹」字異體──據卜辭類組差異釋字又一例〉，收入復旦大學出土文獻與古文字研究中心編：《出土文獻與古文字研究》7（上海：上海古籍出版社，2018 年 5 月第一版），頁 1-19。

[220] 馬承源主編：《上海博物館藏戰國楚竹書（七）》（上海：上海古籍出版社，2008 年 12 月第一版），整理者曹錦炎之說，頁 256-257。

[221] 肖攀：《清華簡《繫年》文字研究》（吉林大學博士學位論文，2010 年 6 月），頁 69-75。

[222] 鄔可晶：〈戰國時代寫法特殊的「咼」的字形分析，並說「敀」及其相關問題〉，收入鄔可晶：《戰國秦漢文字與文獻論稿》（上海：上海古籍出版社，2020 年 6 月第一版），頁 1-34。

三、 其他：陳高志釋从酋；[224]邱德修雖隸从呂，但仍釋从曷。[225]

以字形發展角度而言，此類形構釋从曷、从呂或其他，皆各有其理據，不過，簡文此字似未从呂，尤以簡 13 例為然，其形左上只有一圈形之形構，這就不好解釋其是否應从敆，抑或从呂等相關釋讀看法，當然，釋从弼或从酋者，其形與簡文此類形構差異更大，或可暫不論，餘如釋讀為「第」之看法，更是未知其所據為何，因此，从曷或許是簡文此類形構較有可能之釋形方向，尤其此中有幾方古璽更是釋讀之關鍵，包括：

（《璽彙》0630）

（《璽彙》0631）

此類璽文何琳儀釋从曷，並歸入齊系文字；[226]湯餘惠亦釋从曷，歸為齊系文字；[227]林清源同樣釋从曷。[228]今復考簡文此類形構之形，知簡 13 例最是關鍵，由於其形構僅存一圈形，因此，疑其當與此類齊璽文字有關，而此類齊璽文字之形構拆解方式，學者多釋為「日」形與下方形構之併筆，抑或結合，[229]有其一定之理據，而不管根據何說，簡 13 例也仍屬同一類之異化字形，換言之，簡文此類字例釋从曷應較為可行，且可能與齊系文字有關，至於簡 14 例之寫法，林清源早將此類形構釋與齊系文字有關，[230]可從，只不過楚、齊二系文字有相近之寫法，對於清華簡此批簡底本來源與性質之界定，倒是值得注意的現象。

綜上所述，簡文此類字例應可釋从曷，隸作「敆」，其異構楚系文字習見，例如：

（楚帛書丙）

（郭店〈緇衣〉簡 40）

---

223 林志鵬：〈釋楚系簡帛中的「弼」字──兼論車蔽的形制及別名〉，收入上海社會科學院編：《傳統中國研究集刊》3（上海：上海人民出版社，2007 年 11 月第一版），頁 88-103。

224 陳高志：〈《郭店楚墓竹簡・緇衣篇》部分文字隸定檢討〉，收入《張以仁先生七秩壽慶論文集》（臺北：臺灣學生書局，1999 年 1 月初版），頁 363-376。

225 邱德修：《上博楚簡（一）（二）字詞解詁》（臺北：臺灣古籍出版公司，2005 年 10 月初版），頁 2225-2227。

226 何琳儀：《戰國古文字典──戰國文字聲系》（北京：中華書局，1998 年 9 月第一版），頁 901。

227 湯餘惠：《戰國文字編（修訂本）》（福州：福建人民出版社，2015 年 12 月第二版），頁 208。

228 林清源：〈「敆」、「敵」考辨──釋「敿」及相關諸字〉，《漢學研究》28.1（2010 年 3 月），頁 1-34。

229 如馮勝君與林清源即主此說，惟二家釋形內容稍有不同，馮勝君釋為「日」形與下方形構之套疊，而林清源則據「日」形拆分為上下之結構。馮勝君：《郭店簡與上博簡對比研究》（北京：線裝書局，2007 年 4 月第一版），頁 172-175；林清源：〈「敆」、「敵」考辨──釋「敿」及相關諸字〉，《漢學研究》28.1（2010 年 3 月），頁 1-34。

230 林清源：〈「敆」、「敵」考辨──釋「敿」及相關諸字〉，《漢學研究》28.1（2010 年 3 月），頁 1-34。

（郭店《語叢・四》簡10）

（上博〈緇衣〉簡20）

（上博《凡物流形・甲》簡18）

（上博《凡物流形・甲》簡18）

（清華〈耆夜〉簡9）

（清華《繫年》簡3）

　　此類字例多可讀為與「敚」聲系相關之例，如「轍」、「徹」或「嬎」等，此中有關「曷」、「敚」音義方面之問題，林清源已作了詳盡之考證，[231]可從，而簡文此二字之辭例皆為「敚屋」（清華〈赤鵠之集湯之屋〉簡13、14），知其與下文之「殺黃蛇與白兔」相同，俱指夏后被剌後之後續作為，倘以前後因果關係而言，上引黃傑、王寧與陳劍所讀「徹」之說，確實使簡文文意更為順暢，可信，故「徹」在此應可訓作「拆毀」或「毀壞」，其猶《詩經・小雅・十月之交》云「徹我牆屋，田卒汙萊。」鄭玄箋釋曰「乃反徹毀我牆屋。」[232]此「徹」字即同此訓也，而簡文此所謂者，殆指夏后毀屋以殺黃蛇與白兔之意。惟另須值得留意的是，原整理者讀「撤」，在傳世文獻中，亦有解作「拆毀」者，如《廣韻》釋曰「撤，發撤」，[233]又如《南史・阮孝緒列傳》云「孝緒知之，乃不食，更令撤屋而炊。」[234]《續資治通鑑・宋理宗紹定六年》曰「貴家第宅、市樓、肆鋪皆撤以爨。」[235]只可惜此等相關用例之時代或嫌稍晚，故本文今仍以諸家所釋讀之「徹」為主。另外，洪君好將簡文此處之「屋」訓作「屋頂」，亦無不可，惟根據

---

[231] 林清源：〈「敚」、「敚」考辨——釋「敚」及相關諸字〉，《漢學研究》28.1（2010年3月），頁1-34。

[232] 〔漢〕毛亨傳、〔漢〕鄭玄箋、〔唐〕孔穎達疏：《毛詩正義》（清嘉慶二十年江西南昌府學重刊宋刻本，臺北：藝文印書館，1997年8月初版），卷十二之二，頁408。

[233] 〔宋〕陳彭年等重修、林尹校訂：《新校正切宋本廣韻》（臺北：黎明文化事業公司，1976年9月初版），卷五，頁499。

[234] 〔唐〕李延壽撰、楊家駱編：《新校本南史附索引》（臺北：鼎文書局，1985年3月四版），卷七十六，頁1893。

[235] 〔清〕畢沅編撰：《續資治通鑑》，收入《聚珍仿宋四部備要・史部》（中華書局據原刻本校刊，臺北：臺灣中華書局，1981年6月豪華一版），卷一百六十六，頁十八。

上下文意，其實也並無絕對證據可證此處應指「屋頂」，今暫對其說存疑，待商。

〔19〕坣（密？、宓）

簡文此字之形為：

（清華〈赤鵠之集湯之屋〉簡 13）

其類例又見於簡 14：

（清華〈赤鵠之集湯之屋〉簡 14）

原整理者隸作「坣」，並引裘錫圭之說，釋為「字從必聲，幫母質部，可讀為幫母月部的『發』，韻部旁轉。或疑本從弋，義為掘」；[236]劉樂賢改釋為「從『土』從『朿』聲」，並以為簡文此字乃訓作「掘」之「埱」字異體；[237]網路發言者 ma99 亦釋從必；[238]網路發言者溜達溜達從劉樂賢之說；[239]王寧釋從別，或即「垼」字，訓作「挖開」或「翻開」之相關義；[240]王昆仍從原整理者之說；[241]陳劍則仍從劉樂賢之說；[242]李爽亦從劉樂賢之說；[243]洪君好仍從劉樂賢之看法；[244]曹雨楊亦從劉樂賢之說；[245]季旭昇傾向於原整理者之說，即釋從必，讀為「發」，但也認為「必」、「朿」存在一定之訛誤情況。[246]

---

[236] 清華大學出土文獻研究與保護中心編、李學勤主編：《清華大學藏戰國竹簡（參）》（上海：中西書局，2012 年 12 月第一版），頁 167、170。

[237] 劉樂賢：〈釋《赤鵠之集湯之屋》的「埱」字〉，清華大學出土文獻研究與保護中心，網址：http://www.ctwx.tsinghua.edu.cn/publish/cetrp/6831/2013/20130105155850543558094/20130105155850543558094_.html，2013 年 1 月 5 日，檢索日期：2018 年 6 月 16 日。

[238] 「簡帛論壇：《清華（參）》〈赤鵠之集湯之屋〉初讀」27 樓網路發言者 ma99 之發文，武漢大學簡帛研究中心，網址：http://www.bsm.org.cn/forum/forum.php?mod=viewthread&tid=3051&extra=page%3D3&page=3，2013 年 1 月 11 日，檢索日期：2018 年 6 月 7 日。

[239] 「簡帛論壇：《清華（參）》〈赤鵠之集湯之屋〉初讀」36 樓網路發言者溜達溜達之發文，武漢大學簡帛研究中心，網址：http://www.bsm.org.cn/forum/forum.php?mod=viewthread&tid=3051&extra=page%3D3&page=3，2013 年 1 月 12 日，檢索日期：2018 年 6 月 7 日。

[240] 王寧：〈讀清華簡三〈赤鵠之集湯之屋〉散札〉，武漢大學簡帛研究中心，網址：http://www.bsm.org.cn/show_article.php?id=1814，2013 年 1 月 16 日，檢索日期：2018 年 6 月 18 日。

[241] 王昆：《清華簡〈尹至〉、〈尹誥〉、〈赤鵠之集湯之屋〉集釋》（河北大學文學碩士學位論文，2016 年 5 月），頁 65。

[242] 陳劍：〈清華簡字義零札兩則〉，收入復旦大學出土文獻與古文字研究中心編：《戰國文字研究的回顧與展望》（上海：中西書局，2017 年 8 月第一版），頁 190-203。

[243] 李爽：《清華簡「伊尹」五篇集釋》（吉林大學碩士論文，2016 年 6 月），頁 97。

[244] 洪君好：《戰國竹書伊尹文獻研究》（國立中興大學中國文學研究所碩士論文，2017 年 8 月），頁 25。

[245] 曹雨楊：《《清華大學藏戰國竹簡（壹）—（參）》疑難字詞集釋及釋文校注》（吉林大學碩士學位論文，2020 年 5 月），頁 644-645。

[246] 季旭昇：〈談清華柒〈越公其事〉的「必視」及相關問題〉，《中國文字》2020 年夏季號（總 3，2020 年 6 月），頁 69-83。

二字皆从必从土，原整理者以為「必」可通「發」，惟其韻或隔，[247]且文意仍隱晦不明，似可再商。實則原整理者所引裘錫圭釋从弋之說，似更近於簡文原恉，如裘錫圭即云「甲骨文『叔』字或於『弋』下加『土』，以弋掘地之意更為明顯」，[248]倘據其說，則可知簡文此等類例應取象自類似掘土之形，不過，簡文此二字上所从之形構，似與楚簡「弋」字不類，卻反而較近於「必」字，例如：

（包山簡 127「必」）

（包山簡 139「必」）

（郭店〈魯穆公問子思〉簡 2「弋」）

（郭店〈唐虞之道〉簡 9「弋」）

關於「朮」、「必」二形趨近之現象，上引季旭昇曾有詳論，今依其說，則簡文此字釋从必之可能性較高，而「必」乃兵器或器物之柄，[249]也有可能用於掘土，因此，竊以為簡文此例依其所从必聲逕釋之即可，至於王寧另釋从別，則未知其所據為何，暫且存疑。

目前所見古文字資料中，簡文此「坒」字並非首見，季旭昇曾對此偏旁作過詳論，而傳世文獻則曾載錄此字，例如：《龍龕手鑑‧土部》即云「坒，音密」，[250]惟「密」在此辭例中亦無所取義，因此，清華簡此「坒」字恐仍須從疑可作聲符之「必」字著手，因「必」乃「柲」之初文，而殷商甲骨文「必（柲）」字又可讀為「毖」，表鎮撫之意，例如：「呼或往柲沚」（第一期：《合集》04283），倘將其帶入簡文所云「坒地斬笂」，則正可表示「挖掘其土，並斬其笂筍」，兼具「鎮撫」之意。因此，簡文「坒」字之釋形雖或存疑，但其例應可逕訓作「掘土」，在此又可讀為「毖」，訓作「鎮撫」。

---

247 「必」字上古音屬幫母質部，「發」字則為幫母月部，二字雖雙聲，但韻部或隔。

248 裘錫圭：〈釋柲（附錄：釋「弋」）〉，收入中國古文字研究會、中華書局編輯部編：《古文字研究》3（北京：中華書局，1980 年 11 月第一版），頁 7-31，亦收入裘錫圭：《古文字論集》（北京：中華書局，1992 年 8 月第一版），頁 17-34。

249 郭沫若著作編輯出版委員會編：《郭沫若全集　考古編》（北京：科學出版社，2002 年 10 月第一版），頁 179；裘錫圭：〈釋柲（附錄：釋「弋」）〉，收入中國古文字研究會、中華書局編輯部編：《古文字研究》3（北京：中華書局，1980 年 11 月第一版），頁 7-31，亦收入裘錫圭：《古文字論集》（北京：中華書局，1992 年 8 月第一版），頁 17-34。

250 〔遼〕釋行均：《新修龍龕手鑑》（上海涵芬樓景印江安傅氏雙鑑樓藏宋刊本，臺北：臺灣商務印書館，1966 年），卷二，頁廿四。

〔20〕麤（麠、筍）

簡文此字之形為：

（清華〈赤䲵之集湯之屋〉簡 14）

原整理者未作隸定，惟疑其乃「麠」字，並以為簡文此例「與『薦』通用，可讀為『存』」；[251]楊蒙生以為簡文此所謂「二陜（陵）（麠）」，應即簡 12 之「二陜（陵）屯」，「陜（陵）（麠）」與「陜（陵）屯」等二詞「詞同字異」，並進而將簡文此字釋作「麠」，認為其與上文之「屯」乃音近之關係；[252]周鳳五則讀為「堆」；[253]陳劍亦釋作「麠（薦）」，並以為「其形或係受『鹿』形之影響，將下半部分筆畫變了一個方向而已」，在此可讀為「筍」；[254]洪君好仍從陳劍之說。[255]

今復考楚簡「麤」字，其獸足多兩側平衡，或向左曳，罕有右曳者，例如：

（郭店〈成之聞之〉簡 9）

（郭店〈語叢・四〉簡 9）

／（上博〈緇衣〉簡 5）

（上博〈容成氏〉簡 48）

（上博〈曹沫之陳〉簡 41）

（上博〈曹沫之陳〉簡 42）

[251] 清華大學出土文獻研究與保護中心編、李學勤主編：《清華大學藏戰國竹簡（參）》（上海：中西書局，2012 年 12 月第一版），頁 167、170。

[252] 楊蒙生：〈讀清華簡〈赤䲵之集湯之屋〉筆記〉，出土文獻與中國古代文明國際學術研討會發言稿，2013 年，其內容轉引自洪君好：《戰國竹書伊尹文獻研究》（國立中興大學中國文學研究所碩士論文，2017 年 8 月），頁 25。

[253] 周鳳五：《朋齋學術文集：戰國竹書卷》（臺北：國立臺灣大學出版中心，2016 年 12 月），頁 470。

[254] 陳劍：〈清華簡字義零札兩則〉，收入復旦大學出土文獻與古文字研究中心編：《戰國文字研究的回顧與展望》（上海：中西書局，2017 年 8 月第一版），頁 190-203。

[255] 洪君好：《戰國竹書伊尹文獻研究》（國立中興大學中國文學研究所碩士論文，2017 年 8 月），頁 25。

（上博《凡物流形・甲》簡 26）

（清華〈筮法〉簡 61）

（清華〈封許之命〉簡 6）

其實，目前與簡文此例之形較為接近者，當屬商代金文「麘」字或兩周金文所見「薦」字，其形分作：

（商：亞麘父丁觚，《集成》07228「麘」）

（西周：鄭登伯鬲，《集成》00597「薦」）

（春秋：□鬲，《新收》0458「薦」）

商金文例為專名，鄭登伯鬲「薦」字則為金文銅器自名或文獻所習見之「進獻」語義用例，[256]其釋作「薦」應無可疑，因此，簡文此字可能逕承自商周金文之形，換言之，上引原整理者與陳劍之釋形，大抵仍是可信的，或僅闕楚簡之直接實證耳，至於陳劍云其字受「鹿」旁影響，下半筆畫改變方向，不無可能，可惜其文中並未列舉此類化之實證，又如上引楊蒙生釋簡文此字為「廈」，惟此字下部與「廈」字之差異更大，其說恐猶可商，故本文今仍從原整理者與陳劍之說，將其釋為「麘」。

---

256 「薦」字常作為金文銅器之自名，例如：「鄭登伯作叔嬭薦鬲。」（西周：鄭登伯鬲，《集成》00597）、「酄公湯用其吉金，自作薦鼎」（春秋：酄公鼎，《集成》02714）、「鄭師原父作薦鬲」（春秋：鄭師原父鬲，《集成》00731）、「□□□自作薦鬲」（春秋：□鬲，《新收》0458「薦」）、「吳王光擇其吉金，玄銑白銑，以作叔姬寺吁宗彝薦鑑」（春秋：吳王光鑑，《集成》10298），此猶古文字與傳世文獻「薦」字所訓之「進獻」義，通常又用於祭祀時之獻牲，其猶「享薦」（新蔡簡甲三・256），亦猶《易經・觀》云「〈觀〉，盥而不薦，有孚顒若。」孔穎達疏曰「薦者，謂既盥之後，陳薦籩豆之事。」又如《左傳・隱公三年》云「苟有明信，……可薦於鬼神，可羞於王公。」再如《禮記・祭義》有云「卿大夫有善，薦於諸侯。」另如《論語・鄉黨》或曰「君賜腥，必熟而薦之。」皆屬此訓也。〔魏〕王弼注、〔東晉〕韓康伯注、〔唐〕孔穎達疏：《周易正義》（清嘉慶二十年江西南昌府學重刊宋刻本，臺北：藝文印書館，1997 年 8 月初版），卷三，頁 59；〔晉〕杜預注、〔唐〕孔穎達疏：《春秋左傳正義》（清嘉慶二十年江西南昌府學重刊宋刻本，臺北：藝文印書館，1997 年 8 月初版），卷三，頁 51-52；《禮記注疏》（清嘉慶二十年江西南昌府學重刊宋刻本，臺北：藝文印書館，1997 年 8 月初版），卷四十八，頁 825；〔魏〕何晏注、〔宋〕邢昺疏：《論語注疏》（清嘉慶二十年江西南昌府學重刊宋刻本，臺北：藝文印書館，1997 年 8 月初版），卷十，頁 90。

　　而簡文此處云「有二陵廌，乃斬之」（清華〈赤鵠之集湯之屋〉簡 14），上引周鳳五將簡文此例讀為「堆」，有其一定之理據，但「廌」、「堆」二字上古音仍或隔，[257]故能否讀「堆」，恐猶可商。有鑑於上文有所謂「笘笱」之讀法，故本文今仍從陳劍之說，將簡文此字讀為「笱」，以通讀上下文意。

〔21〕埤（陴）

　　簡文此字之形為：

　（清華〈赤鵠之集湯之屋〉簡 15）

　　原整理者隸作「埤」，讀為「陴」，訓如《說文》所釋之「城上女墻」；[258]網路發言者丁若山將簡文此字讀為「葷」或「蔽」，並釋其云「指的是在屋上所加的、用以起抵禦白兔作用的甲衣一類東西」，其後，郭永秉（丁若山）寫成專文正式發表，仍疑其當讀為「葷蔽」，並以為「『葷』、『禪』之有蓑衣、甲衣之義，都是因為可以『蔽』人體於雨、箭矢兵戈的緣故。……也許指的是在屋上所加的、用以起抵禦白兔作用的甲衣一類東西，待考」；[259]艾蘭疑此與「房屋建造的儀式」有所關係；[260]侯乃峰以為此字當讀為「貔」，並釋云「指放置在屋頂瓦上用於辟邪的陶質猛獸」，亦即「貔貅」；[261]王寧仍從原整理者之說，讀為「陴」；[262]白於藍讀為「畢」或「罼」，訓作「古代專門用來捕獲雉兔的網子」；[263]王昆釋讀為「陴」；[264]洪君好仍從白於藍之說；[265]劉嬌疑簡文此字應讀為

[257] 「廌」字之上古音屬定母支部，「堆」則為端母微部，二字聲母雖近，但韻部或隔。

[258] 清華大學出土文獻研究與保護中心編、李學勤主編：《清華大學藏戰國竹簡（參）》（上海：中西書局，2012 年 12 月第一版），頁 167、170。

[259] 丁若山：〈讀清華三懸想一則〉，武漢大學簡帛研究中心，網址：http://www.bsm.org.cn/show_article.php?id=1807，2013 年 1 月 12 日，檢索日期：2018 年 6 月 20 日；郭永秉；〈釋清華簡中倒山形的「覆」字〉，《中國文字》新 39（2013 年 12 月），頁 77-88，亦收入清華大學出土文獻研究與保護中心編：《清華簡研究》2（上海：中西書局，2015 年 8 月第一版），頁 143-151，又收入郭永秉：《古文字與古文獻論集續編》（上海：上海古籍出版社，2015 年 8 月第一版），頁 262-272。

[260] 艾蘭：〈〈赤鵠之集湯之屋〉：戰國時期關於伊尹「神靈附體」和房屋建造的故事〉，收入清華大學出土文獻研究與保護中心編：《出土文獻與中國古代文明國際學術研討會論文集》（北京，2013 年 6 月 17 日-18 日），頁 168-177。

[261] 侯乃峰：〈清華簡（三）所見「倒山形」之字構形臆說〉，武漢大學簡帛研究中心，網址：http://www.bsm.org.cn/show_article.php?id=1811，2013 年 1 月 14 日，檢索日期：2018 年 6 月 20 日。

[262] 王寧：〈讀清華簡三〈赤鵠之集湯之屋〉散札〉，武漢大學簡帛研究中心，網址：http://www.bsm.org.cn/show_article.php?id=1814，2013 年 1 月 16 日，檢索日期：2018 年 6 月 18 日。

[263] 白於藍：〈《清華大學藏戰國竹簡（三）拾遺》〉，收入安徽大學漢字發展與應用研究中心編《漢語言文字研究》第一輯（上海：上海古籍出版社，2015 年 2 月第一版），頁 142-148；白於藍：〈《清華大學藏戰國竹簡（參）拾遺》〉，收入白於藍著《拾遺錄——出土文獻研究》（北京：科學出版社，2017 年 6 月第一版），頁 146-154。

[264] 王昆：《清華簡《尹至》、《尹誥》、《赤鵠之集湯之屋》集釋》（河北大學文學碩士學位論文，2016 年 5 月），頁 66。

[265] 洪君好：《戰國竹書伊尹文獻研究》（國立中興大學中國文學研究所碩士論文，2017 年 8 月），頁 26。

「甓」，其意應「指覆蓋在屋頂上的瓦」；[266]馬文增讀為「卑」、「俾」。[267]

　　簡文此字依形隸作「埤」，應無疑義，不過，如上所述，諸家之釋讀仍或存異說，以上引郭永秉、艾蘭、白於藍與馬文增諸家之說而言，有其一定之理據，但似乎都缺少直接之用例實證或相關書證，而侯乃峰之說亦然，再者，就上古音而言，「畢（罼）」與「埤」字在韻部上仍嫌或隔，[268]至於劉嬌讀「甓」之說，亦有其一定之道理，不過，「甓」字之義訓，即如其文中所云，除了訓「磚」之用例多數偏晚外，其屬先秦之相關書證者，在釋讀上則是仍存異說，甚至「甓」字逕作建築板瓦之類義者，其書證亦是付之闕如，當然，劉嬌所論證之內容，以「瓴」字為主，而「瓴」、「甓」二字是否義近，恐怕也需書證實例，而非僅從考古成果逕自推衍其義訓而已，另外，「桀作瓦屋」與簡文御白兔之關係為何，尚且未明，若逕與〈赤鵠之集湯之屋〉作比附，恐怕無法令人完全信服，再者，從卑聲諸例，是否多具有「排比」或「綴連」之義，進而另造或存「瓦」義之「埤」，若以「卑」字之初形本義與其聲系類例而言，實不無可疑，[269]因此，劉嬌將簡文此字讀為「甓」，或許可備一說，但仍有部分疑義尚待解決。是故，本文仍從原整理者之說，將其讀為「陴」，不過，應改訓作更具防堵義之「城牆」，而非窺視掩護用之城上「女牆」，其猶《左傳·成公六年》云「師還，衛人登陴，晉人謀去故絳」，[270]畢竟「女牆」尚且有縫，對防止白兔實無實質功能，更無須窺視之，因此，簡文此云「其一白兔不得，是始為陴覆諸屋，以御白兔。」（清華〈赤鵠之集湯之屋〉簡 14、15）其所謂「為陴」，應指「築牆」之意也。

〔22〕巾（覆、覆）

　　簡文此字之形為：

（清華〈赤鵠之集湯之屋〉簡 15）

　　原整理者隸釋作「丁」，以為其字形作「甲」，訓作「當」，並釋讀此段簡文為「『以陴當諸屋』，意為築小牆當屋，用以防阻」；[271]李學勤贊同李守奎釋作「丁」，並以為「『丁

---

266 劉嬌：〈清華簡《赤鵠之集湯之屋》「是始為埤」與「桀作瓦屋」傳說〉，收入中國古文字研究會、吉林大學中國古文字研究中心編：《古文字研究》32（北京：中華書局，2018 年 8 月北京第一版），頁 378-383。

267 馬文增：〈清華簡《赤鳩之集于湯之屋》九題〉，《殷都學刊》2020 年第 1 期，頁 34-40。

268 「畢（罼）」字上古音屬幫母質部，「埤」字則為並母支部，二字之聲韻關係未臻密切，尤其韻部或隔。

269 西周金文「卑」字之形或作 ![]（西周：史牆盤，《集成》10175）、![]（西周：彧簋，《集成》04322.2），據李旭昇之說，知其形義應與手持卑物有關，實與「排比」或「綴連」義無涉；而具有「排比」或「綴連」義之「卑」聲系字例，除劉嬌文中引郭永秉文所見「裨」、「椑」等字外，實在不多，再者，古文字與傳世文獻「埤」字本此相類之義訓，因此，若從此聲兼義之角度考證簡文「埤」字形源，恐怕仍是有問題的。季旭昇：《說文新證》（臺北：藝文印書館，2014 年 9 月二版），頁 212-213。

270 〔晉〕杜預注、〔唐〕孔穎達疏：《春秋左傳正義》（清嘉慶二十年江西南昌府學重刊宋刻本，臺北：藝文印書館，1997 年 8 月初版），卷二十六，頁 441。

271 清華大學出土文獻研究與保護中心編、李學勤主編：《清華大學藏戰國竹簡（參）》（上海：中西書局，

諸屋」即當之於屋，指築小墻擋在居室之前，是抵禦簡文所說『白兔』的方法」；[272]網路發言者丁若山以為簡文此字應讀為「覆」，訓作「覆蓋」、「覆蔽」，並疑其乃「『山』字顛倒過來的寫法」，或即「覆」字初文，其後，郭永秉（丁若山）撰寫成專文後詳考此字，以為此字「用作一個有加、蓋、覆一類意義的動詞」，仍釋讀為「覆」，訓作「倒覆」，並將此段簡文釋為「從此開始做了甲衣之類遮蔽物(?)，倒覆於屋以抵禦白兔」之意；[273]侯乃峰仍從郭永秉之說，但釋為「阜」；[274]楊坤亦釋為「山」之倒文；[275]王連成亦釋作「丁」；[276]王寧釋此字為「顛倒」之「倒」字，並以為簡文此處所云「倒諸屋」，即「倒置」之意；[277]白於藍仍從丁若山之說，並以為簡文此字「與『覆』字讀音相近或語義相關則幾乎是可以肯定的」；[278]陳劍以為簡文此字乃倒書之例；[279]趙平安初從李學勤釋「丁」之說，並將簡文此字訓作「當」，惟其後又改釋為「亭」，且另讀為「屏」，訓作「擋」，進而釋簡文文意為「把白兔擋在屋外的意思」；[280]李守奎曾釋此字為「丁」，但提及趙平安曾有所懷疑，其後，在其專文中，又言及其曾與郭永秉私下討論，以為清華〈芮良夫毖〉之「🐦🐦」應讀為「顛覆」，並放棄了原釋「丁」之說，將簡文此字釋為「倒山形」，且釋讀為「覆」；[281]王昆從丁若山之說；[282]洪君好仍從郭永秉之說；[283]曹

2012 年 12 月第一版），頁 167、170。

272 李學勤：〈關於清華簡中的「丁」字〉，收入李學勤：《初識清華簡》（上海：中西書局，2013 年 6 月第一版），頁 186-188。

273 丁若山：〈讀清華三懸想一則〉，武漢大學簡帛研究中心，網址：http://www.bsm.org.cn/show_article.php?id=1807，2013 年 1 月 12 日，檢索日期：2018 年 6 月 20 日；郭永秉：〈釋清華簡中倒山形的「覆」字〉，《中國文字》新 39（2013 年 12 月），頁 77-88，亦收入清華大學出土文獻研究與保護中心編：《清華簡研究》2（上海：中西書局，2015 年 8 月第一版），頁 143-151，又收入郭永秉：《古文字與古文獻論集續編》（上海：上海古籍出版社，2015 年 8 月第一版），頁 262-272。

274 侯乃峰：〈清華簡（三）所見「倒山形」之字構形臆說〉，武漢大學簡帛研究中心，網址：http://www.bsm.org.cn/show_article.php?id=1811，2013 年 1 月 14 日，檢索日期：2018 年 6 月 20 日。

275 楊坤：〈跋清華竹書所見「也」字〉，武漢大學簡帛研究中心，網址：http://www.bsm.org.cn/show_article.php?id=1812，2013 年 1 月 15 日，檢索日期：2018 年 6 月 20 日。

276 王連成：〈《清華簡（參）「丁（釘）」字句解〉，原發表於簡帛網，2013 年 4 月 12 日，因網站因素未見其文，此處所云其說，見於李爽：《清華簡「伊尹」五篇集釋》（吉林大學碩士論文，2016 年 6 月），頁 100。

277 王寧：〈清華簡（參）的「倒」字臆解〉，原發表於簡帛網，2013 年 12 月，因網站因素未見其文，此處所云其說，見於李爽：《清華簡「伊尹」五篇集釋》（吉林大學碩士論文，2016 年 6 月），頁 100。

278 白於藍：〈《清華大學藏戰國竹簡（三）拾遺》〉，收入安徽大學漢字發展與應用研究中心編《漢語言文字研究》第一輯（上海：上海古籍出版社，2015 年 2 月第一版），頁 142-148；白於藍：〈《清華大學藏戰國竹簡（參）拾遺》〉，收入白於藍著《拾遺錄——出土文獻研究》（北京：科學出版社，2017 年 6 月第一版），頁 146-154。

279 引自李守奎專文所見陳劍在「清華簡與《詩經》國際學術研討會（香港浸會大學）」會議中之發言紀錄。李守奎：〈漢字倒寫構形與古文字的釋讀〉，《漢學研究》33.2（2015 年 6 月），頁 173-194，亦收入李守奎：《古文字與古史考——清華簡整理研究》（上海：中西書局，2015 年 10 月第一版），頁 251-271。

280 趙平安：〈『京』、『亭』考辨〉，《復旦學報（社會科學版）》2013 年第 4 期，頁 87-92；趙平安：〈再論所謂倒山形的字及其用法〉，《深圳大學學報（人文社會科學版）》2014 年第 2 期，頁 52-53，又收入趙平安：《新出簡帛與古文字古文獻研究續集》（北京：商務印書館，2018 年 6 月第一版），頁 56-60。

281 李守奎在其專文中自云，釋「丁」乃其在清華簡各冊出版報告時之主張，且提及趙平安曾有所質疑。李守奎：〈漢字倒寫構形與古文字的釋讀〉，《漢學研究》33.2（2015 年 6 月），頁 173-194，亦收入李守奎：《古文字與古史考——清華簡整理研究》（上海：中西書局，2015 年 10 月第一版），頁 251-271。

雨楊仍從郭永秉之看法。[284]

今復考簡文此字釋「丁」之關鍵，乃在於戰國兩方璽印所見之璽文，其形為：

（《璽彙》3850，△1）

（《璽彙》0418，△2）

此二例之形，確實與簡文此字相近，或僅中豎筆點畫之有無或異耳，不過，前者何琳儀隸釋作「丁」，並將其歸為燕璽之文，[285]而後者陳光田亦隸作「丁」，卻將此璽歸為晉系古璽，[286]可知其分域本有爭議，其能否與清華簡文字合證，恐仍有疑，再者，此二璽璽文分云「公孫△1」（《璽彙》3850）、「王△2」（《璽彙》0418），知「△1」與「△2」二字皆為人名，但人名畢竟是專名，在釋讀上仍有許多不確定性，且上引郭永秉（丁若山）已考其應非「丁」字，故大抵而言，璽文此二字與「丁」無關，應是可以確定的。

另外，簡文此字與「丁」字字形本就差異甚鉅，更無釋「丁」字之可能，此如郭永秉早有詳論，可參，至於是否為「亭」、「阜」或「倒」字，因目前甲金文與楚系文字罕有此等字例或作此形者，且如上引學者所云，簡文此字下橫筆「███／◢◣」之筆法或筆勢，明顯為倒書，故應以倒書角度釋之，倘以正書之方向釋其形，恐仍或存疑義。

倘循上引多數學者所論倒書釋字之理，且依楚簡「山」字之字形特徵，則簡文此字當如上引郭永秉（丁若山）所云，即為「山」之倒書，而此形構又見於清華〈芮良夫毖〉、〈筮法〉與〈殷高宗問於三壽〉簡：

 ／ （清華〈芮良夫毖〉簡6，△3）

（清華〈筮法〉簡11，△4）

（清華〈殷高宗問於三壽〉簡7，△5）

「△3」、「△4」單獨成字，「△5」則為其左下形構屬之，凡此類字形皆應為「山」

---

[282] 王昆：《清華簡《尹至》、《尹誥》、《赤鵠之集湯之屋》集釋》（河北大學文學碩士學位論文，2016年5月），頁66-67。

[283] 洪君好：《戰國竹書伊尹文獻研究》（國立中興大學中國文學研究所碩士論文，2017年8月），頁26。

[284] 曹雨楊：《《清華大學藏戰國竹簡（壹）—（參）》疑難字詞集釋及釋文校注》（吉林大學碩士學位論文，2020年5月），頁583-593。

[285] 何琳儀：《戰國古文字典——戰國文字聲系》（北京：中華書局，1998年9月第一版），頁791。

[286] 陳光田：《戰國璽印分域研究》（長沙：嶽麓書社，2009年5月第一版），頁207-208。

字之倒書，倘再以文字學造字角度而言，簡文此字更屬所謂變體象形或變體字，[287]故如原整理者或以為其例「形如倒山」，[288]又馬楠隸作「凸」，釋作「倒山之形」，[289]此等說法皆有一定之啟發性，而郭永秉（丁若山）將其釋作倒山形之「覆」，更是目前較合理之說法，且此說可通讀清華〈芮良夫毖〉、〈筮法〉與〈殷高宗問於三壽〉等簡之辭例，強化了釋「覆」之可行性，例如：〈芮良夫毖〉簡云「所而弗敬，卑之若重載以行嶮險，莫之扶導，其由不顛△3？」原整理者將「△3」字讀為「停」，訓作「止」，[290]上引李學勤將其字讀為「顛」，趙平安則讀為「停」，但郭永秉改讀為「覆」，以為〈芮良夫毖〉簡之後三句簡文，或可釋為「『譬如重載以行峻險之地，若不加以扶助，怎麼會不顛覆呢？』其意乃是要屬王在艱困形勢下，尤其要重視萬民扶助的重要性」，顯然郭永秉之說，使文意更為暢達，且語句也不至於過於佶屈聱牙，可從；又如〈筮法〉簡云「見△4數，乃亦得」（清華〈筮法〉簡11、12），原整理者將「△4」字隸釋作「丁」，但亦引用了郭永秉釋「覆」之說，[291]上引趙平安則讀為「頂」，李守奎釋讀為「復」，並疑其與簡文他處所謂「數入，復」之意義有關，且與「數出，遂」相對應，金宇祥亦贊同郭永秉之說，[292]若就簡文文意而言，李守奎之說應當可信，而「復」、「覆」本從同一聲符，[293]二字上古音亦相近，[294]可通；再如〈殷高宗問於三壽〉簡云「厭必平，惡必△5」（清華

---

[287] 古文字中所見倒書並不少見，如何琳儀與劉釗在其專著中，便列舉了一些例子，不過，有些例子是正、倒用例無別，與簡文此字之倒書義別情況或異，因此，嚴格說來，簡文此字乃「以一個象形文為主體而變異其位置，或變化其形體筆畫」之例，屬變體象形一類，其例多在字形產生變化後，成為另外一個字，許錟輝對此字形類例已有詳論，而裘錫圭在討論表意字中所見變體字時，更早有論及此部分相關字例（如「目」）之內容，另外，劉釗亦曾云及利用倒置形構而造字之例，俱可參。裘錫圭著、許錟輝校訂：《文字學概要》（臺北：萬卷樓圖書公司，1995年4月再版），頁159-160；許錟輝：《文字學簡編・基礎篇》（臺北：萬卷樓圖書公司，1999年3月初版），頁169-170；劉釗：〈談甲骨文中的「倒書」〉，收入《于省吾教授誕辰100周年紀念文集》（長春：吉林大學出版社，1996年9月第一版），頁55-59；何琳儀：《戰國文字通論（訂補）》（上海：上海古籍出版社，2017年7月第一版），頁278；劉釗：《古文字構形學》（福州：福建人民出版社，2006年1月第一版），頁9-22。

[288] 此引原整理者之看法，乃據李學勤專文中，所提及《清華簡（參）》在整理考釋過程中，對此類字例之描述。李學勤：〈關於清華簡中的「丁」字〉，收入李學勤：《初識清華簡》（上海：中西書局，2013年6月第一版），頁186-188。

[289] 馬楠：〈《芮良夫毖》與文獻相類文句分析及補釋〉，《深圳大學學報（人文社會科學版）》2013年第1期，頁76-78。

[290] 清華大學出土文獻研究與保護中心編、李學勤主編：《清華大學藏戰國竹簡（參）》（上海：中西書局，2012年12月第一版），頁150。

[291] 清華大學出土文獻研究與保護中心編、李學勤主編：《清華大學藏戰國竹簡（肆）》（上海：中西書局，2013年12月第一版），頁83。

[292] 同文所引網路發言者子居〈清華簡《筮法》解析〉一文（清華大學簡帛研究網站，2014年4月7日），認為簡文此字仍應讀為「顛」，訓作「倒」，而蔡飛舟則將簡文此字隸作倒山之「凸」形（〈清華簡《筮法》補釋〉，清華簡與儒學專題國際學術研討會，山東煙臺大學，2014年12月），此二說大抵仍承上述學者之說，亦可參。（因網站調整與論文集未刊行之故，此二人說俱轉見於此書）。李旭昇主編，張榮焜、金宇祥、黃澤鈞、駱珍伊合撰：《清華大學藏戰國竹簡（肆）讀本》（臺北：萬卷樓圖書公司，2019年4月初版），頁20-22。

[293] 如《說文》釋「覆」即云「从襾復聲」。〔漢〕許慎編撰、〔宋〕徐鉉校定：《說文解字》（據清同治十二年陳昌治改刻本縮印，香港：中華書局，2014年8月再版），卷七，頁158。

[294] 「復」字上古音屬並母覺部，「覆」則為滂母覺部，二字之聲韻關係相當密切。

〈殷高宗問於三壽〉簡 7），原整理者將「△5」字讀為「傾」，[295]上引李學勤將「△5」釋為聖丁皆聲之雙聲符字，讀為「逞」，郭永秉（丁若山）則依鄔可晶之意見，將倒山之形釋為意符，仍讀為「傾」，趙平安亦從其說，郭永秉（丁若山）之說在字形解釋與文意通讀上，可謂順適，且合乎「△5」與「平」字押韻音近之原則，可從。故整體而言，此批簡所見「△3」、「△4」、「△5」等字，從「覆」、「復」角度通讀之，文意皆順適可通，換言之，簡文此字若以此為基礎釋讀之，亦理應可通，如簡文或云「是始為陣覆諸屋」（清華〈赤鵠之集湯之屋〉簡 15），此「覆」字或如《說文》所釋「一曰蓋也」，[296]亦猶《詩經・大雅・生民》曰「誕寘之寒冰，鳥覆翼之。」[297]再如《呂氏春秋・季夏紀・音初》云「帝令燕往視之，鳴若謚隘，二女愛而爭搏之，覆以玉筐」，[298]凡此「覆」字，皆同此訓也。值得留意的是，畢竟「陣（城牆）」無法覆蓋房屋，「覆」字此用義亦或由此引申出「掩藏」義，如《論衡・自紀》云「玉隱石間，珠匿魚腹，故為深覆」，[299]不過，此書證用例稍晚，簡文此所云者，或許是「覆」字此引申用義目前所見最早之證。據此，則簡文此處應指「築城牆以掩藏房屋」之意。

【附記】

本文付梓前，李松儒於第四屆古文字與出土文獻語言研究學術研討會暨出土文獻語言文字研究青年學者論壇中，發表〈談清華簡中「倒山」形字〉一文，認為〈芮良夫毖〉簡例應釋為「傾」，同時，其亦以為〈赤鵠之集湯之屋〉此例「也一定是與『傾』語音相近的一個詞」。[300]其說以〈芮良夫毖〉近年被改釋之「逞」字為依據，重新設定此段簡文之用韻情況，有其一定之道理，不過，將「傾」帶入〈赤鵠之集湯之屋〉簡文中，則是較不易理解，今仍保留其說，以作為未來續作討論之課題。

【存疑別解】

本章之存疑別解例，收錄「囗（敊？、敊）」與「瘥（嫉；疢？）」二例。前者字形殘泐，不易辨識，學界近年或多釋从字，惟本文提出學者舊釋「敊」似仍有其可行性之假說；後者與疾病有關，學者眾說紛紜，拙意以為舊讀「疢」之看法，或猶有其可能性，不過，拙文論點尚且不夠成熟，存疑待考。因此，今暫將此二例序次於此，或作通

---

[295] 清華大學出土文獻研究與保護中心編、李學勤主編：《清華大學藏戰國竹簡（伍）》（上海：中西書局，2015 年 4 月第一版），頁 153。

[296] 〔漢〕許慎編撰、〔宋〕徐鉉校定：《說文解字》（據清同治十二年陳昌治改刻本縮印，香港：中華書局，2014 年 8 月再版），卷七，頁 158。

[297] 〔漢〕毛亨傳、〔漢〕鄭玄箋、〔唐〕孔穎達疏：《毛詩正義》（清嘉慶二十年江西南昌府學重刊宋刻本，臺北：藝文印書館，1997 年 8 月初版），卷十七之一，頁 591。

[298] 〔周〕呂不韋著、〔宋〕陸游評、〔明〕凌稚隆批：《呂氏春秋》，收入蕭天石總主編：《中國子學名著集成（宋元明清善本叢刊）》（明萬曆庚申吳興凌氏刊朱墨套印本，臺北：中國子學名著集成編印基金會，1978 年 12 月初版），卷六，頁 141。

[299] 〔漢〕王充：《論衡》（據明刻本校刊，臺北：臺灣中華書局，1968 年 8 月臺二版），卷三十，頁五。

[300] 李松儒：〈談清華簡中「倒山」形字〉，收入《第四屆古文字與出土文獻語言研究學術研討會暨出土文獻語言文字研究青年學者論壇論文集》（長春：東北師範大學，2021 年 7 月 23 日-25 日），頁 71-75。

讀簡文之參考假說。

存疑別解　例一：

〔7〕□（叔？、叔）

簡文此字之形為：

（清華〈赤鵠之集湯之屋〉簡5）

原整理者未作隸定，並以為「『之』字上一字殘，從示，右有缺筆，疑與巫祝有關」；[301]黃傑以為簡文此字右旁乃「孝」之省，即「省去中部筆劃的形體」，可讀為「禱」，訓作「祝頌」；[302]網路發言者汪天山將簡文此字釋作「叔」，讀為「祟」，但其後又在網路發言者鳲鳩發文內容之影響下，改讀為「魅」；[303]網路發言者鳲鳩疑其與郭店《老子》之「孛」字有關；[304]王寧將此字釋為「誖」或「祎」；[305]楊蒙生亦釋從孛，並讀為「昧」；[306]李爽贊同釋從孛；[307]洪君妤亦釋為「孛」，讀為「魅」；[308]馬文增讀為「祝」，通作「咒」；[309]曹雨楊隸作「祏」，並釋為「某種詛咒巫術」。[310]

由於楚簡「孝」字目前仍罕有省其「人」形者，即尚猶未見如黃傑所云「省去中部筆劃的形體」之情況，因此，此字若釋從孝，或仍有疑，至於是否從孛，今復考郭店簡類例：

（郭店《老子·乙》簡10「孛」）

---

[301] 清華大學出土文獻研究與保護中心編、李學勤主編：《清華大學藏戰國竹簡（參）》（上海：中西書局，2012年12月第一版），頁169。

[302] 黃傑：〈初讀清華簡（參）《赤咎（从鳥）之集湯之屋》筆記〉，武漢大學簡帛研究中心，網址：http://www.bsm.org.cn/show_article.php?id=1802，2013年1月10日，檢索日期：2018年6月18日。

[303] 「簡帛論壇：《清華（參）》〈赤鵠之集湯之屋〉初讀」45、56樓網路發言者汪天山之發文，武漢大學簡帛研究中心，網址：http://www.bsm.org.cn/forum/forum.php?mod=viewthread&tid=3051&extra=page%3D3&page=5、http://www.bsm.org.cn/forum/forum.php?mod=viewthread&tid=3051&extra=page%3D3&page=6，2013年1月13日，檢索日期：2018年6月7日。

[304] 「簡帛論壇：《清華（參）》〈赤鵠之集湯之屋〉初讀」55樓網路發言者鳲鳩之發文，武漢大學簡帛研究中心，網址：http://www.bsm.org.cn/forum/forum.php?mod=viewthread&tid=3051&extra=page%3D3&page=6，2013年1月13日，檢索日期：2018年6月7日。

[305] 王寧：〈讀清華簡三〈赤鵠之集湯之屋〉散札〉，武漢大學簡帛研究中心，網址：http://www.bsm.org.cn/show_article.php?id=1814，2013年1月16日，檢索日期：2018年6月18日。

[306] 楊蒙生：〈讀清華簡〈赤鵠之集湯之屋〉筆記〉，出土文獻與中國古代文明國際學術研討會發言稿，2013年，其內容轉引自李爽：《清華簡「伊尹」五篇集釋》（吉林大學碩士論文，2016年6月），頁85。

[307] 李爽：《清華簡「伊尹」五篇集釋》（吉林大學碩士論文，2016年6月），頁85。

[308] 洪君妤：《戰國竹書伊尹文獻研究》（國立中興大學中國文學研究所碩士論文，2017年8月），頁30-31。

[309] 馬文增：〈清華簡《赤鳩之集于湯之屋》九題〉，《殷都學刊》2020年第1期，頁34-40。

[310] 曹雨楊：《《清華大學藏戰國竹簡（壹）—（參）》疑難字詞集釋及釋文校注》（吉林大學碩士學位論文，2020年5月），頁638-640。

其形確實與簡文此字相近，但若細審其書寫筆畫，實仍或異，即二字右上豎筆穿透與否，並未一致，再者，二字下方所從子形之頭部寫法，也是不同，故簡文此字能否釋為「孛」，恐仍有疑，當然，簡文此字與「弗」之字形差異更大，亦可暫且不論，至於馬文增讀「祝」，更未知其釋形依據為何，茲存疑以俟其補證論之。

其實，依汗天山原來之釋形內容，疑簡文此例應即「叔」字之殘形，其左旁從示，右下從又，右上則為燃木形之異化，而如其所引，《說文》釋「叔」云「楚人謂卜問吉凶曰叔，從又持祟，祟亦聲，讀若贅」，[311]知「叔」字乃楚人卜問吉凶之行為，確實與巫祝有關，在此可逕如字讀。

由於簡文此字字形殘泐甚鉅，此字之釋讀，疑義仍多，拙文此處立論仍尚且不足，今暫將其廁於存疑別解例之中，待考。

存疑別解　例二：

〔11〕瘝（嫉；疢？）

簡文此字之形為：

（清華〈赤鵠之集湯之屋〉簡 8）

原整理者將簡文此字隸作「瘝」，並以為「瘝，讀為疾速之『疾』，下一『疾』字則指疾病」；[312]黃傑將簡文此字釋為名詞，訓作「病」，並釋第二個「疾」字為「病重」之意；[313]馮勝君以為簡文此字可能是「心疾」之合文，而簡文所謂「瘝疾」，是一種具體病症，並釋此段簡文為「令夏后心生疾病，甚至一度出現人事不省的症狀」；[314]蘇建洲則認為「『瘝』，讀為『疾』，是『心疾』的專字，……則『瘝疾』可讀為『心疾』。……總之，《赤鵠之集湯之屋》的『心疾』是指心神、精神方面的問題，與其他出土文獻的『心疾』指生理的心臟痛、心腹痛不同，值得關注」；[315]王昆仍從原整理者之說，並將第二個「疾」字解作動詞，訓作「患病、得病」；[316]周鳳五亦隸同原整理者，但改讀為「疢」，訓「病」；[317]李爽亦從原整理者之說；[318]于菲贊同原整理者對第一個「疾」字之

311 〔漢〕許慎編撰、〔宋〕徐鉉校定《說文解字》（據清同治十二年陳昌治改刻本縮印，香港：中華書局，2014 年 8 月再版），卷三，頁 64。

312 清華大學出土文獻研究與保護中心編、李學勤主編：《清華大學藏戰國竹簡（參）》（上海：中西書局，2012 年 12 月第一版），頁 167、169。

313 黃傑：〈初讀清華簡（參）《赤咨（從鳥）之集湯之屋》筆記〉，武漢大學簡帛研究中心，網址：http://www.bsm.org.cn/show_article.php?id=1802，2013 年 1 月 10 日，檢索日期：2018 年 6 月 18 日。

314 馮勝君：〈讀清華三《赤鵠之集湯之屋》札記〉，收入吉林大學古籍研究所編：《吉林大學古籍研究所建所三十週年紀念論文集》（上海：上海古籍出版社，2014 年 11 月第一版），頁 80-84。

315 蘇建洲：〈清華三《赤鵠之集湯之屋》考釋兩篇〉，收入清華大學出土文獻研究與保護中心編：《清華簡研究》2（上海：中西書局，2015 年 8 月第一版），頁 178-192。

316 王昆：《清華簡《尹至》、《尹誥》、《赤鵠之集湯之屋》集釋》（河北大學文學碩士學位論文，2016 年 5 月），頁 60-61。

317 周鳳五：《朋齋學術文集：戰國竹書卷》（臺北：國立臺灣大學出版中心，2016 年 12 月），頁 469。

釋讀，並將第二個「疾」字讀為「息」，其以為「疾息」即「呼吸急促」之意；[319]洪君好認為第一個「疾」字之訓釋，可從黃傑之說，但第二個「疾」字則應訓作「急」，即「病得很快而不知人」之意。[320]

簡文此字從心從疾，可依形迻隸定為「瘦」，據金周生之考證，知「瘦」字應為「嫉」字之異體，[321]其說可從，而上引學者根據此字所從心旁，論及其應與「心疾」有關，亦有其一定之道理，不過，目前古文字「瘦」仍罕見其例，尚難推知此所謂「心疾」與「嫉」字之關係為何，因此，本文仍暫從原整理者之隸定，並釋其或為「嫉」字之異構。

而簡文此處云「帝命二黃蛇與二白兔尻后之寢室之棟，其下舍后疾，是使后瘦疾而不知人」（清華〈赤鵠之集湯之屋〉簡7、8），原整理者將「瘦疾」讀為「疾疾」，但傳世文獻所云「疾疾」多與簡文此處患病之語境無關，如《荀子・非十二子》云「吾語汝學者之嵬容：……酒食聲色之中，則瞞瞞然、瞑瞑然；禮節之中，則疾疾然、訾訾然。」楊倞注曰：「謂憎嫉毀訾也。」[322]又如《史記・龜策列傳》亦云「天下禍亂，陰陽相錯。悤悤疾疾，通而不相擇。」[323]因此，簡文此處若讀為「疾疾」，或解作「迅速患病」，恐皆仍有所疑，而上引蘇建洲指出簡文此處所謂「心疾」，有其「心神、精神方面的問題」，有一定之可信度，但「瘦」作此讀法者，目前尚闕其他同字之旁證，另外，洪君好將第二個「疾」字訓作「急」，如此一來，此字便成後置定語，「疾」字此用例在古漢語中其實並不常見，亦可商，再如于茀將第二個「疾」字讀為「息」，實未知其通讀依據為何。因此，竊疑簡文此字可另改讀為傳世文獻較常見之用例，即上引周鳳五讀為「痎」，訓作「病」之看法，此說與簡文文意相近，且簡文此字異體「嫉」字，與「痎」字或謂韻近，[324]可從，其猶《詩經・小雅・小弁》云「心之憂矣，痎如疾首。」鄭箋曰：「痎，猶病也。」孔穎達疏則釋云「其我心之憂矣，以成痎病，如人之疾首者。疾首，謂頭痛也。」[325]換言之，簡文此所謂「痎疾」，不只有患病之意，亦有痛苦或憂傷之感，再者，此所言「痛苦或憂傷」，更可與上引學者所論此處「心疾」，或有一定程度之關聯。

簡文此處上下二字皆從疾，此字從心，故學者多從「心疾」之角度出發，這是可以肯定的，而本文此處從讀「痎」之說，仍未離此路線太遠，只是此中所引書證，尚且不足，且缺直接之實際用例，故今仍暫且對拙文此假說存疑，並次其於存疑別解例，待考。

---

318 李爽：《清華簡「伊尹」五篇集釋》（吉林大學碩士論文，2016年6月），頁90。

319 于茀：〈清華簡《赤鵠之集湯之屋》補釋〉，《北方論叢》2017年第2期，頁29-31。

320 洪君好：《戰國竹書伊尹文獻研究》（國立中興大學中國文學研究所碩士論文，2017年8月），頁24。

321 教育部「異體字字典」金周生之研訂說明，網址：http://dict.variants.moe.edu.tw/variants/rbt/word_attribute.rbt?quote_code=QTAwOTU1LTAwNA，檢索日期：2018年5月22日。

322 〔清〕王先謙：《荀子集解》（臺北：藝文印書館，2007年3月初版），卷三，頁242-243。

323 〔漢〕司馬遷原著、〔日〕瀧川龜太郎著：《史記會注考證》（臺北：萬卷樓圖書公司，1993年8月初版），卷一百二十八，頁1342。

324 「嫉」字上古音屬從母質部，「痎」字則為透母真部，二字聲母雖或隔，但韻部為陽入對轉關係，或可謂韻近。

325 〔漢〕毛亨傳、〔漢〕鄭玄箋、〔唐〕孔穎達疏：《毛詩正義》（清嘉慶二十年江西南昌府學重刊宋刻本，臺北：藝文印書館，1997年8月初版），卷十二之三，頁421。

第三節　篇章釋讀

簡文起首以「曰」為之，姚小鷗與孟祥笑以為此字與「追述往史的體裁」有關，[326]其說是矣，故其內容即述及伊尹因誤食赤鵠，被湯詛咒，自商赴夏途中所發生之神話傳說。原整理者以為此篇內容具有濃厚之巫術色彩，且可能與《楚辭·天問》所云「緣鵠飾玉，后帝是饗」有關，[327]而李學勤更逕言此篇應與佚書《伊尹說》類似，[328]至於楊秋紅則亦云「《赤鵠》篇最早明確記錄白兔作祟，揭示出白兔因害成神的重要線索」。[329]可知神話與巫術，乃此篇簡文之主要內容，且有傳世文獻之相關內容可資佐證，換言之，此篇所載故事，應該仍有其傳承來源或影響力。

不過，關於此內容之來源，學界或存異說，如李學勤又曾據其巫術色彩，疑此或與楚人之好信巫鬼有關，並以為此批簡所云者，應是楚地流傳之伊尹傳說；[330]劉光勝則據《禮記·緇衣》之撰著年代、虛詞「于」與「於」之使用頻率、《楚辭·天問》所見歷史故事或神話傳說之來源等向度，以為此批簡所述內容應非楚地小說，甚至非楚人所作；[331]姚小鷗與李永娜以為此篇與戰國以前之伊尹傳說有關；[332]孫飛燕大抵贊同李學勤之說，但對於此篇是否與《漢書·藝文志·諸子略》之《伊尹說》性質相似，則提出不同之意見。[333]李學勤之說有其理據，惟好信巫鬼之習俗，在先秦時期恐怕起源更早，此如殷商卜辭即可見作地祇之「巫」，[334]再者，先秦多部典籍如《山海經》或《楚辭》等，其所載之神話傳說，皆遠及於上古，其性質與此批簡類同，因此，關於此批簡之內容，雖或與楚人或楚地之神話故事有關，然其來源可能更早，倘復據上引孫飛燕所考此篇巫

---

[326] 另姚小鷗與孟祥笑以為「曰」字下可斷讀，有其一定之理據，不過，該文尚未針對《爾雅·釋詁》所云「粵、于、爰，曰也」等關鍵語料進行疏理，頗為可惜，因此，本文仍依原整理者之句讀，「曰」下未作斷讀。〔晉〕郭璞注、〔宋〕邢昺疏：《爾雅注疏》（清嘉慶二十年江西南昌府學重刊宋本刻本，臺北：藝文印書館，1997 年 8 月初版），卷一，頁 9；清華大學出土文獻研究與保護中心編、李學勤主編：《清華大學藏戰國竹簡（參）》（上海：中西書局，2012 年 12 月第一版），頁 167；姚小鷗、孟祥笑：〈清華簡《赤鵠之集湯之屋》「曰」字的句讀問題〉，收入姚小鷗主編：《清華簡與先秦經學文獻研究》（北京：生活·讀書·新知三聯書店，2016 年 10 月北京第一版），頁 366-374。

[327] 清華大學出土文獻研究與保護中心編、李學勤主編：《清華大學藏戰國竹簡（參）》（上海：中西書局，2012 年 12 月第一版），頁 166；〔漢〕王逸章句：《楚辭章句》（臺北：藝文印書館，2010 年 9 月初版），卷三，頁 130；〔宋〕朱熹：《楚辭集注》（臺北：藝文印書館，1983 年 6 月四版），卷三，頁 120。

[328] 李學勤：〈新整理清華簡六種概述〉，《文物》2012 年第 8 期，頁 66-71。

[329] 楊秋紅：〈由清華簡《赤鵠》篇探兔子成神淵源〉，收入姚小鷗主編：《清華簡與先秦經學文獻研究》（北京：生活·讀書·新知三聯書店，2016 年 10 月北京第一版），頁 375-388。

[330] 李學勤：〈新整理清華簡六種概述〉，《文物》2012 年第 8 期，頁 66-71；清華大學出土文獻研究與保護中心編、李學勤主編：《清華大學藏戰國竹簡（參）》（上海：中西書局，2012 年 12 月第一版），頁 166。

[331] 劉光勝：《《清華大學藏戰國竹簡（壹）》整理研究》（上海：上海古籍出版社，2016 年 9 月第一版），頁 166、169-172。

[332] 姚小鷗、李永娜：〈清華簡《赤鵠》篇與中國小說的文體特徵〉，收入姚小鷗主編：《清華簡與先秦經學文獻研究》（北京：生活·讀書·新知三聯書店，2016 年 10 月北京第一版），頁 398-430。

[333] 孫飛燕：〈論清華簡《赤鵠之集湯之屋》的性質〉，收入武漢大學簡帛研究中心主辦：《簡帛》16（上海：上海古籍出版社，2018 年 5 月第一版），頁 31-41。

[334] 如「禘於巫」（第四期：《合集》32012），此「巫」即為行禘祭之對象或神祇，陳夢家曾將卜辭所見「巫」歸為地示，可參。陳夢家：《殷虛卜辭綜述》（北京：中華書局，1988 年 1 月第一版），頁 562。

術之起源與特色，知其當又可溯及《詩經》、《左傳》或《墨子》等古籍，足見此篇所見神話傳說，實應有其流傳之本源，且時代甚早，非僅限於楚地或楚人而已。

另外，多數學者皆認為此篇之主旨或思想，並不明確，[335]如黃德寬即以為此篇所談之故事，其「屬於街談巷語、趣事逸事之類，看不出在講述這個故事時作者要表達多少事件以外的道理和寓意⋯⋯這個故事本身似乎並沒有什麼特別的政治寓意，只是講述一個完整、生動的故事而已」，[336]近來孫飛燕復考此篇簡文，則界定其主旨當為「講述伊尹如何接受了上帝滅夏的使命並進而取得夏桀信任」，同時，亦藉此證明此篇與《呂氏春秋·孝行覽·本味》性質不同，亦無「其語淺薄，似依託」之情況。[337]若以上文所云〈尹至〉簡或存「上帝」、「天帝」概念之情況而言，孫飛燕之說大抵是可信的，且可讓此篇與〈尹至〉簡相互證成，更可證明此篇應有跳脫《漢書·藝文志·諸子略》所云《伊尹說》「小說」一類框架之可能性，再者，姚小鷗與盧翩在論證清華簡此篇「后土」之人格化問題時，除了提及其與楚簡所見祀神順序之關係外，亦認為「清華簡《赤鵠》篇中『后土』的具體行為——臣服和聽命於『天帝』，與傳世文獻可互相參證」，[338]是故，清華簡此篇應非僅言一傳說故事而已，其內容仍保留了一定的思想意涵，且此「上帝」、「天帝」之意念，與甲金文、楚簡或傳世文獻等一脈相承。然而，此中仍須稍作留意者，乃在於承受天命部分，如上引孫飛燕在其文中即已指出，清華簡此篇為伊尹承受天命，而與傳世文獻所見湯受天命或有不同，且與簡文開頭所云之「小臣」身分衝突，其說點出了清華簡此篇在文意通讀上之矛盾，但其實根據學者之研究，「小臣」一職在商與西周之地位並不低，[339]若依孫飛燕所認定此篇故事為流傳性質之研究結果，則簡文所云者並不衝突，再者，「天命」一詞之詞義，隨時代更移而所轉變，如傳世文獻或簡文此所云者，應指「天帝或上天所主宰之命運」，其猶《尚書·盤庚上》云「先王有服，恪謹天命。」[340]但到了春秋戰國，「天命」又可指「天地萬物自然的法則」，如《論語·為政》

---

[335] 黃德寬：〈清華簡《赤鵠之集湯之屋》與先秦「小說」——略說清華簡對先秦文學研究的價值〉，《復旦學報（社會科學版）》2013 年第 4 期，頁 81-86；艾蘭：〈《赤𪃟之集湯之屋》：戰國時期關於伊尹「神靈附體」和房屋建造的故事〉，收入清華大學出土文獻研究與保護中心編：《出土文獻與中國古代文明國際學術研討會論文集》（北京，2013 年 6 月 17 日-18 日），頁 168-177；李守奎：〈漢代伊尹文獻的分類與清華簡中伊尹諸篇的性質〉，《深圳大學學報（人文社會科學版）》2015 年第 3 期，頁 41-49，亦收入李守奎：《古文字與古史考——清華簡整理研究》（上海：中西書局，2015 年 10 月第一版），頁 346-368。

[336] 黃德寬：〈清華簡《赤鵠之集湯之屋》與先秦「小說」——略說清華簡對先秦文學研究的價值〉，《復旦學報（社會科學版）》2013 年第 4 期，頁 81-86。

[337] 孫飛燕：〈論清華簡《赤鳩之集湯之屋》的性質〉，收入武漢大學簡帛研究中心主辦：《簡帛》16（上海：上海古籍出版社，2018 年 5 月第一版），頁 31-41。

[338] 姚小鷗、盧翩：〈清華簡《赤鵠》篇與「后土」人格化〉，收入姚小鷗主編：《清華簡與先秦經學文獻研究》（北京：生活·讀書·新知三聯書店，2016 年 10 月北京第一版），頁 389-397。

[339] 李守奎：〈漢代伊尹文獻的分類與清華簡中伊尹諸篇的性質〉，《深圳大學學報（人文社會科學版）》2015 年第 3 期，頁 41-49，亦收入李守奎：《古文字與古史考——清華簡整理研究》（上海：中西書局，2015 年 10 月第一版），頁 346-368。

[340] 〔漢〕孔安國傳、〔唐〕孔穎達疏：《尚書正義》（清嘉慶二十年江西南昌府學重刊宋刻本，臺北：藝文印書館，1997 年 8 月初版），卷九，頁 126-127。

云「五十而知天命。」[341]又如《荀子・天論》曰「從天而頌之，孰與制天命而用之。」[342]因此，頗疑簡文上所謂「小臣」仍沿承商與西周用法，但故事內容應如孫飛燕所言，或已是增潤之內容，且為春秋戰國時所加。

---

[341] 〔魏〕何晏注、〔宋〕邢昺疏：《論語注疏》（清嘉慶二十年江西南昌府學重刊宋刻本，臺北：藝文印書館，1997 年 8 月初版），卷二，頁 16。

[342] 〔清〕王先謙：《荀子集解》（臺北：藝文印書館，2007 年 3 月初版），卷十一，頁 541。

第六章　　清華〈湯處於湯丘〉簡研究

　　清華〈湯處於湯丘〉簡仍以湯與小臣（伊尹）之諮議內容為主，且簡文中相關人物對話之主軸，同樣是以夏桀或膳食為中心，因此，其與本文上文所論〈尹至〉、〈尹誥〉、〈赤鵠之集湯之屋〉等篇，仍有一定程度之關聯。不過，值得注意的是，據原整理者之說明，[1]知此篇部分內容與《墨子》、《呂氏春秋》、《左傳》、《史記》、《伊尹》等文獻有關，此對相關古籍或佚書之研究，有其重要之意義。茲仍以形制編聯、字詞校詁與篇章釋讀為論證核心，試論此中所見相關疑義。

第一節　　形制編聯

　　清華〈湯處於湯丘〉簡凡 19 簡，據原整理者所載，此批簡並無篇題與序號，內容完整無缺，各簡形制則為「長約 44.4 釐米，寬約 0.6 釐米」，簡序則由原整理者依內容上下文所擬之，[2]惟簡 6 上端稍有殘斷，但並未影響該簡所存字之釋讀。

　　而關於此批簡牘之性質，據原整理者之認定，大抵有三：「本篇與清華簡《湯在啻門》形制、字跡相同，內容相關，為同一抄手所寫，並屬戰國時期作品」、「不排除可能為《伊尹》書的佚篇」與「與戰國時期黃老刑名思想很接近」，[3]可知清華〈湯處於湯丘〉簡，應屬戰國時期之伊尹故事文獻，且其內容或已滲入黃老刑名之思想，甚至與〈湯在啻門〉簡在形制、字跡、內容與思想上，皆應有密切之關係，尤值得注意的是，〈湯處於湯丘〉與〈湯在啻門〉二篇在書寫格式上，皆可見補脫字之體例，此或許也是此二篇具有密切關係之證明。

第二節　　字詞校詁

　　茲擬此篇釋文如下，並針對相關疑難字例略作討論：

　　湯壆（處、處）〔1〕於湯（唐）坒（丘、丘）〔2〕，取妻於又=䣙=（又=？=；有莘。有莘）嫷（？、滕）呂（以、以）少=臣=（小臣，小臣）善為臥（飤、飼；食）、亯（享、烹）之味（和、和）〔3〕。又（有）䣙（？、莘）之女臥（飤、飼；食）之，𢁭（絕、絕）䋾（芳）【簡1】旨呂（以、以）飴（出）〔4〕：身體躾（？、順）㔻（？、平）〔5〕，九竅霙（發、發）明〔6〕，呂（以、以）道心䔡（嗌、嗌）〔7〕，蒠（惜、舒）忎（快、快）呂（以、以）忎（恆、恆）-〔8〕。湯亦臥（飼、

---

[1] 清華大學出土文獻研究與保護中心編、李學勤主編：《清華大學藏戰國竹簡（伍）》（上海：中西書局，2015年4月第一版），頁 134。

[2] 清華大學出土文獻研究與保護中心編、李學勤主編：《清華大學藏戰國竹簡（伍）》（上海：中西書局，2015年4月第一版），頁 134。

[3] 清華大學出土文獻研究與保護中心編、李學勤主編：《清華大學藏戰國竹簡（伍）》（上海：中西書局，2015年4月第一版），頁 134。

食）之，曰：「允身（允、允）！此可【簡2】吕（以、以）咊（和、和）⁴民房（勖、
虜？；乎）〔9〕？」少（小）臣倉（合、答）曰：「可。」乃與少（小）臣忎（基、
基）⁵愳（謀、謀）邸（夏、夏）〔10〕邦，未成，少（小）臣又（有）疾，三月不
出。湯反【簡3】遑（復、復）見少（小）臣，逗（歸、歸）必麥（夜、夜）。方
（彭）焦（惟、惟）尔首（聞、聞）〔11〕之乃臧（織？、箴）-：「君天王是（寔（實））
又（有）臺（臺、臺）儓（僕、僕）。今少（小）臣又（有）疾，女（如）思（使）
呁（勾？、勾）〔12〕，少【簡4】閒（閒、閒）⁶於疾，朝（召）而係（訊、訊）之，

---

⁴ 此字原整理者沈建華無說，後補訓為「調和」，譯作「治理」，其說可從，其實，此字義訓可更精確地解
釋為「敦睦」或「調協」，其猶《左傳・隱公四年》：「臣聞以德和民，不聞以亂。」其用例即與簡文此字
相類。清華大學出土文獻研究與保護中心編、李學勤主編：《清華大學藏戰國竹簡（伍）》（上海：中西書
局，2015 年 4 月第一版），頁 135；沈建華：〈《湯處於湯丘》新釋文、注釋、白話譯文〉，收入李學勤、
艾蘭、呂德凱主編，清華大學出土文獻研究與保護中心、古代中國研究會編：《清華簡研究》3（上海：
中西書局，2019 年 12 月第一版），頁 90-99；〔晉〕杜預注、〔唐〕孔穎達疏：《春秋左傳正義》（清嘉慶二
十年江西南昌府學重刊宋刻本，臺北：藝文印書館，1997 年 8 月初版），卷三，頁 56。

⁵ 原整理者讀為「基」，訓作「謀」，清華大學出土文獻讀書會則據師袁簋「諆」字可讀為「計」之理，認
為簡文此字亦可讀為「計」，至於鵬宇、散宜凌、李守奎、魏棟與郭倩文等，則大抵仍從原整理者之說，
抑或補說釋讀用例或相關書證，但在義訓上是相近的，而馬文增則讀為「諮」，而吳昌哲雖也是讀為「基」，
但訓作「始」。清華大學讀書會之釋讀，似乎使文意更為順適，但「計」、「恭」二字上古音分屬見母質部
與羣母之部，其韻部遠隔，且古文字與傳世文獻相通例亦不多，故此二字彼此相通之可能性恐怕不高，
讀「諮」之情況類同，再如訓「始」之說，仍闕直接相關之副詞或狀語用例，或猶可商，故本文今仍從
原整理者之說，暫不另作改釋。清華大學出土文獻研究與保護中心編、李學勤主編：《清華大學藏戰國竹
簡（伍）》（上海：中西書局，2015 年 4 月第一版），頁 135、137；清華大學出土文獻讀書會：〈清華簡第
五冊整理報告補正〉，清華大學出土文獻研究與保護中心，網址：
http://www.ctwx.tsinghua.edu.cn/publish/cetrp/6831/2015/20150408112711717568509/20150408112711717568
509_.html，2015 年 4 月 8 日，檢索日期：2018 年 6 月 19 日；鵬宇：〈《清華大學藏戰國竹簡（伍）》零識〉，
清華大學出土文獻研究與保護中心，網址：
http://www.ctwx.tsinghua.edu.cn/publish/cetrp/6831/2015/20150410081248634790207/20150410081248634790
207_.html，2015 年 4 月 10 日，檢索日期：2018 年 3 月 6 日，另見鵬宇：〈清華大學藏戰國竹簡（伍）文
字訓釋三則〉，《管子學刊》2015 年第 2 期，頁 106-107；散宜凌：〈清華簡《湯處於湯丘》補說〉，清華大
學出土文獻研究與保護中心，網址：
http://www.ctwx.tsinghua.edu.cn/publish/cetrp/6831/2015/20150413083749907794842/20150413083749907794
842_.html，2015 年 4 月 13 日，檢索日期：2018 年 3 月 6 日；王進鋒：〈清華簡（伍）《殷高宗問於三壽》
《湯處於湯丘》《湯在啻門》三篇集釋〉，收入李學勤、艾蘭、呂德凱主編，清華大學出土文獻研究與保
護中心、古代中國研究會編：《清華簡研究》3（上海：中西書局，2019 年 12 月第一版），頁 392-497；李
守奎：〈漢代伊尹文獻的分類與清華簡中伊尹諸篇的性質〉，《深圳大學學報（人文社會科學版）》2015 年
第 3 期，頁 41-49，亦收入李守奎：《古文字與古史考——清華簡整理研究》（上海：中西書局，2015 年
10 月第一版），頁 346-368；馬文增：〈清華簡《湯處于湯丘》新釋、注譯、析辯〉，武漢大學簡帛研究中
心，網址：http://www.bsm.org.cn/show_article.php?id=2234，2015 年 5 月 19 日，檢索日期：2018 年 6 月
20 日；魏棟：〈清華簡《湯處於湯丘》校讀記〉，《管子學刊》2016 年第 1 期，頁 104-106；郭倩文：《《清
華五》、《上博九》集釋及新見文字現象整理與研究》（華東師範大學碩士學位論文，2016 年 5 月），頁
121-122；吳昌哲：《《清華大學藏戰國竹簡（伍）・湯處於湯丘》研究》（國立臺灣師範大學國文學系碩士
論文，2017 年 6 月），頁 65-68。

⁶ 原整理者將「少閒」讀為「少閒」，訓作「疾病稍愈」，呂佩珊則將簡文此句訓作「遠離」，其說據形釋義，
有一定之道理，但似無直接之書證用例可資佐證，故本文今仍從原整理者之說，不另改釋。清華大學出
土文獻研究與保護中心編、李學勤主編：《清華大學藏戰國竹簡（伍）》（上海：中西書局，2015 年 4 月第
一版），頁 135、137；呂佩珊：〈楚簡「疾」字用例初探〉，收入《第 31 屆中國文字學國際學術研討會論

不猷（猶、猶）受君賜？吟（今）君進（往、往）不㠯（以、以）𥳑（時、時），遈（歸、歸）必夜（夜、夜），繬（？、適）奉（逢）道逄（路、路）之祟（？、祟）〔13〕，民人【簡5】䎽（聞、聞）之，[7]亓（丌、其）胃（謂）虛（？、吾）君可（何）？」湯曰：「善才（哉）！子之鼎（員、云）[8]。先=（先人）又（有）言：能亓（丌、其）事而㝵（得、得）亓（丌、其）飤（飤、飼；食），是𠙶（名、名）曰昌（昌、昌）。【簡6】未能亓（丌、其）事而㝵（得、得）亓（丌、其）飤（飼、食），是𠙶（名、名）曰喪（喪、喪）-。必思（使）事與飤（飤、飼；食）相堂-（當、當）。今少（小）臣能㦿（闡）章百（百、百）義〔14〕，㠯（以、以）咊（和、和）【簡7】秎（利、利）萬民，㠯（以、以）攸（修）四𥳑（時、時）之正（政），㠯（以、以）[9]埶（埶、埶；設）九事之人〔15〕，㠯（以、以）𠑷（長、長）奉社稷（稷、稷；稷），虛（？、吾）此是為見之。女（如）我弗見，【簡8】夫人母（毋）㠯（以、以）我為訂（台、怠）於亓（丌、其）事虖（虖、虖？；乎）？我[10]訂（台、怠）於亓（丌、其）事，而不𣉻（智、知）喪（喪、喪），虛（？、吾）可（何）君是為-？」方惟（惟、惟）曰：「善才（哉）！【簡9】君天王之

文集》（花蓮：中國文字學會、慈濟大學國際暨跨領域學院、國立東華大學中國語文學系，2020年12月），頁347-367。

[7] 此從網路發言者魚游春水之斷讀。「簡帛論壇：清華五《湯處於湯丘》初讀」16樓網路發言者魚游春水之發文，武漢大學簡帛研究中心，網址：http://www.bsm.org.cn/forum/forum.php?mod=viewthread&tid=3247&extra=page%3D8&page=2，2015年4月11日，檢索日期：2018年6月18日。

[8] 此字原整理者沈建華隸釋作「員」，讀為「云」，其後改隸作「鼎」，亦讀為「云」。簡文此字之形為：／，同篇簡10異構則作：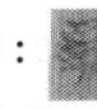／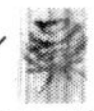，二字皆从鼎，故沈建華之改隸有其道理，今從之，在此俱可讀為「云」。清華大學出土文獻研究與保護中心編、李學勤主編：《清華大學藏戰國竹簡（伍）》（上海：中西書局，2015年4月第一版），頁135、137；沈建華：〈《湯處於湯丘》新釋文、注釋、白話譯文〉，收入李學勤、艾蘭、呂德凱主編，清華大學出土文獻研究與保護中心、古代中國研究會編：《清華簡研究》3（上海：中西書局，2019年12月第一版），頁90-99。

[9] 賈連翔認為此字「所補字形位於竹簡左側，這是該書手補文的一個特色，文字比正文小很多」，並據其與正文書寫風格一致之情況，將其界定為「原文書手補脫」之例。此「以」字之形為：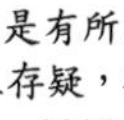，字體的確較小且位於竹簡左側，與上下字之距離亦短，再者，以辭例內容而言，簡文此處殆云小臣在「能闡章百義」之情況下，「以」行諸事，因此，簡文此字確實不可省，在此即如賈連翔所云，應即補脫之文；不過，值得注意的是，簡文此字中間頓筆之筆勢甚重，幾乎與下筆相連，且其頓筆後向右提筆引書之方式與位置，或異於同簡正文他例，例如：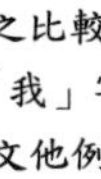（簡1）、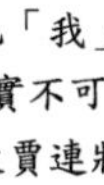（簡8）、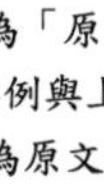（簡16），也許簡8另一「以」字之寫法，勉強可謂相近：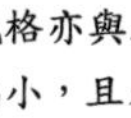（簡8），但此字之頓筆終究較輕，且簡8「以」字三見，餘一例如上引之形，其寫法與簡文此補字差異更大，換言之，同簡「以」字已呈現不同書寫風格，因此，若就整體字形結構或書寫布局而言，簡文此字雖與正文其他「以」字或謂相近，但在此筆勢之寫法上，畢竟還是有所差異，其例是否如賈連翔所云，屬原文書手所補之例，恐仍或有可商，今對此部分性質之界定暫且存疑，待考。賈連翔：〈談清華簡所見書手手跡和文字修改現象〉，收入楊振紅、鄔文玲主編：《簡帛研究・2015・秋冬卷》（桂林：廣西師範大學出版社，2015年10月第一版），頁38-52。

[10] 賈連翔據同篇正文書寫風格之比較，亦將此「我」字界定為「原文書手補脫」之例。簡文此處以「我怠於其事」之相近語例連文，「我」字在此確實不可省，且其例與上下文二字之距離甚近，有別於其他正文之字距，書寫風格亦與正文他例相近，故賈連將其界定為原文書手補脫之文，應是可信的，只不過簡文此字字體並未偏小，且未靠左側，在體例上與同篇其他補脫字不同，其原因為何，待考。賈連翔：〈談清華簡所見書手手跡和文字修改現象〉，收入楊振紅、鄔文玲主編：《簡帛研究・2015・秋冬卷》（桂林：廣西師範大學出版社，2015年10月第一版），頁38-52。

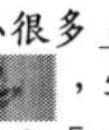

言也-。唯（雖）臣死而或（又）生，此言-[11]弗或（又）可𡬠（得、得）而䎽（聞、聞）巳（已、已）〔16〕-。」湯曰：「善才（哉）！子之鼎（員、云）也。【簡10】唯（雖）余孤之與卡=（上下）交，剴（剴、豈）敢㠯（以、以）衾（戡）[12]𦥯（？、舉）？女（如）𡴘[13]（幸、幸）余𨳮（閒、犬）〔17〕於天畏（威），朕隹（惟）逆訓（順）[14]是煮-（？、圖）。」【簡11上】

湯或（又）䎽（聞、問）【簡11下】於少（小）臣：「又（有）顕（夏、夏）之悳（德）可（何）若才（哉）？」少（小）臣會（合、答）：「又（有）顕（夏、夏）之悳（德），史（使）貨（過）㠯（以、以）惑〔18〕，萅（春、春）𥝌（秋、秋）攺（改、改）𠟭（則、則）〔19〕，民人諏（趣）貣（忒）〔20〕，㘦（型、刑）【簡12】亡（無）卣（攸）㤕（？、甚）〔21〕，民人𣅀（皆、皆）𦇃（？、靳）〔22〕禹（儔）𥙒-（儷；儷）〔23〕，㝵（夏、夏）王不𡬠（得、得）亓（丌、其）煮-（？、圖）。」

湯或（又）䎽（聞、問）於少（小）臣：「虐（？、吾）戠（䵻、戡；䵻）〔24〕㝵（夏、夏）女（如）紿（台、台）〔25〕？」少（小）臣會（合、答）：「句（后）古（固）【簡13】共（恭）天畏（威）、敬（敬、敬）祀、㝁（？、淑）〔26〕丝（慈、慈）我民，若自史（事）朕身，巳（已、已）傑（桀）之疾〔27〕，句（后）𨟻（醬、將）君又（有）㝵（夏、夏）才-（哉）！」

湯或（又）䎽（聞、問）於少（小）臣：「古【簡14】先=（之先）聖人，可（何）㠯（以、以）自悉-（愛、愛）？」少（小）臣會（合、答）：「古先=（之先）聖人所㠯（以、以）自悉-（愛、愛），不史（事）䎽（聞、昏），不𡌆（處、處）矣-

[11] 此「言」字下似有句讀符，其功能或原因不明。

[12] 簡文此字原整理者讀為「貪」；網路發言者暮四郎仍讀為「貪」；陳偉讀為「矜」，訓作「驕傲」；郭倩文與洪君妤俱從陳偉之說；原整理者沈建華其後認為此字應「讀作䵻即戡字」，訓作「殺伐」，並此段簡文譯作「豈敢輕易動眾舉兵」。就文意而言，前云天地之事，此應指國家攻伐之事，再者，此段簡文「衾」字前已有「以」字，故其下文應為「以某為之」之句式，換言之，不管是暮四郎將「𦥯」讀為「譽」，抑或陳偉將此字讀為「歟」，恐怕都難以配合此段語例，有鑑於此，此段簡文仍以沈說為長，今從之。清華大學出土文獻研究與保護中心編、李學勤主編：《清華大學藏戰國竹簡（伍）》（上海：中西書局，2015年4月第一版），頁135；「簡帛論壇：清華五《湯處於湯丘》初讀」12樓網路發言者暮四郎之發文，武漢大學簡帛研究中心，網址：
http://www.bsm.org.cn/forum/forum.php?mod=viewthread&tid=3247&extra=page%3D8&page=2，2015年4月11日，檢索日期：2018年6月15日；陳偉：〈讀《清華竹簡〔伍〕》札記（三則）〉，武漢大學簡帛研究中心，網址：http://www.bsm.org.cn/show_article.php?id=2189，2015年4月11日，檢索日期：2018年6月20日；郭倩文：《《清華五》、《上博九》集釋及新見文字現象整理與研究》（華東師範大學碩士學位論文，2016年5月），頁127；王進鋒：〈清華簡（伍）《殷高宗問於三壽》《湯處於湯丘》《湯在啻門》三篇集釋〉，收入李學勤、艾蘭、呂德凱主編，清華大學出土文獻研究與保護中心、古代中國研究會編：《清華簡研究》3（上海：中西書局，2019年12月第一版），頁392-497；洪君妤：《戰國竹書伊尹文獻研究》（國立中興大學中國文學研究所碩士論文，2017年8月），頁47；沈建華：〈《湯處於湯丘》新釋文、注釋、白話譯文〉，收入李學勤、艾蘭、呂德凱主編，清華大學出土文獻研究與保護中心、古代中國研究會編：《清華簡研究》3（上海：中西書局，2019年12月第一版），頁90-99。

[13] 此字隸定從陳劍釋上博簡「幸」字之說。陳劍：〈釋上博竹書《昭王毀室》的「幸」字〉，收入中國文字學會、河北大學漢字研究中心編：《漢字研究》1（北京：學苑出版社，2005年6月北京第一版），頁456-463，其後亦收入陳劍：《戰國竹書論集》（上海：上海古籍出版社，2013年12月第一版），頁134-145。

[14] 下方之小點疑似墨漬。

（疑）；飤（飤、飼；食）旹（時、時）不旨（嗜）膡（？、珍）〔28〕，五味【簡15】皆（皆、皆）哉（哉、載）〔29〕，不又（有）所譴（？、衍）〔30〕；不備（服）仳（仳？、過）〔31〕迨（文），器不敵（？、彫）鑢（鏕？、鏤）〔32〕；不瘵（癠、瘯；虐）殺；與民分（分、分）〔33〕秒（利、利），此吕（以、以）自慐（愛、愛）¹⁵也-。」

　　湯或（又）聞（聞、問）於少（小）臣：「為君系（系、奚）【簡16】若？為臣系（系、奚）若？」少（小）臣龠（合、答）：「為君慐（愛、愛）民，為臣共（恭）命。」湯或（又）聞（聞、問）於少（小）臣：「慐（愛、愛）民女（如）台（台、台）？」少（小）臣龠（合、答）曰：「遠又（有）【簡17】所亟？〔34〕，勞（勞、勞）又（有）所思（息）〔35〕，飤（飢？、飢）〔36〕又（有）所飤（飤、飼；食）；宋（深、深）淵（淵、淵）是凄（濟）¹⁶，高山是歈（逾、踰）¹⁷，遠民皆（皆、皆）亟（極）〔37〕，是非慐-（愛、愛）民虖-（勴？、虖？；乎）？」湯或（又）聞（聞、問）於少（小）【簡18】臣：「共（恭）命女（如）台（台、台）？」少（小）臣龠（合、答）：「君〔歔〕（既、既；既）¹⁸濬明，〔歔〕（既、既；既）受君命，逿（復、退）；

---

15 賈連翔據正文書寫風格之比較，將此字界定為「原文書手所補」之例，並認為其例「與同篇其他字形略有區別，但從其豎筆的形狀以及『心』旁的寫法來看，運筆特徵仍與正文書手保持一致」。簡文上文已云湯或問小臣「何以自愛」，而此段小臣所答之話，以「此以自愛也」作結，可謂合理，再者，簡文此字偏小且位於竹簡左側，與上下字之距離亦短，其書寫格式或謂近於簡8補字「以」字之例，因此，此字即如賈連翔所云，屬補脫之例無可疑，不過，簡文此字之形為：　　，其例與同簡他例上部所從旡之形明顯不同，例如：　／　（簡15）、　／　（簡15）、　／　（簡18），而此種左右上折之「心」形寫法，楚簡更是習見其例，例如：　（包山簡220「心」）、　（郭店〈五行〉簡5「心」）、　（上博〈孔子詩論〉簡4「心」）、　（郭店〈忠信之道〉簡1「忠」）、　（清華〈管仲〉簡21「惪」）、　（清華〈子產〉簡27「惪」）、　（清華〈迺命二〉簡14「惪」），故持有此書寫習慣之其他書手，也有可能補入此字，亦即此寫法特徵似乎無法作為簡文此字出自同一書手之絕對證據，據此可知，若僅從其豎筆或「心」形判斷簡文此字乃同一書所補，在論證上或猶不足，惟其例屬補脫之文，這是可以肯定的。賈連翔：〈談清華簡所見書手手跡和文字修改現象〉，收入楊振紅、鄔文玲主編：《簡帛研究・2015・秋冬卷》（桂林：廣西師範大學出版社，2015年10月第一版），頁38-52。

16 原整理者沈建華在後來發表之新釋文中，將簡文此字改隸作「淒」，並補釋其義訓為「救渡」，譯作「救濟」。今復考簡文此字之形：　／　，此字從水，雖然「淒」、「淒」互為異體，但依本文對釋文字形作嚴式隸定之原則，在此仍隸作「淒」。沈建華：〈《湯處於湯丘》新釋文、注釋、白話譯文〉，收入李學勤、艾蘭、呂德凱主編，清華大學出土文獻研究與保護中心、古代中國研究會編：《清華簡研究》3（上海：中西書局，2019年12月第一版），頁90-99；教育部「異體字字典」「淒」字條，網址：https://dict.variants.moe.edu.tw/variants/rbt/word_attribute.rbt?quote_code=QTAyMjM2，檢索日期：2018年5月26日。

17 網路發言者蟇四郎將簡文此字讀為「踰」。「逾」、「踰」二字本一字，但若以蟇四郎所引「踰高山」之語例而言，似乎更為精準，今從之。「簡帛論壇：清華五《湯處於湯丘》初讀」14樓網路發言者蟇四郎之發文，武漢大學簡帛研究中心，網址：http://www.bsm.org.cn/forum/forum.php?mod=viewthread&tid=3247&extra=page%3D8&page=2，2015年4月11日，檢索日期：2018年6月16日；王進鋒：〈清華簡（伍）《殷高宗問於三壽》《湯處於湯丘》《湯在啻門》三篇集釋〉，收入李學勤、艾蘭、呂德凱主編，清華大學出土文獻研究與保護中心、古代中國研究會編：《清華簡研究》3（上海：中西書局，2019年12月第一版），頁392-497。

18 賈連翔據其與正文書寫風格之比較分析，將此字界定為「原文書手所補」之例。簡文此字字體偏小且偏竹簡左側，與上下字之距離亦近，大抵是前面幾條注釋所云此篇補脫字之書寫格式，若復以辭例內容言之，其下文云「既受君命」，即代表「已經」，則「君既濬明」便是背景條件，此處補一「既」字或許有強調語氣之意，也呼應了上一段言「為君愛民」之事，故簡文此字應如賈連翔所云，屬補脫之文，應無可疑，不過，簡文此字之形為：　／　，其所從次形之寫法，與正文他例或異，例如：　／　（簡

退）〔38〕不蒠（寡、顧）死生，是非共（恭）命𤳊-（勔、虜？；乎）？」【簡19】

〔1〕（處、處）
簡文「」字分見於簡1與簡15，其形為：

（清華〈湯處於湯丘〉簡1）

（清華〈湯處於湯丘〉簡15）

原整理者隸作「」，釋為「尻」、「處」，但另提及上博《周易》簡或有多以此形代「居」字之情況；[19]王恩田釋為「居」；[20]王寧則據先秦兩漢典籍古帝王及方國位置多言「居」之情況，將簡文此例讀為「居」；[21]郭倩文大抵仍從原整理者之說；[22]李爽仍從原整理者之說；[23]洪君好亦讀為「居」。[24]

今復考簡文此二例之形，其上所從之形構，舊多釋作「尻」，即「處」字之省。[25]此等字例在楚系文字中，大抵可分為四類，茲列舉其要例：

第一形：（包山簡7）、（郭店《語叢‧三》簡11）、（上博《周易》簡

25）、（清華〈鄭武夫人規孺子〉簡4）。

第二形：（包山簡238）、（九店簡56.45）、（九店簡56.49）、

19），故其是否為原文書手所補，實仍有疑，今暫且對此性質存疑，待考。賈連翔：〈談清華簡所見書手手跡和文字修改現象〉，收入楊振紅、鄔文玲主編：《簡帛研究‧2015‧秋冬卷》（桂林：廣西師範大學出版社，2015年10月第一版），頁38-52。

19 清華大學出土文獻研究與保護中心編、李學勤主編：《清華大學藏戰國竹簡（伍）》（上海：中西書局，2015年4月第一版），頁135、136、139。

20 王恩田：〈清華簡「湯丘」與「湯社」〉，復旦大學出土文獻與古文字研究中心，網址：http://www.gwz.fudan.edu.cn/Web/Show/2459，2015年3月5日，檢索日期：2018年6月6日。

21 王寧：〈讀清華五《湯處於湯丘》散札〉，復旦大學出土文獻與古文字研究中心，網址：http://www.gwz.fudan.edu.cn/Web/Show/2501，2015年4月21日，檢索日期：2018年3月5日。

22 郭倩文：《《清華五》、《上博九》集釋及新見文字現象整理與研究》（華東師範大學碩士學位論文，2016年5月），頁109。

23 李爽：《清華簡「伊尹」五篇集釋》（吉林大學碩士論文，2016年6月），頁103。

24 洪君好：《戰國竹書伊尹文獻研究》（國立中興大學中國文學研究所碩士論文，2017年8月），頁34。

25 季旭昇：《說文新證》（臺北：藝文印書館，2014年9月二版），頁929-932。

（上博《周易》簡 26）、（清華〈赤鵠之集湯之屋〉簡 11）、（清華〈禱辭〉簡 21）。

第三形：（包山簡 3）、（郭店《語叢‧三》簡 10）、（上博《周易》簡 16）、（清華〈楚居〉簡 1）。

第四形：（郭店〈成之聞之〉簡 34）。

此四種形構最主要之差異，乃在於其所從几形之異化。而簡文此二例之寫法，似較近於上引之第一形，此乃遞承西周與春秋金文之「處」字而來，例如：

（西周：臣諫簋，《集成》04237）

（西周：邢人妄鐘，《集成》00109）

（春秋：叔尸鐘，《集成》00285）

因此，簡文此二例其上方之形構，當可遞釋從尻，至於其下則從土，原整理者之隸定，可從，且此「土」旁應是戰國文字習見之繁化無義形構。

而「尻」字在楚系文字中，多作「居」或「處」解，例如：

> 大司馬昭陽敗晉師於襄陽之歲，夏尿之月、乙亥之日，王尻於蔵郢之遊宮。（戰國：鄂君啟車節，《集成》12110）
>
> 八月戊寅之日，邸陽君之州里公鄧緡受幾，辛巳之日不以所死於其州者之居尻名族致命，阼門有敗。　旦壏戠之。（包山簡 32）
>
> 秦競夫人之人舒慶坦尻陰侯之東郭之里，敢告於視日。（包山簡 132）
>
> 凡相坦豆邦、作邑之道：蓋西南之宇，君子尻之，幽怏不出。北方高，三方下，尻之安壽，宜人民，土田驟得。……（九店簡 56.45）
>
> 朝廷之位，讓而處賤。（郭店〈成之聞之〉簡 34）
>
> 利尻貞（上博《周易》簡 16）

尻吉（上博《周易》簡 26）

禹乃通蔞與湯，東注之海，於是乎蘇州始可尻也。禹乃通三江五湖，東注之海，於是乎荊州、揚州始可尻也。（上博〈容成氏〉簡 25、26）

帝命二黃蛇與二白兔尻后之寢室之棟，其下舍后疾，是使后疾疾而不知人。（清華〈赤鵠之集湯之屋〉簡 7、8）

因此，簡文此二例在此釋从尻从土，且讀為「處」或「居」，倘就楚系文字相關類例之形義釋讀而言，應無疑義，惟「處」、「居」二字雖義近卻仍有別，故簡文此二例之釋讀，恐仍須考量以下幾項因素：

首先，包山簡 32「居尻」二字連言，知「居」、「尻」二字恐非一字，故學界對「居」、「尻」、「処」與「處」等字之關係，曾有不少論辯，並大多據此認定「居」、「尻」當為二字，且用法有別，如林澐曾據包山簡例，將「尻」字釋為「處」字異體，並以為《說文》「尻」字反切「九魚切」或誤，應逕讀為「處」；[26]李家浩則以為九店簡「尻」字應有「居住」與「住宅」等兩種用法，前者「尻」、「處」可通，作動詞解，後者則僅適用「尻」，屬名詞，又云「『尻』應當是居處之『尻』，而不是居處之『處』。從字形來說也是如此。『尻』从『尸』从『几』，『処』从『夂』从『几』，二字寫法截然不同。」另如包山簡 32 所見「居尻」連言例，李家浩則以為其可能性有二，即「尻（居）」、「処（處）」音義俱近而通，抑或「居尻」連言疑乃楚國方言；[27]王志平認同李家浩將「尻」、「処（處）」釋為二字，且非一字異體之說，並從上古擬音角度，證明「尻」、「處」、「居」音近可通，應為一組同源字；[28]而如上所述，季旭昇則將「尻」、「処」與「處」等三字釋為同一字，並以為「居」之「居住」義，應與「尻」有同源之關係。[29]綜上學者之說，除「居」、「尻」二字非一字應無疑義外，「尻」字確實與「処」、「處」二字頗為糾葛，其實，「處」本从止，此可參上引西周金文之例，其小篆所从夂，[30]應是「止（足）」、「夂」之義近替換，此種字形演變現象在古文字與小篆中頗為常見，[31]因此，季旭昇以為「尻」、「処」與「處」為一字之說，應可從，且此三字俱與「居」字用例有別，或僅「尻」字之部分用例與「居」字相混，甚或同源，其實，倘復依學者之說，則「居」字可能代表居留較久之地，而「尻」字則指停留時間較短，尤其是從外地移入或現時所在處所之意，且若再從上所引「尻」字之用例而言，凡「尻」讀為「居」者，確實多與居住有關，如上引之九店簡 56.45 之

[26] 林澐：〈讀包山楚簡札記七則〉，《江漢考古》1992 年第 4 期，頁 83-85。

[27] 湖北省文物考古研究所、北京大學中文系編：《九店楚簡》李家浩之釋文與考釋（北京：中華書局，2000 年 5 月第一版），頁 112。

[28] 王志平、孟蓬生、張潔：《出土文獻與先秦兩漢方言地理》（北京：中國社會科學出版社，2014 年 12 月第一版），頁 102-141。

[29] 季旭昇：《說文新證》（臺北：藝文印書館，2014 年 9 月二版），頁 929-932。

[30] 《說文》「處」字小篆之形為 &#xFFFD;（「処」字或體）。

[31] 如「夋」、「夏」等小篆从夂之例，其古文字或多有从止者，例如： &#xFFFD; &#xFFFD;（西周：子夋尊，《集成》05910「夋」）、 &#xFFFD; &#xFFFD;（春秋：秦公簋，《集成》04315.1「夏」）。

例，便是相當明確之例，而讀為「處」者，則多為所在地或抽象義，可證成學者之推論，都應是可信的。

　　因此，若考量簡文下文所云之湯之始居地「湯丘」，以其始居之性質而言，簡文此二例應以讀「處」為是。

〔2〕湯（唐）坕（丘、丘）

　　原整理者據考古資料與傳世文獻之證據，以為湯之始居地應源起於晉南，而將簡文此例讀為「唐丘」，並以為其即殷商甲骨文之「唐土」，且與鄭玄《詩譜》所云之堯舊都有關，在今山西翼城西一帶；[32]王寧將簡文此所云者釋為「商丘」，即《書序》所云「湯始居亳」之「亳」，並據皇甫謐《帝王世紀》之考證，疑其地望為今河南南亳穀熟；[33]王恩田則認為「『湯丘』即『湯社』，即晉國始祖唐叔虞所分封的『唐』，位於今陝西涇水以東的始平、三原一帶」；[34]網路發言者亦曉不贊同王寧之說法；[35]華東師範大學中文系出土文獻研究工作室亦將「湯」讀為「商」，但對其確切位置仍持較保留之態度；[36]沈建華將其釋為古屬夏墟之「唐」地，其例又見於卜辭，可能與臨汾陶寺遺址有關，應在山西晉南一帶，其邊界與曲沃、翼城相距不遠；[37]網路發言者強人盡事認為簡文此處之「丘」，指「氣魄」；[38]馬文增亦釋為「唐丘」；[39]劉成群亦釋為「唐丘」，並釋其地望大

[32] 清華大學出土文獻研究與保護中心編、李學勤主編：《清華大學藏戰國竹簡（伍）》（上海：中西書局，2015年4月第一版），頁134、136。

[33] 王寧：〈清華簡「湯丘」為「商丘」說〉，復旦大學出土文獻與古文字研究中心，網址：http://www.gwz.fudan.edu.cn/Web/Show/2451，2015年2月22日，檢索日期：2018年5月26日；王寧：〈讀清華五《湯處於湯丘》散札〉，復旦大學出土文獻與古文字研究中心，網址：http://www.gwz.fudan.edu.cn/Web/Show/2501，2015年4月21日，檢索日期：2018年3月5日。

[34] 王恩田：〈清華簡「湯丘」與「湯社」〉，復旦大學出土文獻與古文字研究中心，網址：http://www.gwz.fudan.edu.cn/Web/Show/2459，2015年3月5日，檢索日期：2018年6月6日；王進鋒：〈清華簡（伍）《殷高宗問於三壽》《湯處於湯丘》《湯在啻門》三篇集釋〉，收入李學勤、艾蘭、呂德凱主編，清華大學出土文獻研究與保護中心、古代中國研究會編：《清華簡研究》3（上海：中西書局，2019年12月第一版），頁392-497。

[35] 王恩田：〈清華簡「湯丘」與「湯社」〉文末2樓網路發言者亦曉之評論，復旦大學出土文獻與古文字研究中心，網址：http://www.gwz.fudan.edu.cn/Web/Show/2459，2015年3月11日，檢索日期：2018年6月6日。

[36] 華東師範大學中文系出土文獻研究工作室：〈讀《清華大學藏戰國竹簡（伍）》書後（三）〉，武漢大學簡帛研究中心，網址：http://www.bsm.org.cn/show_article.php?id=2211，2015年4月17日，檢索日期：2018年6月9日。

[37] 沈建華：〈楚簡「唐丘」與晉南夏商遺跡考〉，收入清華大學出土文獻研究與保護中心編、李學勤主編：《出土文獻》6（上海：中西書局，2015年4月第一版），頁207-214；沈建華：〈清華簡《湯處於唐丘》校讀記〉，收入李學勤、艾蘭、呂德凱主編，清華大學出土文獻研究與保護中心、古代中國研究會編：《清華簡研究》3（上海：中西書局，2019年12月第一版），頁100-107。

[38] 「簡帛論壇：清華五《湯處於湯丘》初讀」34樓網路發言者強人盡事之發文，武漢大學簡帛研究中心，網址：http://www.bsm.org.cn/forum/forum.php?mod=viewthread&tid=3247&extra=page%3D8&page=4，2015年5月13日，檢索日期：2018年6月12日。

[39] 馬文增：〈清華簡《湯處于湯丘》新釋、注譯、析辯〉，武漢大學簡帛研究中心，網址：http://www.bsm.org.cn/show_article.php?id=2234，2015年5月19日，檢索日期：2018年6月20日。

約在晉南一帶，即今之垣曲商城；[40]郭倩文從沈建華之說；[41]吳昌哲據王寧與華東師範大學工作室之說法，認為「湯丘」應在河南省商丘市睢陽區或穀熟縣；[42]洪君妤亦傾向於釋作「唐丘」。[43]綜上諸說，可知簡文所謂「湯（唐）𡐥（丘）」，學界之共識應是地名，且在晉南一帶，惟其確切地望，諸家仍是眾說紛紜，至於強人盡事「氣魄」之說，似又過度引申，恐需更多實例，可商。因此，關於簡文此詞之釋讀，實可再考量以下幾個關鍵點，包括：

一、殷商甲骨文所見「唐」地，部分確實與帝王所在地或重要都邑有關，但其例屬方國者，恐非簡文所云之「湯丘」：

「湯丘」一詞，古文字與傳世文獻俱未見其例，而簡文此所見「湯丘」之釋讀，學者多據殷商甲骨文「唐」字立論，王國維曾考證卜辭「唐」乃「湯」之本字，其說可信，[44]不過，上引王寧與華東師範大學中文系出土文獻研究工作室也對此論證理路提出質疑，因此，殷商甲骨文所見與「唐」有關之地名，是否與本簡「湯丘」有所相涉，當即此中釋讀之關鍵。今復考殷商甲文與「唐」有關之地名，大抵有三：

（一）「唐」：「貞：『使人往于唐？』」（第一期：《合集》05544）、「丁卯卜，爭貞：『王作邑，帝若？我從之唐？』」（第一期：《合集》14200 正）、「自長、友、唐、舌方征？」（第一期：《合集》06063 反）、「......友、唐告......」（第一期：《合集》08236）。

（二）「唐土」：「貞：『作大邑于唐土？』」（第五期：《合集》40353 正）。

（三）「唐邑」：「......唐邑來......」（第一期：《合集》09206 反）、「貞：『帝狭唐邑？』」（第一期：《合集》14208 正）。

就以上引殷商甲骨文所見「唐」地而言，依其辭例內容，知「唐」應指方國，而「唐土」、「唐邑」二地，則與帝王所在地或重要都邑有關，尤其「唐土」曾作「大邑」，更可知其地應有一定之規模。至於傳世文獻所載先秦之「唐」地，大抵為西周初年叔虞受封之「唐」，其或《左傳・定公四年》所載「分唐叔以大路、密須之鼓，闕鞏、沽洗，懷姓九宗，職官五正。命以〈唐誥〉而封於夏虛，啟以夏政，疆以戎索」，[45]又如《史記・晉世家》所云「晉唐叔虞者，周武王子而成王弟。......武王崩，成王立，唐有亂，周公誅滅唐。......於是遂封叔虞於唐。唐在河、汾之東，方百里，故曰唐叔虞。姓姬氏，字子于。」司馬貞索隱釋云「唐本堯後，封在夏墟，而都於鄂。鄂，今在大夏是也。」張

---

[40] 劉成群：〈清華簡《湯處於湯丘》與商湯始居地考辨〉，《人文雜誌》2015 年第 9 期，頁 100-107。

[41] 郭倩文：《《清華五》、《上博九》集釋及新見文字現象整理與研究》（華東師範大學碩士學位論文，2016 年 5 月），頁 109-110。

[42] 吳昌哲：《《清華大學藏戰國竹簡（伍）・湯處於湯丘》研究》（國立臺灣師範大學國文學系碩士論文，2017 年 6 月），頁 97-115。

[43] 洪君妤：《戰國竹書伊尹文獻研究》（國立中興大學中國文學研究所碩士論文，2017 年 8 月），頁 39。

[44] 〔清〕王國維：〈殷卜辭中所見先公先王考〉，收入〔清〕王國維：《觀堂集林》（據商務本增刪校訂，北京：中華書局，1959 年 6 月第一版），卷九，頁 409-437。

[45] 〔晉〕杜預注、〔唐〕孔穎達疏：《春秋左傳正義》（清嘉慶二十年江西南昌府學重刊宋刻本，臺北：藝文印書館，1997 年 8 月初版），卷五十四，頁 949。

守節正義亦引《括地志》曰「故唐城在絳州翼城縣西二十里，即堯裔子所封」，[46]而如上所云，原整理者將殷商甲骨文之「唐土」，釋為簡文之「湯丘」，即今山西翼城西之堯舊都，且另引鄭玄《詩譜》所云「唐者，帝堯舊都」為證，[47]此說大抵與上引幾條傳世文獻相合，只是就上所云，殷商甲骨文另見一名為「唐」之方國，其與長、友與吾等方國同版並見，陳夢家以為其地在安邑一帶，即今山西夏縣，[48]鍾柏生則定其地於「翼城、夏縣附近」，[49]皆有其一定之理據，故此所謂「唐土」、「唐邑」或「湯丘（唐丘）」，恐非方國，且叔虞受封已晚至西周，因此，簡文云之「湯丘（唐丘）」，雖可能與殷商甲骨文之「唐土」或「唐邑」有關，但是否即傳世文獻之「唐」，實仍有可疑者。有鑑於此，此中比較有可能之解釋或為：殷商甲骨文與簡文所云之「唐土」、「唐邑」或「湯丘（唐丘）」，都應是與湯有關之重要都邑，但如殷商甲骨文另見之方國「唐」，抑或傳世文獻所見之「唐」，由於目前並無證據可證明其與「唐土」、「唐邑」或「湯丘（唐丘）」之關係，今暫且存疑，實不得將其與簡文「湯丘（唐丘）」併而釋之。

二、簡文所云「湯丘（唐丘）」應在山西桓曲商城附近，但仍有可能為「亳」都之一：

　　關於「湯丘（唐丘）」之地望，上引王寧與華東師範大學中文系出土文獻研究工作室將其釋為傳世文獻所見之河南「商丘」，然而，其說雖有傳世文獻為證，但在考古證據之支持力度上，恐怕仍是有所不足，故如華東師範大學中文系出土文獻研究工作室即仍對此地望尚猶存疑，而劉成群則根據偃師商城碳14檢定、桓曲商城位置與湯伐桀河曲系列戰役等條件，以為本簡所云「湯丘」即商湯之始居地，而偃師尸鄉溝商城始為「亳」，[50]其說與簡文或清華伊尹五篇所云伐夏之背景相近，且有傳世文獻地望相近之「瓠丘」為證，[51]大抵可從，實則若以山西垣曲商城之地勢而言，其地乃三面環水之高地，因此，或如學者所言，此地功能可能作為防衛之用，甚或為控制夏人而設，[52]更與學者所謂先商文化遷移模式有相當程度之關係，[53]凡此諸項條件亦可作為劉成群說之補證。

46　〔漢〕司馬遷原著、（日）瀧川龜太郎著：《史記會注考證》（臺北：萬卷樓圖書公司，1993年8月初版），卷三十九，頁620。

47　清華大學出土文獻研究與保護中心編、李學勤主編：《清華大學藏戰國竹簡（伍）》（上海：中西書局，2015年4月第一版），頁136。

48　陳夢家：《殷虛卜辭綜述》（北京：中華書局，1988年1月第一版），頁274。

49　鍾柏生：《殷商卜辭地理論叢》（臺北：藝文印書館，1989年9月初版），頁187-191。

50　劉成群：〈清華簡《湯處於湯丘》與商湯始居地考辨〉，《人文雜誌》2015年第9期，頁100-107。

51　如《左傳·襄公元年》云「彭城降晉，晉人以宋五大夫在彭城者歸，寘諸瓠丘。」又《說文》亦云「陶，再成丘也，在濟陰。从𨸏，匋聲。《夏書》曰：『東至于陶丘。陶丘有堯城，堯嘗所居，故堯號陶唐氏。」劉成群即以為此「瓠丘」之性質與簡文「湯丘」相近，且其地亦在垣曲商城附近。劉成群：〈清華簡《湯處於湯丘》與商湯始居地考辨〉，《人文雜誌》2015年第9期，頁100-107；〔晉〕杜預注、〔唐〕孔穎達疏：《春秋左傳正義》（清嘉慶二十年江西南昌府學重刊宋刻本，臺北：藝文印書館，1997年8月初版），卷二十九，頁496-497；〔漢〕許慎編撰、〔宋〕徐鉉校定：《說文解字》（據清同治十二年陳昌治改刻本縮印，香港：中華書局，2014年8月再版），卷十四，頁306。

52　王睿：〈桓曲商城的年代及其相關問題〉，《考古》1998年第8期，頁81-91。

53　楊樹達以為「殷代屢易國都，大抵皆在大河南北，而甲文中所見水名，……皆在今河南省境」，而本文此所論山西桓曲商城，雖未在河南省境，但亦與黃河或河南相鄰。楊樹達：《積微居甲文說》，收入楊樹達：《楊樹達文集》（上海：上海古籍出版社，2006年12月第一版），頁70。

然而，此地是否為亳都，劉成群曾據遺址之規模與功能否定其可能性，惟主張桓曲商城即亳都者，亦大有人在，[54]再者，商人常遷都，傳世文獻曾有「南亳」或「西亳」之謂，[55]且皆與湯有關，因此，上文既云「湯丘（唐丘）」乃湯之重要都邑，則桓曲商城自然亦有成為「亳」之可能性。

　　故綜上所述，簡文所謂「湯丘（唐丘）」，與殷商甲骨文所云之「唐土」、「唐邑」一樣，皆屬與湯有關之重要都邑，且再依殷墟甲文、傳世文獻與考古實證，可證其地望或在今山西垣曲商城附近，上引劉成群之說大抵可從，惟此處仍有成為「亳」之可能。

〔3〕飤（飲、食）、亯（享、烹）之𠱼（和、和）

　　以寬式釋讀而言，簡 1 此處云「小臣善為食烹之和」，惟各家之校釋句讀或異，如原整理者將此句斷為二句，即「小臣善為食，烹之和」；[56]網路發言者暮四郎斷讀為「小臣善為飤（食）亯（享）之和」；[57]王寧亦以為此當為一句，並將「飤亯（烹）之和」釋為「烹煮食物調和其味」，且強調古籍多云「伊尹善於調和五味，不言其『善為飤（食）』也」；[58]華東師範大學中文系出土文獻研究工作室則認為「𠱼」之本字應是「盉」，可訓作「調味」；[59]網路發言者強人盡事將此處簡文斷讀為「小臣善為，飤亯之和」；[60]馬文增仍從原整理者之斷讀，並將此句釋為「以善為食，以食為用」；[61]曹方向亦從原整理者

---

[54] 陳昌遠、陳隆文：〈論山西垣曲商城遺址與「湯始居亳」之歷史地理考察〉，《河南大學學報（社會科學版）》2000 年第 1 期，頁 39-46；相關資料亦可參考劉瓊：〈商湯都亳研究綜述〉，《南方文物》2010 年第 4 期，頁 101-119。

[55] 如《史記・殷本紀》云「湯始居亳，從先王居，作〈帝誥〉。」張守節正義引《括地志》釋云：「宋州穀熟縣西南三十五里南亳故城，即南亳，湯都也。」此「南亳」也；又《漢書・樂鄉滕灌傅靳周傳》云「從攻秦軍，出亳南。」顏師古注引鄭玄曰：「亳，成湯封邑，今河南偃師湯亭是。」此則為河南偃師附近之「西亳」也。〔漢〕司馬遷原著、（日）瀧川龜太郎著：《史記會注考證》（臺北：萬卷樓圖書公司，1993 年 8 月初版），卷三，頁 55；〔漢〕班固撰、〔唐〕顏師古注：《漢書》（瞿氏鐵琴銅劍樓藏北宋景祐刊本，臺北：臺灣商務印書館，2010 年 7 月臺二版），〈列傳〉卷十一，頁 563。

[56] 清華大學出土文獻研究與保護中心編、李學勤主編：《清華大學藏戰國竹簡（伍）》（上海：中西書局，2015 年 4 月第一版），頁 135。

[57] 「簡帛論壇：清華五《湯處於湯丘》初讀」8 樓網路發言者暮四郎之發文，武漢大學簡帛研究中心，網址：http://www.bsm.org.cn/bbs/read.php?tid=3247&fpage=3&page=1，2015 年 4 月 11 日，檢索日期：2018 年 6 月 12 日。

[58] 「簡帛論壇：清華五《湯處於湯丘》初讀」18 樓王寧之發文，武漢大學簡帛研究中心，網址：http://www.bsm.org.cn/bbs/read.php?tid=3247&fpage=3&page=2，2015 年 4 月 15 日，檢索日期：2018 年 6 月 12 日；王寧：〈讀清華五《湯處於湯丘》散札〉，復旦大學出土文獻與古文字研究中心，網址：http://www.gwz.fudan.edu.cn/Web/Show/2501，2015 年 4 月 21 日，檢索日期：2018 年 3 月 5 日。

[59] 華東師範大學中文系出土文獻研究工作室：〈讀《清華大學藏戰國竹簡（伍）》書後（三）〉，武漢大學簡帛研究中心，網址：http://www.bsm.org.cn/show_article.php?id=2211，2015 年 4 月 17 日，檢索日期：2018 年 6 月 9 日。

[60] 「簡帛論壇：清華五《湯處於湯丘》初讀」33 樓網路發言者強人盡事之發文，武漢大學簡帛研究中心，網址：http://www.bsm.org.cn/bbs/read.php?tid=3247&fpage=3&page=4，2015 年 5 月 13 日，檢索日期：2018 年 6 月 12 日。

[61] 馬文增：〈清華簡《湯處于湯丘》新釋、注譯、析辯〉，武漢大學簡帛研究中心，網址：http://www.bsm.org.cn/show_article.php?id=2234，2015 年 5 月 19 日，檢索日期：2018 年 6 月 20 日。

之斷讀，並以為「『烹和』是對『善為食』的補充說明，意即伊尹烹飪的食物都五味調和」；[62]李爽仍從原整理者之說，但另指出簡文此處若讀為「食烹之和」，似無具體辭例支持；[63]洪君妤亦從原整理者與華東師範大學工作室之斷讀，但對「和」字之訓，則從後者之說。[64]

　　今復考簡文此條辭例，知其當云小臣善於某事，而此所謂「某事」，應即「食烹之和」，然而，「食」在簡文中作「飤」，其例在古文字中多作食用解，例如：「余購遆兒得吉金鎛鋁，以鑄龢鐘，以追孝先祖，樂我父兄，飲飤歌舞，孫孫用之，後民是娛。」（春秋：僕兒鐘，《集成》00183.1、00183.2）、「邕子良人擇其吉金自作飤瓼，其萬年無疆，其子子孫永□□□」（春秋：邕子良人瓼，《集成》00945），顯然此處之「食」字也有可能訓同此，更非馬文增所釋喻意之「食」，再者，先秦典籍「烹」字，與進食有關者，多訓作「煮」，其猶《左傳‧昭公二十年》云「水火醯醢鹽梅，以烹魚肉。」杜預注曰「烹，普庚反，煮也」，[65]亦猶《呂氏春秋‧孝行覽‧孝行》曰「熟五穀，烹六畜，和煎調，養口之道也」，[66]其詞性與用義，適正能與上文「食」相對，因此，「食」恐非名詞性之「食」，而是與「烹」同屬並列之兩個動作，而伊尹則善於為其作調和，另外，上引李爽亦已指出簡文此處讀為「食烹之和」，並無相關辭例可資佐證，是故，簡文所云「食烹之和」或可斷為「食、烹之和」，而其所謂「小臣善為食、烹之和」，當可釋為「小臣（伊尹）善於在食用與烹煮間作最適切之調和」，即洽到好處之美食主義也，此可與下文所云「必思事與食相當」（清華〈湯處於湯丘〉簡 7）一事相應，殆指烹煮之「事」與食用之「食」皆須並重矣。據此，則又可知華東師大出土文獻工作室將「咊」釋讀為「盉」之說，若以「食」、「烹」二字而言，實難與「盉」字之水器或酒器功能相應，再者，「盉」訓調味者，目前在古文字與傳世文獻中，也罕見其例，[67]故其說雖有《說文》之義證，但在書證用例與文意順適方面，恐俱猶有可商者。

---

62 曹方向：〈清華簡《湯處於湯丘》「絕芳旨而滑」試解〉，收入中國古文字研究會、清華大學出土文獻研究與保護中心、中國社會科學院甲骨文殷商史研究中心、首都師範大學甲骨文研究中心編：《古文字研究》31（北京：中華書局，2016 年 10 月北京第一版），頁 388-390。

63 李爽：《清華簡「伊尹」五篇集釋》（吉林大學碩士論文，2016 年 6 月），頁 105。

64 洪君妤：《戰國竹書伊尹文獻研究》（國立中興大學中國文學研究所碩士論文，2017 年 8 月），頁 40-41。

65 〔晉〕杜預注、〔唐〕孔穎達疏：《春秋左傳正義》（清嘉慶二十年江西南昌府學重刊宋刻本，臺北：藝文印書館，1997 年 8 月初版），卷四十九，頁 858。

66 〔周〕呂不韋著、〔宋〕陸游評、〔明〕凌稚隆批：《呂氏春秋》，收入蕭天石總編：《中國子學名著集成（宋元明清善本叢刊）》（明萬曆庚申吳興凌氏刊朱墨套印本，臺北：中國子學名著集成編印基金會，1978 年 12 月初版），卷十四，頁 310。

67 今僅見《荀子‧禮論》或云「芻豢稻粱，五味調香，所以養口也。」王先謙集解引王念孫所釋曰「香當為盉，《說文》：『盉，調味也，從皿禾聲。』今通作『和』……《博古圖》所載商、周器皆有盉，蓋因其可以盉羹而名之，故其字從『皿』，而以『禾』為聲，今經傳皆通用和字，而盉字遂廢。」惟此「盉」字乃「香」字或訛之推測，單一「盉」字訓作「調味」者，目前在古文字與傳世文獻中，實仍罕見其例。〔清〕王先謙：《荀子集解》（臺北：藝文印書館，2007 年 3 月初版），卷十三，頁 583-584。

〔4〕絕（絕、絕）䒦（芳）旨以䬶（出）

此段話各家釋讀亦或異，如原整理者即讀為「絕芳旨以粹」，並將「絕」訓作「非常」，且釋「芳」之義為「香」，「旨」為「美」，至於「以」則訓同「而、且」，「粹」解作「精」；[68]網路發表者暮四郎將「䬶」讀為「啜」，並將此句釋為「摒棄其他各種芳香美味之物，來吃小臣做的飲食」；[69]網路發言者魚游春水將「䬶」讀為「滑」；[70]曹方向在其所認為「『芳旨』二字也可以看作是對前文『和』的具體描述」、「整理者指出，『芳旨以䬶』之『以』訓為『而』，正確可從」與「簡文既描寫食物味道，又詳細描述了食用效果，是因為這部分簡文具有小說故事色彩」等三項論證基礎上，疑簡文之「䬶」字應從出得聲，乃「口感柔滑之『滑』的專造字」，其字在此可讀為「滑」，訓作「美味」或「粥糊狀、羹狀的食品」；[71]散宜凌則將「䬶」字釋讀為「出」；[72]王寧從暮四郎之說，並補釋「䬶」乃「餟」之或體，而與後起「餶䬶」之「䬶」字有別；[73]網路發言者 1ht 簡文此句應指「有莘氏之女食五味之和食物的效果」，而非「形容食物」；[74]馬文增將此段簡文斷讀為「絕肪、滯以粹身，體痓、平」；[75]魏棟將「旨」解作助詞，「芳」訓作「美」，並認為「䬶」當讀為「出」，或有「超出、出類拔萃」之意，故在此基礎上，釋此段簡文為「有莘之女非常美麗，超出眾人，描述的是有莘之女容貌的變化」；[76]郭倩文大抵是從原整理者之說，但對於「䬶」字，則從曹方向之看法；[77]李爽仍從原整理者之說；[78]吳

---

[68] 清華大學出土文獻研究與保護中心編、李學勤主編：《清華大學藏戰國竹簡（伍）》（上海：中西書局，2015年4月第一版），頁135、136。

[69] 「簡帛論壇：清華五《湯處於湯丘》初讀」8樓網路發言者暮四郎之發文，武漢大學簡帛研究中心，網址：http://www.bsm.org.cn/bbs/read.php?tid=3247&fpage=3&page=1，2015年4月11日，檢索日期：2018年6月12日。

[70] 「簡帛論壇：清華五《湯處於湯丘》初讀」15、36樓網路發言者魚游春水之發文，武漢大學簡帛研究中心，網址：http://www.bsm.org.cn/bbs/read.php?tid=3247&fpage=3&page=2，2015年4月11日、2015年6月12日，檢索日期：2018年6月13日。

[71] 曹方向：〈清華簡《湯處于湯丘》補論一則〉，武漢大學簡帛研究中心，網址：http://www.bsm.org.cn/show_article.php?id=2203，2015年4月13日，檢索日期：2018年6月22日；曹方向：〈清華簡《湯處於湯丘》「絕芳旨而滑」試解〉，收入中國古文字研究會、清華大學出土文獻研究與保護中心、中國社會科學院甲骨文殷商史研究中心、首都師範大學甲骨文研究中心編：《古文字研究》31（北京：中華書局，2016年10月北京第一版），頁388-390。

[72] 散宜凌：〈清華簡《湯處於湯丘》補說〉，清華大學出土文獻研究與保護中心，網址：http://www.ctwx.tsinghua.edu.cn/publish/cetrp/6831/2015/20150413083749907794842/20150413083749907794842_.html，2015年4月13日，檢索日期：2018年3月6日；王進鋒：〈清華簡（伍）《殷高宗問於三壽》《湯處於湯丘》《湯在啻門》三篇集釋〉，收入李學勤、艾蘭、呂德凱主編，清華大學出土文獻研究與保護中心、古代中國研究會編：《清華簡研究》3（上海：中西書局，2019年12月第一版），頁392-497。

[73] 王寧：〈讀清華五《湯處於湯丘》散札〉，復旦大學出土文獻與古文字研究中心，網址：http://www.gwz.fudan.edu.cn/Web/Show/2501，2015年4月21日，檢索日期：2018年3月5日。

[74] 「簡帛論壇：清華五《湯處於湯丘》初讀」31樓網路發言者1ht之發文，武漢大學簡帛研究中心，網址：http://www.bsm.org.cn/bbs/read.php?tid=3247&fpage=3&page=1，2015年5月3日，檢索日期：2018年6月12日。

[75] 馬文增：〈清華簡《湯處于湯丘》新釋、注譯、析辯〉，武漢大學簡帛研究中心，網址：http://www.bsm.org.cn/show_article.php?id=2234，2015年5月19日，檢索日期：2018年6月20日。

[76] 魏棟：〈清華簡《湯處於湯丘》校讀記〉，《管子學刊》2016年第1期，頁104-106。

[77] 郭倩文：《《清華五》、《上博九》集釋及新見文字現象整理與研究》（華東師範大學碩士學位論文，2016

昌哲仍將「飿」讀為「粹」，訓作「純粹」；[79]洪君妤從散宜凌之說，亦將「飿」字讀為「出」。[80]

　　上引馬文增之說稍嫌迂曲，或暫可不論，而曹方向（魚游春水）對原整理者「以」訓之肯定與「食之」效果之詮釋，有一定之啟發性，然而，其釋「飿」字乃「口感柔滑之『滑』的專造字」，似無直接字形證據，且讀為「滑」之說，在詞性與書證之立論上，又稍嫌薄弱，尤其「以（而）滑」一詞語意難解，再者，亦如其所云，「滑」作烹飪義者，其書證用例之時代皆甚晚，甚至「絕」字應作何解，曹方向並未詳述，故其說仍有再作補證之空間，至於「飿」讀為「啜」之說，在上古音之通讀上，似仍無直接證據，其聲韻關係待定，[81]抑或有釋為「餕」字或體者，此則又尚無字形或字書上之證據，凡此諸說似乎都有再作補證之必要。今復考簡文之內容，簡文上文云「有莘之女食之」，下文則應為一連串「食之」以後之感覺或效果，上引 1ht 之說近是，更非魏棟所云有莘女之容貌，畢竟「旨」字解作助詞者甚為罕見，不過，1ht 說並未解釋簡文此句之「芳」、「飿」等二關鍵字該作何解，若驟然將此句也歸入食之以後之效果，恐猶有可商，因此，簡文此段話恐仍須留意幾個字詞之訓釋，如「芳旨」一詞，傳世文獻或見其例，如《晉書·張載列傳》云「商山之果，漢臯之棃，析龍眼之房，剖椰子之殼。芳旨萬選，承意代奏。乃有荊南烏程、豫北竹葉，浮蟻星沸，飛華萍接，玄石嘗其味，儀氏進其法，傾罍一朝，可以流湎千日，單醪投川，可使三軍告捷。」[82]又如《文選·應休璉〈與滿公琰書〉》曰「鮮魚出於潛淵，芳茗發自幽巷。」[83]此等「芳旨」俱指「美味」之意，故簡文此所謂「芳旨」或訓同此，只是其書證時代仍是稍晚，未來恐得續作補證，而簡文「絕芳旨以飿」之語意，應指有莘之女在進行「絕芳旨」一事之後，繼而有「飿」之動作，換言之，「以」字應屬連詞，可如原整理者之說，訓作「而」或「且」，其猶《詩經·邶風·燕燕》所云「瞻望弗及，佇立以泣。」[84]又如《禮記·樂記》曰「亡國之音哀以思，其民困。」[85]再如「絕」字，原整理者訓作「非常」，若以龐壯城所整理戰國「絕」

年 5 月），頁 113-116。

[78] 李爽：《清華簡「伊尹」五篇集釋》（吉林大學碩士論文，2016 年 6 月），頁 105。

[79] 吳昌哲：《《清華大學藏戰國竹簡（伍）·湯處於湯丘》研究》（國立臺灣師範大學國文學系碩士論文，2017 年 6 月），頁 60-65。

[80] 洪君妤：《戰國竹書伊尹文獻研究》（國立中興大學中國文學研究所碩士論文，2017 年 8 月），頁 42。

[81] 傳世文獻罕有記載「飿」字之音讀資料者，其最早僅見於明代梅膺祚之《字彙補》所云「音『啜』」，但此項資料已其晚，未可作為「飿」字讀為「啜」在上古音方面之直接證據；又「出」字上古音為昌母物部，「叕」字則為端母月部，二字聲韻俱隔，其聲系相通之例亦甚少。因此，倘將「飿」讀為「啜」，在上古音相關證據上，恐猶須補證。

[82] 〔唐〕房玄齡等撰、楊家駱編：《新校本晉書并附編六種》（臺北：鼎文書局，1987 年元月五版），卷五十五，頁 1523。

[83] 〔南朝梁〕蕭統編、〔唐〕李善注：《文選》（宋淳熙本重雕鄱陽胡氏藏版，臺北：藝文印書館，1983 年 6 月十版），卷四十二，頁 609。

[84] 〔漢〕毛亨傳、〔漢〕鄭玄箋、〔唐〕孔穎達疏：《毛詩正義》（清嘉慶二十年江西南昌府學重刊宋刻本，臺北：藝文印書館，1997 年 8 月初版），卷二之一，頁 77-78。

[85] 〔漢〕孔安國傳、〔唐〕孔穎達疏：《禮記注疏》（清嘉慶二十年江西南昌府學重刊宋刻本，臺北：藝文印書館，1997 年 8 月初版），卷三十七，頁 663。

字之釋讀資料而言，[86]此訓實較為罕見，是故，頗疑簡文此「絕」字應訓作「竭」、「盡」，以其文中所歸納「滅絕、棄絕、停止、絕交、斷絕，字義兼及斷字，或假借為其他字」等類義而言，[87]此訓或即此等類義之引申義，其猶《吳子·治兵》云「凡行軍之道，無犯進止之節，無失飲食之適，無絕人馬之力。」[88]再如《淮南子·本經訓》亦曰「是以松柏箘露夏槁，江、河、三川絕而不流，夷羊在牧，飛蛩滿野，天旱地坼，鳳皇不下，句爪、居牙、戴角、出距之獸，於是鷩矣。」高誘注云「絕，竭也。」[89]在簡文此處殆指有莘之女吃盡美食之意，換言之，有莘之女在「絕芳旨」之後，始有所謂「䭇」之行為，故有鑑於此，又疑「䭇」字可從散宜凌之說，逕讀為「出」，訓作「表露」之意，以承接下文因其用盡美食後，所表現出來之「身體順平，九竅發明，以道心噲，舒快以恆」等感覺或效果。

〔5〕軄（？、順）㐅（？、平）

簡文此二字之形為：

 （清華〈湯處於湯丘〉簡 2）

 （清華〈湯處於湯丘〉簡 2）

原整理者隸釋作「軄㐅」，並讀為「痊平」，並將「平」訓作「不病」之意；[90]網路發言者暮四郎將此二字讀為「媛便」；[91]馬文增亦讀為「痊」，訓作「病除」，但將「平」訓作「光滑」；[92]散宜凌訓作「痊癒平復」；[93]網路發言者 1ht 讀為「順平」；[94]郭倩文大

86 龐壯城：〈說「絕」、「斷」〉，第十八屆中區文字學學術研討會發表論文（臺中：東海大學，2016 年 5 月 21 日）。

87 龐壯城：〈說「絕」、「斷」〉，第十八屆中區文字學學術研討會發表論文（臺中：東海大學，2016 年 5 月 21 日）。

88 〔周〕吳起：《吳子》，收入〔清〕永瑢、〔清〕紀昀等纂修：《景印文淵閣四庫全書》（國立故宮博物院原書庋藏，臺北：臺灣商務印書館，1986 年 3 月初版），頁 726-60。

89 〔漢〕劉安原編，〔漢〕劉向、劉歆原校訂，劉文典撰：《淮南鴻烈集解》（以莊逵吉校本為底本，臺北：文史哲出版社，2003 年 10 月再版），卷八，頁 248。

90 清華大學出土文獻研究與保護中心編、李學勤主編：《清華大學藏戰國竹簡（伍）》（上海：中西書局，2015 年 4 月第一版），頁 135、137。

91 「簡帛論壇：清華五《湯處於湯丘》初讀」9 樓網路發言者暮四郎之發文，武漢大學簡帛研究中心，網址：http://www.bsm.org.cn/bbs/read.php?tid=3247&fpage=3&page=1，2015 年 4 月 11 日，檢索日期：2018 年 6 月 12 日；王進鋒：〈清華簡（伍）《殷高宗問於三壽》《湯處於湯丘》《湯在啻門》三篇集釋〉，收入李學勤、艾蘭、呂德凱主編，清華大學出土文獻研究與保護中心、古代中國研究會編：《清華簡研究》3（上海：中西書局，2019 年 12 月第一版），頁 392-497。

92 馬文增：〈清華簡《湯處于湯丘》新釋、注譯、析辯〉，武漢大學簡帛研究中心，網址：http://www.bsm.org.cn/show_article.php?id=2234，2015 年 5 月 19 日，檢索日期：2018 年 6 月 20 日。

93 散宜凌：〈清華簡《湯處於湯丘》補說〉，清華大學出土文獻研究與保護中心，網址：http://www.ctwx.tsinghua.edu.cn/publish/cetrp/6831/2015/20150413083749907794842/20150413083749990779

抵仍從原整理者之說；[95]李爽則從 1ht 之說；[96]洪君妤亦從 1ht 之看法；[97]陳致亦讀為「順平」。[98]

　　就字形而言，此二字之隸釋，應無疑義，只是其相當於何字，至今尚未有較明確之說法，今暫存疑，待考。而簡文此處云「身體躬㓤」，殆指有莘之女食用伊尹所調和之食物後，其身體所產生之反應，上引暮四郎之說，雖然在語意順讀上，尚稱妥適，但「媛便」一詞，先秦文獻罕見其例，其所引《後漢書》書證亦甚晚，故此說恐仍有可商者，至於原整理者與陳致之說法，若以上古音而言，「巽」聲系與「痊」字最近，其與「順」亦有相通之例，[99]因此，「躬」不管讀為「痊」或「順」，皆應可行，不過，若復考其上下文，上言「以出」，下云「發明」、「噁」、「以恆」，皆為「外顯」或「外放」之反應，因此，簡文此「躬」字倘讀為屬「內癒」之「痊」，在整段簡文之詮解上，似較不如讀為「順」，尤其「順」可訓作身心上之「調適」，甚至「放任」，其猶《墨子‧非儒下》云「夫儒浩居而自順，不可以教下。」[100]又《孟子‧公孫丑章句》亦曰「且古之君子，過則改之；今之君子，過則順之。」趙岐注曰「今之所謂君子，非真君子也。順過飾非，或為之辭。」[101]倘作此解，則「躬」字之訓，即可與簡文上下文之文意相應也；至於「㓤」，其讀為「平」，可訓作「平和」，其猶《呂氏春秋‧仲夏紀‧大樂》云「懽欣生於平，平生於道。」[102]高誘注曰：「平，和」，[103]乃簡文上文身心「順」之結果，馬文增所云「平滑」之訓，實不易通讀簡文，亦無碻證，尚且待商。另值得留意的是，「巽」字本有「卑順」之意，其猶《易經‧蒙》云「童蒙之吉，順以巽也。」孔穎達疏釋曰「巽

4842_.html，2015 年 4 月 13 日，檢索日期：2018 年 3 月 6 日。

94　「簡帛論壇：清華五《湯處於湯丘》初讀」32 樓網路發言者 1ht 之發文，武漢大學簡帛研究中心，網址：http://www.bsm.org.cn/forum/forum.php?mod=viewthread&tid=3247&extra=page%3D8&page=4，2015 年 5 月 3 日，檢索日期：2018 年 6 月 12 日。

95　郭倩文：《《清華五》、《上博九》集釋及新見文字現象整理與研究》（華東師範大學碩士學位論文，2016 年 5 月），頁 116-117。

96　李爽：《清華簡「伊尹」五篇集釋》（吉林大學碩士論文，2016 年 6 月），頁 106。

97　洪君妤：《戰國竹書伊尹文獻研究》（國立中興大學中國文學研究所碩士論文，2017 年 8 月），頁 42-43。

98　陳致：〈清華簡（伍）《湯處於湯丘》《湯在啻門》《殷高宗問於三壽》三篇札記〉，收入李學勤、艾蘭、呂德凱主編，清華大學出土文獻研究與保護中心、古代中國研究會編：《清華簡研究》3（上海：中西書局，2019 年 12 月第一版），頁 78-89。

99　「巽」、「痊」、「順」等字之上古音分屬心母元部、清母元部與船母文部，知「巽」、「痊」二字之聲韻關係最近，至於「順」字雖稍隔，但在簡帛資料中，猶可見「巽」讀為「順」之例，例如：上博〈慎子曰恭儉〉簡 1 云「精濃以巽埶」，李學勤即以為『『巽』屬心母文部，讀可與同韻的『順』」。李學勤：〈談楚簡《慎子》〉，《中國文化》25、26（2007 年第 2 期），頁 43-45；白於藍編著：《戰國秦漢簡帛古書通假字彙纂》（福州：福建人民出版社，2012 年 5 月第一版），頁 871。

100　〔清〕張純一：《墨子集解》（臺北：文史哲出版社，2011 年 8 月 BOD 版），卷九，頁 352。

101　〔漢〕趙岐傳、〔宋〕孫奭疏：《孟子注疏》（清嘉慶二十年江西南昌府學重刊宋刻本，臺北：藝文印書館，1997 年 8 月初版），卷四，頁 82。

102　〔周〕呂不韋著、〔宋〕陸游評、〔明〕凌稚隆批：《呂氏春秋》，收入蕭天石總主編：《中國子學名著集成（宋元明清善本叢刊）》（明萬曆庚申吳興凌氏刊朱墨套印本，臺北：中國子學名著集成編印基金會，1978 年 12 月初版），卷五，頁 118。

103　〔周〕呂不韋撰，〔漢〕高誘註：《呂氏春秋》（臺北：藝文印書館，出版年不詳），卷五，頁 120。

謂貌順。故褚氏云……異者外跡相卑下也。」[104]又《論語·子罕》亦云「子曰：『法語之言，能無從乎？改之為貴。巽與之言，能無說乎？繹之為貴。說而不繹，從而不改，吾末如之何也已矣。』」[105]凡此義訓皆與「順」義有些許之關聯，簡文此所見从身从巽之例，是否屬此義訓之引申，倒是頗令人玩味，只不過「巽」字此訓，用於態度或作法，與身體反應無涉，且簡文此字釋形相關證據尚且不足，今暫且存疑，或俟新出。

〔6〕九宊（竅）雙（癹、發）明

原整理者將「九宊」釋讀為《周禮》所見之「九竅」，並引鄭注所云「陽竅七，陰竅二」為證，釋其即「頭部五官七竅與下體前後二竅」也；[106]散宜凌將「發明」訓作「開導」；[107]王寧將「發明」釋為「通暢清楚」義；[108]曹方向則詮釋此段簡文之文意為「食物讓人身體舒適、耳目聰明」；[109]馬文增將「發」訓作「打開」，並將「明」訓作「明瞭」，屬下讀；[110]魏棟將「發明」訓作「開導、開擴、使明朗」，並將此段簡文釋為「『九竅經過開導』（而疏通）」；[111]對於「發明」之釋讀，郭倩文大抵從王寧之說；[112]李爽對「九宊」之釋讀，仍從原整理者之說，而「發明」則大抵或從散宜凌與王寧之看法。[113]

原整理者所釋「九竅」之義，歷來無異說，惟傳世文獻言「九竅」，除感官義外，另有言及因九竅通達而能明其理者，甚至與「聰明」義有所交涉，如《鬼谷子·符言》曰「心為九竅之治，君為五官之長。」[114]又如《楚辭·九辯》王逸敘云「故天有九星，以正機衡；地有九州，以成萬邦；人有九竅，以通精明。」[115]抑或如《管子·內業》云「精存自生，其外安榮，內藏以為泉原，浩然和平，以為氣淵。淵之不涸，四體乃固，

104 〔魏〕王弼注、〔東晉〕韓康伯注、〔唐〕孔穎達疏：《周易正義》（清嘉慶二十年江西南昌府學重刊宋刻本，臺北：藝文印書館，1997 年 8 月初版），卷一，頁 24。

105 〔魏〕何晏注、〔宋〕邢昺疏：《論語注疏》（清嘉慶二十年江西南昌府學重刊宋刻本，臺北：藝文印書館，1997 年 8 月初版），卷九，頁 80。

106 清華大學出土文獻研究與保護中心編、李學勤主編：《清華大學藏戰國竹簡（伍）》（上海：中西書局，2015 年 4 月第一版），頁 135、137。

107 散宜凌：〈清華簡《湯處於湯丘》補說〉，清華大學出土文獻研究與保護中心，網址：http://www.ctwx.tsinghua.edu.cn/publish/cetrp/6831/2015/20150413083749907794842/20150413083749907794842_.html，2015 年 4 月 13 日，檢索日期：2018 年 3 月 6 日。

108 王寧：〈讀清華五《湯處於湯丘》散札〉，復旦大學出土文獻與古文字研究中心，網址：http://www.gwz.fudan.edu.cn/Web/Show/2501，2015 年 4 月 21 日，檢索日期：2018 年 3 月 5 日。

109 曹方向：〈清華五與馬王堆醫書對比探析〉，收入《第二十七屆中國文字學國際學術研討會論文集》（臺中：國立臺中教育大學語文教育學系、中國文字學會，2016 年 5 月），頁 479-485。

110 馬文增：〈清華簡《湯處于湯丘》新釋、注譯、析辯〉，武漢大學簡帛研究中心，網址：http://www.bsm.org.cn/show_article.php?id=2234，2015 年 5 月 19 日，檢索日期：2018 年 6 月 20 日。

111 魏棟：〈清華簡《湯處於湯丘》校讀記〉，《管子學刊》2016 年第 1 期，頁 104-106。

112 郭倩文：《《清華五》、《上博九》集釋及新見文字現象整理與研究》（華東師範大學碩士學位論文，2016 年 5 月），頁 117-118。

113 李爽：《清華簡「伊尹」五篇集釋》（吉林大學碩士論文，2016 年 6 月），頁 106。

114 〔周〕鬼谷子撰，趙全璧注、發行：《鬼谷子注釋》（臺北：作者發行，1978 年 5 月初版），頁 65。

115 〔漢〕王逸章句：《楚辭章句》（臺北：藝文印書館，2010 年 9 月初版），卷八，頁 245。

泉之不竭，九竅遂通，乃能窮天地，被四海。」[116]再如《淮南子・俶真訓》亦云「閉九竅，藏心志，棄聰明，反無識，芒然仿佯于塵埃之外，而消搖于無事之業，含陰吐陽，而萬物和同者，德也。」[117]俱同此訓矣，今考量其下文或云「以道心嗌，舒快以恆」，頗疑簡文所云「九竅發明」，恐亦與此傳世文獻所言之為心之術有關，而非只是單純地開導「耳目」而已，換言之，簡文「九竅發明」一語，應朝「因九竅通達而能明其理者」解之；「發明」一詞，則可依王寧或曹方向等所解者，釋作「通暢清楚」、「舒適」、「聰明」等相關義，其在傳世文獻中，即訓作「聰明」或「敏捷」，適正與上引傳世文獻所言「因九竅通達而能明其理」之效相合，此猶《文選・宋玉〈風賦〉》云「清清泠泠，愈病析酲。發明耳目，寧體便人。」[118]亦如《後漢書・馬融列傳》所載「若乃《陽阿》衰斐之晉制，闡▨華羿之南音，所以洞蕩匈臆，發明耳目。」[119]另外，「發明」在後世又可引申作「明白」或「通曉」義，皆屬此等義訓之闡發，如張九齡〈賀御注《金剛經》狀〉即云「雖臣愚昧，本自難曉，伏覽睿旨，亦即發明。是知日月既出，天下普照，誠在此也！」[120]凡此諸例，皆乃簡文「發明」義之引申同源義也，至於馬文增將「發」訓作「打開」，只是單純地打開耳目，其「明」字下讀，已非此所謂「發明」一詞之義蘊，或可再商。因此，簡文所云「九夎（竅）發明」，應可釋為「九竅通達」之意，且因其「能明理」之效，而下開「以道心嗌，舒快以恆」一詞。

〔7〕呂（以、以）道心眷（嗌、嗌）

　　原整理者訓「道」為「通」，並釋此「嗌」字乃《說文》古文之形，即《釋名》所謂「氣所流通扼要之處」之「咽」；[121]網路發言者蚊首將「嗌」字讀為「膈」，並將所謂「心膈」訓作「心胸」；[122]網路發言者暮四郎仍從原整理者之說；[123]散宜凌將「嗌」字釋讀為「益」，訓作「逐漸」，並將此段簡文斷讀為「九竅發明以道（導），心眷（益）

---

[116] 〔唐〕尹知章注、〔清〕戴望校正：《管子校正》（以張巨山紹興己未寫本內容為基礎，定其句讀且校正之，臺北：世界書局，1955 年 11 月臺一版），卷十六，頁 270-271。

[117] 〔漢〕劉安原編，〔漢〕劉向、劉歆原校訂，劉文典撰：《淮南鴻烈集解》（以莊逵吉校本為底本，臺北：文史哲出版社，2003 年 10 月再版），卷二，頁 59。

[118] 〔南朝梁〕蕭統編、〔唐〕李善注：《文選》（宋淳熙本重雕鄱陽胡氏藏版，臺北：藝文印書館，1983 年 6 月十版），卷十三，頁 196。

[119] 〔南劉宋〕范曄：《後漢書》（據涵芬樓藏紹興本影印（百衲本），新北：臺灣商務印書館，2010 年 10 月臺二版），卷六十，頁 03-888。

[120] 〔唐〕張九齡撰、熊飛校注：《張九齡校注》（以 1989 年《四部叢刊》初編重印之《張子壽文集》（上海涵芬樓借印南海潘氏藏本）為底本，北京：中華書局，2008 年 11 月第一版），卷十五，頁 791。

[121] 清華大學出土文獻研究與保護中心編、李學勤主編：《清華大學藏戰國竹簡（伍）》（上海：中西書局，2015 年 4 月第一版），頁 135、137。

[122] 「簡帛論壇：清華五《湯處於湯丘》初讀」10 樓網路發言者蚊首之發文，武漢大學簡帛研究中心，網址：http://www.bsm.org.cn/forum/forum.php?mod=viewthread&tid=3247&extra=page%3D8&page=1，2015 年 4 月 11 日，檢索日期：2018 年 6 月 13 日。

[123] 「簡帛論壇：清華五《湯處於湯丘》初讀」10 樓網路發言暮四郎之發文，武漢大學簡帛研究中心，網址：http://www.bsm.org.cn/forum/forum.php?mod=viewthread&tid=3247&extra=page%3D8&page=2，2015 年 4 月 11 日，檢索日期：2018 年 6 月 13 日。

惜（舒）快以恆」，且將相關語句譯作「內心逐漸舒暢愉快以成常態」；[124]馬文增將此處簡文斷讀為「九竅發，明以道心，嗌舒、快以恒」；[125]網路發言者魚游春水將此句讀為「以道心隘」，並釋云「心隘，比較直接可以理解為疏導血脈不通之處，或者血脈緊要之處」；[126]魏棟將「道」讀為「導」，訓作「疏通」，且「以道」二字應上讀，同時，亦認為「嗌」字應「用作『益』」，訓作「逐漸」，在此釋讀基礎上，其將此段簡文釋作「內心逐漸舒暢愉快以成常態」；[127]郭倩文從散宜凌之斷讀，但仍將「嗌」訓作「咽喉」；[128]洪君妤仍從原整理者之說。[129]

簡文此「嗌」字之形為：

（清華〈湯處於湯丘〉簡2）

此字確實可釋作「嗌」，楚簡「嗌」字之形，即與簡文此字之形相近，例如：

（包山簡83）

（包山簡175）

（九店簡56.39）

惟復考《說文》，此「嗌」字恐非古文，而是籀文，其形為：

（「嗌」字籀文）[130]

---

124 散宜凌：〈清華簡《湯處於湯丘》補說〉，清華大學出土文獻研究與保護中心，網址：http://www.ctwx.tsinghua.edu.cn/publish/cetrp/6831/2015/20150413083749907794842/20150413083749907794842_.html，2015年4月13日，檢索日期：2018年3月6日；王進鋒：〈清華簡（伍）《殷高宗問於三壽》《湯處於湯丘》《湯在啻門》三篇集釋〉，收入李學勤、艾蘭、呂德凱主編，清華大學出土文獻研究與保護中心、古代中國研究會編：《清華簡研究》3（上海：中西書局，2019年12月第一版），頁392-497。

125 馬文增：〈清華簡《湯處于湯丘》新釋、注譯、析辯〉，武漢大學簡帛研究中心，網址：http://www.bsm.org.cn/show_article.php?id=2234，2015年5月19日，檢索日期：2018年6月20日。

126 「簡帛論壇：清華五《湯處於湯丘》初讀」35樓網路發言者魚游春水之發文，武漢大學簡帛研究中心，網址：http://www.bsm.org.cn/bbs/read.php?tid=3247&fpage=3&page=2，2015年6月20日，檢索日期：2018年6月6日。

127 魏棟：〈清華簡《湯處於湯丘》校讀記〉，《管子學刊》2016年第1期，頁104-106。

128 郭倩文：《《清華五》、《上博九》集釋及新見文字現象整理與研究》（華東師範大學碩士學位論文，2016年5月），頁118-119。

129 洪君妤：《戰國竹書伊尹文獻研究》（國立中興大學中國文學研究所碩士論文，2017年8月），頁43。

130 〔漢〕許慎編撰、〔宋〕徐鉉校定《說文解字》（據清同治十二年陳昌治改刻本縮印，香港：中華書局，2014年8月再版），卷二，頁30。

　　《說文》釋其云「籀文嗌，上象口，下象頸脈理也。」[131]未知原整理者所釋「古文」之依據為何，此中似仍有可商者，今正。由於上文所云「九竅」，實與「咽」無關，而上引散宜凌之說雖有其啟發性，但簡文此字从口，此段簡文亦云嘗旨之事，因此，此「口」旁恐怕仍有兼義之功能，且非與「口」較無關之「心胸」、「逐漸」或「血脈」等相關義，換言之，散宜凌之斷讀似有可商者，當然，如魏棟亦將「以道」二字上讀，其「道」字義訓似與上文「發明」重複，此斷讀同樣猶存疑義，而馬文增在此處以「道心」釋之，實又顯突兀，亦待商，故頗疑簡文此「嗌」字如字讀即可，且應訓作與「口」旁義有關之「聲音」，甚或毋須再另外通讀為「益」，其猶《楚辭・九思》云「哀世兮睩睩，諓諓兮嗌喔。」王逸注曰「嗌喔，容媚之聲。」[132]如《韓詩外傳》亦云「子張曰：『子亦聞夫子之議論邪？徐言誾誾，威儀翼翼，後言先默，得之推讓。巍巍乎信可好，嚴乎，塊乎，道歸矣。小人之論也，專意自是，言人之非。瞋目扼腕，疾言噴噴，口沸目赤，一幸得勝，疾笑嗌嗌，威儀固陋，辭氣鄙俗，是以君子賤之也。』」[133]再如《新語・輔政》更曰「君子遠熒熒之色，放錚錚之聲，絕恬美之味，疎嗌嘔之情。」[134]凡此「嗌」字諸例，皆與「聲音」有關。是故，簡文此所謂「心嗌」，仍與上文所釋「九安（竅）發明」之為心之術有所交涉，更疑其當指從心而發之聲也，換言之，簡文所謂「以道心嗌」，殆指「通暢其由心所發聲音」之意。

〔8〕菩（惜、舒）㤜（快、快）以恆（恆、恆）-
　　簡文此「惜」字之形為：

（清華〈湯處於湯丘〉簡2）

　　原整理者將「惜」字讀為「舒」，訓「快」為「喜」，且釋「恆」為「常」義；[135]網路發言者ee（單育辰）將此「菩」字改釋為「奮」；[136]網路發言者易泉亦釋為「从昔从心」；[137]網路發言者暮四郎則將「惜」字讀為「懌」，並將「㤜」讀為「極」，訓作「甚」，

131　〔漢〕許慎編撰、〔宋〕徐鉉校定《說文解字》（據清同治十二年陳昌治改刻本縮印，香港：中華書局，2014年8月再版），卷二上，頁30。

132　〔漢〕王逸章句：《楚辭章句》（臺北：藝文印書館，2010年9月初版），卷十七，頁479。

133　〔漢〕韓嬰原著、屈守元箋疏：《韓詩外傳箋疏》（以元刊本為主，兼存明刻本內容，成都：巴蜀書社，1996年3月第一版），卷九，頁815。

134　〔漢〕陸賈：《新語》，收入蕭天石總主編：《中國子學名著集成（宋元明清善本叢刊）》（明萬曆辛卯十九年范大沖校刊本，臺北：中國子學名著集成編印基金會，1978年12月初版），卷上，頁205。

135　清華大學出土文獻研究與保護中心編、李學勤主編：《清華大學藏戰國竹簡（伍）》（上海：中西書局，2015年4月第一版），頁135、137。

136　「簡帛論壇：清華五《湯處於湯丘》初讀」0樓網路發言者ee之發文，武漢大學簡帛研究中心，網址：http://www.bsm.org.cn/bbs/read.php?tid=3247&fpage=3&page=1，2015年4月9日，檢索日期：2018年6月15日；單育辰：〈《清華大學藏戰國竹簡（伍）》釋文訂補〉，收入復旦大學出土文獻與古文字研究中心編：《戰國文字研究的回顧與展望》（上海：中西書局，2017年8月第一版），頁204-210。

137　「簡帛論壇：清華五《湯處於湯丘》初讀」3樓網路發言者易泉之發文，武漢大學簡帛研究中心，網址：

進而釋此段簡文為「指身體愉快之甚」;[138]散宜凌將此段簡文釋為「內心逐漸舒暢愉快以成常態」;[139]王寧仍從原整理者之所釋,以為此字應依字讀,並將「惜快」釋為「病痛消除而暢快」,或猶今之「痛快」義,至於「恆」字,王寧則釋為「長久、持久」義,惟其後又改讀為「興」,即「古人稱病愈可自由行動」之謂;[140]馬文增將簡文此句斷讀為「嗌舒、快以恒」;[141]魏棟之說與散宜凌近同;[142]對於「惜」字,郭倩文疑書手寫捺筆時或誤,故仍從原整理者之說,至於「恆」,則仍訓作「長」;[143]李爽從 ee(單育辰)之說,亦贊同將「惜」字改釋為「奮」,訓作「『強而有力』『奮發』之義」,而對於「恧」字,則從暮四郎之說,訓讀作「極」,故在此基礎上,李爽將此段簡文釋作「奮發快慰非常」;[144]洪君好仍釋為「惜」,並讀為「舒」;[145]高佑仁認為此「惜」字乃「將錯就錯的誤寫字,但究竟是『奮』還是『惜』的誤寫,已無法由字形判斷」,不過,其亦從暮四郎之說,將簡文此字讀為「懌」,似乎仍是傾向於將簡文此字釋作从昔或「惜」字之誤寫,至於「恧」字,則贊成釋讀為「恆」,訓作「恆久而持續」。[146]

今復考楚簡「奮」字不从隹,多僅从衣从田,其形或作:

（包山簡 145）

（郭店〈性自命出〉簡 24）

http://www.bsm.org.cn/bbs/read.php?tid=3247&fpage=3,2015 年 4 月 10 日,檢索日期:2018 年 6 月 7 日。

[138] 「簡帛論壇:清華五《湯處於湯丘》初讀」8 樓網路發言者暮四郎之發文,武漢大學簡帛研究中心,網址:http://www.bsm.org.cn/bbs/read.php?tid=3247&fpage=3,2015 年 4 月 11 日,檢索日期:2018 年 6 月 7 日。

[139] 散宜凌:〈清華簡《湯處於湯丘》補說〉,清華大學出土文獻研究與保護中心,網址:http://www.ctwx.tsinghua.edu.cn/publish/cetrp/6831/2015/20150413083749907794842/20150413083749907794842_.html,2015 年 4 月 13 日,檢索日期:2018 年 3 月 6 日。

[140] 王寧:〈讀清華五《湯處於湯丘》散札〉,復旦大學出土文獻與古文字研究中心,網址:http://www.gwz.fudan.edu.cn/Web/Show/2501,2015 年 4 月 21 日,檢索日期:2018 年 3 月 5 日;王寧:〈讀清華五《湯處於湯丘》散札〉文末 1 樓王寧之評論,復旦大學出土文獻與古文字研究中心,網址:http://www.gwz.fudan.edu.cn/Web/Show/2501,2015 年 4 月 21 日,檢索日期:2018 年 3 月 5 日。

[141] 馬文增:〈清華簡《湯于湯丘》新釋、注譯、析辯〉,武漢大學簡帛研究中心,網址:http://www.bsm.org.cn/show_article.php?id=2234,2015 年 5 月 19 日,檢索日期:2018 年 6 月 20 日。

[142] 魏棟:〈清華簡《湯處於湯丘》校讀記〉,《管子學刊》2016 年第 1 期,頁 104-106。

[143] 郭倩文:《《清華五》、《上博九》集釋及新見文字現象整理與研究》(華東師範大學碩士學位論文,2016 年 5 月),頁 119-121。

[144] 李爽:《清華簡「伊尹」五篇集釋》(吉林大學碩士論文,2016 年 6 月),頁 107。

[145] 洪君好:《戰國竹書伊尹文獻研究》(國立中興大學中國文學研究所碩士論文,2017 年 8 月),頁 45。

[146] 高佑仁:〈《湯處於湯丘》札記六則〉,「文字、文獻與文明——第七屆出土文獻青年學者論壇暨國際學術研討會」,廣州:中山大學古文字研究所,2018 年 8 月 17-20 日,其後經修訂,收入中山大學古文字研究所、出土文獻與中國古代文明研究協同創新中心、中山大學中國語言文學系編:《文字‧文獻‧文明》(上海:上海古籍出版社,2019 年 10 月第一版),頁 87-98。

（郭店〈性自命出〉簡 34）

（上博〈三德〉簡 1）

（上博〈性情論〉簡 38）

（清華〈耆夜〉簡 5）

（清華〈湯在啻門〉簡 8）

而楚簡所見從昔諸例，其形與簡文此「惜」字較為接近者，例如：

（上博〈鬼神之明　融師有成氏〉簡 7「昔」）

（清華〈鄭文公問太伯（甲本）〉簡 4「昔」）

（清華〈子儀〉簡 16「昔」）

（清華〈祭公〉簡 8「惜」）

　　上引單育辰改釋「奮」之主要依據，乃在於簡文此「惜」字上方類「衣」之形構，然而，據上所列楚簡「奮」字形而言，其「衣」形似未有如簡文此字作「上下異位」者，尤其高佑仁已指出同一書手在〈湯在啻門〉簡中，另寫有一字形不甚相類之「奮」字，當為簡文此字非「奮」字相當重要之佐證，再者，楚簡從昔諸例其上所從〢〢形之下半，或有訛近「衣」形之袖、襟等形構之情況，而更值得注意的是，簡文此「惜」字所從〢〢形之右上，似有一簡片顏色較淡之處，疑在此褪去了一筆，此筆若補上，即與「昔」字字形頗為相近，當然，上所列〈祭公〉簡 8「惜」所從昔，其下方「田」形豎筆似亦有上突，與簡文此字更是相類，如此一來，則簡文此字恐怕仍得從原整理者之所釋，將其隸作「𦱤」，並釋為「惜」，至於其例是否如郭倩文所云，或有捝筆誤書之情況，尚未猶得知，待考。

至於「」字，簡文此字之形作：

（清華〈湯處於湯丘〉簡2）

此字隸釋作「恆」，應無疑義，因楚簡「恆」字即作此形，例如：

（郭店〈緇衣〉簡1）

上引部分學者或釋為「極」，雖可備一說，然而，楚系从亙諸例與簡文此字在字形似仍有所差異，其形或作：

（包山簡130「亙」）

（包山簡163「𦧜」）

（郭店〈唐虞之道〉簡19「亙」）

（上博〈用曰〉簡8「亙」）

（清華〈金縢〉簡8「洹」）

此中部分字例與「亙」字或謂形近，此即上引高佑仁所提及楚簡「恆」、「亙」易混之情況，但此類字例終究是少數，因此，本文仍從原整理者之隸釋，將其嚴式隸定作「」，釋為「恆」。

在釋讀上，「惜」字並無「病痛消除」或「痛快」義，因此，將「惜快」釋為「病愈」或「暢快」，恐皆仍有可商者，換言之，其下文「恆」，亦不必然得改讀為「興」，實則簡文所謂「以恆」，亦見於《易經・歸妹》，其云「象曰：『歸妹以娣，以恒也；跛能履，吉相承也。』」[147]此訓作「長久」之意，大抵與上引王寧、郭倩文與高佑仁所訓者相同，再者，先秦文獻所見「舒」與「快」多指心理層面之表現，如《詩經・召南・野有死麕》云「有女如玉，舒而脫脫兮。」毛傳釋曰「舒，徐也。」[148]又如《禮記・大

---

147 〔魏〕王弼注、〔東晉〕韓康伯注、〔唐〕孔穎達疏：《周易正義》（清嘉慶二十年江西南昌府學重刊宋刻本，臺北：藝文印書館，1997年8月初版），卷五，頁119。

148 〔漢〕毛亨傳、〔漢〕鄭玄箋、〔唐〕孔穎達疏：《毛詩正義》（清嘉慶二十年江西南昌府學重刊宋刻本，臺北：藝文印書館，1997年8月初版），卷一之五，頁66。

學》或曰「生財有大道。生之者眾，食之者寡，為之者疾，用之者舒，則財恆足矣。」[149]此等「舒」皆可訓作「緩慢」或「從容」，而《楚辭·九章》云「登大墳以遠望兮，聊以舒吾憂心」，[150]此「舒」字更引申作「緩解心情」之意，與簡文此處文意尤為相近，再如《易經·旅》曰「旅于處，未得位也。得其資斧，心未快也。」[151]此「快」可解作「愉悅」，抑或如《文選·宋玉〈風賦〉》：「有風颯然而至，王廼披襟而當之，曰：『快哉此風！』」[152]其「快」則可訓作「舒適暢快」，因此，「舒」、「快」二字並舉，當俱指心理層面之絕佳情況，且其「舒緩」之義素，相較於單純表達「愉悅」或「快樂」之「懌」字，尤可與下文之「長久」義相呼應，故原整理者之說大抵仍是可從的。

〔9〕虏（勮、虜？；乎）

簡文此例分見於簡3、簡9、簡18與簡19，其形分作：

（清華〈湯處於湯丘〉簡3）

（清華〈湯處於湯丘〉簡9）

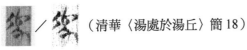（清華〈湯處於湯丘〉簡18）

（清華〈湯處於湯丘〉簡19）

原整理者俱隸作「虎」，讀為「乎」。[153]孟蓬生以為此等字例應即「勮」字，並釋其形為「『虎』字下部的『人』形為借筆，兼作『力』字的部分筆畫（相當於楷書字形撇筆的部分）」。[154]

今復考簡文此等類例之形，其上從虎或從虎省，下則從力，應非「虎」字，或可隸作「虏」，孟蓬生之釋形，大抵可從，且如其所云，古文字「虎」字未有作此形者，因

149 〔漢〕孔安國傳、〔唐〕孔穎達疏：《禮記注疏》（清嘉慶二十年江西南昌府學重刊宋刻本，臺北：藝文印書館，1997年8月初版），卷六十，頁988。
150 〔宋〕朱熹：《楚辭集注》（臺北：藝文印書館，1983年6月四版），卷四，頁155。
151 〔魏〕王弼注、〔東晉〕韓康伯注、〔唐〕孔穎達疏：《周易正義》（清嘉慶二十年江西南昌府學重刊宋刻本，臺北：藝文印書館，1997年8月初版），卷六，頁128。
152 〔南朝梁〕蕭統編、〔唐〕李善注：《文選》（宋淳熙本重雕鄱陽胡氏藏版，臺北：藝文印書館，1983年6月十版），卷十三，頁195。
153 清華大學出土文獻研究與保護中心編、李學勤主編：《清華大學藏戰國竹簡（伍）》（上海：中西書局，2015年4月第一版），頁135、136。
154 孟蓬生：〈清華簡《厚父》「者魯」試釋〉，收入中國古文字研究會、吉林大學中國古文字研究中心編：《古文字研究》32（北京：中華書局，2018年8月北京第一版），頁384-389。

此，簡文此類字例應是「」字，而非「虍」字，而其立論之根據，主要在於春秋戰國文字所見之「」字，包括：

（春秋：攻吳王者𣲘𢨙虜劍，《新收》1093）

（清華《繫年》簡84）

 ／ （清華《繫年》簡109）

 ／ （清華《繫年》簡110）

此類字例學界多隸釋作「」、「虖」、「虜」或「虖」，从虍得聲，且讀為「于」、「盧」或「虖」，[155]幾已為定論，故簡文此等字例可依形迻隸作「虖」，即「」或「虜」字，惟或其形較《繫年》簡例更為簡省耳，即僅从虍，未从虎，不過，春秋金文與戰國部分「虜」字之形為：

（春秋：虜鼎，《新收》1205）

（春秋：虜簠，《新收》1773）

／ （清華〈楚居〉簡12）

／ （包山簡19）

---

155 吳鎮烽：《記新發現的兩把吳王劍》，《江漢考古》2009年第3期，頁81-84；清華大學出土文獻研究與保護中心編、李學勤主編：《清華大學藏戰國竹簡（貳）》（上海：中西書局，2011年12月第一版），頁170；李家浩：〈攻敔王者𣲘𢨙虜劍與者減鐘〉，《古文字與古代史》3（臺北：中央研究院歷史語言研究所，2012年3月），頁215-235；陳斯鵬：〈吳王闔廬劍小考〉，復旦大學出土文獻與古文字研究中心，網址：http://www.gwz.fudan.edu.cn/Web/Show/1775，2012年1月15日，檢索日期：2018年6月6日；吳振武：〈「者𣲘𢨙虜」即吳王闔廬說〉，收入中國古文字研究會、復旦大學出土文獻與古文字研究中心編：《古文字研究》29（北京：中華書局，2012年10月北京第一版），頁384-385；蘇建洲、吳雯雯、賴怡璇：《清華二《繫年》集解》（臺北：萬卷樓圖書公司，2013年12月初版），頁628-629。

其形雖亦从虍从力，但此二形構間仍存在其他字形，[156]此則又與簡文此類形構或異，再者，上引春秋諸器所从力旁也不甚相同，即便李家浩釋為「力」旁之正反寫，[157]但總覺未盡密合，因此，若釋為「虜」，恐怕仍有部分釋形環節尚待解決，因此，本文暫將簡文此等字例隸作「房」，但是否逕釋為「虜」，則仍持較保留之態度。

而簡文此等類例俱可如原整理者之說，讀為「乎」，即古漢語所習見之句末疑問助詞，但若考量簡文語境，各例用法似又有所不同，茲先列其辭例，並試論如下：

> 湯亦食之，曰：『允！此可以和民房？』小臣答曰：『可。』（清華〈湯處於湯丘〉簡2、簡3）
>
> 如我弗見，夫人毋以我為怠於其事房？我怠於其事，而不知喪，吾何君是為？（清華〈湯處於湯丘〉簡8、簡9）
>
> 是非愛民房？（清華〈湯處於湯丘〉簡17、簡18）
>
> 是非恭命房？（清華〈湯處於湯丘〉簡19）

此等「房」字之用法，大抵又可分為兩類：

二、 單純表示疑問語氣，相當於今口語「嗎」者，其猶《論語·學而》云「曾子曰：『吾日三省吾身：為人謀而不忠乎？與朋友交而不信乎？傳不習乎？』」[158]亦如《論語·八佾》所云「子曰：『管仲之器小哉！』或曰：『管仲儉乎？』曰：『管氏有三歸，官事不攝，焉得儉？』」[159]上引簡2、簡3之辭例屬之，殆指「湯詢問小臣（伊尹）能否運用其善於調和食用與烹煮之本事，使上下更和諧」，此與下文所云「以和利萬民」（清華〈湯處於湯丘〉簡8、簡9）之意怡相近，且此「和」或猶《尚書·周官》所云「宗伯掌邦禮，治神人，和上下。」[160]再如《左傳·隱公四年》亦曰「臣聞以德和民，不聞以亂。」[161]凡此等「和」字，其義訓皆近於簡文此例矣。

三、 表示反問語氣，亦相當於「嗎」或「呢」，其猶《尚書·堯典》云「帝曰：『吁！嚚訟，可乎？』」[162]又如《史記·陳涉世家》亦曰「且壯士不死即已，死即舉大名

---

[156] 蘇建洲曾釋〈楚居〉簡例中間之形構為「『冊』旁訛為『尹』形」，同時，也進一步確認下引包山簡19例確實應釋作「虜」，可參。蘇建洲：《楚文字論集》（臺北：萬卷樓圖書公司，2011年12月初版），頁404-405。

[157] 李家浩：〈攻敔王者彶觑虜劍與者減鐘〉，《古文字與古代史》3（臺北：中央研究院歷史語言研究所，2012年3月），頁215-235。

[158] 〔魏〕何晏注、〔宋〕邢昺疏：《論語注疏》（清嘉慶二十年江西南昌府學重刊宋刻本，臺北：藝文印書館，1997年8月初版），卷一，頁6。

[159] 〔魏〕何晏注、〔宋〕邢昺疏：《論語注疏》（清嘉慶二十年江西南昌府學重刊宋刻本，臺北：藝文印書館，1997年8月初版），卷三，頁30。

[160] 〔漢〕孔安國傳、〔唐〕孔穎達疏：《尚書正義》（清嘉慶二十年江西南昌府學重刊宋刻本，臺北：藝文印書館，1997年8月初版），卷十八，頁270。

[161] 〔晉〕杜預注、〔唐〕孔穎達疏：《春秋左傳正義》（清嘉慶二十年江西南昌府學重刊宋刻本，臺北：藝文印書館，1997年8月初版），卷三，頁56。

[162] 〔漢〕孔安國傳、〔唐〕孔穎達疏：《尚書正義》（清嘉慶二十年江西南昌府學重刊宋刻本，臺北：藝文

耳，王侯將相寧有種乎！」[163]此所見「乎」字皆同此訓也，上引簡 8 與 9、簡 17
與 18、簡 19 等三組辭例即屬此類用法，殆言「如果我（湯）沒看見（小臣之才幹
與能力），人們就不會以為我怠乎政事了嗎？一旦我怠乎政事，而且不知失敗將至，
那我又有何資格當此國君呢？」或「這些（作法）不就是愛民的表現嗎？」、抑或
「這些（作法）不就是恭命的表現嗎？」

但不管用例為何，簡文「房」字皆可讀為「乎」，此應無疑義矣。

〔10〕郙（夏、夏）、顕（夏、夏）、昷（夏、夏）

簡文「夏」字異構甚多，分見於簡 3、簡 12、簡 13、簡 14：

（清華〈湯處於湯丘〉簡 3）

（清華〈湯處於湯丘〉簡 12）

（清華〈湯處於湯丘〉簡 12）

（清華〈湯處於湯丘〉簡 13）

（清華〈湯處於湯丘〉簡 13）

（清華〈湯處於湯丘〉簡 14）

原整理者依形分作隸釋，如簡 3 例，即隸作「郙」，讀為「夏」，而簡 12 二例則隸
作「顕」，仍讀為「夏」，至於簡 13 二例與簡 14 例，原整理者另隸作「昷」，亦讀為「夏」。[164]

古文字「夏」字之字形異構變化甚大，但其所從日旁訛近「旦」形、「虫」形或見
異化且從邑者，簡文此類「夏」字可謂首見之例，如簡 3 緟「邑」應是疊加或替換形符
以表義，其例或猶兩周金文「鄭」字之字形演變趨勢：

印書館，1997 年 8 月初版），卷二，頁 26。

163 〔漢〕司馬遷原著、（日）瀧川龜太郎著：《史記會注考證》（臺北：萬卷樓圖書公司，1993 年 8 月初
版），卷四十八，頁 767。

164 清華大學出土文獻研究與保護中心編、李學勤主編：《清華大學藏戰國竹簡（伍）》（上海：中西書局，
2015 年 4 月第一版），頁 135。

（西周：鄭伯筍父鬲，《集成》00730）

（春秋：鄭伯盤，《集成》10090）

（戰國：鄭左庫戈，《集成》10994）

　　西周金文「鄭」字不从邑，自戰國以下，始繁緟「邑」旁，殆以疊加或替換「邑」旁之方式表示邦國之意，而與簡文此所見从邑之「夏」字，在字形發展上，有其相類之處，但「夏」在其時應為共主，雖「邑」字或有國都之意，如甲金文或見「在大邑商」（第五期：《合集》36530）、「唯武王既克大邑商，則廷告于天」（西周：何尊，《集成》06014）等，再如《尚書‧召誥》亦云「周公朝至于洛，則達觀于新邑營。」[165]抑或《詩經‧商頌‧殷武》則曰「商邑翼翼，四方之極。」毛傳釋為「商邑，京師也。」[166]惟簡文下句又言「邦國」之「邦」，[167]此則頗令人不解，其是否有貶抑之義，今暫且存疑待考。

　　至於簡文此等「夏」字所从日旁下之繁化橫筆，在春秋金文與楚文字中，仍可見與其相近之字形演變類例，甚至部分「夏」字此繁構與下方「止」形併訛為「是」形，例如：

（春秋：莒叔之仲子平鐘，《集成》00174「夏」）

（天星觀卜筮簡「夏」）

165　〔漢〕孔安國傳、〔唐〕孔穎達疏：《尚書正義》（清嘉慶二十年江西南昌府學重刊宋刻本，臺北：藝文印書館，1997 年 8 月初版），卷十五，頁 219。

166　〔漢〕毛亨傳、〔漢〕鄭玄箋、〔唐〕孔穎達疏：《毛詩正義》（清嘉慶二十年江西南昌府學重刊宋刻本，臺北：藝文印書館，1997 年 8 月初版），卷二十之四，頁 805。

167　「邦」字在古文字與傳世文獻中，多可解作「邦國」之意，例如：「曰古文王，初盭龢于政，上帝降懿德大屏，撫有上下，會受萬邦。」（西周：史牆盤，《集成》10175），又如《尚書‧堯典》云「百姓昭明，協和萬邦。」再如《詩經‧大雅‧皇矣》所曰「王此大邦，克順克比。」凡此「邦」字，皆屬此訓也。
　　〔漢〕孔安國傳、〔唐〕孔穎達疏：《尚書正義》（清嘉慶二十年江西南昌府學重刊宋刻本，臺北：藝文印書館，1997 年 8 月初版），卷二，頁 20；〔漢〕毛亨傳、〔漢〕鄭玄箋、〔唐〕孔穎達疏：《毛詩正義》（清嘉慶二十年江西南昌府學重刊宋刻本，臺北：藝文印書館，1997 年 8 月初版），卷十六之四，頁 570。

（郭店《緇衣》簡 33「穆」）

（郭店《魯穆公問子思》簡 1「穆」）

　　除上引「夏」字二例所從日旁下方縕一橫筆外，「穆」字所從禾穗之形，在楚文字中訛近「日」旁，且其下又或在三斜筆之上繁縕一橫筆，與「夏」字此繁化趨勢相同，簡文「夏」字所從日下繁筆即當本於此。

　　最後，再看簡文此等「夏」字所從虫旁，其形或見異化，魏宜輝曾考證楚簡「夏」字此類「虫」形即人體手臂之形，殆自春秋戰國金文省變而來，[168]其說有其一定之理據，不過，此類字形異化之勢，恐怕春秋莒叔之仲子平鐘例才是此異化發展之起點，而非該文中所引之邳伯罍，換言之，「夏」字訛為「虫」形，可溯及春秋，而為簡文此形之所本，甚至簡文「虫」形下方之點畫，亦有可能是「止」形之省略，茲據魏宜輝之研究成果，並增補部分字例，試調整「夏」字所從「虫」形之發展演變路線如下：

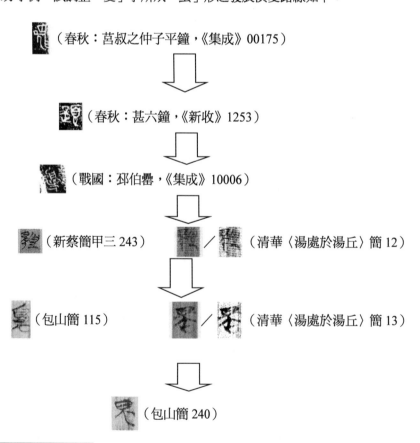

---

[168] 魏宜輝：〈試析楚簡文字中的「顯」「量」字〉，《江漢考古》2002 年第 2 期，頁 74-77。

　　此中尤可留意者，「夏」字所從日、虫二形異化之勢，並見於莒叔之仲子平鐘，或許可推知，春秋時期應是「夏」字此字形演變之過渡時期，進而發展為戰國文字異化之形，另外，〈湯在啻門〉簡另見一「顥」字類例，亦當與此同，且其所從虫之左撇筆，似向右折回，而與其下方之點畫共筆，這不得不令人懷疑其是否有可能是上博簡舊釋從它諸例之所本，[169]茲列舉此等相關字形如下：

（清華〈湯在啻門〉簡 20）

（上博〈民之父母〉簡 5）

（上博〈民之父母〉簡 9）

　　凡此諸例，俱是解釋簡文「夏」字所從虫形異化現象之關鍵字形。

　　故綜上所述，雖然簡文所見「夏」字之字形特殊，但大抵仍符合其字形發展趨勢，故將其隸作「邔」、「顥」或「昰」，並釋為「夏」，應無疑義。

　　而〈湯處於湯丘〉簡文此等類例皆可讀為「夏」，即有夏一代，惟此中「夏邦」一詞，古文字與先秦典籍文獻罕見其例，除本簡外，亦僅見於上博簡，其辭或云「昔融之是師，訏尋夏邦」（上博〈鬼神之明　融師有成氏〉簡 7），此是否為有其特定之意涵，甚或有本文上文所疑之貶抑意，俱仍有待新出。

〔11〕（聞、聞）、（聞、問）；𦣝（聞、問）

　　此等類例分見於簡 4、簡 6、簡 10、簡 11、簡 13、簡 14、簡 15、簡 16、簡 17 與簡 18，其形分作：

　　　／　　（清華〈湯處於湯丘〉簡 4）

　　　／　　（清華〈湯處於湯丘〉簡 6）

　　　／　　（清華〈湯處於湯丘〉簡 10）

[169] 魏宜輝曾將上博簡此類字例釋從它。魏宜輝：〈試析楚簡文字中的「顥」「昰」字〉，《江漢考古》2002 年第 2 期，頁 74-77。

（清華〈湯處於湯丘〉簡 11）

（清華〈湯處於湯丘〉簡 13）

（清華〈湯處於湯丘〉簡 14）

（清華〈湯處於湯丘〉簡 15）

（清華〈湯處於湯丘〉簡 16）

（清華〈湯處於湯丘〉簡 17）

（清華〈湯處於湯丘〉簡 18）

　　依其形構特徵，俱為「聞」字異構，可分隸作「聎」與「聑」，釋作「聞」，不過，部分字例所从耳旁，或由於書寫筆勢之關係，又寫得稍類近「反」形，惟透過同篇異體字形之比較，仍可辨識其仍為「耳」旁，此是無庸置疑的。

　　而清華簡此類「聞」字，皆可讀如本字或讀為「問」、「昏」：[170]

一、讀為「聞」者，例如：「方惟聞之乃箴」（清華〈湯處於湯丘〉簡 4）、「民人聞之其謂吾君何？」（清華〈湯處於湯丘〉簡 5、6）、「雖臣死而又生，此言弗又可得而聞也。」（清華〈湯處於湯丘〉簡 10），此類「聞」字皆如字讀，訓作「聽聞」，其猶兩周金文所見「我聞殷墜令」（西周：盂鼎，《集成》02837）、「寡人聞之」（戰國：中山王舋鼎，《集成》02840），抑或如《左傳・隱公元年》所云「公聞其期，曰：『可矣！』」[171]凡此「聞」字皆同此訓，亦當即《說文》所釋本義「知聞」也。[172]

170 「聞」、「問」二字上古音皆為明母文部，「昏」字則為曉母文部，此三字疊韻，應具相通之條件，而其相通例在古文字或傳世文獻中，也確實頗為常見。因此，「聞」可讀為「問」或「昏」，應無疑義。高亨纂著、董治安整理：《古字通假會典》（濟南：齊魯書社，1989 年 7 月第一版），頁 156；王輝：《古文字通假釋例》（臺北：藝文印書館，1993 年 4 月初版），頁 805；白於藍編著：《戰國秦漢簡帛古書通假字彙纂》（福州：福建人民出版社，2012 年 5 月第一版），頁 864、887-888。

171 〔晉〕杜預注、〔唐〕孔穎達疏：《春秋左傳正義》（清嘉慶二十年江西南昌府學重刊宋刻本，臺北：藝文印書館，1997 年 8 月初版），卷二，頁 36。

172 〔漢〕許慎編撰、〔宋〕徐鉉校定：《說文解字》（據清同治十二年陳昌治改刻本縮印，香港：中華書局，

二、讀為「問」者，在此批簡中，其句式用例大多相同，包括：「湯又問於小臣」（清華〈湯處於湯丘〉簡 11、12）、「湯又問於小臣」（清華〈湯處於湯丘〉簡 13）、「湯又問於小臣」（清華〈湯處於湯丘〉簡 14）、「湯又問於小臣」（清華〈湯處於湯丘〉簡 16）、「湯又問於小臣」（清華〈湯處於湯丘〉簡 17）、「湯又問於小臣」（清華〈湯處於湯丘〉簡 18、19），且此等語句幾乎都是每個篇章段落之起始語，有其段落標識之功能，凡此「問」之例，皆可訓作「訽問」，其猶《尚書・呂刑》所云「皇帝清問下民」，[173]或如《史記・袁盎鼂錯列傳》亦曰「刺者至關中問袁盎，諸君譽之皆不容口」，[174]盡屬此等類例也。

三、讀為「昏」者，如簡 15 之「𦕑」字，學者對其釋讀或存異說，例如：原整理者引《論語・季氏》「事思敏，疑思問」證之；[175]網路發言者暮四郎讀為「昏」，並將簡文釋為「不事昏職之人」義；[176]王寧仍從暮四郎之說，惟其將簡 15 所謂「不事𦕑」，釋為「不為混亂之事」；[177]魏棟將此字讀為「聞」，並將簡文此句釋為「不從事於追求聲名」；[178]郭倩文從暮四郎之說；[179]洪君好從魏棟之說，並引高榮鴻所云，認為簡文此處應釋為「不以令譽為事，不以危地為居」；[180]其後，原整理者沈建華仍讀為「問」，並認為「事，此處指敬業多問」，不過，卻將此段簡文譯作「做事不昏庸」，似又從王寧之說。[181]今復考簡文此處內容，倘讀為「不事問」，確實與聖人自愛之道矛盾，而魏棟「不事聞」之說，則仍闕實際用例，且其所據下文疑為對應之「與民分利」句，實際上，在此句前尚有諸多內容，且有「不虐殺」一事，顯然「與民分利」句只是聖人自愛之道中，其中一項並列之事，與「不事𦕑」無關，故此說實猶可商，至於洪君好引高榮鴻所釋「不以危地為居」，似又與簡文上下文

2014 年 8 月再版），卷十二，頁 250。

[173] 〔漢〕孔安國傳、〔唐〕孔穎達疏：《尚書正義》（清嘉慶二十年江西南昌府學重刊宋刻本，臺北：藝文印書館，1997 年 8 月初版），卷十九，頁 297。

[174] 〔漢〕司馬遷原著、（日）瀧川龜太郎著：《史記會注考證》（臺北：萬卷樓圖書公司，1993 年 8 月初版），卷一百一，頁 1124。

[175] 清華大學出土文獻研究與保護中心編、李學勤主編：《清華大學藏戰國竹簡（伍）》（上海：中西書局，2015 年 4 月第一版），頁 139。

[176] 「簡帛論壇：清華五《湯處於湯丘》初讀」12 樓網路發言者暮四郎之發文，武漢大學簡帛研究中心，網址：http://www.bsm.org.cn/bbs/read.php?tid=3247&fpage=3&page=2，2015 年 4 月 11 日，檢索日期：2018 年 6 月 7 日；王進鋒：〈清華簡（伍）《殷高宗問於三壽》《湯處於湯丘》《湯在啻門》三篇集釋〉，收入李學勤、艾蘭、呂德凱主編，清華大學出土文獻研究與保護中心、古代中國研究會編：《清華簡研究》3（上海：中西書局，2019 年 12 月第一版），頁 392-497。

[177] 王寧：〈讀清華五《湯處於湯丘》散札〉，復旦大學出土文獻與古文字研究中心，網址：http://www.gwz.fudan.edu.cn/Web/Show/2501，2015 年 4 月 21 日，檢索日期：2018 年 3 月 5 日。

[178] 魏棟：〈清華簡《湯處於湯丘》校讀記〉，《管子學刊》2016 年第 1 期，頁 104-106。

[179] 郭倩文：《《清華五》、《上博九》集釋及新見文字現象整理與研究》（華東師範大學碩士學位論文，2016 年 5 月），頁 138。

[180] 洪君好：《戰國竹書伊尹文獻研究》（國立中興大學中國文學研究所碩士論文，2017 年 8 月），頁 48-49。

[181] 沈建華：〈《湯處於湯丘》新釋文、注釋、白話譯文〉，收入李學勤、艾蘭、呂德凱主編，清華大學出土文獻研究與保護中心、古代中國研究會編：《清華簡研究》3（上海：中西書局，2019 年 12 月第一版），頁 90-99。

意不甚相應，亦仍有疑，有鑑於此，本文仍從暮四郎與王寧之釋讀，主因其說俱可順讀文意，且以王寧之說尤佳，今從之。另外，簡文此字不從尔，其義又與同簡他例有別，因此，劉偉浠曾提及「別嫌」之可能性，[182]不過，古文字不從尔之「聞」字異構，亦有非讀為「昏」者，例如：

（戰國：中山王嚳鼎，《集成》02840A）

（郭店《語叢・四》簡24）

此等「聞」字即不從尔，其辭例分云「寡人聞之」（戰國：中山王嚳鼎，《集成》02840A）、「雖勇力聞於邦不如材，金玉盈室不如謀，眾強甚多不如時」（郭店《語叢・四》簡24、25），在辭例中，此二「聞」字俱應逕讀為本字，而非讀為「昏」，因此，〈湯處於湯丘〉簡此例，其不從尔，恐怕與「別嫌」無關。

〔12〕呺（勺？、勺）

簡文此例之形為：

（清華〈湯處於湯丘〉簡4）

原整理者隸作「呺」，釋為从勺得聲，並讀為「徵召」之「召」；[183]王永昌改讀為「調」，並將此段簡文釋為「現今小臣生病了，若使小臣調養（身體），（等到他）疾病稍癒，使小臣朝見（君主）並訊問他」；[184]郭倩文大抵仍從原整理者之說；[185]洪君好從王永昌之說；[186]高佑仁以為簡文此字讀「召」或「調」，皆不太合適，並認為此字「該怎麼讀，還有待日後的考察，但它應該是指（請臺僕先行代為）『問疾』、『慰問』一類的動作。」[187]

今復考其形，知原整理者之隸定，應無疑義，郭店與上博簡部分从勺之字例，其字

---

182 劉偉浠：〈《清華大學藏戰國竹簡（五）》研究綜述〉，《牡丹江師範學院學報（哲學社會科學版）》2016年第4期，頁81-85。

183 清華大學出土文獻研究與保護中心編、李學勤主編：《清華大學藏戰國竹簡（伍）》（上海：中西書局，2015年4月第一版），頁137。

184 王永昌：〈清華簡文字釋讀四則〉，《管子學刊》2016年第1期，頁107-108。

185 郭倩文：《《清華五》、《上博九》集釋及新見文字現象整理與研究》（華東師範大學碩士學位論文，2016年5月），頁123-124。

186 洪君好：《戰國竹書伊尹文獻研究》（國立中興大學中國文學研究所碩士論文，2017年8月），頁35。

187 高佑仁：〈〈湯處於湯丘〉札記六則〉，「文字、文獻與文明——第七屆出土文獻青年學者論壇暨國際學術研討會」，廣州：中山大學古文字研究所，2018年8月17-20日，其後經修訂，收入中山大學古文字研究所、出土文獻與中國古代文明研究協同創新中心、中山大學中國語言文學系編：《文字・文獻・文明》（上海：上海古籍出版社，2019年10月第一版），頁87-98。

形即與此相類：

（郭店《語叢・四》簡24「勺」）

（上博〈容成氏〉簡50「約」）

（上博〈曹沫之陳〉簡29「訋」）

可知此類「勺」字所見「勺」中食物之圖畫形構，或稍有繁化之勢，即寫作二橫筆之形，簡文此例適正與此字形發展趨勢相同，因此，簡文此字釋从勺，應無疑義，且依形應可隸作「⿰口勺」。

而簡文云「君天王是有臺僕。今小臣有疾，如使⿰口勺，少閒於疾，朝而訊之，不猶受君賜？」（清華〈湯處於湯丘〉簡4、5）殆云小臣因「如使⿰口勺」，而能「少閒於疾」之事，此二語句前後有其因果關係，因此，原整理者讀為「徵召」之「召」，在此似無所取義，且此字从口，應有其類義，至於讀為「調」或釋作「問疾」、「慰問」之說，因簡文上下文皆言食事，此則又或義嫌稍隔，是故，簡文此字應可另作別解。

竊疑簡文此字當即「勺」字異構，在此可解作「調和」義，以呼應簡文所強調之「食事」內容，其理為：「勺」字本象食具之形，用以舀取食物，[188]而據傳世文獻用例，此動作當指自樽中舀酒之意，其猶《禮記・明堂位》所云「灌尊，夏后氏以雞夷，殷以斝，周以黃目。其勺，夏后氏以龍勺，殷以疏勺，周以蒲勺。」[189]因此，簡文此字既从勺，且「口」、「爪」二形似又與舀酒之動作有所關係，則其例或即「勺」字異構，甚至有可能為「酌」字之初文，在此可訓作「調和」，其猶《文選・宋玉〈招魂〉》云「瑤漿蜜勺，實羽觴些。」[190]換言之，小臣能「調和」某食物以養其疾，並進而「少閒於疾」，或許能使簡文文意更加順適，且符合上引之上下文因果關係。另外，高佑仁將「『是』讀為『寔』、『實』」、「如」訓作「不如」、「臺僕代為『⿰口勺』」與「朝」讀為「召」等看法，[191]亦可備一說，且其所釋「臺僕」之說，有其啟發性，尤其若為了呼應簡文上所云「謀夏」

188 商代金文「勺」字之形為 （商：勺鼎，《集成》01193），即象食器盛有食物之形，《說文》釋其為「挹取也。象形，中有實，與包同意」，即其理也。〔漢〕許慎編撰、〔宋〕徐鉉校定：《說文解字》（據清同治十二年陳昌治改刻本縮印，香港：中華書局，2014年8月再版），卷十四，頁299。

189 〔漢〕孔安國傳、〔唐〕孔穎達疏：《禮記注疏》（清嘉慶二十年江西南昌府學重刊宋刻本，臺北：藝文印書館，1997年8月初版），卷三十一，頁581。

190 〔南朝梁〕蕭統編、〔唐〕李善注：《文選》（宋淳熙本重雕鄱陽胡氏藏版，臺北：藝文印書館，1983年6月十版），卷三十三，頁484。

191 高佑仁：〈《湯處於湯丘》札記六則〉，「文字、文獻與文明——第七屆出土文獻青年學者論壇暨國際學術研討會」，廣州：中山大學古文字研究所，2018年8月17-20日，其後經修訂，收入中山大學古文字研究所、出土文獻與中國古代文明研究協同創新中心、中山大學中國語言文學系編：《文字・文獻・文明》（上海：上海古籍出版社，2019年10月第一版），頁87-98。

之意，則此「臺僕」，應指能夠在小臣有疾時，與湯一起謀事之人或供其差遣之人，不過，簡文既云小臣「善為食、烹之和」，則其敘寫之主角與主軸，也應當是小臣，因此，「臺僕代為『呬』」之解法，恐怕仍可再作商榷，[192]至於「是」、「如」與「朝」之訓，則應當是可信的，今從之。

有鑑於此，簡文此所云「今小臣有疾，如使呬，少閒於疾，朝而訊之，不猶受君賜？」(清華〈湯處於湯丘〉簡4、5)殆指「大王您實在還有其他可供差遣與謀事之人。現在小臣有疾，不如使其調和相關食物以養之，俟其疾稍癒，屆時再召見以問之，這不也是承受君上之美意嗎？」

〔13〕繬（？、適）奉（逢）道洛（路、路）之祂（？、祟）

此中「繬」與「祂」二字之釋讀，學界或存異說，其形分作：

 （清華〈湯處於湯丘〉簡5）

 （清華〈湯處於湯丘〉簡5）

原整理者將前者隸作「繬」，讀為「適」，另將後者隸作「祂」，釋為「從示從尢，讀為尢聲」，並讀為「祟」，訓作「禍咎之徵」；[193]網路發言者魚游春水將「繬」字釋讀為「適」，訓作「若」，表示「假設，如果」之意，並將此段簡文釋為「您每天晚上回來很晚，萬一在道路上遇到什麼不乾淨的東西（造成傷害），民眾知道了，會怎麼說您呢？」[194]散宜凌則認為「祂」乃「一種不詳鬼神的專稱」；[195]王寧則將「繬」字釋為「締」字

192 「臺僕」一詞，沈建華曾將「臺」釋作「最下一等賤職」，而高佑仁則認為此乃「為湯代勞的下等人，與伊尹無關」，另吳昌哲又將其釋為「至僕」。沈建華：〈清華簡《唐（湯）處于唐丘》與《墨子·貴義》文本〉，《中國史研究》2016年第1期，頁19-23；高佑仁：〈〈湯處於湯丘〉札記六則〉，「文字、文獻與文明——第七屆出土文獻青年學者論壇暨國際學術研討會」，廣州：中山大學古文字研究所，2018年8月17-20日，其後經修訂，收入中山大學古文字研究所、出土文獻與中國古代文明研究協同創新中心、中山大學中國語言文學系編：《文字·文獻·文明》(上海：上海古籍出版社，2019年10月第一版)，頁87-98；吳昌哲：《《清華大學藏戰國竹簡(伍)·湯處於湯丘》研究》(國立臺灣師範大學國文學系碩士論文，2017年6月)，頁68-74。

193 清華大學出土文獻研究與保護中心編、李學勤主編：《清華大學藏戰國竹簡(伍)》(上海：中西書局，2015年4月第一版)，頁137。

194 「簡帛論壇：清華五《湯處於湯丘》初讀」16樓網路發言者魚游春水之發文，武漢大學簡帛研究中心，網址：http://www.bsm.org.cn/forum/forum.php?mod=viewthread&tid=3247&extra=page%3D8&page=2，2015年4月11日，檢索日期：2018年6月18日。

195 散宜凌：〈清華簡《湯處於湯丘》補說〉，清華大學出土文獻研究與保護中心，網址：http://www.ctwx.tsinghua.edu.cn/publish/cetrp/6831/2015/20150413083749907794842/2015041308374990779494842_.html，2015年4月13日，檢索日期：2018年3月6日；王進鋒：〈清華簡(伍)《殷高宗問於三壽》《湯處於湯丘》《湯在啻門》三篇集釋〉，收入李學勤、艾蘭、呂德凱主編，清華大學出土文獻研究與保護中心、古代中國研究會編：《清華簡研究》3(上海：中西書局，2019年12月第一版)，頁392-497。

繁構，並讀為「遞」，又將「奉」字釋為「承受」義，另如「祆」字，王寧則將其讀為「頒」或「瘁」，訓作「病」；[196]其後，原整理者沈建華亦將「奉」讀為「逢」，但把「祆」改讀為「術」，訓作「邑中道」；[197]網路發言者無斁亦認為此句具有假設之成分，此「適」字可讀為「設」；[198]對「繡」字，郭倩文從王寧之釋讀，至於「祆」字，則仍依原整理者之看法；[199]李爽認為此讀為「適」之「繡」字，作副詞「正好、碰巧」解，以修飾動詞「逢」，而對於「祆」字，則仍從原整理者之說，並將此段簡文釋作「碰巧在路上遇到了災禍」；[200]洪君好對「繡」字之釋讀，亦從原整理者之說，讀為「適」，並依魚游春水之看法，訓作「若」，「逢」則逕訓作「遭遇」，至於「祆」字，同樣從原整理者之意見。[201]

　　今復考簡文此二字之形，原整理者分隸作「繡」與「祆」，應無疑義，惟此二字古文字俱未見其例，其形源尚且待考。

　　而簡文上文所云「往不以時」與「歸必夜」，應是下文「繡逢道路之祆」之原因，因此，原整理者、魚游春水、無斁、洪君好與李爽之所訓者，似較貼合文意，只不過「適逢」一詞，目前所見書證用例較晚，遲至《漢書》始見其例，如《漢書·蓋諸葛劉鄭孫毋將何傳》即云「豐案劾章，欲奏其事，適逢許侍中私出，豐駐車舉節詔章曰：『下！』欲收之」，[202]故今簡文所見此例，恐怕仍是以魚游春水所訓「假設，如果」較佳，畢竟此在先秦傳世文獻已可找到相關用例，如《韓非子·內儲說》云「王適有言，必勿聽從王言。」[203]但也毋須改讀為「設」，此點洪君好已曾指出，可信；至於王寧所釋「奉頒（瘁）」，其「奉」訓「承」，本無可厚非，[204]惟此「承」當解作「敬受」，而非「承受」，且多用於人對人或天對人之層級概念，如《漢書·韓彭英盧吳傳》云「淮南王曰：『請奉命。』陰許叛楚與漢，未敢泄」，[205]又如《文選·司馬相如〈封禪文〉》亦有言「夫修

---

[196] 王寧：〈讀清華五《湯處於湯丘》散札〉，復旦大學出土文獻與古文字研究中心，網址：http://www.gwz.fudan.edu.cn/Web/Show/2501，2015 年 4 月 21 日，檢索日期：2018 年 3 月 5 日。

[197] 沈建華：〈清華簡《唐（湯）處于唐丘》與《墨子·貴義》文本〉，《中國史研究》2016 年第 1 期，頁 19-23；沈建華：〈《湯處於湯丘》新釋文、注釋、白話譯文〉，收入李學勤、艾蘭、呂德凱主編，清華大學出土文獻研究與保護中心、古代中國研究會編：《清華簡研究》3（上海：中西書局，2019 年 12 月第一版），頁 90-99。

[198] 「簡帛論壇：清華五《湯處於湯丘》初讀」26 樓網路發言者無斁之發文，武漢大學簡帛研究中心，網址：http://www.bsm.org.cn/forum/forum.php?mod=viewthread&tid=3247&extra=page%3D8&page=3，2015 年 4 月 28 日，檢索日期：2018 年 6 月 18 日。

[199] 郭倩文：《《清華五》、《上博九》集釋及新見文字現象整理與研究》（華東師範大學碩士學位論文，2016 年 5 月），頁 124-125。

[200] 李爽：《清華簡「伊尹」五篇集釋》（吉林大學碩士論文，2016 年 6 月），頁 110。

[201] 洪君好：《戰國竹書伊尹文獻研究》（國立中興大學中國文學研究所碩士論文，2017 年 8 月），頁 46。

[202] 〔漢〕班固撰、〔唐〕顏師古注：《漢書》（瞿氏鐵琴銅劍樓藏北宋景祐刊本，臺北：臺灣商務印書館，2010 年 7 月臺二版），〈列傳〉卷四十七，頁 965。

[203] 〔清〕王先慎：《韓非子集解》（臺北：藝文印書館，2008 年 3 月初版），卷十，頁 392。

[204] 如《說文》即訓「奉」為「承也」。〔漢〕許慎編撰、〔宋〕徐鉉校定：《說文解字》（據清同治十二年陳昌治改刻本縮印，香港：中華書局，2014 年 8 月再版），卷三，頁 59。

[205] 〔漢〕班固撰、〔唐〕顏師古注：《漢書》（瞿氏鐵琴銅劍樓藏北宋景祐刊本，臺北：臺灣商務印書館，2010 年 7 月臺二版），〈列傳〉卷四，頁 499。

德以錫符，奉命以行事，不為進越也」，[206]而「承受奔波勞苦」，在今訓詁語料則仍難以覓得其類例，故王寧此說似仍存疑義，恐無法作如是解；再如沈建華將「祧」讀「術」之說，似又與上文「道路」在語義上有所重複，或亦可商。有鑑於此，本文今仍依原整理者之所釋者，將簡文此句讀為「適逢道路之祟」，殆指君上若「往不以時」與「歸必夜」，則其便容易在路上遭遇災禍之事，甚至也有可能遇到如上引散宜凌所云之某種不詳鬼神。另值得留意的是，高佑仁認為簡文此所謂「不以時」，應釋為「不合時」為宜，[207]今以本文上所云「繍逢道路之祧」之原因而言，其說應是可信的。

〔14〕廛（闡）章百（百、百）義

原整理者將「廛」字讀為「展」，並引《國語》韋注與《詩經》毛傳，將其訓作「申」或「善」；[208]王寧以為「展彰」文意不暢，故將「廛」字改讀為「闡」，表「開而明之」之意，並將簡文此所謂「闡章」一詞，釋為「意思同於後來的『闡明』，講解明晰之意」；[209]薛培武亦釋為「廛」，讀為「展」；[210]郭倩文從王寧之看法；[211]洪君妤仍從原整理者之說。[212]

簡文此四字釋形無礙，可逐作隸釋，惟其釋讀或仍有疑。今復考「廛」、「展」、「闡」等三字上古音俱屬元部，或可相通，而以簡文上下文而言，其云「今小臣能廛章百義，以和利萬民，以修四時之政，以設九事之人，以長奉社稷，吾此是為見之。」（清華〈湯處於湯丘〉簡7、8），倘依原整理者之釋讀，其將「廛」字讀為「展」，訓作「申」或「善」，在此確實難以通釋文意，而「章」本有「明示」之意，如《尚書‧堯典》云「九族既睦，平章百姓。」孔穎達疏曰「教之以禮法，章顯之使之明著。」[213]其於簡文適可作「明示百義」解，故似亦無須另作通讀，因此，原整理者之釋讀，似仍有可商者，而王寧將「廛」字改讀為「闡」，並將「闡章」訓作「闡明」之說，大抵可從，惟其所引

206 〔南朝梁〕蕭統編、〔唐〕李善注：《文選》（宋淳熙本重雕鄱陽胡氏藏版，臺北：藝文印書館，1983年6月十版），卷四十八，頁690。

207 高佑仁：〈〈湯處於湯丘〉札記六則〉，「文字、文獻與文明——第七屆出土文獻青年學者論壇暨國際學術研討會」，廣州：中山大學古文字研究所，2018年8月17-20日，其後經修訂，收入中山大學古文字研究所、出土文獻與中國古代文明研究協同創新中心、中山大學中國語言文學系編：《文字‧文獻‧文明》（上海：上海古籍出版社，2019年10月第一版），頁87-98。

208 清華大學出土文獻研究與保護中心編、李學勤主編：《清華大學藏戰國竹簡（伍）》（上海：中西書局，2015年4月第一版），頁138。

209 王寧：〈讀清華五《湯處於湯丘》散札〉，復旦大學出土文獻與古文字研究中心，網址：http://www.gwz.fudan.edu.cn/Web/Show/2501，2015年4月21日，檢索日期：2018年3月5日。

210 薛培武：〈「珥生器」中用為「定/實」之字補論〉，武漢大學簡帛研究中心，網址：http://www.bsm.org.cn/show_article.php?id=2411，2015年12月31日，檢索日期：2018年3月7日。

211 郭倩文：《《清華五》、《上博九》集釋及新見文字現象整理與研究》（華東師範大學碩士學位論文，2016年5月），頁125。

212 洪君妤：《戰國竹書伊尹文獻研究》（國立中興大學中國文學研究所碩士論文，2017年8月），頁35。

213 〔漢〕孔安國傳、〔唐〕孔穎達疏：《尚書正義》（清嘉慶二十年江西南昌府學重刊宋刻本，臺北：藝文印書館，1997年8月初版），卷二，頁20。

《說文》、《易經》與《玉篇》等書證，[214]殆「闡」字之本義也，或仍與簡文此所云「闡明」義稍隔，茲復增補書證備參，其猶孔安國〈書經序〉所云「漢室龍興，開設學校，旁求儒雅，以闡大猷。」此「闡」字即存「弘揚」義，而與「闡明」義相近也。

〔15〕九事之人

簡 7 與簡 8 云「今小臣能闡章百義，以和利萬民，以修四時之政，以設九事之人，以長奉社稷，吾此是為見之」，此段簡文言及小臣伊尹在輔佐國家社稷上之作為與功蹟，其中「九事之人」之釋讀至關重要，甚至涉及此批簡之性質歸屬，因此，原整理者以為簡文此所謂「九事之人」，疑與馬王堆帛書《伊尹・九主》所云「事分在職臣」、《周禮》所見之「九職」或《史記》所載之「九主」等有關，[215]而沈建華本以為「設九事之人」與《史記・殷本紀》之「九主之事」有關，但後來又從李學勤之說，將「九事」釋為《周禮・天官冢宰・大宰》之「九職」，亦即《說文》段注所云之「九功」，並補云「將民人分為九職，可以達到各盡其能、各得其所的目的」。[216]

李學勤與沈建華之說可從，主因馬王堆帛書《伊尹・九主》與《史記》所云「九主」，殆指君王或人主，此可參馬王堆帛書《伊尹・九主》云「事分在職臣」(12／363)，[217]原整理者引《管子・幼圖》所云「八分有職，卿相之守也」證之，[218]又如《史記・殷本紀》曰「伊尹處士，湯使人聘迎之，五反然後肯往從湯，言素王及九主之事。」司馬貞索隱釋云「九主者，三皇五帝及夏禹也。」再如裴駰集解引劉向《別錄》釋曰「九主者，有法君、專君、授君、勞君、等君、寄君、破君、國君、三歲社君，凡九品，圖畫其形。」[219]凡此君王或人主之例，恐非小臣所能「設置」，至於《周禮・天官冢宰・大宰》所言「以九職任萬民：一曰三農，生九穀；二曰園圃，毓草木；三曰虞衡，作山澤之材；四曰藪牧，養蕃鳥獸；五曰百工，飭化八材；六曰商賈，阜通貨賄；七曰嬪婦，化治絲枲；八曰臣妾，聚斂疏材；九曰閒民，無常職，轉移執事。」[220]此乃周代之九種職業，與「任

---

214 王寧所引書證為「《說文》所云『開也』，開則明，故《易・繫辭下》：『而微顯闡幽』韓康伯注：『闡，明也』，《玉篇》亦云：『闡，明也。』」王寧：〈讀清華五《湯處於湯丘》散札〉，復旦大學出土文獻與古文字研究中心，網址：http://www.gwz.fudan.edu.cn/Web/Show/2501，2015 年 4 月 21 日，檢索日期：2018 年 3 月 5 日。

215 清華大學出土文獻研究與保護中心編、李學勤主編：《清華大學藏戰國竹簡（伍）》（上海：中西書局，2015 年 4 月第一版），頁 134、138。

216 沈建華：〈讀清華簡《湯處於唐丘》中的「設九事之人」〉，收入清華大學出土文獻研究與保護中心編、李學勤主編：《出土文獻》7（上海：中西書局，2015 年 10 月第一版），頁 133-136。

217 湖南省博物館、復旦大學出土文獻古文字研究中心編纂，裘錫圭主編：《長沙馬王堆漢墓簡帛集成》（北京：中華書局，2014 年 6 月第一版），第肆冊，頁 97。

218 湖南省博物館、復旦大學出土文獻古文字研究中心編纂，裘錫圭主編：《長沙馬王堆漢墓簡帛集成》（北京：中華書局，2014 年 6 月第一版），第肆冊，頁 101。

219 〔漢〕司馬遷原著、（日）瀧川龜太郎著：《史記會注考證》（臺北：萬卷樓圖書公司，1993 年 8 月初版），卷三，頁 55。

220 〔漢〕鄭玄注、〔唐〕賈公彥疏：《周禮注疏》（清嘉慶二十年江西南昌府學重刊宋刻本，臺北：藝文印書館，1997 年 8 月初版），卷二，頁 29。

民」有關，適正與簡文此處所云「利民修政」義相近，因此，簡文此所云「九事之人」，應即《周禮》之「九職」，且循此脈絡，則其下文之「奉」字，應訓作「助」，其猶《淮南子・說林訓》云「人不見龍之飛舉而能高者，風雨奉之。」高誘注曰：「奉，助。」[221] 換言之，簡文所謂「以設九事之人，以長奉社稷」即言小臣伊尹設置九種職業之人，以長時間協助國家之發展，此作法近於《說文》段注所釋曰「九職之功所稅也，按大宰以九貢致邦國之用。凡其所貢皆民所有事也，故職方氏曰：『制其貢，各以其所有。』」[222] 亦猶杜佑《通典・食貨三》或云「周知其萬民眾寡之數，乃分九職焉。九職既分，則劬勞者可見，勤惰者可聞也。」[223] 皆言「任民」之事也。

不過，須留意的是，《周禮・天官冢宰・司書》另云「司書掌邦之六典、八灋、八則、九職、九正、九事。」[224] 可知「九職」與「九事」並列，此二詞應指不同之事，但因此云「掌邦」之事，且在「九事」之前，故疑此所謂「九職」，實際上應指官職，而非《周禮・天官冢宰・大宰》指九種職業之「九職」，其猶劉向《說苑・君道》所云「當堯之時，舜為司徒，契為司馬，禹為司空，后稷為田疇，夔為樂正，倕為工師，伯夷為秩宗，皋陶為大理，益掌敺禽……堯知九職之事，使九子者各受其事，皆勝其任，以成九功，堯遂成厥功，以王天下。」[225] 沈建華曾證殷墟卜辭或見與「九職」有關之職官，可參。[226] 是故，《周禮》所見「九職」當存二義，一指九種職業，與簡文「九事」近同，另一則為九種官職義，屬「掌邦」之事。

故綜上所述，簡文所云「九事之人」，應非馬王堆帛書《伊尹・九主》與《史記》所云之「九主」，但是否為此批簡非《伊尹》佚篇之反證，恐又非必然，主因簡文仍有言及古聖人之事，如簡 15 即云「古之先聖人」，此當與「素王」有所相關，因此，此批簡所載湯與小臣伊尹之諮議簡文，仍與史籍所載二人之互動內容有關，不排除仍是《伊尹》佚篇之可能。

〔16〕巳（已、已）

簡文此字之形為：

---

[221] 〔漢〕劉安原編，〔漢〕高誘注：《淮南子》（日本古鈔卷子本《淮南鴻烈兵略閒詁》第廿、影鈔宋本淮南鴻烈解廿一卷，臺北：藝文印書館，出版年不詳），卷十七，頁 513。

[222] 〔漢〕許慎撰、〔清〕段玉裁注：《說文解字注》（據經韻樓藏版影印，臺北：洪葉文化公司，2016 年 10 月三版），卷六，頁 282。

[223] 〔唐〕杜佑：《通典》（據民國 24 年至 25 年之印本攝製，臺北：臺灣商務印書館，1987 年 12 月臺一版），卷三，頁典 21。

[224] 〔漢〕鄭玄注、〔唐〕賈公彥疏：《周禮注疏》（清嘉慶二十年江西南昌府學重刊宋刻本，臺北：藝文印書館，1997 年 8 月初版），卷七，頁 105。

[225] 〔漢〕劉向原撰、左松超著：《說苑集證》（以商務印書館《四部叢刊》景印平湖葛氏傳樸堂藏明鈔本為底本，臺北：國立編譯館，2001 年 4 月初版），卷一，頁 25-26。

[226] 沈建華：〈清華簡《湯處於唐丘》校讀記〉，收入李學勤、艾蘭、呂德凱主編，清華大學出土文獻研究與保護中心、古代中國研究會編：《清華簡研究》3（上海：中西書局，2019 年 12 月第一版），頁 100-107。

（清華〈湯處於湯丘〉簡 10）

　　原整理者隸作「也」；[227]網路發言者 ee（單育辰）將簡文此字與簡 14 另一類例改釋為「已」，並以為其例之用法典籍習見，或猶《戰國策・秦策三》所云「雖堯、舜、禹、湯復生，弗能改已」；[228]網路發言者暮四郎則改釋為「已」，讀為「矣」；[229]郭倩文從 ee（單育辰）之說；[230]李爽亦從 ee（單育辰）之看法；[231]洪君妤亦釋為「已」，但仍讀為「已」。[232]

　　就字形而言，簡文此字確非「也」字，此應無疑義，上引單育辰之說可信，而簡14 另一類例之形為：

（清華〈湯處於湯丘〉簡 14）

　　原整理者亦隸作「也」，[233]惟陳劍與郭倩文俱已改從 ee（單育辰）釋「已」之釋形說法，[234]故其情況與上引簡 10 例相同，也當改釋為「已」。不過，「已」、「已」二字關係密切，[235]應是一字之分化，而古文字亦多以「已」代「已」，此種狀況在楚簡中或可謂常見，除了洪君妤文中所引上博簡之例以外，又如「治民非懷生而已也」（郭店《尊德義》簡 25），亦屬此類例也，此等「已」字之形即近於「已」，例如：

（郭店《尊德義》簡 25）

227 清華大學出土文獻研究與保護中心編、李學勤主編：《清華大學藏戰國竹簡（伍）》（上海：中西書局，2015 年 4 月第一版），頁 135。

228 「簡帛論壇：清華五《湯處於湯丘》初讀」1 樓網路發言者 ee 之發文，武漢大學簡帛研究中心，網址：http://www.bsm.org.cn/bbs/read.php?tid=3247&fpage=3&page=1，2015 年 4 月 9 日，檢索日期：2018 年 6 月 6 日；單育辰：〈《清華大學藏戰國竹簡（伍）》釋文訂補〉，收入復旦大學出土文獻與古文字研究中心編：《戰國文字研究的回顧與展望》（上海：中西書局，2017 年 8 月第一版），頁 204-210。

229 「簡帛論壇：清華五《湯處於湯丘》初讀」12 樓網路發言者暮四郎之發文，武漢大學簡帛研究中心，網址：http://www.bsm.org.cn/forum/forum.php?mod=viewthread&tid=3247&extra=page%3D8&page=2，2015 年 4 月 11 日，檢索日期：2018 年 6 月 10 日。

230 郭倩文：《《清華五》、《上博九》集釋及新見文字現象整理與研究》（華東師範大學碩士學位論文，2016 年 5 月），頁 126。

231 李爽：《清華簡「伊尹」五篇集釋》（吉林大學碩士論文，2016 年 6 月），頁 111。

232 洪君妤：《戰國竹書伊尹文獻研究》（國立中興大學中國文學研究所碩士論文，2017 年 8 月），頁 46-47。

233 清華大學出土文獻研究與保護中心編、李學勤主編：《清華大學藏戰國竹簡（伍）》（上海：中西書局，2015 年 4 月第一版），頁 135。

234 陳劍：〈清華簡字義零札兩則〉，收入復旦大學出土文獻與古文字研究中心編：《戰國文字研究的回顧與展望》，上海：中西書局，2017 年 8 月第一版，頁 190-203；郭倩文：《《清華五》、《上博九》集釋及新見文字現象整理與研究》（華東師範大學碩士學位論文，2016 年 5 月），頁 136。

235 季旭昇：《說文新證》（臺北：藝文印書館，2014 年 9 月二版），頁 979。

（上博〈季庚子問於孔子〉簡14）

（上博〈競公瘧〉簡1）

因此，簡文此字或應逕隸作「巳」，上引暮四郎之說可從。

而簡文此處或云「雖臣死而又生，此言弗又可得而聞巳」（清華〈湯處於湯丘〉簡10），此句「言」下有一句讀符，功能不明，以文意而言，今仍從原整理者之斷讀。大抵而言，此段簡文殆指方惟贊同與肯定君大王所言之意，故句尾「巳」字卻應如單育辰之釋讀，讀為「已」，尤其其例在此作句尾語詞解，表示肯定之語氣，且考量「巳」、「已」乃一字之分化，在字形關係上較「巳」、「矣」一組來得密切，更何況「已」字作此訓者，或早於「矣」字，[236]其猶《尚書·洛誥》云「王曰：『公定，予往已。公功肅將祗歡，公無困哉。我惟無斁，其康事；公勿替刑，四方其世享。』」[237]亦猶《老子·二章》曰「天下皆知美之為美，斯惡已；皆知善之為善，斯不善已。」[238]是故，簡文此字仍以讀「已」為宜。

〔17〕閞（閒、夭）

簡文此字之形為：

（清華〈湯處於湯丘〉簡11）

原整理者隸作「閞」，以為此字應即「閒」字，在此可讀為「關」，訓作「由」，並釋簡文之文意為「關於天威，意云伐夏是由於天對夏后的懲罰」；[239]網路發言者暮四郎亦釋讀作「閑」，並訓作「窺伺」；[240]網路發言者ee（單育辰）以為簡文此字與毛公鼎、中山王䁅鼎之「閈」字屬同一個詞，或可皆讀為「閑（嫻）」，訓作「熟諳」；[241]網路發

236 如《論語·學而》云「與朋友交，言而有信，雖曰未學，吾必謂之學矣。」此等書證已較下文所引「已」字義訓類例稍晚。

237 〔漢〕孔安國傳、〔唐〕孔穎達疏：《尚書正義》（清嘉慶二十年江西南昌府學重刊宋刻本，臺北：藝文印書館，1997年8月初版，卷十五，頁229。

238 〔魏〕王弼等：《老子四種》（臺北：臺大出版中心，2016年6月初版），頁2。

239 清華大學出土文獻研究與保護中心編、李學勤主編：《清華大學藏戰國竹簡（伍）》（上海：中西書局，2015年4月第一版），頁135、138。

240 「簡帛論壇：清華五《湯處於湯丘》初讀」12樓網路發言者暮四郎之發文，武漢大學簡帛研究中心，網址：http://www.bsm.org.cn/forum/forum.php?mod=viewthread&tid=3247&extra=page%3D8&page=2，2015年4月11日，檢索日期：2018年6月6日；王進鋒：〈清華簡（伍）《殷高宗問於三壽》《湯處於湯丘》《湯在啻門》三篇集釋〉，收入李學勤、艾蘭、呂德凱主編，清華大學出土文獻研究與保護中心、古代中國研究會編：《清華簡研究》3（上海：中西書局，2019年12月第一版），頁392-497。

241 「簡帛論壇：清華五《湯處於湯丘》初讀」19樓網路發言者ee之發文，武漢大學簡帛研究中心，網址：

言者蚊首亦贊同 ee（單育辰）之說；[242]王寧亦從上引 ee 之說，將簡文此字讀為「閑」或「嫻」，並以為「『閒於天畏（威）』即熟習上天之威嚴。蓋成湯認為 『小臣（伊尹）能闡章百義，以和利萬民，以修四時之正，以設九事之人，以長奉社稷』（7-8 簡），是個明於天威之人，故和他交談能『閒於天之威』，即習于天威，之後就要順逆是圖」；[243]郭倩文從 ee（單育辰）之說；[244]其後，原整理者沈建華釋此字為「閑」字，並訓作「代」，且將此段簡文譯作「代天懲罰有夏」；[245]李爽亦贊同上引多家之說法，並將簡文此句釋為「熟習天之威嚴」；[246]洪君好仍從 ee（單育辰）之看法。[247]

　　簡文此字依形釋作「閒」，應無疑義，簡 5「閒」字即作此形，可隸作「閒」，[248]其形為：

（清華〈湯處於湯丘〉簡 5）

　　以此類字例所從外之「卜」形寫法而言，與新蔡簡「閒」字較為相近，並與《說文》「閒」字古文相類，茲列舉新蔡簡與《說文》古文之相關字形如下：

（新蔡簡甲一 22「閒」）

（新蔡簡甲二 28「閒」）

（新蔡簡甲三 17「閒」）

　　http://www.bsm.org.cn/bbs/read.php?tid=3247&fpage=3&page=2，2015 年 4 月 15 日，檢索日期：2018 年 6 月 6 日；單育辰：〈《清華大學藏戰國竹簡（伍）》釋文訂補〉，收入復旦大學出土文獻與古文字研究中心編：《戰國文字研究的回顧與展望》（上海：中西書局，2017 年 8 月第一版），頁 204-210。

[242]　「簡帛論壇：清華五《湯處於湯丘》初讀」22 樓網路發言者蚊首之發文，武漢大學簡帛研究中心，網址：http://www.bsm.org.cn/forum/forum.php?mod=viewthread&tid=3247&extra=page%3D8&page=3，2015 年 4 月 15 日，檢索日期：2018 年 6 月 6 日。

[243]　王寧：〈讀清華五《湯處於湯丘》散札〉，復旦大學出土文獻與古文字研究中心，網址：http://www.gwz.fudan.edu.cn/Web/Show/2501，2015 年 4 月 21 日，檢索日期：2018 年 3 月 5 日。

[244]　郭倩文：《《清華五》、《上博九》集釋及新見文字現象整理與研究》（華東師範大學碩士學位論文，2016 年 5 月），頁 127-128。

[245]　沈建華：〈《湯處於湯丘》新釋文、注釋、白話譯文〉，收入李學勤、艾蘭、呂德凱主編，清華大學出土文獻研究與保護中心、古代中國研究會編：《清華簡研究》3（上海：中西書局，2019 年 12 月第一版），頁 90-99。

[246]　李爽：《清華簡「伊尹」五篇集釋》（吉林大學碩士論文，2016 年 6 月），頁 112。

[247]　洪君好：《戰國竹書伊尹文獻研究》（國立中興大學中國文學研究所碩士論文，2017 年 8 月），頁 35-36。

[248]　清華大學出土文獻研究與保護中心編、李學勤主編：《清華大學藏戰國竹簡（伍）》（上海：中西書局，2015 年 4 月第一版），頁 135。

（新蔡簡甲三 348「閒」）

（《說文》「閒」字古文）

而此所从外之形，應屬西周金文以下其字形之繁化或聲化現象，即「外」亦有聲符之功能，[249]且西周金文此類字形亦見於楚系文字，使得楚系「閒」字或有繁簡二形並存之情況，茲引西周金文與楚系文字所見此類「閒」字之字形如下：

（西周：訅鐘，《集成》00260.1）

（郭店《語叢‧三》簡 27）

知西周金文「閒」字本从門从月，何琳儀釋其為「會月光從門閒隙照入之意」，[250]可從，即異文會意例，而近於《說文》之釋形內容。[251]因此，簡文此字、新蔡簡與《說文》古文所从外之字形，應即自「月」旁繁化或聲化而來，不過，楚系「閒」字所从外之「卜」形，另有一類不同之寫法，即多寫為「刀」形，此等字例或如：

（戰國：曾姬無卹壺，《集成》09711）

（包山簡 13）

（望山簡 1.67）

（望山簡 1.70）

（上博〈曹沫之陳〉簡 24）

---

249 季旭昇：《說文新證》（臺北：藝文印書館，2014 年 9 月二版），頁 836-837。

250 何琳儀：《戰國古文字典——戰國文字聲系》（北京：中華書局，1998 年 9 月第一版），頁 912。

251 《說文》釋「閒」云「隟也。从門从月。」徐鉉釋云「夫門夜閉，閉而見月光，是有閒隟也。」〔漢〕許慎編撰、〔宋〕徐鉉校定：《說文解字》（據清同治十二年陳昌治改刻本縮印，香港：中華書局，2014 年 8 月再版），卷十二，頁 248。

（上博《三德》簡 4）

此「刀」形或即「卜」形之形近異化，抑或與書手之書寫習慣有關，另值得注意的是，在上引字例中，亦可見「閞」字省去「門」旁者，此應是漢字發展過程中所見之形符脫落現象，更可證成「外」旁具有表音功能，以致其形構在整體字形中相對穩定。

綜上所述，簡文此字應可隸釋為从外之「閞」字，即「閞」字之異構。

惟須另作說明的是，目前並無直接證據可證明「閞」、「閑」為一字，故學者或釋此字為「閑」，恐猶有可商；至於其例是否可釋讀為「閑」之相關義，由於此處強調「天威」，或有使人畏懼或懾服之意涵，因此，實在毋須再進行「熟悉」、「了解」，甚至「窺視」天威，而應該是屬於一種較被動之影響情況，是故，能否讀為「閑」，恐怕仍有很大之討論空間。

而簡文此處辭例云「如幸余閞於天威，朕惟逆順是圖。」（清華〈湯處於湯丘〉簡11），此當是呼應上文所云「雖余孤之與上下交，豈敢以貪舉」之事所下之但書，上引多數學者以為簡文此字與兩周金文「閞」字有一定程度之關係，大抵可信，今復考其形為：

（西周：毛公鼎，《集成》02841）

／（戰國：中山王𧊒鼎，《集成》02840）

此等器銘分別為「膺受大命，率懷不廷方，亡不閞于文武耿光。」（西周：毛公鼎，《集成》02841））、「昔者，燕君子噲叡弅夫悟，長為人主，閞於天下之物矣」（戰國：中山王𧊒鼎，《集成》02840），此中「閞」字可依形逕作隸定，應即《說文》之「閞」字，許慎釋云「門也。从門干聲。汝南平輿里門曰閞」，[252]段注本則作「闔也。从門干聲。汝南平輿里門曰閞」（卷十二上「門」部），[253]惟許慎與段玉裁之說，皆指門或里門而言，與此處簡文或金文無關，其實，關於此字之釋讀，郭沫若以為毛公鼎「閞」字可假為「覟」，亦猶「覝」，在銘文此處可訓作「明」，即「察視義」，故銘文所謂「閞于文武耿光」，即言「被文武之耿光所鑑臨也」，[254]其說頗合於毛公鼎銘文「受命蒙眷於先祖」之文意，至於中山王𧊒鼎例亦可取其「察視義」，表示「察視天下之物」，因此，郭沫若

252 〔漢〕許慎編撰、〔宋〕徐鉉校定《說文解字》（據清同治十二年陳昌治改刻本縮印，香港：中華書局，2014 年 8 月再版），卷十二，頁 248。

253 〔漢〕許慎撰、〔清〕段玉裁注：《說文解字注》（據經韻樓藏版影印，臺北：洪葉文化公司，2016 年 10 月三版），卷十二，頁 593。

254 郭沫若：《兩周金文辭大系圖錄攷釋》（上海：上海書店出版社，1999 年 7 月第一版），頁 136。

此說實優於其他學者之看法，[255]應是可從的，不過，二器銘文語例主被動不同，用例仍稍有別，再者，簡文辭例云「閈於天威」，「天威」與毛公鼎所云「文武耿光」，甚至一開頭之「大命」等，皆屬上天或先祖之賦予、威望，因此，簡文此「閈」字恐怕較近於毛公鼎之「閈」字，而非中山王𗊛鼎所言偏向主動語氣、實質面，且或與上天、先祖較無關之「天下之物」，另外，「天」字上古音屬定母談部，「閈」字則屬見母元部，二字聲韻雖然不算相近，但在古文字資料中，仍可見到不少「干」、「閈（閈）」二聲系相通之例，[256]是故，簡文此字當亦可讀為「天」，其用例可再參照毛公鼎，若然，則簡文所云「如幸余閈於天威，朕惟逆順是圖」，即「如果我能被於天威，且為其所鑑臨，那麼，我將依其所給之順逆旨意以伐夏」之意也，這也正好呼應上文所云「即便與天地上下交，卻又不敢貪得伐夏」之前提。

　　至於《尚書・大誥》所云「予不敢閉于天降威用」之相近語例，[257]此「閉」字高佑仁曾證其乃晚近隸楷以後之訛字，[258]今以古文字从才諸例與上引金文「閈」字或異之字形特徵而言，其說是可信的，例如：

---

255 如朱德熙、裘錫圭主將中山王𗊛鼎例讀為「閈」，其說有一定之影響力，故近年如網路發言者 lht 便將毛公鼎此「閈」字讀為「閈」，張崇禮則讀為「奄」或「掩」，不過，由於銘文下文云「文武耿光」，尤其「光大」義，故原屬較內斂之「閈」、「奄」或「掩」等，似乎尚且不如郭沫若所釋讀或具「鑑臨」傳承義之「天」字，換言之，上引單育辰乃據 lht 之論立說，劉洪濤則亦讀為「閈（嫺）」等，此等說法實仍與 lht 說相近，俱猶可商；另外，新出四十二年逨鼎銘文或云「余唯閈乃先祖考，有爵于周邦」（西周：四十二年逨鼎（乙），《新收》0745），又四十三年逨鼎亦云「今余唯𗊛乃先祖考，有爵于周邦」（西周：四十三年逨鼎（辛），《新收》0747），lht 認為此二段銘文之文義，與毛公鼎此句相近，其說有一定之道理，不過，四十二、三逨鼎此處並無「耿光」，在文義解釋上可能就會有誤差，再者，此等語句之句式也非完全相同，如毛公鼎用了「于」，四十二、三逨鼎則又有「乃」、「于」等字，似乎不能類比，因此，新出四十二、三逨鼎所見銘文語例，能否完全對應於毛公鼎此字，或猶可商；至於薛培武則釋此等字例與「閈」、「閉」之訛誤有關，有一定之理據，不過，其說在字形演變條件上，即如其在釋「閉」所言，或閈部分歷時性方面之證據，包括釋「閈」之說亦然，實仍待考，換言之，薛培武此說恐仍須補證相關字形演變證據。朱德熙、裘錫圭：〈平山中山王墓銅器銘文的初步研究〉，《文物》1979 年第 1 期，頁 42-52；張崇禮：〈釋金文中的「閈」字〉，復旦大學出土文獻與古文字研究中心，網址：http://www.gwz.fudan.edu.cn/Web/Show/1871，2012 年 5 月 28 日，檢索日期：2018 年 6 月 8 日；張崇禮：〈釋金文中的「閈」字〉文末 1 樓網路發言者 lht 之評論，復旦大學出土文獻與古文字研究中心，網址：http://www.gwz.fudan.edu.cn/Web/Show/1871，2012 年 5 月 31 日，檢索日期：2018 年 6 月 8 日；劉洪濤：〈釋虢季子白盤銘的「經纘四方」〉，收入教育部人文社會科學重點研究基地、華東師範大學中國文字研究與應用中心、華東師範大學語言文字工作委員會主辦：《中國文字研究》24（上海：上海書店出版社，2016 年 12 月第一版），頁 45-49；薛培武：〈《大誥》「予不敢閉于天降威」獻疑〉，武漢大學簡帛研究中心，網址：http://www.bsm.org.cn/show_article.php?id=2464，2016 年 2 月 4 日，檢索日期：2018 年 6 月 9 日。

256 白於藍編著：《戰國秦漢簡帛古書通假字彙纂》（福州：福建人民出版社，2012 年 5 月第一版），頁 796、800-801。

257 〔漢〕孔安國傳、〔唐〕孔穎達疏：《尚書正義》（清嘉慶二十年江西南昌府學重刊宋刻本，臺北：藝文印書館，1997 年 8 月初版），卷十三，頁 190。

258 高佑仁：〈《湯處於湯丘》札記六則〉，「文字、文獻與文明——第七屆出土文獻青年學者論壇暨國際學術研討會」，廣州：中山大學古文字研究所，2018 年 8 月 17-20 日，其後經修訂，收入中山大學古文字研究所、出土文獻與中國古代文明研究協同創新中心、中山大學中國語言文學系編：《文字・文獻・文明》（上海：上海古籍出版社，2019 年 10 月第一版），頁 87-98。

（西周：歸戈夙方鼎，《集成》02725）

（西周：鮮簋，《集成》10166A）

（西周：瘐壺，《集成》09724.2）

（西周：克鐘，《集成》00204）

　　就上所列字形而言，瘐壺例或可謂與上所引金文「閈」字部分字形較近，然而，其橫豎二筆交叉處，實仍有一般「才」字肥筆之特徵，故《尚書》此用例，雖然據古注可通讀無礙，如《尚書・大誥》云「敷前人受命，茲不忘大功，予不敢閉于天降威用。」[259]孫星衍疏曰「《漢書》……『閉』為『比』，云『予豈敢自比於前人乎！』」[260]但其「閉」字之來源，及其在古文字字形之解釋環節上，皆仍有可疑者，今暫且存參備考，或猶不以其為上引金文諸例與簡文此字釋讀之依據。

〔18〕史（使）貨（過）昌（以、以）惑

　　原整理者將「史」字隸作「史」，並以為簡文此例常與「吏」字混淆，在此應讀為「使」，「貨」則讀為「過」，無說，至於「惑」字，原整理者則釋為「亂」之意；[261]王寧將「史」字逕隸作「吏」，讀為「事」，並釋「事貨」為「貪圖財物」之意，至於「以」字，王寧則釋為「而也」；[262]馬文增將「貨」、「以」、「惑」等三字，分訓作「賂賄」、「用」、「欺詐」；[263]郭倩文大抵是從王寧之說；[264]陳劍對簡文此處讀為「史（使）貨（過）以惑」或「事貨」，皆持較保留之態度；[265]原整理者沈建華後來釋「史」仍從其原說，並

259　〔漢〕孔安國傳、〔唐〕孔穎達疏：《尚書正義》（清嘉慶二十年江西南昌府學重刊宋刻本，臺北：藝文印書館，1997 年 8 月初版），卷十三，頁 190。

260　〔清〕孫星衍：《尚書今古文註疏》（據北京圖書館藏戴望手校孫氏冶城山館自刻本影印，濟南：山東省出版公司，1991 年 10 月第一版），卷十四，頁 645。

261　清華大學出土文獻研究與保護中心編、李學勤主編：《清華大學藏戰國竹簡（伍）》（上海：中西書局，2015 年 4 月第一版），頁 135、138。

262　王寧：〈讀清華五《湯處於湯丘》散札〉，復旦大學出土文獻與古文字研究中心，網址：http://www.gwz.fudan.edu.cn/Web/Show/2501，2015 年 4 月 21 日，檢索日期：2018 年 3 月 5 日。

263　馬文增：〈清華簡《湯處于湯丘》新釋、注譯、析辯〉，武漢大學簡帛研究中心，網址：http://www.bsm.org.cn/show_article.php?id=2234，2015 年 5 月 19 日，檢索日期：2018 年 6 月 20 日。

264　郭倩文：《《清華五》、《上博九》集釋及新見文字現象整理與研究》（華東師範大學碩士學位論文，2016 年 5 月），頁 128-130。

265　陳劍：〈清華簡字義零札兩則〉，收入復旦大學出土文獻與古文字研究中心編：《戰國文字研究的回顧與展望》（上海：中西書局，2017 年 8 月第一版），頁 190-203。

將「惑」訓作「迷惑」，也大抵同於其原所釋之內容，不過，對於「貨」字，沈建華認為此字「从化聲，讀作訛，『訛』當是從『過』分化而來的字」。[266]

今復考簡文「史」字之形，其形為：

（清華〈湯處於湯丘〉簡12，△）

原整理者之隸定，或仍有疑，陳劍早已據學界之研究成果，對此提出質疑，[267]其說是可信的。而古文字「史」、「吏」與「事」本一字之分化，尤其「史」與「吏」二字在楚文字中，更是混而難辨，例如：

（郭店〈尊德義〉簡21「史」）

（郭店〈性自命出〉簡60「史」）

（上博《從政・甲》簡17「史」）

（上博〈吳命〉簡7「吏」）

（上博〈曹沫之陳〉簡39「吏」）

（上博〈競公瘧〉簡2「吏」）

上引「史」、「吏」二字之字形幾近相同，因此，簡文此字必須再從其文意釋讀中，確認其比較有可能屬於哪一字，其實，上引陳劍曾據陳英傑之說，以為楚簡「叓／史」、「事」已有明確之分工，即「前者多用表『{史}』或『{使}』，後者多用表『{事}』」，[268]倘據其說，則簡文此字讀為「使」之可能性應當較高，而此段簡文或云「湯又問於小臣：

266 沈建華：〈《湯處於湯丘》新釋文、注釋、白話譯文〉，收入李學勤、艾蘭、呂德凱主編，清華大學出土文獻研究與保護中心、古代中國研究會編：《清華簡研究》3（上海：中西書局，2019年12月第一版），頁90-99。

267 陳劍：〈清華簡字義零札兩則〉，收入復旦大學出土文獻與古文字研究中心編：《戰國文字研究的回顧與展望》（上海：中西書局，2017年8月第一版），頁190-203。

268 陳劍：〈清華簡字義零札兩則〉，收入復旦大學出土文獻與古文字研究中心編：《戰國文字研究的回顧與展望》（上海：中西書局，2017年8月第一版），頁190-203。陳劍所據陳英傑說見於陳英傑：〈史、吏、事、使分化時代層次考〉，《中國文字》新40（2014年7月），頁63-179。

『有夏之德何若哉？』小臣答：『有夏之德，△貨以惑，春秋改則，民人趣忒，刑無攸甚，民人皆斬儔儷，夏王不得其圖。』」（清華〈湯處於湯丘〉簡 11、12）[269]可知小臣所答之內容，大抵以「春秋」與「刑」二事描述「有夏之德」，因此，「△貨以惑」應是此段內容之總論，若然，則其應與「貪圖財物」無關，原整理者之說，大抵仍是可信的，不過，「史貨」無所取義，頗疑此「史」字仍當讀為「使」，但應解作「致使」義，其猶《詩經・鄭風・狡童》所云「維子之故，使我不能餐兮」，[270]此「使」字即作此訓也，是故，簡文所云「史貨以惑」，或可讀為「使過以惑」，而「以」字仍可從王寧之所釋，訓作「而」，則此處簡文殆指「（有夏之行為）致使其在治理上有所過錯，並造成了惑亂人民之結果」之意。

　　另值得留意的是，上引沈建華將「貨」改讀為「訛」，就聲系與義訓而言，未嘗不可，今補之，惟「訛」、「過」二字目前並無確切之異體分化證據，此點或可再商。

〔19〕萅（春、春）秌（秋、秋）改（改、改）劓（則、則）

　　此句見於簡 12。原整理者將簡文此句釋為「春秋改，意云隨時變改」；[271]網路發言者奈我何以為此所謂「春秋」即指「四時」，並將「春秋改則」釋為「變改四時據時節當行之令」，同時，其亦提出另一解法，即認為「春秋」或指「四時常祭」，而「春秋改則」則謂「四時應有的祭祀法則典禮遭到變改」；[272]馬文增訓作「反常，陰陽反背，意善惡顛倒」；[273]郭倩文仍從原整理者之說；[274]侯乃峰亦認為此所謂「春秋」者，代指「四時」，「則」則訓作「法則」、「常法」，故簡文云「春秋改則」，應指「變改四時據時節當行之令」，不過，侯乃峰亦提出另解，其云「又或者，從小的角度理解，『春秋』亦可指四時常祭，則『春秋改則』是說夏邦四時應有的祭祀法則典禮遭到變改」；[275]原整理者沈建華在後來所發表之新釋文中，仍從其原說，但補釋「春秋」之義訓為「指農作物春種秋收，四時紀綱，不能失改」，且將此段簡文譯作「春秋農作時則，隨時改變」。[276]

---

[269] 簡文此句相關字詞之釋讀，其詳下文。

[270] 〔漢〕毛亨傳、〔漢〕鄭玄箋、〔唐〕孔穎達疏：《毛詩正義》（清嘉慶二十年江西南昌府學重刊宋刻本，臺北：藝文印書館，1997 年 8 月初版），卷四之三，頁 173。

[271] 清華大學出土文獻研究與保護中心編、李學勤主編：《清華大學藏戰國竹簡（伍）》（上海：中西書局，2015 年 4 月第一版），頁 138。

[272] 「簡帛論壇：清華五《湯處於湯丘》初讀」24 樓網路發言者奈我何之發文，武漢大學簡帛研究中心，網址：http://www.bsm.org.cn/bbs/read.php?tid=3247&fpage=3&page=2，2015 年 4 月 20 日，檢索日期：2018 年 6 月 18 日。

[273] 馬文增：〈清華簡《湯處于湯丘》新釋、注譯、析辯〉，武漢大學簡帛研究中心，網址：http://www.bsm.org.cn/show_article.php?id=2234，2015 年 5 月 19 日，檢索日期：2018 年 6 月 20 日。

[274] 郭倩文：《《清華五》、《上博九》集釋及新見文字現象整理與研究》（華東師範大學碩士學位論文，2016 年 5 月），頁 130。

[275] 侯乃峰：〈讀清華簡（伍）雜志〉，《中國文字》新 43（2017 年 3 月），頁 75-88。

[276] 沈建華：〈《湯處於湯丘》新釋文、注釋、白話譯文〉，收入李學勤、艾蘭、呂德凱主編，清華大學出土文獻研究與保護中心、古代中國研究會編：《清華簡研究》3（上海：中西書局，2019 年 12 月第一版），頁 90-99。

傳世文獻「春秋」多指「四時」，訓作「隨時」者，甚是少見，其猶《詩經‧魯頌‧閟宮》云「春秋匪解，享祀不忒。」鄭玄箋曰「春秋猶言四時也。」[277]因此，侯乃峰將「春秋」釋為「四時」之說，可從，不過，其或以為「春秋」可作「四時常祭」者，實晚至《國語》始見其例，[278]且簡文亦未明確指出是春、秋二季之常祭，故侯乃峰此或解，似仍猶有可商。

而此段簡文云「小臣答：『有夏之德，使過以惑，春秋改則，民人趣忒，刑無攸甚，民人皆靳儔儸，夏王不得其圖。』」（清華〈湯處於湯丘〉簡 12、13）[279]可知簡文此所謂「春秋改則」，即如侯乃峰所云，殆指「改易四時應行之令」，故有下文所謂「民人趣忒」、「刑無攸甚」、「民人皆靳儔儸」等民人無所適從或社會無法度之亂，當然，如沈建華在此處釋云「春秋」與農作物收成有關，雖有其一定理據，但若以上所云下文之內容而言，則此處恐怕仍以釋從侯說，且與「令」有關之義訓為宜，至於馬文增「善惡」之說，似過度引申，可商。

〔20〕民人諏（趣）貣（忒）

簡文此四字在字形隸釋上，並無疑義，不過，學者對其釋讀似仍存異說，如原整理者將「諏」字讀為「趣」或「趨」，訓作「趨向」，「貣」則讀為「忒」，訓作「疑」，並釋此句簡文為「意云民人疑惑不知所從」；[280]王寧以為「諏」字應如字讀，釋為「聚謀」之意，並將「諏忒」一詞，解作「聚謀懷有二心」之意；[281]郭倩文仍從原整理者之說。[282]

如上所述，本文初步推論小臣此段回答之總論，在於「使過以惑」，此中有「惑亂人民」之意，恐無「聚謀懷有二心」之傾向，因此，簡文此所謂「民人諏貣」（清華〈湯處於湯丘〉簡 12），仍應如原整理者之所釋，可讀為「民人趣貣」或「民人趨貣」，不過，「諏」字應以讀「趣」為佳，主因「趨」字作「趨向」動詞解者，其文獻之時代皆較晚，如《文選‧王褒〈四子講德論〉》云「今夫子閉門距躍，專精趨學有日矣」，[283]而「趣」作此訓者，其文獻年代相對較早，如《列子‧力命》云「農赴時，商趣利，工追

---

[277] 〔漢〕毛亨傳、〔漢〕鄭玄箋、〔唐〕孔穎達疏：《毛詩正義》（清嘉慶二十年江西南昌府學重刊宋刻本，臺北：藝文印書館，1997 年 8 月初版），卷二十之二，頁 778。

[278] 如《國語‧楚語》云「若得保其首領以歿，唯是春秋所以從先君者，請為『靈』若『厲』。」韋昭注曰「言春秋禘、袷。」〔漢〕韋昭註：《國語》（重刊宋明道二年本，臺北：臺灣商務印書館，1956 年 4 月臺初版），卷十七，頁 64。

[279] 簡文此句相關字詞之釋讀，其詳下文。

[280] 清華大學出土文獻研究與保護中心編、李學勤主編：《清華大學藏戰國竹簡（伍）》（上海：中西書局，2015 年 4 月第一版），頁 135、138。

[281] 王寧：〈讀清華五《湯處於湯丘》散札〉，復旦大學出土文獻與古文字研究中心，網址：http://www.gwz.fudan.edu.cn/Web/Show/2501，2015 年 4 月 21 日，檢索日期：2018 年 3 月 5 日。

[282] 郭倩文：《《清華五》、《上博九》集釋及新見文字現象整理與研究》（華東師範大學碩士學位論文，2016 年 5 月），頁 130-131。

[283] 〔南朝梁〕蕭統編、〔唐〕李善注：《文選》（宋淳熙本重雕鄱陽胡氏藏版，臺北：藝文印書館，1983 年 6 月十版），卷五十一，頁 725。

術，仕逐勢，勢使然也。」[284]再者，「諏」、「趣」二字屬同一聲系，上古音亦相近，二者應可互通，[285]故簡文「諏」字應逕讀為「趣」即可，另外，東周金文「貳」字亦多可讀為「忒」，例如：「豫令祗祗，不愆不貳」（春秋：蔡侯申鐘，《集成》00210）、「旬旬以鼓之，夙暮不貳」（戰國：越王者旨於賜鐘，《集成》00144），雖然此等東周金文「貳」字之義訓，或仍與簡文此「貳」字可能之「疑」或「懷有二心」等義稍有不同，但「貳」字可讀為「忒」，基本上也是沒有問題的，只不過文獻所見「忒」字尚未見有解作「懷有二心」者，故此讀為「忒」之「貳」字，似仍以訓「疑」為宜，其猶《詩經・曹風・鳲鳩》云「淑人君子，其儀不忒。」孔穎達疏曰「執義如一，無疑貳之心。」[286]因此，簡文之「民人諏貳」，應讀為「民人趣忒」，殆指「民人有所疑惑而不知所從」，仍近於原整理者之說。

〔21〕恋（？、甚）

簡13或見一從心之疑例，其形為：

（清華〈湯處於湯丘〉簡13）

原整理者釋從亦聲，隸作「恋」，讀為「赦」；[287]郭倩文從原整理者之說；[288]白一平亦從原整理者之說。[289]

今復考簡文此例之形，可知其從心從亦，應無疑義。

而簡文辭例云「刑無攸恋，民人皆靳儔儷」（清華〈湯處於湯丘〉簡12、13），[290]如上所述，原整理者將「恋」字讀為「赦」，大抵文意可通，但「恋」字形源尚且不明，

284 〔周〕列禦寇原著、楊伯峻編著：《列子集釋》（以清代汪繼培湖海樓叢書校本為底本，復作訂正，盧重玄之解則以道藏四解本為依據，擇善校正，臺北：華正書局，1987年9月初版），卷六，頁215。

285 如《說文》即釋「諏」云「從言取聲」，並釋「趣」之形為「從走取聲」，可知二字皆從取得聲；而「諏」字上古音屬精母侯部，「趣」字則為清母侯部，二字之聲韻極近。〔漢〕許慎編撰、〔宋〕徐鉉校定：《說文解字》（據清同治十二年陳昌治改刻本縮印，香港：中華書局，2014年8月再版），卷三，頁52；〔漢〕許慎編撰、〔宋〕徐鉉校定：《說文解字》（據清同治十二年陳昌治改刻本縮印，香港：中華書局，2014年8月再版），卷二，頁35。

286 〔漢〕毛亨傳、〔漢〕鄭玄箋、〔唐〕孔穎達疏：《毛詩正義》（清嘉慶二十年江西南昌府學重刊宋刻本，臺北：藝文印書館，1997年8月初版），卷七之三，頁271。

287 清華大學出土文獻研究與保護中心編、李學勤主編：《清華大學藏戰國竹簡（伍）》（上海：中西書局，2015年4月第一版），頁135、138。

288 郭倩文：《《清華五》、《上博九》集釋及新見文字現象整理與研究》（華東師範大學碩士學位論文，2016年5月），頁131。

289 白一平之說，轉見於王進鋒：〈清華簡（伍）《殷高宗問於三壽》《湯處於湯丘》《湯在啻門》三篇集釋〉，惟未錄出處。王進鋒：〈清華簡（伍）《殷高宗問於三壽》《湯處於湯丘》《湯在啻門》三篇集釋〉，收入李學勤、艾蘭、呂德凱主編，清華大學出土文獻研究與保護中心、古代中國研究會編：《清華簡研究》3（上海：中西書局，2019年12月第一版），頁392-497。

290 簡文此句下文之釋讀，其詳下文。

且其例今所見最早之音義資料，即《龍龕手鑑·心部》所云「恋，音甚。」[291]「甚」與「赦」之上古音或隔，[292]因此，簡文此字或可另作別解：頗疑簡文此例當讀為「甚」，訓作「盛」或「大」，其猶《說文》段注所云「尤甘也，引伸凡殊尤皆曰甚」，[293]此即「甚」之引申義也，此訓亦同於《詩經·大雅·雲漢》所云「旱既大甚，蘊隆蟲蟲。」[294]抑或如《楚辭·九歌·湘君》曰「心不同兮媒勞，恩不甚兮輕絕。」[295]凡此「甚」字，皆形容事物所涉及之程度深淺，若然，則簡文上文之「攸」字，則或無義，其猶《尚書·盤庚中》所云「汝不憂朕心之攸困。」[296]又如《詩經·大雅·皇矣》：「執訊連連，攸馘安安。」[297]「攸」字此類虛詞用法，在先秦文獻中，不乏其例，尤其簡文此所謂「刑無攸恋」，其句式更與上引《尚書·盤庚中》例相類，有鑑於此，竊疑簡文此句應可讀為「刑無攸甚」，殆指其刑法或法度不夠之意也。

〔22〕綖（？、靳）

簡文此例之形為：

／（清華〈湯處於湯丘〉簡 13）

原整理者釋从矛聲，隸作「綖」，並讀為「瞀」；[298]網路發言者暮四郎仍從原整理者之說；[299]程薇據簡本《老子》異文「勤」，將簡文此字讀為「恨」，訓作「怨」，並認為「『民人皆綖（恨）』，意為民人皆怨」；[300]王寧以為此字應讀為「務」，釋為《說文》「趣也」或徐注所云「趣赴此事」之意；[301]馬文增亦讀為「瞀」，訓作「猜忌以視」；[302]

[291] 〔遼〕釋行均：《新修龍龕手鑑》（上海涵芬樓景印江安傅氏雙鑑樓藏宋刊本，臺北：臺灣商務印書館，1966 年），卷一，頁二十三。

[292] 「甚」字上古音屬禪母侵部，「赦」字則為書母鐸部，二字聲母雖然相近，但韻部遠隔。

[293] 〔漢〕許慎撰、〔清〕段玉裁注：《說文解字注》（據經韻樓藏版影印，臺北：洪葉文化公司，2016 年 10 月三版），卷五，頁 204。

[294] 〔漢〕毛亨傳、〔漢〕鄭玄箋、〔唐〕孔穎達疏：《毛詩正義》（清嘉慶二十年江西南昌府學重刊宋刻本，臺北：藝文印書館，1997 年 8 月初版），卷十八之二，頁 660。

[295] 〔宋〕朱熹：《楚辭集注》（臺北：藝文印書館，1983 年 6 月四版），卷二，頁 66。

[296] 〔漢〕孔安國傳、〔唐〕孔穎達疏：《尚書正義》（清嘉慶二十年江西南昌府學重刊宋刻本，臺北：藝文印書館，1997 年 8 月初版），卷九，頁 131。

[297] 〔漢〕毛亨傳、〔漢〕鄭玄箋、〔唐〕孔穎達疏：《毛詩正義》（清嘉慶二十年江西南昌府學重刊宋刻本，臺北：藝文印書館，1997 年 8 月初版），卷十六之四，頁 574。

[298] 清華大學出土文獻研究與保護中心編、李學勤主編：《清華大學藏戰國竹簡（伍）》（上海：中西書局，2015 年 4 月第一版），頁 135、138。

[299] 「簡帛論壇：清華五《湯處於湯丘》初讀」13 樓網路發言者暮四郎之發文，武漢大學簡帛研究中心，網址：http://www.bsm.org.cn/forum/forum.php?mod=viewthread&tid=3247&extra=page%3D8&page=2，2015 年 4 月 11 日，檢索日期：2018 年 6 月 18 日。

[300] 程薇：〈民人皆瞀禹麗〉，收入清華大學出土文獻與保護中心編、李學勤主編：《出土文獻》6（上海：中西書局，2015 年 4 月第一版），頁 215-219。

[301] 王寧：〈讀清華五《湯處於湯丘》散札〉，復旦大學出土文獻與古文字研究中心，網址：http://www.gwz.fudan.edu.cn/Web/Show/2501，2015 年 4 月 21 日，檢索日期：2018 年 3 月 5 日。

王永昌讀為「謀」，並將下文「禺」字讀為「去」；[303]郭倩文仍從原整理者之說；[304]吳昌哲從王寧之說；[305]洪君好亦從王寧之看法，而對於其下文「禺」字之釋讀，則從王永昌之看法。[306]

　　今復考簡文此例之形，知其例左旁從糸，右上從矛下則從山，此應無疑義，而其右旁之形構，又見於戰國金文與楚簡，例如：

（戰國：須矛生鼎，《集成》02238）

（郭店《老子・乙》簡 13）

（上博〈鬼神之明　融師有成氏〉簡 3）

　　戰國金文為人名，[307]可暫不論；至於郭店簡此字舊隸作「矛」，[308]其辭例為「閉其門，塞其兌，終身不矛（侮）」（郭店《老子・乙》簡 13）諸家對此「矛」字之釋讀，仍是異說紛紜，包括：劉信芳將此字讀為「務」；[309]趙建偉釋作「『矜』之異形」，讀為「勤」；[310]李零讀為「侮」；[311]白於藍釋作「矜」，亦讀為「勤」；[312]廖名春讀為「痗」，訓作「病」；[313]劉釗云「『矛』即『怒』字省文，讀為『瞀』。『矛』從『矛』聲，『瞀』從『敄』聲，『敄』亦從『矛』聲，故『矛』可讀為『瞀』」；[314]陳偉等隸作「矛」，無說。[315]故綜考諸家之說，知郭店簡此例從矛，乃學者間之共識，但其究竟可釋為何字，則未有定論，不過，此字在《老子》異文中作「董」或「勤」，[316]因此，清華簡此字或許可

[302] 馬文增：〈清華簡《湯處于湯丘》新釋、注譯、析辯〉，武漢大學簡帛研究中心，網址：http://www.bsm. org.cn/show_article.php?id=2234，2015 年 5 月 19 日，檢索日期：2018 年 6 月 20 日。

[303] 王永昌：〈清華簡文字釋讀四則〉，《管子學刊》2016 年第 1 期，頁 107-108。

[304] 郭倩文：《《清華五》、《上博九》集釋及新見文字現象整理與研究》（華東師範大學碩士學位論文，2016 年 5 月），頁 132-133。

[305] 吳昌哲：《《清華大學藏戰國竹簡（伍）・湯處於湯丘》研究》（國立臺灣師範大學國文學系碩士論文，2017 年 6 月），頁 75。

[306] 洪君好：《戰國竹書伊尹文獻研究》（國立中興大學中國文學研究所碩士論文，2017 年 8 月），頁 48。

[307] 戰國此器之銘文曰「須矛生之飤鼎。」（戰國：須矛生鼎，《集成》02238），知「矛」字確可解作人名。

[308] 荊門市博物館編：《郭店楚墓竹簡》（北京：文物出版社，1998 年 5 月第一版），頁 118。

[309] 劉信芳：《荊門郭店竹簡老子解詁》（臺北：藝文印書館，1999 年元月初版），頁 61。

[310] 趙建偉：〈郭店竹簡《老子》校釋〉，收入陳鼓應編：《道家文化研究》17（北京：生活・讀書・新知三聯書店，1999 年 8 月北京第一版），頁 260-296。

[311] 李零：《郭店楚簡校讀記》（北京：北京大學出版社，2002 年 3 月第一版），頁 23。

[312] 白於藍：〈郭店楚簡《老子》「矛」、「賽」、「坐」校釋〉，《古籍整理研究學刊》2000 年第 2 期，頁 58-61。

[313] 廖名春：《郭店楚簡老子校釋》（北京：清華大學出版社，2003 年 6 月第一版），頁 456-458。

[314] 劉釗：《郭店楚簡校釋》（福州：福建人民出版社，2003 年 12 月第一版），頁 34。

[315] 陳偉等：《楚地出土戰國簡冊[十四種]》（北京：經濟科學出版社，2009 年 9 月第一版），頁 152。

[316] 〔魏〕王弼等：《老子四種》（臺北：臺大出版中心，2016 年 6 月初版），頁 45、139、200。

從此釋讀方向續作考量,也就是說,上引程薇之論證方向,大抵是可行的。

　　而原整理者、馬文增與郭倩文等將簡文此字讀為「瞀」,王寧則讀為「務」,又王永昌讀為「謀」,「瞀」、「務」、「謀」等字與「蕫」、「勤」之上古音遠隔,[317]彼此能否通讀,抑或可義近通用,在目前仍缺實證之情況下,似或可再商,不過,程薇之推論方向雖然大抵可行,但其關鍵仍在下文「禺麗」之解釋。上引王永昌將「禺」讀為「去」,有其理據,惟「禺」、「去」二字罕有相通之實例,雖然洪君好引《老子》通讀書證為例補證之,但此例似與「禺」無關,[318]因此,「禺」倘讀為「去」,恐猶有可商,今復考簡文之上下文,可知其上文為「民人」與「皆」,屬主詞與副詞,因此,簡文此字或許應作動詞解,而下文之「禺麗」,本文在其下之校詁中,將其讀為「儔儷」,同胞之謂,故頗疑簡文此字或可讀為「靳」,「靳」與「蕫」、「勤」之上古音相近,應可相通,[319]其例在此應訓作「嘲弄」,其猶《左傳·莊公十一年》所云「宋公靳之。」杜注曰「戲而相愧曰靳。」孔疏引服虔釋云「恥而惡之曰靳。」[320]又如《太平御覽》引應劭《風俗通》云「夕時便罷無人也,今乃夜糶穀,明癡騃不足也。凡靳不敏惠者曰夜糶。」[321]此等「靳」字皆同此訓,故此段簡文所云「刑無攸恋,民人皆靳儔儷」(清華〈湯處於湯丘〉簡12、13),殆指因刑法或法度之不足,民人易踰矩,失去對彼此之尊重,進行嘲弄「儔儷」(同胞),並寓有侮人或侮辱之意,此與簡文上文所云「民人有所疑惑而不知所從」,適正為一體之兩面,換言之,簡文此字若讀為「恨」,便不好解釋為何要「恨儔儷」,故簡文此字讀為「靳」,恐怕是較為可行之方案。

　　不過,比較可惜的是,目前還找不到「紝」、「靳」二字在通讀以外之形義關係,尚且有待作進一步之討論。

---

317 「蕫」字之上古音屬見母文部與群母文部,「勤」字則為羣母文部,惟「瞀」、「務」、「謀」等字卻分屬明母幽部、明母侯部、明母之部,其彼此之聲韻遠隔。

318 洪君好所引郭店《老子·乙》簡8从去之例,其釋讀歷來或存異說,多數學者據其異文讀為「寄」,抑或釋讀為與「去」有關之例,而讀為「寓」者,則僅白於藍一說(丁原植云「疑解為『寄寓』」,並未遽言其當讀為「寓」),只是白於藍之說似未強調其異文與語義上之關聯,其能否作如此之通讀,恐有再作補證之空間,換言之,郭店簡此字是否與「禺」有關,似猶有可商。崔仁義:《荊門郭店楚簡《老子》研究》(北京:科學出版社,1998年10月第一版),頁54;張光裕主編、袁國華合編:《郭店楚簡研究　第一卷　文字編》(臺北:藝文印書館,1999年元月初版),頁505;劉信芳:《荊門郭店竹簡老子解詁》(臺北:藝文印書館,1999年元月初版),頁50;丁原植:《郭店竹簡老子釋析與研究(增修版)》(臺北:萬卷樓圖書公司,1999年4月再版),頁280;魏啓鵬:《楚簡老子柬釋》(臺北:萬卷樓圖書公司,1999年8月初版),頁48;李零:《郭店楚簡校讀記》(北京:北京大學出版社,2002年3月第一版),頁23;廖名春:《郭店楚簡老子校釋》(北京:清華大學出版社,2003年6月第一版),頁424-425;劉釗:《郭店楚簡校釋》(福州:福建人民出版社,2003年12月第一版),頁32;白於藍編著:《戰國秦漢簡帛古書通假字彙纂》(福州:福建人民出版社,2012年5月第一版),頁236;洪君好:《戰國竹書伊尹文獻研究》(國立中興大學中國文學研究所碩士論文,2017年8月),頁48。

319 如上所述,「蕫」、「勤」字之上古音分屬見母文部(「蕫」)、群母文部(「蕫」)與羣母文部(「勤」),而「靳」字則為見母文部,此三字疊韻,聲母亦同為喉音,其聲韻關係可謂相當密切,應可相通。

320 〔晉〕杜預注、〔唐〕孔穎達疏:《春秋左傳正義》(清嘉慶二十年江西南昌府學重刊宋刻本,臺北:藝文印書館,1997年8月初版),卷九,頁153。

321 〔宋〕李昉等:《太平御覽》(上海涵芬樓據日本岩崎氏靜嘉堂文庫藏宋刊本影印,臺北:臺灣商務印書館,1967年11月臺一版),卷八百二十八,頁3825。

【附記】

在本文付梓前，蘇建洲在出土文獻文本釋讀與文學研究學術研討會上，曾提出對簡文此字之看法，其認為簡文此字應讀為「隱」，訓作「痛」。[322]其說有一定之理據，且亦從《老子》異文著手，可信度高，惟「隱」字歷來有「憂」、「痛」二解，詞性亦不同，此中應如何別之，似又或有可疑者，今存其說，或為參照。

〔23〕祘-（儷；儷）

簡文此例之形作：

 （清華〈湯處於湯丘〉簡13）

原整理者隸作「祘」，釋為「麗」，並讀為「離」；[323]程薇則釋讀此字為「應當與《說文》『麗』字的篆文為一脈，是從二『元』字，簡文的『元』字並沒有訛寫作『丌』形，故可直隸作『祘』（麗），讀為同音之『離』。……『離』在簡文中可訓為叛、叛離」，並將簡文讀為「虞離」，與上文斷開；[324]王寧亦將此字讀為「離」，並將簡文此所見「偶離」，釋為「結伴逃離」，或猶《尚書·湯誓》「予及汝皆亡」之謂；[325]馬文增將此段簡文讀為「偶立」，訓作「對立，不睦」；[326]王永昌訓作「遠離」或「背離」；[327]郭倩文釋从麗省，並訓近程薇之說；[328]吳昌哲將「偶離」釋為「雙雙逃離」；[329]洪君好則訓作「逃離」；[330]高佑仁認為簡文所云「禹祘」應下讀，並連接「夏王」，指「人民遭此亂世，皆紛紛逃離夏王」；[331]原整理者沈建華在後來所發表之新釋文中，將簡文此字釋作「瑟字省體，

[322] 蘇建洲：〈說「牽」〉，收入濟南大學出土文獻與文學研究中心編：《出土文獻文本釋讀與文學研究學術研討會論文集》（山東：濟南大學，2021年5月）。

[323] 清華大學出土文獻研究與保護中心編、李學勤主編：《清華大學藏戰國竹簡（伍）》（上海：中西書局，2015年4月第一版），頁135、139。

[324] 程薇：〈民人皆瞀禹麗〉，收入清華大學出土文獻與保護中心編、李學勤主編：《出土文獻》6（上海：中西書局，2015年4月第一版），頁215-219。

[325] 王寧：〈讀清華五《湯處於湯丘》散札〉，復旦大學出土文獻與古文字研究中心，網址：http://www.gwz.fudan.edu.cn/Web/Show/2501，2015年4月21日，檢索日期：2018年3月5日。

[326] 馬文增：〈清華簡《湯處于湯丘》新釋、注譯、析辯〉，武漢大學簡帛研究中心，網址：http://www.bsm.org.cn/show_article.php?id=2234，2015年5月19日，檢索日期：2018年6月20日。

[327] 王永昌：〈清華簡文字釋讀四則〉，《管子學刊》2016年第1期，頁107-108。

[328] 郭倩文：《《清華五》、《上博九》集釋及新見文字現象整理與研究》（華東師範大學碩士學位論文，2016年5月），頁133-134。

[329] 吳昌哲：《《清華大學藏戰國竹簡（伍）·湯處於湯丘》研究》（國立臺灣師範大學國文學系碩士論文，2017年6月），頁75-77。

[330] 洪君好：《戰國竹書伊尹文獻研究》（國立中興大學中國文學研究所碩士論文，2017年8月），頁48。

[331] 高佑仁：〈〈湯處於湯丘〉札記六則〉，「文字、文獻與文明——第七屆出土文獻青年學者論壇暨國際學術研討會」，廣州：中山大學古文字研究所，2018年8月17-20日，其後經修訂，收入中山大學古文字研究所、出土文獻與中國古代文明研究協同創新中心、中山大學中國語言文學系編：《文字·文獻·文明》（上海：上海古籍出版社，2019年10月第一版），頁87-98。

即麗字古文」，並讀為「失」。332

今復考簡文此例之形，其形確實與《說文》「麗」字重文篆文相近：

（《說文》「麗」字下重文篆文）

《說文》釋云「篆文麗字」，333段注亦曰此形「小篆也，然小篆多用麗為形聲」，334上引沈建華之說，有其啟發性，惟戰國或楚系文字「麗」、「瑟」二字之釋讀，學界多年來聚訟紛紜，釋「瑟」或釋「麗」者，皆各有支持者，包括：

一、**釋作與「瑟」字有關者：**劉國勝（早期說法）、335郭店簡原整理者、336裘錫圭、337張光裕、338李守奎、339趙平安、340張崇禮、341陳偉等、342單育辰343等學者皆主此說。

二、**釋作與「麗」字有關者：**包山簡整理者、344何琳儀、345顏世鉉、346呂浩、347李零、

332 沈建華：〈《湯處於湯丘》新釋文、注釋、白話譯文〉，收入李學勤、艾蘭、呂德凱主編，清華大學出土文獻研究與保護中心、古代中國研究會編：《清華簡研究》3（上海：中西書局，2019 年 12 月第一版），頁 90-99。

333 〔漢〕許慎編撰、〔宋〕徐鉉校定：《說文解字》（據清同治十二年陳昌治改刻本縮印，香港：中華書局，2014 年 8 月再版），卷十，頁 203。

334 〔漢〕許慎撰、〔清〕段玉裁注：《說文解字注》（據經韻樓藏版影印，臺北：洪葉文化公司，2016 年 10 月三版），卷十，頁 476。

335 劉國勝雖釋作「瑟」，但在其論證中，仍是立基於「麗」字之字形，不過，在後來之另一篇專文中，則又將此相關類例釋為「犇」，讀為「叛」，茲列備參。劉國勝：〈曾侯乙墓 E61 號漆箱漆書文字研究──附「瑟」考〉，收入《第三屆國際中國古文字學研討會論文集》（香港：香港中文大學，1997 年 10 月第一版），頁 691-710；劉國勝：〈郭店竹簡釋字八則〉，《武漢大學學報（哲學社會科學版）》1999 年第 5 期，頁 42-44。

336 荊門市博物館：《郭店楚墓竹簡》（北京：文物出版社，1998 年 5 月第一版），頁 180、182。

337 荊門市博物館：《郭店楚墓竹簡》（北京：文物出版社，1998 年 5 月第一版），裘錫圭按語，頁 190。

338 張光裕主編、袁國華合編：《郭店楚簡研究　第一卷　文字編》（臺北：藝文印書館，1999 年元月初版），頁 587、605。

339 李守奎將郭店〈六德〉二例置於「瑟」字頭下，但於其下又云「或釋此二字為麗」。李守奎編著：《楚文字編》（上海：華東師範大學出版社，2003 年 12 月第一版），頁 707-708。

340 趙平安：〈談「瑟」的一個變體〉，復旦大學出土文獻與古文字研究中心，網址：http://www.gwz.fudan.edu.cn/Web/Show/648，2009 年 1 月 12 日，檢索日期：2018 年 7 月 10 日；趙平安：〈上博簡釋字四篇〉，收入武漢大學簡帛研究中心主辦：《簡帛》4（上海：上海古籍出版社，2009 年 10 月第一版），頁 205-213，亦收入趙平安：《新出簡帛與古文字古文獻研究續集》（北京：商務印書館，2018 年 6 月第一版），頁 61-72。

341 趙平安：〈談「瑟」的一個變體〉文末 1 樓張崇禮之評論，復旦大學出土文獻與古文字研究中心，網址：http://www.gwz.fudan.edu.cn/Web/Show/648，2009 年 3 月 9 日，檢索日期：2018 年 7 月 10 日。

342 陳偉等：《楚地出土戰國簡冊[十四種]》（北京：經濟科學出版社，2009 年 9 月第一版），頁 237。

343 單育辰：《楚地戰國簡與傳世文獻對讀之研究》，北京：中華書局，2014 年北京第一版，頁 117-119。

344 湖北省荊沙鐵路考古隊編：《包山楚墓》（北京：文物出版社，1991 年 10 月第一版），上冊，頁 383。

345 何琳儀：〈說麗〉，《殷都學刊》2006 年第 1 期，頁 82-84。

346 顏世鉉：〈郭店楚簡〈六德〉箋釋〉，《中央研究院歷史語言研究所集刊》72：2（2001 年 6 月），頁 443-501。

347 呂浩：〈《郭店楚墓竹簡》釋文訂補〉，收入教育部人文社會科學重點研究基地、華東師範大學中國文字研究與應用中心編：《中國文字研究》2（南寧：廣西教育出版社，2001 年 10 月第一版），頁 278-288。

[348]劉信芳、[349]白於藍、[350]郭永秉、[351]高佑仁[352]等學者皆主此說。

綜論諸家之說，可知以下數例，或乃簡文此字釋形與釋讀之關鍵，包括：

（第一期：《合集》01487「麗」）[353]

（第三期：《合集》27938「麗」）

（第四期：《合集》34585「麗」）

（第四期：《合集》35288「麗」）

（《小屯》810「麗」）

（《小屯》1048「麗」）

（《小屯》3103「麗」）

（《小屯》3629「麗」）

---

[348] 李零：《郭店楚簡校讀記》（北京：北京大學出版社，2002 年 3 月第一版），頁 133。

[349] 劉信芳：〈楚簡文字考釋五則〉，收入《于省吾教授誕辰 100 周年紀念文集》（長春：吉林大學出版社，1996 年 9 月第一版），頁 186-189。

[350] 白於藍提及此說之時間在 2011 年 6 月 26 日，其內容則見於鍾馨與郭永秉之論著。鍾馨：〈白於藍教授來我中心作講座〉，復旦大學出土文獻與古文字研究中心，網址：http://www.gwz.fudan.edu.cn/Web/Show/1566，2011 年 6 月 26 日，檢索日期：2018 年 7 月 10 日；郭永秉：〈補說「麗」、「瑟」的會通——從《君人者何必安哉》的「瓲」字說起〉，《中國文字》新 38（2012 年 12 月），頁 73-90，亦收入郭永秉：《古文字與古文獻論集續編》（上海：上海古籍出版社，2015 年 8 月第一版），頁 14-30。

[351] 郭永秉：〈補說「麗」、「瑟」的會通——從《君人者何必安哉》的「瓲」字說起〉文中引 2010 年北京香山古文字學會學者之發言，《中國文字》新 38（2012 年 12 月），頁 73-90，亦收入郭永秉：《古文字與古文獻論集續編》（上海：上海古籍出版社，2015 年 8 月第一版），頁 14-30。

[352] 高佑仁：〈取膚盤的「麗」字析辨〉，收入《第二十五屆中國文字學國際學術研討會論文集》（臺北：中國文化大學中國文學系，2014 年 5 月），頁 261-272。

[353] 下所引甲文此類形構之隸釋，主要是以秦永龍之說為基礎。秦永龍：〈釋「麗」〉，《北京師範大學學報》1984 年第 6 期，頁 47-50。

（春秋：卞莊鎛鐘「麗」）[354]

（《璽彙》0279「开」）

（郭店〈六德〉簡30「𫝹」）

（郭店〈六德〉簡30「𫝹」）

（新蔡簡甲三79「驪」）

（新蔡簡乙二10「驪」）

（新蔡簡乙三21「驪」）

（上博《君人者何必安哉・甲》簡3「𠅘」）

（上博《君人者何必安哉・乙》簡3「𠅘」）

（戰國：陳麗子戈，《集成》11082「𫝹（麗）」）

（郭店〈性自命出〉簡24「开」）

---

354 此字原整理者本釋作「鹿」，且疑為「麗」，其後學界又有改釋「麗」之議。關緒杭、周群、孫祥寬、唐更生：〈鳳陽卞莊 M1 鎛鐘銘文「童鹿」即「鍾離」初識〉，收入安徽省文物考古研究所、鳳陽縣文物管理所編著：《鳳陽大東關與卞莊》（北京：科學出版社，2010 年 8 月第一版），頁 197-203；劉信芳：〈安徽鳳陽卞莊一號墓出土鐘鎛銘文初探〉，《考古與文物》2009 年第 3 期，頁 102-108；郭永秉：〈補說「麗」、「瑟」的會通──從《君人者何必安哉》的「𠅘」字說起〉文中引 2010 年北京香山古文字學會學者之發言，《中國文字》新 38（2012 年 12 月），頁 73-90，亦收入郭永秉：《古文字與古文獻論集續編》（上海：上海古籍出版社，2015 年 8 月第一版），頁 14-30。

（包山簡 164「纚」）

（《汗簡》「麗」）[355]

（《說文》「麗」字古文）

（《說文》「麗」字下重文篆文）

簡文此字與上引戰國陳麗子戈例之字形最為相近，因此，倘釋作「麗」，應有較高之可能性，不過，甲金文「麗」字殆象鹿首上有美麗雙角之形，例如：

（商：邐簋，《集成》03975）

（周原甲骨文 H11：123）

（周原甲骨文 FQ5④）[356]

（西周：元年師旋簋，《集成》04279.1）

（西周：元年師旋簋，《集成》04280.1）

（春秋：取膚匜，《集成》10253）

（春秋：取膚盤，《集成》10126）[357]

---

[355] 《汗簡》與《古文四聲韻》所見其他「麗」字形近類例，又如：（《汗簡》）、（《古文四聲韻》），亦可參。

[356] 此字曹瑋隸作「麗」，可參。曹瑋編著：《周原甲骨文》（北京：世界圖書出版公司，2002 年 10 月第一版），頁 153。

　　從上引諸例之字形而言，其鹿角之形多有變化，甚至「鹿」形亦趨於簡化，高佑仁曾探討此類鹿角形之字形發展狀況，[358]有一定之道理，不過，其以邁篡為字形演變之始，聯繫至《說文》「麗」字古文一系，在字形過渡上，總覺有些差距，再者，甲金文此類形構與簡文此字仍是不甚相類，其是否屬同一形源，或猶可商。其實，上引《說文》「麗」字古文與重文篆文之形，與簡文此字亦相近，段玉裁曾釋「麗」字乃《說文》古文之形復加「鹿」形而來，[359]不過，郭永秉已非此說，並據古文字資料，認為上引楚系此類「麗」字，其形應與二側面人形有關，以合於同為段注所云《說文》「麗」字古文「旅行之象」之義，乃「『麗（儷）耦』之『麗』的表意初文」，[360]其說可從，因此，簡文此字應是本從二人，會相偕旅行之形，即同文會意之形構，殆「儷」之本字，[361]而與象鹿首美麗雙角之「麗」字無關，二字互為異體，應是後來形音混用之結果，如〈尹誥〉簡2「麗」字「鹿」上所從者，即寫成類近二人之形：

（清華〈尹誥〉簡2）

　　再者，簡文此字類「人」形之寫法，也更近於其造字初怡。

　　值得注意的是，簡文此字與「瑟」字在戰國文字中形近易混，此現象學者早有所論，實則此中字形上最主要之差異，或許在於戰國「麗」字簡形上方皆有二短橫，而未從必之「瑟」字則無，例如：

（郭店〈六德〉簡30）

（郭店〈六德〉簡30）

　　今暫且依此釋形之分析內容，將簡文此字隸作「𣥐」，即「儷」字之初文。

　　簡文此處之辭例為「刑無攸恋，民人皆斬禺𣥐」（清華〈湯處於湯丘〉簡12、13），

---

357 另高佑仁曾釋此字下方之「[image]」形為「小（「沙」省聲）」，乃「『麗』字的疊加聲符」，可參。高佑仁：〈取膚盤的「麗」字析辨〉，收入《第二十五屆中國文字學國際學術研討會論文集》（臺北：中國文化大學中國文學系，2014年5月），頁261-272。

358 高佑仁：〈取膚盤的「麗」字析辨〉，收入《第二十五屆中國文字學國際學術研討會論文集》（臺北：中國文化大學中國文學系，2014年5月），頁261-272。

359 〔漢〕許慎撰、〔清〕段玉裁注：《說文解字注》（據經韻樓藏版影印，臺北：洪葉文化公司，2016年10月三版），卷十，頁476。

360 郭永秉：〈補說「麗」、「瑟」的會通——從《君人者何必安哉》的「𣥐」字說起〉文中引2010年北京香山古文字學會學者之發言，《中國文字》新38（2012年12月），頁73-90，亦收入郭永秉：《古文字與古文獻論集續編》（上海：上海古籍出版社，2015年8月第一版），頁14-30；〔漢〕許慎撰、〔清〕段玉裁注：《說文解字注》（據經韻樓藏版影印，臺北：洪葉文化公司，2016年10月三版），卷十，頁476。

361 如上所述，秦永龍早將甲文此類形構，釋作「麗字的初文，即仇儷本字」，可參。秦永龍：〈釋「麗」〉，《北京師範大學學報》1984年第6期，頁47-50。

上引原整理者與王寧等學者皆將簡文此字讀為「離」，不過，這並無法合理解釋「偶麗」一詞，學界對此等字句之釋讀，或存異說，例如：網路發言者暮四郎曾將「禺」讀為「愚」，認為其與上文「督」字義近，[362]不過，「紝」字可改讀為「靳」，已如上述，而「愚」字也不易找到與下文「儷」字相近或相對應之義項，故「禺」讀為「愚」，恐怕仍有可商；程薇則將「禺」字讀為「虞」，訓為「望」，另將「麗」讀為「離」，解作「叛」、「叛離」之意，進而將此句詮釋為「刑無所赦，造成民人皆怨，都期望叛離」，[363]大抵而言，其說使文意更為暢達，未嘗不可，然而，此中仍有一關鍵疑義，即「虞」訓作「望」，殆指「企望」、「期待」之意，其後該字直接施事之用語、結果或事件，多以積極或正面向度為主，少有負面者，除了其所引之《左傳》與《廣雅》等兩條書證外，亦猶《左傳‧桓公十一年》所云「且日虞四邑之至也」，[364]王引之《經義述聞‧左傳上》釋曰「家大人曰：『《方言》曰：『虞，望也。』言日望四邑之至也」，[365]是故，簡文此「麗」字若讀為「離」，且訓作「叛」、「叛離」，在此恐猶有可商者；馬文增讀為「立」，[366]其與「麗」字之上古音或隔，彼此通讀之可能性恐怕不高；高佑仁有所謂將簡文「禺𣥂」下讀之看法，[367]使簡文句式與用韻更為完整，可備一說，惟此中尚有兩項疑義待解，即依語意而言，「刑無攸甚」應屬上文「有夏之德，使過以惑，春秋改則，民人趣忒」之一部分，始有下文「民人皆某某」且「夏王不得某某」之雙重結果，若然，則「甚」字便不應如高佑仁所云，與「圖」字諧韻，如此一來，以其所析出之「督（幽）」、「王（陽）」與「圖（魚）」等可能之韻腳，便無用韻之條件，此其一也，至於「圖」字，高佑仁訓作「圖謀、設法改變」，但此義訓通常都有「謀求」或「策劃」之意，而無「設法改變」之意涵，如《詩經‧小雅‧常棣》云「是究是圖，亶其然乎？」毛傳釋云「圖，謀」，孔穎達疏則釋曰「汝於是深思之，於是善謀之，信其然者否乎？」[368]又如《史記‧刺客列傳》：

362 「簡帛論壇：清華五《湯處於湯丘》初讀」13樓網路發言者暮四郎之發文，武漢大學簡帛研究中心，網址：http://www.bsm.org.cn/forum/forum.php?mod=viewthread&tid=3247&extra=page%3D8&page=2，2015年4月11日，檢索日期：2018年6月18日；王進鋒：〈清華簡（伍）《殷高宗問於三壽》《湯處於湯丘》《湯在啻門》三篇集釋〉，收入李學勤、艾蘭、呂德凱主編，清華大學出土文獻研究與保護中心、古代中國研究會編：《清華簡研究》3（上海：中西書局，2019年12月第一版），頁392-497。

363 程薇：〈民人皆督禺麗〉，收入清華大學出土文獻與保護中心編、李學勤主編：《出土文獻》6（上海：中西書局，2015年4月第一版），頁215-219。

364 〔晉〕杜預注、〔唐〕孔穎達疏：《春秋左傳正義》（清嘉慶二十年江西南昌府學重刊宋刻本，臺北：藝文印書館，1997年8月初版），卷七，頁122。

365 〔清〕王引之：《經義述聞》（臺北：臺灣商務印書館，1979年1月臺一版），卷十七，頁652。

366 馬文增：〈清華簡《湯處于湯丘》新釋、注譯、析辯〉，武漢大學簡帛研究中心，網址：http://www.bsm.org.cn/show_article.php?id=2234，2015年5月19日，檢索日期：2018年6月20日。

367 高佑仁：〈《湯處於湯丘》札記六則〉，「文字、文獻與文明——第七屆出土文獻青年學者論壇暨國際學術研討會」，廣州：中山大學古文字研究所，2018年8月17-20日，其後經修訂，收入中山大學古文字研究所、出土文獻與中國古代文明研究協同創新中心、中山大學中國語言文學系編：《文字‧文獻‧文明》（上海：上海古籍出版社，2019年10月第一版），頁87-98。

368 〔漢〕毛亨傳、〔漢〕鄭玄箋、〔唐〕孔穎達疏：《毛詩正義》（清嘉慶二十年江西南昌府學重刊宋刻本，臺北：藝文印書館，1997年8月初版），卷九之二，頁323。

「今魯城壞，即壓齊境，君其圖之！」[369]故如高佑仁解作「民人無法改變現狀」，其實並未盡合於「圖」字之原怡，也看不出民人所「圖」為何事，當然，此「圖」若訓作「設法對付」，雖不失為可行之方向，其猶《左傳·隱公元年》云「姜氏何厭之有？不如早為之所，無使滋蔓，蔓難圖也」，[370]不過，本文上文已云此段簡文應是以「民人皆某某」與「夏王不得某某」作結，如此一來，「夏王」仍是「不得其圖」之主語，則「圖」字恐也非必作此訓不可，總之，高佑仁此說，似亦有部分疑義尚待解決。據此，在上述論證基礎上，竊疑此「禺」或可讀為「儔」，[371]「儔」字本指同類或同儕之謂，其猶《鬼谷子·中經》云「能言者儔，善博惠。」[372]此又如《字彙》所釋「儔，眾也」，[373]至於「𠈇」字，則疑應逕讀為「儷」，「儷」字在先秦古籍中，多有相與或相配之意，如《楚辭·九辯》云「四時遞來而卒歲兮，陰陽不可與儷偕。」[374]又如《淮南子·精神訓》亦有曰「鳳凰不能與之儷，而況斥鷃乎！」[375]甚至稍晚所見「儔儷」一詞，亦指品類相等之意，其猶《三國志·蜀書·龐統法正傳》：「儗之魏臣，統其荀彧之仲叔，正其程、郭之儔儷邪？」[376]而簡文並言「儔」、「儷」，或許有同胞之意涵，其所謂「民人皆侮儔麗」，殆指「（因為刑法或法度不夠之故，）民人皆得以欺侮自己同胞」也，更或有「不團結且互相攻訐」之意，實則有夏內部「民亂」，在文獻中多可見其記載，如《呂氏春秋·先識覽·先覽》云「夏太史令終古，出其圖法，執而泣之。夏桀迷惑，暴亂愈甚，太史令終古乃出奔，如商。湯喜而告諸侯曰：『夏王無道，暴虐百姓，窮其父兄，恥其功臣，輕其賢良，棄義聽讒，眾庶咸怨，守法之臣，自歸于商。』」[377]又如「禹以人道治其民，桀以人道亂其民」（郭店《尊德義》簡5），再如「民可道也，而不可強也。桀不謂其民必亂，而民有為亂矣」（郭店《尊德義》簡22、23）等，大抵皆與簡文所載之內容相符。

[369] 〔漢〕司馬遷原著、〔日〕瀧川龜太郎著：《史記會注考證》（臺北：萬卷樓圖書公司，1993年8月初版），卷八十六，頁1023。

[370] 〔晉〕杜預注、〔唐〕孔穎達疏：《春秋左傳正義》（清嘉慶二十年江西南昌府學重刊宋刻本，臺北：藝文印書館，1997年8月初版），卷二，頁36。

[371] 「禺」、「儔」二字上古音分屬疑母侯部與定母幽部，二字聲母雖稍隔，但韻部所屬之幽、侯二部，在上古音語料中，其可旁轉或通假，具其例，且據學者之研究，幽部在上古楚方言中，具有兼通東、冬、陽三部之特色，此中東部適正為侯部之陽聲韻，因此，簡文此處之「禺」字似有讀為「儔」之可能。陳新雄：《古音研究》（臺北：五南圖書公司，1999年4月初版），頁457；李存智：《上博楚簡通假字音韻研究》（臺北：萬卷樓圖書公司，2010年2月初版），頁195-197；劉寶俊：〈冬部歸向的時代和地域特點與上古楚方音〉，《中南民族學院學報（哲學社會科學版）》1990年第5期，頁79-86。

[372] 〔周〕鬼谷子撰，趙全璧注、發行：《鬼谷子注釋》（臺北：作者發行，1978年5月初版），頁85。

[373] 〔明〕梅膺祚：《字彙》（掃葉山房藏本，臺北：世界書局，2018年9月初版），子集，頁87。

[374] 〔宋〕朱熹：《楚辭集注》（臺北：藝文印書館，1983年6月四版），卷六，頁235。

[375] 〔漢〕劉安原編，〔漢〕劉向、劉歆原校訂，劉文典撰：《淮南鴻烈集解》（以莊逵吉校本為底本，臺北：文史哲出版社，2003年10月再版），卷七，頁235。

[376] 〔晉〕陳壽原撰、〔宋〕裴松之注、楊家駱編：《新校本三國志注附索引》（臺北：鼎文書局，1987年5月六版），卷三十七，頁962。

[377] 〔周〕呂不韋著、〔宋〕陸游評、〔明〕凌稚隆批：《呂氏春秋》，收入蕭天石總主編：《中國子學名著集成（宋元明清善本叢刊）》（明萬曆庚申吳興凌氏刊朱墨套印本，臺北：中國子學名著集成編印基金會，1978年12月初版），卷十六，頁395-396。

〔24〕戡（戡、戡；或）

簡文此例之形為：

（清華〈湯處於湯丘〉簡 13）

原整理者隸作「戡」，讀為「戡」，無說。[378]

「戡」字首見於《集韻》，乃「戡」字異構，[379]而「或」字更是早見於《說文》，許慎釋云「殺也。从戈今聲。《商書》曰：『西伯既或黎。』」[380]段注則補釋曰「殺者，戮也。按漢魏六朝人『或』、『堪』、『戡』、『龕』四字不甚區別，……則『堪』為正字，或叚『或』，或叚『戡』，又或叚『龕』，皆以同音為之也。」[381]可知「戡」字與「或」、「堪」、「戡」、「龕」等字，應有密切之關係，且據《六書正訛》，知「或」字疑「戡」字之異構，[382]甚至簡文「戡」字應是其字目前所見最早之例，不過，楚系「戡」字之形與簡文此字似未盡相同，例如：

（郭店〈性自命出〉簡 42「戡」）

郭店簡此「戡」字从戈从甚，「戈」與「甚」二偏旁共筆，未从今或含，實則楚系「今」、「含」二形形近，或見混用例，例如：

（上博〈子羔〉簡 8「今」）

上博簡此「今」字从口，即類「含」之形，因此，簡文此字有可能受此影響，而有聲符替換之現象，[383]換言之，簡文此字應即《說文》所載「或」字之異構，至於其所从甚，亦是「今」或「含」之聲符替換，[384]故《說文》釋「戡」之形為「从戈甚聲」（卷

---

[378] 清華大學出土文獻研究與保護中心編、李學勤主編：《清華大學藏戰國竹簡（伍）》（上海：中西書局，2015 年 4 月第一版），頁 135。

[379] 〔宋〕丁度編：《集韻》（據上海圖書館藏述古堂影宋鈔本影印，並依清顧千里修補曹棟亭刻本補殘缺字，臺北：學海出版社，1986 年 11 月初版），卷四，頁 282-283。

[380] 〔漢〕許慎編撰、〔宋〕徐鉉校定：《說文解字》（據清同治十二年陳昌治改刻本縮印，香港：中華書局，2014 年 8 月再版），卷十二，頁 266。

[381] 〔漢〕許慎撰、〔清〕段玉裁注：《說文解字注》（據經韻樓藏版影印，臺北：洪葉文化公司，2016 年 10 月三版），卷十二，頁 637。

[382] 〔元〕周伯琦：《六書正訛》，收入〔清〕永瑢、〔清〕紀昀等纂修：《景印文淵閣四庫全書》（國立故宮博物院原書庋藏，臺北：臺灣商務印書館，1986 年 3 月初版），卷二，頁 228-131。

[383] 「今」字上古音屬見母侵部，「含」字則為匣母侵部，二字聲韻關係或謂密切，且在古文字之中，其相通之例不少，再者，「含」字本就从今得聲，如《說文》即釋「含」曰「从口今聲」，因此，「今」、「含」二形在此應有聲符替換之可能。〔漢〕許慎撰、〔宋〕徐鉉校定：《說文解字》（據清同治十二年陳昌治改刻本縮印，香港：中華書局，2014 年 8 月再版），卷二，頁 31；王輝：《古文字通假釋例》（臺北：藝文印書館，1993 年 4 月初版），頁 917-918；白於藍編著：《戰國秦漢簡帛古書通假字彙纂》（福州：福建人民出版社，2012 年 5 月第一版），頁 905-906。

[384] 「甚」字上古音屬禪母侵部，與「今」、「含」二字疊韻，在聲韻上仍有一定程度之關係。

十二下「戈」部），385可從。是故，簡文此字可隸作「戔」，釋為「烖」或「戡」。

另值得注意的是，在清華簡伊尹此五篇之中，其讀為「戡」者，皆从今得聲，且分別從不同之形符，包括：

（清華〈尹至〉簡5）

（清華〈湯處於湯丘〉簡11）

此是否代表戰國「戔」字尚未定型，頗值得再作進一步之研究。

簡文辭例云「湯又問於小臣：『吾戔夏如台？』」（清華〈湯處於湯丘〉簡13）如上所述，原整理者將「戔」字讀為「戡」，本在文意上堪稱通順，不過，古籍「戡」字多解作「平定」，比較接近於大對小之戰勝或平定，如《尚書・西伯戡黎》所云「西伯既戡黎，祖伊恐，奔告于王。」386故如《爾雅・釋詁》即釋「戡」云「戡，克也」，387皆屬其例也，此時商對夏仍應是以小搏大，或是藩國與宗主國之關係，因此，頗疑簡文此字應可另作別解。是故，竊疑簡文此字逕讀為「戔」即可，且依《說文》，可將其改訓作「殺」，其例在古籍中皆作「堪」，又或可通作「戡」，此應與上引段注所云漢魏六朝時期「戔」、「堪」、「戡」與「龕」等四字不甚區別有所相關，而此等用例或猶《墨子・非攻》所云「夏德大亂，往攻之，予必使汝大堪之。予既受命於天，天命融隆火，于夏之城閒西北之隅」畢沅注云「《文選》注《藝文類聚》引作『戡』。此『戔（戔）』字之假音，《說文》云『戔（戔），殺也』，《爾雅》云『堪，勝也。』」388《墨子》此「堪」字即近於《說文》「戔」字之義訓，再如《逸周書・祭公解》所云「公曰：『天子，謀父疾維不瘳，敢告天子：皇天改大殷之命，維文王受之，惟武王大戡之，咸茂厥功。維天貞文王之重用威，亦尚寬壯厥心，康受乂之，式用休。亦生王茂緩厥心，敬恭承之。維武王申大命，戡厥敵。』」389此「戡」字亦屬此類訓也，換言之，簡文此所謂「戔夏」，應指滅夏，而非平定，但其實在清華簡此五篇簡文中，商對夏之用語，皆較為激烈，如〈尹誥〉簡2亦云之「我仇（讎、擊）滅夏」，可與簡文此字之釋讀相互證成。

另值得注意的是，《墨子》此段話更與簡文上文所云「有夏之德」有直接之關係，或可呼應簡文此字之釋讀，再者，簡文下文云「小臣答：『后固恭天威、敬祀、淑慈我

385 〔漢〕許慎編撰、〔宋〕徐鉉校定：《說文解字》（據清同治十二年陳昌治改刻本縮印，香港：中華書局，2014年8月再版），卷十二，頁266。

386 〔漢〕孔安國傳、〔唐〕孔穎達疏：《尚書正義》（清嘉慶二十年江西南昌府學重刊宋刻本，臺北：藝文印書館，1997年8月初版），卷十，頁144。

387 〔晉〕郭璞注、〔宋〕邢昺疏：《爾雅注疏》（清嘉慶二十年江西南昌府學重刊宋刻本，臺北：藝文印書館，1997年8月初版），卷一，頁11。

388 〔清〕張純一：《墨子集解》（臺北：文史哲出版社，2011年8月BOD版），卷五，頁196-197。

389 黃懷信、張懋鎔、田旭東撰；黃懷信修訂；李學勤審訂：《逸周書彙校集注》（以《四部叢刊》影印明嘉靖二十二年四明章檗校刊本為底本，上海：上海古籍出版社，2007年3月第一版），卷八，頁932-933。

民，若自事朕身，已桀之疾，后將君有夏哉！」（清華〈湯處於湯丘〉簡 13、14）亦指小臣伊尹建議湯應行如何「戡夏」之事，可參。

〔25〕（台、台）

簡文此例分見於簡 13、17 與 19，其形分作：

（清華〈湯處於湯丘〉簡 13）

（清華〈湯處於湯丘〉簡 17）

（清華〈湯處於湯丘〉簡 19）

原整理者俱隸作「」，讀為「台」。[390]

簡文此字从心厶司皆聲，可隸作「」，其字形相關類例楚系文字習見，包括：

（春秋：徐王義楚觶，《集成》06513）

（包山簡 107）

（郭店《老子·甲》簡 11）

（郭店《老子·甲》簡 17）

此等類例之偏旁組合與簡文此字相同，屬一字之異構，而有鑑於楚簡「台」字所從之「口」旁與「心」二旁或可通用，[391]且「司」與「台」二字上古音韻近，[392]故疑此等

---

[390] 清華大學出土文獻研究與保護中心編、李學勤主編：《清華大學藏戰國竹簡（伍）》（上海：中西書局，2015 年 4 月第一版），頁 135、136。

[391] 楚簡「台」字从口者，例如：（郭店〈緇衣〉簡 21）、（新蔡簡甲三 11）、（上博〈用日〉簡 1）、（清華〈攝命〉簡 16），而从心者，則在新蔡簡中最為常見，且可與上引簡甲三 11 例相互為證，證明「台」字所從之「口」與「心」，可相互通用，此等類例或如：（新蔡簡甲一 24）、（新蔡簡乙四 126）、（新蔡簡零 308）。

[392] 「司」字上古音屬心母之部，「台」字則為透母之部或余母之部（「我」義），二字疊韻。

類例或即「台」字之訛化與變形聲化，據此，清華〈湯在啻門〉另有一「訇」字，亦應屬「台」字之異構，[393]可參，其形為：

（清華〈湯在啻門〉簡 6）

至於楚系文字此等類例之釋讀，其例或可讀為「台」，訓作「我」，其猶《尚書·湯誓》所云「非台小子，敢行稱亂。」[394]故如徐王義楚鑭銘文即云「永保訇身，子孫寶」（春秋：徐王義楚鑭，《集成》06513），其「訇」字即同《尚書》「台」字之訓也，因此，原整理者將簡文此字讀為「台」，應無疑義。

而簡文所云「如台」一詞，分見於簡 13、簡 17 與簡 19，劉成群據《尚書》語例，以為「如台」乃清華〈湯處於湯丘〉簡保留商代用語之證。[395]茲復引簡 13、簡 17、簡 18 與簡 19 之辭例如下：

　　湯又問於小臣：「吾㦣夏如台？」（清華〈湯處於湯丘〉簡 13）
　　湯又問於小臣：「愛民如台？」（清華〈湯處於湯丘〉簡 17）
　　湯又問於小臣：「恭寍如台？」（清華〈湯處於湯丘〉簡 19）

今復考傳世文獻所見「如台」一詞，其例於《尚書》中習見，多表示疑問之意，且晚至南朝《後漢書》仍可見其例，如《尚書·湯誓》云「王曰：『格爾眾庶，悉聽朕言，非台小子，敢行稱亂！有夏多罪，天命殛之。今爾有眾，汝曰：『我后不恤我眾，舍我穡事而割正夏？』予惟聞汝眾言，夏氏有罪，予畏上帝，不敢不正。今汝其曰：『夏罪其如台？』夏王率遏眾力，率割夏邑。有眾率怠弗協，曰：『時日曷喪？予及汝皆亡。』夏德若茲，今朕必往。』」[396]又如《尚書·盤庚上》或曰「盤庚遷于殷，民不適有居，率籲眾慼出，矢言曰：『我王來，既爰宅于茲，重我民，無盡劉。不能胥匡以生，卜稽，曰其如台？先王有服，恪謹天命，茲猶不常寧；不常厥邑，于今五邦。今不承于古，罔

---

[393] 此類字形於楚簡中頗為常見，謝佩霓與施謝捷皆有專文討論，尤其施謝捷對其形源之考證，大抵是可信的，不過，其以為此類字形不可逕釋作「台」、「司」或「訇」，此若復據朱德熙與裘錫圭所云「訇（司）」或「台」二形構「加注聲符」之情況而言，似仍猶有可商，換言之，加注聲符代表其仍有釋作「訇（司）」或「台」異構之可能，故本文今仍暫將簡文此字釋作「台」，並據此討論下文之釋讀內容。謝佩霓：〈郭店楚簡「訇」構形試探〉，《中國文字》新 28（1999 年 12 月），頁 143-153；施謝捷：〈說「訇（訇台㦣）」及相關諸字（上）〉，收入復旦大學出土文獻與古文字研究中心編：《出土文獻與傳世典籍的詮釋——紀念譚樸森先生逝世兩週年國際學術研討會論文集》（上海：上海古籍出版社，2010 年 10 月第一版），頁 47-66；朱德熙、裘錫圭：〈戰國時代的「料」和秦漢時代的「半」〉，《文史》8（北京：中華書局，1980 年 3 月第一版），頁 1-4，另收入朱德熙：《朱德熙文集》（北京：商務印書館，1999 年 9 月第一版），卷五（古文字論文），頁 115-120。

[394] 〔漢〕孔安國傳、〔唐〕孔穎達疏：《尚書正義》（清嘉慶二十年江西南昌府學重刊宋刻本，臺北：藝文印書館，1997 年 8 月初版），卷八，頁 108。

[395] 劉成群：〈清華簡《湯處於湯丘》與商湯始居地考辨〉，《人文雜誌》2015 年第 9 期，頁 100-107。

[396] 〔漢〕孔安國傳、〔唐〕孔穎達疏：《尚書正義》（清嘉慶二十年江西南昌府學重刊宋刻本，臺北：藝文印書館，1997 年 8 月初版），卷八，頁 108。

知天之斷命，矧曰其克從先王之烈？若顛木之有由蘗，天其永我命于茲新邑，紹復先王之大業，底綏四方。」[397]再如《後漢書·班彪列傳》亦云「豈蔑清廟憚勑天乎？伊考自遂古，乃降戾爰茲，作者七十有四人，有不伻而假素，罔光度而遺章，今其如台而獨闕也！」[398]可知清華〈湯處於湯丘〉簡所保存之部分詞語，或猶存古，疑先秦至兩漢間之通行語例，不過，傳世文獻此類「如台」之例，用於疑問句時，多前置「其」字，而簡文此三處辭例則無，其原因為何？尚猶待考。

〔26〕畧（？、淑）

簡文此例之形為：

（清華〈湯處於湯丘〉簡 14）

以墨色而言，簡文此例或見補筆，實則清華〈湯處於湯丘〉簡疑補筆者，仍或見數例，包括：

（清華〈湯處於湯丘〉簡 4「纇（纏？、箴）」）

（清華〈湯處於湯丘〉簡 4「昒（勺？、勺）」）

（清華〈湯處於湯丘〉簡 14「畏」）

（清華〈湯處於湯丘〉簡 14「若」）

（清華〈湯處於湯丘〉簡 14「朕」）

（清華〈湯處於湯丘〉簡 14「 」）

此補筆之成因難料，其理應不外「增色」與「增構」，而以清華簡這幾篇所見字例

397　〔漢〕孔安國傳、〔唐〕孔穎達疏：《尚書正義》（清嘉慶二十年江西南昌府學重刊宋刻本，臺北：藝文印書館，1997 年 8 月初版），卷九，頁 126-127。

398　〔南劉宋〕范曄：《後漢書》（據涵芬樓藏紹興本影印（百衲本），新北：臺灣商務印書館，2010 年 10月臺二版），卷四十，頁 03-621。

而言，似仍以「增色」者居多。而此類字例在字形發展上，仍有其一定之意義與價值，包括：

一、或可據此判定是否為疊加之形構：戰國文字疊加形符或聲符例習見，即以簡文此處之「臧（織？、箴）」字而言，因「緘」字在西周與今所見戰國文字之中，似仍未見从口者，例如：

（西周：毛公鼎，《集成》02841B〔北京圖書館藏羅振玉跋本〕）

（曾侯乙簡 171）

（曾侯乙簡 211）

（包山簡 157）

　　因此，頗疑簡文此例應為疊加「口」形之繁構。

二、或可據此判定文字筆畫書寫之順序：以此等字例所見補筆而言，尤在「增色」部分，或可看出其書寫之順序。如上引「若」字，其上部髮形與下部足形等二豎筆之墨色相近，且較附近筆畫之墨色更濃，再者，其下方似亦有墨色較淡之殘畫，因此，此二筆應是補筆，倘若再細審此二筆相接之處，可知下部足形之筆較為完整，且似有覆蓋於上部髮形該豎筆之情況，是故，或可推知，此「若」字有可能是在其字寫好後，書手再行增補此最後二筆。

　　關於此類「補筆」之例，其成因不詳，但不可否認的是，其相關類例對於文字形構之分析，仍有一定之意義與價值，未來頗值得作進一步之研究。

〔27〕傑（桀）之疾

　　此句話見於簡 14，學者之釋讀或存異說。原整理者釋為「夏桀之疾」，並以為其例亦見於清華〈赤鵠之集湯之屋〉簡；[399]網路發言者奈我何將此句連讀為「桀之疾后將君有夏哉」，並釋為「夏桀也會忌恨湯之舉將君有夏邦的」；[400]馬文增將「之」解作動詞，

---

399 清華大學出土文獻研究與保護中心編、李學勤主編：《清華大學藏戰國竹簡（伍）》（上海：中西書局，2015 年 4 月第一版），頁 139。

400 「簡帛論壇：清華五《湯處於湯丘》初讀」23 樓網路發言者奈我何之發文，武漢大學簡帛研究中心，網址：http://www.bsm.org.cn/forum/forum.php?mod=viewthread&tid=3247&extra=page%3D8&page=3，2015 年 4 月 20 日，檢索日期：2018 年 6 月 10 日。

並將「疾」釋作「厭，憎」；[401]郭倩文則將「之」解為「助詞，的」，並釋「疾」為「疾病」，其說大抵仍從原整理者之看法；[402]侯乃峰根據清華簡文本性質與上文所云「吾戡夏如台」，以為簡文此句與「夏桀之疾」無關，而應「連讀作『桀之疾后將君有夏哉』。疾，嫉恨之義」，進而將此段簡文解作「（由於商湯有了如上所述的這些有德之舉，即便商湯不主動去戡伐夏桀），夏桀也會因此而嫉恨商湯之舉將會君有夏邦撫有天下的」。[403]洪君妤從奈我何之說，惟將「疾」字改訓作「擔憂」。[404]

今復考〈赤鵠之集湯之屋〉簡，其中有兩段簡文或即原整理者所云之「夏桀之疾」，分見於：

一、「眾烏乃訊巫烏曰：『夏后之疾如何？』巫烏乃言曰：『帝命二黃蛇與二白兔處后之寢室之棟，其下舍后疾，是使后疢疾而不知人。帝命后土為二䓣茖，共處后之牀下，其上刺后之體，是使后之身疴蠠，不可極于席。』」（清華〈赤鵠之集湯之屋〉簡 7、8、9）

二、夏后曰：「朕疾如何？」小臣曰：「帝命二黃蛇與二白兔處后之寢室之棟，其下舍后疾，是使后棼棼眩眩而不知人，帝命后土為二䓣茖，共處后之牀下其上刺后之身，是使后昏亂甘心，后如徹屋屋，殺黃蛇與白兔，𡐦地斬䓣，后之疾其瘳。」（清華〈赤鵠之集湯之屋〉簡 11、12、13）

可知此二段簡文所云「夏桀之疾」，與夏桀之身體狀況有關，但〈湯處於湯丘〉此段簡文，其云「湯又問於小臣：『吾戓夏如台？』小臣答：『后固恭天威、敬祀、淑慈我民，若自事朕身，已桀之疾，后將君有夏哉！』」（清華〈湯處於湯丘〉簡 13、14）則簡文此所云者，雖言敬天、重祀與愛民，但非神話，故或與上引〈赤鵠之集湯之屋〉幾枚簡之內容實不甚相同，再者，簡文此所謂「桀之疾」，其上文云湯應行之事，下則言湯將統領夏地，倘此處逕解作「夏桀的病痛、缺失或禍害」，則在上下文意之通讀上，似有所窒礙，因此，上引侯乃峰之改釋，有其一定之道理，不過，在簡文上一段落簡 11 與簡 12 之中，已云夏之亂政，甚至〈湯處於湯丘〉此篇簡文開頭即「有疾」之事，因此，簡 14 此「疾」字亦當作其類義解，而非「嫉恨」或「厭，憎」，另外，洪君妤將「疾」訓作「擔憂」，或具其理，但以夏桀之德而言，其人似不必然會因湯之有德而感到擔憂，故此字若作此訓，恐仍有疑。是故，頗疑「桀之疾」之「之」，應如馬文增所云者，當動詞解，不過，該文並未詳述訓釋內容，尚且未知其論證主軸，本文茲擬補證如下：即「之」字應訓作「滋生」或「滋長」，如《說文》釋「之」所云「出也」，[405]段

---

401 馬文增：〈清華簡《湯處于湯丘》新釋、注譯、析辯〉，武漢大學簡帛研究中心，網址：http://www.bsm.org.cn/show_article.php?id=2234，2015 年 5 月 19 日，檢索日期：2018 年 6 月 20 日。

402 郭倩文：《《清華五》、《上博九》集釋及新見文字現象整理與研究》（華東師範大學碩士學位論文，2016 年 5 月），頁 136-137。

403 侯乃峰：〈讀清華簡（伍）雜志〉，《中國文字》新 43（2017 年 3 月），頁 75-88。

404 洪君妤：《戰國竹書伊尹文獻研究》（國立中興大學中國文學研究所碩士論文，2017 年 8 月），頁 36。

405 〔漢〕許慎編撰、〔宋〕徐鉉校定：《說文解字》（據清同治十二年陳昌治改刻本縮印，香港：中華書局，2014 年 8 月再版），卷六，頁 127。

注補釋云「『之』有為上出者」，[406]亦猶《禮記‧祭義》或曰「其薦之也，容貌必溫，身必詘，如語焉而未之然。」[407]又如《周禮‧冬官考工記‧梓人》或云「深其爪，出其目，作其鱗之而」，[408]此類「之」字皆同此訓，至於「疾」字，則可讀如其本字，訓作「苦痛」，其猶《管子‧小問》云「凡牧民者，必知其疾，而憂之以德，勿懼以罪，勿止以力，慎此四者，足以治民也。」[409]在此或指上文所云有夏帶給人民之苦痛，據此，則簡文此所謂「桀之疾」，殆指「夏桀所造成之為政之禍」，以呼應上文所云夏王不得其圖之幾項原因。

另值得注意的是，陳劍在單育辰將「也」字改釋為「巳（已）」字之基礎上，[410]將此段簡文釋讀為「后固恭天威、敬祀、淑慈我民，若自使朕身已桀之疾，后將君有夏哉！」並釋「若自使朕身已桀之疾」句為「如果親自使我去親身治好夏桀的病」，同時，陳劍亦詮釋此段文意之主旨，認為「是伊尹答語的重點所在，即毛遂自薦主動請命作間，並提出通過商湯『親自』安排來取得夏桀的信任，以治好夏桀之疾作為進身之階，再打探敵情、離間其君臣若與妹喜交以間夏之類。如此商湯終將撫有夏邦」，[411]其說使文意更為暢達，不過，簡文下文並無所謂間夏之內容，實難與文意作對應，再者，清華簡此篇簡文本多言食事、自愛與為政之事，故在此所謂「若自事朕身」，恐怕仍應解作「就好像侍奉或照顧自己身體一樣」，而此「事」字，由「史」字通讀而來，應是陳劍所云楚簡「叓／史」、「事」分工下個別通用之例，其猶簡15所云「古之先聖人所以自愛，不史問，不處疑」，此「史」字陳劍雖讀為「使」，並將此句簡文讀為「不使昏」，但在文意通讀上，似仍有疑，故此「史」字仍應讀為「事」，簡文「事問」一詞，或猶《論語‧八佾》所云「子入太廟，每事問。或曰：『孰謂鄹人之子知禮乎？入太廟，每事問。』子聞之曰：『是禮也。』」[412]其與「處疑」在語意正好相應，故簡15此「史」亦可讀為

---

[406] 〔漢〕許慎撰、〔清〕段玉裁注：《說文解字注》（據經韻樓藏版影印，臺北：洪葉文化公司，2016年10月三版），卷六，頁275。

[407] 〔漢〕孔安國傳、〔唐〕孔穎達疏：《禮記注疏》（清嘉慶二十年江西南昌府學重刊宋刻本，臺北：藝文印書館，1997年8月初版），卷四十八，頁826。

[408] 〔漢〕鄭玄注、〔唐〕賈公彥疏：《周禮注疏》（清嘉慶二十年江西南昌府學重刊宋刻本，臺北：藝文印書館，1997年8月初版），卷四十一，頁638。

[409] 〔唐〕尹知章注、〔清〕戴望校正：《管子校正》（以張巨山紹興己未寫本內容為基礎，定其句讀且校正之，臺北：世界書局，1955年11月臺一版），卷十六，頁274。

[410] 「簡帛論壇：清華五《湯處於湯丘》初讀」1樓網路發言者ee之發文，武漢大學簡帛研究中心，網址：http://www.bsm.org.cn/bbs/read.php?tid=3247&fpage=3&page=1，2015年4月9日，檢索日期：2018年6月6日；單育辰：〈《清華大學藏戰國竹簡（伍）》釋文訂補〉，收入復旦大學出土文獻與古文字研究中心編：《戰國文字研究的回顧與展望》（上海：中西書局，2017年8月第一版），頁204-210；另白一平也有類似之看法，王進鋒：〈清華簡（伍）《殷高宗問於三壽》《湯處於湯丘》《湯在啻門》三篇集釋〉，收入李學勤、艾蘭、呂德凱主編，清華大學出土文獻研究與保護中心、古代中國研究會編：《清華簡研究》3（上海：中西書局，2019年12月第一版），頁392-497。

[411] 陳劍：〈清華簡字義零札兩則〉，收入復旦大學出土文獻與古文字研究中心編：《戰國文字研究的回顧與展望》（上海：中西書局，2017年8月第一版），頁190-203。

[412] 〔魏〕何晏注、〔宋〕邢昺疏：《論語注疏》（清嘉慶二十年江西南昌府學重刊宋刻本，臺北：藝文印書館，1997年8月初版），卷三，頁28。

「事」，而與簡 14 此「史（事）」字俱屬陳劍所云「叟／史」、「事」個別通用之類例，因此，本文暫將此段簡文斷讀為「后固恭天威、敬祀、淑慈我民，若自事朕身，已桀之疾，后將君有夏哉！」其中，「已桀之疾」則又指「停止夏桀所造成之禍患」之意，此中「已」字之意，與本文上文所討論單育辰改釋之簡 10 另一「已」字之用法稍有不同，在此應訓作「停止」，其猶《詩經・鄭風・風雨》云「風雨如晦，雞鳴不已。」鄭玄箋云「已，止也。」[413]又如《荀子・宥坐》亦云「嫚令謹誅，賊也。今生也有時，斂也無時，暴也；不教而責成功，虐也。已此三者，然後刑可即也。」楊倞注曰「已，止。」[414]凡此所見「已」字，皆同此訓也。

〔28〕飤（？、珍）

簡文此例之形為：

（清華〈湯處於湯丘〉簡 15）

原整理者隸作「飤」，釋其為从綝省聲，並讀為「饕」，表「貪」之意；[415]許可釋其為从食、㕻聲，而對此例之釋讀，許可以為「讀成宵部『饕』字不若讀為文部的『珍』，謂食材之珍貴」；[416]網路發言者余小真從許可之說；[417]王寧亦從許可之說，並將簡文此例釋為「從食慎省聲」，即「飻」字之或體、《說文》「饕」之本字，而對於簡文所謂「旨珍」，王寧以為「『旨』不煩讀為『嗜』，『旨珍』乃以珍饈為美味之意」；[418]蔡一峰贊同原整理者之隸定，但以為簡文此字並非从綝省聲，更云「竊疑『飤』為美味珍饈之『珍』專字，未必與訓為貪食之『飻』字有關」；[419]郭倩文從許可之說；[420]洪君好亦從許可之看法。[421]

---

[413] 〔漢〕毛亨傳、〔漢〕鄭玄箋、〔唐〕孔穎達疏：《毛詩正義》（清嘉慶二十年江西南昌府學重刊宋刻本，臺北：藝文印書館，1997 年 8 月初版），卷四之四，頁 179。

[414] 〔清〕王先謙：《荀子集解》（臺北：藝文印書館，2007 年 3 月初版），卷二十，頁 818。

[415] 清華大學出土文獻研究與保護中心編、李學勤主編：《清華大學藏戰國竹簡（伍）》（上海：中西書局，2015 年 4 月第一版），頁 136、139。

[416] 清華大學出土文獻讀書會：〈清華簡第五冊整理報告補正〉，清華大學出土文獻研究與保護中心，網址：http://www.ctwx.tsinghua.edu.cn/publish/cetrp/6831/2015/20150408112711717568509/2015040811271171756 8509_.html，2015 年 4 月 8 日，檢索日期：2018 年 6 月 19 日。

[417] 「簡帛論壇：清華五《湯處於湯丘》初讀」18 樓網路發言者余小真之發文，武漢大學簡帛研究中心，網址：http://www.bsm.org.cn/forum/forum.php?mod=viewthread&tid=3247&extra=page%3D8&page=2，2015 年 4 月 14 日，檢索日期：2018 年 6 月 11 日。

[418] 王寧：〈讀清華五《湯處於湯丘》散札〉，復旦大學出土文獻與古文字研究中心，網址：http://www.g wz.fudan.edu.cn/Web/Show/2501，2015 年 4 月 21 日，檢索日期：2018 年 3 月 5 日。

[419] 蔡一峰：〈《清華簡（伍）字詞零釋四則》〉，收入楊振紅、鄔文玲主編：《簡帛研究・2016・春夏卷》（桂林：廣西師範大學出版社，2016 年 6 月第一版），頁 29-35。

[420] 郭倩文：《《清華五》、《上博九》集釋及新見文字現象整理與研究》（華東師範大學碩士學位論文，2016 年 5 月），頁 139-140。

[421] 洪君好：《戰國竹書伊尹文獻研究》（國立中興大學中國文學研究所碩士論文，2017 年 8 月），頁 36。

　　可知學界對於此字仍或存異說，主要在於聲符認定上之歧異。今復考簡文此字之形，其左旁从皀，非从食，而其右部形構，則是从幺从言，故簡文此例或可改隸為「䚯」，若據上引學者之看法，則其右部形構應為此字得聲之所由，且以「䜌」、「慎」二字而言，此二字之組合形構，似皆與簡文此字有關，不過，若考其字形特徵，恐怕又以釋从慎之可能性較高，其理為：「䜌」或即「䜌」字之異構，[422]而古文字「䜌」字大抵从言，象獸之形，曾憲通以為此獸形乃「貓」、「貙」一類之初文，[423]可從，其形在楚系文字中異化甚鉅，此可參以下幾則類例：

（西周：彔白𢧥簋蓋，《集成》04302）

（西周：戀史䜌鼎，《集成》01936）

（西周：師袁簋，《集成》04313.1）

（西周：散氏盤，《集成》10176）

（楚帛書乙）

（楚帛書乙）

（包山簡 172）

（郭店〈成之聞之〉簡 14）

---

422 《說文》釋「䜌」云「隨從也。从系䜌聲」，徐鉉釋曰「今俗从名」。〔漢〕許慎編撰、〔宋〕徐鉉校定：《說文解字》（據清同治十二年陳昌治改刻本縮印，香港：中華書局，2014 年 8 月再版），卷十二，頁 270。

423 曾憲通：〈說䜌〉，收入中國古文字研究會、山西省文物局考古研究所、中華書局編輯部編：《古文字研究》10（北京：中華書局，1983 年 7 月第一版），頁 23-36；饒宗頤、曾憲通編著：《楚帛書》（香港：中華書局，1985 年 9 月版），頁 305-306。

（郭店〈窮達以時〉簡6）

（郭店〈尊德義〉簡9）

（郭店〈尊德義〉簡10）

（上博〈曹沬之陳〉簡20）

（上博〈季庚子問於孔子〉簡13）

（上博〈弟子問〉簡17）

　　不過，此類「緐」字所從糸或幺，多位於「言」旁之右上方，抑或右側，甚至有從木而未從系或幺者，但簡文此字所從「幺」形，則是直接寫在「言」旁之正上方，實與上所引「緐」字之字形不甚相類，上引蔡一峰更以目前所見楚簡「緐」字或從「緐」之字未見省「肉」者，補云簡文此字恐非從緐省聲，[424]因此，簡文此字恐與「緐」字無關，更未可釋為從緐省聲，上引學者多未從原整理者所釋從緐省聲之說，基本上是可信的；至於「慎」字，本即從言，且在楚系文字中，又可見從幺者，其形與簡文此字最是相近，例如：

（西周：番生簋蓋，《集成》04326）

（包山簡145）

（郭店《老子‧丙》簡12）

424 蔡一峰：〈《清華簡（伍）字詞零釋四則》〉，收入楊振紅、鄔文玲主編：《簡帛研究‧2016‧春夏卷》（桂林：廣西師範大學出版社，2016年6月第一版），頁29-35。

（郭店《五行》簡 16）

（上博〈孔子詩論〉簡 28）

（上博〈緇衣〉簡 9）

（上博〈中弓〉簡 23）

因此，簡文此字若釋為从慎省，確實有其可能性，然而，其例卻未从斤，此在楚系「慎」字或从慎諸例中頗為罕見，尤其陳劍曾釋「慎」字有可能从所得聲或从所省聲，[425]倘姑且先不論本文在前面章節所談「慎」字可能从七得聲之假說，甚至「慎」字有另一可能之聲符「幺（玄）」，則此實難以解釋其為何將重要之聲符形構省去，是故，簡文此字雖可暫釋為从皀从慎省，但在字形演變證據上，其例為何省去「斤」旁，或仍有再作補證之空間。

故綜上所述，知簡文此字倘釋从慎省，有其可行性，上引王寧之說，大抵可從，不過，其字是否為「飭」字異體，抑或其形源為何，以目前所見字形證據而言，俱猶待考，故蔡一峰之質疑，仍有其一定之道理。

而簡文辭例云「食時不嗜飭，五味皆飪，不有所衍。 」（清華〈湯處於湯丘〉簡 15、16）「飭」字在此仍可如上引學者之釋讀，將其讀為「珍」，訓作「稀有之美食」，即《正字通》釋「珍」所云「食之美者亦曰珍」，[426]亦猶《周禮·天官冢宰·膳夫》或曰「凡王之饋食用六穀，……珍用八物」，[427]再如《禮記·王制》有云「五十異糧，六十宿肉，七十貳膳，八十常珍；九十，飲食不離寢、膳飲從於遊可也。」孔穎達疏曰「珍謂常食之，皆珍奇美食，尋常使有。」[428]此等「珍」字皆同此訓也，若然，則「嗜」在此處恐非解作「嗜欲」或「喜好」，而應訓作「貪求」，即《廣雅·釋詁》釋「嗜」所云「貪也」，[429]亦猶《國語·楚語》所曰「吾聞國家將敗，必用姦人，而嗜其疾味，其子之謂乎？」

[425] 陳劍：〈說慎〉，收入陳劍：《甲骨金文考釋論集》（北京：線裝書局，2007 年 4 月第一版），頁 39-53。

[426] 〔明〕張自烈編、〔清〕廖文英補：《正字通》（北京：國際文化出版公司，1996 年 1 月第一版），午集，頁 748。

[427] 〔漢〕鄭玄注、〔唐〕賈公彥疏：《周禮注疏》（清嘉慶二十年江西南昌府學重刊宋刻本，臺北：藝文印書館，1997 年 8 月初版），卷四，頁 57。

[428] 〔漢〕孔安國傳、〔唐〕孔穎達疏：《禮記注疏》（清嘉慶二十年江西南昌府學重刊宋刻本，臺北：藝文印書館，1997 年 8 月初版），卷十三，頁 264-265。

[429] 〔魏〕張揖撰、〔清〕王念孫疏證：《廣雅疏證》（臺北：廣文書局，1971 年 10 月初版），卷二，頁 43。

430故簡文所云「食時不嗜㿝」，殆指「進食時，不貪求珍貴美食」之意，以呼應上文所言「古之先聖人所以自愛」之內容。

〔29〕㦰（哉、載）

簡16「㦰」字，原整理者讀為「䰮」，並釋為《說文》之「設飪」義；431劉力耘讀為「載」；432許可亦讀為「載」，但無說；433網路發言者蚊首將此字讀為「滋」，並釋云「況詞，言味之厚、旨也」；434網路發言者暮四郎亦讀為「載」，並將此段簡文釋作「五味皆設（從人的角度來講，即各種味道的食物都食用）」；435網路發言者余小真讀為「怡」；436原整理者沈建華其後改讀為「鼎」；437郭倩文從原整理者之說；438吳昌哲訓作「裁」；439洪君妤仍從劉力耘之說。440

簡文此字可逕隸釋為「㦰」，應無疑義，不過，簡文辭例云「食時不嗜珍，五味皆㦰，不有所衍」（清華〈湯處於湯丘〉簡15、16），上引原整理者將簡文此字讀為「䰮」，雖與「五味」語義或有相關，但《說文》釋「䰮」云「設飪也」，441而段注本《說文》

---

430 〔漢〕韋昭註：《國語》（重刊宋明道二年本，臺北：臺灣商務印書館，1956年4月臺初版），卷十八，頁82。

431 清華大學出土文獻研究與保護中心編、李學勤主編：《清華大學藏戰國竹簡（伍）》（上海：中西書局，2015年4月第一版），頁136、139。

432 清華大學出土文獻讀書會：〈清華簡第五冊整理報告補正〉，清華大學出土文獻研究與保護中心，網址：http://www.ctwx.tsinghua.edu.cn/publish/cetrp/6831/2015/20150408112711717568509/20150408112711717568509_.html，2015年4月8日，檢索日期：2018年6月19日。

433 清華大學出土文獻讀書會：〈清華簡第五冊整理報告補正〉，清華大學出土文獻研究與保護中心，網址：http://www.ctwx.tsinghua.edu.cn/publish/cetrp/6831/2015/20150408112711717568509/20150408112711717568509_.html，2015年4月8日，檢索日期：2018年6月19日。

434 「簡帛論壇：清華五《湯處於湯丘》初讀」8樓網路發言者蚊首之發文，武漢大學簡帛研究中心，網址：http://www.bsm.org.cn/forum/forum.php?mod=viewthread&tid=3247&extra=page%3D8&page=1，2015年4月10日，檢索日期：2018年6月12日。

435 「簡帛論壇：清華五《湯處於湯丘》初讀」17樓網路發言者暮四郎之發文，武漢大學簡帛研究中心，網址：http://www.bsm.org.cn/forum/forum.php?mod=viewthread&tid=3247&extra=page%3D8&page=2，2015年4月11日，檢索日期：2018年6月18日；王進鋒：〈清華簡（伍）《殷高宗問於三壽》《湯處於湯丘》《湯在啻門》三篇集釋〉，收入李學勤、艾蘭、呂德凱主編，清華大學出土文獻研究與保護中心、古代中國研究會編：《清華簡研究》3（上海：中西書局，2019年12月第一版），頁392-497。

436 「簡帛論壇：清華五《湯處於湯丘》初讀」18樓網路發言者余小真之發文，武漢大學簡帛研究中心，網址：http://www.bsm.org.cn/forum/forum.php?mod=viewthread&tid=3247&extra=page%3D8&page=2，2015年4月14日，檢索日期：2018年6月18日。

437 沈建華：〈清華簡《唐（湯）處于唐丘》與《墨子‧貴義》文本〉，《中國史研究》2016年第1期，頁19-23；沈建華：〈《湯處於湯丘》新釋文、注釋、白話譯文〉，收入李學勤、艾蘭、呂德凱主編，清華大學出土文獻研究與保護中心、古代中國研究會編：《清華簡研究》3（上海：中西書局，2019年12月第一版），頁90-99。

438 郭倩文：《《清華五》、《上博九》集釋及新見文字現象整理與研究》（華東師範大學碩士學位論文，2016年5月），頁140。

439 吳昌哲：《《清華大學藏戰國竹簡（伍）‧湯處於湯丘》研究》（國立臺灣師範大學國文學系碩士論文，2017年6月），頁77-88。

440 洪君妤：《戰國竹書伊尹文獻研究》（國立中興大學中國文學研究所碩士論文，2017年8月），頁37。

441 〔漢〕許慎編撰、〔宋〕徐鉉校定：《說文解字》（據清同治十二年陳昌治改刻本縮印，香港：中華書局，

則作「設餁也」，[442]知「𩟔」字殆指設置或烹煮酒食之意，故若將此處簡文讀為「五味皆𩟔」，不僅語句或句式不甚通順，且亦無法呼應上文所云「古之先聖人所以自愛」與「食時不嗜珍」之文意，再者，甲金文「𩟔」字用例多與祭祀有關，甚至以其祭祀對象與用祀內容而言，更是極為重要之祭名，例如：「癸酉王卜，貞：『旬無歔？』王固曰：『大吉。』在十月，甲戌祭羌，甲𩟔戔甲」（第五期：《合集》35700）、「癸酉王卜，貞：『旬無歔？』王固曰：『引吉。』在三月甲戌，祭小甲𩟔大甲，惟☐」（《英藏》2503）、「嬴霝德作𩟔簋」（西周：嬴霝德簋蓋，《集成》03585），而簡文此處並未言及祭祀之事，故簡文此字倘讀為「𩟔」，在上述各項考量下，恐猶有可商者，或可另作別解，至於沈建華將此字讀為「肅」，其理亦同，即「肅」字在古文字與先秦文獻中，其用例主要仍是以祭祀或介詞為主，[443]若帶入此段簡文，恐怕也是未臻順適，當然，又如蚊首讀「滋」、余小真讀「怡」或吳昌哲讀「裁」等說，在相關用例上，亦仍有待補證。

其實，此所引清華大學讀書會與暮四郎之說，有其一定之道理，可從，即簡文此字應讀為「載」，[444]訓作「設置」，其義與「𩟔」字相近，但未盡相同，主因「𩟔」字或寓設置、烹煮酒食與用祀之意，而「載」字則僅作「設置」解，若就「五味皆哉」之句式而言，讀為「載」，似乎更為準確，其猶《詩經・大雅・旱麓》云「清酒既載，騂牡既備，以享以祀，以介景福。」[445]亦猶《史記・禮書》或云「側載臭茝，所以養鼻也。」司馬貞索隱釋云「載者，置也，言天子之側，常置芳香於左右。」[446]故簡文此處所云「五味皆載」，殆指「所食之物，五味皆已俱全」，既呼應上文所云「古之先聖人所以自愛」與「食時不嗜珍」之前提，更以其「五味既已皆載」之文意，補充說明下文「五味不應再有所衍」之內容。

〔30〕𧻒（？、衍）
　　簡16存一疑例，其形作：

2014年8月再版），卷三，頁63。

442 〔漢〕許慎撰、〔清〕段玉裁注：《說文解字注》（據經韻樓藏版影印，臺北：洪葉文化公司，2016年10月三版），卷三，頁114。

443 如「王作康季寶尊肅。」（西周：王作康季鼎，《集成》02261），又如「唯王十又四祀十又一月丁卯，王肅畢蒸。」（西周：段簋，《集成》04208），再如《詩經・周頌・絲衣》云「絲衣其紑、載弁俅俅。自堂徂基、自羊徂牛。鼐鼎及鼒、兕觥其觩。旨酒思柔。不吳不敖、胡考之休。」此等「肅」字多與祭祀有關，抑或作介詞解。〔漢〕毛亨傳、〔漢〕鄭玄箋、〔唐〕孔穎達疏：《毛詩正義》（清嘉慶二十年江西南昌府學重刊宋刻本，臺北：藝文印書館，1997年8月初版），卷十九之四，頁751。

444 「哉」與「載」二字同屬精母之部，聲韻極近，理應可通，而在古文字與傳世文獻中，亦多有相通之例，故「哉」可讀為「載」，應無疑義。高亨纂著、董治安整理：《古字通假會典》（濟南：齊魯書社，1989年7月第一版），頁419-420；王輝：《古文字通假釋例》（臺北：藝文印書館，1993年4月初版），頁36-39。

445 〔漢〕毛亨傳、〔漢〕鄭玄箋、〔唐〕孔穎達疏：《毛詩正義》（清嘉慶二十年江西南昌府學重刊宋刻本，臺北：藝文印書館，1997年8月初版），卷十六之三，頁560。

446 〔漢〕司馬遷原著、（日）瀧川龜太郎著：《史記會注考證》（臺北：萬卷樓圖書公司，1993年8月初版），卷二十三，頁424。

／ 　（清華〈湯處於湯丘〉簡16）

　　原整理者引《古文四聲韻》釋其形為「𫊭，從立從竜，右旁即『龍』字，……應隸作『𧽊』，從立從龍聲。疑即『𧽊』字異體。」並將簡文此例讀為「重」，表「厚」義；[447]網路發言者ee（單育辰）以為「右邊所從的是現在一般用為『逝』的字」，並將其與〈湯在啻門〉之類例同讀為「制」，其後，在其正式刊行之修訂增補稿中，亦認為此字「其實就是古文字中常見的用為『噬』、『逝』之字」，惟另從程燕之說，將其改讀為「噬」；[448]程燕以為簡文此字可讀為「噬」，並將簡文所謂「不有所噬」訓作「不全部吃」，其後，在其出版之專文中，將簡文此字隸作「𧼩」，並釋其右旁之「𥁕」為聲符，亦讀為「噬」；[449]網路發言者暮四郎將簡文此字讀為「滯」，故簡文所云「五味皆載，不有所滯」，指的是「五味皆設（從人的角度來講，即各種味道的食物都食用），不滯於其中某一味（即不偏嗜）」；[450]王寧釋簡文此字乃「傺」字之本字，可讀為「泰」或「忕（忲）」，並以為簡文所云「五味皆載，不有所泰（忕）」，殆指「各種滋味均陳設而不有所奢侈或過度」之意；[451]網路發言者薛後生改讀為「薆」；[452]郭倩文從程燕之說；[453]網路發言者余小真將簡文此字釋為「從『立』，右旁為聲符，從『辛』從『昔』省，二者皆聲符的兩聲字」，並從暮四郎之說，將其讀為「滯」；[454]網路發言者曰古氏則讀為「贅」；[455]李

447　清華大學出土文獻研究與保護中心編、李學勤主編：《清華大學藏戰國竹簡（伍）》（上海：中西書局，2015年4月第一版），頁136、139；沈建華：〈清華簡《唐（湯）處于唐丘》與《墨子・貴義》文本〉，《中國史研究》2016年第1期，頁19-23。

448　「簡帛論壇：清華五《湯處於湯丘》初讀」2樓網路發言者ee之發文，武漢大學簡帛研究中心，網址：http://www.bsm.org.cn/bbs/read.php?tid=3247&fpage=2&page=1，2015年4月9日，檢索日期：2018年10月15日；「簡帛論壇：清華五《湯在啻門》初讀」0樓網路發言者ee之發文，武漢大學簡帛研究中心，網址：http://www.bsm.org.cn/bbs/read.php?tid=3248&fpage=2，2015年4月9日，檢索日期：2018年6月15日；單育辰：〈《清華大學藏戰國竹簡（伍）》釋文訂補〉，收入復旦大學出土文獻與古文字研究中心編：《戰國文字研究的回顧與展望》（上海：中西書局，2017年8月第一版），頁204-210。

449　程燕：〈清華五劄記〉，武漢大學簡帛研究中心，網址：http://www.bsm.org.cn/show_article.php?id=2187，2015年4月10日，檢索日期：2018年6月9日；程燕：〈清華五札記二則〉，收入中國古文字研究會、清華大學出土文獻研究與保護中心、中國社會科學院甲骨文殷商史保護中心、首都師範大學甲骨文研究中心編《古文字研究》31（北京：中華書局，2016年10月北京第一版），頁366-369。

450　「簡帛論壇：清華五《湯處於湯丘》初讀」16樓網路發言者暮四郎之發文，武漢大學簡帛研究中心，網址：http://www.bsm.org.cn/bbs/read.php?tid=3247&fpage=3&page=2，2015年4月11日，檢索日期：2018年6月12日。

451　王寧：〈釋《清華簡（伍）》的「傺」〉，復旦大學出土文獻與古文字研究中心，網址：http://www.gwz.fudan.edu.cn/Web/Show/2496，2015年4月14日，檢索日期：2018年6月15日。

452　王寧：〈釋《清華簡（伍）》的「傺」〉文末1樓網路發言者薛後生之評論，復旦大學出土文獻與古文字研究中心，網址：http://www.gwz.fudan.edu.cn/Web/Show/2496，2015年4月14日，檢索日期：2018年6月15日。

453　郭倩文：《《清華五》、《上博九》集釋及新見文字現象整理與研究》（華東師範大學碩士學位論文，2016年5月），頁140-142。

454　「簡帛論壇：清華五《湯處於湯丘》初讀」18樓網路發言者余小真之發文，武漢大學簡帛研究中心，網址：http://www.bsm.org.cn/forum/forum.php?mod=viewthread&tid=3247&extra=page%3D8&page=2，2015年4月14日，檢索日期：2018年6月13日。

爽讀為「滯」；[456]侯乃峰則將簡文此例讀為「贅」，訓作「多餘」、「贅餘」，並認為簡文所云「五味皆，不有所贅」，意指「各種味道的食物都陳設，但沒有贅餘的」，故其又以為簡文應有「不偏食」與「不要陳設食物過多」等兩層引申之意；[457]段凱以為簡文此字非從龍，應隸作「𪗾」，可讀為「褻」，訓作「輕褻」；[458]吳昌哲亦讀為「滯」；[459]洪君好在釋形上，仍從 ee（單育辰）、程燕與暮四郎之說，釋讀則從暮四郎之說，讀為「滯」。[460]

簡文此字亦見於清華〈湯在啻門〉簡，其形為：

（清華〈湯在啻門〉簡 17）

〈湯在啻門〉簡此例與簡文此字之字形幾乎全同，應是同一字，其或僅右旁下方之收筆稍異耳。

今復考傳抄古文所見與簡文字形較為相近之「龍」字類例，包括：

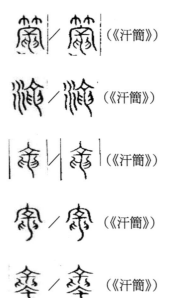

（《汗簡》）

（《汗簡》）

（《汗簡》）

（《汗簡》）

（《汗簡》）

[455] 王寧：〈釋《清華簡（伍）》的「傑」〉文末 2 樓網路發言者曰古氏之評論，復旦大學出土文獻與古文字研究中心，網址：http://www.gwz.fudan.edu.cn/Web/Show/2496，2015 年 4 月 19 日，檢索日期：2018 年 6 月 15 日。

[456] 李爽：《清華簡「伊尹」五篇集釋》（吉林大學碩士論文，2016 年 6 月），頁 117-118。

[457] 侯乃峰：〈讀清華簡（伍）雜志〉，《中國文字》新 43（2017 年 3 月），頁 75-88。

[458] 段凱：〈《清華藏簡（伍）》拾遺〉，收入武漢大學簡帛研究中心主辦：《簡帛》14（上海：上海古籍出版社，2017 年 5 月第一版），頁 21-28。

[459] 吳昌哲：《《清華大學藏戰國竹簡（伍）‧湯處於湯丘》研究》（國立臺灣師範大學國文學系碩士論文，2017 年 6 月），頁 77-88。

[460] 洪君好：《戰國竹書伊尹文獻研究》（國立中興大學中國文學研究所碩士論文，2017 年 8 月），頁 49-50。

（《古文四聲韻》）

　　可知傳抄古文所見从龍之例，其上皆寫作類似「它」形或从宀之形構，明顯與簡文此例或異，因此，簡文此例是否與傳抄古文之「龍」形有關，或猶有可商者，至於楚簡「龍」字與从龍之例，其形更與簡文此字差異甚鉅，例如：

（包山簡 171「龍」）

（郭店〈性自命出〉簡 28「龍」）

（上博〈緇衣〉簡 13「龍」）

（上博〈東大王泊旱〉簡 15「龍」）

（清華〈尹至〉簡 2「龍」）

（清華《繫年》簡 86「龍」）

（清華〈封鄦之命〉簡 7「龍」）

（上博〈緇衣〉簡 14「龏」）

（郭店《老子·乙》簡 5「慭」）

（清華〈楚居〉簡 11「龏」）

至於中山王𦥑鼎「𨑃」字，其形為：

（戰國：中山王𦥑鼎，《集成》02840A）

由於目前尚猶未見从重得聲之例，其聲符能替換或訛化為从龍者，故中山王䚋鼎此例恐亦非簡文此例之異體。

因此，簡文此字應非从龍，但是否為「傑」之本字，此則又仍缺直接之字形證據，是故，上引 ee（單育辰）或程燕對簡文此字來源之看法，原則上可行，其實，此類从𪚔之字例，楚系文字習見，且如余小真所云，或與「𣐽」有關，乃从𣐽之異化緟聲形構，此曩昔學者已多有所論，而其在釋讀上，又與「衍」、「噬」、「逝」或「滯」等字相涉，[461]茲列舉其要例：

（春秋：曾侯與鐘，《新收》0488〔《江漢考古》2014 年第 4 期〈隨州文峰塔 M1（曾侯與墓）、M2 發掘簡報〉拓片四「譴」〕）

（春秋：曾侯與鐘，《新收》0489〔《江漢考古》2014 年第 4 期〈隨州文峰塔 M1（曾侯與墓）、M2 發掘簡報〉拓片十「譴」〕）

（戰國：曾侯乙鐘，《集成》00286.6B「㳤」）

（包山簡 96「澨」）

（包山簡 98「潵」）

---

[461] 學者多據裴錫圭與李家浩之看法立說，而在釋讀上，則多讀為「衍」、「噬」、「逝」或「滯」等字，雖然單育辰曾對此等字例是否釋从𣐽，提出質疑，不過，拙意以為：若考量形、音關係，此類字例恐怕仍是以釋从𣐽之說較為合宜可信。裴錫圭、李家浩：〈曾侯乙墓鐘磬銘文釋文說明〉，收入饒宗頤、曾憲通：《隨縣曾侯乙墓鐘磬銘辭研究》（香港：中文大學出版社，1985 年初版），頁 149-155；裴錫圭、李家浩：〈曾侯乙墓鐘、磬銘文釋文與考釋〉，收入湖北省博物館編：《曾侯乙墓》（北京：文物出版社，1989 年 7 月第一版），頁 532-582；周鳳五：〈楚簡文字瑣記（三則）〉，第一屆簡帛學術討論會發表論文（臺北：中國文化大學史學系，1999 年 12 月 10 日-12 日），其後收入周鳳五：《朋齋學術文集：戰國竹書卷》（臺北：國立臺灣大學出版中心，2016 年 12 月），頁 565-575；孟蓬生：〈郭店楚簡字詞考釋〉，收入中國古文字研究會、中山大學古文字研究所編：《古文字研究》24（北京：中華書局，2002 年 7 月第一版），頁 404-408；陳劍：〈郭店簡補釋三篇〉，收入郭店楚簡研究（國際）中心編：《古墓新知──紀念郭店楚簡出土十周年論文專輯》（香港：香港國際炎黃文化出版社，2003 年 11 月第一版），頁 114-131，其後經增補、修訂與改寫，收入陳劍：《戰國竹書論集》（上海：上海古籍出版社，2013 年 12 月第一版），頁 42-56；單育辰：《楚地戰國簡帛與傳世文獻對讀之研究》，北京：中華書局，2014 年北京第一版，頁 64-66；趙平安：〈戰國文字「噬」的來源及其結構分析〉，收入中國古文字研究會、中山大學古文字研究所編：《古文字研究》30（北京：中華書局，2014 年 9 月北京第一版），頁 286-289，又收入趙平安：《新出簡帛與古文字古文獻研究續集》（北京：商務印書館，2018 年 6 月第一版），頁 23-28。

（包山簡 137 反「澈」）

（包山簡 139 反「澈」）

（包山簡 151「醫」）

（郭店《老子・甲》簡 22「醫」）

（郭店《語叢・四》簡 19「醫」）

（郭店《語叢・四》簡 21「遣」）

（上博〈性情論〉簡 27「遣」）

（上博《周易》簡 33「醫」）

（上博《陳公治兵》簡 9「醫」）

（清華〈金縢〉簡 8「遣」）

（清華〈良臣〉簡 10「嚳」）

（清華〈別卦〉簡 7「噬」）462

462 此字王子楊與趙平安皆釋作「噬」之初文或本字，且亦與上述字形有關，可參。王子楊：〈關於〈別卦〉簡 7 一個卦名的一點看法〉，復旦大學出土文獻與古文字研究中心，網址：

　　程燕已指出簡文此字之形與曾侯乙器銘例最為相近，[463]可從，而郭店簡《語叢‧四》與〈性情論〉等例，與簡文此字亦或謂形近，凡此諸例，其或從臼、從臼、從辛、從言、從欠、從辵（止）、從臼等，形構組合可謂多樣，但大抵而言，從辛、從臼與從臼等三類偏旁，乃此類字形所見為數最多者，而其中「臼」與「臼」更是甲金文「遣」字主要之字形組合來源，例如：

（第一期：《合集》04387）

（第一期：《合集》05315）

（第一期：《合集》05447 丙）

（第三期：《合集》31937）

（第五期：《合集》36528 反）

（西周：明公簋，《集成》04029）

（西周：大保簋，《集成》04140）

（西周：小臣謎簋，《集成》04239.2）

（西周：㝬鐘，《集成》00260）

---

http://www.gwz.fudan.edu.cn/Web/Show/2212，2014 年 1 月 9 日，檢索日期：2018 年 10 月 5 日；趙平安：〈戰國文字「噬」的來源及其結構分析〉，收入中國古文字研究會、中山大學古文字研究所編：《古文字研究》30（北京：中華書局，2014 年 9 月北京第一版），頁 286-289，又收入趙平安：《新出簡帛與古文字古文獻研究續集》（北京：商務印書館，2018 年 6 月第一版），頁 23-28。

463 程燕：〈清華五劄記〉，武漢大學簡帛研究中心，網址：http://www.bsm.org.cn/show_article.php?id=2187，2015 年 4 月 10 日，檢索日期：2018 年 6 月 9 日；程燕：〈清華五札記二則〉，收入中國古文字研究會、清華大學出土文獻研究與保護中心、中國社會科學院甲骨文殷商史保護中心、首都師範大學甲骨文研究中心編《古文字研究》31（北京：中華書局，2016 年 10 月北京第一版），頁 366-369。

　　在此釋形基礎上，可知清華簡此例之右旁，或可釋為从辛从曰从自省，倘復以字形組合方式而言，應與「遣」字較有關係，應即「遣」字之聲符「𦎫」，[464]此偏旁在簡文此字中，與其他楚系文字類例一樣，皆疊加了聲符「辛」，[465]故簡文此字應可隸作「𧬻」，或从𦎫得聲，惟其从立之原因尚且不明，待考。

　　但由於音近之關係，如上所述，楚系文字此等字例又多可讀為「噬」，故如上引單育辰與程燕便將簡文此字讀為「噬」，此以楚簡文字用例而言，本當無可厚非，例如：「左馭番戌食田於𫞩國醬邑城田一索畔畹」（包山簡 151）、「若齒之事舌，而終弗醬」（郭店《語叢・四》簡 19）、「六五：悔亡，陞宗醬膚，往何咎」（上博《周易》簡 33）等，此類从𦎫之例皆可作此解，然而，簡文此處云「食時不嗜珍，五味皆載，不有所𧬻」（清華〈湯處於湯丘〉簡 15、16），可知其雖云不貪求珍貴美食，其下又有言五味皆備之基本條件，故最後若以「不吃」作結尾，在整段簡文之通讀上，似仍有窒礙難解之處，因此，是否能讀為「噬」，恐仍猶有可商；至於暮四郎所釋讀之「滯」，對文意通讀而言，或具其理，但簡文上文云「食時不嗜珍」（清華〈湯處於湯丘〉簡 15），表示古代先聖人在進食時，已然不貪求珍貴美食，所以下文才云「五味皆載，不有所某」（清華〈湯處於湯丘〉簡 15、16），很顯然，此「某」之行為，殆指先聖人既不貪求珍貴美食，且在五味皆已完備之情況，不再去強求某事，因此，此「某」應指「五味」以外之事，換言之，就不太可能如暮四郎所云「滯於其中某一味」；另外，侯乃峰所據以讀為「贅」之理據，主要是《老子》書中所云「餘食贅行」，故其云「《湯處於湯丘》第 15、16 簡『五味皆哉（𢦚），不又（有）所贅』之『贅』與之同義」，然而，今復考其相關評注，如《老子・二十四章》云「其在道也，曰餘食贅行。物或惡之，故有道者不處。」[466]魏源本義引司馬光曰「行、形古字通用。棄食之餘，適使人厭，附贅之形，適使人醜。」[467]可知此所謂「贅」者，指「贅瘤」之義，或與簡文此處所云進食之文意不合；最後，簡文此字能否讀「褻」，其「輕褻」義，則又難以與整段簡文所云「不宜過度進行某事」之核心文意相應。是故，簡文此例不管讀為「噬」、「滯」、「贅」或「褻」，皆仍有可商之處。

　　簡文此云「食時不嗜珍，五味皆載，不有所𧬻」（清華〈湯處於湯丘〉簡 15、16）其或云古代先聖人進食時，只求五味皆備而不貪求珍貴美食之謂，故如上文所云，簡文曰「不有所𧬻」，應是此文意前提條件下，不再進行某事之行為補說，且受「載」字義訓影響，應是超乎「五味」之外。在此基礎上，「𧬻」字應作何釋讀，實令人費解，其實，上引侯乃峰曾點出「贅」字或存「多餘、贅餘」之訓，此說確有其啟發性，不過，考諸簡文文意，卻又未必與其所言之行為義有關，竊疑簡文此字在此可讀為「衍」即可，

---

[464]　《說文》釋「遣」為「縱也。从辵𦎫聲。」〔漢〕許慎編撰、〔宋〕徐鉉校定：《說文解字》（據清同治十二年陳昌治改刻本縮印，香港：中華書局，2014 年 8 月再版），卷二，頁 40。

[465]　「辛」字上古音屬溪母元部，「遣」亦為溪母元部，二字聲韻極近，「辛」應是疊加之聲符。

[466]　〔魏〕王弼等：《老子四種》（臺北：臺大出版中心，2016 年 6 月初版），頁 20-21。

[467]　〔清〕魏源、黃曙輝校點：《老子本義》（據袁刻本校點，上海：華東師範大學出版社，2010 年 1 月第一版），上篇第二十章，頁 54。

或許更貼近其音讀，今復考古文字從書之類例，多有讀為「衍」者，例如：「大保克敬亡遣」（西周：大保簋，《集成》04140）、「以此前後之猷，不能以牧民而反志，下之相擠也，豈不佑哉！醫敢居我江干！」（上博〈吳命〉簡5）等，此所見「遣」、「醫」等字例，即皆作此解，再者，「衍」、「遣」二字上古音為疊韻關係，[468]因此，簡文此字理應可讀為「衍」，在此訓作「多餘」，其猶《楚辭·天問》云「東西南北，其脩孰多？南北順橢，其衍幾何？」朱熹集注或釋云「衍，餘也。」[469]故此段簡文或可釋為「（古代先聖人）進食時，不貪求珍貴的美食，但求五味備載即可，而不須再有多餘之味。」其如本文上注所云，自可呼應簡文上文「古之先聖人所以自愛」之主旨。

至於清華〈湯在啻門〉簡17例之釋讀，亦可讀為「愆」，訓作「失」，此可參本文下文對此字之考證。

〔31〕仩仩（伀？、過）

簡16又存一疑例，其形作：

（清華〈湯處於湯丘〉簡16）

原整理者隸作「伀」，讀為「過」，表「過分」之意；[470]網路發言者 ee（單育辰）釋為「從」，讀為「重」；[471]李守奎以為簡文此字乃「兩個『化』重疊，所從倒人置於『人』旁之下，可以隸作『仳』或『化化』，疑其讀音與『化』相同」，同時，李守奎亦將詛楚文類例釋從二化，讀為「華」；[472]單育辰釋為「從」，且讀為「重」；[473]王寧亦讀為「華」，並將簡文所謂「華文」，釋為「有華麗繁縟紋飾的衣服」，不過，在其文末評論中，已放棄此說；[474]郭倩文從 ee（單育辰）之說；[475]李爽亦從李守奎之說；[476]陳劍以為簡文此

---

[468] 如上所述，「遣」字上古音屬溪母元部，「衍」則為余母元部，二字聲母雖或隔，但為疊韻關係。

[469] 〔宋〕朱熹：《楚辭集注》（臺北：藝文印書館，1983年6月四版），卷三，頁107。

[470] 清華大學出土文獻研究與保護中心編、李學勤主編：《清華大學藏戰國竹簡（伍）》（上海：中西書局，2015年4月第一版），頁136、139。

[471] 「簡帛論壇：清華五《湯處於湯丘》初讀」21樓網路發言者ee之發文，武漢大學簡帛研究中心，網址：http://www.bsm.org.cn/forum/forum.php?mod=viewthread&tid=3247&extra=page%3D8&page=3，2015年4月15日，檢索日期：2018年6月19日。

[472] 李守奎：〈漢字倒寫構形與古文字的釋讀〉，《漢學研究》33.2（2015年6月），頁173-194，亦收入李守奎：《古文字與古史考——清華簡整理研究》（上海：中西書局，2015年10月第一版），頁251-271。

[473] 單育辰：〈《清華大學藏戰國竹簡（伍）》釋文訂補〉，收入復旦大學出土文獻與古文字研究中心編：《戰國文字研究的回顧與展望》（上海：中西書局，2017年8月第一版），頁204-210。

[474] 王寧：〈讀清華五《湯處於湯丘》散札〉，復旦大學出土文獻與古文字研究中心，網址：http://www.gwz.fudan.edu.cn/Web/Show/2501，2015年4月21日，檢索日期：2018年3月5日；王寧：〈讀清華五《湯處於湯丘》散札〉文末2樓王寧之評論，復旦大學出土文獻與古文字研究中心，網址：http://www.gwz.fudan.edu.cn/Web/Show/2501，2015年4月21日，檢索日期：2018年3月5日。

字乃「傳抄古文和上博楚簡等的『古文虞』字『㣺』」，同時，亦將毛公鼎舊釋為「從（縱）」之「」字改釋讀為「讙」，且又以此為基礎，重新考證了殷墟甲骨文中所見舊多釋從永諸例，將此等字例改釋讀為「憂虞之『虞』」，其中，有一部分從「虯」從永聲者，乃毛公鼎例或戰國文字此等訛形之來源；[477]王挺斌仍釋簡文此字從二化，隸作「虻」，並將其例與毛公鼎、詛楚文之類例相聯繫；[478]吳昌哲仍從原整理者之說；[479]洪君好從王寧之說。[480]

簡文此例所從化，其形頗為特殊，疑為異位之結構，即「化」字所從正反二人，由左右之形異位成上下結構，且左右皆為「化」字，而「化」字此種異化之勢，頗疑其逕承殷商甲骨文之形，例如：

（第一期：《合集》00151 正）

此類殷商甲骨文「化」字所從正反二人，其形即近於上下結構，而與簡文此字相近，因此，原整理者之隸釋，有其一定之道理，同時，此類字例也許是清華簡逕承較早期字形之實證，除此之外，與簡文此字字形相近之類例，又見於清華〈湯在啻門〉簡，其形為：

（清華〈湯在啻門〉簡 16）

原整理者亦隸作「愯」，並以為簡文此字「兩個『化』重疊，見於詛楚文，讀為『禍』」；[481]王寧在〈湯處於湯丘〉之釋字基礎上，疑此例或可改讀為「嘩（讙）」，並將簡文所云「嘩亂」釋為「因意見不統一喧亂紛亂」；[482]網路發言者暮四郎認為簡文此處若以禍亂

475 郭倩文：《《清華五》、《上博九》集釋及新見文字現象整理與研究》（華東師範大學碩士學位論文，2016年 5 月），頁 142-143。

476 李奐：《清華簡「伊尹」五篇集釋》（吉林大學碩士論文，2016 年 6 月），頁 119。

477 陳劍：〈據《清華簡（伍）》的「古文虞」字說毛公鼎和殷墟甲骨文的有關諸字〉，《古文字與古代史》5（臺北：中央研究院歷史語言研究所出版品編輯委員會，2017 年 4 月），頁 261-286。

478 王挺斌：〈談談古文字資料中從二化的字〉，收入教育部人文社會科學重點研究基地、清華大學出土文獻與中國古代文明研究中心、清華大學出土文獻研究與保護中心編，李學勤主編：《出土文獻》10（上海：中西書局，2017 年 4 月第一版），頁 79-84。

479 吳昌哲：《《清華大學藏戰國竹簡（伍）·湯處於湯丘》研究》（國立臺灣師範大學國文學系碩士論文，2017 年 6 月），頁 88-91。

480 洪君好：《戰國竹書伊尹文獻研究》（國立中興大學中國文學研究所碩士論文，2017 年 8 月），頁 37。

481 清華大學出土文獻研究與保護中心編、李學勤主編：《清華大學藏戰國竹簡（伍）》（上海：中西書局，2015 年 4 月第一版），頁 143、147。

482 王寧：〈讀清華五〈湯處於湯丘〉散札〉，復旦大學出土文獻與古文字研究中心，網址：http://www.gwz.fudan.edu.cn/Web/Show/2501，2015 年 4 月 21 日，檢索日期：2018 年 3 月 5 日。

修飾「政」，似乎不甚恰當，故將簡文此字改讀為「過」；[483]網路發言者 ee 以為簡文此字應讀為「重」；[484]郭倩文亦從 ee 之說；[485]王挺斌釋同〈湯處於湯丘〉例，並將〈湯在啻門〉簡此字讀為「嘩」；[486]洪君好從上述陳劍之釋形，並贊同王寧讀「嘩」之看法；[487]陳致認為簡文此字「當釋為訛或吪。吪、亂義本相近」；[488]曹峰仍從原整理者之說。[489]

清華簡此二例，其緟二化之形構，如原整理者所引者，又見於詛楚文，其形或為：

（戰國：詛楚文）

詛楚文此字之形，幾與清華簡此二例相同，諸家之說法為：楊樹達釋讀為「從」；[490]郭沫若亦釋為「從」，且讀為「縱」；[491]姜亮夫之說與郭沫若近同；[492]陳昭容專文所附錄釋文之釋讀，亦同郭沫若之說；[493]李守奎將其釋為「兩個『化』構成」之形構，且「『化』由左右結構變成上下結構」，並讀為「華」。[494]可知其例舊多釋為「從」，因此，如上所引單育辰之說，亦將清華簡此等字例釋為「從」，詛楚文例當為其有力之實證，不過，

[483] 「簡帛論壇：清華五《湯在啻門》初讀」6 樓網路發言者暮四郎之發文，武漢大學簡帛研究中心，網址：http://www.bsm.org.cn/forum/forum.php?mod=viewthread&tid=3248&extra=page%3D2&page=1，2015 年 4 月 11 日，檢索日期：2018 年 6 月 15 日；王進鋒：〈清華簡（伍）《殷高宗問於三壽》《湯處於湯丘》《湯在啻門》三篇集釋〉，收入李學勤、艾蘭、呂德凱主編，清華大學出土文獻研究與保護中心、古代中國研究會編：《清華簡研究》3（上海：中西書局，2019 年 12 月第一版），頁 392-497。

[484] 「簡帛論壇：清華五《湯在啻門》初讀」11 樓網路發言者 ee 之發文，武漢大學簡帛研究中心，網址：http://www.bsm.org.cn/forum/forum.php?mod=viewthread&tid=3248&extra=&page=2，2015 年 4 月 15 日，檢索日期：2018 年 6 月 16 日；王進鋒：〈清華簡（伍）《殷高宗問於三壽》《湯處於湯丘》《湯在啻門》三篇集釋〉，收入李學勤、艾蘭、呂德凱主編，清華大學出土文獻研究與保護中心、古代中國研究會編：《清華簡研究》3（上海：中西書局，2019 年 12 月第一版），頁 392-497。

[485] 郭倩文：《《清華五》、《上博九》集釋及新見文字現象整理與研究》（華東師範大學碩士學位論文，2016 年 5 月），頁 142-143、170。

[486] 王挺斌：〈談談古文字資料中從二化的字〉，收入教育部人文社會科學重點研究基地、清華大學出土文獻與中國古代文明研究中心、清華大學出土文獻研究與保護中心編，李學勤主編：《出土文獻》10（上海：中西書局，2017 年 4 月第一版），頁 79-84。

[487] 洪君好：《戰國竹書伊尹文獻研究》（國立中興大學中國文學研究所碩士論文，2017 年 8 月），頁 64。

[488] 陳致：〈清華簡（伍）《湯處於湯丘》《湯在啻門》《殷高宗問於三壽》三篇札記〉，收入李學勤、艾蘭、呂德凱主編，清華大學出土文獻研究與保護中心、古代中國研究會編：《清華簡研究》3（上海：中西書局，2019 年 12 月第一版），頁 78-89。

[489] 曹峰：〈清華簡《湯在啻門》譯注〉，收入李學勤、艾蘭、呂德凱主編，清華大學出土文獻研究與保護中心、古代中國研究會編：《清華簡研究》3（上海：中西書局，2019 年 12 月第一版），頁 108-143。

[490] 楊樹達：〈詛楚文跋〉，收入楊樹達：《積微居小學述林全編》（上海：上海古籍出版社，2007 年 8 月第一版），頁 439-440。

[491] 郭沫若：〈詛楚文考釋〉，收入郭沫若著作編輯出版委員會編《郭沫若全集 考古編》（北京：科學出版社，2002 年 10 月第一版），卷九，頁 277-341。

[492] 姜亮夫：〈秦詛楚文考釋——兼釋亞駝、大沈久湫兩辭〉，《蘭州大學學報（社會科學版）》1980 年第 4 期，頁 54-71。

[493] 陳昭容：〈從秦系文字演變的觀點論〈詛楚文〉的真偽及其相關問題〉，《中央研究院歷史語言研究所集刊》62：4（1993 年 4 月），頁 569-621。

[494] 李守奎：〈漢字倒寫構形與古文字的釋讀〉，《漢學研究》33.2（2015 年 6 月），頁 173-194，亦收入李守奎：《古文字與古史考——清華簡整理研究》（上海：中西書局，2015 年 10 月第一版），頁 251-271。

目前古文字「從」字確實未見有从二止者，諸例皆从彳、从辵或从止，例如：

（第一期：《合集》05716）

（商：交鼎，《集成》02459）

（西周：魚從簋，《集成》03128）

（西周：光器，《集成》10538）

／（西周：小盂鼎，《集成》02839A（02839B））

（春秋：庚壺，《集成》09733.1B）

（侯馬盟書1：13）

（郭店〈緇衣〉簡14）

（上博〈緇衣〉簡8）

（上博〈性情論〉簡20）

（清華〈耆夜〉簡12）

　　此中頗值得留意的是，上博〈緇衣〉簡例所从二人為上下結構，此異化之勢與上引「化」旁相同，但即便如此，此字仍是「從」，與「化」無關，因此，詛楚文此字恐得配合清華簡二例另作思考，而如上文所云，清華簡此二例疑从二化，且其「化」旁之寫法或與殷商甲骨文有關，則詛楚文此字可如李守奎之釋形，亦當可改隸釋為「𠤎」，不

過，此字能否讀「華」，又牽涉到「華」、「花」二字之形音問題，上引陳劍已有所論，再者，由於其上文「競」可訓「趨」，其猶《左傳・哀公二十三年》云「敝邑有社稷之事，使肥與有職競焉。」[495]因此，其例在此應可讀為「禍」，[496]刻文所云「淫佚耽亂，宣佚競禍」，殆指「楚王其因淫佚、耽亂、宣佚而有所趨禍」之事也。

而詛楚文此例，又可從清華簡〈湯在啻門〉例之釋讀證之，其簡文云「政𦬒（𢒉）亂以無常，民咸解體自恤，此謂惡政」（清華〈湯在啻門〉簡16、17），[497]此「𦬒（𢒉）」字如同詛楚文例一樣，皆可讀為「禍」，即災禍，原整理者之說，可從，暮四郎讀「過」之說，雖未嘗不可，但「過亂」一詞，先秦古籍罕見其例，或僅在《史記》中見到類似之用法，且其時代或嫌稍晚，更有版本用字問題，[498]反而「禍亂」一詞習見其例，且有用作描述「政」者，[499]相較之下，〈湯在啻門〉簡此字似仍以讀「禍」為佳，另上引王寧與王挺斌俱以為〈湯在啻門〉簡例當讀為「嘩（譁）」，二說皆引《漢書》「虛嘩憒亂」為證，其中，王寧立論之基礎，乃在於「『華』古或作『花』，從『化』聲」，故得以將簡文此例通讀為「華」聲系，惟如上所述，陳劍已指出「華」與「化」二字在形音上之問題，其關係恐不如「虞」字，其說有其啟發性。今復考「華」字字源，其字本象花朵之形，[500]其古文字之字形或作：

（西周：命簋，《集成》04112.1）

（西周：趩盂，《集成》10321）

---

[495] 〔晉〕杜預注、〔唐〕孔穎達疏：《春秋左傳正義》（清嘉慶二十年江西南昌府學重刊宋刻本，臺北：藝文印書館，1997年8月初版），卷六十，頁1049。

[496] 「化」字上古音屬曉母歌部，「禍」字則為匣母歌部，二字疊韻，且聲母極近，而「化」、「過」二相關聲系例，在古文字中，亦或見相通者，因此，「化」字可讀為「禍」，應無疑義。白於藍編著：《戰國秦漢簡帛古書通假字彙纂》（福州：福建人民出版社，2012年5月第一版），頁320。

[497] 此「𦬒」字乃嚴式隸定，其詳下文。

[498] 如《史記・三代世表》或云「厲王胡，以惡聞過亂，出奔，遂死於彘。」注云「過，當作『過』，惡聞過，謂監謗者。」此中便有「過」、「過」之版本異文問題。〔漢〕司馬遷原著、〔日〕瀧川龜太郎著：《史記會注考證》（臺北：萬卷樓圖書公司，1993年8月初版），卷十三，頁231。

[499] 如《孝經・孝治》云「子曰：『昔者明王之以孝治天下也，不敢遺小國之臣，而況於公、侯、伯、子、男乎？故得萬國之懽心，以事其先王。治國者，不敢侮於鰥寡，而況於士民乎？故得百姓之懽心，以事其先君。治家者，不敢失於臣妾，而況於妻子乎？故得人之懽心，以事其親。夫然，故生則親安之，祭則鬼享之。是以天下和平，災害不生，禍亂不作。故明王之以孝治天下也如此。《詩》云：『有覺德行，四國順之。』』」又如《荀子・正論》亦曰「夫亂今然後反是。上以無法使，下以無度行；知者不得慮，能者不得治，賢者不得使。若是，則上失天性，下失地利，中失人和。故百事廢，財物詘，而禍亂起。王公則病不足於上，庶人則凍餒嬴瘠於下。於是焉桀紂群居，而盜賊擊奪以危上矣。」此等文獻所謂「禍亂」者，皆與為政密切相關，可參。〔唐〕唐玄宗注、〔宋〕邢昺疏：《孝經注疏》（清嘉慶二十年江西南昌府學重刊宋刻本，臺北：藝文印書館，1997年8月初版），卷四，頁33-34；〔清〕王先謙：《荀子集解》（臺北：藝文印書館，2007年3月初版），卷十二，頁573。

[500] 高鴻縉：《中國字例》（臺北：三民書局，1992年10月九版），頁78；季旭昇：《說文新證》（臺北：藝文印書館，2014年9月二版），頁509-510。

（西周：仲姞鬲，《集成》00547）

（西周：仲義父鼎，《集成》02543）

（春秋：邿公華鐘，《集成》00245）

（春秋：華孟子鼎，《新收》0237）

（上博〈仲弓〉簡23）

　　而「花」字則遲至《集韻》始見其例，[501]再者，「化」、「華」與「花」等字之上古音未臻相近，[502]而在古文字或先秦傳世文獻中，亦甚少見及此等相關聲系相通之例，疑其聲韻有所關聯，應是較晚期之變化，[503]而「花」則為此聲韻變化下所另造之後起形聲字，再者，上引王寧將其讀為「華文」，解作「有華麗繁縟紋飾的衣服」之意，惟傳世文獻「華文」一詞雖習見其例，但多指華麗之紋飾而已，非必與衣著有關，如《漢書‧禮樂志》所云「被華文，厠霧縠，曳阿錫，佩珠玉。」[504]因此，倘透過「華」與「花」之關係，考證較早期且屬戰國文字之清華簡此等類例，此中恐仍有可商者。

　　不過，陳劍釋「虞」之說，雖然避開了「華」與「花」之問題，且有其形源依據，但在字形解釋上，似乎仍有幾個字形環節尚待解決，包括：楚簡疑為「虞」之例，即與

---

501 《集韻‧麻韻》云「華花䔢：《爾雅》：『華，䔢也。』或從化，亦作䔢。」〔宋〕丁度編：《集韻》（據上海圖書館藏述古堂影印宋鈔本影印，並依清顧千里修補曹棟亭刻本補殘缺字，臺北：學海出版社，1986年11月初版），卷三，頁209。

502 「化」字上古音屬曉母歌部，「華」與「花」二字則為曉母魚部，此三字除了雙聲關係外，在韻部上實仍未臻相近。

503 「化」、「華」與「花」等聲系，在古文字中甚少見到相通之例，或僅在西漢以後之文獻中，可尋及「于」、「為」二字與先秦文獻互為異文之資料，例如：馬王堆帛書《六十四卦‧萃卦》初六云「一握于笑」，通行本《易》之「于」作「為」，又如《詩經‧鄘風‧定之方中》或曰「作于楚宮」，《文選‧魏都賦》劉注則是引「于」作「為」，而「于」字有學者認為是「華」之聲符，如林義光即主此說，其上古音屬魚部，「為」則屬歌部，二部之接觸，最早雖可溯及《楚辭》或楚簡，但大量接觸則是在兩漢，因此，就此等異文現象而言，屬魚部之「華」或「于」二聲系，其與歌部相涉，恐怕是較晚期之變化。上引兩條異文引自王輝：《古文字通假釋例》（臺北：藝文印書館，1993年4月初版），頁645；林義光：《文源》（上海：中西書局，2012年3月第一版），卷一，頁69；陳新雄：《古音研究》（臺北：五南圖書公司，1999年4月初版），頁453；李存智：《上博楚簡通假字音韻研究》（臺北：萬卷樓圖書公司，2010年2月初版），頁154-157。

504 〔漢〕班固撰、〔唐〕顏師古注：《漢書》（瞿氏鐵琴銅劍樓藏北宋景祐刊本，臺北：臺灣商務印書館，2010年7月臺二版），〈志〉卷二，頁235。

簡文此字字形不甚相類，如上博〈曹沫之陳〉所見二例，其形為：

（上博〈曹沫之陳〉簡 29）

（上博〈曹沫之陳〉簡 37）

姑且不論此二字是否確為「虞」字，[505]其下所从二人之形，即與清華簡此等類例不同，再者，毛公鼎例之點畫與左下角之岔筆，也都是較難以解釋之處，此可再參考毛公鼎此字之形：

（西周：毛公鼎，《集成》02841A）

（西周：毛公鼎，《故宮西周金文錄》彩圖）[506]

倘對照拓片與彩圖，其上方左右兩側，確實有點畫，且左下角亦有一岔筆，因此，雖不排除清華簡此類字例釋「虞」之可能性，但此中仍有部分疑義尚待解決。

而除了上述幾家之說法外，餘如 cc 與陳致之說，則似仍缺直接之字形證據，今暫且存疑待商。

故有鑑於此，對於清華簡此二例之釋形，本文仍持較保守之看法，即從原整理者與李守奎之說，將其隸作「𠤱」，且初步認為除了詛楚文例尚可作為簡文此字之類例外，暫不將毛公鼎例納入討論範圍，同時，考量此類字例有可能从化得聲，亦得暫時將其釋為以「化」為聲符之同文亦聲字，不過，依字形結構位置之嚴式隸定原則，本文將其隸作「𠤱」，大抵與上引李守奎之隸定相近，仍是「𠤱」之異構，以求正確標示其形構位置，只是此字之形源仍是待考。

在上述論證基礎上，或可再重行檢視清華〈湯處於湯丘〉簡例之釋讀，其辭例云「不備𠤱文，器不雕鏤」（清華〈湯處於湯丘〉簡 16），竊疑「備」仍可讀為「服」，惟應訓作「穿著」，其猶《詩經・魏風・葛屨》云「要之襋之，好人服之。」[507]至於下文「𠤱文」一詞，原整理者將「𠤱」字讀為「過」，仍應是可從的，在此解作「過分」義，其

[505] 此二字之釋讀，仍存異說，其是否確為「虞」字，似仍有再作討論之空間。季旭昇主編，袁國華協編，陳思婷、張繼凌、高佑仁、朱賜麟合編：《上海博物館藏戰國楚竹書（四）》讀本》（臺北：萬卷樓圖書公司，2007 年 3 月初版），頁 203、227-228；蘇建洲：《〈上博楚竹書〉文字及相關問題研究》（臺北：萬卷樓圖書公司，2008 年 1 月初版），頁 43-50。

[506] 國立故宮博物院編輯委員會編：《故宮西周金文錄》（臺北：國立故宮博物院，2001 年 7 月初版），頁 157。

[507] 〔漢〕毛亨傳、〔漢〕鄭玄箋、〔唐〕孔穎達疏：《毛詩正義》（清嘉慶二十年江西南昌府學重刊宋刻本，臺北：藝文印書館，1997 年 8 月初版），卷五之三，頁 206。

猶《論語・先進》云「子貢問：『師與商也孰賢？』子曰：『師也過，商也不及』」，[508]亦猶《荀子・修身》或曰「怒不過奪，喜不過予，是法勝私也。」[509]凡此「過」字，皆同此訓也，因此，簡文此所謂「不服過文」，即「不穿著有過分裝飾的衣服」。

另外，新出清華〈成人〉簡，亦可見此類例，其形為：

（清華〈成人〉簡 8）

（清華〈成人〉簡 22）

其辭例分別為「乃降庶稷、羣獸、飛征，各有選物，牝牡雌雄，各有聲容，毋雜相 ， 食飲不改」（清華〈成人〉簡 7、8）、「五爭之疵，惟交，交惟 ， 而信，則比罪稱罰，惟并是視，不及五罰」（清華〈成人〉簡 22），此二「 」字，後者為重文例，但原整理者俱讀為「過」，[510]或可作為本文說法之補證。

〔32〕器不敝（？、彫）鑣（鏤？、鏤）

簡文「敝」字之形為：

（清華〈湯處於湯丘〉簡 16）

原整理者將簡文此字隸作「敝」，讀為「雕」，並以為簡文此所謂「器不雕鏤」，可作為《左傳・哀公元年》「器不彤鏤」一詞正詁之佐證，同時，亦據此證成清代學者所云「彤」乃「彫」訛之說。[511]

簡文此字依形可逕隸定為「敝」，其例在楚簡中甚為常見，不過，其形源為何，待考，茲列舉其要例：

（包山簡 254）

（包山簡 270）

---

508 〔魏〕何晏注、〔宋〕邢昺疏：《論語注疏》（清嘉慶二十年江西南昌府學重刊宋刻本，臺北：藝文印書館，1997 年 8 月初版），卷十一，頁 98。

509 〔清〕王先謙：《荀子集解》（臺北：藝文印書館，2007 年 3 月初版），卷一，頁 151。

510 清華大學出土文獻研究與保護中心編、黃德寬主編：《清華大學藏戰國竹簡（玖）》（上海：中西書局，2019 年 11 月第一版），頁 154、155、159。

511 清華大學出土文獻研究與保護中心編、李學勤主編：《清華大學藏戰國竹簡（伍）》（上海：中西書局，2015 年 4 月第一版），頁 136、139。

（望山簡 2.45）

此等「敱」字多可讀為「彫」，通作「雕」，訓作「以彩繪裝飾」，例如：「二𦉪白之膚，皆敱」（包山簡 254）、「紫蓋、軥、杠皆敱」（望山簡 2.11）、「一敱桯」（望山簡 2.45），因此，原整理者將簡文此字讀為「雕」，有其一定之理據，不過，若依照《說文》之解釋，則此等「敱」字實應以讀「彫」更為準確，主因「彫」字从彡，本有「毛飾畫文」之意，[512]而《說文》亦釋其為「琢文也。从彡周聲」，[513]段注亦云「凡琱琢之成文曰彫，故字从彡」，[514]至於「雕」字从隹，其本義則為「鷻也」，[515]與「以彩繪裝飾」義無涉，是故，楚簡此「敱」字仍應以讀「彫」為宜。

另外，清儒以為此「彤」字乃「彫」字之誤，但古文字「丹」、「周」二形，雖有相近之結構或筆法，不過彼此仍是區隔甚明，至少在目前尚未見訛混之例，此可參考下所列此二形構之字形比較表：

分期＼字形	从丹	从周
殷墟甲骨文	（第一期：《合集》01623 正「丹」） （第二期：《合集》24386「丹」） （《京津》3050「丹」）[516]	（第一期：《合集》05634「周」） （第一期：《合集》06813「周」） （第一期：《合集》01086「周」） （第一期：《合集》08472 正甲「周」）

---

512 《說文》釋「彡」云「毛飾畫文也。象形」。〔漢〕許慎編撰、〔宋〕徐鉉校定：《說文解字》（據清同治十二年陳昌治改刻本縮印，香港：中華書局，2014 年 8 月再版），卷九，頁 184。

513 〔漢〕許慎編撰、〔宋〕徐鉉校定：《說文解字》（據清同治十二年陳昌治改刻本縮印，香港：中華書局，2014 年 8 月再版），卷九，頁 185。

514 〔漢〕許慎撰、〔清〕段玉裁注：《說文解字注》（據經韻樓藏版影印，臺北：洪葉文化公司，2016 年 10 月三版），卷九，頁 429。

515 〔漢〕許慎編撰、〔宋〕徐鉉校定：《說文解字》（據清同治十二年陳昌治改刻本縮印，香港：中華書局，2014 年 8 月再版），卷四，頁 76。

516 《合集》未收，此為《校正甲骨文編》之摹寫字形。孫海波原編：《校正甲骨文編》（臺北：藝文印書館，1974 年 10 月再版），頁 232。

商代金文		（周兒爵，《集成》08156「周」）
西周金文	（庚嬴卣，《集成》05426.2「丹」） （走馬休盤，《集成》10170「彤」） （虢季子白盤，《集成》10173「彤」）	（麥尊，《集成》06015「周」） （士上卣，《集成》05421.2「周」） （德鼎，《集成》02661「周」） （佣生簋，《集成》04262.2「周」） （小臣鼎，《集成》02678「周」） （師兌簋，《集成》04275.2「周」）
戰國文字	（邯鄲上庫戈，《集成》11039「丹」） （上博〈武王踐阼〉簡13「丹」） （包山簡223「彤」） （包山簡253「彤」）	（周昜戈，《集成》11043「周」） （左周弩牙，《集成》11928「周」） （郭店〈緇衣〉簡42「周」） （上博〈緇衣〉簡21「周」） （上博〈曹沫之陳〉簡1「周」）

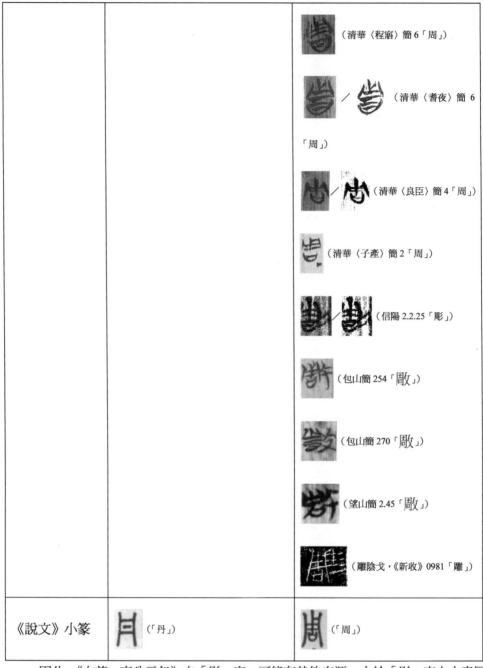

《說文》小篆	（「丹」）	（「周」）

　　因此，《左傳・哀公元年》之「彤」字，可能有其他來源，由於「彤」字上古音屬定母冬部，「彫」字則屬端母幽部，二字聲韻俱近，故疑清儒所云誤字，恐怕是音近之誤用，而與形訛無關。

　　至於「鐩」字，其形為：

（清華〈湯處於湯丘〉簡 16）

　　簡文此字从金从臼从角从止，其右旁疑从婁，惟寫法頗為特殊，可能是在「婁」字有所省之情況下，另外疊加了古文字所習見之緟符「止」旁，以示其行動義，不過，目前所見古文字从婁諸例，似罕有从止者，例如：

（西周：是要簋，《集成》03910.1「婁」）

（西周：是要簋，《集成》03910.2「婁」）

 ╱ （春秋：婁君盂，《集成》10319「婁」）

（包山簡 5「婁」）

（包山簡 141「婁」）

（包山簡 185「婁」）

（郭店〈成之聞之〉簡 5「婁」）

（郭店《語叢・一》簡 90「婁」）

（郭店《語叢・二》簡 44「婁」）

（新蔡簡甲三 294「婁」）

 ╱ （上博〈容成氏〉簡 2「婁」）

（清華〈鄭武夫人規孺子〉簡 10「婁」）

（望山簡 2.49「縷」）

（上博《周易》簡 45「縷」）

（清華〈殷高宗問於三壽〉簡 25「縷」）

因此，此「止」旁恐怕不是疊加之形構，而應有其他來源。今細審其形，可知其「臼」、「角」二形下方或具一橫筆，橫筆下方則又有二交叉之筆畫與另一橫筆，若將此等筆畫視為同一組形構，即：

則頗疑此形構或即「女」旁之拆解異化，尤其是本諸於以四筆書寫之「女」字，即其二手分成「上二筆、下一筆」之方式書寫者，例如：

（西周：冉彭女鼎，《集成》01907「女」）

（戰國：鄂君啟車節，《集成》12112「女」）

（戰國：者汙鐘，《集成》00132.2「女」）

（郭店《老子・甲》簡 11「安」）

（郭店〈魯穆公問子思〉簡 4「安」）

（郭店《老子・甲》簡 9「奴」）

此類「女」字形構之中央人形豎筆若再短一些或省去，且上部手形之左豎筆移至下方，即訛近簡文此字所從之「止」形，因此，簡文此字之右旁若釋為「婁」之異化形構，基本上還是有其可能性，今仍依原整理者之隸定，將其隸作「鏤」。

綜上所述，則簡文此所謂「器不歟鏤」，可逕讀為「器不彫鏤」，「彫鏤」即「雕刻」之意，傳世文獻又作「雕鏤」，其猶《漢書·司馬相如傳》云「乘彫玉之輿。」顏師古注云「以玉飾輿而彫鏤之」，[517]又如《後漢書·皇后紀·和熹鄧皇后》或謂「又御府、尚方、織室錦繡、冰紈、綺縠、金銀、珠玉、犀象、瑇瑁、彫鏤翫弄之物，皆絕不作」，[518]再如《大戴禮記·哀公問於孔子》云「有成事，然後治其雕鏤文章黼黻以嗣。」[519]凡此「彫鏤」或「雕鏤」者，皆訓作「雕刻」也，是故，簡文所云「器不彫鏤」，殆指「使用不加以刻飾之用具」之意。

〔33〕（分、分）

簡 16 所見「分」字，形構特殊，其形作：

（清華〈湯處於湯丘〉簡 16）

原整理者逕隸釋為「分」，無說。[520]

簡文此例從八從刃，與一般古文字所見「分」字從刀、或訛從人、抑或訛從勿等形構，或有不同，例如：

（第一期：《合集》11398「分」）

（第一期：《合集》19632「分」）

（西周：駕分父甲觶，《集成》06372「分」）

（西周：紀侯貉子簋蓋，《集成》03977「分」）

517 〔漢〕班固撰、〔唐〕顏師古注：《漢書》（瞿氏鐵琴銅劍樓藏北宋景祐刊本，臺北：臺灣商務印書館，2010 年 7 月臺二版），〈列傳〉卷二十七上，頁 723。

518 〔南劉宋〕范曄：《後漢書》（據涵芬樓藏紹興本影印（百衲本），新北：臺灣商務印書館，2010 年 10 月臺二版），卷十，頁 03-176。

519 〔漢〕戴德原編、〔清〕王聘珍著、王文錦點校：《大戴禮記解詁》（以清光緒十三年廣雅書局刻本為底本，並同咸豐元年家刻本進行校對，臺北：文史哲出版社，1986 年 4 月初版），卷一，頁 12。

520 清華大學出土文獻研究與保護中心編、李學勤主編：《清華大學藏戰國竹簡（伍）》（上海：中西書局，2015 年 4 月第一版），頁 136。

（戰國：四分鼎，《集成》01808「分」）

（包山簡 82「分」）

（郭店〈窮達以時〉簡 1「分」）

（郭店〈六德〉簡 10「分」）⁵²¹

（上博《天子建州・乙》簡 10「分」）

（清華〈子產〉簡 20「分」）

／（郭店〈緇衣〉簡 44「貧」）

（郭店〈成之聞之〉簡 17「貧」）⁵²²

／（郭店〈性自命出〉簡 53「貧」）⁵²³

（上博〈緇衣〉簡 22「貧」）

（上博〈性情論〉簡 23「貧」）

（清華〈皇門〉簡 3「貧」）

---

521 此例疑訛从人。

522 此字所从分之「刀」形，疑亦已訛近「人」形。

523 此字所从分之「刀」形，疑訛近「勿」形。

　　而「刃」與「刀」形義俱近，[524]故簡文此字應是此二形之形近或義近替換例，此在楚系文字中頗為常見，且多是替換較早期從刀之字形，茲試擬其相關類例之字形比較表如下：

字例　＼　釋形	從刀	從刃
利	（第五期：《合集》35346） （春秋：利戈，《集成》10812）	（郭店《老子・甲》簡28）
罰	（西周：孟鼎，《集成》02837A） （郭店〈緇衣〉27） （清華〈祭公〉簡19）	（郭店〈成之聞之〉簡5） （清華〈命訓〉簡10） （清華〈殷高宗問於三壽〉簡26）
則	（西周：何尊，《集成》06014） （西周：史牆盤，《集成》10175）	（戰國：鄂君啟車節，《集成》12110B（摹本）） （戰國：鄂君啟舟節，《集成》12113B（摹本））

---

[524] 「刃」字從刀構形，例如：（郭店〈成之聞之〉簡35），而據《說文》，知「刃」之本義為「刀堅也」，知「刀」、「刃」形義實俱相關。〔漢〕許慎編撰、〔宋〕徐鉉校定：《說文解字》（據清同治十二年陳昌治改刻本縮印，香港：中華書局，2014年8月再版），卷四，頁93。

	（西周：散氏盤，《集成》 10176）	

　　因此，簡文此字亦有可能是以「刃」旁替換了較早期「分」字之「刀」旁，在此可隸作「刅」，亦屬「分」字之異構。

　　而簡文此處辭例或云「與民分利」（清華〈湯處於湯丘〉簡16），故「刅」字在此可讀如本字，訓作「分給」或「分配」，其猶《左傳·昭公十四年》云「分貧振窮，長孤幼，養老疾，收介特，救災患，宥孤寡。」[525]亦如《史記·李將軍列傳》曰「廣廉，得賞賜輒分其麾下，飲食與士共之」，[526]凡此「分」字皆同此訓也。至於「分利」一詞，或見於《孫子·軍爭》，其文云「掠　分衆，廓地分利，懸權而動。」曹操釋曰「分敵利也。」[527]故「分利」一詞，或有不收為己有之意，在此可呼應簡文上下文所云聖人所以「自愛」之主旨。

〔34〕 囗亟 ？

　　簡18或見一疑例，其形作：

／ （清華〈湯處於湯丘〉簡18）

　　圖版字形漫漶，不易辨識。原整理者隸作「亟」，並釋為「愛」之意；[528]劉力耘訓作「至」；[529]網路發言者暮四郎讀為「極」或「紀」，並認為此段簡文「意為遠方的人有可以作為準則者」；[530]王寧將簡文此字讀為「極」，訓作「終止」或「結束」；[531]網路發

[525] 〔晉〕杜預注、〔唐〕孔穎達疏：《春秋左傳正義》（清嘉慶二十年江西南昌府學重刊宋刻本，臺北：藝文印書館，1997年8月初版），卷四十七，頁820。

[526] 〔漢〕司馬遷原著、（日）瀧川龜太郎著：《史記會注考證》（臺北：萬卷樓圖書公司，1993年8月初版），卷一百九，頁1180。

[527] 〔周〕孫武原著、〔漢〕曹操等注、郭化若譯：《十一家注孫子》（據宋本標點排印，臺北：華正書局，1989年10月初版），卷中，頁116。

[528] 清華大學出土文獻研究與保護中心編、李學勤主編：《清華大學藏戰國竹簡（伍）》（上海：中西書局，2015年4月第一版），頁136、140。

[529] 清華大學出土文獻讀書會：〈清華簡第五冊整理報告補正〉，清華大學出土文獻研究與保護中心，網址：http://www.ctwx.tsinghua.edu.cn/publish/cetrp/6831/2015/20150408112711717568509/2015040811271171756 8509_.html，2015年4月8日，檢索日期：2018年6月19日。

[530] 「簡帛論壇：清華五《湯處於湯丘》初讀」13樓網路發言者暮四郎之發文，武漢大學簡帛研究中心，網址：http://www.bsm.org.cn/bbs/read.php?tid=3247&fpage=4&page=2，2015年4月11日，檢索日期：2018年4月16日。

[531] 王寧：〈讀清華五《湯處於湯丘》散札〉，復旦大學出土文獻與古文字研究中心，網址：http://www.gwz.fudan.edu.cn/Web/Show/2501，2015年4月21日，檢索日期：2018年3月5日。

言者 1ht 讀為「極」，訓作「至」；[532]網路發言者魚游春水釋此字或云「疑即『急』，解救急難的意思」；[533]郭倩文從王寧之說；[534]李爽亦從王寧之看法；[535]吳昌哲亦從王寧之說；[536]洪君好仍從王寧之看法；[537]其後，原整理者沈建華改訓作「敬」，並將此段簡文譯作「對於遠的人要有所敬」。[538]

今復考其形，其上下平行三橫筆與右方類似「卜（「攴」省）」形之寫法，確實與「亟」字相類，甚至左下之「口」形，亦似乎隱約可見，此可復參同支簡另一「亟」字之形，其形為：

（清華〈湯處於湯丘〉簡 18）

不過，簡文此字在上下三橫筆間，似有一條從左上至右下之斜筆，此筆則頗令人費解，因古文字所見「亟」字或從亟諸例，似未見此字形特徵，茲列舉此等要例：

（第一期：《合集》20407）

（第一期：《合集》10201）

（第一期：《合集》13637 反）

（第一期：《合集》16936 反）

---

[532] 「簡帛論壇：清華五《湯處於湯丘》初讀」33 樓網路發言者 1ht 之發文，武漢大學簡帛研究中心，網址：http://www.bsm.org.cn/bbs/read.php?tid=3247&fpage=4&page=2，2015 年 5 月 3 日，檢索日期：2018 年 4 月 16 日。

[533] 「簡帛論壇：清華五《湯處於湯丘》初讀」37 樓網路發言者魚游春水之發文，武漢大學簡帛研究中心，網址：http://www.bsm.org.cn/forum/forum.php?mod=viewthread&tid=3247&extra=page%3D8&page=4，2015 年 6 月 21 日，檢索日期：2018 年 6 月 9 日。

[534] 郭倩文：《《清華五》、《上博九》集釋及新見文字現象整理與研究》（華東師範大學碩士學位論文，2016 年 5 月），頁 143。

[535] 李爽：《清華簡「伊尹」五篇集釋》（吉林大學碩士論文，2016 年 6 月），頁 120。

[536] 吳昌哲：《《清華大學藏戰國竹簡（伍）‧湯處於湯丘》研究》（國立臺灣師範大學國文學系碩士論文，2017 年 6 月），頁 91-93。

[537] 洪君好：《戰國竹書伊尹文獻研究》（國立中興大學中國文學研究所碩士論文，2017 年 8 月），頁 50-51。

[538] 沈建華：〈《湯處於湯丘》新釋文、注釋、白話譯文〉，收入李學勤、艾蘭、呂德凱主編，清華大學出土文獻研究與保護中心、古代中國研究會編：《清華簡研究》3（上海：中西書局，2019 年 12 月第一版），頁 90-99。

（西周：班簋，《集成》04341A）

（西周：史牆盤，《集成》10175）

（西周：伯梁其盨，《集成》04447.2）

（郭店〈唐虞之道〉簡19）

因此，若就古文字所見「亟」字字形而言，其形本從人在二橫筆之間，以示人頂天立地之概念，[539]其後繁縟「口」與「攴」等二偏旁，而在楚簡中，「人」與「口」二旁又疑併筆形近訛化為「夕」，但不管如何，仍難以解決簡文此字似有斜筆之問題。因此，關於簡文此字之隸釋，在相關字形證據上，似仍有續作補證之空間，今猶且存疑，不過，在目前尚無更好說法之情況下，茲暫從原整理者之說，將其隸作「亟」。

而簡文辭例云「小臣答曰：『遠有所亟，勞有所息，饑有所食；深淵是濟，高山是踰，遠民皆亟，是非愛民乎？』」（清華〈湯處於湯丘〉簡17、18）可知簡文所謂「遠有所亟」應即「愛民之表現」，則原整理者訓簡文此字為「愛」，大抵可從，再者，其動作施事者，應為成湯，因此，上引暮四郎所釋此段簡文「遠方的人有可以作為準則者」，似與「愛民」非直接相關，恐猶有可商，同理，劉力耘或 1ht 所訓「至」，同樣不易看出「愛民」之表現，其可能性亦不高，又王寧以為「遠」具有遠行之意，云簡文此句殆言「言遠行者有所終止」，其說雖有一定之道理，不過，除了「愛民」之意味與上述幾家說法俱嫌不足外，若就目前古籍「遠」字而言，似罕有單作「遠行者」之用例，即若「遠」或與「遠行」義有關者，其下必有中心語，如先秦典籍中或見之「遠人」、[540]「遠行」、[541]「遠使」、[542]「遠徙」、[543]「遠集」、[544]「遠遊」等，[545]此等用例即使與「遠行者」

---

[539] 于省吾曾釋「亟」字初文之形為「中從人，而上下有二橫，畫上極於頂，下極於踵」，可信，倘復考量《說文》所釋「二，天地也」，則「亟」字之初形本義，似又可引申為頂天立地之意。于省吾：《殷契駢枝全編》（臺北：藝文印書館，1975年11月再版），頁57；〔漢〕許慎編撰、〔宋〕徐鉉校定：《說文解字》（據清同治十二年陳昌治改刻本縮印，香港：中華書局，2014年8月再版），卷十三，頁286。

[540] 其猶《周禮・春官宗伯・大司樂》所云「以安賓客，以說遠人。」〔漢〕鄭玄注、〔唐〕賈公彥疏：《周禮注疏》（清嘉慶二十年江西南昌府學重刊宋刻本，臺北：藝文印書館，1997年8月初版），卷二十二，頁338。

[541] 其猶《孟子・公孫丑章句》所云「當在宋也，予將有遠行。」〔漢〕趙岐傳、〔宋〕孫奭疏：《孟子注疏》（清嘉慶二十年江西南昌府學重刊宋刻本，臺北：藝文印書館，1997年8月初版），卷四，頁75。

[542] 其猶《韓非子・八經》所云「一用以務近習，重言以懼遠使，舉往以悉其前，即邇以知其內，疏置以知其外，握明以問所闇，詭使以絕黷泄，倒言以嘗所疑，論反以得陰姦，設諫以綱獨為，舉錯以觀姦動，明說以誘避過，卑適以觀直諂，宣聞以通未見，作鬥以散朋黨，深一以警眾心，泄異以易其慮。似類則合其參，陳過則明其固，知辟罪以止威，陰使時循以省衰，漸更以離通比，下約以侵其上，相室約其廷

有關，但其「遠」下仍有一中心語「人」、「行」或「使」，而非「遠」字單作「遠行者」解，因此，簡文此「遠」字恐怕也與「遠行者」無關，至於魚游春水所釋「急」意，恐怕也需直接之書證用例，亦猶可商。

其實，原整理者沈建華訓「敬」之說，尤具啟發性，不過，簡文此處可能仍是以「愛民」之意為重，故疑上文「遠」字應訓作「疏遠」或「不親近」，或更近於原恉，其猶《尚書·伊訓》所云「敢有侮聖言，逆忠直，遠耆德，比頑童，時謂亂風。」[546]又如《漢書·楚元王傳》亦曰「夫明者起福於無形，銷患於未然。宜發明詔，吐德音，援近宗室，親而納信，黜遠外戚，毋授以政，皆罷令就弟，以則效先帝之所行，厚安外戚，全其宗族，誠東宮之意，外家之福也」顏師古注云「遠謂疏而離之也。」[547]此等「遠」字皆同此訓也，至於簡文此「亞」字則仍可依原整理者之說，將其解作「愛」之意，其猶原整理者所引《方言》書證外，另可於《列子·仲尼》中或見其相近之用例，其云「鼻將窒者，先覺焦朽；體將僵者，先亞犇佚。」殷敬順引《方言》釋曰「亞，受也」，楊伯峻已正之為「『受』字當為『愛』字之誤」，[548]可知簡文此字訓作「愛」，大抵可行，再者，若復考《方言》釋「亞」之內容，其云「亞，愛也。東齊、海岱之間曰亞。自關而西，秦、晉之間，凡相敬愛謂之亞」，[549]有可能是小臣伊尹使用了當地之方言與湯對話，這項證據除了可證成簡文此字可訓作「愛」以外，更可作為此批簡分期分域之佐證，甚至是古方言研究之重要語料；至於「愛」，在此若更準確言之，其實應釋作「加惠」、「愛護」或「關心」之意，其猶《商君書·更法》所云「法者，所以愛民也」，[550]又如《荀子·王制》曰「故君人者：欲安，則莫若平政愛民矣；欲榮、則莫若隆禮敬士矣；

臣，廷臣約其官屬，兵士約其軍吏，遣使約其行介，縣令約其辟吏，郎中約其左右，后姬約其宮媛，此之謂條達之道。」〔清〕王先慎：《韓非子集解》（臺北：藝文印書館，2008 年 3 月初版），卷十八，頁677-678。

543 其猶《老子·八十章》所云「小國寡民，使有什伯之器而不用，使民重死而不遠徙。」〔魏〕王弼等：《老子四種》（臺北：臺大出版中心，2016 年 6 月初版），頁 66。

544 其猶《楚辭·離騷·經》所云「欲遠集而無所止兮，聊浮遊以逍遙。」〔宋〕朱熹：《楚辭集注》（臺北：藝文印書館，1983 年 6 月四版），卷一，頁 42。

545 其猶《論語·里仁》所云「子曰：『父母在，不遠遊，遊必有方。』」〔魏〕何晏注、〔宋〕邢昺疏：《論語注疏》（清嘉慶二十年江西南昌府學重刊宋刻本，臺北：藝文印書館，1997 年 8 月初版），卷四，頁38。

546 〔漢〕孔安國傳、〔唐〕孔穎達疏：《尚書正義》（清嘉慶二十年江西南昌府學重刊宋刻本，臺北：藝文印書館，1997 年 8 月初版），卷八，頁 115。

547 〔漢〕班固撰、〔唐〕顏師古注：《漢書》（瞿氏鐵琴銅劍樓藏北宋景祐刊本，臺北：臺灣商務印書館，2010 年 7 月臺二版），〈列傳〉卷六，頁 525。

548 〔周〕列禦寇原著、楊伯峻編著：《列子集釋》（以清代汪繼培湖海樓叢書校本為底本，復作訂正，盧重玄之解則以道藏四解本為依據，擇善校正，臺北：華正書局，1987 年 9 月初版），卷四，頁 133；〔周〕列禦寇：《列子》，收入〔清〕永瑢、〔清〕紀昀等纂修：《景印文淵閣四庫全書》（國立故宮博物院原書度藏，臺北：臺灣商務印書館，1986 年 3 月初版），頁 1055-610；楊伯峻：《列子集釋》，收入嚴靈峯編輯：《無求備齋老列莊三子集成補編》（民國六十八年北平中華書局增訂排印本，臺北：成文出版社，1982年），頁 149。

549 〔漢〕揚雄：《方言》，收入《四部叢刊初編·經部》（上海商務印書館縮印江安傅氏雙鑑樓藏宋刊本，臺北：臺灣商務印書館，1965 年），卷一，頁 5。

550 〔清〕嚴萬里校、簡書箋：《商君書箋正》（臺北：廣文書局，1975 年 4 月初版），卷一，頁 4。

欲立功名，則莫若尚賢使能矣」，[551]凡此「愛」之訓，皆與簡文此所謂「遠有所亟」之「愛民表現」遙相呼應，故簡文「遠有所亟」殆指「能關心被疏遠之人」之意。

〔35〕遠又（有）所亟?，裻（勞、勞）又（有）所思（息）

　　各家之說法為：原整理者將此段簡文讀為「遠有所亟，勞有所思」，[552]不過，關於此段簡文之釋讀，學界仍或見部分異說，例如：網路發言者暮四郎以為『『思』疑本當為『息』。寫作『思』，可能有形近、音近兩方面因素。上古『思』與『息』、『認』與『息』均有互為異文的例子」；[553]陳偉亦將「思」讀為「息」；[554]又如上所述，王寧以為「遠」表遠行義，「亟」字則應讀為「極」，或取其終止或結束之義，至於「思」字，王寧仍從暮四郎之說，因此，王寧將此段簡文釋為「言遠行者有所終止，勞碌者有所休息」，乃愛民之表現；[555]馬文增將此段簡文為「怨有所亟，老有所死」，並將「亟」訓作「革」；[556]郭倩文對於「遠」字之釋讀，仍從王寧之說，而對於「思」字，則從陳偉之說；[557]李爽仍讀如本字，訓作「想念」；[558]吳昌哲逕讀如本字，訓作「體察」；[559]洪君好仍從暮四郎與陳偉之說；[560]原整理者沈建華將「勞」、「思」二字分訓作「勞事者」與「慮」，並將此段簡文譯作「對於遠的人要有所敬，對於勞事者要有所關懷」。[561]

　　簡文「思」字之形為：

[551] 〔清〕王先謙：《荀子集解》（臺北：藝文印書館，2007 年 3 月初版），卷五，頁 309。

[552] 清華大學出土文獻研究與保護中心編、李學勤主編：《清華大學藏戰國竹簡（伍）》（上海：中西書局，2015 年 4 月第一版），頁 136。

[553] 「簡帛論壇：清華五《湯處於湯丘》初讀」13 樓網路發言者暮四郎之發文，武漢大學簡帛研究中心，網址：http://www.bsm.org.cn/bbs/read.php?tid=3247&fpage=4&page=2，2015 年 4 月 11 日，檢索日期：2018 年 4 月 16 日。

[554] 陳偉：〈讀《清華竹簡〔伍〕》札記（三則）〉，武漢大學簡帛研究中心，網址：http://www.bsm.org.cn/show_article.php?id=2189，2015 年 4 月 11 日，檢索日期：2018 年 6 月 20 日；王進鋒：〈清華簡（伍）《殷高宗問於三壽》《湯處於湯丘》《湯在啻門》三篇集釋〉，收入李學勤、艾蘭、呂德凱主編，清華大學出土文獻研究與保護中心、古代中國研究會編：《清華簡研究》3（上海：中西書局，2019 年 12 月第一版），頁 392-497。

[555] 王寧：〈讀清華五《湯處於湯丘》散札〉，復旦大學出土文獻與古文字研究中心，網址：http://www.gwz.fudan.edu.cn/Web/Show/2501，2015 年 4 月 21 日，檢索日期：2018 年 3 月 5 日。

[556] 馬文增：〈清華簡《湯處于湯丘》新釋、注譯、析辯〉，武漢大學簡帛研究中心，網址：http://www.bsm.org.cn/show_article.php?id=2234，2015 年 5 月 19 日，檢索日期：2018 年 6 月 20 日。

[557] 郭倩文：《《清華五》、《上博九》集釋及新見文字現象整理與研究》（華東師範大學碩士學位論文，2016 年 5 月），頁 143、144。

[558] 李爽：《清華簡「伊尹」五篇集釋》（吉林大學碩士論文，2016 年 6 月），頁 120。

[559] 吳昌哲：《《清華大學藏戰國竹簡（伍）·湯處於湯丘》研究》（國立臺灣師範大學國文學系碩士論文，2017 年 6 月），頁 93。

[560] 洪君好：《戰國竹書伊尹文獻研究》（國立中興大學中國文學研究所碩士論文，2017 年 8 月），頁 37。

[561] 沈建華：〈《湯處於湯丘》新釋文、注釋、白話譯文〉，收入李學勤、艾蘭、呂德凱主編，清華大學出土文獻研究與保護中心、古代中國研究會編：《清華簡研究》3（上海：中西書局，2019 年 12 月第一版），頁 90-99。

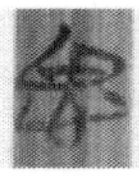（清華〈湯處於湯丘〉簡 18）

依形可逕釋為「思」字，殆無疑義，其與「息」字雖形近，但仍有別，茲試擬二字之字形比較表：

分期＼隸定	思	息
殷商甲骨文		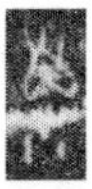（第一期：《合集》20086）
商代金文		（息鼎，《集成》01225） （息鼎，《集成》01226）
西周金文		（息父丁鼎，《集成》01598） （𨒅父乙簋，《集成》03862） （息伯卣，《集成》05386）
春秋金文	／（鮑子鼎，《集成》1646）	
戰國文字	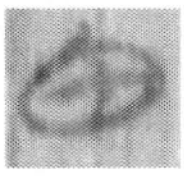（包山簡 128） 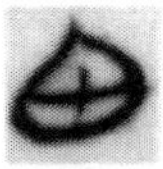（郭店〈太一生水〉簡 12） （五年龏令思戈，《集成》11348）	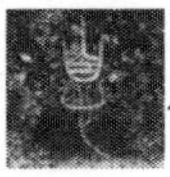／（中山王譽方壺，《集成》09735.2A） ／（四年相邦建信君鈹，《集成》11695 B1）

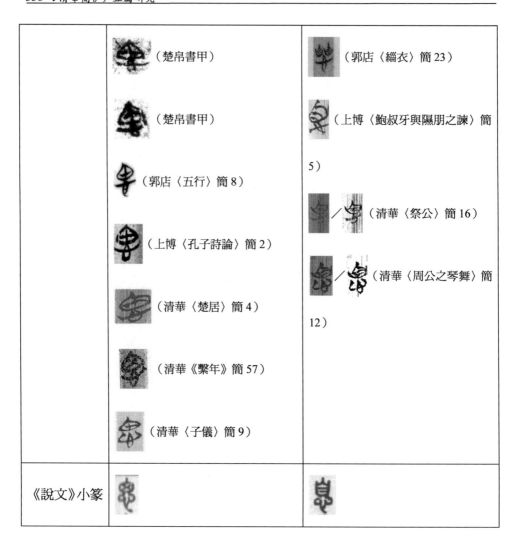

（楚帛書甲）	（郭店〈緇衣〉簡 23）
（楚帛書甲）	（上博〈鮑叔牙與隰朋之諫〉簡 5）
（郭店〈五行〉簡 8）	（清華〈祭公〉簡 16）
（上博〈孔子詩論〉簡 2）	（清華〈周公之琴舞〉簡 12）
（清華〈楚居〉簡 4）	
（清華《繫年》簡 57）	
（清華〈子儀〉簡 9）	
《說文》小篆	

「思」字初文疑从心，囟亦聲，抑或省去「心」旁；[562]至於「息」字則本从自，象鼻下氣出之形，惟此氣出之形至戰國文字疑訛化或疊加「心」旁，而成為篆隸以下从心从自字形之所本。但總而言之，此二字之字形差異甚鉅，且目前在古文字中，罕有此二字相混或互訛之例，因此，若釋「思」本當作「息」，至少在字形條件上，似仍有再討論之空間，不過，「思」、「息」二字上古音相近，[563]或可互通，在古文字或傳世文獻中，

---

[562] 《說文》釋「思」為「从心囟聲」，段注本則作「从心从囟（囟）」，顯然說法不同，若就聲韻之角度而言，「思」字上古音屬心母之部，「囟」則為心母真部，二字雖然雙聲，但韻部遠隔，故段注之修訂，不無道理，惟以今所見古文字而言，仍有不少「囟」字可讀為「思」，尤以楚簡為然，例如：「囟某來歸食故□」（九店簡 56.44）、「我將必囟子家」（上博《鄭子家喪・乙》簡 4）、「晉文公囟齊及宋之德，乃及秦師圍曹及五鹿，伐衛以脫齊之戍及宋之圍」（清華《繫年》簡 41、42）等，因此，「思」从囟得聲，似仍有其可能性，且「囟」屬兼義之亦聲字聲符，換言之，此類楚簡「囟」字亦有可能是「思」字之省，即省去「心」旁。〔漢〕許慎編撰、〔宋〕徐鉉校定：《說文解字》（據清同治十二年陳昌治改刻本縮印，香港：中華書局，2014 年 8 月再版），卷十，頁 216；〔漢〕許慎撰、〔清〕段玉裁注：《說文解字注》（據經韻樓藏版影印，臺北：洪葉文化公司，2016 年 10 月三版），卷十，頁 506。

[563] 如上所述，「思」字上古音屬心母之部，「息」字則為心母職部，二字雙聲韻近。

此二字多有相通之例，如楚帛書或云「乃▢日月以轉相☐思，有宵有朝，有晝有夕」，李零即疑此「思」字當讀為「息」，並引《詩經・周南・漢廣》所云「不可休思。」《釋文》或曰「本或作息」等異文為證，以為帛書此處或謂「讓日月轉相作息，在一天之內分出早晚四時」，[564]而王輝又補證另一條「思」、「息」二聲系相通之異文，即《禮記・樂記》所云「使其文足論而不息。」《荀子・樂論》之「息」作「愳」，[565]凡此異文，即上引暮四郎引證所揭者，俱可證「思」、「息」二字應可相通，即「思」字可讀為「息」，至於馬文增讀「死」之說，實未知其所據形音內容為何，待商。

而如上文所述，「遠」字可訓作「疏遠」或「不親近」，則簡文此處與其相對應之「勞」字，理應在詞性或用例上，亦當有所相關，即「勞」字有可能是一種狀態或行為，而非如王寧所言之「勞碌者」，故「勞」字當訓作「操勞」或「勞動」，其猶《尚書・金縢》云「昔公勤勞王家，惟予沖人弗及知。」[566]又如《孟子・滕文公章句》或曰「或勞心，或勞力；勞心者治人，勞力者治於人。」[567]至於可讀為「息」之「思」字，李爽未破讀，逕讀如本字，訓作「想念」，其說似無法呼應上文「勞」字之義，暫可不論，又吳昌哲訓作「體察」，則與簡文句式不合，待商，而原整理者沈建華雖提出訓「慮」之新說，但在此譯作「關懷」，似又無相關語例以資佐證，因此，「思」字應如上引學者之所證，讀為「息」，訓作「休息」，以呼應簡文所云「愛民」之表現，此或如《廣雅・釋言》釋曰「息，休也」，[568]亦猶《詩經・召南・殷其靁》所云「何斯違斯，莫敢遑息？」[569]而《左傳・隱公七年》或云「凡諸侯同盟，於是稱名，故薨則赴以名，告終，嗣也，以繼好息民」，[570]即強調使民休養生息之相關作為，甚至《墨子・非樂》更有相近之辭例，如其所云「民有三患：飢者不得食，寒者不得衣，勞者不得息。三者，民之巨患也」，[571]據此，知簡文此所謂「遠有所亟，勞有所息」，殆指「能關心被疏遠之人，也藉由休息減輕人民勞務的負擔」之意，俱屬「愛民之表現」也。

〔36〕餡（飢？、飢）

簡文此例之形為：

---

[564] 李零：《楚帛書研究（十一種）》（上海：中西書局，2013 年 12 月第一版），頁 64、65；王輝：《古文字通假釋例》（臺北：藝文印書館，1993 年 4 月初版），頁 276。

[565] 王輝：《古文字通假釋例》（臺北：藝文印書館，1993 年 4 月初版），頁 276。

[566] 〔漢〕孔安國傳、〔唐〕孔穎達疏：《尚書正義》（清嘉慶二十年江西南昌府學重刊宋刻本，臺北：藝文印書館，1997 年 8 月初版），卷十三，頁 188。

[567] 〔漢〕趙岐傳、〔宋〕孫奭疏：《孟子注疏》（清嘉慶二十年江西南昌府學重刊宋刻本，臺北：藝文印書館，1997 年 8 月初版），卷五，頁 97。

[568] 〔魏〕張揖撰、〔清〕王念孫疏證：《廣雅疏證》（臺北：廣文書局，1971 年 10 月初版），卷五，頁 166。

[569] 〔漢〕毛亨傳、〔漢〕鄭玄箋、〔唐〕孔穎達疏：《毛詩正義》（清嘉慶二十年江西南昌府學重刊宋刻本，臺北：藝文印書館，1997 年 8 月初版），卷一之四，頁 59。

[570] 〔晉〕杜預注、〔唐〕孔穎達疏：《春秋左傳正義》（清嘉慶二十年江西南昌府學重刊宋刻本，臺北：藝文印書館，1997 年 8 月初版），卷四，頁 72。

[571] 〔清〕張純一：《墨子集解》（臺北：文史哲出版社，2011 年 8 月 BOD 版），卷八，頁 305。

（清華〈湯處於湯丘〉簡 17）

原整理者隸作「飦」，讀為「饑」；[572]陳偉讀為「飢」；[573]郭倩文從陳偉之說；[574]洪君妤亦從陳偉之看法。[575]

今復考簡文此例之形，其形與上博簡另一字例相近：

（上博《從政・甲》簡 19「飦」）

此二字右旁皆从几从日，或僅形構位置之不同耳，而左旁則是稍有不同，上博簡例从食，而清華簡例則从𦣞，故簡文此字或應隸作「飦」為宜。

簡文此字右旁所从之形構，在楚簡中習見其例，例如：

（包山簡 19「昏」）

（包山簡 20「昏」）

（包山簡 23「昏」）

（包山簡 266「昏」）

（清華〈鄭武夫人規孺子〉簡 12「昏」）

另天星觀與新蔡簡亦見形構倒反之例：

[572] 清華大學出土文獻研究與保護中心編、李學勤主編：《清華大學藏戰國竹簡（伍）》（上海：中西書局，2015 年 4 月第一版），頁 136。

[573] 陳偉：〈讀《清華竹簡〔伍〕》札記（三則）〉，武漢大學簡帛研究中心，網址：http://www.bsm.org.cn/show_article.php?id=2189，2015 年 4 月 11 日，檢索日期：2018 年 6 月 20 日；王進鋒〈清華簡（伍）《殷高宗問於三壽》《湯處於湯丘》《湯在啻門》三篇集釋〉，收入李學勤、艾蘭、呂德凱主編，清華大學出土文獻研究與保護中心、古代中國研究會編：《清華簡研究》3（上海：中西書局，2019 年 12 月第一版），頁 392-497。

[574] 郭倩文：《《清華五》、《上博九》集釋及新見文字現象整理與研究》（華東師範大學碩士學位論文，2016 年 5 月），頁 144。

[575] 洪君妤：《戰國竹書伊尹文獻研究》（國立中興大學中國文學研究所碩士論文，2017 年 8 月），頁 37。

（天星觀卜筮簡）

（新蔡簡甲三 4）

此等字例在楚簡中，與「暑」字相近，不過彼此之來源應該不同，主因「暑」字疑從尸（處）省聲，例如：

（郭店〈緇衣〉簡 9「暑」）

（上博〈緇衣〉簡 6「暑」）

（上博〈容成氏〉簡 22「暑」）

且此類「暑」字所從尸（處），少有再省其「尸」形者，因此，若從「暑」字考量簡文此字右旁之形源，恐仍有可商；另外，簡文此字之右旁，倘依學者之說，其例在楚簡中多可讀為「幾」，訓作「期」，[576]例如：「八月己巳之日，邔司馬之州加公李瑞、里公隋得受𦥑，辛未日不察陳宝頃之傷之故以告，阩門有敗。」（包山簡 22）、「十月乙未之日，葉陵正婁邵奇受𦥑，爨月乙巳之日不將𣏟旆以廷，阩門有敗。」（包山簡 75），可知此類字例有可能從几得聲。[577]是故，簡文此例在此或僅能確認其應從几得聲，甚或有可能是「飢」字異構，但目前「飢」字在古文字中仍罕見其例，整體而言，其形源仍是待考，今暫將其釋為從皀从几从日，並隸作「𩜹」，猶俟新出。

而簡文此處云「𩜹有所食」（清華〈湯處於湯丘〉簡 18），原整理者將「𩜹」讀為

---

[576] 裘錫圭：〈釋戰國楚簡中的「𦥑」字〉，收入中國古文字研究會、華南師範大學文學院編：《古文字研究》26（北京：中華書局，2006 年 11 月第一版），頁 250-256；陳偉等：《楚地出土戰國簡冊[十四種]》（北京：經濟科學出版社，2009 年 9 月第一版），頁 15。

[577] 「幾」字上古音屬見母微部，「几」字則為見母脂部，二字雙聲，韻部雖或隔，但在古文字與傳世文獻中，此二字聲系仍有相通之例，再者，上引包山簡 266「𦥑」字例，倘據李家浩、袁國華、劉信芳與陳偉等之說，亦應讀為「几」，可證「𦥑」字確可從几得聲。高亨纂著、董治安整理：《古字通假會典》（濟南：齊魯書社，1989 年 7 月第一版），頁 515-516；王輝：《古文字通假釋例》（臺北：藝文印書館，1993 年 4 月初版），頁 576-577；白於藍編著：《戰國秦漢簡帛古書通假字彙纂》（福州：福建人民出版社，2012 年 5 月第一版），頁 347；李家浩：〈包山二六六號簡所記木器研究〉，收入袁行霈主編：《國學研究》2，北京：北京大學出版社，1994 年 7 月第一版，頁 525-554，其後經修訂，收入李家浩：《著名中年語言學家自選集　李家浩卷》（合肥：安徽教育出版社，2002 年 12 月第一版），頁 222-257；袁國華：〈戰國楚簡文字零釋〉，《中國文字》新 18（1994 年 1 月），頁 209-230；劉信芳：《包山楚簡解詁》（臺北：藝文印書館，2003 年元月初版），頁 290；陳偉等：《楚地出土戰國簡冊[十四種]》，北京：經濟科學出版社，2009 年 9 月第一版。，頁 120、129。

「饑」，若以上引楚簡从旨諸例可讀「幾」為證，原整理者之說有其道理，不過，即如上引陳偉所證「饑」字本義與「餓」無關之理，「餡」字在此確實應遞讀為亦从几得聲之「飢」即可，訓作「吃不飽」，其如《說文》釋「飢」云「飢，餓也。」[578]亦猶《尚書‧舜典》曰「帝曰：『棄，黎民阻飢，汝后稷，播時百穀。』」[579]又如《韓非子‧安危》曰「故安國之法，若饑而食，寒而衣，不令而自然也。」[580]再如《淮南子‧說山訓》或云「寧百刺以針，無一刺以刀；寧一引重，無久持輕；寧一月饑，無一旬餓。」高誘注曰「饑，食不足。餓，困乏也。」[581]凡此「飢」字皆同此訓也，據此，則簡文所謂「飢有所食」，即呼應上文所云「遠又（有）所亟，勞有所息」等愛民之道，在此可解作「人民飢餓時能有飯可吃」。

〔37〕亟（極）

簡文此字之形為：

（清華〈湯處於湯丘〉簡18）

原整理者隸作「亟」，讀為「極」，表「至」之意；[582]清華大學讀書會訓作「至」；[583]王寧引《詩經》例，以為簡文此例應讀為「極」，表「榜樣」義，並將簡文所謂「遠民皆亟（極）」釋為「遠方的人都以為榜樣」；[584]網路發言者1ht亦讀為「極」，訓作「至」；[585]郭倩文從原整理者之說；[586]李爽仍從原整理者之說；[587]吳昌哲大抵亦從原整理者之看法；[588]洪君好則從王寧之說。[589]

578 〔漢〕許慎編撰、〔宋〕徐鉉校定：《說文解字》（據清同治十二年陳昌治改刻本縮印，香港：中華書局，2014年8月再版），卷五，頁108。

579 〔漢〕孔安國傳、〔唐〕孔穎達疏：《尚書正義》（清嘉慶二十年江西南昌府學重刊宋刻本，臺北：藝文印書館，1997年8月初版），卷三，頁44。

580 〔清〕王先慎：《韓非子集解》（臺北：藝文印書館，2008年3月初版），卷八，頁318-319。

581 〔漢〕劉安原編，〔漢〕劉向、劉歆原校訂，劉文典撰：《淮南鴻烈集解》（以莊逵吉校本為底本，臺北：文史哲出版社，2003年10月再版），卷十六，頁537。

582 清華大學出土文獻研究與保護中心編、李學勤主編：《清華大學藏戰國竹簡（伍）》（上海：中西書局，2015年4月第一版），頁136、140。

583 清華大學出土文獻讀書會：〈清華簡第五冊整理報告補正〉，清華大學出土文獻研究與保護中心，網址：http://www.ctwx.tsinghua.edu.cn/publish/cetrp/6831/2015/20150408112711717568509/201504081127117175 68509_.html，2015年4月8日，檢索日期：2018年6月19日。

584 王寧：〈讀清華五《湯處於湯丘》散札〉，復旦大學出土文獻與古文字研究中心，網址：http://www.gwz.fudan.edu.cn/Web/Show/2501，2015年4月21日，檢索日期：2018年3月5日。

585 「簡帛論壇：清華五《湯處於湯丘》初讀」33樓網路發言者1ht之發文，武漢大學簡帛研究中心，網址：http://www.bsm.org.cn/bbs/read.php?tid=3247&fpage=4&page=2，2015年5月3日，檢索日期：2018年4月16日。

586 郭倩文：《《清華五》、《上博九》集釋及新見文字現象整理與研究》（華東師範大學碩士學位論文，2016年5月），頁144-145。

587 李爽：《清華簡「伊尹」五篇集釋》（吉林大學碩士論文，2016年6月），頁120。

588 吳昌哲：《《清華大學藏戰國竹簡（伍）‧湯處於湯丘》研究》（國立臺灣師範大學國文學系碩士論文，

今復考簡文此例之形，其形从人从口，上下二筆示人兩極之意，其大抵之形構，與「亟」字相近，而簡文此例右下所从似人又似卜之形構，又見於晉系文字，疑「攴」之省，例如：

（侯馬盟書 200：23）

因此，簡文此字釋作「亟」，應無疑義，只不過簡文此字是否代表清華〈湯處於湯丘〉簡滲入晉系文字寫法，也許有其可能性，尤其根據李松儒之研究，同屬清華簡之〈良臣〉、〈祝辭〉亦有與晉系文字相近之書風，[590]有關清華簡此種異域文字特色，可說是相當值得關注之問題。

而簡文此處云「遠有所亟，勞有所息，饑有所食；深淵是濟，高山是踰，遠民皆亟」（清華〈湯處於湯丘〉簡 17、18），顯然「遠有所亟」三句為一組對文，而「深淵是濟」二句則又為另一組對文，且以「遠民皆亟」作為結果，故「遠民」一詞或可訓作「遠方的人民」，其猶先秦文獻所見之「遠人」，如《周禮・春官宗伯・大司樂》云「以安賓客，以說遠人。」[591]又如《禮記・中庸》或云「凡為天下國家有九經，曰：脩身也，尊賢也，親親也，敬大臣也，體群臣也，子庶民也，來百工也，柔遠人也，懷諸侯也。」[592]再如《論語・季氏》亦云「故遠人不服，則脩文德以來之。」[593]凡此所見「遠人」皆同此訓也，至於簡文「亟」字，則應如原整理者所云，讀為「極」，並訓作「至」，以回應上文「深淵是濟」與「高山是踰」兩段辛苦過程之結果，換言之，「亟」字在此倘如上引王寧之說，訓作「以為榜樣」恐無所取義，亦無法通讀簡文，而此類訓「至」之「極」字，或如《爾雅・釋詁》釋「極」云「極，至也。」[594]其猶《詩經・小雅・縣蠻》曰「豈敢憚行，畏不能極。」鄭玄箋亦曰：「極，至也。」[595]不過，簡文此字之訓解，應更近於上引《詩經・小雅・綿蠻》之例，即其或有「抵達」之意，而與原整理者所引《詩經・大雅・崧高》所引「崧高維嶽，駿極于天」文中「極」字之「達到」義或異。[596]據此，

2017 年 6 月），頁 93。

[589] 洪君妤：《戰國竹書伊尹文獻研究》（國立中興大學中國文學研究所碩士論文，2017 年 8 月），頁 50-51。

[590] 李松儒：〈清華簡書法風格淺析〉，收入中國文化遺產研究院編：《出土文獻研究（「簡帛文字與書法國際研討會」特輯）》13（上海：中西書局，2014 年 12 月第一版），頁 27-33。

[591] 〔漢〕鄭玄注、〔唐〕賈公彥疏：《周禮注疏》（清嘉慶二十年江西南昌府學重刊宋刻本，臺北：藝文印書館，1997 年 8 月初版），卷二十二，頁 338。

[592] 〔漢〕孔安國傳、〔唐〕孔穎達疏：《禮記注疏》（清嘉慶二十年江西南昌府學重刊宋刻本，臺北：藝文印書館，1997 年 8 月初版），卷五十二，頁 888。

[593] 〔魏〕何晏注、〔宋〕邢昺疏：《論語注疏》（清嘉慶二十年江西南昌府學重刊宋刻本，臺北：藝文印書館，1997 年 8 月初版），卷十六，頁 146。

[594] 〔晉〕郭璞注、〔宋〕邢昺疏：《爾雅注疏》（清嘉慶二十年江西南昌府學重刊宋刻本，臺北：藝文印書館，1997 年 8 月初版），卷一，頁 7。

[595] 〔漢〕毛亨傳、〔漢〕鄭玄箋、〔唐〕孔穎達疏：《毛詩正義》（清嘉慶二十年江西南昌府學重刊宋刻本，臺北：藝文印書館，1997 年 8 月初版），卷十五之三，頁 522。

[596] 〔漢〕毛亨傳、〔漢〕鄭玄箋、〔唐〕孔穎達疏：《毛詩正義》（清嘉慶二十年江西南昌府學重刊宋刻本，臺北：藝文印書館，1997 年 8 月初版），卷十八之三，頁 669。

則簡文此所謂「遠民皆亟」，殆指「遠方人民（在渡過深淵與越過高山等重重險阻後）都回來了」。

〔38〕遏（復、退；退）

簡19「遏（復、退；退）」字之釋讀，學者或存異說。原整理者引《說文》與《禮記》鄭注，以為簡文此字應訓作「卻」或「去」；[597]王寧則以為此「退」字具「歸」義，在此表「返回、回來」之意，並將簡19此段簡文釋為「此言既接受了君命，回來後執行君命不顧死生，這不就是『恭命』嗎？」同時，王寧亦據古書「進退」多連言之理，以為此「退」字前疑抄脫一「進」字；[598]散宜凌以為此「退」字當作反訓解，引申為「實踐、履行」；[599]魏棟認為此字有可能是「遏（復）」字之訛，並訓作「實踐、履行」，但也以為此字若非訛誤，則亦應作反訓解；[600]郭倩文從散宜凌之說；[601]李爽大抵仍從王寧之說；[602]洪君好懷疑此處可能有抄漏或誤寫之情況，但也認為「退」、「遏」二字訛寫之機會不高。[603]

即如上引洪君好所云，楚系「遏（復）」、「退」二字字形差異甚鉅，且分用甚明，[604]其訛混之機會恐怕不高，此字仍應以隸釋作「遏（復、退；退）」為宜。而簡文此處云「君既濬明，既受君命，退不顧死生，是非恭命乎？」（清華〈湯處於湯丘〉簡19），今復考傳世文獻，確實可見相近之用例，如王逸《楚辭章句·離騷·叙》云「今若屈原，膺忠貞之質，體清潔之性，直若砥矢，言若丹青，進不隱其謀，退不顧其命，此誠絕世之行，俊彦之英也。而班固謂之露才揚已，競於羣小之中，怨恨懷王，讒刺椒、蘭，苟欲求進，強非其人，不見容納，忿恚自沈，是虧其高明，而損其清潔者也。」[605]可知此

---

[597] 清華大學出土文獻研究與保護中心編、李學勤主編：《清華大學藏戰國竹簡（伍）》（上海：中西書局，2015年4月第一版），頁136、140。

[598] 王寧：〈讀清華五《湯處於湯丘》散札〉，復旦大學出土文獻與古文字研究中心，網址：http://www.gwz.fudan.edu.cn/Web/Show/2501，2015年4月21日，檢索日期：2018年3月5日。

[599] 散宜凌：〈清華簡《湯處於湯丘》補說〉，清華大學出土文獻研究與保護中心，網址：http://www.ctwx.tsinghua.edu.cn/publish/cetrp/6831/2015/20150413083749907794842/20150413083749907794842_.html，2015年4月13日，檢索日期：2018年3月6日；王進鋒：〈清華簡（伍）《殷高宗問於三壽》《湯處於湯丘》《湯在啻門》三篇集釋〉，收入李學勤、艾蘭、呂德凱主編，清華大學出土文獻研究與保護中心、古代中國研究會編：《清華簡研究》3（上海：中西書局，2019年12月第一版），頁392-497。

[600] 魏棟：〈清華簡《湯處於湯丘》校讀記〉，《管子學刊》2016年第1期，頁104-106。

[601] 郭倩文：《〈清華五〉、〈上博九〉集釋及新見文字現象整理與研究》（華東師範大學碩士學位論文，2016年5月），頁145-146。

[602] 李爽：《清華簡「伊尹」五篇集釋》（吉林大學碩士論文，2016年6月），頁121。

[603] 洪君好：《戰國竹書伊尹文獻研究》（國立中興大學中國文學研究所碩士論文，2017年8月），頁51-52。

[604] 楚系「遏（復）」之形或作 ▨ ／ ▨（郭店《老子·甲》簡12）、▨（郭店〈太一生水〉簡2）、▨（上博〈曹沫之陳〉簡46）、▨ ／ ▨（清華〈繫年〉簡47）、▨ ／ ▨（清華〈禱辭〉簡5），「退」字之形則或為 ▨（郭店《老子·甲》簡39）、▨（上博〈君子為禮〉簡2）、▨（清華〈趙簡子〉簡3），二字之字形並不相同，再者，此二字在辭例中，亦多讀如本字，罕用互用者，例如：「秦自（師）乃復」（清華《繫年》簡47）、「功遂身退，天之道也」（郭店《老子·甲》簡39）。

[605] 〔漢〕王逸章句：《楚辭章句》（臺北：藝文印書館，2010年9月初版），卷一，頁71-72。

所謂「進」或「退」，應與為政是否得其位有關，因此，王寧以為簡文此處或抄脫一「進」字，確實有其可能性，因「進退」一詞，在傳世文獻中可見及與為政上下位有關之用例，如《韓非子‧姦劫弒臣》云「夫姦臣得乘信幸之勢以毀譽進退群臣者，人主非有術數以御之也，非參驗以審之也，必將以曩之合已信今之言，此幸臣之所以得欺主成私者也。」[606]同時，也不排除簡文「退不顧死生」之上，或抄漏一句「進某某」之句，不過，簡文「退」字在此應訓作「不在其位」，而非「卻」或「返回」，其猶《漢書‧武紀》云「與聞國政而無益於民者斥，在上位而不能進賢者退，此所以勸善黜惡也。」[607]又如王充《論衡‧自紀》亦云「好進故自明，憎退故自陳。」[608]凡此「退」字皆同此訓也，至於散宜凌以反訓釋「退」，其實也是為了解決簡文此處文意似有訛漏之問題，惟「退」字反訓「進」，抑或釋作「實踐、履行」者，在古文字或先秦傳世文獻中，實罕見其例，是故，簡文此所謂「退不顧死生」，殆即「退居其他較小官位時，（仍謹慎地遵從君命，）而不顧自己之生死」之意。

第三節　篇章釋讀

〈湯處於湯丘〉簡全篇多為問答之內容，大抵可分為兩個主要段落：[609]從簡1至簡11上為湯與伊尹討論「食事與為政」之關係；而簡11下至簡19則為湯向伊尹提出有關「滅夏、聖人自愛、為君與為臣之道」等問題，由伊尹一一回答。

值得留意的是，簡文內容提到湯往復見於伊尹，李守奎曾云此情況與《孟子‧萬章》所云「三使往聘」有關，[610]此即《孟子‧萬章章句》或曰「孟子曰：『否，不然。伊尹耕於有莘之野，而樂堯舜之道焉。非其義也，非其道也，祿之以天下，弗顧也；繫馬千駟，弗視也。非其義也，非其道也，一介不以與人，一介不以取諸人，湯使人以幣聘之，囂囂然曰：『我何以湯之聘幣為哉？我豈若處畎畝之中，由是以樂堯舜之道哉？』湯三使往聘之，既而幡然改曰：『與我處畎畝之中，由是以樂堯舜之道，吾豈若使是君為堯舜之君哉？吾豈若使是民為堯舜之民哉？吾豈若於吾身親見之哉？天之生此民也，使先知覺後知，使先覺覺後覺也。予，天民之先覺者也；予將以斯道覺斯民也。非予覺之，而誰也？』思天下之民匹夫匹婦有不被堯舜之澤者，若己推而內之溝中。其自任以天下之重如此，故就湯而說之以伐夏救民。吾未聞枉己而正人者也，況辱己以正天下者乎？聖人之行不同也，或遠或近，或去或不去，歸潔其身而已矣。吾聞其以堯舜之道要湯，

---

606 〔清〕王先慎：《韓非子集解》（臺北：藝文印書館，2008 年 3 月初版），卷四，頁 167。

607 〔漢〕班固撰、〔唐〕顏師古注：《漢書》（瞿氏鐵琴銅劍樓藏北宋景祐刊本，臺北：臺灣商務印書館，2010 年 7 月臺二版），〈帝紀〉卷六，頁 60。

608 〔漢〕王充：《論衡》（據明刻本校刊，臺北：臺灣中華書局，1968 年 8 月臺二版），卷三十，頁三。

609 馬文增亦將此篇分為兩個段落，即「『王與伊尹』之事」與「『王有問于伊尹』之言」，可參。馬文增：〈清華簡《湯處于湯丘》新釋、注譯、析辯〉，武漢大學簡帛研究中心，網址：http://www.bsm.org.cn/show_article.php?id=2234，2015 年 5 月 19 日，檢索日期：2018 年 6 月 20 日。

610 李守奎：〈漢代伊尹文獻的分類與清華簡中伊尹諸篇的性質〉，《深圳大學學報（人文社會科學版）》2015 年第 3 期，頁 41-49，亦收入李守奎：《古文字與古史考——清華簡整理研究》（上海：中西書局，2015 年 10 月第一版），頁 346-368。

未聞以割烹也。〈伊訓〉曰：『天誅造攻自牧宮，朕載自亳。』」」[611]若然，則〈湯處於湯丘〉除了如李守奎所云，具有道家思想外，[612]也應有一部分之儒家思想，不過，如本文上文相關章節所述，沈建華曾據春秋戰國時期之傳世文獻內容，判定〈湯處於湯丘〉簡可能也受到晏子思想之影響，[613]因此，則清華簡此篇恐怕是雜揉了各家思想之作品，今所見者，應該是經過多次增潤或改造後之結果。

[611] 〔漢〕趙岐傳、〔宋〕孫奭疏：《孟子注疏》（清嘉慶二十年江西南昌府學重刊宋刻本，臺北：藝文印書館，1997 年 8 月初版），卷九，頁 170-171。

[612] 李守奎：〈漢代伊尹文獻的分類與清華簡中伊尹諸篇的性質〉，《深圳大學學報（人文社會科學版）》2015 年第 3 期，頁 41-49，亦收入李守奎：《古文字與古史考——清華簡整理研究》（上海：中西書局，2015 年 10 月第一版），頁 346-368。

[613] 沈建華：〈清華簡《唐（湯）處于唐丘》與《墨子‧貴義》文本〉，《中國史研究》2016 年第 1 期，頁 19-23。

第七章　　清華〈湯在啻門〉簡研究

　　清華〈湯在啻門〉簡為湯向小臣（伊尹）諮詢古代先帝良言內涵之過程，此中又涉及成就天地間人、事、物之原理或道理。其與本文上文所論四篇簡文相同的是，仍是湯與小臣（伊尹）之對話，且部分內容也以膳食為述說之依據，只是本篇未言及夏桀之相關內容，此乃其與其他四篇差異較大之處。不過，即如原整理者所云，此篇反映了「比較系統地闡述了當時的天人觀」，[1]在一定程度上，可算是一篇較為完整且具系統之出土文獻篇章。茲依循本文上文所論各簡之架構，試論此中所見相關疑義。

第一節　　形制編聯

　　清華〈湯在啻門〉簡共 21 支簡，據原整理者所云，知其簡長約 44.5 公分，三道編痕，其中有兩支簡之簡首或殘，七支簡闕簡尾，且其文字內容可謂保存完整，幾無闕文。[2]今復觀原整理者圖版，簡 11、20 等簡首或殘，而簡 3、4、5、6、12、14、18 等則屬闕簡尾，且簡 6「哉」字、簡 6「是」字、簡 8 末「亓」字、簡 11「臣」字上、簡 11「塱」字下、簡 15「兌」字、簡 15「穆」字下、簡 15「古」字下等位置俱有綴合之跡，不過，若就各簡之容字量而言，分別為 28（簡 3）、28（簡 4）、28（簡 5）、29（簡 6）、27（簡 11）、27（簡 12）、28（簡 14）、30（簡 18）、29（簡 20），知此批或殘之簡，字數差異不大，而簡 6、簡 8、簡 11、簡 15 綴合處之字形、接合縫與上下簡片紋路亦屬密合，因此，此篇簡文之內容可謂保存完整，即如原整理者所云，應無闕文。

　　而值得留意的是，清華大學出土文獻讀書會曾據竹簡之長度、寬度、簡背竹節位置與形狀等條件，指出〈湯在啻門〉簡 21 與〈湯處於湯丘〉第一組簡 1 至簡 17，應是從同一段「竹筒」劈削而成，並進而推論〈湯在啻門〉應排在〈湯處於湯丘〉之前，[3]若以簡牘整治情況而言，讀書會此說有其道理，當然，若再考量簡長、編痕與容字，則〈湯在啻門〉簡與上文所考四批簡，確實極為相近，大抵簡長約在 44.4 公分至 45 公分之間，亦多為三道編，因此，清華簡此五篇至少在形制上，應有一定程度之關聯，換言之，此五篇之編寫時間或地點，可能極為相近，甚至在當時被歸為同一類典籍。不過，〈湯在啻門〉是否應排在〈湯處於湯丘〉前，倘就竹筒之取材而言，僅能證明其抄寫之時間相近，甚至是抄寫者先寫了〈湯在啻門〉，再寫〈湯處於湯丘〉，但這並不代表〈湯在啻門〉即可排在〈湯處於湯丘〉之前，尤其〈湯處於湯丘〉有較明確之商早期「唐丘」或「有

────────────

[1] 清華大學出土文獻研究與保護中心編、李學勤主編：《清華大學藏戰國竹簡（伍）》（上海：中西書局，2015 年 4 月第一版），頁 141。

[2] 清華大學出土文獻研究與保護中心編、李學勤主編：《清華大學藏戰國竹簡（伍）》（上海：中西書局，2015 年 4 月第一版），頁 141。

[3] 清華大學出土文獻讀書會：〈清華簡第五冊整理報告補正〉，清華大學出土文獻研究與保護中心，網址：http://www.ctwx.tsinghua.edu.cn/publish/cetrp/6831/2015/20150408112711717568509/20150408112711717568509_.html，2015 年 4 月 8 日，檢索日期：2018 年 6 月 19 日。

莘氏」等時地標記，其篇章順序排在〈湯在啻門〉前，且為接續之兩篇，恐怕仍是較為可信的。

第二節　字詞校詁

茲擬此篇釋文如下，並考證相關疑難字例：

卣（貞、正）月己⿱亥口（亥、亥），湯才（在）啻[4]門，⿱米⿰耳耳（聞、問）於少（小）臣：「古之先帝亦又良言青（情）[5]至於今虏（⿸虍方、虜？；乎）〔1〕？」少（小）臣倉（合、答）【簡1】曰：「又（有）才（哉）-。女（如）亡（無）又（有）良言清（情）至於今，⿰鼎刂（則、則）可（何）-〔2〕㠯（以、以）成人？可（何）㠯（以、以）成邦-？可（何）㠯（以、以）成⿰阝⿱它土（地、地）-？可（何）㠯（以、以）成【簡2】天-？」

---

[4] 原整理者疑「啻」即「帝」字，王寧則曾釋「啻」可通「帝」，郭倩文大抵是從其說，又顧史考釋「啻」為「諦」字異體。在簡文文意釋讀上，諸家之說，雖皆有其一定之道理，但似乎都缺少直接之形義或文獻篇章證據，俱或猶可商。清華大學出土文獻研究與保護中心編、李學勤主編：《清華大學藏戰國竹簡（伍）》（上海：中西書局，2015 年 4 月第一版），頁 143；「簡帛論壇：清華五《湯在啻門》初讀」13 樓王寧之發文，武漢大學簡帛研究中心，網址：http://www.bsm.org.cn/forum/forum.php?mod=viewthread&tid=3248&extra=page%3D2&page=2，2015 年 4 月 17 日，檢索日期：2018 年 6 月 15 日；郭倩文：《《清華五》、《上博九》集釋及新見文字現象整理與研究》（華東師範大學碩士學位論文，2016 年 5 月），頁 147；顧史考：〈清華竹簡（伍）《湯在啻門》札記〉，收入李學勤、艾蘭、呂德凱主編，清華大學出土文獻研究與保護中心、古代中國研究會編：《清華簡研究》3（上海：中西書局，2019 年 12 月第一版），頁 144-148；教育部「異體字字典」，網址：https://dict.variants.moe.edu.tw/variants/rbt/home.do，檢索日期：2020 年 1 月 16 日。

[5] 原整理者將簡文此字讀為「情」，訓作「確實」，其例下文相近辭例之異文則作「清」（簡 2），原整理者亦讀為「情」，網路發言者暮四郎則改讀為「誠」，網路發言者 1ht 另讀為「曆」或「經（徑）」，又王寧讀為「請」，訓作「告」、「教導」，惟馬文增改釋為「傳」，至於郭倩文與李爽皆從原整理者之說，近來洪君妤則仍從暮四郎之看法。諸家之釋讀，皆有其一定之道理，惟原整理者讀為「情」，其聲系與「青」、「清」相同，似較讀為「誠」、「曆」或「經（徑）」來得更為直接，且其用法也是副詞，其猶《墨子・非攻》云「今至大為不義攻國，則弗知非，從而譽之，謂之義。情不知其不義也，故書其言以遺後世。」〈雜志〉釋曰「情誠通用」，其例在此可修飾下文應屬動詞之「至」字，至於王寧所云讀為「請」，訓作「告」、「教導」之說，在此語意則似不甚通暢，又如馬文增改釋為「傳」之說，尚且未知其所據為何，因此，本文此處仍從原整理者之說，將簡文此字與其下文「清」字皆讀為「情」，訓作「確實」。清華大學出土文獻研究與保護中心編、李學勤主編：《清華大學藏戰國竹簡（伍）》（上海：中西書局，2015 年 4 月第一版），頁 142-143；因網站調整之影響，網路發言者暮四郎之說見於下所引李爽之學位論文，2015 年 4 月 11 日；「簡帛論壇：清華五《湯在啻門》初讀」29 樓網路發言者 1ht 之發文，武漢大學簡帛研究中心，網址：http://www.bsm.org.cn/forum/forum.php?mod=viewthread&tid=3248&extra=&page=3，2015 年 5 月 4 日，檢索日期：2018 年 6 月 20 日；王寧：〈讀《湯在啻門》散札〉，復旦大學出土文獻與古文字研究中心，網址：http://www.gwz.fudan.edu.cn/Web/Show/2513，2015 年 5 月 6 日，檢索日期：2018 年 6 月 27 日；王寧：〈清華簡湯與伊尹故事五篇的性質問題〉，清華大學出土文獻研究與保護中心，網址：http://www.ctwx.tsinghua.edu.cn/publish/cetrp/6831/2015/20150601090347272748590/20150601090347272748590_.html，2015 年 6 月 1 日，檢索日期：2018 年 9 月 1 日；馬文增：〈清華簡《湯在帝門》新釋、簡注、白話譯文〉，武漢大學簡帛研究中心，網址：http://www.bsm.org.cn/show_article.php?id=2238，2015 年 5 月 27 日，檢索日期：2018 年 6 月 20 日；郭倩文：《《清華五》、《上博九》集釋及新見文字現象整理與研究》（華東師範大學碩士學位論文，2016 年 5 月），頁 148；李爽：《清華簡「伊尹」五篇集釋》（吉林大學碩士論文，2016 年 6 月），頁 125；洪君妤：《戰國竹書伊尹文獻研究》（國立中興大學中國文學研究所碩士論文，2017 年 8 月），頁 58；〔清〕張純一：《墨子集解》（臺北：文史哲出版社，2011 年 8 月 B0D 版），卷五，頁 175。

　　湯或（又）尔（聞、問）於少（小）臣曰：「幾言成人-？幾言成邦-？幾言成陞（地、地）-？幾言成天-？」少（小）臣倉（合、答）曰【簡3】：「五昌（以、以）成人，惪（德）昌（以、以）光之-；四昌（以、以）成邦，五昌（以、以）槶（相、相）〔3〕之-；九昌（以、以）成陞（地、地），五昌（以、以）牆-（醬止；將之）；九昌（以、以）成天，〔大〕（六）【簡4】昌（以、以）行之-。」

　　湯或（又）尔（聞、問）於少（小）臣曰：「人可（何）旻（得、得）昌（以、以）生-？可（何）奻（多、多）⁶昌（以、以）冘（長、長）？箐（篤、孰）少而老-？者（？、胡）〔4〕獃（猶、猶）是人-，而【簡5】罷（？、一）⁷亞（亞、惡）罷（？、一）孜（好、好）-⁸？」少（小）臣倉（合、答）曰：「唯旻（皮、彼）五杏（味、味）之燹（氣、氣），是哉（栽）昌（以、以）為人。亓（丌、其）

---

⁶ 簡文此字原整理者訓作「增多」，王寧改讀為「𦰩（綴）」或「短」，惟郭倩文仍從原整理者之說，至於曹峰則贊同王寧之看法，又洪君好則亦從原整理者之說。以簡文文意而言，此處「多」與「長」互為對文，王寧此項看法可信，今從之。清華大學出土文獻研究與保護中心編、李學勤主編：《清華大學藏戰國竹簡（伍）》（上海：中西書局，2015年4月第一版），頁142、144；王寧：〈讀《湯在啻門》散札〉，復旦大學出土文獻與古文字研究中心，網址：http://www.gwz.fudan.edu.cn/Web/Show/2513，2015年5月6日，檢索日期：2018年6月27日；郭倩文：《《清華五》、《上博九》集釋及新見文字現象整理與研究》（華東師範大學碩士學位論文，2016年5月），頁151；曹峰：〈清華簡《湯在啻門》譯注〉，收入李學勤、艾蘭、呂德凱主編，清華大學出土文獻研究與保護中心、古代中國研究會編：《清華簡研究》3（上海：中西書局，2019年12月第一版），頁108-143；洪君好：《戰國竹書伊尹文獻研究》（國立中興大學中國文學研究所碩士論文，2017年8月），頁53。

⁷ 原整理者讀為「一」，而網路發言者明珍認為此處兩個「罷」字皆應讀為「抑」，而馬文增則釋讀為「誰」。明珍之說，若就文意而言，未嘗不可，但以先秦古籍之語例而言，「抑」字此義訓多具有選擇意志，且該字下方常接動作，例如：《論語·學而》云「子禽問於子貢曰『夫子至於是邦也，必聞其政，求之與？抑與之與？』」再者，如原整理者所云，楚簡「罷」字多讀為「一」，近來郭倩文、洪君好與曹峰皆亦讀為「一」，因此，本文仍從原整理者之說，將此二「罷」字讀為「一」，至於馬文增之說，似仍闕直接之形音證據，待商。清華大學出土文獻研究與保護中心編、李學勤主編：《清華大學藏戰國竹簡（伍）》（上海：中西書局，2015年4月第一版），頁142、144；「簡帛論壇：清華五《湯在啻門》初讀」14樓網路發言者明珍之發文，武漢大學簡帛研究中心，網址：http://www.bsm.org.cn/forum/forum.php?mod=viewthread&tid=3248&extra=page%3D2&page=2，2015年4月21日，檢索日期：2018年6月15日；馬文增：〈清華簡《湯在帝門》新釋、簡注、白話譯文〉，武漢大學簡帛研究中心，網址：http://www.bsm.org.cn/show_article.php?id=2238，2015年5月27日，檢索日期：2018年6月20日；王進鋒：〈清華簡（伍）《殷高宗問於三壽》《湯處於湯丘》《湯在啻門》三篇集釋〉，收入李學勤、艾蘭、呂德凱主編，清華大學出土文獻研究與保護中心、古代中國研究會編：《清華簡研究》3（上海：中西書局，2019年12月第一版），頁392-497；郭倩文：《《清華五》、《上博九》集釋及新見文字現象整理與研究》（華東師範大學碩士學位論文，2016年5月），頁152-153；洪君好：《戰國竹書伊尹文獻研究》（國立中興大學中國文學研究所碩士論文，2017年8月），頁54；曹峰：〈清華簡《湯在啻門》譯注〉，收入李學勤、艾蘭、呂德凱主編，清華大學出土文獻研究與保護中心、古代中國研究會編：《清華簡研究》3（上海：中西書局，2019年12月第一版），頁108-143；〔魏〕何晏注、〔宋〕邢昺疏：《論語注疏》（清嘉慶二十年江西南昌府學重刊宋刻本，臺北：藝文印書館，1997年8月初版），卷一，頁7。

⁸ 賈連翔將簡文此字界定為「原文書手補脫」之例，並認為其字跡特徵與正文風格一致。簡文此字對應上文「惡」，在此確實應補上「好」字，而其形為：▨，墨色字跡較重，且與上下文之距離較短，顯然就是後來增補之字，賈連翔將其界定為補脫之文，應是可信的，不過，此字與〈湯處於湯丘〉所見幾個補字一樣，其寫法與正文他例仍是未臻全同，尤其在筆畫銜接處，「子」形身體豎筆曲度與「女」形雙手交叉角度等，實例或異，例如：▨（簡8），因此，簡文此字雖屬補脫文字，但是否為原文書手所補，或可再商。賈連翔：〈談清華簡所見書手手跡和文字修改現象〉，收入楊振紅、鄔文玲主編：《簡帛研究·2015·秋冬卷》（桂林：廣西師範大學出版社，2015年10月第一版），頁38-52。

末（蔑）⁹燹（氣、氣），是胃（謂）玉穜（種）〔5〕，■（鼥？、一）¹⁰月台（台、始）¹¹【簡6】易（？、孕）〔6〕，二月乃裏，三月乃¹²刱（刑、形）-，四月乃胋（胡、固）-〔7〕，五月或收（受）〔8〕，六月生肉，七月乃䏠（膌？、肌）-，八月乃正¹³，

---

9 學界或以為此字乃「未」或「本」字之誤，惟「末」、「未」與「本」等三字，在楚簡中字形分用甚明，形構亦有所差異，故本文仍從原整理者之隸釋，隸作「末」，訓作「終」或「精微之氣」（讀為「蔑」）。清華大學出土文獻研究與保護中心編、李學勤主編：《清華大學藏戰國竹簡（伍）》（上海：中西書局，2015年4月第一版），頁142、144；馬文增：〈清華簡《湯在帝門》新釋、簡注、白話譯文〉，武漢大學簡帛研究中心，網址：http://www.bsm.org.cn/show_article.php?id=2238，2015年5月27日，檢索日期：2018年6月20日；郭倩文：《《清華五》、《上博九》集釋及新見文字現象整理與研究》（華東師範大學碩士學位論文，2016年5月），頁153；曹峰：〈清華簡《湯在啻門》譯注〉，收入李學勤、艾蘭、呂德凱主編，清華大學出土文獻研究與保護中心、古代中國研究會編：《清華簡研究》3（上海：中西書局，2019年12月第一版），頁108-143；顧史考：〈清華竹簡（伍）《湯在啻門》札記〉，收入李學勤、艾蘭、呂德凱主編，清華大學出土文獻研究與保護中心、古代中國研究會編：《清華簡研究》3（上海：中西書局，2019年12月第一版），頁144-148。

10 關於戰國文字此類形構，學者多隸釋作從鼠從一，今暫從原整理者之隸定。惟其形源仍是難解，李守奎曾釋其字形源自三晉文字，又張世超釋其或與「逸」字古文異構有關，而楊澤生在部分楚簡與《說文》類構之基礎上，則釋其形源為「鼥」，也都有一定之可信度，只是此等說法似皆猶闕直接之字形演變證據，本文在此仍或存疑待考，另外，拙文也曾疑此類字例從鳥，茲列備參。張世超：〈釋「逸」〉，收入華東師範大學中國文學研究與應用中心編：《中國文字研究》6（南寧：廣西教育出版社，2005年10月第一版），頁8-10；復旦大學出土文獻與古文字研究中心研究生讀書會：〈《上博（七）·凡物流形》重編釋文〉，復旦大學出土文獻與古文字研究中心，網址：http://www.gwz.fudan.edu.cn/Web/Show/581，2008年12月31日，檢索日期：2017年4月19日；李守奎：〈您知道幾個一？〉，收入《美文》，其說轉引自李爽：《清華簡「伊尹」五篇集釋》（吉林大學碩士論文，2016年6月），頁128；沈培：〈略說《上博（七）》新見的「一」字〉，復旦大學出土文獻與古文字研究中心，網址：http://www.gwz.fudan.edu.cn/Web/Show/582，2008年3月21日，檢索日期：2017年4月19日；蘇建洲：〈《上博七·凡物流形》「一」、「逐」二字小考〉，復旦大學出土文獻與古文字研究中心，網址：http://www.gwz.fudan.edu.cn/Web/Show/597，2009年1月2日，檢索日期：2017年4月19日；楊澤生：〈上博簡《凡物流形》中的「一」字試解〉，復旦大學出土文獻與古文字研究中心，網址：http://www.gwz.fudan.edu.cn/Web/Show/695，2009年2月15日，檢索日期：2017年4月19日；清華大學出土文獻研究與保護中心編、李學勤主編：《清華大學藏戰國竹簡（伍）》（上海：中西書局，2015年4月第一版），頁142；許文獻：〈說「一」〉，收入馮志弘、謝家浩、施仲謀主編：《語文教育與思想文化》（香港：中華書局，2020年4月初版），頁12-27。

11 陳偉改讀為「胎」，不過，其下仍有「易」字，「胎」在此恐怕不易解釋，即若用其引申義「始」，似也過於轉折，故本文今仍從原整理者之說，將簡文此字讀為「始」，另郭倩文亦從原整理者之說。王進鋒：〈清華簡（伍）《殷高宗問於三壽》《湯處於湯丘》《湯在啻門》三篇集釋〉，收入李學勤、艾蘭、呂德凱主編，清華大學出土文獻研究與保護中心、古代中國研究會編：《清華簡研究》3（上海：中西書局，2019年12月第一版），頁392-497；郭倩文：《《清華五》、《上博九》集釋及新見文字現象整理與研究》（華東師範大學碩士學位論文，2016年5月），頁154。

12 賈連翔認為簡文此字「所補字形較小且位於竹簡左側，與《湯處於湯丘》的書手特徵一致」，同時，根據其與正文風格之比較，賈連翔亦將此字界定為「原文書手補脫」之例。以簡文上下文所見「某月乃某」之辭例而言，簡文此字確實脫漏一「乃」字，且其字字體較小，更偏左側，與〈湯處於湯丘〉部分補字之體例相同，故賈連翔將其界定為補脫之例，應是可信的；不過，簡文此字之形：■，其上方起筆甚輕，與正文多數「乃」字起筆較重之筆勢明顯不同，例如：■（簡7）、■（簡7）、■（簡9），因此，其例是否為原文書手所補，似仍可再商。賈連翔：〈談清華簡所見書手手跡和文字修改現象〉，收入楊振紅、鄔文玲主編：《簡帛研究·2015·秋冬卷》（桂林：廣西師範大學出版社，2015年10月第一版），頁38-52。

13 原整理者訓作「確定，定型」，王寧則將此字讀為「整」，訓作「齊」，並將簡文此句釋作「言至八月人身體所有組成部分均生長齊全也」，郭倩文、洪君好與曹峰俱從原整理者之說。諸家之說皆有其理據，不過，「整」字所訓「齊」者，殆指「整齊」，而非「齊備」，如段注《說文》即云「齊者、禾麥吐采上平

【簡7】九月緟（？、顯）〔9〕章-，十月乃成-，民乃旹（時、時）生-。亓（丌、其）燢（氣、氣）琹（晉、僭？）躲（繝、懈）雙（發、發）綢（？、治）-，〔10〕是亓（丌、其）為兏（長、長）虘（叔、且）孜（好、好）才（哉）-。亓（丌、其）燢（氣、氣）奞（奮、奮）【簡8】昌（昌、昌），是亓（丌、其）為堂（當、當）愳（？、壯）〔11〕。燢（氣、氣）爰（？、終）〔12〕交呂（以、以）備，是亓（丌、其）為力-。燢（氣、氣）戚（促）〔13〕乃老，燢（氣、氣）纏（？、徐）〔14〕乃猷（猶、猷），燢（氣、氣）逆斷（亂、亂）呂（以、以）方（妨）〔15〕，【簡9】是亓（丌、其）為疾央（殃）14。燢（氣、氣）屈〔16〕乃宎（冬、終），百志峕（皆、皆）寯（窮？、窮）-。」

湯或（又）聥（聞、問）於少（小）臣：「夫四昌（以、以）成邦，五呂（以、以）娿（相、相）之，【簡10】可（何）也-？」少（小）臣倉（合、答）曰：「唯皮（皮、彼）四神，是胃（謂）四正，五呂（以、以）相之，惪（德）、事、伀（役、役；役）〔17〕、正（政）、墾（型、刑）-。」

湯或（又）聥（聞、問）於【簡11】少（小）臣：「娓（娓、美）惪（德）系（系、奚）若？亞（亞、惡）惪（德）系（系、奚）若-？兇（微、美）事系（系、奚）若？亞（亞、惡）事系（系、奚）若-？兇（微、美）伀（役、役；役）系（系、奚）若？亞（亞、惡）伀（役、役；役）系（系、奚）若-？兇（微、美）【簡12】正（政）系（系、奚）若？亞（亞、惡）正（政）系（系、奚）若-？兇（微、美）墾（型、刑）系（系、奚）若？亞（亞、惡）墾（型、刑）系（系、奚）若-？」少（小）臣倉（合、答）：「惪（德）濬明，執訐（信、信）呂（以、以）義（宜）〔18〕-成，此胃（謂）【簡13】兇（微、美）惪（德），可呂（以、以）葆（？、保）

也，引伸爲凡齊之偁」，而其單字用作「齊備」者，在古文字或先秦古籍中亦尚難覓得其例，故本文仍從原整理者如字讀之說，暫不作改釋。清華大學出土文獻研究與保護中心編、李學勤主編：《清華大學藏戰國竹簡（伍）》（上海：中西書局，2015年4月第一版），頁142、145；王寧：〈讀《湯在啻門》散札〉，復旦大學出土文獻與古文字研究中心，網址：http://www.gwz.fudan.edu.cn/Web/Show/2513，2015年5月6日，檢索日期：2018年6月27日；郭倩文：《〈清華五〉、〈上博九〉集釋及新見文字現象整理與研究》（華東師範大學碩士學位論文，2016年5月），頁158；洪君好：《戰國竹書伊尹文獻研究》（國立中興大學中國文學研究所碩士論文，2017年8月），頁54；曹峰：〈清華簡《湯在啻門》譯注〉，收入李學勤、艾蘭、呂德凱主編，清華大學出土文獻研究與保護中心、古代中國研究會編：《清華簡研究》3（上海：中西書局，2019年12月第一版），頁108-143；〔漢〕許慎撰、〔清〕段玉裁注：《說文解字注》（據經韻樓藏版影印，臺北：洪葉文化公司，2016年10月三版），卷三，頁124。

14 此字原整理者逕讀為「殃」，黃澤鈞仍從原整理者之說，並補訓作「禍害、災難」，惟呂佩珊改讀為「央」。實則「殃」本為「央」之後起字，而「央」字作「禍害、災難」之相關義訓者又甚少，因此，簡文此字恐仍以讀「殃」為佳，原整理者之說，仍是可信的，今從之。清華大學出土文獻研究與保護中心編、李學勤主編：《清華大學藏戰國竹簡（伍）》（上海：中西書局，2015年4月第一版），頁142；黃澤鈞：〈清華伍〈湯在啻門〉釋文補注〉，第二十七屆中國文字學國際學術研討會發表論文（臺中：國立臺中教育大學，2016年5月13日、14日）；呂佩珊：〈楚簡「疾」字用例初探〉，收入《第31屆中國文字學國際學術研討會論文集》（花蓮：中國文字學會、慈濟大學國際暨跨領域學院、國立東華大學中國語文學系，2020年12月），頁347-367。

成-；[15]悳（德）宊（鞭、福）亟[19]，執𡪍（諝、訛；偽）[16]吕（以、以）亡（無）成，此胃（謂）亞（亞、惡）悳（德），唯（雖）成或（又）澀（？、瀆）[20]-。记（起、起）事[17]又（有）𮗚（穫？、穫），民兂（長、長）【簡14】萬（賴）之，此胃（謂）兊（微、美）事-；记（起、起）事亡（無）穫（穫、穫），疠（病、病）民亡（無）古（鹽）[21]，此胃（謂）亞（亞、惡）事-。记（起、起）伇（役、役；役）旹（時、時）訓（順），民備不俑（庸）[22]，此胃（謂）【簡15】兊（微、美）伇（役、役；役）-；〔伇〕（记、起；起）伇（役、役；役）不旹（時、時），大弻（費）[18]於邦，此胃（謂）亞（亞、惡）伇（役、役；役）-。正（政）柬（簡）

---

15 此字原整理者無說，洪君好改讀為「誠」，訓作「誠信」。考量下文「成」之對文為「瀆」，其與「誠信」實無太大關聯，故今本文仍從原整理者之說。清華大學出土文獻研究與保護中心編、李學勤主編：《清華大學藏戰國竹簡（伍）》（上海：中西書局，2015年4月第一版），頁142；洪君好：《戰國竹書伊尹文獻研究》（國立中興大學中國文學研究所碩士論文，2017年8月），頁55。

16 簡文「𡪍」字之形為：⬚／⬚，下从言上从為，即「諝」字，此種形構類例亦見於郭店簡，例如：⬚（郭店〈忠信之道〉簡1）、⬚／⬚（郭店〈忠信之道〉簡3），可參，關於「執𡪍」一詞，原整理者認為其與「執信」相對，應訓作「秉持虛假」，王寧之說近是，郭倩文亦從之，而張富海則將「𡪍」讀為「偽」，並將簡文此詞訓作「秉持詐偽」。原整理者雖未破讀，但所訓意恉近是矣，而張富海更據郭店簡辭例與傳世文獻「忠信」、「詐偽」相對為文之理，將「𡪍」字讀為「偽」，可信，今從之。清華大學出土文獻研究與保護中心編、李學勤主編：《清華大學藏戰國竹簡（伍）》（上海：中西書局，2015年4月第一版），頁146；王寧：〈讀《湯在啻門》散札〉，復旦大學出土文獻與古文字研究中心，網址：http://www.gwz.fudan.edu.cn/Web/Show/2513，2015年5月6日，檢索日期：2018年6月27日；郭倩文：《《清華五》、《上博九》集釋及新見文字現象整理與研究》（華東師範大學碩士學位論文，2016年5月），頁167；張富海：〈釋清華簡《湯在啻門》的「褊念」〉，收入清華大學出土文獻研究與保護中心編、李學勤主編：《出土文獻》12（上海：中西書局，2018年4月第一版），頁130-134。

17 原整理者引《管子・形勢》所云「以之（解惰簡慢）起事則不成」一段為證，曹峰則認為『「起事」泛指做大事。這裏，因為與下文「起役」相對，應該指的是工程之外的事業，其說大抵與原整理者相近，不過，顧史考以為「起事」似指「起兵」。今復考「起事」一詞，其用作「起兵」義者，時代稍晚，例如：《漢書・匡張孔馬傳》云「《書》曰：『惟先假王正厥事』，言異變之來，起事有不正也。」再者，此段簡文亦云「美事」、「惡事」，此二詞在古文字或傳世文獻中，未有用作軍事者，因此，簡文此所謂「起事」，恐與「起兵」無關，實則在楚簡與秦簡中，也有「起事」一詞，例如：「起事作志，斂其有市成，播緒紛眾，以置民生」（上博〈用曰〉簡18）、「平日，可以取妻、入人、起事」（睡虎地秦簡《日書・甲》17正貳），此類「起事」似泛指「做事」，換言之，簡文「起事」一詞，應可如原整理者與曹峰所云，釋作「做事」一類之用意，甚至含有立志之意涵，即曹峰所云之「做大事」也。清華大學出土文獻研究與保護中心編、李學勤主編：《清華大學藏戰國竹簡（伍）》（上海：中西書局，2015年4月第一版），頁142、146；曹峰：〈清華簡《湯在啻門》譯注〉，收入李學勤、艾蘭、呂德凱主編，清華大學出土文獻研究與保護中心、古代中國研究會編：《清華簡研究》3（上海：中西書局，2019年12月第一版），頁108-143；顧史考：〈清華竹簡（伍）《湯在啻門》札記〉，收入李學勤、艾蘭、呂德凱主編，清華大學出土文獻研究與保護中心、古代中國研究會編：《清華簡研究》3（上海：中西書局，2019年12月第一版），頁144-148；〔漢〕班固撰、〔唐〕顏師古注：《漢書》（瞿氏鐵琴銅劍樓藏北宋景祐刊本，臺北：臺灣商務印書館，2010年7月臺二版），〈列傳〉卷五十一，頁1005。

18 原整理者將簡文此二字讀為「大費」，訓作「巨大消耗」，網路發言者奈我何則改讀為「悖」，馬文增讀為「拂」，訓作「違背」，其說與奈我何相近，只是釋讀字有些許不同，至於洪君好與曹峰俱從原整理者之說。諸家之說皆有其理據，不過，大抵而言，古文字與傳世文獻所見「悖於某」者，其所「悖」之事，皆具有程度好壞之特質，方能不悖於其好壞之標準，例如：「孝友觀明，經齊好祀，無悖心」（西周：虢公盨，《新收》1607），又如《荀子・性惡》云「皆反於性而悖於情也。」凡此所謂「心」、「情」，抑或如奈我何所引書證中「時」、「鄉俗」、「民心」等所悖之事，皆具有此方面之特徵，反之，簡文之「邦」則無，再者，簡文此處言「役」，應與國家或社會之消耗情況有關，至於讀「拂」說之情況，亦與「悖」

呂（以、以）成（定），19此胃（謂）兒（微、美）正＝（政。政）䣛（祂？、禍）〔23〕䛐（亂、亂）呂（以、以）亡（無）棠（嘗、常），民【簡16】咸劼（解、解）體20自卹（䘏？、恤），此胃（謂）亞（亞、惡）正（政）-。型（型、刑）意（情、情）呂（以、以）不方，此胃（謂）兒（微、美）型＝（型，型）䜻（？、慾）〔24〕呂（以、以）亡（無）棠（嘗、常），此胃（謂）亞（亞、惡）型（型、刑）-。」

湯或（又）【簡17】𦕈（聞、問）於少（小）臣：「九呂（以、以）成陞（地、地），五呂（以、以）牆（？、將）之，可（何）也-？」少（小）臣畣（合、答）曰：「唯皮（皮、彼）九神，是胃（謂）陞（地、地）鼑（真、祇？）〔25〕，五呂（以、以）牆（？、將）之，【簡18】水、火、金、木、土，呂（以、以）成五凵（曲、曲），呂（以、以）穩（？、植）五敎（穀？、穀）-。」

湯或（又）𦕈（聞、問）於少（小）臣：「夫九呂（以、以）成天，六呂（以、

相同，因此，原整理者讀「大費」之說，恐怕仍是較切合簡文文意，且符合古漢語語例之看法，今從之。清華大學出土文獻研究與保護中心編、李學勤主編：《清華大學藏戰國竹簡（伍）》（上海：中西書局，2015年4月第一版），頁143、146；「簡帛論壇：清華五《湯在帝門》初讀」33樓網路發言者奈我何之發文，武漢大學簡帛研究中心，網址：http://www.bsm.org.cn/forum/forum.php?mod=viewthread&tid=3248&extra=&page=4，2015年5月23日，檢索日期：2018年6月16日；馬文增：〈清華簡《湯在帝門》新釋、簡注、白話譯文〉，武漢大學簡帛研究中心，網址：http://www.bsm.org.cn/show_article.php?id=2238，2015年5月27日，檢索日期：2018年6月20日；王進鋒：〈清華簡（伍）《殷高宗問於三壽》《湯處於湯丘》《湯在帝門》三篇集釋〉，收入李學勤、艾蘭、呂德凱主編，清華大學出土文獻研究與保護中心、古代中國研究會編：《清華簡研究》3（上海：中西書局，2019年12月第一版），頁392-497；洪君好：《戰國竹書伊尹文獻研究》（國立中興大學中國文學研究所碩士論文，2017年8月），頁56；曹峰：〈清華簡《湯在帝門》譯注〉，收入李學勤、艾蘭、呂德凱主編，清華大學出土文獻研究與保護中心、古代中國研究會編：《清華簡研究》3（上海：中西書局，2019年12月第一版），頁108-143。

19 原整理者逕隸釋作「成」，無說，而黃澤鈞改讀為「定」，訓作「安定」、「穩定」，洪君好從其說。今復考簡文，知其下文云「無常」之事，簡文此若讀為「定」，適能與之相對，故黃澤鈞之說應可信，今從之。李學勤主編：《清華大學藏戰國竹簡（伍）》（上海：中西書局，2015年4月第一版），頁143；黃澤鈞：〈清華伍〈湯在帝門〉釋文補注〉，第二十七屆中國文字學國際學術研討會發表論文（臺中：國立臺中教育大學，2016年5月13日、14日）；洪君好：《戰國竹書伊尹文獻研究》（國立中興大學中國文學研究所碩士論文，2017年8月），頁56。

20 原整理者將簡文此所謂「解體」訓作「人心散亂」，王寧則認為「『解體』即『懈體』，本義為身體行動懈怠，此即用為懈怠義。」不過，郭倩文與曹峰大抵仍是從原整理者之說，而曹峰亦將「解體」訓作「渙散」、「瓦解」等相近之義。此二種主流說法皆有其理據，惟「懈體」一詞，古文字與先秦傳世文獻罕見其例，且簡文上文云「政禍亂以無常」，下言「懈怠」，似尚不如「人心散亂」、「渙散」或「瓦解」等來得更切合文意，且在「惡政」之程度上，後者也比前者佳，另外，王寧所引《左傳》：『其誰不解體』杜注：『言不復肅敬於晉。』《疏》：『如是則四方諸侯，其誰不解體？謂事晉之心皆疏慢也。』」依文意，此所云之「肅敬」或「疏慢」，殆指「解體」後之作為，非逕指「解體」，故有鑑於此，本文仍從原整理者與曹峰之說，將簡文所謂「解體」訓作「人心散亂」、「渙散」或「瓦解」。清華大學出土文獻研究與保護中心、李學勤主編：《清華大學藏戰國竹簡（伍）》（上海：中西書局，2015年4月第一版），頁143、147；王寧：〈讀《湯在帝門》散札〉，復旦大學出土文獻與古文字研究中心，網址：http://www.gwz.fudan.edu.cn/Web/Show/2513，2015年5月6日，檢索日期：2018年6月27日；郭倩文：《《清華五》、《上博九》集釋及新見文字現象整理與研究》（華東師範大學碩士學位論文，2016年5月），頁170-171；曹峰：〈清華簡《湯在帝門》譯注〉，收入李學勤、艾蘭、呂德凱主編，清華大學出土文獻研究與保護中心、古代中國研究會編：《清華簡研究》3（上海：中西書局，2019年12月第一版），頁108-143。

以）行之，可（何）也-？」少（小）【簡 19】臣倉（合、答）曰：「唯²¹晨（皮、彼）九神，是胃（謂）九宏（絃？）²²，六呂（以、以）行之，晝、麥（夜、夜）、苍（春、春）、顥（夏、夏）、秌（秋、秋）、容（冬、冬），各壽（時、司）不劃（解、懈），此隹（惟）事首，亦【簡 20】隹（惟）天道-。」

湯曰：「天尹，唯古先=（之先）帝之良言，嗣（則、則）可〔26〕呂（以、以）改（改、改）之￼。」【簡 21】

〔1〕虏（勮、虜？；乎）

簡文此字之形為：

（清華〈湯在啻門〉簡 1）

原整理者逕隸釋作「虎」，讀為「乎」。²³

本文在前面章節中，已據學界之看法，將清華簡此等類例隸釋作「虏」，並疑即「勮」或「虜」字，簡文此字亦當同此。

而簡文此處云「古之先帝亦又良言情至於今虏？」（清華〈湯在啻門〉簡 1）此「虏」字亦可逕讀為「乎」，即文獻習見之句尾疑問助詞，亦乃本文上文所云「單純表示疑問語氣」用例之屬，殆言「遠古帝王也有善言存在至今嗎？」

---

21 此「唯」字與上下文之距離甚近，且此段簡文多為四字句式，其例在此可訓作「因為」，其猶《老子‧十五章》云「夫唯不可識，故強為之容。」又如《左傳‧僖公二年》或曰「冀之既病，則亦唯君故。」如此方可呼應上文湯問小臣以「何」結尾之問句內容，故簡文此「唯」字疑亦當為書手所補之字。而簡文此字之字形為：￼／￼，若與同簡其他「唯」字類例作比較，例如：￼／￼（簡 6）、￼（簡 18）、￼（簡 21），知此字所从口之位置明顯偏高，再者，簡文此字之字體並未明顯較小或偏左，且墨色亦未較深，實或異於簡文其他補字之格式，因此，此「唯」字是否為同一書手所補，恐仍有待作進一步之確認。〔魏〕王弼等：《老子四種》（臺北：臺大出版中心，2016 年 6 月初版），頁 12；〔晉〕杜預注、〔唐〕孔穎達疏：《春秋左傳正義》（清嘉慶二十年江西南昌府學重刊宋刻本，臺北：藝文印書館，1997 年 8 月初版），卷十二，頁 199。

22 此「宏」字原整理者無說且云未知其詳，馬文增讀為「宮」，陳致則改讀為「絃」，曹峰則仍存疑。馬文增說未知其所據何，而陳致之說大抵圍繞在「絃」釋作「天地周界」之訓，未嘗不可，畢竟下所言「日月」與「季節」等六事，確可行於各「絃」之界，不過，簡文此所謂「九宏」，對應簡文上文之「地祇」，理應也是神祇一類之名，且先秦文獻罕有「九絃」之例，因此，本文雖暫接受陳致之說，但仍或存疑待考。清華大學出土文獻研究與保護中心編、李學勤主編：《清華大學藏戰國竹簡（伍）》（上海：中西書局，2015 年 4 月第一版），頁 147；馬文增：〈清華簡《湯在帝門》新釋、簡注、白話譯文〉，武漢大學簡帛研究中心，網址：http://www.bsm.org.cn/show_article.php?id=2238，2015 年 5 月 27 日，檢索日期：2018 年 6 月 20 日；陳致：〈清華簡（伍）《湯處於湯丘》《湯在啻門》《殷高宗問於三壽》三篇札記〉，收入李學勤、艾蘭、呂德凱主編，清華大學出土文獻研究與保護中心、古代中國研究會編：《清華簡研究》3（上海：中西書局，2019 年 12 月第一版），頁 78-89；曹峰：〈清華簡《湯在啻門》譯注〉，收入李學勤、艾蘭、呂德凱主編，清華大學出土文獻研究與保護中心、古代中國研究會編：《清華簡研究》3（上海：中西書局，2019 年 12 月第一版），頁 108-143。

23 清華大學出土文獻研究與保護中心編、李學勤主編：《清華大學藏戰國竹簡（伍）》（上海：中西書局，2015 年 4 月第一版），頁 142。

〔2〕則可（何）-以成人

簡文「可」字下似有句讀符號，其位置如下：

（清華〈湯在啻門〉簡2）

原整理者未標示此句讀。[24]

今復行審視原簡圖版，確實可見及此墨丁，然而，依簡文辭例云「則何以成人？」其句式語意完整，故此句讀恐為誤植，惟本文釋文仍依圖版誌之存參。

〔3〕（相、相）

簡文此字之形為：

　　（清華〈湯在啻門〉簡4）

原整理者隸作「𣃉」，讀為「相」，訓作「輔助」。[25]

今復考簡文此字之形，知其从木，惟右旁字形漫漶，或僅能辨識右中之一橫筆或右上似為「目」之殘形，故原整理者將此字隸作「𣃉」，應是依據此字形特徵所作之判斷，當即「相」字異構，與此相近之字形，又見於簡10：

（清華〈湯在啻門〉簡10）

簡10此例上从相，下从又，倘依戰國文字所習見增繁「又」旁之情況，例如：

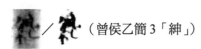（曾侯乙簡3「紳」）

（曾侯乙簡28「紳」）

曾侯乙簡28例增繁「又」旁，應屬繁化之異體，而簡文此例亦當類此，故此字確

[24] 清華大學出土文獻研究與保護中心編、李學勤主編：《清華大學藏戰國竹簡（伍）》（上海：中西書局，2015年4月第一版），頁142。

[25] 清華大學出土文獻研究與保護中心編、李學勤主編：《清華大學藏戰國竹簡（伍）》（上海：中西書局，2015年4月第一版），頁142、144。

實是「相」字異構。[26]

不過,「相」字此寫法相當特殊,在古文字所見「相」字類構中,實為罕見,茲列舉「相」字要例復作比較:

（第五期:《合集》36844）

（西周:作冊折尊,《集成》06002）

（上博〈子羔〉簡1）

（上博〈昔者君老〉簡1）

（上博〈柬大王泊旱〉簡10）

（郭店〈六德〉簡49）

（上博〈民之父母〉簡11）

知戰國「相」字或於「目」形下繁緟一至二筆,甚至增繁「又」旁,且另見偏旁位置互異者,惟此中卻仍未見其例既繁緟橫筆,且同時增繁「又」旁者,〈湯在啻門〉簡10此例可謂此類「相」字異構首見之例。惟值得留意的是,簡4此例似僅「木」旁與繁緟之橫筆較為清楚,其餘形構則嫌漫漶或不類,甚或疑其有隸化之可能,即訛從四,主因秦漢「相」字所從目又或訛從四,此或如漢印之例:

（《漢印文字徵·趙相私印》）

再者,其右下形構似又與「又」形不甚相近,即若釋從四可行,其右下之形構仍難解,故簡文此例是否可釋作「相」,恐猶有可商,今暫且存疑,惟仍依原整理者之讀法,將其讀為「相」,可訓同原釋,其猶上引《易經·泰》所云「天地交泰,后以財成天地

---

26 關於楚簡此類「相」字之討論,學者早已論之甚詳,如袁國華即曾有詳論,可參。袁國華:〈望山楚墓卜筮祭禱簡文字考釋四則〉,《中央研究院歷史語言研究所集刊》74:2(2003年6月),頁307-324。

之道，輔相天地之宜，以左右民。」孔穎達疏曰「相，助也，當輔助天地所生之宜。」[27]又如《尚書・大誥》曰「周公相成王。」[28]則簡文所云「五以相之」，即指「以德、事、役、政、刑等五事輔助之」之意。

〔4〕耆（？、胡）

簡文此字之形為：

／（清華〈湯在啻門〉簡5）

原整理者隸作「耆」，讀為「固」；[29]陳劍以為簡文此字當从古得聲，並根據馬王堆醫簡〈十問〉「何臾（猶）之人」之語例，將其改讀為「胡」；[30]網路發言者瑜小槙亦讀為「胡」，並認為此字為代詞，表示疑問或反詰語氣；[31]網路發言者明珍從陳劍之說；[32]王寧也是讀為「胡」，並釋其為「疑問代詞，意思相當於『為什麼』」；[33]馬文增讀為「固」，訓作「果斷，堅定」；[34]郭倩文從陳劍之說；[35]李爽亦從陳劍之說；[36]洪君好仍從陳劍之看法；[37]鄧佩玲釋其形為从老从古，「古」為聲符，且亦從陳劍之說，將其讀為「胡」；[38]風儀誠則認為簡文此字可能不讀為「固」，但其說法仍與「古」聲有關；[39]曹峰仍從陳劍

27 〔魏〕王弼注、〔東晉〕韓康伯注、〔唐〕孔穎達疏：《周易正義》（清嘉慶二十年江西南昌府學重刊宋刻本，臺北：藝文印書館，1997年8月初版），卷二，頁42。

28 〔漢〕孔安國傳、〔唐〕孔穎達疏：《尚書正義》（清嘉慶二十年江西南昌府學重刊宋刻本，臺北：藝文印書館，1997年8月初版），卷十三，頁189。

29 清華大學出土文獻研究與保護中心編、李學勤主編：《清華大學藏戰國竹簡（伍）》（上海：中西書局，2015年4月第一版），頁142。

30 陳劍：〈《清華簡（伍）》與舊說互證兩則〉，復旦大學出土文獻與古文字研究中心，網址：http://www.gwz.fudan.edu.cn/Web/Show/2494，2015年4月14日，檢索日期：2018年6月27日。

31 「簡帛論壇：清華五《湯在啻門》初讀」9樓網路發言者瑜小槙之發文，武漢大學簡帛研究中心，網址：http://www.bsm.org.cn/bbs/read.php?tid=3248&fpage=3&page=1，2015年4月14日，檢索日期：2018年6月27日。

32 「簡帛論壇：清華五《湯在啻門》初讀」14樓網路發言者明珍之發文，武漢大學簡帛研究中心，網址：http://www.bsm.org.cn/forum/forum.php?mod=viewthread&tid=3248&extra=page%3D2&page=2，2015年4月21日，檢索日期：2018年6月27日。

33 王寧：〈讀《湯在啻門》散札〉，復旦大學出土文獻與古文字研究中心，網址：http://www.gwz.fudan.edu.cn/Web/Show/2513，2015年5月6日，檢索日期：2018年6月27日。

34 馬文增：〈清華簡《湯在帝門》新釋、簡注、白話譯文〉，武漢大學簡帛研究中心，網址：http://www.bsm.org.cn/show_article.php?id=2238，2015年5月27日，檢索日期：2018年6月20日。

35 郭倩文：《《清華五》、《上博九》集釋及新見文字現象整理與研究》（華東師範大學碩士學位論文，2016年5月），頁151-152。

36 李爽：《清華簡「伊尹」五篇集釋》（吉林大學碩士論文，2016年6月），頁127。

37 洪君好：《戰國竹書伊尹文獻研究》（國立中興大學中國文學研究所碩士論文，2017年8月），頁53。

38 鄧佩玲：〈春秋黃器銘文文例「永某某」考釋──兼談古文字所見「耆」與其相關字形〉，收入史亞當主編：《出土文獻與物質文化》（香港：中華書局，2017年12月第一版），頁385-429。

39 風儀誠：〈讀清華簡《殷高宗問於三壽》《湯處於湯丘》《湯在啻門》三篇札記〉，收入李學勤、艾蘭、呂德凱主編，清華大學出土文獻研究與保護中心、古代中國研究會編：《清華簡研究》3（上海：中西書

之說。[40]

可知學界多以為此字應从古得聲，而陳劍引馬王堆〈十問〉之語例，更是極具啟發性，可從，不過，簡文此字之隸釋，仍或存疑義，其相關類例不少，茲依上引鄧佩玲之分類名稱與方式，除列舉代表字例外，並復行增補部分類例，表列如下：

「A 類」	「B 類」	「C 類」
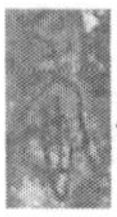／（春秋：郳公韍父鎛，《商周青銅器銘文暨圖像集成》15815（照片）） 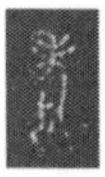（春秋：郳公韍父鎛，《商周青銅器銘文暨圖像集成》15815（拓片）） （春秋：滕侯耆戈，《集成》11077） （春秋：滕侯耆戈，《集成》11078） （包山簡 68） ／（上博〈舉治王天下〉簡 1）	（戰國：燕客量，《集成》10373） （荊門左塚楚墓漆梮十字線上第三欄） （上博〈鮑叔牙與隰朋之諫〉簡 3） 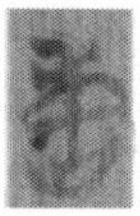／（清華〈湯在啻門〉簡 5） （清華〈子產〉簡 14）	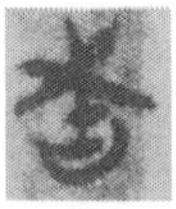（包山簡 95） （包山簡 95）

局，2019 年 12 月第一版），頁 55-77。

[40] 曹峰：〈清華簡《湯在啻門》譯注〉，收入李學勤、艾蘭、呂德凱主編，清華大學出土文獻研究與保護中心、古代中國研究會編：《清華簡研究》3（上海：中西書局，2019 年 12 月第一版），頁 108-143。

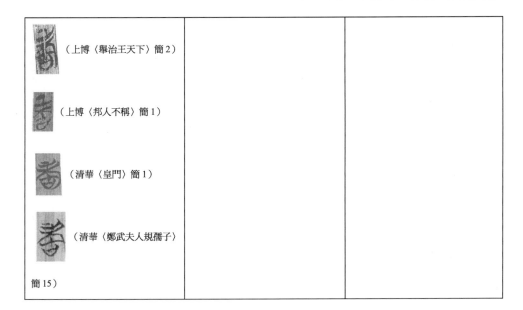

（上博〈舉治王天下〉簡 2）		
（上博〈邦人不稱〉簡 1）		
（清華〈皇門〉簡 1）		
（清華〈鄭武夫人規孺子〉		
簡 15）		

　　此中，「C 類」字形上半部形構之寫法，與簡文此字差異較大，尤其在豎筆之曲度方面，故或可暫且不論。而「A 類」與「B 類」，鄧佩玲俱釋為从老从古，並以「古」為聲符，其說大抵是可信的，尤其在較早之前，何琳儀、清華簡原整理者、李學勤、網路發言者 llaogui、高佑仁與王瑜楨等，皆已有與此相類之釋形說法，[41]但其實更準確來說，llaogui 釋為从老省古聲，讀為「胡」，最是精審，不過，在此釋讀基礎上，又可再增補部分內容：如清華〈鄭武夫人規孺子〉簡 15 與清華〈子產〉簡 14 等二例，乃本文所增補之例，悉依鄧佩玲之分類標準進行歸類，其中，〈子產〉簡 14 例所从老之省形，與同篇「老」字或清華簡部分从老例之上部寫法相當接近：

（清華〈子產〉簡 21「老」）

41 何琳儀：《戰國古文字典——戰國文字聲系》（北京：中華書局，1998 年 9 月第一版），頁 472；高佑仁：
　〈釋左冢楚墓漆棋局的「事故」〉，武漢大學簡帛研究中心，網址：http://www.bsm.org.cn/show_article.p
　hp?id=828，2008 年 5 月 17 日，檢索日期：2018 年 7 月 9 日；清華大學出土文獻研究與保護中心編、李
　學勤主編：《清華大學藏戰國竹簡（壹）》（上海：中西書局，2010 年 12 月第一版），頁 165；李學勤：
　〈清華簡九篇綜述〉，《文物》2010 年第 5 期，頁 51-57，亦收入清華大學出土文獻研究與保護中心、
　北京大學出土文獻研究所、荊州文物保護中心編，李學勤、朱鳳瀚、趙平安、方北松主編，馬楠、賈
　連翔助編：《古代簡牘保護與整理研究》（上海：中西書局，2012 年 6 月第一版），頁 3-12；復旦大學
　出土文獻與古文字研究中心研究生讀書會：〈清華簡《皇門》研讀札記〉文末 28 樓網路發言者 llaogui、
　53 樓高佑仁之評論，復旦大學出土文獻與古文字研究中心，網址：http://www.gwz.fudan.edu.cn/Web/Sho
　w/1345，2011 年 1 月 8 日、2011 年 1 月 12 日，檢索日期：2018 年 7 月 9 日；王瑜楨：〈《清華大學藏
　戰國竹簡（壹）》「皇門」考〉，收入《第二十四屆中國文字學國際學術研討會論文集》（嘉義：國立中
　正大學中國文學系、中國文字學會，2013 年 5 月），頁 67-84；王瑜楨：〈談古文字中老旁與𠘧旁的訛
　混現象〉，收入季旭昇主編：《孔壁遺文論集》（臺北：藝文印書館，2013 年 8 月初版），頁 291-304。

（清華〈管仲〉簡25「考」）

（清華〈逪命二〉簡2「考」）

（清華〈逪命二〉簡5「考」）

而此亦與〈湯在啻門〉此字上半寫法幾乎全同，因此，鄧佩玲將其所謂「A類」、「B類」之字形俱釋从老，確實可从，而上引清華从老諸例更可作為其說釋形之補證。

至於此二類與「耉」字之關係，楚簡「耉」字之形或作：

（上博〈緇衣〉簡6）

（清華〈皇門〉簡1）

（清華〈封許之命〉簡5）

其上所从老省之形，確實與此所論「A類」、「B類」上部形構有相近之處，如〈皇門〉簡例即屬之，但也未必全同，如上博〈緇衣〉與清華〈封許之命〉二例之上豎筆未彎曲，則與「A類」、「B類」或異，因此，若釋此二類字例為「耉」，恐有一定之難度，再者，在清華〈皇門〉簡1中，「耉」字與上列从古得聲例並見，且用例明顯有別，[42]可證上引「A類」或「B類」等从古之例，確如鄧佩玲所云，應非「耉」字，此相類之說，王瑜楨也曾有所云，[43]可參，而簡文此字亦當是同此；最後，其又是否如學者考證「A類」〈皇門〉例所云，與「胡」字有關，[44]似仍闕直接之字形演變證據，雖然鄧佩玲以「傳世古書中凡表示長壽、年長之『胡』的本字當作『耇』」釋之，但整體而言，此等類例之字形發展脈絡，仍是令人費解，待考。總之，包含簡文此字在內之「A類」、「B類」諸例，恐非「耉」字或「胡」字，畢竟此中仍有部分釋形關鍵環節尚待解決。

---

[42] 「惟正庚午，公格在啻門。公若曰：『嗚呼！朕寡邑小邦，蔑有者耉慮事屏朕位，肆朕沖人非敢不用明刑，惟莫開余嘉德之說。......。』」（清華〈皇門〉簡1、2）

[43] 王瑜楨：〈《清華大學藏戰國竹簡（壹）》「皇門」考〉，收入《第二十四屆中國文字學國際學術研討會論文集》（嘉義：國立中正大學中國文學系、中國文字學會，2013年5月），頁67-84。

[44] 復旦大學出土文獻與古文字研究中心研究生讀書會：〈清華簡《皇門》研讀札記〉文末28樓網路發言者llaogui之評論，復旦大學出土文獻與古文字研究中心，網址：http://www.gwz.fudan.edu.cn/Web/Show/1345，2011年1月8日，檢索日期：2018年7月9日。

即便如此，本文仍暫從原整理者之說，將簡文此字隸作「者」，並依陳劍之看法，將其讀為「胡」，[45]以表示較強烈語氣之疑問或反詰語境，其猶《詩經・邶風・日月》云「胡能有定？寧不我顧！」[46]又如《國語・周語》曰「夫民慮之於心而宣之於口，成而行之，胡可壅也？」[47]故簡文云「孰少而老？胡猶是人，而一惡一好？」（清華〈湯在啻門〉簡5、6），應可釋作「何人能少而老成？為什麼同樣是人，又有所謂好壞之別？」之意，在語境上，亦類同於馬王堆〈十問〉之「何臾（猶）之人」句。

〔5〕玉種（種）

此詞見於簡6，其釋讀學界或存異說。原整理者將「玉」訓作「美好」，並釋「種」為「即『種』，種子」，且以為「前文『栽』與此處之『玉種』，皆以植物為喻」；[48]王寧讀為「玉種」，並認為此「代指男女繁殖之精氣……今猶言男精為『種』，是其遺義」；[49]惟其後李守奎又以為此即男性之精液；[50]郭倩文從原整理者之說；[51]張瀚墨則認為「『種』字實質上指代『涽』字」。[52]

王寧之說，有其啟發性，但如何連結「種」與男女精氣之關係，尚且有待作進一步之確認；而李守奎之說未嘗不可，但簡文上文「哉」字若如其原所釋讀之「栽」，[53]則精液之說便不好解；至於張瀚墨之說或有其思想理據，但「涽」字本訓「乳」，其猶《說文》釋「涽」云「乳汁也」，[54]又如《穆天子傳》云「因具牛羊之涽，以洗天子之足，及

---

[45] 《說文》釋「胡」云「從肉古聲」，知「胡」字或從古得聲，而在古文字中，亦可見及「古」、「胡」相通之例，例如：「吾不知其尔墓，尔古須既落焉從事。」（上博〈昭王毀室昭王與龏之脾〉）據學者之看法，此等「古」字便可讀「胡」，因此，簡文此字若釋為從古得聲，則其應可讀「胡」。〔漢〕許慎編撰、〔宋〕徐鉉校定：《說文解字》（據清同治十二年陳昌治改刻本縮印，香港：中華書局，2014年8月再版），卷四，頁89；白於藍編著《戰國秦漢簡帛古書通假字彙纂》（福州：福建人民出版社，2012年5月第一版），頁223。

[46] 〔漢〕毛亨傳、〔漢〕鄭玄箋、〔唐〕孔穎達疏：《毛詩正義》（清嘉慶二十年江西南昌府學重刊宋刻本，臺北：藝文印書館，1997年8月初版），卷二之一，頁78。

[47] 〔漢〕韋昭註：《國語》（重刊宋明道二年本，臺北：臺灣商務印書館，1956年4月臺初版），卷一，頁4。

[48] 清華大學出土文獻研究與保護中心編、李學勤主編：《清華大學藏戰國竹簡（伍）》（上海：中西書局，2015年4月第一版），頁142、144。

[49] 王寧：〈讀〈湯在啻門〉散札〉，復旦大學出土文獻與古文字研究中心，網址：http://www.gwz.fudan.edu.cn/Web/Show/2513，2015年5月6日，檢索日期：2018年6月27日。

[50] 李守奎：〈漢代伊尹文獻的分類與清華簡中伊尹諸篇的性質〉，《深圳大學學報（人文社會科學版）》2015年第3期，頁41-49，亦收入李守奎：《古文字與古史考——清華簡整理研究》（上海：中西書局，2015年10月第一版），頁346-368。

[51] 郭倩文：《《清華五》、《上博九》集釋及新見文字現象整理與研究》（華東師範大學碩士學位論文，2016年5月），頁154。

[52] 張瀚墨：〈〈湯在啻門〉、十月懷胎與早期中國術數世界觀〉，《饒宗頤國學院院刊》4（2017年5月），頁173-212。

[53] 今復考原釋文之內容，此處實應作「讀為『栽』」，而非「訓為『栽』」。清華大學出土文獻研究與保護中心編、李學勤主編：《清華大學藏戰國竹簡（伍）》（上海：中西書局，2015年4月第一版），頁144。

[54] 〔漢〕許慎編撰、〔宋〕徐鉉校定：《說文解字》（據清同治十二年陳昌治改刻本縮印，香港：中華書局，2014年8月再版），卷十一，頁237。

二乘之人。」郭璞注曰「湩，乳也，今江南人亦呼乳為湩。」[55]知「湩」實無酒意，則其所引「湩醴」一詞，亦應解作「以乳釀成的美酒」，此詞在先秦文獻中更是猶未得見，若然，則其說似仍有可商之處。

而簡文此處云「唯彼五味之氣，是哉以為人。其末氣，是謂玉種」（清華〈湯在啻門〉簡6），原整理者已指出「哉」字可訓（讀）作「栽」，[56]且與下文其所釋讀之「玉種」相應，皆以植物為喻，其說大抵可從，[57]故「玉種」在此或可解作「優良之子孫家族」，其猶《戰國策·齊策·齊閔王之遇殺》云「太史敫曰：『女無謀而嫁者，非吾種也，汙吾世矣。』」[58]又如《史記·陳涉世家》曰「召令徒屬曰：『公等遇雨，皆已失期，失期當斬。藉弟令毋斬，而戍死者固十六七。且壯士不死即已，死即舉大名耳，王侯將相寧有種乎！』」[59]以順勢帶出下文所言胎兒成長之事。不過，「種」、「種」二字在《說文》中，本分立二字，義訓亦別，[60]二字在傳世文獻中雖或見混用，[61]但恐非一字之異構，

---

[55] 〔晉〕郭璞注、〔清〕洪頤煊校：《穆天子傳》（臺北：臺灣商務印書館，1965年2月臺一版），卷四，頁21。

[56] 如上所云，原釋文此處應將「訓為『栽』」正之為「讀為『栽』」。清華大學出土文獻研究與保護中心編、李學勤主編：《清華大學藏戰國竹簡（伍）》（上海：中西書局，2015年4月第一版），頁144。

[57] 此「哉」字學界或存異說，如網路發言者蔢四郎讀為「載」，訓作「始」，又網路發言者蚊首則讀為「滋」，釋作「生、蕃、長之謂」，洪君好從之，再如顧史考則讀為「載」，謂其「即承載、稟承之意」，至於曹峰則讀為「𩰚」，訓作「設飪」，今復考諸家之說，皆有其一定之理據，不過，讀「載」二說與讀「𩰚」者，皆不易與下文植物「玉種」相應，而讀「滋」之看法，雖勉可與「玉種」相關，但總不如「哉」逕讀為「栽」之同聲系通讀，因此，本文仍從原整理者之說，贊同將「哉」字訓（讀）為「栽」；另網路發言者lht將此句斷讀為「唯彼五味之氣是哉，（五味之氣）以為人」，有其語法上之理據，惟「以為人」在此省去主語，其句式在先秦古籍中似仍罕見其例，故本文仍從原整理者之斷句，暫不更動，茲列其說備參。清華大學出土文獻研究與保護中心編、李學勤主編：《清華大學藏戰國竹簡（伍）》（上海：中西書局，2015年4月第一版），頁142、144；「簡帛論壇：清華五《湯處於湯丘》初讀」5樓網路發言者蔢四郎之發文，武漢大學簡帛研究中心，網址：
http://www.bsm.org.cn/forum/forum.php?mod=viewthread&tid=3248&extra=page%3D2&page=1，2015年4月11日，檢索日期：2018年6月22日；「簡帛論壇：清華五《湯處於湯丘》初讀」8樓網路發言者蚊首之發文，武漢大學簡帛研究中心，網址：
http://www.bsm.org.cn/forum/forum.php?mod=viewthread&tid=3248&extra=page%3D2&page=1，2015年4月12日，檢索日期：2018年6月22日；「簡帛論壇：清華五《湯處於湯丘》初讀」28樓網路發言者lht之發文，武漢大學簡帛研究中心，網址：
http://www.bsm.org.cn/forum/forum.php?mod=viewthread&tid=3248&extra=page%3D2&page=3，2015年5月4日，檢索日期：2018年6月22日；王進鋒：〈清華簡（伍）《殷高宗問於三壽》《湯處於湯丘》《湯在啻門》三篇集釋〉，收入李學勤、艾蘭、呂德凱主編，清華大學出土文獻研究與保護中心、古代中國研究會編：《清華簡研究》3（上海：中西書局，2019年12月第一版），頁392-497；洪君好：《戰國竹書伊尹文獻研究》（國立中興大學中國文學研究所碩士論文，2017年8月），頁58；曹峰：〈清華簡《湯在啻門》譯注〉，收入李學勤、艾蘭、呂德凱主編，清華大學出土文獻研究與保護中心、古代中國研究會編：《清華簡研究》3（上海：中西書局，2019年12月第一版），頁108-143；顧史考：〈清華竹簡（伍）《湯在啻門》札記〉，收入李學勤、艾蘭、呂德凱主編，清華大學出土文獻研究與保護中心、古代中國研究會編：《清華簡研究》3（上海：中西書局，2019年12月第一版），頁144-148。

[58] 〔漢〕劉向編訂、〔漢〕高誘註：《戰國策》（剡川姚氏本，臺北：藝文印書館，2009年11月初版），卷十三，頁256。

[59] 〔漢〕司馬遷原著、〔日〕瀧川龜太郎著：《史記會注考證》（臺北：萬卷樓圖書公司，1993年8月初版），卷四十八，頁767。

[60] 《說文》釋「種」云「埶也。從禾童聲」，至於同部另有「種」字，則釋為「先種後熟也。從禾重聲」。

在此應僅為通讀之關係。

〔6〕（？、孕）

簡文此字之形為：

（清華〈湯在啻門〉簡6、7）

原整理者隸作「匢」，釋作「從勹，易聲」，並疑其當讀為「揚」，解作「似指玉種播揚」之意；[62]清華大學出土文獻讀書會引馬楠之說，仍將此字隸作「匢」，釋從勹，但改讀為「胞」；[63]陳偉疑簡文此字應讀為「蕩」，釋作「物動將萌芽」之意；[64]王寧以為簡文此字「從勹會意，從易得聲，可逕釋為『孕』」，其後又據《說文》之引申義，認為「此字蓋即用『易』之『開』、『長』之意，所謂種子破殼發芽生長也；從『勹』者，謂在母腹之中也。故全字形當謂玉種在母腹中發芽生長之意」，而其例在此可讀為「揚」或「易」；[65]網路發言者暮四郎以為簡文此字可「解為舉、動，指萌生」；[66]網路發言者曰古氏據「孕」字已有「子」形之理，以為簡文此所云者，僅懷胎一月階段，不太可能有「子」形，進一步認為其例未可釋讀為「孕」，而是該讀為「腹腸、腸胃之『腸』」，並云其可「理解　人之內臟、核心、中心一類的意思，則簡文即是將嬰兒的變化過程看作從先出現『腸』開始」，而其之所以從勹，應與「腹腸」有關，且指人之腹部而言；[67]

〔漢〕許慎編撰、〔宋〕徐鉉校定：《說文解字》（據清同治十二年陳昌治改刻本縮印，香港：中華書局，2014年8月再版），卷七，頁144。

61　《詩經‧豳風‧七月》陸德明音義引《說文》釋云「《說文》云禾邊作重是重穋之字，禾邊作童是種薿之字，今人亂之已久。」〔漢〕毛亨傳、〔漢〕鄭玄箋、〔唐〕孔穎達疏：《毛詩正義》（清嘉慶二十年江西南昌府學重刊宋刻本，臺北：藝文印書館，1997年8月初版），卷八之一，頁285。

62　清華大學出土文獻研究與保護中心編、李學勤主編：《清華大學藏戰國竹簡（伍）》（上海：中西書局，2015年4月第一版），頁142、144。

63　清華大學出土文獻讀書會：〈清華簡第五冊整理報告補正〉，清華大學出土文獻研究與保護中心，網址：http://www.ctwx.tsinghua.edu.cn/publish/cetrp/6831/2015/20150408112711717568509/201504081127117156 8509_.html，2015年4月8日，檢索日期：2018年6月19日。

64　陳偉：〈讀《清華竹簡（伍）》札記（續）〉，武漢大學簡帛研究中心，網址：http://www.bsm.org.cn/show_ article.php?id=2192，2015年4月12日，檢索日期：2018年7月10日。

65　王寧：〈釋清華簡五《湯在啻門》的「孕」〉，復旦大學出土文獻與古文字研究中心，網址：http://www.g wz.fudan.edu.cn/Web/Show/2499，2015年4月18日，檢索日期：2018年7月9日；王寧：〈讀《湯在啻門》散札〉，復旦大學出土文獻與古文字研究中心，網址：http://www.gwz.fudan.edu.cn/Web/Show/25 13，2015年5月6日，檢索日期：2018年6月27日。

66　「簡帛論壇：清華五《湯在啻門》初讀」19樓網路發言者暮四郎之發文，武漢大學簡帛研究中心，網址：http://www.bsm.org.cn/bbs/read.php?tid=3248&fpage=3&page=2，2015年4月22日，檢索日期：2018年7月10日。

67　王寧：〈釋清華簡五《湯在啻門》的「孕」〉文末1樓、2樓、3樓、4樓網路發言者曰古氏之評論，復旦大學出土文獻與古文字研究中心，網址：http://www.gwz.fudan.edu.cn/Web/Show/2499，2015年4月27日、5月11日，檢索日期：2018年7月9日；另據學者所引，侯乃峰發表於李學勤與馮克堅所主編《中國文字博物館系列叢書‧鼎甲杯甲骨文字有獎辨識大賽論文集》中之〈談「腸」論「腹」兼釋甲骨文中用為「孕」之字〉一文，其說近同。

曹方向讀為「孕」，訓作「受孕結胎」；[68]郭倩文從陳偉之說；[69]李爽仍從陳偉之看法；[70]張瀚墨則以為「『易』同『陽』，亦可作『揚』，指的是體內之盛氣。「易」字從整個字形來看，指的是陽氣入腹，與『包』（ ⑨ ）字字形字意均同，只不過『⑨』字腹內之氣或胎兒之形狀，在「易」字中特意標示為陽氣而已」；[71]洪君好亦從陳偉之說；[72]曹峰亦讀為「揚」，並將簡文此句訓作「第一個月開始萌生」。[73]

「易」字未見於其他古文字，其形源待考，至於其是否與「腸」字有關，今以楚簡所見「腸」字之形義而言，其字之形或作：

（曾侯乙簡166）

（包山簡166）

（九店簡621.19）

此等字例殆皆從肉，罕有將「肉」旁替換為從勹之異構者，再者，此等字例在簡文中多作人名解，抑或讀為「蕩」，例如：「長腸人之駟馬」（曾侯乙簡166）、「乙丑，郎陵命腸巨、章余可」（包山簡166）、「腸腸，小人」（上博〈孔子詩論〉簡25），因此，若將簡文此字釋讀為「腸」，似仍缺直接之形義證據。不過，若以「包」字形構而言，其字本從勹，象懷孕之形，勹亦聲，[74]因此，簡文此字所從勹者，其形構之旨亦當類此，且如上引曰古氏所云，即人之腹部，再者，「勹」形內所從之形，即未成形之子，簡文此云懷孕一個月，其胎兒應未成形，適正與此相合，故簡文此字可能即從包省，且「勹」形具有表義之功能，只是此字恐仍非從易得聲，也不一定是「孕」字異構，曰古氏釋其非「孕」字，有其一定之道理，尤其目前古文字「孕」字確實罕有作此形者，故此字未必可釋作「孕」，而「易」形在此更是無所取義，其形構之旨待考，但值得注意的是，

[68] 曹方向：〈清華五與馬王堆醫書對比探析〉，收入《第二十七屆中國文字學國際學術研討會論文集》（臺中：國立臺中教育大學語文教育學系、中國文字學會，2016年5月），頁479-485。

[69] 郭倩文：《《清華五》、《上博九》集釋及新見文字現象整理與研究》（華東師範大學碩士學位論文，2016年5月），頁154-155。

[70] 李爽：《清華簡「伊尹」五篇集釋》（吉林大學碩士論文，2016年6月），頁128-129。

[71] 張瀚墨：〈《湯在啻門》、十月懷胎與早期中國術數世界觀〉，《饒宗頤國學院院刊》4（2017年5月），頁173-212。

[72] 洪君好：《戰國竹書伊尹文獻研究》（國立中興大學中國文學研究所碩士論文，2017年8月），頁59。

[73] 曹峰：〈清華簡《湯在啻門》譯注〉，收入李學勤、艾蘭、呂德凱主編，清華大學出土文獻研究與保護中心、古代中國研究會編：《清華簡研究》3（上海：中西書局，2019年12月第一版），頁108-143。

[74] 《說文》釋「包」云「象人襄妊，巳在中，象子未成形也」，段注則釋云「勹象襄其中，巳字象未成之子也，勹亦聲。」〔漢〕許慎編撰、〔宋〕徐鉉校定：《說文解字》（據清同治十二年陳昌治改刻本縮印，香港：中華書局，2014年8月再版），卷九，頁188；〔漢〕許慎撰、〔清〕段玉裁注：《說文解字注》（據經韻樓藏版影印，臺北：洪葉文化公司，2016年10月三版），卷九，頁438。

曹方向曾云「孕」、「勹」二字具通假之條件，其說可信，此至少比使用通轉解釋「孕」、「易」二字之關係，來得更為密切，因此，頗疑「勹」在此亦可作為兼義之聲符，上引清華大學讀書會與王寧將簡文此字讀「胞」、「孕」之說，似仍可行，惟簡文此字上文為「始」字，顯然此字作動詞之「孕」字解，較為合宜，若然，則「易」形應如王寧與暮四郎所釋，釋作表「萌生」義之形符即可，而簡文此字應即从易包省聲，在此可讀為「孕」，訓作「懷胎」，其猶《易經・漸》云「九三：『鴻漸于陸，夫征不復，婦孕不育，凶；利禦寇。』」[75]又如《國語・魯語》更云「鳥獸孕，水蟲成，獸虞於是乎禁罝羅，豶魚鱉以為夏犒，助生阜也。」韋昭注曰「孕，懷子也。」[76]凡此等「孕」字皆指「已有身孕」之意，《國語》之「孕」字更與「成」字對文，可與簡文上文所謂「始」相應，亦即簡文所云「一月始孕」（清華〈湯在啻門〉簡 6、7），殆指「一月始有身孕」之意，以作為下文胎兒成形之基礎。

至於上引張瀚墨「陽氣」之說，似有其理據，但其說終究仍缺直接之形義證據，或猶可商。

〔7〕四月乃肪（胡、固）

此句話見於簡 7，其釋讀學界或存異說。原整理者將末字隸作「肪」，讀為「固」，解作「胎兒穩固」之意；[77]陳偉疑此句最後一字應可釋為「胄」，讀為「育」，訓作「長」；[78]網路發言者曰古氏以為「肪」字从古得聲，並將其讀為「骨」，訓作「成骨」；[79]王寧從曰古氏之說，亦將「肪」字讀為「骨」；[80]曹方向將「肪」讀為「固」，訓作「胎兒性別定型」；[81]黃澤鈞亦讀為「骨」；[82]郭倩文從原整理者之說；[83]侯乃峰所引釋文將最後一

75 〔魏〕王弼注、〔東晉〕韓康伯注、〔唐〕孔穎達疏：《周易正義》（清嘉慶二十年江西南昌府學重刊宋刻本，臺北：藝文印書館，1997 年 8 月初版），卷五，頁 117。

76 〔漢〕韋昭註：《國語》（重刊宋明道二年本，臺北：臺灣商務印書館，1956 年 4 月臺初版），卷四，頁 57。

77 清華大學出土文獻研究與保護中心編、李學勤主編：《清華大學藏戰國竹簡（伍）》（上海：中西書局，2015 年 4 月第一版），頁 142、144。

78 陳偉：〈讀《清華竹簡（伍）》札記（續）〉，武漢大學簡帛研究中心，網址：http://www.bsm.org.cn/show_article.php?id=2192，2015 年 4 月 12 日，檢索日期：2018 年 7 月 10 日；王進鋒：〈清華簡（伍）《殷高宗問於三壽》《湯處於湯丘》《湯在啻門》三篇集釋〉，收入李學勤、艾蘭、呂德凱主編，清華大學出土文獻研究與保護中心、古代中國研究會編：《清華簡研究》3（上海：中西書局，2019 年 12 月第一版），頁 392-497。

79 王寧：〈釋清華簡五《湯在啻門》的「孕」〉文末 1 樓網路發言者曰古氏之評論，復旦大學出土文獻與古文字研究中心，網址：http://www.gwz.fudan.edu.cn/Web/Show/2499，2015 年 4 月 27 日，檢索日期：2018 年 7 月 9 日。

80 王寧：〈讀《湯在啻門》散札〉，復旦大學出土文獻與古文字研究中心，網址：http://www.gwz.fudan.edu.cn/Web/Show/2513，2015 年 5 月 6 日，檢索日期：2018 年 6 月 27 日。

81 曹方向：〈清華五與馬王堆醫書對比探析〉，收入《第二十七屆中國文字學國際學術研討會論文集》（臺中：國立臺中教育大學語文教育學系、中國文字學會，2016 年 5 月），頁 479-485。

82 黃澤鈞：〈清華伍〈湯在啻門〉釋文補注〉，第二十七屆中國文字學國際學術研討會發表論文（臺中：國立臺中教育大學，2016 年 5 月 13 日、14 日）。

83 郭倩文：《《清華五》、《上博九》集釋及新見文字現象整理與研究》（華東師範大學碩士學位論文，2016

字隸作「胡」，並以為此字當讀為「骨」；[84]張瀚墨以為「胋」字有可能是「胎」字之訛抄；[85]洪君妤亦讀為「骨」；[86]風儀誠根據楚人之用字習慣，認為「胋」字應非「胡」字之異體字，而是「與胎兒身體形成有關的專用『古（固）』字」；[87]曹峰從曰古氏之說。[88]

原整理者所隸定之「胋」字，其實應當就是「胡」字，簡文此字之形為：

／（清華〈湯在啻門〉簡 7）

其例从肉古聲，且其「肉」旁居左側，如上述學者所引，此種形構組合亦見於戰國古璽，例如：

（《璽彙》3691）

此璽為齊璽，[89]其璽文云「□胡安璽」，此「胡」字在此可作人名解，並逕讀如本字，換言之，其例應即「胡」字異構，而其所从肉旁，確有可能位於左側。

因此，簡文此字應可逕隸釋作「胡」，惟後世字書多將「胋」釋作「股」字異構，[90]而學者亦有相同之看法，並以為「胋」、「股」二字乃「改換聲音相近的聲符分化而出之異體」，[91]不過，「股」字似另有其他形義來源，趙平安已釋為「夃」，[92]可信，據此，知「股」字應與「胡」字無關，故本文仍從上引侯乃峰之說，將「胋」字釋作「胡」字異構。

至於其是否為「胎」字訛抄，以目前所見「胎」字而言，其形或从台，抑或从𠚤，皆與「古」形不甚相近，此可參以下幾則字形：

年 5 月），頁 156-157。

[84] 侯乃峰：〈讀清華簡（伍）雜志〉，《中國文字》新 43（2017 年 3 月），頁 75-88。

[85] 張瀚墨：〈〈湯在啻門〉、十月懷胎與早期中國術數世界觀〉，《饒宗頤國學院院刊》4（2017 年 5 月），頁 173-212。

[86] 洪君妤：《戰國竹書伊尹文獻研究》（國立中興大學中國文學研究所碩士論文，2017 年 8 月），頁 54。

[87] 風儀誠：〈讀清華簡《殷高宗問於三壽》《湯處於湯丘》《湯在啻門》三篇札記〉，收入李學勤、艾蘭、呂德凱主編，清華大學出土文獻研究與保護中心、古代中國研究會編：《清華簡研究》3（上海：中西書局，2019 年 12 月第一版），頁 55-77。

[88] 曹峰：〈清華簡《湯在啻門》譯注〉，收入李學勤、艾蘭、呂德凱主編，清華大學出土文獻研究與保護中心、古代中國研究會編：《清華簡研究》3（上海：中西書局，2019 年 12 月第一版），頁 108-143。

[89] 何琳儀雖未將璽文此例釋為「胡」，但將此璽歸為齊璽。何琳儀：《戰國古文字典——戰國文字聲系》（北京：中華書局，1998 年 9 月第一版），頁 473。

[90] 教育部「異體字字典」，網址：https://dict.variants.moe.edu.tw/variants/rbt/word_attribute.rbt?quote_code=QTAzMzAy，檢索日期：2020 年 3 月 16 日。

[91] 教育部「異體字字典」周小萍之研訂說明，網址：http://dict.variants.moe.edu.tw/variants/rbt/word_attribute.rbt?quote_code=QTAwOTU1LTAwNA，檢索日期：2018 年 5 月 26 日。

[92] 趙平安：〈關於「夃」的形義來源〉，收入中國文字學會編《中國文字學報》2（北京：商務印書館，2008 年 12 月第一版），頁 17-22；趙平安：〈「盈」字何以從「夃」〉，收入清華大學出土文獻研究與保護中心編：《出土文獻》6（上海：中西書局，2015 年 4 月第一版），頁 111-114，又收入趙平安：《新出簡帛與古文字古文獻研究續集》（北京：商務印書館，2018 年 6 月第一版），頁 46-50。

（戰國：陳胎戈，《集成》11127）

（郭店〈窮達以時〉簡 3）

是故，簡文此「胡」字傳鈔致訛為「胎」之可能性實在不高，今尚且存疑。

又如簡文此字是否為與胎兒形成有關之專用「古（固）」字，抑或與人之身體部位有關，上引風儀誠雖然另引清華〈鄭文公問太伯（乙本）〉簡 4「䏌」字例以為旁證，不過，其例讀為「股」，[93]也有可能屬「胡」、「股」音近之通假，[94]並無法直接證成「䏌」字與人之身體部位有關，而簡文此字用作與胎兒有關之用例，目前亦僅此一見，在論證數量上或仍嫌不足。至於曹方向認為此字亦與胎兒之性別有關，其說有馬王堆帛書或相關醫書之對比推測，但在直接書證用例方向，似仍猶闕，亦或可商。

最後，再看看此字是否有釋作「胄」之可能，今復考楚系「胄」字之形，其形多從革由聲，尚難見到有從肉者，例如：

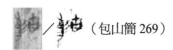（包山簡 269）

（包山牘 1）

（上博〈緇衣〉簡 11）

（清華〈耆夜〉簡 5）

因此，釋「胄」恐怕得有更多字形實證。

故綜上所述，將「䏌」字釋作「胡」字異構，恐怕仍是目前較可行之方向，且應與「股」、「胎」、「胄」等無關，至於是否為胎兒形成之專字，抑或與人之身體部位有所關聯，凡此皆仍有待作進一步之討論。

而在釋讀上，上引部分學者已將此「胡」字讀為「骨」，不過，此中似仍存在部分疑義，今復考簡文此處云「一月始孕，二月乃裹，三月乃形，四月乃䏌，五月或受，六月生肉，七月乃饑，八月乃正，九月顯章，十月乃成，民乃時生。」（清華〈湯在啻門〉

93 清華大學出土文獻研究與保護中心編、李學勤主編：《清華大學藏戰國竹簡（陸）》（上海：中西書局，2016 年 4 月第一版），頁 125。

94 「胡」字上古音屬匣母魚部，「股」字則為見母魚部，二字疊韻聲近。

簡6、7、8），殆指伊尹所回答胎兒在母體內發育之過程，雖然上引侯乃峰指出古醫書多有胎兒成骨之記載，但「胡」與「骨」之上古音畢竟稍遠，[95]且如其所引，古醫書多言胎兒七月始成骨，此實與簡文所謂「四月」不合，即便不在七月，秦漢以前傳世文獻言成骨亦多在六月，如《文子・九守》云「老子曰：『人受天地變化而生，一月而膏，二月血脈，三月而胚，四月而胎，五月而筋，六月而骨，七月而成形，八月而動，九月而躁，十月而生。形骸已成，五藏乃分。』」[96]又如《淮南子・精神訓》亦曰「故曰：一月而膏，二月而胅，三月而胎，四月而肌，五月而筋，六月而骨，七月而成，八月而動，九月而躁，十月而生。形體以成，五藏乃形」，[97]今僅在北宋年間成書之《醫心方》中或見四月「具骨」之記載，[98]但此書證時代已晚，據此可知，若欲定簡文四月「乃骨」，恐怕仍需更多實證，至於是否如其所云簡文對胎兒生長之概念，乃「從內向外生長」，此則卻又難以圓滿解釋本屬「骨」外之「裏」[99]或「形（原整理者釋為「人形」）」[100]等二器官之生成，其為何會在「骨」之前，另外，據學者之研究，秦漢以前古人對懷胎十月之認知，或受五行之影響，其月分生成之軀，多可與五行之氣相對應，[101]換言之，古文

---

95 「骨」字上古音屬見母物部，其與「胡」字雖然聲母相近，但韻部殊遠。

96 王利器：《文子疏義》（北京：中華書局，2009年3月第二版），頁115-116。

97 〔漢〕劉安原編，〔漢〕劉向、劉歆原校訂，劉文典撰：《淮南鴻烈集解》（以莊逵吉校本為底本，臺北：文史哲出版社，2003年10月再版），卷七，頁219。

98 〔宋〕（日）丹波康賴：《醫心方》，收入嚴一萍選輯：《原刻景印叢書菁華・彙編類・續聚珍版叢書》（臺北：藝文印書館，1972年），卷廿二，頁2。

99 原整理者釋為「輪廓」，網路發言者明珍訓作「包裏，纏繞」，華東師範大學中文系出土文獻研究工作室釋為「妊娠時包裏胎兒之器官」，即「胞衣」，郭倩文從之，黃澤鈞則讀為「膏」，指胎兒精血初成之模樣，而侯乃峰又釋為「腹部發育成形」，至於曹峰則仍從原整理者之說，近來洪君妤則從黃澤鈞之看法。諸家之說皆有其理據，惟似乎都缺少直接之訓詁或通假之實證，而原整理者所引《淮南子》書證「裏、形」並舉，較為可信，故本文今仍從原整理者之說，將其引申訓作「輪廓」，但不管如何，諸家所釋器官，其生成都應在「骨」之前。清華大學出土文獻研究與保護中心編、李學勤主編：《清華大學藏戰國竹簡（伍）》（上海：中西書局，2015年4月第一版），頁144；「簡帛論壇：清華五《湯在啻門》初讀」15樓網路發言者明珍之發文，武漢大學簡帛研究中心，網址：http://www.bsm.org.cn/forum/forum.php?mod=viewthread&tid=3248&extra=page%3D3&page=2，2015年4月21日，檢索日期：2018年7月15日，王進鋒：〈清華簡（伍）《殷高宗問於三壽》《湯處於湯丘》《湯在啻門》三篇集釋〉，收入李學勤、艾蘭、呂德凱主編，清華大學出土文獻研究與保護中心、古代中國研究會編：《清華簡研究》3（上海：中西書局，2019年12月第一版），頁392-497；華東師範大學中文系出土文獻研究工作室：〈讀《清華大學藏戰國竹簡（伍）》書後（三）〉，武漢大學簡帛研究中心，網址：http://www.bsm.org.cn/show_article.php?id=2211，2015年4月17日，檢索日期：2018年6月9日；黃澤鈞：〈清華伍〈湯在啻門〉釋文補注〉，第二十七屆中國文字學國際學術研討會發表論文（臺中：國立臺中教育大學，2016年5月13日、14日）；郭倩文：《《清華五》、《上博九》集釋及新見文字現象整理與研究》（華東師範大學碩士學位論文，2016年5月），頁155-156；侯乃峰：〈讀清華簡（伍）雜志〉，《中國文字》新43（2017年3月），頁75-88；洪君妤：《戰國竹書伊尹文獻研究》（國立中興大學中國文學研究所碩士論文，2017年8月），頁54；曹峰：〈清華簡《湯在啻門》譯注〉，收入李學勤、艾蘭、呂德凱主編，清華大學出土文獻研究與保護中心、古代中國研究會編：《清華簡研究》3（上海：中西書局，2019年12月第一版），頁108-143。

100 清華大學出土文獻研究與保護中心編、李學勤主編：《清華大學藏戰國竹簡（伍）》（上海：中西書局，2015年4月第一版），頁144。

101 張瀚墨：〈〈湯在啻門〉、十月懷胎與早期中國術數世界觀〉，《饒宗頤國學院院刊》4（2017年5月），頁173-212。

字或傳世文獻所見懷胎十月之內容，應非胎兒成長「從內向外生長」之順序，故本文仍從原整理者之說，將此段簡文讀為「四月乃固」，殆指「胎兒在母體中穩固」之意。不過，值得注意的是，雖然簡文此「胡」字應非「胎」字之訛抄，但根據上引張瀚墨之研究，《文子·九守》及《太素經》二書皆有言「四月胎」，[102]此中與簡文所云「四月乃固」之關係為何，甚至是否與稍晚醫術所言「安胎」有關，其如《晉書·苻生載記》所云「嘗使太醫令程延合安胎藥，問人參好惡并藥分多少」，[103]著實耐人尋味。

〔8〕五月或收（受）

　　此句話見於簡7，學者釋讀或存異說。原整理者疑「收」字應讀為「褎」，並引《詩經》鄭箋，訓作「枝葉長」；[104]王寧以為「『或』當讀為『有』。『收』本為收斂、收束義，義亦同『糾』，……『糾』又有糾繚之意，此當指人之筋脈」；[105]網路發言者明珍將「收」訓作「聚合」；[106]曹方向將「收」字讀為「呴」，訓作「胎兒呼吸」；[107]張瀚墨則釋為「『或收』即『有收』，『收』為古代冠名（例如《史記·五帝本紀》中有『黃收純衣』一說），這裡或許是以冠名指代毛髮，『有收』其實類似於『毛髮生』之類的描述」；[108]郭倩文將「或」讀為「又」，並認為其例「表動作的繼續，此處指胎兒的繼續發育」，而對於「收」字，則從原整理者之說；[109]洪君好從王寧之看法；[110]曹峰亦從王寧之說。[111]

　　上引原整理者之說，似與懷胎過程無關，其意稍遠，而王寧之說，雖或合於胎兒生長，但「糾」字並無筋脈義，其用引申方式訓同「筋」，似稍嫌轉折，且其所引《釋名·

102　張瀚墨：〈《湯在啻門》、十月懷胎與早期中國術數世界觀〉，《饒宗頤國學院院刊》4（2017年5月），頁173-212。

103　〔唐〕房玄齡等撰、楊家駱編：《新校本晉書并附編六種》（臺北：鼎文書局，1987年元月五版），卷一百十二，頁2877。

104　清華大學出土文獻研究與保護中心編、李學勤主編：《清華大學藏戰國竹簡（伍）》（上海：中西書局，2015年4月第一版），頁142、144。

105　王寧：〈讀《湯在啻門》散札〉，復旦大學出土文獻與古文字研究中心，網址：http://www.gwz.fudan.edu.cn/Web/Show/2513，2015年5月6日，檢索日期：2018年6月27日。

106　「簡帛論壇：清華五《湯在啻門》初讀」15樓網路發言者明珍之發文，武漢大學簡帛研究中心，網址：http://www.bsm.org.cn/forum/forum.php?mod=viewthread&tid=3248&extra=page%3D3&page=2，2015年4月21日，檢索日期：2018年7月10日；王進鋒：〈清華簡（伍）《殷高宗問於三壽》《湯處於湯丘》《湯在啻門》三篇集釋〉，收入李學勤、艾蘭、呂德凱主編，清華大學出土文獻研究與保護中心、古代中國研究會編：《清華簡研究》3（上海：中西書局，2019年12月第一版），頁392-497。

107　曹方向：〈清華五與馬王堆帛書對比探析〉，收入《第二十七屆中國文字學國際學術研討會論文集》（臺中：國立臺中教育大學語文教育學系、中國文字學會，2016年5月），頁479-485。

108　張瀚墨：〈《湯在啻門》、十月懷胎與早期中國術數世界觀〉，《饒宗頤國學院院刊》4（2017年5月），頁173-212。

109　郭倩文：《《清華五》、《上博九》集釋及新見文字現象整理與研究》（華東師範大學碩士學位論文，2016年5月），頁157。

110　洪君好：《戰國竹書伊尹文獻研究》（國立中興大學中國文學研究所碩士論文，2017年8月），頁60。

111　曹峰：〈清華簡《湯在啻門》譯注〉，收入李學勤、艾蘭、呂德凱主編，清華大學出土文獻研究與保護中心、古代中國研究會編：《清華簡研究》3（上海：中西書局，2019年12月第一版），頁108-143。

釋形體》釋云「筋，靳固於身形也」，[112]此「靳」當訓「牢固」或「穩固」，而非「收束、糾繚」義，因此，王寧此說亦猶有可商者，又明珍「聚合」之說，似亦與懷孕過程無直接之關聯，再如曹方向之說，恐亦需直接之書證用例或醫學證據，至於張瀚墨之所釋者，以其所引《史記‧五帝本紀》中有「黃收純衣」之「收」字而言，其字僅能解作「冠冕」，其猶《史記‧五帝本紀》云「黃收純衣，彤車乘白馬。」裴駰集解引《太古冠冕圖》釋曰「夏名冕曰收。」司馬貞索隱則釋云「收，冕名。其色黃，故曰黃收，象古質素也。」[113]即使《禮記‧王制》早有云「夏后氏收而祭，燕衣而養老。」孔疏更引鄭玄語曰「收，言所以收斂髮也。」[114]此「收」字或許與頭髮有關，但終究與胎兒發育無涉。故綜上所述，簡文此「收」字至目前仍沒有較合理之解法，尤其簡文此云「五月或收」者，並未見於相關醫學文獻所見胎兒發育之過程，著實令人費解，今考量其上文已云「胎兒穩固」，竊疑簡文此「收」字或可讀為「受」，[115]訓作「承」或「繼」，其猶《易經‧序卦》云「有天地，然後萬物生焉。盈天地之間者唯萬物，故受之以屯。」[116]又如《史記‧李將軍列傳》曰「廣家世世受射」，[117]此等「受」字皆同此訓也，換言之，簡文此所謂「五月或收」，指的是「五月將承繼四月胎兒穩固之勢，繼續成長」，此種「固而長」之概念，亦可見於戰國時期古人行氣之銘文，如行氣玉銘所云「定則固，固則萌，萌則長」，雖非指同一事，但意不遠矣，甚至簡文下文云「氣」之事，亦與此若合符節，至於「或」字，上引郭倩文之說有其啟發性，實則其例在此可逕訓「又」，或猶《詩經‧小雅‧賓之初筵》云「既立之監，或佐之史。」[118]又如王引之《經傳釋詞》亦曰「或，猶『又』也。……言又佐之史也。」[119]即「或」、「受」二字皆有承繼四月發展之意，並進而有下文所謂「六月生肉」（清華〈湯在啻門〉簡7）之云云，而從簡文所云「固、承、生」，更可知胎兒成長之順利。

〔9〕𦇡（？、顯）

簡文此字之形為：

---

[112] 〔漢〕劉熙：《釋名》，收入《景印摛藻堂四庫全書薈要》（國立故宮博物院珍藏，臺北：世界書局，1988年2月初版），卷二，頁79-539。

[113] 〔漢〕司馬遷原著、（日）瀧川龜太郎著：《史記會注考證》（臺北：萬卷樓圖書公司，1993年8月初版），卷一，頁28。

[114] 〔漢〕孔安國傳、〔唐〕孔穎達疏：《禮記注疏》（清嘉慶二十年江西南昌府學重刊宋刻本，臺北：藝文印書館，1997年8月初版），卷十三，頁265-266。

[115] 「收」字上古音屬書母幽部，「受」字則為禪母幽部，二字疊韻聲近，應可相通。

[116] 〔魏〕王弼注、〔東晉〕韓康伯注、〔唐〕孔穎達疏：《周易正義》（清嘉慶二十年江西南昌府學重刊宋刻本，臺北：藝文印書館，1997年8月初版），卷九，頁187。

[117] 〔漢〕司馬遷原著、（日）瀧川龜太郎著：《史記會注考證》（臺北：萬卷樓圖書公司，1993年8月初版），卷一百九，頁1178。

[118] 〔漢〕毛亨傳、〔漢〕鄭玄箋、〔唐〕孔穎達疏：《毛詩正義》（清嘉慶二十年江西南昌府學重刊宋刻本，臺北：藝文印書館，1997年8月初版），卷十四之三，頁496。

[119] 〔清〕王引之：《經傳釋詞》（臺北：河洛出版社，1980年8月臺影印出版），卷三，頁77。

／（清華〈湯在啻門〉簡 8）

原整理者隸作「^解絲」，疑其下从絲（聯）聲，並將簡文所謂「^解絲章」，讀為「顯章」或「顯彰」，義近於「成功」；[120]網路發言者明珍將下文「章」字，訓作「紋章，標志」，並認為「古人可能以為此時才知胎兒性別，或是指顯現紋理，比如眼鼻耳目的線條等等」；[121]網路發言者暮四郎將簡文此字釋為「[解／絲]」，並以為其與下文簡8之「繲」字應是同一字；[122]王寧從暮四郎釋「繲」之說，並以為「此字當與清華簡四《筮法》用為『解』的『繲』同字，此亦當讀為『解』，同時，又將此段簡文解作「蓋『解』為分判義，『章』為男女分別之標誌，大概古人認為在九月之前胎兒尚無男女之分別，到了九月才能分別是男是女，各具其性別標誌也。」[123]網路發言者曰古氏認為簡文此字非从絲（聯）聲，而是从系得聲，在此可讀為「解」，並將簡文所謂「^解絲章」讀為「瓦璋」；[124]曹方向疑「顯章」乃「毛髮長成」之意；[125]郭倩文從原整理者之說；[126]李爽大抵仍從明珍與王寧之說，並將此段簡文部分語意釋為「顯現紋章」；[127]侯乃峰以為簡文此字乃「『系』、『解』皆聲」之雙聲符字，並讀為「瓦」，進而將簡文所云「九月^解絲章」，讀為「瓦璋」，即源自《詩經》「弄璋」、「弄瓦」等生男或生女之謂，同時，亦將簡文文意釋為「當是指胎兒發育到九個月大的時候開始分化出第一性別特徵，即這時可以分辨出是男孩還是女孩了」；[128]張瀚墨亦贊同簡文此字釋作「繲」，並以為「『繲』與『頡』同為匣母，『章』與『頏』皆在陽部，因此『^解絲章』或可釋為『頡頏』。『頡頏』，顏師古謂『上下不定』，或許是描述胎兒長成後忽上忽下移動之貌，接近於表1中描述胎兒發育到十月

120 清華大學出土文獻研究與保護中心編、李學勤主編：《清華大學藏戰國竹簡（伍）》（上海：中西書局，2015 年 4 月第一版），頁 142、145。

121 「簡帛論壇：清華五《湯在啻門》初讀」15 樓網路發言者明珍之發文，武漢大學簡帛研究中心，網址：http://www.bsm.org.cn/forum/forum.php?mod=viewthread&tid=3248&extra=page%3D2&page=2，2015 年 4 月 21 日，檢索日期：2018 年 7 月 10 日；王進鋒〈清華簡（伍）《殷高宗問於三壽》《湯處於湯丘》《湯在啻門》三篇集釋〉，收入李學勤、艾蘭、呂德凱主編，清華大學出土文獻研究與保護中心、古代中國研究會編：《清華簡研究》3（上海：中西書局，2019 年 12 月第一版），頁 392-497。

122 「簡帛論壇：清華五《湯在啻門》初讀」19 樓網路發言者暮四郎之發文，武漢大學簡帛研究中心，網址：http://www.bsm.org.cn/bbs/read.php?tid=3248&fpage=3&page=2，2015 年 4 月 22 日，檢索日期：2018 年 7 月 10 日。

123 王寧：〈讀《湯在啻門》散札〉，復旦大學出土文獻與古文字研究中心，網址：http://www.gwz.fudan.edu.cn/Web/Show/2513，2015 年 5 月 6 日，檢索日期：2018 年 6 月 27 日。

124 因網站內容調整，網路發言者曰古氏之說（原發表於復旦大學出土文獻與古文字研究中心論壇〈清華伍〈湯在啻門〉篇的「九月^解絲章」臆說〉帖之 1 樓、2 樓，2015 年 7 月 19 日），今轉見於曹峰：〈清華簡《湯在啻門》譯注〉，收入李學勤、艾蘭、呂德凱主編，清華大學出土文獻研究與保護中心、古代中國研究會編：《清華簡研究》3（上海：中西書局，2019 年 12 月第一版），頁 108-143。

125 曹方向：〈清華五與馬王堆醫書對比探析〉，收入《第二十七屆中國文字學國際學術研討會論文集》（臺中：國立臺中教育大學語文教育學系、中國文字學會，2016 年 5 月），頁 479-485。

126 郭倩文：《《清華五》、《上博九》集釋及新見文字現象整理與研究》（華東師範大學碩士學位論文，2016 年 5 月），頁 158-159。

127 李爽：《清華簡「伊尹」五篇集釋》（吉林大學碩士論文，2016 年 6 月），頁 130。

128 侯乃峰：〈讀清華簡（伍）雜志〉，《中國文字》新 43（2017 年 3 月），頁 75-88。

時所表現出來之『躁』貌」，不過，其在附注中亦說明此讀法尚無堅實之文獻證據，聊備一說；[129]洪君好從原整理者之說，但亦贊同明珍所言性別之看法；[130]曹峰仍從原整理者之說；[131]張宇衛認為簡文此字應釋為从解从絲，且从解得聲，讀為「益」。[132]

今復考簡文此例之形，其上从解，應無疑義，但是否與下文簡8「繲」字為同一字，若就形構組合而言，一从縺「糸」，一則僅从一「糸」，且簡文此字在縺糸形構之上，仍有橫筆，因此，二字字形實未盡相同，此可參簡8「繲」字之形：

（清華〈湯在啻門〉簡8）

再者，古文字與傳世文獻亦未見「繲」字屬簡文此字異體之相關資料，簡文用例更是不同，尤其簡8云「其氣憒繲發治」，說的是人之精神，而非胎兒成長之事，因此，簡文此字之釋形，恐與簡8之「繲」字無關。

至於簡文此字下所從之形，倘釋為「絲（聯）」，雖有其可能性，但此中似猶有可商者，大抵楚簡「聯」字多从耳从串，其「串」形乃甲金文「幺」旁之訛化，抑或義近之形符替換，與簡文此例之字形實不甚相類，茲列舉此等要例：

（第四期：《合集》32176）

（第四期：《合集》32176）

（西周：聯子觶，《集成》06446）

（西周：考母壺，《集成》09527.1）

（西周：作縈鬲，《集成》00470）

（春秋：為尋簋，《集成》04120）

[129] 張瀚墨：〈〈湯在啻門〉、十月懷胎與早期中國術數世界觀〉，《饒宗頤國學院院刊》4（2017年5月），頁173-212。

[130] 洪君好：《戰國竹書伊尹文獻研究》（國立中興大學中國文學研究所碩士論文，2017年8月），頁60-61。

[131] 曹峰：〈清華簡《湯在啻門》譯注〉，收入李學勤、艾蘭、呂德凱主編，清華大學出土文獻研究與保護中心、古代中國研究會編：《清華簡研究》3（上海：中西書局，2019年12月第一版），頁108-143。

[132] 張宇衛：〈說「茲」字及其相關字形〉，《臺大中文學報》69（2020年6月），頁1-40。

（望山簡 2.2）

（望山簡 2.3）

另外，戰國晉璽或見一「聯」字，其形為：

（《璽彙》2389）

　　此字從耳從絲，其所從之「絲」字，裘錫圭認為「絲」乃「聯」之本字，[133]此或即上引原整理者釋形說法之論證基礎，而黃德寬則曾根據晉侯對盨「遜」字之釋讀，認為「絲」字兼具「系」、「聯」二音，甚至可釋作「繫」之古體，[134]雖然其說與裘錫圭之看法稍有不同，但亦可證成原整理者釋「聯」之說。二家之說皆有其理據，不過，楚系「聯」字終究未省「耳」形，且如上引裘錫圭說所云，戰國時期也有可能存在少量「絲」、「絲」二字不分的情況，故簡文此字實仍無法排除其從二系，即「絲」字之可能性，畢竟「絲」字在偏旁組合上，與「絲」字或謂形近，甚至有相混之可能。

　　又簡文此字是否從系，若以目前所見戰國「系」字而言，其例絕大多數仍是從爪，且若有省作一橫筆或一撇筆之形構者，下方「糸」亦僅從一「糸」，而未有種複二「糸」以上之情況，此可參考以下之字形：

（包山簡 179）

（上博〈孔子詩論〉簡 27）

（上博〈曹沫之陳〉簡 13）

（《陶彙》6.79）

《說文》小篆之形則為：

133　裘錫圭：〈戰國璽印文字考釋三篇〉，收入中國古文字研究會、山西省文物局考古研究所、中華書局編輯部編：《古文字研究》10（北京：中華書局，1983 年 7 月第一版），頁 78-100。
134　黃德寬：〈「絲」及相關字的再討論〉，收入吉林大學古文字研究室編：《中國古文字研究》1（長春：吉林大學出版社，1999 年 6 月第一版），頁 321-327。

因此，簡文此例下方所从之形構，雖有从聯之可能性，但似仍缺直接之字形證據，更非从系，或許應另作別解。

　　有鑑於此，竊疑簡文此例可如上引暮四郎與張宇衛之隸釋，逕釋从絲即可，因楚簡「絲」字即作此形，甚至其上繁縷一橫筆，而近於「絲」形，在此可隸作「絲」，楚簡此等「絲」字類例或如：

（望山簡 2.6）

（望山簡 2.49）

（信陽簡 2.2.2）

（信陽簡 2.2.15）

（清華〈治政之道〉簡 28）

　　上引楚簡「絲」字或謂與簡文此字下所从者形近，尤其新見〈治政之道〉簡例上橫筆之寫法，其覆蓋於此二糸之上，最是相近，再者，楚簡「絲」字此橫筆與其右「糸」多連筆書之，簡文此字亦是如此，其惟或稍有折筆之勢耳，故簡文此例應可釋為从解从絲，惟其形源待考，且疑其當从解得聲，而非以「絲」作為聲符，在此仍可讀為「顯」，主因「解」、「顯」二字上古音或有一定程度之關係，[135]再者，簡文所謂「顯彰」一詞，亦於史有徵，如原整理者所引之《史記・太史公自序》「不背柯盟，桓公以昌，九合諸侯，霸功顯彰」語，[136]即其證也，換言之，王寧讀為「解章」之謂，雖具其理，但似且不如讀為「顯彰」來得更於史有據，至於此字下所从之「絲」，因「顯」字初文本亦从

---

[135] 「解」字上古音屬見母錫部，「顯」字則為曉母元部，二字聲近，韻部則或隔，不過，在先秦文獻與古文字中，錫部之陽聲韻耕部，其與元部猶有合韻或通假之例，故疑「解」、「顯」二字之上古音，應有一定程度之關係。陳新雄：《古音研究》（臺北：五南圖書公司，1999 年 4 月初版），頁 467；李存智：《上博楚簡通假字音韻研究》（臺北：萬卷樓圖書公司，2010 年 2 月初版），頁 270-271。

[136] 〔漢〕司馬遷原著、（日）瀧川龜太郎著：《史記會注考證》（臺北：萬卷樓圖書公司，1993 年 8 月初版），卷一百三十，頁 1374。

絲，[137]這不得不令人聯想此中是否有所關聯，只是簡文此字今僅此一見，尚未見其他異構，因此，其下所从絲之形構之旨為何，尚且待考，張宇衛曾將此「絲」釋為意符，未嘗不可，惟其說乃立基於將簡文此字讀為「益」，如其文中所云，「益」在楚簡中已有專字，而「益」字本義與「溢出」有關，[138]在此恐亦與「絲」無涉，甚至簡文此處似也無須找一個更難且無法盡表形構之旨之例，來代替常見之「益」字，也就是簡文此字為何从絲，或猶待解，但即便如此，簡文此例仍可如原整理者之釋讀，將其讀為「顯」，訓作「顯揚」或「昭著」，同於《玉篇》釋「顯」所云「著也」，[139]亦猶《易經·比》曰「顯比，王用三驅，失前禽。」王弼注云「比而顯之，則所親者狹矣」，[140]又如朱熹《本義》亦釋云「顯其比而无私」，[141]亦猶《孟子·公孫丑章句》曰「管仲以其君霸，晏子以其君顯」，[142]凡此「顯」字皆同此訓。故簡文此云「九月顯彰」，應指「到九月時，胎兒成長已相當顯著」之意，以呼應下文所云「十月乃成」之語意，且由於簡文內容並未透露性別、紋理或器官線條之訊息，實不必過度引申，也不用將「章」字訓作與此等內容有關之義類，換言之，上引部分學者以為九月即可知男女、抑或「弄璋」、「弄瓦」，倘以原典內容而言，知此二詞實皆指「已生」之意，如《詩經·小雅·斯干》云「乃生男子，載寢之床，載衣之裳，載弄之璋。」[143]又如《詩經·小雅·斯干》則曰「乃生女子，載寢之地，載衣之裼，載弄之瓦。」[144]因此，倘在此將簡文解作「瓦璋」，恐無法切合下文「十月乃成」之內容，再者，「瓦璋」一詞，文獻未見，若逕讀為「九月瓦璋」，似乎仍須再作補證，另外，上引張瀚墨將簡文此處讀為「九月頡頏」，即如其所言，亦無直接文獻證據，如「頡頏」一詞，在其所引顏師古釋語中，其實指的是言辭，而非位置，其猶《文選·楊子雲〈解嘲〉》云「是故鄒衍以頡頏而取世資，孟軻雖連蹇，猶為萬乘師。」李善注引蘇林曰「頡頏，奇怪之辭也。」[145]而《漢書·揚雄傳下》則引作「頡亢」，

---

137 西周金文「顯」字或作▨（西周：史獸鼎，《集成》02778）、▨（西周：𤼈鐘，《集成》00248）、▨（西周：大鼎，《集成》02806），知「顯」字初文从頁从日从絲，倘據林義光之考證，知其形構之旨殆指「象人面在日下視絲之形，絲本難視，持向日下視之乃▨也」。林義光：《文源》（上海：中西書局，2012 年 3 月第一版），卷六，頁 216-217。

138 季旭昇：《說文新證》（臺北：藝文印書館，2014 年 9 月二版），頁 416-417。

139 〔南朝梁〕顧野王原著、國字整理小組編：《玉篇》（臺北：國字整理小組，出版年不詳），卷三，頁 80。

140 〔魏〕王弼注、〔東晉〕韓康伯注、〔唐〕孔穎達疏：《周易正義》（清嘉慶二十年江西南昌府學重刊宋刻本，臺北：藝文印書館，1997 年 8 月初版），卷二，頁 37-38。

141 〔宋〕朱熹：《周易本義》（據清同治山東書局尚志堂四卷本排印，並參校清康熙間內府覆刻宋咸淳乙丑九江吳革十二卷本，臺北：大安出版社，1999 年第一版），頁 64。

142 〔漢〕趙岐傳、〔宋〕孫奭疏：《孟子注疏》（清嘉慶二十年江西南昌府學重刊宋刻本，臺北：藝文印書館，1997 年 8 月初版），卷三，頁 51。

143 〔漢〕毛亨傳、〔漢〕鄭玄箋、〔唐〕孔穎達疏：《毛詩正義》（清嘉慶二十年江西南昌府學重刊宋刻本，臺北：藝文印書館，1997 年 8 月初版），卷十一之二，頁 387。

144 〔漢〕毛亨傳、〔漢〕鄭玄箋、〔唐〕孔穎達疏：《毛詩正義》（清嘉慶二十年江西南昌府學重刊宋刻本，臺北：藝文印書館，1997 年 8 月初版），卷十一之二，頁 388。

145 〔南朝梁〕蕭統編、〔唐〕李善注：《文選》（宋淳熙本重雕鄱陽胡氏藏版，臺北：藝文印書館，1983 年 6 月十版），卷四十五，頁 642。

顏師古注云：「頡亢，上下不定也。」[146]故總而言之，簡文「[觲/絲]」字在此仍可讀為「顯」，而簡文所謂「九月顯彰」，殆指「到九月時，胎兒成長已相當顯著」之意也。

〔10〕[兟/廾]（晉、㬜？）[觲糸]（繲、懈）[𤼾/豐]（登、發）[糸司]（？、治）

簡文此段話釋讀之關鍵，應在於首二字，其字形為：

 ／  （清華〈湯在啻門〉簡 8，△1）

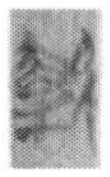 ／  （清華〈湯在啻門〉簡 8，△2）

原整理者將「△1」字釋為「晉」，讀為「崇」，指豐滿之意；[147]網路發言者 ee 將「△1」字讀為「潛」；[148]網路發言者暮四郎疑「△1」字應讀為「炎」；[149]王寧則讀為「潛」，訓作「深沉意」；[150]網路發言者 lht 疑簡文「△1」字可讀為「潛」，訓作「沈」；[151]單育辰將簡文此句讀為「潛解發始」，指「暗中散解發生開始」；[152]對於「△1」字之釋讀，郭倩文從原整理者之說；[153]關於「△1」字，李爽仍從王寧之說；[154]張瀚墨以為簡文「△1」字「可釋為『潛』，即『藏』，與『發』對舉，氣之『潛』與『發』也就是氣之『入』與『出』」；[155]洪君妤亦將「△1」字讀為「崇」，並訓作「充滿」、「盛滿」；[156]陳致根據上

146 〔漢〕班固撰、〔唐〕顏師古注：《漢書》（瞿氏鐵琴銅劍樓藏北宋景祐刊本，臺北：臺灣商務印書館，2010 年 7 月臺二版），〈列傳〉卷五十七下，頁 1076。

147 清華大學出土文獻研究與保護中心編、李學勤主編：《清華大學藏戰國竹簡（伍）》（上海：中西書局，2015 年 4 月第一版），頁 142、145。

148 「簡帛論壇：清華五《湯在啻門》初讀」1 樓網路發言者 ee 之發文，武漢大學簡帛研究中心，網址：http://www.bsm.org.cn/forum/forum.php?mod=viewthread&tid=3248&extra=page%3D2，2015 年 4 月 10 日，檢索日期：2018 年 6 月 16 日；王進鋒：〈清華簡（伍）《殷高宗問於三壽》《湯處於湯丘》《湯在啻門》三篇集釋〉，收入李學勤、艾蘭、呂德凱主編，清華大學出土文獻研究與保護中心、古代中國研究會編：《清華簡研究》3（上海：中西書局，2019 年 12 月第一版），頁 392-497。

149 「簡帛論壇：清華五《湯在啻門》初讀」20 樓網路發言者暮四郎之發文，武漢大學簡帛研究中心，網址：http://www.bsm.org.cn/forum/forum.php?mod=viewthread&tid=3248&extra=page%3D2&page=2，2015 年 4 月 22 日，檢索日期：2018 年 6 月 16 日；王進鋒：〈清華簡（伍）《殷高宗問於三壽》《湯處於湯丘》《湯在啻門》三篇集釋〉，收入李學勤、艾蘭、呂德凱主編，清華大學出土文獻研究與保護中心、古代中國研究會編：《清華簡研究》3（上海：中西書局，2019 年 12 月第一版），頁 392-497。

150 王寧：〈讀《湯在啻門》散札〉，復旦大學出土文獻與古文字研究中心，網址：http://www.gwz.fudan.edu.cn/Web/Show/2513，2015 年 5 月 6 日，檢索日期：2018 年 6 月 27 日。

151 王寧：〈讀《湯在啻門》散札〉文下第 1 樓網路發言者 lht 之評論，復旦大學出土文獻與古文字研究中心，網址：http://www.gwz.fudan.edu.cn/Web/Show/2513，2015 年 5 月 7 日，檢索日期：2018 年 6 月 27 日。

152 單育辰：〈《清華大學藏戰國竹簡（伍）》釋文訂補〉，收入復旦大學出土文獻與古文字研究中心編：《戰國文字研究的回顧與展望》（上海：中西書局，2017 年 8 月第一版），頁 204-210。

153 郭倩文：《《清華五》、《上博九》集釋及新見文字現象整理與研究》（華東師範大學碩士學位論文，2016 年 5 月），頁 160。

154 李爽：《清華簡「伊尹」五篇集釋》（吉林大學碩士論文，2016 年 6 月），頁 131。

155 張瀚墨：〈〈湯在啻門〉、十月懷胎與早期中國術數世界觀〉，《饒宗頤國學院院刊》4（2017 年 5 月），頁

博〈容成氏〉簡 38 之「晉」字與《子夏易傳》之內容，認為簡文「△1」字應讀為「炎」；[157]曹峰仍從原整理者之說，並將簡文此句釋作「氣之充盈暢達」；[158]黃冠雲將「△1」字讀為「潛」，訓作「沈」。[159]

今復考簡文此例之形，其寫法與部分楚簡「晉」字相類，且其下皆從甘，例如：

（包山簡 177）

因此，「△1」字倘依形嚴式隸定作「晉」，且釋作「晉」，應無疑義，而上引陳致所云上博〈容成氏〉簡之「晉」字，其形為：

（上博〈容成氏〉簡 38）

其所從甘上方二「希」之形，與簡文此字或異，應是西周金文之孑遺，大抵是其「希」形下方異化為二撇筆，例如：

（西周：䟆卣，《新收》1352）

是故，上博簡此例與簡文此字同為「晉」字異構，基本上是沒有問題的。

至於「△2」字，原整理者隸作「繂」，並釋云「繂，從糸，皐聲，疑讀為『歗』。……意為盛氣奮發。字又疑從糸，解省聲。上博簡《周易》『繲』讀為卦名『解』。解，通達」；[160]網路發言者ee讀為「解」；[161]網路發言者暮四郎以為簡文此字與其上文「繂」字乃同一字，仍隸釋為「繂」；[162]王寧將簡文此字釋為「從糸皐（觸）聲」，並疑其「即『繘』

173-212。

[156] 洪君好：《戰國竹書伊尹文獻研究》（國立中興大學中國文學研究所碩士論文，2017 年 8 月），頁 61。

[157] 陳致：〈清華簡（伍）《湯處於湯丘》《湯在啻門》《殷高宗問於三壽》三篇札記〉，收入李學勤、艾蘭、呂德凱主編，清華大學出土文獻研究與保護中心、古代中國研究會編：《清華簡研究》3（上海：中西書局，2019 年 12 月第一版），頁 78-89。

[158] 曹峰：〈清華簡《湯在啻門》譯注〉，收入李學勤、艾蘭、呂德凱主編，清華大學出土文獻研究與保護中心、古代中國研究會編：《清華簡研究》3（上海：中西書局，2019 年 12 月第一版），頁 108-143。

[159] 黃冠雲：〈說《湯在啻門》論「氣」一節文字〉，收入李學勤、艾蘭、呂德凱主編，清華大學出土文獻研究與保護中心、古代中國研究會編：《清華簡研究》3（上海：中西書局，2019 年 12 月第一版），頁 159-170。

[160] 清華大學出土文獻研究與保護中心編、李學勤主編：《清華大學藏戰國竹簡（伍）》（上海：中西書局，2015 年 4 月第一版），頁 142、145。

[161] 「簡帛論壇：清華五《湯在啻門》初讀」1 樓網路發言者 ee 之發文，武漢大學簡帛研究中心，網址：http://www.bsm.org.cn/forum/forum.php?mod=viewthread&tid=3248&extra=page%3D2，2015 年 4 月 10 日，檢索日期：2018 年 6 月 15 日；王進鋒：〈清華簡（伍）《殷高宗問於三壽》《湯處於湯丘》《湯在啻門》三篇集釋〉，收入李學勤、艾蘭、呂德凱主編，清華大學出土文獻研究與保護中心、古代中國研究會編：《清華簡研究》3（上海：中西書局，2019 年 12 月第一版），頁 392-497。

[162] 「簡帛論壇：清華五《湯在啻門》初讀」19 樓網路發言者暮四郎之發文，武漢大學簡帛研究中心，網址：http://www.bsm.org.cn/bbs/read.php?tid=3248&fpage=3&page=2，2015 年 4 月 22 日，檢索日期：2018

字，亦作『繻』，故在此基礎上，王寧以為「發，勃發意，與『潛』為對，義相反。『紃』當即『絧』字，讀為『絲』，二字古音同。『潛繻發絲』謂氣深沉如帶之綿延伸長，勃發如絲之綿綿不絕，此均謂氣之生長不斷之意，故曰『是其為長且好哉』，意思這就是人能長高和俊美（或健康）的原因。此二句是針對上面湯之『何短以長』、『胡猷是人，而一惡一好』的問話而回答的」，不過，王寧在該文下之評論中，參考網路發言者lht之說，後又修正其論點，認為「本文中『繻』即『濁』，『治』相當於『清』」；[163]網路發言者lht在上引其將『暜』讀為『潛』之基礎上，並參酌王寧之說，以為「『繻』讀為『濁』。古書『沈濁』連言習見，有形容氣者。……讀為『重』亦可」；[164]單育辰對簡文此字之釋讀，已如上所述；[165]郭倩文對此字之釋讀，仍暫且存疑，但對其下文之「發」字，則訓同原整理者之說，「紃」字則訓作「順」；[166]李爽仍從暮四郎之說；[167]張瀚墨以為「此『鯀』似可解作『觸衣』，即『褌襠』，也就是內衣，取其深藏意」；[168]洪君妤亦讀為「解」，訓作「通達」；[169]曹峰仍從原整理者之說，已如上述；[170]黃冠雲讀為「濁」；[171]王進鋒則仍從王寧未改釋前之原說。[172]

今復考簡文此例之形，知其左旁从角从牛，右則从糸，非从系，就形構組合而言，應即「繲」字之省，原整理者之隸釋，可從，如上述學者所引，其類例又見於上博《周易》與〈曹沫之陳〉簡：

（上博《周易》簡37）

年7月10日。

163 王寧：〈讀《湯在啻門》散札〉及其文下第2樓王寧之評論，復旦大學出土文獻與古文字研究中心，網址：http://www.gwz.fudan.edu.cn/Web/Show/2513，2015年5月6日、7日，檢索日期：2018年6月27日。

164 王寧：〈讀《湯在啻門》散札〉文下第1樓網路發言者lht之評論，復旦大學出土文獻與古文字研究中心，網址：http://www.gwz.fudan.edu.cn/Web/Show/2513，2015年5月7日，檢索日期：2018年6月27日。

165 單育辰：〈《清華大學藏戰國竹簡（伍）》釋文訂補〉，收入復旦大學出土文獻與古文字研究中心編：《戰國文字研究的回顧與展望》（上海：中西書局，2017年8月第一版），頁204-210。

166 郭倩文：《《清華五》、《上博九》集釋及新見文字現象整理與研究》（華東師範大學碩士學位論文，2016年5月），頁160-162。

167 李爽：《清華簡「伊尹」五篇集釋》（吉林大學碩士論文，2016年6月），頁131。

168 張瀚墨：〈〈湯在啻門〉、十月懷胎與早期中國術數世界觀〉，《饒宗頤國學院院刊》4（2017年5月），頁173-212。

169 洪君妤：《戰國竹書伊尹文獻研究》（國立中興大學中國文學研究所碩士論文，2017年8月），頁61。

170 王進鋒：〈清華簡（伍）《殷高宗問於三壽》《湯處於湯丘》《湯在啻門》三篇集釋〉，收入李學勤、艾蘭、呂德凱主編，清華大學出土文獻研究與保護中心、古代中國研究會編：《清華簡研究》3（上海：中西書局，2019年12月第一版），頁392-497。

171 黃冠雲：〈說《湯在啻門》論「氣」一節文字〉，收入李學勤、艾蘭、呂德凱主編，清華大學出土文獻研究與保護中心、古代中國研究會編：《清華簡研究》3（上海：中西書局，2019年12月第一版），頁159-170。

172 王進鋒：〈清華簡（伍）《殷高宗問於三壽》《湯處於湯丘》《湯在啻門》三篇集釋〉，收入李學勤、艾蘭、呂德凱主編，清華大學出土文獻研究與保護中心、古代中國研究會編：《清華簡研究》3（上海：中西書局，2019年12月第一版），頁392-497。

（上博《周易》簡 37）

（上博〈曹沫之陳〉簡 16）

知簡文此字應即〈曹沫之陳〉簡例之偏旁互易形構，殆「糸」旁左右易位耳，且從《周易》簡所見疑从解不省之字形而言，則「△2」字更應可釋為解省聲，而非𦥑（觸）得聲，因此，原整理者之第二種釋讀方式，大抵較符合文字之發展現況，換言之，此字釋讀為「濁」之說法，或許可初步排除。另外，「△2」是否為上文「_解」字異構，已如上所云，待考。

綜上所述，知「△1」與「△2」二字應可分釋作「暜」與「繲」，而簡文此處云「其氣暜繲發治，是其為長且好哉。」（清華〈湯在啻門〉簡 8），若就簡文此段話之釋讀而言，則又可作幾項補證：簡文云「其氣暜繲發治」，可知「暜繲發治」應指對「氣」之四項並列描述，其猶原整理者釋「發」為「抒發」，又釋「治」與「亂」相對，[173]且皆應為動詞，因此，「暜」與「繲」二字也應解作與此相類之用例，惟原整理者將「暜」字讀為豐滿義之「崇」，曹峰則釋作「充盈」，雖然都是狀態，但並非動詞，在詞性用例上，難以與「發」、「治」並列，或可再商；至於上引王寧將「△1」與「△2」二字分讀為「潛」、「濁」，並稍調整「治」之說法，雖或具其理，但將「治」引申為「水治」，再至「清」，此中似過於轉折，「濁」字亦受限於如上文所述「繲」字釋形，即簡文此字並不从𦥑（觸），故其說似仍有可商者，同理，網路發言者 lht 之釋讀，本就據王寧釋「繲」之論立說，也同時存在相同之問題，甚至黃冠雲之說亦同此；不過，上引網路發言者 ee（單育辰）將「△1」讀「潛」，並將「△2」讀為「解」，大抵符合本文上所述之字形分析結果，惟其將「△1」訓作「暗中」，尚且未知其與下文「是其為長且好哉」之關係為何，即為何須有此「暗中」之動作，更未能合乎本文上所述「『氣』之四項並列描述」之原則，當然，「△2」訓作「散發」，殆指動作，而非狀態之描述，於文意似仍稍隔，因此，單育辰將「△1」讀「潛」，「△2」讀為「解」，或許可行，但義訓皆或仍有疑；再如上引張瀚墨將此二字讀為「潛觸」，不可否認，其所言氣之出入，亦有其一定之道理，然而，由「觸衣」引申至「深藏」義，此中似仍缺實證，猶可再商；另外，網路發言者暮四郎與陳致認為「△1」應讀為「炎」，其主要根據是《子夏易傳》所言「胎」之一段，大抵是「胎者，自得其溫氣也，溫發而為火。火始於內，而成炎於外」，惟此書來源本就可疑，[174]且此所謂「炎」，是一種結果，而非狀態，更難以與簡文所謂人養成之「氣」

---

[173] 清華大學出土文獻研究與保護中心編、李學勤主編：《清華大學藏戰國竹簡（伍）》（上海：中西書局，2015 年 4 月第一版），頁 142、145。

[174] 《四庫全書總目提要》云「說易之家，最古者莫若是書。其偽中生偽，至一至再而未已者，亦莫若是書。……是唐已前，所謂《子夏傳》，已為偽本。……然則今本又出偽託，不但非子夏書，亦並非張弧書矣。流傳既久，姑存以備一家云爾。」〔清〕永瑢、紀昀等：《四庫全書總目提要》（據文淵閣藏武英殿刻本印

對應。是故，不管是原整理者或諸家之看法，皆仍有可商之處，簡文此二字或可另作別解，竊疑「瞽」字應可改讀為「憯」，[175]訓作「瑟縮」，其猶賈誼《新書‧諭誠》云「楚昭王當房而立，愀然有寒色，曰：『寡人朝飢饉時，酒二酯，重裘而立，猶憯然有寒氣，將奈我元元之百姓何？』」[176]此所見「憯」字，即「憯」，[177]其義即同此訓也，而簡文此「瞽」字便應作如是解，甚至也與身體調氣有關，不過，此用例時代稍晚，且仍有用作形容詞之疑慮，今暫且存疑，姑作此釋，然而，倘循此理，若「瞽」字可讀為「憯」，則「繲」字亦應與「瞽」字同為亂其氣之負面義，而與「發」、「治」之調理義相對，有鑑於此，頗疑「繲」字應可讀為「懈」，[178]訓作「弛緩不振」，如《廣雅‧釋詁》釋「懈」云「緩也」，[179]或猶《釋名‧釋疾病》曰「懈，解也，骨節解緩也。」[180]畢沅疏證云「此亦謂弱人精神不能振作者是」，蓋此所謂畢沅又曰之說，即與簡文語境相類也，因此，簡文所謂「其氣憯、懈、發、治」，當指氣之瑟縮、不振、抒發、調適等，換言之，在簡文此處或指胎兒成長之氣，調理得當漸入佳境，故有下文「長且好」之謂。

〔11〕𣪠（？、壯）

簡文此字之形為：

／（清華〈湯在啻門〉簡9）

原整理者隸作「𣪠」，並釋云「字從相聲，疑為『壯』字，相、壯皆齒音陽部字。當、壯同義連用，意同『當年』或『盛壯』」；[181]網路發言者暮四郎據相關聲系相通之理，以為簡文此字應讀為「梁」，與簡文上字併讀為「強梁」，訓作「強有力」；[182]李爽仍從

行，臺北：臺灣商務印書館，1983年10月初版），卷一，頁1─54-55。

[175] 「憯」字本就從瞽得聲，如《說文》即釋「憯」或云「痛也。從心瞽聲」，再者，「瞽」、「憯」二字上古音同屬清母侵部，故「瞽」字可讀為「憯」，應無疑義。〔漢〕許慎編撰、〔宋〕徐鉉校定：《說文解字》（據清同治十二年陳昌治改刻本縮印，香港：中華書局，2014年8月再版），卷十，頁222。

[176] 〔漢〕賈誼：《賈子新書》（臺北：臺灣商務印書館，1968年3月臺一版），卷下‧十五。

[177] 教育部「異體字字典」，網址：https://dict.variants.moe.edu.tw/variants/rbt/word_attribute.rbt?quote_code=QjAxMTg3，檢索日期：2018年5月22日。

[178] 「繲」、「懈」二字上古音同屬見母錫部，二字理可相通。

[179] 〔魏〕張揖撰、〔清〕王念孫疏證：《廣雅疏證》（臺北：廣文書局，1971年10月初版），卷二，頁50。

[180] 〔漢〕劉熙：《釋名》，收入《景印摛藻堂四庫全書薈要》（國立故宮博物院珍藏，臺北：世界書局，1988年2月初版），卷八，頁79-568。

[181] 清華大學出土文獻研究與保護中心編、李學勤主編：《清華大學藏戰國竹簡（伍）》（上海：中西書局，2015年4月第一版），頁142、145。

[182] 「簡帛論壇：清華五《湯在啻門》初讀」20樓網路發言者暮四郎之發文，武漢大學簡帛研究中心，網址：http://www.bsm.org.cn/forum/forum.php?mod=viewthread&tid=3248&extra=page%3D2&page=2，2015年4月22日，檢索日期：2018年6月18日；王進鋒：〈清華簡（伍）《殷高宗問於三壽》《湯處於湯丘》《湯在啻門》三篇集釋〉，收入李學勤、艾蘭、呂德凱主編，清華大學出土文獻研究與保護中心、古代中國研究會編：《清華簡研究》3（上海：中西書局，2019年12月第一版），頁392-497。

原整理者之說；[183]洪君好亦從原整理者之看法；[184]郭倩文讀為「壯」；[185]陳致認為簡文此字應釋為「徉」，並與其簡文上字併讀為「徜徉」，訓作「氣舒徐回旋」；[186]曹峰仍從原整理者之說，並將此段簡文釋作「當氣奮發昌盛時，人就變得強壯」；[187]黃冠雲則將簡文此字讀為「蕩」，並與其上字併讀為「蕩蕩」，訓作「人的氣象寬大」，並認此讀法「間接指涉『沆碭』、『碭』等專門描述氣的詞語」。[188]

　　今復考簡文此例之形，知其从相从力从攴，殆無疑義，惟是否即「壯」字，由於古文字「壯」字尚猶未見作此形者，因此，釋「壯」恐猶有可商，今暫且存疑以俟新出。

　　依原整理者之簡文所云「其氣奮昌，是其為當𣪊」（簡8、9），顯然「當𣪊」是「其氣奮昌」之表現，且如上引黃冠雲所云，其與簡文上下文之「長且好」與「力」，皆為此段與「氣」相對所屬「人」之表現，故其所讀「蕩蕩」，有其一定之道理，然而，不管是「蕩蕩」、「沆碭」或「碭」，其用例與上下文所謂「人」或身體方面之表現，終究有些差距；又陳致讀為「徜徉」，其詞在先秦古籍中，也難以見到描述身體或與身體運行有關之例，且與上下文文意不甚相應，亦可商；至於原整理者與暮四郎之說，應是最近於簡文原怡，且都有傳世文獻語例為證，[189]只是暮四郎所據聲系稍嫌轉折，因此，本文仍從原整理者之說，將「𣪊」字讀為「壯」，或表「當年」或「盛壯」之意，能呼應上文「奮昌」一詞，其猶《管子・揆度》曰「力足蕩遊不作，老者譙之，當壯者遣之邊戍」，[190]此「壯」字即同此訓，且《管子》所云「當壯」，更與簡文用語相同，其義訓亦當相類也。

〔12〕𣪊（？、終）
　　簡文此字之形為：

／ 　（清華〈湯在啻門〉簡9）

[183] 李�：《清華簡「伊尹」五篇集釋》（吉林大學碩士論文，2016年6月），頁132。

[184] 洪君好：《戰國竹書伊尹文獻研究》（國立中興大學中國文學研究所碩士論文，2017年8月），頁62。

[185] 郭倩文：《《清華五》、《上博九》集釋及新見文字現象整理與研究》（華東師範大學碩士學位論文，2016年5月），頁162。

[186] 陳致：〈清華簡（伍）《湯處於湯丘》《湯在啻門》《殷高宗問於三壽》三篇札記〉，收入李學勤、艾蘭、呂德凱主編，清華大學出土文獻研究與保護中心、古代中國研究會編：《清華簡研究》3（上海：中西書局，2019年12月第一版），頁78-89。

[187] 曹峰：〈清華簡《湯在啻門》譯注〉，收入李學勤、艾蘭、呂德凱主編，清華大學出土文獻研究與保護中心、古代中國研究會編：《清華簡研究》3（上海：中西書局，2019年12月第一版），頁108-143。

[188] 黃冠雲：〈說《湯在啻門》論「氣」一節文字〉，收入李學勤、艾蘭、呂德凱主編，清華大學出土文獻研究與保護中心、古代中國研究會編：《清華簡研究》3（上海：中西書局，2019年12月第一版），頁159-170。

[189] 「當壯」例詳見本條考證所引書證，而「強梁」例，又見於《墨子・公孟》所云「有游於子墨子之門者，身體強良，思慮徇通，欲使隨而學。」此所謂「強良」應即暮四郎所釋讀之「強梁」。〔清〕張純一：《墨子集解》（臺北：文史哲出版社，2011年8月BOD版），卷十二，頁590。

[190] 〔唐〕尹知章注、〔清〕戴望校正：《管子校正》（以張巨山紹興己未寫本內容為基礎，定其句讀且校正之，臺北：世界書局，1955年11月臺一版），卷二十三，頁388。

原整理者隸作「」，並釋云「從燮，終聲，疑讀為『融』，皆舌音冬部字。融交，融會交合」；[191]郭倩文亦讀為「融」；[192]曹峰仍從原整理者之說，並將此段簡文釋作「當氣融會交合，周遍全身時，人就變得有力」；[193]黃冠雲贊同原整理者將簡文此字釋作从夊得聲，並將其讀為「中」，認為簡文所謂「中交以備」與《禮記‧樂記》之「四暢交於中而發作於外」，可互作比較，同時，在此基礎上，闡釋典籍所謂「氣交之中」之相關理蘊，進而將此段簡文譯作「當它在人身中聚交以完備時，其人是強而有力的」。[194]

今復考簡文此字之形，其上從冬（夊），下從燮，應無疑義，不過，此形構古文字未見，今暫且存疑以俟新出。

如上所述，原整理者與曹峰皆將簡文此例讀為「融」，解作「融會」意，然而，「融會」一詞先秦文獻罕見其例，且其用例亦似與「氣」無關，例如：隋煬帝楊廣〈重與智者請義書〉：「智者融會，盡有階差，譬若羣流，歸乎大海。」[195]知所謂「融會」者，應指知識或智慧之融合，與簡文言「氣」之文意實不甚相合，因此，原整理者與曹峰此說恐猶有可商；至於黃冠雲讀「中」之看法，在義理闡釋上深具其理，但「中交以備」一句之結構，卻頗為難解，畢竟此句若依其說解作「氣在人身中交以完備」，則「中」字顯然作「人身中」解，在語法上屬賓語，換言之，此句便成了賓語前置之結構，但古漢語常見之賓語前置句，多有語法前置標誌，[196]且以否定句或疑問句居多，賓語更是多為代詞，例如：《詩經‧魯頌‧閟宮》曰「戎狄是膺，荊舒是懲，則莫我敢承」，[197]又如《左傳‧僖公三十年》或云「夫晉，何厭之有？既東封鄭，又欲肆其西封。若不闕秦，將焉取之？闕秦以利晉，唯君圖之。」[198]再如《孟子‧梁惠王章句》云「老者衣帛食肉，黎民不飢不寒，然而不王者，未之有也。」[199]如此一來，「中交以備」句式，是否為古漢語賓語前置中之特例，可能又會是另一個問題。有鑑於此，諸家之說雖各有其理據，但仍或存疑義，也許可再作進一步之討論：考量簡文下文「備」字可訓作「周遍」，[200]頗

191 清華大學出土文獻研究與保護中心編、李學勤主編：《清華大學藏戰國竹簡（伍）》（上海：中西書局，2015 年 4 月第一版），頁 142、145。

192 郭倩文：《《清華五》、《上博九》集釋及新見文字現象整理與研究》（華東師範大學碩士學位論文，2016 年 5 月），頁 162。

193 曹峰：〈清華簡《湯在啻門》譯注〉，收入李學勤、艾蘭、呂德凱主編，清華大學出土文獻研究與保護中心、古代中國研究會編：《清華簡研究》3（上海：中西書局，2019 年 12 月第一版），頁 108-143。

194 黃冠雲：〈說《湯在啻門》論「氣」一節文字〉，收入李學勤、艾蘭、呂德凱主編，清華大學出土文獻研究與保護中心、古代中國研究會編：《清華簡研究》3（上海：中西書局，2019 年 12 月第一版），頁 159-170。

195 〔隋〕楊廣（隋煬帝）：〈重與智者請義書〉，收入王德毅主編：《叢書集成三編》（臺北：新文豐出版公司，1997 年三月台一版），頁 707。

196 左松超：《漢語語法（文言篇）》（臺北：五南圖書出版公司，2008 年 9 月二版），頁 169-170。

197 〔漢〕毛亨傳、〔漢〕鄭玄箋、〔唐〕孔穎達疏：《毛詩正義》（清嘉慶二十年江西南昌府學重刊宋刻本，臺北：藝文印書館，1997 年 8 月初版），卷二十之二，頁 780。

198 〔晉〕杜預注、〔唐〕孔穎達疏：《春秋左傳正義》（清嘉慶二十年江西南昌府學重刊宋刻本，臺北：藝文印書館，1997 年 8 月初版），卷十七，頁 285。

199 〔漢〕趙岐傳、〔宋〕孫奭疏：《孟子注疏》（清嘉慶二十年江西南昌府學重刊宋刻本，臺北：藝文印書館，1997 年 8 月初版），卷一，頁 24。

200 清華大學出土文獻研究與保護中心編、李學勤主編：《清華大學藏戰國竹簡（伍）》（上海：中西書局，

疑簡文此字或可逕讀為「終」即可，惟與下文表示「結束」之「夂（終）」字用例稍有不同，此「終」字應訓作「足」或「滿」，仍可作動詞解，且與「備」字之「周遍」相互呼應，[201]其猶《禮記·鄉飲酒義》云「賓出，主人拜送，節文終遂焉」，鄭注釋云「終遂，猶充備也」，[202]而在古代寬度之用例上，「終」字亦有相近之類例，如《禮記·雜記上》云「魯人之贈也：三玄二纁，廣尺，長終幅。」[203]又《儀禮·士冠禮》亦云「緇布冠，缺項，青組纓，屬于缺；緇纚，廣終幅，長六尺」，鄭注釋曰「終，充也」，[204]故簡文所云「氣終交以備」（清華〈湯在啻門〉簡9），即指「氣充盈交合且周遍全身」之意。[205]

〔13〕戚（促）

簡文此字形為：

（清華〈湯在啻門〉簡9）

原整理者隸作「戚」，讀為「促」，並釋作「急促，指氣不夠用」之意；[206]華東師範大學中文系出土文獻研究工作室將簡文此字讀為「慼」，並以為「『慼』意謂縮減。簡文『慼』亦當解為精氣之衰減，而非呼吸之急促」；[207]王寧本亦讀為「慼」，但在訓釋上，

2015 年 4 月第一版），頁 142、145。

201　「備」字原整理者訓作「周遍」，王寧則將「備」讀為「服」，訓作「從順」，洪君好則仍從原整理者之說。諸家之說皆有其理據，惟簡文下文云「力」，氣足全身而有力，似乎較氣順通體且有力來得更為合適，故原整理者之說可信，今仍從之，換言之，此「周遍」之訓，亦可呼應「終」字「足」或「滿」之釋。清華大學出土文獻研究與保護中心編、李學勤主編：《清華大學藏戰國竹簡（伍）》（上海：中西書局，2015 年 4 月第一版），頁 142、145；王寧：〈讀《湯在啻門》散札〉文下第 1 樓網路發言者 lht 之評論，復旦大學出土文獻與古文字研究中心，網址：http://www.gwz.fudan.edu.cn/Web/Show/2513，2015 年 5 月 7 日，檢索日期：2018 年 6 月 27 日；洪君好：《戰國竹書伊尹文獻研究》（國立中興大學中國文學研究所碩士論文，2017 年 8 月），頁 54。

202　〔漢〕孔安國傳、〔唐〕孔穎達疏：《禮記注疏》（清嘉慶二十年江西南昌府學重刊宋刻本，臺北：藝文印書館，1997 年 8 月初版），卷六十一，頁 1007-1008。

203　〔漢〕孔安國傳、〔唐〕孔穎達疏：《禮記注疏》（清嘉慶二十年江西南昌府學重刊宋刻本，臺北：藝文印書館，1997 年 8 月初版），卷四十一，頁 727。

204　〔漢〕鄭玄注、〔唐〕賈公彥疏：《儀禮注疏》（清嘉慶二十年江西南昌府學重刊宋刻本，臺北：藝文印書館，1997 年 8 月初版），卷二，頁 16-17。

205　備參另解：若考量簡文此段論「氣」，至「是其為力」此句，應為最盛之頂峰，其下文始有逐步衰敗之勢，此近於行氣玉銘所云「長則退」之理，可謂一終始循環之概念，故竊疑簡文此例逕讀為與「始」相對之「終」似亦可行，屬修飾下文「交」動詞之副詞，據此，則簡文所謂「氣終交以備」（清華〈湯在啻門〉簡9），或指「氣最後皆能交合且周遍全身」之意。

206　清華大學出土文獻研究與保護中心編、李學勤主編：《清華大學藏戰國竹簡（伍）》（上海：中西書局，2015 年 4 月第一版），頁 142、145。

207　華東師範大學中文系出土文獻研究工作室：〈讀《清華大學藏戰國竹簡（伍）》書後（三）〉，武漢大學簡帛研究中心，網址：http://www.bsm.org.cn/show_article.php?id=2211，2015 年 4 月 17 日，檢索日期：2018 年 6 月 9 日。

其後改從華東師範大學中文系出土文獻研究工作室之說；[208]郭倩文疑此字與「伐」字有關，但仍從華東師範大學工作室之說；[209]張瀚墨則以為簡文此或即「宿」之借字，並認為此處簡文「正好可與〈十問〉中容成答黃帝問中『宿氣為老』一句進行比照」；[210]洪君好從華東師範大學讀書會之說；[211]曹峰之看法，大抵與華東大學工作室及王寧之說近同，並將此段簡文釋作「當氣衰減時，人就變老」；[212]黃冠雲仍從原整理者之說。[213]

　　楚簡「伐」字與簡文此字顯有別，恐非「伐」字，[214]而其例與楚文字從戌諸例之部分字形反而較為相近，例如：

（戰國：燕客量，《集成》10373「葳」）

（戰國：鄂君啟車節，《集成》12110A（拓本）「葳」）

（戰國：鄂君啟車節，《集成》12110B（摹本）「葳」）

（戰國：鄂君啟舟節，《集成》12113A（拓本）「葳」）

（戰國：鄂君啟舟節，《集成》12113B（摹本）「葳」）

（包山簡 12「葳」）

---

208 「簡帛論壇：清華五《湯在啻門》初讀」24 樓王寧之發文，武漢大學簡帛研究中心，網址：http://www.bsm.org.cn/forum/forum.php?mod=viewthread&tid=3248&extra=page%3D2&page=3，2015 年 4 月 23 日，檢索日期：2018 年 6 月 15 日；王寧：〈讀《湯在啻門》散札〉，復旦大學出土文獻與古文字研究中心，網址：http://www.gwz.fudan.edu.cn/Web/Show/2513，2015 年 5 月 6 日，檢索日期：2018 年 6 月 27 日。

209 郭倩文：《《清華五》、《上博九》集釋及新見文字現象整理與研究》（華東師範大學碩士學位論文，2016 年 5 月），頁 163。

210 張瀚墨：〈〈湯在啻門〉、十月懷胎與早期中國術數世界觀〉，《饒宗頤國學院院刊》4（2017 年 5 月），頁 173-212。

211 洪君好：《戰國竹書伊尹文獻研究》（國立中興大學中國文學研究所碩士論文，2017 年 8 月），頁 54-55。

212 曹峰：〈清華簡《湯在啻門》譯注〉，收入李學勤、艾蘭、呂德凱主編，清華大學出土文獻研究與保護中心、古代中國研究會編：《清華簡研究》3（上海：中西書局，2019 年 12 月第一版），頁 108-143。

213 黃冠雲：〈說《湯在啻門》論「氣」一節文字〉，收入李學勤、艾蘭、呂德凱主編，清華大學出土文獻研究與保護中心、古代中國研究會編：《清華簡研究》3（上海：中西書局，2019 年 12 月第一版），頁 159-170。

214 楚簡「伐」字之形或作 ⿰（郭店〈太一生水〉簡9）、⿰（上博〈容成氏〉簡38）、⿰／⿰（清華《繫年》簡101）、⿰（清華〈鄭文公問太伯（乙本）〉簡7），其「人」旁多在左側，即若〈鄭文公問太伯（乙本）〉簡例之結構布局與簡文此字相類，但其左上形構仍是或異，故簡文此字恐非「伐」字。

（包山簡 140「蔑」）

（郭店〈性自命出〉簡 30「蔑」）

　　此等字例或僅「戈」旁左上二筆之寫法與簡文此字稍有不同耳，但整體而言，仍應可歸為同一類形構，大抵皆為「戚」字之異化，因此，原整理者之隸定，應無疑義。

　　而簡文此處云「氣戚乃老」（清華〈湯在啻門〉簡9），此「戚」字讀為「促」或「蹙」，實際上皆可通，且對文意無害，尤其「促」、「蹙」二字俱有「急迫」或「緊迫」之意，惟是否可訓讀為之表「縮減」義之「蹙」，今以傳世文獻所見「蹙」字相關用例而言，由於其字多用於形容具體事物之上，如《詩經・大雅・召旻》即云「昔先王受命，有如召公，日辟國百里。今也，日蹙國百里。」[215]又如《左傳・成公十六年》亦曰「國蹙王傷，不敗何待？」[216]因此，簡文此字若作此訓讀，恐怕仍有所疑慮，至於此處簡文是否與馬王堆〈十問〉之內容有關，此或可再參見其原文，其云「息必深而久，新氣易守。宿氣為老，新氣為壽。善治氣者，使宿氣夜散，新氣朝最，以徹九竅，而實六府。」（馬王堆醫簡〈十問〉30、31、32）[217]知與「宿氣」相對者為「新氣」，此所謂「宿氣」與「新氣」，不僅在詞彙結構上與簡文之「氣戚」、「氣纖」或異，且「新」意是否即簡文之「纖」，上引張瀚墨之說中，並未言明，也確實難以在形音義上作對應，因此，此處簡文所云「氣戚」，似未必與馬王堆〈十問〉之「宿氣」有關，恐得續作補證。

　　其實，「戚」讀為「促」，在傳世文獻中，多有相通之實證，如《集韻》即引《說文》釋「促」之內容，並云「促，《說文》：『迫也。』或作戚。」[218]《說文通訓定聲》則釋曰「戚，又為促」，[219]亦猶《周禮・冬官考工記・考工記》云「凡察車之道，必自載於地者始也，是故察車自輪始。凡察車之道，欲其樸屬而微至。不樸屬，無以為完久也；不微至，無以為戚速也。」鄭玄注曰「齊人有名疾為戚者……戚，……李音促，注同」，[220]另如《孔子家語・曲禮子貢問》更云「周以戚，吾從殷」，王肅注曰「戚，猶促也」，

---

[215]　〔漢〕毛亨傳、〔漢〕鄭玄箋、〔唐〕孔穎達疏：《毛詩正義》（清嘉慶二十年江西南昌府學重刊宋刻本，臺北：藝文印書館，1997 年 8 月初版），卷十八之五，頁 699。

[216]　〔晉〕杜預注、〔唐〕孔穎達疏：《春秋左傳正義》（清嘉慶二十年江西南昌府學重刊宋刻本，臺北：藝文印書館，1997 年 8 月初版），卷二十八，頁 476。

[217]　湖南省博物館、復旦大學出土文獻與古文字研究中心編纂，裘錫圭主編：《長沙馬王堆漢墓簡帛集成》（北京：中華書局，2014 年 6 月第一版），第陸冊，頁 143。

[218]　〔宋〕丁度編：《集韻》（據上海圖書館藏述古堂影宋鈔本影印，並依清顧千里修補曹棟亭刻本補殘缺字，臺北：學海出版社，1986 年 11 月初版），卷九，頁 653。

[219]　〔清〕朱駿聲編著：《說文通訓定聲》（據臨嘯閣刻本斷句、影印，北京：中華書局，1984 年 6 月第一版），卷六，頁 289。

[220]　〔漢〕鄭玄注、〔唐〕賈公彥疏：《周禮注疏》（清嘉慶二十年江西南昌府學重刊宋刻本，臺北：藝文印書館，1997 年 8 月初版），卷三十九，頁 597。

²²¹凡此皆為「戚」、「促」相通之例，因此，本文仍從原整理者之說，將簡文此字讀為「促」，訓作「急迫」或「緊迫」，故簡文所謂「氣戚乃老」，殆指「其氣急促而致衰老」之意，以對應於下文言「徐慢之氣」之「氣徐乃猷」。

〔14〕繳（？、徐）

簡文此字之形為：

／（清華〈湯在啻門〉簡9）

原整理者隸作「繳」，讀為「徐」，並釋作「氣緩之專字」；²²²網路發言者 ee 改讀為「舒」；²²³網路發言者暮四郎認為簡文此字應讀為與「慼」相對之「舒」；²²⁴王寧亦將簡文此字讀為「舒」，訓作「舒散、散失」，並在此基礎上，將簡文所謂「氣舒乃猷」釋作「氣散失則腐朽」意；²²⁵郭倩文從原整理者之說；²²⁶張瀚墨仍從原整理者之看法，將簡文此字讀為「徐」；²²⁷曹峰大抵仍依循讀「舒」之理路，並將此段簡文釋作「當氣散失時，人就會衰弱」；²²⁸黃冠雲仍從原整理者之說。²²⁹

今復考簡文此字之形，其從余從燹，應無疑義，惟此字在古文字中，尚未見其他異構，其形源待考，而依原整理者之讀法，知此字應是從余得聲，「燹」則為表「氣」義之形符，此或許是原整理者將其釋為「氣緩之專字」之依據，然而，此中恐怕仍缺直

---

²²¹ 〔魏〕王肅注：《孔子家語》，收入文懷沙主編：《四部文明‧商周文明卷》（景印明覆宋刊本，西安：陝西人民出版社，2007 年 8 月第一版），卷十，頁 122。

²²² 清華大學出土文獻研究與保護中心編、李學勤主編：《清華大學藏戰國竹簡（伍）》（上海：中西書局，2015 年 4 月第一版），頁 142、145。

²²³ 「簡帛論壇：清華五《湯在啻門》初讀」1 樓網路發言者 ee 之發文，武漢大學簡帛研究中心，網址：http://www.bsm.org.cn/forum/forum.php?mod=viewthread&tid=3248&extra=page%3D2，2015 年 4 月 10 日，檢索日期：2018 年 6 月 16 日；王進鋒：〈清華簡（伍）《殷高宗問於三壽》《湯處於湯丘》《湯在啻門》三篇集釋〉，收入李學勤、艾蘭、呂德凱主編，清華大學出土文獻研究與保護中心、古代中國研究會編：《清華簡研究》3（上海：中西書局，2019 年 12 月第一版），頁 392-497。

²²⁴ 「簡帛論壇：清華五《湯在啻門》初讀」20 樓網路發言者暮四郎之發文，武漢大學簡帛研究中心，網址：http://www.bsm.org.cn/forum/forum.php?mod=viewthread&tid=3248&extra=page%3D2&page=2，2015 年 4 月 22 日，檢索日期：2018 年 6 月 17 日；王進鋒：〈清華簡（伍）《殷高宗問於三壽》《湯處於湯丘》《湯在啻門》三篇集釋〉，收入李學勤、艾蘭、呂德凱主編，清華大學出土文獻研究與保護中心、古代中國研究會編：《清華簡研究》3（上海：中西書局，2019 年 12 月第一版），頁 392-497。

²²⁵ 王寧：〈讀《湯在啻門》散札〉，復旦大學出土文獻與古文字研究中心，網址：http://www.gwz.fudan.edu.cn/Web/Show/2513，2015 年 5 月 6 日，檢索日期：2018 年 6 月 27 日。

²²⁶ 郭倩文：《《清華五》、《上博九》集釋及新見文字現象整理與研究》（華東師範大學碩士學位論文，2016 年 5 月），頁 163-164。

²²⁷ 張瀚墨：〈《湯在啻門》、十月懷胎與早期中國術數世界觀〉，《饒宗頤國學院院刊》4（2017 年 5 月），頁 173-212。

²²⁸ 曹峰：〈清華簡《湯在啻門》譯注〉，收入李學勤、艾蘭、呂德凱主編，清華大學出土文獻研究與保護中心、古代中國研究會編：《清華簡研究》3（上海：中西書局，2019 年 12 月第一版），頁 108-143。

²²⁹ 黃冠雲：〈說《湯在啻門》論「氣」一節文字〉，收入李學勤、艾蘭、呂德凱主編，清華大學出土文獻研究與保護中心、古代中國研究會編：《清華簡研究》3（上海：中西書局，2019 年 12 月第一版），頁 159-170。

接之實證，或有再作補證之空間，不過，即便如此，原整理者之隸釋仍是可從，在此可隸作「繇」，釋作从燹余聲。

而簡文此處云「氣繇乃獣」（清華〈湯在啻門〉簡9），原整理者將「繇」字讀為「徐」，應是立基於其所釋簡文上文之「氣促」義，而本文在上文中，亦已證成原整理者將此處簡文讀為「氣促」之可靠性，因此，原整理者將簡文此字讀為「徐」，在此適正能與「氣促」相應，文理可謂暢達，可從，換言之，讀「舒」之說，在文意上恐怕仍是不夠貼切，或可再商，故本文今仍從原整理者之說，將「繇」字讀為「徐」，訓作「緩慢」，如《廣雅・釋詁》即釋「徐」云「徐，遲也」，[230]而《廣韻・魚韻》亦釋曰「徐，緩也」，[231]更猶《左傳・昭公二十年》云「短長疾徐……以相濟也」，[232]再如《莊子・天道》所云「斲輪徐則甘而不固，疾則苦而不入。不徐不疾，得之於手，而應於心，口不能言，有數存焉於其間」，[233]另又如《管子・樞言》或曰「眾勝寡，疾勝徐，勇勝怯，智勝愚，善勝惡，有義勝無義，有天道勝無天道，凡此七勝者貴眾，用之終身者眾矣」，[234]凡此「徐」字皆同此訓也，而據此等傳世文獻內容，亦可知古人大多將「疾」、「徐」對舉，力求二者之均衡，避免太過或不足，因此，簡文此所云「氣促乃老，氣徐乃獣，氣逆亂以方，是其為疾殃」（清華〈湯在啻門〉簡9、10），其「促」、「徐」與「逆」等三事，亦當勸人力求均衡，以免產生「老」、「獣」與「方」等弊害，若然，則「獣」字實應如原整理者之所釋者，將其訓作「停止，終結」，[235]既非如網路發言者ee、暮四郎（早期說法）或奈我何所讀「搖」、「秀」、「繇」等「茂盛」、「強勁」義，[236]在語義或程度上，也較網路發言者暮四郎（較晚說法）、單育辰、李爽與黃冠雲所讀之「搖」，且訓作「搖動」、「不安」或「持續動作」之說來得更為適切，[237]其猶《爾雅・釋詁》云「卒、獣、假、輟，

230　〔魏〕張揖撰、〔清〕王念孫疏證：《廣雅疏證》（臺北：廣文書局，1971年10月初版），卷四，頁118。

231　〔宋〕陳彭年等重修、林尹校訂：《新校正切宋本廣韻》（臺北：黎明文化事業公司，1976年9月初版），卷一，頁69。

232　〔晉〕杜預注、〔唐〕孔穎達疏：《春秋左傳正義》（清嘉慶二十年江西南昌府學重刊宋刻本，臺北：藝文印書館，1997年8月初版），卷四十九，頁861。

233　〔清〕王先謙：《莊子集解》（臺北：東大圖書公司，2019年1月五版），卷四，頁124。

234　〔唐〕尹知章注、〔清〕戴望校正：《管子校正》（以張巨山紹興己未寫本內容為基礎，定其句讀且校正之，臺北：世界書局，1955年11月臺一版），卷四，頁66。

235　清華大學出土文獻研究與保護中心編、李學勤主編：《清華大學藏戰國竹簡（伍）》（上海：中西書局，2015年4月第一版），頁145。

236　「簡帛論壇：清華五《湯在啻門》初讀」1樓網路發言者ee、20樓暮四郎、21樓奈我何之發文，武漢大學簡帛研究中心，網址：
http://www.bsm.org.cn/forum/forum.php?mod=viewthread&tid=3248&extra=page%3D2&page=1、
http://www.bsm.org.cn/forum/forum.php?mod=viewthread&tid=3248&extra=page%3D2&page=2、
http://www.bsm.org.cn/forum/forum.php?mod=viewthread&tid=3248&extra=page%3D2&page=3，2015年4月10日、4月22日、4月23日，檢索日期：2018年6月15日。

237　「簡帛論壇：清華五《湯在啻門》初讀」網路發言者暮四郎之發文，武漢大學簡帛研究中心，因網站調整之故，其說見於李爽之學位論文，2015年；單育辰：〈《清華大學藏戰國竹簡（伍）》釋文訂補〉，收入復旦大學出土文獻與古文字研究中心編：《戰國文字研究的回顧與展望》（上海：中西書局，2017年8月第一版），頁204-210；李爽：《清華簡「伊尹」五篇集釋》（吉林大學碩士論文，2016年6月），頁133；黃冠雲：〈說《湯在啻門》論「氣」一節文字〉，收入李學勤、艾蘭、呂德凱主編，清華大學出土文獻研

已也」，[238]知「猷」與「卒」、「假」、「輟」等字，皆屬「已」義之近義詞，同時具備「停止」之共同義素，故原整理者以為簡文「猷」字「與卒、輟同義」，可從，[239]換言之，原整理者將「猷」字釋作「停止，終結」之義，大抵符合簡文此所謂氣不調之弊害義，文意可謂順適，另網路發言者溜達溜達將「猷」讀為「逎」，[240]未嘗不可，但其相關用例稍晚，[241]暫且存疑備參，至於王寧所云讀「庮」之「腐朽」義，[242]其後洪君好從之，[243]惟其用例多用在房屋或朽木之相關義，恐與簡文此處文意無關，再如張瀚墨所指之「長久長壽」，[244]則又與簡文文意甚隔，俱可商。是故，簡文此所謂「氣纘乃猷」，殆指「其氣緩止而致衰弱」之意，原整理者之釋讀，大抵仍是可從的。

〔15〕方（妨）

簡文此字之形為：

（清華〈湯在啻門〉簡9）

在字形隸釋上，此字隸作「方」，並無疑義，而學界異說大抵以其相關字句之釋讀為主，例如：原整理者將簡文此字訓作「傷害」，並云「字又作『妨』」；[245]王寧則以為「方」存「不正」之意，並云『『方』乃『橫』義，謂邪也」，並將簡文所謂「氣逆亂以方」，釋為「氣逆亂而邪」；[246]黃澤鈞讀為「妨」；[247]張瀚墨將簡文此字讀為「放」，訓作

究與保護中心、古代中國研究會編：《清華簡研究》3（上海：中西書局，2019 年 12 月第一版），頁 159-170。

238 〔晉〕郭璞注、〔宋〕邢昺疏：《爾雅注疏》（清嘉慶二十年江西南昌府學重刊宋刻本，臺北：藝文印書館，1997 年 8 月初版），卷二，頁 29。

239 清華大學出土文獻研究與保護中心編、李學勤主編：《清華大學藏戰國竹簡（伍）》（上海：中西書局，2015 年 4 月第一版），頁 145。

240 「簡帛論壇：清華五《湯在啻門》初讀」23 樓網路發言者溜達溜達之發文，武漢大學簡帛研究中心，網址：http://www.bsm.org.cn/forum/forum.php?mod=viewthread&tid=3248&extra=page%3D2&page=3，2015 年 4 月 23 日，檢索日期：2018 年 6 月 15 日。

241 如《文選・班固〈答賓戲〉》云「《說難》既泯泯道，其身乃囚。」李善注曰「項岱曰：『韓非作《說難》之書，欲以為天下法式，上書既終，而為李斯所疾，乃囚而死。』」又如韓愈〈寄三學士〉或云「空懷焉能果，但見歲已道。」〔南朝梁〕蕭統編、〔唐〕李善注：《文選》（宋淳熙本重雕鄆陽胡氏藏版，臺北：藝文印書館，1983 年 6 月十版），卷四十五，頁 645；〔唐〕韓愈撰；屆守元、常思春主編：《韓愈全集校注》（以廖氏世綵堂本《昌黎先生集》四十卷、《昌黎先生外集》十卷、《昌黎先生遺文》一卷為主要內容，並兼收廖本以外之佚文，成都：四川大學出版社，1996 年 7 月第一版），頁 222。

242 「簡帛論壇：清華五《湯在啻門》初讀」24 樓王寧之發文，武漢大學簡帛研究中心，網址：http://www.bsm.org.cn/forum/forum.php?mod=viewthread&tid=3248&extra=page%3D2&page=3，2015 年 4 月 23 日，檢索日期：2018 年 6 月 15 日；王寧：〈讀《湯在啻門》散札〉，復旦大學出土文獻與古文字研究中心，網址：http://www.gwz.fudan.edu.cn/Web/Show/2513，2015 年 5 月 6 日，檢索日期：2018 年 6 月 27 日。

243 洪君好：《戰國竹書伊尹文獻研究》（國立中興大學中國文學研究所碩士論文，2017 年 8 月），頁 63。

244 張瀚墨：〈〈湯在啻門〉、十月懷胎與早期中國術數世界觀〉，《饒宗頤國學院院刊》4（2017 年 5 月），頁 173-212。

245 清華大學出土文獻研究與保護中心編、李學勤主編：《清華大學藏戰國竹簡（伍）》（上海：中西書局，2015 年 4 月第一版），頁 142、145-146。

246 王寧：〈讀《湯在啻門》散札〉，復旦大學出土文獻與古文字研究中心，網址：http://www.gwz.fudan.edu.

「縱棄散廢」；[248]陳致則釋為「汸」，並認為「義與滂略同，謂滂沛而充溢也」；[249]曹峰讀為「疠」，並將此段簡文譯作「當氣逆亂並發生傷害時，人就會有疾病和災殃」。[250]

如上所述，簡文此所云「氣促乃老，氣徐乃獸，氣逆亂以方，是其為疾殃」（清華〈湯在啻門〉簡9、10），「老」、「獸」與「方」等三事，殆指氣不調之弊害，由於原整理者引馬王堆帛書《稱》所云「疑則相傷，雜則相方」，此「雜」適正與簡文此所謂「亂」相應，再者，帛書之「傷」與「方」應指義類相近之事，因此，原整理者、黃澤鈞與曹峰之釋讀，仍應是目前較好之說法，陳致之說反而較難呼應此義類之對應關係，且其釋讀為與「水」義有關之「汸」或「滂」，似也尚無用在「氣」方面之書證，而王寧訓「邪」，同樣無直接之書證用例可資證成，俱猶可再商，至於張瀚墨之說，更是不好解釋「亂」與「放」之關係，是故，簡文此字應可從原整理者、黃澤鈞與曹峰之說，將其逕作如字讀，抑或釋讀為「妨」或「疠」，不過，下文已有與「病」義相類之「疾殃」，且簡15另有釋讀為「病」之「疠」字，此處倘再讀為「疠」，恐嫌冗贅，有鑑於此，簡文此字應逕讀為「妨」，[251]似較能切合簡文文意，在此可訓作「傷害」或「損害」，其如《說文》釋「妨」云「妨，害也。」[252]亦猶《左傳·隱公三年》曰「且夫賤妨貴、少陵長、遠間親、新間舊、小加大、淫破義，所謂六逆也。」孔穎達疏云「妨，謂有所害」，[253]再如原整理者所引《老子·十二章》云「難得之貨令人行妨。」河上公注曰「妨，傷也。」[254]凡此所見「妨」字皆同此訓也，據此，則簡文此所云「氣逆亂以方」，殆指「其氣逆亂而致有所傷害」之意，在此與其上文所云「氣促乃老，氣徐乃獸」，俱屬氣不調所造成之「疾殃」。

---

cn/Web/Show/2513，2015 年 5 月 6 日，檢索日期：2018 年 6 月 27 日。

247 黃澤鈞：〈清華伍〈湯在啻門〉釋文補注〉，第二十七屆中國文字學國際學術研討會發表論文（臺中：國立臺中教育大學，2016 年 5 月 13 日、14 日）。

248 張瀚墨：〈《湯在啻門》、十月懷胎與早期中國術數世界觀〉，《饒宗頤國學院院刊》4（2017 年 5 月），頁 173-212。

249 陳致：〈清華簡（伍）《湯處於湯丘》《湯在啻門》《殷高宗問於三壽》三篇札記〉，收入李學勤、艾蘭、呂德凱主編，清華大學出土文獻研究與保護中心、古代中國研究會編：《清華簡研究》3（上海：中西書局，2019 年 12 月第一版），頁 78-89。

250 曹峰：〈清華簡《湯在啻門》譯注〉，收入李學勤、艾蘭、呂德凱主編，清華大學出土文獻研究與保護中心、古代中國研究會編：《清華簡研究》3（上海：中西書局，2019 年 12 月第一版），頁 108-143；王進鋒：〈清華簡（伍）《殷高宗問於三壽》《湯處於湯丘》《湯在啻門》三篇集釋〉，收入李學勤、艾蘭、呂德凱主編，清華大學出土文獻研究與保護中心、古代中國研究會編：《清華簡研究》3（上海：中西書局，2019 年 12 月第一版），頁 392-497。

251 「妨」字本从方得聲，如《說文》釋「妨」云「从女方聲」，而「方」、「妨」二字上古音分屬幫母陽部與滂母陽部，二字聲韻關係密切，應可相通。〔漢〕許慎撰、〔宋〕徐鉉校定：《說文解字》（據清同治十二年陳昌治改刻本縮印，香港：中華書局，2014 年 8 月再版），卷十二，頁 263。

252 〔漢〕許慎編撰、〔宋〕徐鉉校定：《說文解字》（據清同治十二年陳昌治改刻本縮印，香港：中華書局，2014 年 8 月再版），卷十二，頁 263。

253 〔晉〕杜預注、〔唐〕孔穎達疏：《春秋左傳正義》（清嘉慶二十年江西南昌府學重刊宋刻本，臺北：藝文印書館，1997 年 8 月初版），卷三，頁 54。

254 〔魏〕王弼等：《老子四種》（臺北：臺大出版中心，2016 年 6 月初版），頁 9、89-90。

〔16〕屈

簡文此字之形為：

（清華〈湯在啻門〉簡 10）

原整理者隸作「屈」，訓作「竭盡、窮盡」；[255]王寧大抵仍從原整理者之說，亦隸釋作「屈」，訓作「盡」；[256]網路發言者暮四郎則改讀為「蹶」，謂其「指氣逆上」之意；[257]郭倩文亦訓作「盡」；[258]陳致則又改釋為「从彳从止」，隸作「辿」，訓作「絀或黜，謂氣之窮也」；[259]曹峰將此段簡文譯作「當氣竭盡時，人生就走向終點，無法再實現自己的意志」。[260]

今復考簡文此字之形，應即「屈」字，原整理者之隸釋無誤，可從。而簡文此處云「氣屈乃終，百志皆窮。」（清華〈湯在啻門〉簡 10），此「屈」字呼應「終」，在「氣」之運行上有結束之意，再者，其上文已言「氣逆」，因此，簡文此字恐怕仍以原整理者、王寧與曹峰之說為佳，訓作「窮盡」。

〔17〕伇（役、役；役）

簡文此字之形為：

（清華〈湯在啻門〉簡 11）

而簡文與此相類之字例，又分見於簡 12、15 與 16，其形分作：

（清華〈湯在啻門〉簡 12）

255 清華大學出土文獻研究與保護中心編、李學勤主編：《清華大學藏戰國竹簡（伍）》（上海：中西書局，2015 年 4 月第一版），頁 142、146。

256 王寧：〈讀《湯在啻門》散札〉，復旦大學出土文獻與古文字研究中心，網址：http://www.gwz.fudan.edu.cn/Web/Show/2513，2015 年 5 月 6 日，檢索日期：2018 年 6 月 27 日。

257 「簡帛論壇：清華五《湯在啻門》初讀」20 樓網路發言者暮四郎之發文，武漢大學簡帛研究中心，網址：http://www.bsm.org.cn/forum/forum.php?mod=viewthread&tid=3248&extra=page%3D2&page=2，2015 年 4 月 22 日，檢索日期：2018 年 6 月 17 日；王進鋒：〈清華簡（伍）《殷高宗問於三壽》《湯處於湯丘》《湯在啻門》三篇集釋〉，收入李學勤、艾蘭、呂德凱主編，清華大學出土文獻研究與保護中心、古代中國研究會編：《清華簡研究》3（上海：中西書局，2019 年 12 月第一版），頁 392-497。

258 郭倩文：《《清華五》、《上博九》集釋及新見文字現象整理與研究》（華東師範大學碩士學位論文，2016 年 5 月），頁 164-165。

259 陳致：〈清華簡（伍）《湯處於湯丘》《湯在啻門》《殷高宗問於三壽》三篇札記〉，收入李學勤、艾蘭、呂德凱主編，清華大學出土文獻研究與保護中心、古代中國研究會編：《清華簡研究》3（上海：中西書局，2019 年 12 月第一版），頁 78-89。

260 曹峰：〈清華簡《湯在啻門》譯注〉，收入李學勤、艾蘭、呂德凱主編，清華大學出土文獻研究與保護中心、古代中國研究會編：《清華簡研究》3（上海：中西書局，2019 年 12 月第一版），頁 108-143。

（清華〈湯在啻門〉簡 12）

（清華〈湯在啻門〉簡 15）

（清華〈湯在啻門〉簡 16）

（清華〈湯在啻門〉簡 16）

（清華〈湯在啻門〉簡 16）

　　原整理者皆隸作「迿」，讀為「役」，並釋此中簡文所見「起役」為「動工，開工」之意；[261]牛新房在整理分析楚文字所見「役」字時，則認為〈湯在啻門〉簡此類寫法「目前只見於《湯在啻門》，出現了多次，左邊的『彳』寫成了『亻』，或許可以看作是 C 類形體前三種的進一步省寫」；[262]曹峰仍隸釋作「役」，但對字形無說。[263]

　　據上述諸家之說，知簡文此等字例釋作「役」，應是目前之共識，不過，此等字形頗為特殊，與一般楚簡「役」字稍有不同，或如上引牛新房所云，應屬於較為簡省之寫法，茲復引其所整理之「A」、「B」、「C」三類形體，[264]並據學界研究成果、[265]所引相關

---

261 清華大學出土文獻研究與保護中心編、李學勤主編：《清華大學藏戰國竹簡（伍）》（上海：中西書局，2015 年 4 月第一版），頁 142、143、146。

262 牛新房：〈釋楚文字中的幾個役字〉，收入中國古文字研究會、吉林大學中國古文字研究中心編：《古文字研究》32（北京：中華書局，2018 年 8 月北京第一版），頁 464-468。

263 曹峰：〈清華簡《湯在啻門》譯注〉，收入李學勤、艾蘭、呂德凱主編，清華大學出土文獻研究與保護中心、古代中國研究會編：《清華簡研究》3（上海：中西書局，2019 年 12 月第一版），頁 108-143。

264 牛新房：〈釋楚文字中的幾個役字〉，收入中國古文字研究會、吉林大學中國古文字研究中心編：《古文字研究》32（北京：中華書局，2018 年 8 月北京第一版），頁 464-468。

265 下表所引「役」字字形，學界本舊說紛紜，例如：李家浩認為戰國「役」字應从攴；顏世鉉將郭店簡例釋為「迿」，並認為其即「役」字；袁國華則以為郭店簡例右旁應是「度」字；蘇建洲本認為上博〈容成氏〉簡例，應隸作「迿」，讀為「役」，但其後又對此釋讀存有疑慮；趙平安將戰國此類「役」字之「戉」旁，釋為从殳持斻之形，並認為此乃「役使」之「役」之表意初文；劉洪濤將上官豆簡例釋為「役」，並釋出不少戰國之「役」字；劉釗則釋出了甲文之「役」，並以此為基礎，確立了戰國「役」字之相關字形；季旭昇認為古文字「役」字受到詞義擴大之影響，其左偏旁或从辵、彳，右旁則是在改造「又」形之基礎上，進一步改成「鞭」形加「攴」形，抑或改成「攴」形，再加別嫌符號，至於漢代「役」字，其所从人旁，疑與誤書或詞義有關，甚至是保留自甲文之「人」旁，右旁則亦為「攴」、「鞭」二形交涉之現象，因此，整體而言，季旭昇已確立了漢以前「役」字之字形發展路線。知學者之研究成果豐碩，且或存異說，但受到甲金文「役」字被釋出之影響，近年學界多已改從劉洪濤與劉釗之說，不過，新近季旭昇亦補證與修訂了部分內容，今謹依此等學者之看法，表列如下。李家浩之說，見於上引劉洪濤文；顏世鉉：〈郭店楚簡淺釋〉，收入《張以仁先生七秩壽慶論文集》（臺北：臺灣學生書局，1999 年 1 月初版），頁 379-396；袁國華：〈《郭店楚墓竹簡·五行》「迿」字考釋〉，《中國文字》新 26（2000 年 12 月），頁 169-176；季旭昇主編，陳美蘭、蘇建洲、陳嘉凌合撰：《《上海博物館藏戰國楚竹書（二）》讀本》

字形與新見資料等內容，增補部分戰國文字字例，整合如下表：

「A」類	「B」類	「C」類
（郭店〈五行〉簡45）	（上博〈容成氏〉簡3）	（清華〈耆夜〉簡10）
（清華《繫年》簡101）	（上博〈容成氏〉簡16）	（清華〈子產〉簡14）
（清華〈厚父〉簡10）	（上博〈孔子見季桓子〉簡26）	（清華〈越公其事〉簡28）
		（清華〈湯在啻門〉簡11）
其他可參考之字形（可依牛新房之標準進行分類者【亦包含不必然是「役」字者】）：		
	（戰國：上官豆，《集成》04688）[266]	（清華〈湯在啻門〉簡12）
		（清華〈湯在啻門〉簡12）
	（戰國：十二年邦司寇趙新劍，《集成》11676（《集成修訂本》摹本））	（清華〈湯在啻門〉簡15）

（臺北：萬卷樓圖書公司，2003 年 7 月初版），頁 117-118；蘇建洲：《楚文字論集》（臺北：萬卷樓圖書公司，2011 年 12 月初版），428-437；趙平安：〈說「役」〉，《語言研究》2011 年第 3 期，頁 12-14，亦收入趙平安：《金文釋讀與文明探索》（上海：上海古籍出版社，2011 年 10 月第一版），頁 78-83；劉洪濤：〈釋上官登銘文的「役」字〉，復旦大學出土文獻與古文字研究中心，網址：http://www.gwz.fudan.edu.cn/Web/Show/1409，2011 年 2 月 16 日，檢索日期：2018 年 6 月 18 日；劉洪濤：《論掌握形體特點對古文字考釋的重要性》（北京大學博士學位論文，2012 年 6 月），頁 224-229；劉釗：〈釋甲骨文中的「役」字〉，收入復旦大學出土文獻與古文字研究中心編：《出土文獻與古文字研究——復旦大學出土文獻與古文字研究中心成立十周年紀念文集》6（上海：上海古籍出版社，2015 年 2 月第一版），頁 33-67，亦收入劉釗：《書馨集續編——出土文獻與古文字論叢》（上海：中西書局，2018 年 11 月第一版），頁 4-50；季旭昇：〈說「役」〉，收入《第 31 屆中國文字學國際學術研討會論文集》（花蓮：中國文字學會、慈濟大學國際暨跨領域學院、國立東華大學中國語文學系，2020 年 12 月），頁 513-526。

266 劉洪濤釋此字為「[img]」，即「役」字異體。劉洪濤：〈釋上官登銘文的「役」字〉，復旦大學出土文獻與古文字研究中心，網址：http://www.gwz.fudan.edu.cn/Web/Show/1409，2011 年 2 月 16 日，檢索日期：2018 年 6 月 18 日。

	（戰國：五年邦司寇劍，《集成》11686B（摹本））	（清華〈湯在啻門〉簡16）
	/ （戰國：武都矛，《集成》11506B）	（清華〈湯在啻門〉簡16）
	/ （戰國：二年邦司寇趙或鈹，《保利藏金》）267	（清華〈湯在啻門〉簡16）
	/ （戰國：十九年邦司寇陳授鈹，《新收》1313）268	
	（《璽彙》2619）269	
	/ （安大簡72）	
	/ （安大簡73）	

---

267 《保利藏金》編輯委員會編：《保利藏金——保利藝術博物館精品選》（深圳：嶺南美術出版社，1999年9月第一版），頁273。

268 此字原整理者本未釋。韓自強、馮耀堂：〈安徽阜陽地區出土的戰國時期銘文兵器〉，《東南文化》1991年第2期，頁258-261。

269 以上六例，劉洪濤俱釋為「沒（役）」，惟季旭昇從辭例角度，認為此等字例未必然是「役」。劉洪濤：〈釋上官登銘文的「役」字〉，復旦大學出土文獻與古文字研究中心，網址：http://www.gwz.fudan.edu.cn/Web/Show/1409，2011年2月16日，檢索日期：2018年6月18日；季旭昇：〈說「役」〉，收入《第31屆中國文字學國際學術研討會論文集》（花蓮：中國文字學會、慈濟大學國際暨跨領域學院、國立東華大學中國語文學系，2020年12月），頁513-526。

	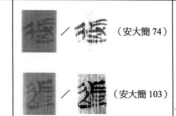 （安大簡 74）	
	（安大簡 103）	

其他可參考之字形（非屬「A」、「B」、「C」三類者【亦包含不必然是「役」字者】）：

（戰國：楚王熊章鐘，《集成》00083.1）

（戰國：楚王熊章鐘，《集成》00085B）

（戰國：鄂君啟車節，《集成》12110B（摹本）；　　（《新金文編》拓本）[270]）

（天星觀卜筮簡）

（郭店《語叢・二》簡 45）[271]

（清華〈越公其事〉簡 74）[272]

　　在此等字形中，「C」類字形之右上形構，俱未从又，雖然牛新房以簡化趨勢釋之，且補證了幾則類「反」形之過渡字形，擬藉此以解釋楚簡此類字例後來訛从殳之關鍵環

---

[270] 董蓮池：《新金文編》（北京：作家出版社，2011 年 10 月第一版），頁 183。

[271] 牛新房將上引五例改釋為「役」，並將其視為「役」字形構演變之關鍵字形。牛新房：〈釋楚文字中的幾個役字〉，收入中國古文字研究會、吉林大學中國古文字研究中心編：《古文字研究》32（北京：中華書局，2018 年 8 月北京第一版），頁 464-468。

[272] 此字原整理者原隸作「役」，讀為「役」，訓作「供使」；網路發言者 zzusdy（王凱博）改釋讀為「投」；季旭昇亦釋為「投」之異體。清華大學出土文獻研究與保護中心編、李學勤主編：《清華大學藏戰國竹簡（柒）》（上海：中西書局，2017 年 4 月第一版），頁 150、151；「簡帛論壇：清華七《越公其事》初讀」79 樓網路發言者 zzusdy 之發文，武漢大學簡帛研究中心，網址：http://www.bsm.org.cn/forum/forum.php?mod=viewthread&tid=3456&extra=page%3D2&page=8，2017 年 4 月 29 日，檢索日期：2018 年 6 月 20 日；季旭昇：〈說「役」〉，收入《第 31 屆中國文字學國際學術研討會論文集》（花蓮：中國文字學會、慈濟大學國際暨跨領域學院、國立東華大學中國語文學系，2020 年 12 月），頁 513-526。

節，惟其立論之基礎，主要仍在於此類過渡字形皆具「又」旁，並著力於辨析其豎筆出頭之筆勢，只是此與「C」類字形之右上形構，似無太大關聯，再者，其所補證之銘文，多為摹本，部分拓本字形反而看不出豎筆出頭之勢，在其他同出同銘器之字例中，更有未見豎筆出頭者，另外，如〈耆夜〉例未從又，蘇建洲亦曾據此質疑其能否直接釋為「役」，[273]故此等字例能否釋為「役」，恐仍存疑義，例如：

（戰國：楚王熊章鐘，《集成》00085.A）

（戰國：鄂君啟車節，《集成》12112）

據此，則牛新房所補證之字例，似也尚未能合理解釋「C」類字例之字形來源或發展狀況，當然，近期季旭昇亦從字形與辭例之角度，對牛新房所釋郭店《語叢·二》、鄂君啟車節、楚王酓璋鎛與天星觀簡等例能否釋讀為「役」，提出質疑，[274]其說更是可信的；至於〈湯在啻門〉簡諸例左旁從亻，非從彳，疑從亻之「役」字，在戰國文字中，原見於上所引清華〈越公其事〉簡例，惟其例是否為「役」字，已如上附注所云，再者，該字與〈湯在啻門〉此等字例之右旁完全不同，故此形又當作何解，恐怕也是另一難點。有鑑於此，〈湯在啻門〉此等字例之形源，似仍存在部分疑義，茲復論如下：

倘復考舊釋甲金文疑為「役」字之例，其形雖從人，但並未從殳、從彳，抑或從止，例如：

（第一期：《合集》00553）

（第一期：《合集》10131）

（第一期：《合集》13658）[275]

（第一期：《合集》14294）

---

273 蘇建洲：《楚文字論集》（臺北：萬卷樓圖書公司，2011年12月初版），頁428-437。

274 季旭昇：〈說「役」〉，收入《第31屆中國文字學國際學術研討會論文集》（花蓮：中國文字學會、慈濟大學國際暨跨領域學院、國立東華大學中國語文學系，2020年12月），頁513-526。

275 此字季旭昇釋作「役」。季旭昇：〈說「役」〉，收入《第31屆中國文字學國際學術研討會論文集》（花蓮：中國文字學會、慈濟大學國際暨跨領域學院、國立東華大學中國語文學系，2020年12月），頁513-526。

（第一期：《合集》17939）

（西周：□作釐伯簋，《集成》03588）[276]

在字形上，此等字例已不易看出其與簡文諸例之字形關係，[277]當然，如上附注所述，近年劉釗曾重新考證古文字所見「役」字，早認為上所列部分甲文字形恐非「役」字，並重新整理了五組「役」字之字形，[278]其說幾已是目前學界考釋「役」字形源之基礎，茲據其分類項目與所列字形，並重新增補原圖版字形，表列如下【各字例左圖為劉釗文中所列字形，右圖為本文所增補之原圖版字形】：

1.	、 （《合集》34236）	、[279] （《小屯中村南》228）	、 （《合集》32925）	
	1C	2D	3B	
2.	、	、	、[281]	、

---

276 張亞初將銘文此字釋為「𠈧」（役），孫剛與李瑤從其說，並釋其為「會意字，象揚鞭鞭人之形」。張亞初編著：《殷周金文集成引得》（北京：中華書局，2001年7月第一版），頁62；孫剛、李瑤：〈釋虎𠯑丘君戈銘文中的人名──兼談「般」、「役」的構形〉，收入中國古文字研究會、吉林大學中國古文字研究中心編：《古文字研究》32（北京：中華書局，2018年8月北京第一版），頁317-324。

277 此所引甲金文「役」字之形雖从人，但其例另一側所从殳形，與簡文此等字例實仍有差異，也無法合理解釋其與上表所列字例右側偏旁之關係。另外，上引西周□作釐伯簋之「𠈧」例，雖然孫剛與李瑤將其釋作與〈越公其事〉例屬同一類字形，並認為此與「鞭」之初文有關，但嚴格說來，〈越公其事〉例上文附注已說明恐非「役」字，再者，此二字「人」旁右上所从之形構，不管在字形結構或書寫筆畫上，皆有極大之差異，再者，由於銘文此字可能是从人从「鞭」之初文，基本上是兩個形構，其如何與該文中所引劉釗「12A」、「12B」例之三合形構作連結（字形可參下文所擬劉釗「役」字分類表列諸例），恐仍有疑，因此，本文雖不排除西周金文此字可能與「役」或「役」字有關，但仍有所存疑，待考。孫剛、李瑤：〈釋虎𠯑丘君戈銘文中的人名──兼談「般」、「役」的構形〉，收入中國古文字研究會、吉林大學中國古文字研究中心編：《古文字研究》32（北京：中華書局，2018年8月北京第一版），頁317-324。

278 劉釗：〈釋甲骨文中的「役」字〉，收入復旦大學出土文獻與古文字研究中心編：《出土文獻與古文字研究──復旦大學出土文獻與古文字研究中心成立十周年紀念文集》6（上海：上海古籍出版社，2015年2月第一版），頁33-67，亦收入劉釗：《書馨集續編──出土文獻與古文字論叢》（上海：中西書局，2018年11月第一版），頁4-50。

279 圖版漫漶不清。

（《合集》33263）	（〈甲骨卜辭新獲〉15）[280]	（《合集》32112）	（《小屯中村南》363）	（《小屯中村南》363）
4C	5C	6B	7A	7B

3.					
	（《屯南》332）	（《屯南》332）	（《合集》32176）	（《合集》34711）	（《屯南》4553）
	8B	8C	9E	10B	11
4.					
	（《合集》34712）	（《合集》34712）	（《屯南》3594）	（《屯南》3594）	（《屯南》3099）
	12A	12B	13D	13E	14B
5.					
	（《屯南》723）	（《屯南》723）			
	15A	15B			

　　上所列字形中，除了《屯南》723 與 4553 二例稍嫌漫漶外，大部分字例之形構堪稱清楚，不過，從原圖版所殘留之筆畫中，《屯南》此二例之字形特徵仍稍可辨識，可知劉釗之分類，基本上是沒有太大問題的。而此等字形所從「彳」形應是基礎形構，復又從人、或從又，抑或從 ，故對戰國「役」字而言，劉釗認為其所從止旁，乃後來才繁化之形構，在隸定上應釋作「從『役』從『止』，不是從『辵』從『殳』」，[282]有鑑

---

281 圖版左下為他字形構。

280 沈之瑜：〈甲骨卜辭新獲〉，《上海博物館集刊》3（上海：上海古籍出版社，1986 年 4 月第一版），頁 157-179，亦收入沈之瑜著、陳秋輝編：《沈之瑜文博論集》（上海：上海古籍出版社，2003 年 6 月第一版），頁 158-180。

282 劉釗：〈釋甲骨文中的「役」字〉，收入復旦大學出土文獻與古文字研究中心編：《出土文獻與古文字研究——復旦大學出土文獻與古文字研究中心成立十周年紀念文集》6（上海：上海古籍出版社，2015 年 2 月第一版），頁 33-67，亦收入劉釗：《書馨集續編——出土文獻與古文字論叢》（上海：中西書局，2018 年 11 月第一版），頁 4-50。

於此，其在綜考相關字形後，又提出「本文考釋的甲骨文……（上表所列諸例）諸字就是『役』字，其中從『彳』从『人』从『又』寫成█（7A）、█（7B）形的形體後來演變成█、█、█、█、█諸形，後在某一階段又加上飾筆，到戰國文字作█、█、█、█、█諸形，又加上動符『止』旁，於是就演變成了戰國文字寫成█、█、█、█、█、█諸形的『役』字。最後形體中的█、█、█、█、█諸形訛混演變成『攴』或『殳』字，最終定格於『殳』字。再去掉飾筆，去掉累加的『止』旁，正式變成後世从『彳』从『殳』的『役』字」之看法，[283]此說無疑是相當具有啟發性的，尤其該文為戰國「役」字尋得了源頭，其中，13E、14B、15A、15B等例未从又，皆有可能是與〈湯在啻門〉簡「役」字關係最為密切之字形，換言之，〈湯在啻門〉簡此等字例也許保留了較早之古體字形，其惟右上之字形或稍有異化耳；另外，在該文中，亦引了鄔可晶在釋形上之一些想法，其內容為「戰國文字『役』字作█、█形所从的█和█，就是從甲骨文█（3B）、█（12A）、█（12B）、█（13D）、█（13E）、█（14B）諸形中所从的█、█、█、█、█、█形變而來的，而另外█、█、█、█、█、█諸形所从的█、█、█、█則是反寫的『彳』旁之省。到戰國時，在『役』字所从的█、█、█、█、█、█諸形變成█、█、█、█、█、█諸形後，才另加『辵』旁寫成了█、█、█、█、█、█諸形」，[284]此更是相當具有建設性，亦可作為〈湯在啻門〉此等「役」字形源考證之依據。

283 劉釗：〈釋甲骨文中的「役」字〉，收入復旦大學出土文獻與古文字研究中心編：《出土文獻與古文字研究——復旦大學出土文獻與古文字研究中心成立十周年紀念文集》6（上海：上海古籍出版社，2015年2月第一版），頁33-67，亦收入劉釗：《書馨集續編——出土文獻與古文字論叢》（上海：中西書局，2018年11月第一版），頁4-50。

284 劉釗文中所引鄔可晶之看法。劉釗：〈釋甲骨文中的「役」字〉，收入復旦大學出土文獻與古文字研究中心編：《出土文獻與古文字研究——復旦大學出土文獻與古文字研究中心成立十周年紀念文集》6（上海：上海古籍出版社，2015年2月第一版），頁33-67，亦收入劉釗：《書馨集續編——出土文獻與古文字論叢》（上海：中西書局，2018年11月第一版），頁4-50。

故綜上二家之說，或可推知〈湯在啻門〉簡此類字例之寫法，應是逕承劉釗所引甲文「役」字之相關形構而來，只是二家之說仍稍有歧異之處，即「彳」或「辵」旁之來源，究竟是「役」字初文本从彳旁，其後再繁緟「止」形？抑或此二偏旁乃後來始增繁之形構？此攸關〈湯在啻門〉簡諸例之形源問題，須先作說明：

首先，在劉釗之看法中，此等甲文字形多从彳从人，[285]並復加「九」、「又」或「又」形上持某物體等形構，其說是可信的，但此中有幾項字形特徵值得留意，即此等字形所从之「彳」與「人」二形，可謂緊密結合，其「人」之手形位置，大多嵌在「彳」字行道字形之上下二筆間，依其嵌入之方向，大抵可分為兩類【此處使用劉釗之編號，並可參考上表所列字形】：

一、 向左嵌入者：1C、2D、3B、4C、5C、6B、7A、7B、15A、15B。

二、 向右嵌入者：12A、12B、13D、13E、14B。

即使是劉釗所釋「3式（3.）」字例，其所省去後「人」形之殘筆，仍然是緊附在「彳」形一側，因此，甲文「役」字所从之「彳」、「人」二形，有可能因緊密依附，而如上引鄔可晶所云，簡化為「⿻、⿰、⿰、⿰、⿰、⿰」形（「彳」旁之省＋「⺊」形（「人」旁之異化）），如此看來，「⺊」形之上部或下方所存筆畫，恐亦非學者所云之飾筆，[286]其「彳」旁原本就一直存在，且依附於甲文至戰國「役」字之「⺊」形（「人」旁之異化）兩側，換言之，「彳」形獨立於左側之戰國諸例，其形很顯然是後來才加上去的。

另外，古文字繁緟「彳」或「辵」旁者，習見其例，也常見通用，例如：

一、繁緟「彳」或「辵」旁者：

---

[285] 孫剛與李瑤據劉釗所釋「4式（4.）」，將此類「役」字釋从「鞭」字初文之形，可參，惟因其說並不影響本文此處之推論，故本文仍從劉釗之說，將甲文「役」字釋从人。劉釗：〈釋甲骨文中的「役」字〉，收入復旦大學出土文獻與古文字研究中心編：《出土文獻與古文字研究——復旦大學出土文獻與古文字研究中心成立十周年紀念文集》6（上海：上海古籍出版社，2015年2月第一版），頁33-67，亦收入劉釗：《書馨集續編——出土文獻與古文字論叢》（上海：中西書局，2018年11月第一版），頁4-50；孫剛、李瑤：〈釋虎⿰丘君戈銘文中的人名——兼談「般」、「役」的構形〉，收入中國古文字研究會、吉林大學中國古文字研究中心編：《古文字研究》32（北京：中華書局，2018年8月北京第一版），頁317-324。

[286] 劉釗：〈釋甲骨文中的「役」字〉，收入復旦大學出土文獻與古文字研究中心編：《出土文獻與古文字研究——復旦大學出土文獻與古文字研究中心成立十周年紀念文集》6（上海：上海古籍出版社，2015年2月第一版），頁33-67，亦收入劉釗：《書馨集續編——出土文獻與古文字論叢》（上海：中西書局，2018年11月第一版），頁4-50；牛新房：〈釋楚文字中的幾個役字〉，收入中國古文字研究會、吉林大學中國古文字研究中心編：《古文字研究》32（北京：中華書局，2018年8月北京第一版），頁464-468。

（第一期：《合集》06040「達」）、（西周：史牆盤，《集成》10175

「達」）

（第一期：《合集》09587 反「徙」）、（包山簡 259「徙」）

二、「彳」或「辵」旁通用例：

（西周：史造鼎，《集成》02326「造」）、（西周：師同鼎，《集成》

02779「造」）

（戰國：𡭽子盍壺，《集成》09734.2A「逢」）、（郭店〈唐虞之

道〉簡 14「逢」）

因此，甲文以下「役」字在原有「𝄐、𝄐、𝄐、𝄐、𝄐、𝄐」形（「彳」旁之省＋「卜」形（「人」旁之異化））之基礎上，復增繁「彳」或「辵」旁，也就不足為怪了。

若然，則戰國「役」字所從彳或辵，應為後加之形構。不過，從目前古文字所見「役」字諸例來看，其例在戰國文字中，從彳與從辵者並見，尚且無法判定其先後，但即使如此，仍可在此論證基礎上，進一步推知〈湯在啻門〉此等字例所從彳形，應與此等後加之「彳」或「辵」旁有關，尤其同篇「𧾷」字存一異構，其所從辵即省作與簡文此等字例相類之形，而與其他「𧾷」字寫法或異：

（清華〈湯在啻門〉簡 16）

（清華〈湯在啻門〉簡 14）

（清華〈湯在啻門〉簡 15）

（清華〈湯在啻門〉簡 15）

　　簡 16 此字似可隸作「伭」，其「辵」旁之左上部即省作「彳」形，以楚簡「迟」字而言，其形皆从走或从辵，左旁幾未見有作从彳者，[287]此例可能與〈湯在啻門〉書手之習慣有關，據此，頗疑〈湯在啻門〉簡此等「役」字从彳之特殊寫法，亦應與此情況相類，而其省作之來源，或乃从辵之「役」字，此另可參考上引上博〈孔子見季桓子〉簡例，其所从辵之左上即疑省近「彳」形，又如郭店《語叢·二》簡之「及」字所从辵旁，同樣有類似之省作情況，[288]甚至晉系文字之侯馬盟書相關字例亦是如此，[289]但不管如何，〈湯在啻門〉與〈孔子見季桓子〉所見从彳之「役」字，都有可能是《說文》「役」字古文「伇」，[290]抑或《汗簡》、《古文四聲韻》「役」字之所本，[291]且「役」字此種訛成「彳」之現象，恐怕也非全然如學者所云，乃秦漢以後始見之文字混用或誤書之現象，[292]整體而言，此字形演變現象之時代，也許可提早至戰國。

　　有鑑於此，〈湯在啻門〉此等「役」字，其右上形構應是承繼甲文之形，當可釋為从彳从人，而左部「彳」形與下部「止」形，則可能是從「辵」省作而來。

　　是故，本文基本上仍是贊同劉釗對「役」字形源之考證，且依循牛新房之看法，認為〈湯在啻門〉簡諸例與其有關，但更認同鄔可晶對「役」字右所从 、、、、、 等形構來源之解釋，尤其該說所認為後來繁緟「辵」之想法，可在〈湯在啻門〉簡例中得到反映，當然，季旭昇所考古文字「役」字之字形發展過程，亦可作為〈湯在啻門〉簡等例在釋形上之重要參考依據。不過，值得注意的是，此等字例是否與「鞭」字初文有關，此如孫剛、李瑤與季旭昇皆有所云，顯然這應是「役」字釋形重要

287　例如：（郭店《老子·甲》簡 31）、（上博〈內禮〉簡 8）、（新蔡簡甲三 109）、/（清華《繫年》簡 6）、（清華〈子產〉簡 11）。

288　（郭店《語叢·二》簡 19「及」）。

289　例如：（侯馬盟書 1：13「從」）。

290　（《說文》古文）。〔漢〕許慎編撰、〔宋〕徐鉉校定：《說文解字》（據清同治十二年陳昌治改刻本縮印，香港：中華書局，2014 年 8 月再版），卷三，頁 66。

291　/（《汗簡》）、（《古文四聲韻》）。

292　季旭昇：《說文新證》（臺北：藝文印書館，2014 年 9 月二版），頁 230；劉釗：〈釋甲骨文中的「役」字〉，收入復旦大學出土文獻與古文字研究中心編：《出土文獻與古文字研究——復旦大學出土文獻與古文字研究中心成立十周年紀念文集》6（上海：上海古籍出版社，2015 年 2 月第一版），頁 33-67，亦收入劉釗：《書馨集續編——出土文獻與古文字論叢》（上海：中西書局，2018 年 11 月第一版），頁 4-50；季旭昇：〈說「役」〉，收入《第 31 屆中國文字學國際學術研討會論文集》（花蓮：中國文字學會、慈濟大學國際暨跨領域學院、國立東華大學中國語文學系，2020 年 12 月），頁 513-526。

環節，只可惜〈湯在啻門〉諸例非从又，其如何省變，尚無對應之字形旁證，今暫且存疑，待考。

綜上所述，簡文此等字例應可釋作从辵省，役省聲，且如上所述，可暫隸作「㣫」，殆戰國「役」字之異體。

而簡文此類字例之辭例分別為：

> 唯彼四神，是謂四正，五以相之，德、事、役、政、刑。（清華〈湯在啻門〉簡11）
>
> 美役奚若？惡役奚若？（清華〈湯在啻門〉簡12）
>
> 起役時順，民備不用，此謂美役；起役不時，大費於邦，此謂惡役。（清華〈湯在啻門〉簡15、16）

此類「役」字仍可如上引原整理者之釋讀，將其讀為「役」，且因其言及於「民」，更云或有「美」、「惡」，故其例在此應較接近於「勞役」之事，而非「兵役」一類，其猶《周禮・地官司徒・小司徒》云「乃會萬民之卒伍而用之：五人為伍，五伍為兩，四兩為卒，五卒為旅，五旅為師，五師為軍，以起軍旅，以作田役，以比追胥，以令貢賦。」賈公彥疏曰「以作田役者，謂田獵役作皆是也。」[293]又如《周禮・地官司徒・鄉師》亦曰「既役，則受州里之役要，以攷司空之辟，以逆其役事。」[294]再如《國語・晉語》或曰「趙同曰：『國有大役，不鎮撫民而備鍾鼓，何也？』」[295]凡此「役」字皆同此訓也，故簡文此所謂「役」、「起役」、「美役」或「惡役」之事，殆呼應簡文上文所云「五以相之」之事，其與「德」、「事」、「政」、「刑」並列，皆指輔助「成邦」之必要施政方略。

〔18〕義（宜）

簡13此字原整理者雖然無說，[296]但該字之釋讀，以及此段簡文之斷讀，學界或存異說，例如：王寧將此段簡文斷讀為「惪（德）潛明，執信以義成」，並將「義」讀為「宜」，訓作「適當」；[297]張富海對於此段簡文，認為「『義成』即『有常』，但『義』字無義可說，疑涉上『信』字而衍（『信』、『義』常連言）。『執信以成』，意即秉持誠信而

---

[293] 〔漢〕鄭玄注、〔唐〕賈公彥疏：《周禮注疏》（清嘉慶二十年江西南昌府學重刊宋刻本，臺北：藝文印書館，1997年8月初版），卷十一，頁168-169。

[294] 〔漢〕鄭玄注、〔唐〕賈公彥疏：《周禮注疏》（清嘉慶二十年江西南昌府學重刊宋刻本，臺北：藝文印書館，1997年8月初版），卷十一，頁174。

[295] 〔漢〕韋昭註：《國語》（重刊宋明道二年本，臺北：臺灣商務印書館，1956年4月臺初版），卷十一，頁21。

[296] 清華大學出土文獻研究與保護中心編、李學勤主編：《清華大學藏戰國竹簡（伍）》（上海：中西書局，2015年4月第一版），頁142、146。

[297] 王寧：〈讀《湯在啻門》散札〉，復旦大學出土文獻與古文字研究中心，網址：http://www.gwz.fudan.edu.cn/Web/Show/2513，2015年5月6日，檢索日期：2018年6月27日。

有常規」；[298]曹峰亦讀為「宜」，抑或「義」，但傾向從王寧之說，認為「這裡的『信』和『義』未必對應，可能如『王寧4』所示，讀為『宜』更好，表示『美好』、『適宜』。『以』表示『而』。此句說的是，如果統治者聰明睿智，真誠不偽，那麼其行為就適宜、有成。」[299]

目前看來，讀為「宜」，應是現今學界多數學者主張之看法，其理除了上引曹峰據清華〈殷高宗問於三壽〉簡所證「信」、「義」未必對應外，其實，原整理者已指出上文「執信」應訓作「秉持信義」，[300]再者，〈湯處於湯丘〉簡亦有「濬明」之詞例，其例與簡文此處近同，俱指君主之行事德行，且其下斷讀，例如：「君既濬明，既受君命，退不顧死生，是非恭命乎？」（清華〈湯處於湯丘〉簡 19），原整理者釋作「聰明睿智」之意，[301]張富海則補訓〈湯在啻門〉此例為「深邃明智」，[302]俱可從，可知簡文此所謂「德濬明」與「執信」二詞，其義皆已完足且各執一義，當可斷開，而簡文此「義」字，更非指信義，以避冗贅，換言之，「濬明」下應可斷讀，不過，此段簡文以「成」為論述中心，其下文之對文為「無成」，[303]且就字句對應而言，下文云「無成」，此云「義成」或謂明確，上下對應整齊，應無張富海所云「義」字「因『信』而衍」且無義可說之可能，因此，簡文此字可讀為「宜」，但應訓作「理應」，而非「適當」，使「宜成」與「無成」等詞在語意與詞形上能完整對應，而此等用例，也是先秦古籍所見「義」通「宜」之習見用法，其猶《易經・需》云「需，須也；險在前也。剛健而不陷，其義不困窮矣。」[304]高亨《周易大傳今注・需》附考釋曰：「《易傳》常以義為宜。義、宜古通用。《旅・

---

[298] 張富海：〈釋清華簡《湯在啻門》的「褊急」〉，收入清華大學出土文獻研究與保護中心編、李學勤主編：《出土文獻》12（上海：中西書局，2018 年 4 月第一版），頁 130-134。

[299] 曹峰：〈清華簡《湯在啻門》譯注〉，收入李學勤、艾蘭、呂德凱主編，清華大學出土文獻研究與保護中心、古代中國研究會編：《清華簡研究》3（上海：中西書局，2019 年 12 月第一版），頁 108-143；王進鋒：〈清華簡（伍）《殷高宗問於三壽》《湯處於湯丘》《湯在啻門》三篇集釋〉，收入李學勤、艾蘭、呂德凱主編，清華大學出土文獻研究與保護中心、古代中國研究會編：《清華簡研究》3（上海：中西書局，2019 年 12 月第一版），頁 392-497。

[300] 清華大學出土文獻研究與保護中心編、李學勤主編：《清華大學藏戰國竹簡（伍）》（上海：中西書局，2015 年 4 月第一版），頁 146。

[301] 清華大學出土文獻研究與保護中心編、李學勤主編：《清華大學藏戰國竹簡（伍）》（上海：中西書局，2015 年 4 月第一版），頁 140。

[302] 張富海：〈釋清華簡《湯在啻門》的「褊急」〉，收入清華大學出土文獻研究與保護中心編、李學勤主編：《出土文獻》12（上海：中西書局，2018 年 4 月第一版），頁 130-134。

[303] 下文「亡」字，原整理者認為其例「與『義』相對，荒亡迷亂」，王寧則釋為「同無」，張富海亦讀為「無」。原整理者以字句對應方式釋「亡」，雖具其理，但「亡成」一詞實在令人費解，難以了解其意涵，而王寧與張富海將「亡」讀為「無」，此可謂古文字與傳世文獻所習見相通之例，且「無成」一詞，雖二家訓釋未必相同，但就句式或語意而言，至少較容易理解，故本文仍從二位學者之說，將「亡」改讀為「無」。清華大學出土文獻研究與保護中心編、李學勤主編：《清華大學藏戰國竹簡（伍）》（上海：中西書局，2015 年 4 月第一版），頁 146；王寧：〈讀《湯在啻門》散札〉，復旦大學出土文獻與古文字研究中心，網址：http://www.gwz.fudan.edu.cn/Web/Show/2513，2015 年 5 月 6 日，檢索日期：2018 年 6 月 27 日；張富海：〈釋清華簡《湯在啻門》的「褊急」〉，收入清華大學出土文獻研究與保護中心編、李學勤主編：《出土文獻》12（上海：中西書局，2018 年 4 月第一版），頁 130-134。

[304] 〔魏〕王弼注、〔東晉〕韓康伯注、〔唐〕孔穎達疏：《周易正義》（清嘉慶二十年江西南昌府學重刊宋刻本，臺北：藝文印書館，1997 年 8 月初版），卷二，頁 32。

象傳》曰：『以旅在上，其義焚也。』《釋文》：『一本作宜其焚也。』此本書義、宜通用之證」，[305]另外，此段簡文云「德」之「成」否，「德」已是主語，屬於被描述之對象，且「潛明」、「執信」陳述甚明，自然毋須再作「確定」一類之行為，當然，若釋作其引申義「常規」，在此更不好解釋「以成」之句式，即使張富海在釋讀「可以保成」之「成」字時，曾云「『可以保成』之『成』是一般成功之『成』，與上『成』字意思有別。簡文四個『成』字不必強求一律。『可以保成』，意即可以用美德保有成邦」，[306]但以此段簡文之語意或句式而言，此「成」字恐怕仍無法訓作「確定」或「常規」，而是曹峰所云「有成」，即「有所成」之意，據此，簡文此所謂「宜成」，殆指「理應有所成」之意，下文相類之語句，亦當如王寧之說，[307]可斷讀為「德福亟，執偽以無成」。

〔19〕宴（鞭、福）亟

簡 14 此二字之釋讀，學界或存異說，例如：原整理者將此「宴」字讀為「變」，訓作「變詐」，並釋「亟」為「急躁」；[308]許可將「宴」字釋為「方與支組成的雙聲字」；[309]網路發言者暮四郎將「宴」字改讀為「福」，訓作「狹急」，同時，引《商君書》與《韓非子》之「福急」例為證；[310]王寧則將簡文此二字讀為「變革」，認為其「意同於『變更』，此為變化無常之意」；[311]劉傳賓將此所謂「變亟」訓作「多變（無常）」，抑或「無主而意不誠」、「急／疾」；[312]洪君好則從暮四郎之說；[313]張富海據楚簡从卜諸例不讀「變」之理，認為簡文此字倘讀為「變」，應不可信，因此，其以為「『德宴亟』之『宴』應讀為『福』。……『德福亟』之『亟』，整理者訓急躁，似不夠準確。『亟』實乃『急』的同源異形詞，『福亟』就是『福急』。……簡文之『福亟』即『福急』，猶緩急之作緩亟。……

[305] 高亨：《周易大傳今注》（濟南：齊魯書社，1979 年 6 月第一版），頁 110。

[306] 張富海：〈釋清華簡《湯在啻門》的「福急」〉，收入清華大學出土文獻研究與保護中心編、李學勤主編：《出土文獻》12（上海：中西書局，2018 年 4 月第一版），頁 130-134。

[307] 王寧：〈讀《湯在啻門》散札〉，復旦大學出土文獻與古文字研究中心，網址：http://www.gwz.fudan.edu.cn/Web/Show/2513，2015 年 5 月 6 日，檢索日期：2018 年 6 月 27 日。

[308] 清華大學出土文獻研究與保護中心編、李學勤主編：《清華大學藏戰國竹簡（伍）》（上海：中西書局，2015 年 4 月第一版），頁 142、146。

[309] 清華大學出土文獻讀書會：〈清華簡第五冊整理報告補正〉，清華大學出土文獻研究與保護中心，網址：http://www.ctwx.tsinghua.edu.cn/publish/cetrp/6831/2015/20150408112711717568509/2015040811271117568509_.html，2015 年 4 月 8 日，檢索日期：2018 年 6 月 19 日。

[310] 「簡帛論壇：清華五《湯在啻門》初讀」6 樓網路發言者暮四郎之發文，武漢大學簡帛研究中心，網址：http://www.bsm.org.cn/forum/forum.php?mod=viewthread&tid=3248&extra=page%3D2&page=1，2015 年 4 月 11 日，檢索日期：2018 年 6 月 18 日；王進鋒：〈清華簡（伍）《殷高宗問於三壽》《湯處於湯丘》《湯在啻門》三篇集釋〉，收入李學勤、艾蘭、呂德凱主編，清華大學出土文獻研究與保護中心、古代中國研究會編：《清華簡研究》3（上海：中西書局，2019 年 12 月第一版），頁 392-497。

[311] 王寧：〈讀《湯在啻門》散札〉，復旦大學出土文獻與古文字研究中心，網址：http://www.gwz.fudan.edu.cn/Web/Show/2513，2015 年 5 月 6 日，檢索日期：2018 年 6 月 27 日。

[312] 劉傳賓：〈讀簡札記三則〉，收入教育部人文社會科學重點研究基地、華東師範大學中國文學研究與應用中心、華東師範大學語言文字工作委員會編：《中國文字研究》22（上海：上海世紀出版公司，2015 年 12 月第一版），頁 70-72。

[313] 洪君好：《戰國竹書伊尹文獻研究》（國立中興大學中國文學研究所碩士論文，2017 年 8 月），頁 55。

簡文之『德褊亟』，謂德狹隘促迫，格局小，與上文『德濬明』意正相反」；[314]曹峰仍從原整理者之說；[315]另白一平以為「宧」字讀「變」不可從，且認為從音韻學之觀點而言，讀為「褊」較有可能。[316]

簡文「宧」字之形為：

（清華〈湯在啻門〉簡14）

此字依形且據學者之說，[317]應與「鞭」字初文有關，而季旭昇與袁國華更以為「卞」字就是由「夋（鞭）」字分化而來，[318]可信，故將簡文此字釋从卞，基本上並無太大問題，只是其例之字形稍繁，而較近於上博簡之寫法，且應非許可所云之雙聲字，例如：

（上博〈容成氏〉簡16）

（上博〈容成氏〉簡20）

（上博〈容成氏〉簡29）

至於釋讀方面，諸家之說皆有其理據，不過，「宧」字不讀為「變」，在上引諸家之說中，已多所言及，可信，且王寧所談之「變革」義，也較少用在描述人之德性，此如張富海早有類似之說法，[319]故將「宧」字讀為「變」，或訓作「變革」甚至「多變無常」、「無主而意不誠」，俱或有可商者；而「亟」字雖可訓「急」，但二字上古音分屬見母職部與見母緝部，即若雙聲，韻部卻殊遠，且古文字與傳世文獻也甚少見及此二字相通者，即使張富海以韻尾*-p、*-k相通例與相關異體關係證之，但此中畢竟尚缺二字聲系直接通讀例，其或許能證明「亟」具「急」義，甚至可換用，惟能否通讀，實仍有疑，再者，

314　張富海：〈釋清華簡《湯在啻門》的「褊急」〉，收入清華大學出土文獻研究與保護中心編、李學勤主編：《出土文獻》12（上海：中西書局，2018年4月第一版），頁130-134。

315　曹峰：〈清華簡《湯在啻門》譯注〉，收入李學勤、艾蘭、呂德凱主編，清華大學出土文獻研究與保護中心、古代中國研究會：《清華簡研究》3（上海：中西書局，2019年12月第一版），頁108-143。

316　王進鋒：〈清華簡（伍）《殷高宗問於三壽》《湯處於湯丘》《湯在啻門》三篇集釋〉，收入李學勤、艾蘭、呂德凱主編，清華大學出土文獻研究與保護中心、古代中國研究會編：《清華簡研究》3（上海：中西書局，2019年12月第一版），頁392-497。

317　荊門市博物館：《郭店楚墓竹簡》（北京：文物出版社，1998年5月第一版），裘錫圭按語，頁113；劉釗：《古文字構形學》（福州：福建人民出版社，2006年1月第一版），頁87。

318　季旭昇：〈讀郭店楚墓竹簡札記：卞、絕偽棄作、民復季子〉，《中國文字》新24（1998年12月），頁129-134；袁國華：〈郭店竹簡「卝」（卲）、「其」、「卡」（卞）諸字考釋〉，《中國文字》新25（1999年12月），頁161-169；季旭昇：《說文新證》（臺北：藝文印書館，2014年9月二版），頁188-189。

319　張富海：〈釋清華簡《湯在啻門》的「褊急」〉，收入清華大學出土文獻研究與保護中心編、李學勤主編：《出土文獻》12（上海：中西書局，2018年4月第一版），頁130-134。

張富海曾云原整理者所訓「急躁」不夠準確，其實在其所釋之「褊急」中，仍有「急躁」義，如《詩經・魏風・葛屨・序》云「魏地陿隘，其民機巧趨利，其君儉嗇褊急，而無德以將之。」孔穎達疏曰「褊急，言性躁。」[320]其結論卻似乎已將此義捨之，尚且未知其原因為何，因此，「㝸亙」是否與「褊急」有關，甚至能否讀為「褊急」，這恐怕都是有待作進一步討論的。有鑑於此，竊疑簡文此所謂「㝸亙」二字當分訓以讀之，即單獨「㝸」字在此仍可如暮四郎與張富海所云，讀為「褊」，訓作「狹急」，尤其楚簡「卜」、「扁」二聲系相通例不少，此張富海已有詳論，可參，其義訓或猶《楚辭・七諫》云「淺智褊能兮，聞見又寡。」王逸注曰：「褊，狹也。」[321]至於「亙」字，則疑其如字讀即可，仍可逕訓作「急」，即原整理者所釋之「急躁」。據此，簡文此所謂「㝸亙」，應可讀為「褊亙」，訓作「氣量狹小、性情急躁」，屬近義複詞，但未必與古籍所見「褊急」一詞有關。

〔20〕澠（？、瀆）

簡文此字之形為：

 ／ （清華〈湯在啻門〉簡 14）

原整理者將此字隸作「澠」，並釋云「從𥁕聲，舌音侯部，疑讀『瀆』，敗亂。……雖成又瀆，言以惡德行事，雖有所成終歸敗亂，與上文美德保成相對應」；[322]王寧讀為「渝」，訓作「改變」，並將此段簡文釋作「雖然完成而又會有變化」；[323]洪君好仍從原整理者之說；[324]郭倩文從王寧之說；[325]張富海認為「『瀆』即『殰』。……即胎死腹中，引申出失敗義」；[326]曹峰仍從原整理者之說，但也認為王寧之說亦可謂合理。[327]

320 〔漢〕毛亨傳、〔漢〕鄭玄箋、〔唐〕孔穎達疏：《毛詩正義》（清嘉慶二十年江西南昌府學重刊宋刻本，臺北：藝文印書館，1997 年 8 月初版），卷五之三，頁 206。

321 「褊」乃「褊」之異體。〔漢〕王逸章句：《楚辭章句》（臺北：藝文印書館，2010 年 9 月初版），卷十三，頁 333；教育部「異體字字典」，網址：https://dict.variants.moe.edu.tw/variants/rbt/word_attribute.rbt?quote_code=QjA0NTM3，檢索日期：2020 年 2 月 16 日。

322 清華大學出土文獻研究與保護中心編、李學勤主編：《清華大學藏戰國竹簡（伍）》（上海：中西書局，2015 年 4 月第一版），頁 142、146。

323 「簡帛論壇：清華五《湯在啻門》初讀」18 樓王寧之發文，武漢大學簡帛研究中心，網址：http://www.bsm.org.cn/forum/forum.php?mod=viewthread&tid=3248&extra=page%3D2&page=3，2015 年 4 月 21 日，檢索日期：2018 年 6 月 15 日；王寧：〈釋清華簡五《湯在啻門》的「渝」〉，武漢大學簡帛研究中心，網址：http://www.bsm.org.cn/show_article.php?id=2219，2015 年 4 月 23 日，檢索日期：2018 年 6 月 27 日；王寧：〈讀《湯在啻門》散札〉，復旦大學出土文獻與古文字研究中心，網址：http://www.gwz.fudan.edu.cn/Web/Show/2513，2015 年 5 月 6 日，檢索日期：2018 年 6 月 27 日。

324 洪君好：《戰國竹書伊尹文獻研究》（國立中興大學中國文學研究所碩士論文，2017 年 8 月），頁 55。

325 郭倩文：《《清華五》、《上博九》集釋及新見文字現象整理與研究》（華東師範大學碩士學位論文，2016 年 5 月），頁 168。

326 張富海：〈釋清華簡《湯在啻門》的「褊急」〉，收入清華大學出土文獻研究與保護中心編、李學勤主編：《出土文獻》12（上海：中西書局，2018 年 4 月第一版），頁 130-134。

今復考簡文此例之形，其左從水，右下似從豆，其形近類例又見於清華〈封許之命〉簡：

（清華〈封許之命〉簡7）

原整理者隸作「䀉」，並釋為「鐙」字或體，即酒器之謂，[328]其例下從豆，上部之形則與簡文此字右上形構相近，可證〈湯在啻門〉簡此字確應從䀉。

不過，今所見古文字從䀉之例不多，且其拓本字形或多漫漶，例如：

（春秋：庚壺，《集成》09733「𣪘」（拓本））

（春秋：庚壺，《集成》09733（張光遠摹本字形）「𣪘」）

（曾侯乙簡212「斲」（拓本））

（曾侯乙簡212「斲」（黃有志摹本））

知古文字從䀉之例多從豆形，與清華簡此二例相同，且此形構特徵亦見於睡虎地秦簡與關沮秦簡，例如：

（睡虎地秦簡《日書・乙》85）

（睡虎地秦簡《日書・乙》198）

（睡虎地秦簡〈法律答問〉66）

（關沮秦簡230）

327　曹峰：〈清華簡《湯在啻門》譯注〉，收入李學勤、艾蘭、呂德凱主編，清華大學出土文獻研究與保護中心、古代中國研究會編：《清華簡研究》3（上海：中西書局，2019年12月第一版），頁108-143。

328　清華大學出土文獻研究與保護中心編、李學勤主編：《清華大學藏戰國竹簡（伍）》（上海：中西書局，2015年4月第一版），頁118、122。

（關沮秦簡 236）

可見最早自春秋以下，以至戰國末年與秦之際，「盟」形從豆，應是其例發展之主要趨勢，惟或如《說文》所收從盟者，其篆形卻俱未從豆，例如：

（「斲」）

（「甗」）

（「覤」）

（「鏗」）

（「鬭」）

因此，頗疑春秋金文、曾侯乙簡、清華簡與睡虎地秦簡此等從豆之例，應與少數酒器字例所從象形形構之形近聲化現象有關，如「壺」字，其初文原象壺之形，惟自戰國以下，其下壺形又疑訛從豆，例如：

（戰國：己旂子壺，《集成》09540（拓本））

（戰國：己旂子壺，《集成》09540B（摹本））

（戰國：己孝子壺，《集成》09541）

「豆」字上古音屬定母侯部，與「盟」、「壺」或謂相近，[329]且「盟」、「壺」二字小篆篆形下所從者，亦頗相類，是故，頗疑「盟」所從豆，應是上述春秋以下此類字例形

---

[329] 「盟」、「壺」二字之上古音分屬定母侯部與匣母魚部，定、匣二母稍隔，但魚、侯二部在先秦文獻與古文字之中，仍有不少合韻或通假之例，因此，亦屬定母侯部之「豆」字，與「盟」、「壺」二字在上古音關係上，俱可謂相近。陳新雄：《古音研究》（臺北：五南圖書公司，1999 年 4 月初版），頁 456；李存智：《上博楚簡通假字音韻研究》（臺北：萬卷樓圖書公司，2010 年 2 月初版），頁 204-206。

近聲化現象之聲符，只是「壺」字形演變脈絡清楚，而「盨」字目前所見字形證據仍嫌不足，尤其尚未見从其器形之初文例，是故，簡文此例雖可逕隸釋从盨，但在字形演變推論上，仍有部分環節有俟新出，今暫且存疑，並從原整理者所釋，將其隸作「濼」。

至於簡文此處辭例云「德褊亟，執偽以無成，此謂惡德，雖成又濼。」（清華〈湯在啻門〉簡14），倘據本文上文之推論，其意當指「其德氣量狹小，性情急躁，將無所成，即惡德也，且若有所成，卻仍有『濼』」，王寧將簡文此「濼」字讀為「渝」，雖未嘗不可，但「渝」所訓「改變」義，多用在主語之主動行為上，較少用在客觀描述上，例如：《詩經·鄭風·羔裘》云「彼其之子，舍命不渝。」毛傳釋曰「渝，變也。」[330]馬瑞辰通釋亦云「……謂雖至死而捨命亦不變耳。」[331]再者，《易經·豫》亦云「上六：冥豫，成有渝，无咎」，[332]因此，王寧此說恐猶有可商，而張富海讀「殨」，仍缺其字訓作「失敗」之書證，猶可商，如此看來，原整理者將簡文此字讀為「潰」，訓作「敗亂」，在語意與用例上，較為順適合理，可從，此中除了原整理者所引《逸周書》「援拔潰謀」之語例外，亦猶《韓非子·八經》曰「廢置無度則權瀆，賞罰下共則威分。」[333]其「瀆」字或同此訓也，實毋須再通讀為張富海所云之「殨」。故簡文所云「雖成有潰」，即表示其持惡德者，雖有所成，但終將敗亂，而與上文「美德」之所以可以「保成」，在文意上相互對應。

〔21〕疠（病、病）民亡（無）古（鹽）

簡15此句之釋讀，學界或存異說，例如：原整理者將「病民」，釋作「禍害民眾」，並將「古」讀為「故」；[334]網路發言者蚊首則將「病民」訓作「疲、苦、勞民」，且認為「『古』則為姑息之姑，休息之意，字又作『盬』，《廣雅·釋詁二》：『盬，息也』」；[335]王挺斌據《詩經》「王事靡盬」之語例，將「古」改讀為「盬」，訓作「止息」，「病」仍釋為「疲勞」，進而將此段簡文解作「勞民無止息」之意；[336]李爽對「病民」之釋讀，從

[330] 〔漢〕毛亨傳、〔漢〕鄭玄箋、〔唐〕孔穎達疏：《毛詩正義》（清嘉慶二十年江西南昌府學重刊宋刻本，臺北：藝文印書館，1997年8月初版），卷四之三，頁168。

[331] 〔清〕馬瑞辰：《毛詩傳箋通釋》（據廣雅書局叢書本影印，濟南：山東友誼書社，1992年5月第一版），卷八，頁430。

[332] 〔魏〕王弼注、〔東晉〕韓康伯注、〔唐〕孔穎達疏：《周易正義》（清嘉慶二十年江西南昌府學重刊宋刻本，臺北：藝文印書館，1997年8月初版），卷二，頁50。

[333] 〔清〕王先慎：《韓非子集解》（臺北：藝文印書館，2008年3月初版），卷十八，頁669。

[334] 清華大學出土文獻研究與保護中心編、李學勤主編：《清華大學藏戰國竹簡（伍）》（上海：中西書局，2015年4月第一版），頁142-143、146。

[335] 「簡帛論壇：清華五《湯在啻門》初讀」34樓網路發言者蚊首之發文，武漢大學簡帛研究中心，網址：http://www.bsm.org.cn/forum/forum.php?mod=viewthread&tid=3248&extra=&page=4，2015年8月14日，檢索日期：2018年6月18日；王進鋒：〈清華簡（伍）《殷高宗問於三壽》《湯處於湯丘》《湯在啻門》三篇集釋〉，收入李學勤、艾蘭、呂德凱主編，清華大學出土文獻研究與保護中心、古代中國研究會編：《清華簡研究》3（上海：中西書局，2019年12月第一版），頁392-497。

[336] 「簡帛論壇：清華五《湯在啻門》初讀」35樓王挺斌之發文，武漢大學簡帛研究中心，網址：http://www.bsm.org.cn/forum/forum.php?mod=viewthread&tid=3248&extra=&page=4，2015年8月17日，檢索日期：2018年6月18日；王進鋒：〈清華簡（伍）《殷高宗問於三壽》《湯處於湯丘》《湯在啻門》三篇集釋〉，

蚊首之說，而「古」則從王挺斌之看法；[337]洪君好從王挺斌之說，將「古」讀為「鹽」；[338]曹峰雖然仍從原整理者對「病民」之訓釋，但將「無故」訓作「沒有緣由」，並認為簡文此處所云「病民無故」乃倒裝句，應正作「無故病民」。[339]

諸家之說皆有其理據，不過，倘復考相關用例：知傳世文獻「病民」一詞，多作「為害民眾」解，如《焦氏易林·師之》即云「大有：鴻鴈翩翩，始怨勞苦。災疫病民，鰥寡愁憂。」[340]因此，「病民」恐怕仍應從原整理者之說，釋作「禍害或為害民眾」；而疑解作「沒有緣由」之「無故」，不僅在古文字與先秦傳世文獻中，甚少有將其所修飾動詞前置倒裝者，例如：「人無故而怒也」（睡虎地秦簡《日書·甲》56背），又如《禮記·王制》亦云「諸侯無故不殺牛，大夫無故不殺羊，士無故不殺犬豕，庶人無故不食珍。」[341]凡此所見「無故」俱作「沒有緣由」解，但都置於其所修飾動詞之前，且此訓與上文「起事無穫」之文意，實難接續，故「無故」倘訓作「沒有緣由」，確有再作討論之空間；至於「古」字，蚊首所云用例甚為罕見，且「𡖛」字所見字書時代亦稍晚，除了其所引之《廣雅》外，其他較早之字書似僅見於《玉篇》，[342]故「古」字恐怕無法從此方向去作理解，其實，王挺斌讀「鹽」之說，具先秦傳世文獻之例證，當可信，今從之。

故綜上所述，簡文此句應可讀為「病民無鹽」，殆指「禍害或為害民眾無所止息」之意。

〔22〕俑（庸）

簡文此字之形為：

 （清華〈湯在啻門〉簡15）

簡文此字隸釋作「俑」，應無疑義，但在釋讀上，諸家則或存異說，例如：原整理者疑讀為「庸」，訓作「勞」，並認為此段簡文所云「民備」，指的是「民力」；[343]網路發

收入李學勤、艾蘭、呂德凱主編，清華大學出土文獻研究與保護中心、古代中國研究會編：《清華簡研究》3（上海：中西書局，2019年12月第一版），頁392-497。

337 李爽：《清華簡「伊尹」五篇集釋》（吉林大學碩士論文，2016年6月），頁136。

338 洪君好：《戰國竹書伊尹文獻研究》（國立中興大學中國文學研究所碩士論文，2017年8月），頁55。

339 曹峰：〈清華簡《湯在啻門》譯注〉，收入李學勤、艾蘭、呂德凱主編，清華大學出土文獻研究與保護中心、古代中國研究會編：《清華簡研究》3（上海：中西書局，2019年12月第一版），頁108-143。

340 〔漢〕焦延壽：《焦氏易林》（校宋本重雕，臺北：藝文印書館，1983年6月再版），卷二，頁48。

341 〔漢〕孔安國傳、〔唐〕孔穎達疏：《禮記注疏》（清嘉慶二十年江西南昌府學重刊宋刻本，臺北：藝文印書館，1997年8月初版），卷十二，頁245。

342 《玉篇》或存一字「𡖛」，顧野王釋為「息也」，其例與「𡖛」字之字形雖然稍有不同，但以偏旁組合與義訓內容而言，疑其乃「𡖛」字之異構。〔南朝梁〕顧野王原著、國字整理小組編：《玉篇》（臺北：國字整理小組，出版年不詳），卷十，頁166。

343 清華大學出土文獻研究與保護中心編、李學勤主編：《清華大學藏戰國竹簡（伍）》（上海：中西書局，2015年4月第一版），頁143、146。

言者暮四郎將此段簡文讀為「民服不痛」，釋作「民服役而不覺得痛苦」；[344]網路發言者ee 讀為「用」，訓作「人民備員而不用也」；[345]網路發言者蚊首仍主張應讀為「庸」；[346]郭倩文從 ee（單育辰）之說；[347]李爽亦從 ee（單育辰）之看法；[348]單育辰讀為「用」，並將此段簡文釋為「人民備員而不用也」；[349]洪君好從暮四郎之說；[350]曹峰仍從原整理者之說。[351]

　　此段簡文言「美役」與「惡役」之事，其云「起役時順，民備不俑，此謂美役；起役不時，大費於邦，此謂惡役」（清華〈湯在啻門〉簡 15、16），知上下語句應當相互呼應，即「民備不俑」與「大費於邦」相對，上引諸家之說，大抵皆合乎文意，不過，在古文字與傳世文獻中，甚少有「民備」用作「民力」者，例如：「非倫而民備，世此亂也」（郭店《尊德義》簡 25）、「不勸而民力，不刑殺而無盜賊，甚緩而民備」（上博〈容成氏〉簡 6），又如《國語·周語》云「王曰：『何故？』對曰：『上作器，民備樂之，則為和。今財亡民罷，莫不怨恨，臣不知其和也。且民所曹好，鮮其不濟也。其所曹惡，鮮其不廢也。故諺曰：『眾心成城，眾口鑠金。』三年之中，而害金再興焉，懼一之廢也。』」[352]此等「民備」之用例，多是以「人民」為主語，「備」則為動詞，顯然與「民力」有所不同，因此，暮四郎改讀為「服」，有其一定之道理，尤其上引兩條楚簡資料，其「備」字也都讀為「服」，[353]此乃楚簡「備」字之習見讀法，其說應可從，至於 ee 與單育辰所云之「備員」，雖亦有其理據，但此用例似也不多，茲暫存疑，以俟

[344] 「簡帛論壇：清華五《湯在啻門》初讀」6 樓網路發言者暮四郎之發文，武漢大學簡帛研究中心，網址：http://www.bsm.org.cn/forum/forum.php?mod=viewthread&tid=3248&extra=&page=1，2015 年 4 月 11 日，檢索日期：2018 年 6 月 16 日；王進鋒〈清華簡（伍）《殷高宗問於三壽》《湯處於湯丘》《湯在啻門》三篇集釋〉，收入李學勤、艾蘭、呂德凱主編，清華大學出土文獻研究與保護中心、古代中國研究會編：《清華簡研究》3（上海：中西書局，2019 年 12 月第一版），頁 392-497。

[345] 「簡帛論壇：清華五《湯在啻門》初讀」11 樓網路發言者 ee 之發文，武漢大學簡帛研究中心，網址：http://www.bsm.org.cn/forum/forum.php?mod=viewthread&tid=3248&extra=&page=2，2015 年 4 月 15 日，檢索日期：2018 年 6 月 18 日；王進鋒〈清華簡（伍）《殷高宗問於三壽》《湯處於湯丘》《湯在啻門》三篇集釋〉，收入李學勤、艾蘭、呂德凱主編，清華大學出土文獻研究與保護中心、古代中國研究會編：《清華簡研究》3（上海：中西書局，2019 年 12 月第一版），頁 392-497。

[346] 「簡帛論壇：清華五《湯在啻門》初讀」12 樓網路發言者蚊首之發文，武漢大學簡帛研究中心，網址：http://www.bsm.org.cn/forum/forum.php?mod=viewthread&tid=3248&extra=&page=2，2015 年 4 月 16 日，檢索日期：2018 年 6 月 18 日。

[347] 郭倩文：《《清華五》、《上博九》集釋及新見文字現象整理與研究》（華東師範大學碩士學位論文，2016 年 5 月），頁 169。

[348] 李爽：《清華簡「伊尹」五篇集釋》（吉林大學碩士論文，2016 年 6 月），頁 136。

[349] 單育辰：〈《清華大學藏戰國竹簡（伍）》釋文訂補〉，收入復旦大學出土文獻與古文字研究中心編：《戰國文字研究的回顧與展望》（上海：中西書局，2017 年 8 月第一版），頁 204-210。

[350] 洪君好：《戰國竹書伊尹文獻研究》（國立中興大學中國文學研究所碩士論文，2017 年 8 月），頁 56。

[351] 曹峰：〈清華簡《湯在啻門》譯注〉，收入李學勤、艾蘭、呂德凱主編，清華大學出土文獻研究與保護中心、古代中國研究會編：《清華簡研究》3（上海：中西書局，2019 年 12 月第一版），頁 108-143。

[352] 〔漢〕韋昭註：《國語》（重刊宋明道二年本，臺北：臺灣商務印書館，1956 年 4 月臺初版），卷三，頁 42。

[353] 荊門市博物館：《郭店楚墓竹簡》（北京：文物出版社，1998 年 5 月第一版），頁 174；馬承源主編：《上海博物館藏戰國楚竹書（二）》（上海：上海古籍出版社，2002 年 11 月第一版），頁 254。

補說，據此，則簡文下文此「俑」字，其釋讀方向便應與「服役」有關，原整理者、暮四郎與曹峰之說，在語意上未嘗不可行，惟須留意的是，「痛」字在先秦古籍中，多指生理方面之病痛，而非心理層面之痛苦，如《易經·說卦》即云「坎為水......其於人也，為加憂，為心病，為耳痛，為血卦，為赤。」[354]其用作「痛苦」者，時代稍晚，最早大抵見於漢代文獻，如《漢書·賈鄒枚路傳》或云「夫人情安則樂生，痛則思死。」[355]因此，「俑」字在此處恐怕不能讀為「痛」，或訓作「痛苦」，反而原整理者與曹峰讀「庸」之說，在楚簡中，有其通假之實證，[356]是故，關於簡文此處「俑」字之釋讀，本文仍從原整理者與曹峰之說，將其讀為「庸」，訓作「勞」，而簡文此所云「民服不庸」，殆指「人民服役不致於過於勞苦」之意也。

〔23〕𢎐（𤗇？、禍）

簡16此字之考釋，詳見〈湯處於湯丘〉簡16例之討論內容。

〔24〕𡔚（？、愆）

簡文此字之形為：

（清華〈湯在啻門〉簡17）

此字及其所屬簡文之釋讀，學界有諸多討論，包括：原整理者李守奎將簡文此字釋從龍，隸作「𡔚」，讀為「重」，並以為此字上文之「情」字可讀為「輕」，「方」字應訓作「害」，下文之「棠」字則可讀為「常」，同時，亦認為簡文此例能與〈湯處於湯丘〉類例互參，且「此與楚文字習見之『𥅆』寫法不同」；[357]網路發言者 ee（單育辰）釋其形為「左邊從立，右邊所從的是現在一般用為『逝』的字」，並將其與〈湯處於湯丘〉之類例皆讀為「制」，後來在其正式刊行之修訂增補稿中，又補云此字「其實就是古文字中常見的用為『噬』、『逝』之字」，同時也改讀為「滯」，訓作「滯」，至於上下文之「情」與「棠」，ee（單育辰）則分訓作「似是情實之意」與讀為「當」；[358]程燕改釋從

---

[354] 〔魏〕王弼注、〔東晉〕韓康伯注、〔唐〕孔穎達疏：《周易正義》（清嘉慶二十年江西南昌府學重刊宋刻本，臺北：藝文印書館，1997年8月初版），卷九，頁186。

[355] 〔漢〕班固撰、〔唐〕顏師古注：《漢書》（瞿氏鐵琴銅劍樓藏北宋景祐刊本，臺北：臺灣商務印書館，2010年7月臺二版），〈列傳〉卷二十一，頁665。

[356] 白於藍編著：《戰國秦漢簡帛古書通假字彙纂》（福州：福建人民出版社，2012年5月第一版），頁636。

[357] 李守奎：〈楚文獻中的教育與清華簡《繫年》性質初探〉，收入復旦大學出土文獻與古文字研究中心編：《出土文獻與古文字研究》6（復旦大學出土文獻與古文字研究中心成立十周年紀念文集，上海：上海古籍出版社，2015年2月第一版），頁291-302，亦收入李守奎：《古文字與古史考——清華簡整理研究》（上海：中西書局，2015年10月第一版），頁99-115；清華大學出土文獻研究與保護中心編、李學勤主編：《清華大學藏戰國竹簡（伍）》（上海：中西書局，2015年4月第一版），頁143、147。

[358] 「簡帛論壇：清華五《湯處於湯丘》初讀」3樓網路發言者ee之發文，武漢大學簡帛研究中心，網址：http://www.bsm.org.cn/forum/forum.php?mod=viewthread&tid=3247&extra=page%3D8，2015年4月9日，

𥅆，並以為簡文此字可讀為「制」，並將此段簡文解作「刑在使用時不害人就是美刑，刑法制度變化不定就是惡刑」；[359]網路發言者暮四郎釋簡文此字从噬得聲，可讀為「褻」，並以為簡文此所謂「刑褻」當指「刑罰被頻繁地使用，變得像玩具一樣隨便」，而對於上文「情」字，暮四郎則認為此字讀為「輕」，不符合楚簡之用字習慣，疑應讀為「靜」，則簡文所謂「刑靜以不方（妨）」，可釋作「刑罰不煩苛，故無妨害」；[360]網路發言者瑜小楨將簡文此字隸作「𧮫」，讀為「愆」，訓作「過」，並認為簡文此處殆指「刑罰過度而無規律」之意；[361]王寧在簡文此字釋作「傑」字本字之基礎上，將其讀為「泰」或「忕（忲）」，訓作「過也、甚也」，義猶「繁」，並以為簡文此所謂「刑情以不方，此謂美刑；刑泰（忲）以無常，此謂惡刑」，殆指「刑罰簡省而不放縱，此謂『美刑』；刑罰過甚而無常規，此謂『惡刑』」之意；[362]馬文增將「方」讀為「妨」，訓作「提防」，並將「棠」讀為「常」，訓作「倫常」或「常理」；[363]網路發言者曰古氏讀為「贅」；[364]黃澤鈞從程燕之說，「情」仍讀如本字，「方」則改讀為「頗」，訓作「偏頗」；[365]郭倩文從 ee（單育辰）之說，不過，對於「情」字之釋讀，其仍從原整理者之說，「方」字則從王寧之看法，至於「棠」字且亦讀為「常」，並將「無常」訓作「變化不定」；[366]李爽大抵從 ee

檢索日期：2018 年 10 月 15 日；「簡帛論壇：清華五《湯在啻門》初讀」1、11 樓網路發言者 ee 之發文，武漢大學簡帛研究中心，網址：http://www.bsm.org.cn/forum/forum.php?mod=viewthread&tid=3248&extra=page%3D2&page=1、http://www.bsm.org.cn/forum/forum.php?mod=viewthread&tid=3248&extra=page%3D2&page=2，2015 年 4 月 15 日，檢索日期：2018 年 10 月 15 日；單育辰：〈《清華大學藏戰國竹簡（伍）》釋文訂補〉，收入復旦大學出土文獻與古文字研究中心編：《戰國文字研究的回顧與展望》（上海：中西書局，2017 年 8 月第一版），頁 204-210。

[359] 程燕：〈清華五劄記〉，武漢大學簡帛研究中心，網址：http://www.bsm.org.cn/show_article.php?id=2187，2015 年 4 月 10 日，檢索日期：2018 年 6 月 9 日；程燕：〈清華五札記二則〉，收入中國古文字研究會、清華大學出土文獻研究與保護中心、中國社會科學院甲骨文殷商史保護中心、首都師範大學甲骨文研究中心編《古文字研究》31（北京：中華書局，2016 年 10 月北京第一版），頁 366-369。

[360] 「簡帛論壇：清華五《湯在啻門》初讀」6 樓網路發言者暮四郎之發文，武漢大學簡帛研究中心，網址：http://www.bsm.org.cn/bbs/read.php?tid=3248&fpage=3&page=1，2015 年 4 月 11 日，檢索日期：2018 年 6 月 20 日。

[361] 「簡帛論壇：清華五《湯在啻門》初讀」8 樓網路發言者瑜小楨之發文，武漢大學簡帛研究中心，網址：http://www.bsm.org.cn/bbs/read.php?tid=3248&fpage=3&page=1，2015 年 4 月 14 日，檢索日期：2018 年 6 月 22 日。

[362] 王寧：〈釋《清華簡（伍）》的「傑」〉，復旦大學出土文獻與古文字研究中心，網址：http://www.gwz.fudan.edu.cn/Web/Show/2496，2015 年 4 月 14 日，檢索日期：2018 年 6 月 15 日；王寧：〈讀《湯在啻門》散札〉，復旦大學出土文獻與古文字研究中心，網址：http://www.gwz.fudan.edu.cn/Web/Show/2513，2015 年 5 月 6 日，檢索日期：2018 年 6 月 27 日。

[363] 馬文增：〈清華簡《湯在帝門》新釋、簡注、白話譯文〉，武漢大學簡帛研究中心，網址：http://www.bsm.org.cn/show_article.php?id=2238，2015 年 5 月 27 日，檢索日期：2018 年 6 月 20 日。

[364] 王寧：〈釋《清華簡（伍）》的「傑」〉文末 2 樓網路發言者曰古氏之評論，復旦大學出土文獻與古文字研究中心，網址：http://www.gwz.fudan.edu.cn/Web/Show/2496，2015 年 4 月 19 日，檢索日期：2018 年 6 月 15 日。

[365] 黃澤鈞：〈清華伍〈湯在啻門〉釋文補注〉，第二十七屆中國文字學國際學術研討會發表論文（臺中：國立臺中教育大學，2016 年 5 月 13 日、14 日）。

[366] 郭倩文：《《清華五》、《上博九》集釋及新見文字現象整理與研究》（華東師範大學碩士學位論文，2016 年 5 月），頁 140-142、171-173。

（單育辰）之說；[367]侯乃峰將簡文此字讀為「贅」，並以為簡文「情」字應訓作「情實」，即「實情、實際情況」，因此，關於簡文此處之文意，侯乃峰將其解之為「『刑情以不方，此謂美刑』當是說：刑罰根據民眾實際所犯罪過的輕重情況加以施行，而不妨害於民眾，這就叫作美刑；『刑贅以無常，此謂惡刑』當是說：刑罰煩多不當，而且變化無常，這就叫作惡刑。」[368]段凱彙整諸家對傳抄古文「龍」字來源之說，否定此字釋作从龍之可能性，進而從程燕之說，將簡文此字隸作「⿰立龠」，並將其上文之「情」讀為「清」，訓作「清明公正」，「方」則訓為「放」，訓同上引王寧「放縱」之說，至於「⿰立龠」字，段凱則從上引暮四郎之釋讀，將其讀為「褻」，但改訓作「輕褻」，而將此簡文釋為「刑罰輕褻而無常」之意；[369]洪君妤讀為「制」，而對於「情」與「方」之看法，則仍從黃澤鈞之說，但亦贊同暮四郎將「方」讀為「妨」之意見；[370]曹峰未確認簡文此字之釋讀，但引清華〈管仲〉簡所云「凡其民人，老者願死，壯者願行，恐罪之不竭，而型（刑）之方」一段，補證此段簡文「方」字之釋讀，同時，亦釋曰「不管如何分析字形解釋字義，這裏，『刑情』（即不鼓勵刑罰）與『刑⿰立竜』（刑罰過度）形成對照」；[371]陳慧亦未談簡文此字之釋讀，但將此段簡文之「不方」訓作「不規」。[372]

今復考簡文此例之形，其左从立，而右側所从者，應同時參見原整理者所引〈湯處於湯丘〉簡之類例，其形為：

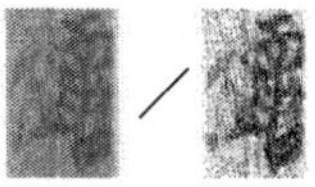（清華〈湯處於湯丘〉簡 16）

原整理者將〈湯處於湯丘〉簡此例釋从龍，惟从龍或「𨌦」字異體之說，似不可行，且亦與「傺」字無關，此俱已如本文第六章所述，至於簡文此字若讀為「制」或「褻」，實又難以與上文之「情」或「輕」互為對文，而讀「滯」者，雖可與簡文上文之「情」相應，惟其所訓「滯重」義，在古文字與傳世文獻中，多未見其與「刑」有所相關者，故此訓與「刑」之關係為何，似又不易理解，再如讀「贅」之說，在書證根據上，如本文前面章節所云，仍存疑義，因此，簡文此字之釋讀，實在令人費解，不過，上引瑜小楨之說法，極具啟發性，今在其基礎上，再行補證之。

據形而論，且依本文在第六章所討論之內容，知簡文此例應可隸作「⿰立書」，疑从書得

---

[367] 李爽：《清華簡「伊尹」五篇集釋》（吉林大學碩士論文，2016 年 6 月），頁 139。

[368] 侯乃峰：〈讀清華簡（伍）雜志〉，《中國文字》新 43（2017 年 3 月），頁 75-88。

[369] 段凱：〈《清華藏簡（伍）》拾遺〉，收入武漢大學簡帛研究中心主辦：《簡帛》14（上海：上海古籍出版社，2017 年 5 月第一版），頁 21-28。

[370] 洪君妤：《戰國竹書伊尹文獻研究》（國立中興大學中國文學研究所碩士論文，2017 年 8 月），頁 56、64-65。

[371] 曹峰：〈清華簡《湯在啻門》譯注〉，收入李學勤、艾蘭、呂德凱主編，清華大學出土文獻研究與保護中心、古代中國研究會編：《清華簡研究》3（上海：中西書局，2019 年 12 月第一版），頁 108-143。

[372] 王進鋒：〈清華簡（伍）《殷高宗問於三壽》《湯處於湯丘》《湯在啻門》三篇集釋〉，收入李學勤、艾蘭、呂德凱主編，清華大學出土文獻研究與保護中心、古代中國研究會編：《清華簡研究》3（上海：中西書局，2019 年 12 月第一版），頁 392-497。

聲，在此可從上引瑜小楨之說，將其讀為「愆」，訓作「失」，[373]其如《玉篇》釋「愆」云「失也」，[374]亦猶《左傳‧昭公二十六年》曰「王昏不若，用愆厥位。」杜預注曰「愆，失也。」[375]而簡文云「政簡以定，此謂美政；政禍亂以無常，民咸解體自恤，此謂惡政。刑情以不方，此謂美刑；刑愆以無常，此謂惡刑。」（清華〈湯在啻門〉簡 16、17）以句式而言，此中所見四個「以」字，恐皆作連詞解，且連結相關之二事，其猶《易經‧鼎》云「初六：『鼎顛趾，利出否，得妾以其子，无咎。』」[376]王引之《經傳釋詞》釋云「言得妾與其子也。」[377]亦猶《詩經‧大雅‧皇矣》或云「帝謂文王：『予懷明德，不大聲以色，不長夏以革。』」[378]馬瑞辰通釋則曰：「以、與古通用，『聲以色』猶云『聲與色』也，『夏以革』猶云『夏與革』也。」[379]即「政」與「刑」之美惡，各以二事言之，如「美政」以「簡」、「成」論之，「惡政」則以「禍亂」與「無常」說之，因此，下文云「刑之美」有其「情」與「不方」，「惡刑」亦有其「愆」與「無常」，可謂相互對應，亦即「不方」與「無常」之詞性也應相同；關於「無常」一詞，ee（單育辰）曾疑此「棠（常）」字應讀為「當」，惟上文「棠」可讀為「常」，已有先例可循，再者，楚系「棠」字又或可讀為「嘗」，[380]「嘗」與「常」之上古音關係，終究較「當」來得密切，[381]故簡文此所謂「無棠」，仍應如原整理者與多位學者所云讀為「無常」，指「非固定不變」或「變化不定」之意，只是非必是「倫常」；據此，則此處之「方」字，似也不該作動詞解，疑訓作「齊等」，則猶《詩經‧大雅‧生民》云「實方實苞，實種實褒。」鄭玄箋：「方，齊等也。」[382]又如《周禮‧冬官考工記‧梓人》云「梓人為侯，廣與崇方。」鄭玄注：「崇，高也；方，猶等也。」[383]不過，清華〈管仲〉簡 20 所云一段，其「不方」之語意似未完足，或應與下文連讀，而應斷讀為「恐罪之不竭，而刑之方怨亦未濟，邦以卒喪」，此「方」應訓作「持續中之狀態或動作」，「方怨」即刑罰

---

[373] 「咎」、「愆」二字上古音俱屬溪母元部，聲韻關係極為密切，應可相通。

[374] 〔南朝梁〕顧野王原著、國字整理小組編：《玉篇》（臺北：國字整理小組，出版年不詳），卷八，頁 138。

[375] 〔晉〕杜預注、〔唐〕孔穎達疏：《春秋左傳正義》（清嘉慶二十年江西南昌府學重刊宋刻本，臺北：藝文印書館，1997 年 8 月初版），卷五十二，頁 903。

[376] 〔魏〕王弼注、〔東晉〕韓康伯注、〔唐〕孔穎達疏：《周易正義》（清嘉慶二十年江西南昌府學重刊宋刻本，臺北：藝文印書館，1997 年 8 月初版），卷五，頁 113。

[377] 〔清〕王引之：《經傳釋詞》（臺北：河洛出版社，1980 年 8 月臺影印出版），卷一，頁 20。

[378] 〔漢〕毛亨傳、〔漢〕鄭玄箋、〔唐〕孔穎達疏：《毛詩正義》（清嘉慶二十年江西南昌府學重刊宋刻本，臺北：藝文印書館，1997 年 8 月初版），卷十六之四，頁 573。

[379] 〔清〕馬瑞辰：《毛詩傳箋通釋》（據廣雅書局叢書本影印，濟南：山東友誼書社，1992 年 5 月第一版），卷二十四，頁 1359。

[380] 例如：「楚王熊延作鑄匜鼎，以供歲棠」（戰國：楚王熊延鼎，《集成》02479）、「吾既果成無敵，以供春秋之棠，以寺四鄰之賞」（上博〈莊王既成〉簡 1 正、2）。

[381] 「嘗」、「常」二字之上古音皆為禪母陽部，彼此雙聲疊韻，而「當」字則為端母陽部，其韻部雖與「嘗」、「常」二字相同，但聲母稍隔。

[382] 〔漢〕毛亨傳、〔漢〕鄭玄箋、〔唐〕孔穎達疏：《毛詩正義》（清嘉慶二十年江西南昌府學重刊宋刻本，臺北：藝文印書館，1997 年 8 月初版），卷十七之一，頁 593。

[383] 〔漢〕鄭玄注、〔唐〕賈公彥疏：《周禮注疏》（清嘉慶二十年江西南昌府學重刊宋刻本，臺北：藝文印書館，1997 年 8 月初版），卷四十一，頁 639。

「所產生之怨恨」,[384]恐與簡文此「方」字不同,似無法相類比,另黃澤鈞將「方」讀為「頗」,或具其理,但在古音關係上,恐仍或隔,[385]且闕簡帛通假實證,茲暫且存疑待商,是故,簡文「方」字在此仍以訓作「齊等」為宜;若然,則此所謂「情」,恐非讀為「輕」或訓作「簡省」,主因此類釋讀與「不方」之義訓,實難相應,無法解釋「不齊等」而為「美刑」之意,反而上引 ee(單育辰)與侯乃峰釋「情」為「情實」之說,倒是較近於簡文原恉,在此又可解作「實情」之意,其猶《易經・咸》云「日月得天,而能久照,四時變化,而能久成,聖人久於其道,而天下化成;觀其所恆,而天地萬物之情可見矣!」[386]又如《史記・高祖本紀》或云「高祖曰:『列侯諸將無敢隱朕,皆言其情。吾所以有天下者何?項氏之所以失天下者何?』」[387]是故,則簡文所云「刑情以不方,此謂美刑」,應即「刑罰依實情而定,輕重不等,這就是好的刑罰制度」,倘循此文意,則下文曰「刑愆以無常,此謂惡刑」,當謂「刑罰施之不得時且無法度,這就是不好的刑罰」也,其「愆」與上文之「情」,適正為量刑合宜與否之對文,文意可相互呼應。

故綜上所述,簡文此例當可讀為「愆」,訓「失」,殆言其刑施之不宜之意。

〔25〕鼎(真、祇?)

簡文此字之形為:

/（清華〈湯在啻門〉簡 18）

原整理者將簡文此字逕隸作「真」,並疑簡文所謂「地真」,應即「地祇」;[388]網路發言者暮四郎以為此「真」字乃「祇」字之訛誤;[389]網路發言者奈我何則從語音通轉之角度,認為簡文此「真」字可讀為「祇」;[390]馬文增讀為「珍」,訓作「珍寶」;[391]侯乃

---

384 其猶《左傳・定公四年》:「國家方危,諸侯方貳,將以襲敵,不亦難乎?」又《史記・陳涉世家》亦或云「燕人曰:『趙方西憂秦,南憂楚,其力不能禁我。且以楚之彊,不敢害趙王將相之家,趙獨安敢害將軍之家!』」〔晉〕杜預注、〔唐〕孔穎達疏:《春秋左傳正義》(清嘉慶二十年江西南昌府學重刊宋刻本,臺北:藝文印書館,1997 年 8 月初版),卷五十四,頁 945;〔漢〕司馬遷原著、(日)瀧川龜太郎著:《史記會注考證》(臺北:萬卷樓圖書公司,1993 年 8 月初版),卷四十八,頁 769。

385 「方」字上古音屬幫母陽部,「頗」字則為滂母歌部,二字聲母發音部位雖然相近,但韻部遠隔。

386 〔魏〕王弼注、〔東晉〕韓康伯注、〔唐〕孔穎達疏:《周易正義》(清嘉慶二十年江西南昌府學重刊宋刻本,臺北:藝文印書館,1997 年 8 月初版),卷四,頁 84。

387 〔漢〕司馬遷原著、(日)瀧川龜太郎著:《史記會注考證》(臺北:萬卷樓圖書公司,1993 年 8 月初版),卷八,頁 176。

388 清華大學出土文獻研究與保護中心編、李學勤主編:《清華大學藏戰國竹簡(伍)》(上海:中西書局,2015 年 4 月第一版),頁 143、147。

389 「簡帛論壇:清華五《湯在啻門》初讀」1 樓網路發言者暮四郎之發文,武漢大學簡帛研究中心,網址:http://www.bsm.org.cn/bbs/read.php?tid=3248&fpage=3&page=1,2015 年 4 月 11 日,檢索日期:2018 年 7 月 18 日。

390 「簡帛論壇:清華五《湯在啻門》初讀」17 樓奈我何之發文,武漢大學簡帛研究中心,網址:http://www.bsm.org.cn/forum/forum.php?mod=viewthread&tid=3248&extra=&page=2,2015 年 4 月 21 日,檢索日

峰認為簡文此字仍應釋為「真」，讀為「祗」，並在「祗」、「祇」乃一字分化之基礎上，將簡文「地真」讀為「地祇」；[392]趙平安亦贊同原整理者之說，並認為簡文所謂「地真」應與楚帛書之「女真」、傳世文獻之「真人」有關，且因其為土地之神，所以可以稱為「地真」，頗有道家文化之色彩；[393]李爽仍從原整理者之說；[394]洪君妤亦釋為「地祇」，且認為「地真」與「地祇」應是通假之關係，而非訛誤；[395]曹峰則將簡文所謂「地真」釋為「大地的神靈」，且透過對道家與道教文獻之解析，認為此詞例可能是道教從〈湯在啻門〉此類文獻中吸收部分訊息之證。[396]

　　據諸家之說，可知簡文此字讀為「祇」，可謂學界之共識，餘如馬文增讀「珍」，實未知其所據為何，於文意亦難解，可商，而趙平安與曹峰之說法，有助於清華簡伊尹此五篇性質之釐清，甚是重要，惟此中似仍有字形上之相關問題，尚待釐清，如「真」字與「祗」、「祇」等字之字形關係為何，即為此字釋形之關鍵，茲試擬此三字之字形比較表如下：

分期＼隸定	真	祗	祇
殷商甲骨文		（第一期：《合集》18801）（第四期：《合集》33128）	【未見其例】
西周金文	（伯真甗，《集成》00870）	（史牆盤，《集成》10175）	

期：2018 年 7 月 20 日；王進鋒：〈清華簡（伍）《殷高宗問於三壽》《湯處於湯丘》《湯在啻門》三篇集釋〉，收入李學勤、艾蘭、呂德凱主編，清華大學出土文獻研究與保護中心、古代中國研究會編：《清華簡研究》3（上海：中西書局，2019 年 12 月第一版），頁 392-497。

[391] 馬文增：〈清華簡《湯在帝門》新釋、簡注、白話譯文〉，武漢大學簡帛研究中心，網址：http://www.bsm.org.cn/show_article.php?id=2238，2015 年 5 月 27 日，檢索日期：2018 年 6 月 20 日。

[392] 侯乃峰：〈讀清華簡（伍）雜志〉，《中國文字》新 43（2017 年 3 月），頁 75-88。

[393] 趙平安：〈「地真」「女真」與「真人」〉，《管子學刊》2015 年第 2 期，頁 104-105，又收入趙平安：《新出簡帛與古文字古文獻研究續集》（北京：商務印書館，2018 年 6 月第一版），頁 290-294。

[394] 李爽：《清華簡「伊尹」五篇集釋》（吉林大學碩士論文，2016 年 6 月），頁 140。

[395] 洪君妤：《戰國竹書伊尹文獻研究》（國立中興大學中國文學研究所碩士論文，2017 年 8 月），頁 56-57。

[396] 曹峰：〈清華簡《湯在啻門》譯注〉，收入李學勤、艾蘭、呂德凱主編，清華大學出土文獻研究與保護中心、古代中國研究會編：《清華簡研究》3（上海：中西書局，2019 年 12 月第一版），頁 108-143。

	（真盤，《集成》10091） ／（寓鼎，《集成》02756） ／（段簋，《集成》04208） （季貞鼎，《集成》00531）		
春秋金文		（蔡侯申鎛，《集成》00221.2） （蔡侯盤，《集成》10171）	
戰國文字	（曾侯乙簡 122） ／（曾侯乙簡 122） ／（曾侯乙簡 124） （清華〈厚父〉簡 6） （上博〈用曰〉簡 3）	／（者沪鎛，《集成》00122.2） （中山王譽壺，《集成》09735.4A） 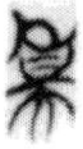（郭店《老子·乙》簡 12） 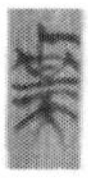／（清華〈殷高宗	

	（上博〈用曰〉簡 5）	問於三壽〉簡 14） （清華〈殷高宗問於三壽〉簡 20） ／ （清華〈殷高宗問於三壽〉簡 27）	
《說文》小篆			

　　可知簡文此字之寫法，若就其上下方之筆畫與筆法而言，確實較近於「真」字，而或異於「祗」字，尤其曾侯乙簡「真」字所從「丌」上形構之寫法，與簡文此字最是相近，至於〈殷高宗問於三壽〉所見「祗」字三例，其寫法應遠紹春秋金文，並類近郭店簡，此等字形可謂一脈相承，而與「真」字判然有別，因此，簡文此字恐仍以釋「真」為宜，上引侯乃峰之說，大抵可從，且其例在此應可隸作「鼎」。至於其例是否為「祗」字之訛，由於古文字「祗」字尚且未見其例，而「祗」字本又無「地祗」義，倘若書手從「祗」字誤抄而來，其可能性確實不高，此中恐仍須再作補證。

　　而簡文云「唯彼九神，是謂地真，五以將之，水、火、金、木、土，以成五曲，以植五穀。」（清華〈湯在啻門〉簡 18、19）上引諸家皆疑簡文此字或可讀為「祗」，不過，「真」、「祗」二字之上古音或隔，[397] 上引奈我何、侯乃峰以文字分化與語音通轉等理論，證明「真」可讀為「祗」，再迻讀為「祇」，大抵可從，尤其傳世文獻「祗」、「祇」二字本多可相通，如《尚書・冏命》云「下民祗若」，孔傳釋曰「下民敬順其命」，[398] 又如《管子・牧民》云「不祗山川，則威令不聞」，[399] 凡此所見「祗」字皆可通作訓為「敬」之「祇」，而「祇」與「真」之上古音亦相近，[400] 因此，由「真」讀為「祗」，確有其可能性，只不過稍嫌曲折耳，再者，即如上所述，古文字「祗」字仍未見其例，其是否與「祗」混同，或是一字之分化，此中似仍有部分環節，尚待作進一步處理。有鑑於此，關於簡文此「真」字之釋讀，今暫且存疑，但仍從諸家之說，將其讀為「祗」，訓作「地

---

[397] 「真」字之上古音屬章母真部，「祗」字則為羣母支部，二字聲韻俱隔。

[398] 〔漢〕孔安國傳、〔唐〕孔穎達疏：《尚書正義》（清嘉慶二十年江西南昌府學重刊宋刻本，臺北：藝文印書館，1997 年 8 月初版），卷十九，頁 294。

[399] 〔唐〕尹知章注、〔清〕戴望校正：《管子校正》（以張巨山紹興己未寫本內容為基礎，定其句讀且校正之，臺北：世界書局，1955 年 11 月臺一版），卷一，頁 1。

[400] 「祇」字之上古音屬章母脂部，與「真」字雙聲，韻部則為陰陽對轉，二字之聲韻關係可謂密切。

神」，其如《說文》釋「祇」云「地祇，提出萬物者也」，[401]亦猶《尚書‧微子》云「今殷民乃攘竊神祇之犧牷牲用以容，將食無災」，[402]再如《尸子》或曰「天神曰靈，地神曰祇，人神曰鬼」，[403]凡此「祇」字皆同此訓也，其中，《說文》所云「提出萬物者也」，更可與簡文此所云「以成五曲，以植五穀」之內容相呼應，進一步證成簡文此「地真」讀為「地祇」之可能性。不過，另值得注意的是，「地祇」一詞，傳世文獻最早見於《史記‧司馬相如列傳》所云「故聖王弗替，而修禮地祇，謁款天神，勒功中嶽，以彰至尊，舒盛德，發號榮，受厚福，以浸黎民也。」[404]因此，簡文此所謂「地祇」一語，應是日前文獻所見最早之例。

〔26〕可

簡文此字之形為：

（清華〈湯在啻門〉簡21）

簡文此字之隸釋，並無疑義，惟學者對此字之釋讀，則或存異說，如原整理者將簡文此字讀為「何」；[405]網路發言者 ee（單育辰）則以為簡文此字如字讀即可，並將此段簡文釋為「湯可以用古先帝之良言修改自己的治政舉措」；[406]郭倩文從 ee（單育辰）之說；[407]洪君妤亦從 ee（單育辰）之說；[408]曹峰則仍從原整理者之看法。[409]

此段簡文云「湯曰：『天尹，唯古之先帝之良言，則可以改之。』」（清華〈湯在啻門〉簡21），以本篇之篇章結構而言，此段簡文屬章末語，且呼應簡 1、2 首段所云之「良言」，因此，此段不僅應獨立為一段，且應是最後一段，換言之，其內容應為肯定

---

401 〔漢〕許慎編撰、〔宋〕徐鉉校定：《說文解字》（據清同治十二年陳昌治改刻本縮印，香港：中華書局，2014 年 8 月再版），卷一，頁 8。

402 〔漢〕孔安國傳、〔唐〕孔穎達疏：《尚書正義》（清嘉慶二十年江西南昌府學重刊宋刻本，臺北：藝文印書館，1997 年 8 月初版），卷十，頁 146。

403 〔周〕尸佼著、〔清〕汪繼培輯：《尸子》，收入《叢書集成新編》（臺北：新文豐出版公司，1985 年元月初版），卷下，頁 482。

404 〔漢〕司馬遷原著、（日）瀧川龜太郎著：《史記會注考證》（臺北：萬卷樓圖書公司，1993 年 8 月初版），卷一百十七，頁 1262。

405 清華大學出土文獻研究與保護中心編、李學勤主編：《清華大學藏戰國竹簡（伍）》（上海：中西書局，2015 年 4 月第一版），頁 143。

406 「簡帛論壇：清華五《湯在啻門》初讀」0 樓網路發言者 ee 之發文，武漢大學簡帛研究中心，網址：http://www.bsm.org.cn/bbs/read.php?tid=3248&fpage=3&page=1，2015 年 4 月 9 日，檢索日期：2018 年 6 月 15 日；單育辰：〈《清華大學藏戰國竹簡（伍）》釋文訂補〉，收入復旦大學出土文獻與古文字研究中心編：《戰國文字研究的回顧與展望》（上海：中西書局，2017 年 8 月第一版），頁 204-210。

407 郭倩文：《《清華五》、《上博九》集釋及新見文字現象整理與研究》（華東師範大學碩士學位論文，2016 年 5 月），頁 175-176。

408 洪君妤：《戰國竹書伊尹文獻研究》（國立中興大學中國文學研究所碩士論文，2017 年 8 月），頁 57。

409 曹峰：〈清華簡《湯在啻門》譯注〉，收入李學勤、艾蘭、呂德凱主編，清華大學出土文獻研究與保護中心、古代中國研究會編：《清華簡研究》3（上海：中西書局，2019 年 12 月第一版），頁 108-143。

語氣，俾使本篇結構更為完整，是故，上引單育辰如字讀之說，理應較為可行，今從之。

第三節　篇章釋讀

　　清華〈湯在啻門〉簡主要記載湯向小臣（伊尹）就問古先帝良言之事，內容或謂完整，而在伊尹回答之內容中，其所涉及之主題，以「成人」、「成邦」、「成地」與「成天」為主。其中，又以「成人」之內容最豐富，李守奎以為此篇系統地論述了氣與生命的關係，並藉此說明此篇部分內容與道家有關，[410]其實，就如李守奎所言，先秦古人談「氣」由來已久，且屢見於《左傳》、《莊子》與馬王堆帛書之中，而今又在〈湯在啻門〉得見其證，可見「氣」至少在東周以至漢代之間，是古人生活上相當重要之文化，故如曹峰即考證此所云十月懷胎之內容，其關鍵在於「氣」與「五」等二概念，[411]其所論者，更涉及「五行」，換言之，〈湯在啻門〉此篇以「氣」與「五行」建構「成人」之歷程，並與下文「成人」、「成邦」、「成地」與「成天」之內容相輔相成，可看出古人對於天地終始運行之宇宙觀。

　　而此篇簡文另一重要之意義，乃在於簡文所云「成人」懷孕之過程，雖然此中部分字詞之考證，仍猶存疑義，但不可諱言，戰國此時的古人，對十月懷胎一事，已有一定程度之了解，並能將其與「氣」、「五行」作結合，以了解生命之老死，這是相當難能可貴的，陳麗桂認為此等內容為戰國時期「胎產說的摘抄」，[412]更是可信。倘若未來能再與先秦古籍文獻所載十月懷孕之相關內容，作醫學上之比較分析，相信此對生命醫療文獻之研究，應有極大之助益。

---

[410] 李守奎：〈漢代伊尹文獻的分類與清華簡中伊尹諸篇的性質〉，《深圳大學學報（人文社會科學版）》2015年第3期，頁41-49，亦收入李守奎：《古文字與古史考——清華簡整理研究》（上海：中西書局，2015年10月第一版），頁346-368。

[411] 曹峰：〈清華簡《湯在啻門》譯注〉，收入李學勤、艾蘭、呂德凱主編，清華大學出土文獻研究與保護中心、古代中國研究會編：《清華簡研究》3（上海：中西書局，2019年12月第一版），頁108-143。

[412] 陳麗桂：〈《湯在啻門》的氣化胎產說與天人論述〉，收入復旦大學出土文獻與古文字研究中心編：《出土文獻與傳世典籍的詮釋》（上海：中西書局，2019年11月第一版），頁97-112。

第八章　　綜合分析

在上述章節中，本文已就清華簡此五篇之形制、文字與篇章等方面進行探討，主要著重在各篇相關內容之疏證，而在本章節中，擬復就「字形特色」、「文本之斷代與來源」與「文本之古史與傳說內容」等三方面進行討論。

第一節　字形特色

以簡文內容而言，清華〈尹誥〉簡記載了湯與伊尹對於夏亡之對話，此篇文字風格近於清華〈尹至〉簡，因此，學者多認定此二篇乃同一書手所為，如原整理者即持此說；[1]賈連翔則從書寫風格進行分析，以為〈尹至〉與〈尹誥〉屬同一種字跡，並將此二篇與〈耆夜〉、〈金縢〉、〈說命（上、中、下）〉、〈周公之琴舞〉、〈芮良夫毖〉、〈赤鵠之集湯之屋〉、〈殷高宗問於三壽〉等篇，歸為同一種字跡；[2]李守奎認為〈尹至〉與〈尹誥〉等二篇部分字例之字跡，或與〈耆夜〉、〈金縢〉相類；[3]羅運環以「書法體式」為標準，認為〈尹至〉與〈尹誥〉等二篇，與〈耆夜〉、〈金縢〉、〈說命（上、中、下）〉、〈周公之琴舞〉、〈芮良夫毖〉、〈赤鵠之集湯之屋〉、〈殷高宗問於三壽〉等篇同屬「尹至體」；[4]李松儒亦以為〈尹至〉、〈尹誥〉此二篇與〈耆夜〉、〈金縢〉、〈祭公〉、〈說命（上、中、下）〉、〈周公之琴舞〉、〈芮良夫毖〉、〈赤鵠之集湯之屋〉、〈殷高宗問於三壽〉等篇，俱屬同一抄手所寫，而將其定為「尹至類抄手」；[5]孫永鳳據幾則特定字例之比較結果，認為〈尹至〉、〈尹誥〉、〈耆夜〉、〈金縢〉、〈祭公〉、〈說命（上、中、下）〉、〈周公之琴舞〉、〈芮良夫毖〉、〈赤鵠之集湯之屋〉等篇，其「典型字體的書法風格、字體結構近似，當歸為一類，為同一書手書寫」。[6]

可知〈尹至〉與〈尹誥〉二篇屬一字跡或抄手，此應為學界之共識，甚至〈赤鵠之

---

[1] 清華大學出土文獻研究與保護中心編、李學勤主編：《清華大學藏戰國竹簡（壹）》（上海：中西書局，2010 年 12 月第一版），頁 127。

[2] 賈連翔：〈清華簡九篇書法現象研究〉，《書法叢刊》2011 年第 4 期，頁 18-36，亦收入清華大學出土文獻研究與保護中心、北京大學出土文獻研究所、荊州文物保護中心編，李學勤、朱鳳瀚、趙平安、方北松主編，馬楠、賈連翔助編：《古代簡牘保護與整理研究》（上海：中西書局，2012 年 6 月第一版），頁 59-65；賈連翔：〈談清華簡所見書手手跡和文字修改現象〉，收入楊振紅、鄔文玲主編：《簡帛研究・2015・秋冬卷》（桂林：廣西師範大學出版社，2015 年 10 月第一版），頁 38-52。

[3] 李守奎：〈清華簡的形制與內容〉，其相關內容原發表於「歐洲中國出土寫本研究討論會」（巴黎：法蘭西學院，2012 年 7 月 3 日-6 日），其後收入李守奎：《古文字與古史考——清華簡整理研究》（上海：中西書局，2015 年 10 月第一版），頁 4-25。

[4] 羅運環：〈清華簡（壹一參）字體分類研究〉，收入中國文化遺產研究院編：《出土文獻研究（「簡帛文字與書法國際研討會」特輯）》13（上海：中西書局，2014 年 12 月第一版），頁 62-76。

[5] 李松儒：〈清華簡書法風格淺析〉，收入中國文化遺產研究院編：《出土文獻研究（「簡帛文字與書法國際研討會」特輯）》13（上海：中西書局，2014 年 12 月第一版），頁 27-33；李松儒：〈再論《祭公》與《尹至》等篇的字跡〉，收入復旦大學出土文獻與古文字研究中心：《戰國文字研究的回顧與展望》（上海：中西書局，2017 年 8 月第一版），頁 252-260。

[6] 孫永鳳：《清華簡《周公之琴舞》集釋》（吉林大學碩士學位論文，2015 年 4 月），頁 21-22。

集湯之屋〉亦屬同一類，而〈祭公〉是否屬於此類，則為近年學界討論之焦點，不過，由於本文以清華簡伊尹五篇為論證主軸，故在此僅討論〈尹至〉、〈尹誥〉與〈赤鵠之集湯之屋〉是否屬同一字跡或抄手，〈祭公〉則暫不在討論範圍之內，換言之，本文此節所論者，仍在於〈尹至〉、〈尹誥〉與〈赤鵠之集湯之屋〉等篇字跡之比較，並及於字形形構之部分內容。茲在學界既有之研究基礎上，試論以下幾則較具特色，且有別於其他非「尹至體」或「尹至類」（含〈祭公〉簡）之字例，包括：

隸定＼來源	〈尹至〉	〈尹誥〉	〈赤鵠之集湯之屋〉
人			（簡8） （簡12）
皆	（簡2）		
飲 （㱃）			（簡6） （簡6） （簡6）
從			（簡14）
身			（簡9） （簡13）

疃	／（簡2）		
見（視）			／（簡6）
我	（簡1） （簡3，△1） （簡4）	（簡2，△2） （簡2） （簡2） （簡3）	／（簡1，△3） ／（簡2） ／（簡3） （簡3） ／（簡10） （簡11）
之		（簡1） （簡3）	／（簡1） ／（簡2） ／（簡7）

			（簡 11） （簡 15 背） （簡 15 背）

　　上所列字例確實如羅運環所云「字形朝方形和扁方形發展，……起筆雖然多順起和側起，但都比較注意藏鋒，沒有整體上的鋒芒畢露的視覺」，[7]或可謂較為古樸之寫法，尤其「藏鋒」之特色，應該就是賈連翔所云「圓首尖尾狀」或李松儒所論及「橫畫起筆處或呈圓頭」之寫法，[8]學者多言及於此，大抵可謂此三篇相當重要之字跡特徵，也是見於較多字例之書寫方式，惟是否有賈連翔所認為「筆畫較多，結構相對複雜的文字，筆畫分布也很均衡」之特色，[9]其實，在相關字例中，並不是那麼地明顯，似仍有續作討論之空間，例如：

隸定	〈赤𪊨之集湯之屋〉	〈湯處於湯丘〉
受	／（簡3） ／（簡3） ／（簡4）	（簡5） （簡19）

　　此所見〈赤𪊨之集湯之屋〉簡之「受」字重心偏右，其結構便不如〈湯處於湯丘〉

7 羅運環：〈清華簡（壹－參）字體分類研究〉，收入中國文化遺產研究院編：《出土文獻研究（「簡帛文字與書法國際研討會」特輯）》13（上海：中西書局，2014 年 12 月第一版），頁 62-76。

8 賈連翔：〈談清華簡所見書手手跡和文字修改現象〉，收入楊振紅、鄔文玲主編：《簡帛研究·2015·秋冬卷》（桂林：廣西師範大學出版社，2015 年 10 月第一版），頁 38-52；李松儒：〈清華簡書法風格淺析〉，收入中國文化遺產研究院編：《出土文獻研究（「簡帛文字與書法國際研討會」特輯）》13（上海：中西書局，2014 年 12 月第一版），頁 27-33。

9 賈連翔：〈談清華簡所見書手手跡和文字修改現象〉，收入楊振紅、鄔文玲主編：《簡帛研究·2015·秋冬卷》（桂林：廣西師範大學出版社，2015 年 10 月第一版），頁 38-52。

簡例來得均衡，除此之外，上列字例中，「人」字之寫法最是特殊，上引李松儒與馬楠皆曾云及此特色，[10]此類似「駝峰」之寫法有可能是本於楚簡部分「人」字之寫法，且可遠溯甲金文，例如：

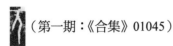（第一期：《合集》01045）

（春秋：為甫人盨，《集成》04406）

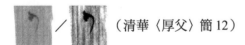（郭店《老子・甲》簡11）

（郭店《老子・甲》簡12）

（上博〈孔子詩論〉簡3）

（清華〈厚父〉簡1）

（清華〈厚父〉簡12）

因此，頗疑此類形構逕傳抄自更早古本，其情況與本文上文所論〈尹至〉之「兒」、「倉」等字亦同，當然，再如〈尹至〉篇所見承自甲文與《尚書》之「惟茲」，凡此俱可證此等篇目成書之年代，恐怕是早於戰國，甚至是更早，並可證成其屬《書》文獻之可能性，不過，並非所有从人之字形皆為類似「駝峰」之寫法，如上述〈赤鵠之集湯之屋〉篇6「飤（臥）」、「朣」等部分字例即未作此形，原因不明。

至於「我」字更是特殊，頗疑此三篇「我」字之寫法，當遠紹西周金文，例如：

（西周：師𤞷簋，《集成》04311）

10　李松儒：〈再論《祭公》與《尹至》等篇的字跡〉，收入復旦大學出土文獻與古文字研究中心編：《戰國文字研究的回顧與展望》（上海：中西書局，2017年8月第一版），頁252-260。另李松儒文中，亦云及馬楠曾面告其此項特色。

（西周：師𤲃簋，《集成》04311）

（西周：師𤲃簋，《集成》04311）

而在清華《繫年》簡中，其所見「我」字之形，在「戈」旁周遭筆畫之寫法上，與此三篇之「我」字相類，但很明顯亦屬相同之字形來源，例如：

（清華《繫年》簡25）

（清華《繫年》簡46）

只不過清華簡此三篇之「我」字已無鋸齒形，頗具特色，此可參考上表之「△1」、「△2」與「△3」等三字，其形構與筆法幾乎如出一轍，此既是此三篇可能出自同一書手之證，也是此三篇俱屬同一書體，即「尹至體」或「尹至類」（含〈祭公〉）之顯著特徵，惟須留意的是，同為伊尹五篇之〈湯處於湯丘〉與〈湯在啻門〉簡，其所見部分「我」字形構，亦與此三篇相類，例如：

（清華〈湯處於湯丘〉簡7）

 ／ （清華〈湯在啻門〉簡13）

此是否代表其書手與此三篇也有某種程度之關聯，頗值得再作進一步之討論。

再如「之」字之寫法，其運筆與筆畫搭配之情況，確實如李松儒所云，殆或此三篇有別於其他非「尹至類」清華簡各篇之特色，尤其上所列〈尹誥〉與〈赤鵠之集湯之屋〉二篇所見「之」字之寫法與筆勢，其上方「止」形之第二與第三筆，起筆筆勢幾乎完全相同，亦可謂如出一轍，不過，〈赤鵠之集湯之屋〉簡7、簡15等例之形構與筆法稍有不同，其原因不明，待考。

除了上述字例外，在清華簡〈尹至〉、〈尹誥〉與〈赤鵠之集湯之屋〉等篇中，如「乃」字一例，亦屬三篇所共有且特有形構特徵明顯之字例，亦可資比較，茲復補證列表如下：

來源 隸定	〈尹至〉	〈尹誥〉	〈赤鵠之集湯之屋〉
乃	（簡4）	（簡4）	／（簡1） （簡4） ／（簡5） （簡5） ／（簡5） （簡7） （簡7） （簡9） （簡9） （簡10） （簡10）

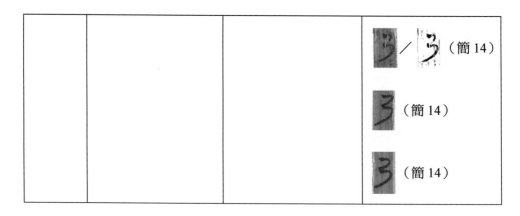

			／（簡 14） （簡 14） （簡 14）

以「乃」字而言，其寫法直挺，且多數字例上下筆明顯分離，頗異於其他楚系文字，疑乃書手特有之風格，若再比較上引孫永鳳所提及之〈尹至〉、〈尹誥〉、〈耆夜〉、〈金縢〉、〈祭公〉、〈說命（上、中、下）〉、〈周公之琴舞〉、〈芮良夫毖〉、〈赤鵠之集湯之屋〉、〈殷高宗問於三壽〉等篇之「乃」字，可知此等篇目應即如其所云，當為同一書手所寫。

最後，再從用字之習慣來說，〈尹至〉與〈尹誥〉所見「氒」字，皆寫作「氏」形：

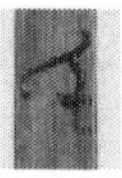（清華〈尹至〉簡 2「[氏]（氒、厥）」）

（清華〈尹誥〉簡 1「[氏]（氒、厥）」）

（清華〈尹誥〉簡 2「[氏]（氒、厥）」）

此亦為二篇屬同一書手之證也。

故綜上所述，〈尹至〉、〈尹誥〉與〈赤鵠之集湯之屋〉屬同一書手抄寫之可能性極高，抄寫年代亦相近，且根據部分字例之字形來源，可證其底本來源也應更早。

至於〈湯處於湯丘〉與〈湯在啻門〉等二篇，原整理者已指出此二篇乃同一抄手所寫，[11]賈連翔則認為此二篇與〈算表〉屬同一種字跡，[12]而李松儒之說亦與原整理者近同。[13]據學界之研究成果，可知〈湯處於湯丘〉與〈湯在啻門〉二篇至少在字跡書寫上，應有密切之關係，且可能是同一抄手，不過，由於本文以清華簡伊尹五篇為論證主軸，暫不將〈算表〉列入討論範圍，在此僅討論〈湯處於湯丘〉與〈湯在啻門〉二篇之關係。

---

[11] 清華大學出土文獻研究與保護中心編、李學勤主編：《清華大學藏戰國竹簡（伍）》（上海：中西書局，2015 年 4 月第一版），頁 134。

[12] 賈連翔：〈談清華簡所見書手手跡和文字修改現象〉，收入楊振紅、鄔文玲主編：《簡帛研究．2015．秋冬卷》（桂林：廣西師範大學出版社，2015 年 10 月第一版），頁 38-52。

[13] 李松儒：〈再論《祭公》與《尹至》等篇的字跡〉，收入復旦大學出土文獻與古文字研究中心編：《戰國文字研究的回顧與展望》（上海：中西書局，2017 年 8 月第一版），頁 252-260。

　　在此二篇之相關字例中，確實可見到幾則具有密切關係者，茲列舉其例在二篇並見，且特有形構特徵較為明顯之字例，表列如下：

隸定　＼　來源	〈湯處於湯丘〉	〈湯在啻門〉
若	（簡12） （簡14） ／ （簡17） （簡17）	（簡12） （簡12） （簡12） （簡12） （簡12） （簡12） （簡13） （簡13） （簡13） （簡13）
旻	（簡6）	（簡13）

	（簡7） （簡10） （簡13）	
顕（鄍、畾、顯）	（簡3） （簡12） ／（簡12） （簡13） （簡13） （簡14）	／（簡20）
	／（簡3） （簡9） （簡18）	（簡1）

	（簡19）	
潹	（簡19）	（簡13）
竷	／ （簡16）	（簡17）
从	（簡16）	（簡16）
尔斗	（簡4） （簡6） （簡10） ／ （簡11） （簡13） （簡14） ／ （簡16） （簡17）	（簡1） （簡3） ／ （簡5） （簡10） （簡11） ／ （簡18） （簡19）

	（簡18）	

就上所引此二篇之相關字例而言，或多或少都有賈連翔所云「起筆時頓筆較重，呈釘形，運筆迅速，提筆輕盈」之運筆特徵，[14]且其彼此間之書寫筆法或形構組合幾近相同，例如：「若」字之中豎筆與「口」形右方之二撇筆，其筆勢與運筆方向可謂相類；「旻」字皆从貝，且此寫法在楚簡中相當罕見；〈湯處於湯丘〉簡「顓（郖、昆、顥）」字之異構甚多，雖然〈湯在啻門〉簡未見如此多之字形，但其類例同樣皆从虫形；「虜」字皆从虍，未从虎，如前面章節所云，此形構與清華《繫年》簡例或異；「濬」字之字形亦相類，且其寫法在古文字中也較為少見，大抵與《說文》「睿」字之古文字形類近；「䑞」、「𣎵」二字形構特殊，目前也僅見於清華簡此二篇；「尒」字上所从尒形之左右二點畫，皆未與左下之「昏」字併筆，相較於其他戰國簡文之寫法，或稍有不同，例如：

（上博〈姑成家父〉簡2）

（上博〈姑成家父〉簡5）

 / 　　（清華〈金縢〉簡10）

可知清華簡此二篇屬同一抄手所寫，應有其可能性，不過，此中也有一些字例較為特殊：

首先，其例在此二篇中寫法不同者，除了上所列「顓（郖、昆、顥）」字亦屬此等類例外，另包括：

隸定 ＼ 來源	〈湯處於湯丘〉	〈湯在啻門〉
相（榠、搜）	（簡7）	/ （簡4） （簡10）

14 賈連翔：〈談清華簡所見書手手跡和文字修改現象〉，收入楊振紅、鄔文玲主編：《簡帛研究・2015・秋冬卷》（桂林：廣西師範大學出版社，2015年10月第一版），頁38-52。

		（簡11）
顋（郒、䁖、顋）	【如上文表列字形】	【如上文表列字形】
才	（簡6） （簡9） （簡10） （簡12） （簡14）	（簡1） （簡2） （簡8）
甘（𣄼）	／（簡6）	（簡9）

　　此類字例基本上筆法仍是相近，異寫例還算是少數，屬同一書手所寫應無可疑，但部分字例在偏旁組合上或有不同，其原因尚且不明，其中，〈湯在啻門〉之「甘（𣄼）」字寫法，在古文字中更是罕見其例，其原所從曰省之形，已移至「口」形上方，此大抵是戰國時期之異寫，數量不多，其類例可參看以下戰國銅器銘文所見者：

（戰國：四年昌國鼎，《集成》02482）

　　只是銘文此字字形仍嫌漫漶，尚且無法判定是否與簡文此字字形相同，今暫列備參，但不可否認，〈湯在啻門〉此「甘（𣄼）」字之寫法，罕見且特殊，更與〈湯處於湯丘〉之異構不同。

　　其次，此二篇部分字例之書寫筆法，反而與上述〈尹至〉、〈尹誥〉、〈赤鵠之集湯之屋〉一類相近，這更是頗耐人尋味的，原因亦不明，尚且有待作進一步之討論，例如：

（清華〈湯在啻門〉簡6「玉」）

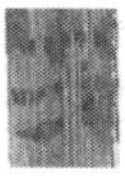 ／ （清華〈尹誥〉簡 4「玉」）

再如此二篇所見「㝵」字，劉偉浠以為此中所見「㝵」字「帶有存古現象……顯然是源於虢弔鐘『貝』形寫法」，[15]而高佑仁則認為「㝵」字此類字例之字形特徵與秦文字相類，[16]如其所云，學界對秦、楚二系文字關係之研究，也愈來愈明朗，[17]二位學者之看法，有其一定之理據，然而，即以此二篇而言，其存古或僅能證明其所據底本有可能較早，抑或是書手之習慣，但是否真正受到秦文字書風之影響，在目前其版本流傳證據尚且不足之情況下，這恐怕仍是有待商榷的，當然，如〈湯處於湯丘〉與〈湯在啻門〉之「」字，其異構亦見於詛楚文，也許又是楚、秦相近之一例，但此字形源尚且不明，一切皆仍有待作進一步之討論。[18]

當然，「㝵（得）」字所从貝旁下方歧出二筆之寫法，最早在西周中期器即可見其例，如：

（西周：曶鼎，《集成》02838）

（西周：師望鼎，《集成》02812）

此等字例較上述劉偉浠所引西周晚期虢弔鐘來得更早（《集成》00238），故〈湯處於湯丘〉與〈湯在啻門〉二篇此「㝵」字之寫法，恐怕是遺存早期字形特徵之可能性較高，畢竟存古可溯得其源，書風影響反而較難覓得直接證據，值得一提的是，高佑仁在其後正式刊行之此篇論著中，已將秦、楚書風關係之部分內容作了修訂，也轉為贊同此文字發展特徵，殆保留古體之情況，[19]其說是矣，本文上所論者，與其後來之看法其

---

[15] 劉偉浠：〈《清華大學藏戰國竹簡（五）》研究綜述〉，《牡丹江師範學院學報（哲學社會科學版）》2016 年第 4 期，頁 81-85。

[16] 高佑仁：〈〈湯處於湯丘〉札記六則〉，「文字、文獻與文明——第七屆出土文獻青年學者論壇暨國際學術研討會」，廣州：中山大學古文字研究所，2018 年 8 月 17-20 日，其後經修訂，中山大學古文字研究所、出土文獻與中國古代文明研究協同創新中心、中山大學中國語言文學系編：《文字．文獻．文明》（上海：上海古籍出版社，2019 年 10 月第一版），頁 87-98。

[17] 如郭永秉：〈談談戰國楚地簡冊文字與秦文字值得注意的相合相應現象〉，收入《戰國文字研究的回顧與展望國際學術研討會論文集》（上海：復旦大學，2015 年 12 月 12 日至 13 日），惟該文未隨著會後論文集出版，此篇說法轉引自高佑仁：〈〈湯處於湯丘〉札記六則〉，「文字、文獻與文明——第七屆出土文獻青年學者論壇暨國際學術研討會」，廣州：中山大學古文字研究所，2018 年 8 月 17-20 日。

[18] 再如劉偉浠亦曾提及〈湯處於湯丘〉部分字例存有燕系文字特徵，不過，其所舉〈湯處於湯丘〉簡 3「反」字之例，其形為：／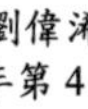，此類「反」字下部存飾筆之情況，並非僅見於燕系文字，在晉系文字中亦可見其類例，例如：（《貨系》1428），因此，〈湯處於湯丘〉簡是否保留了燕系文字獨有之特徵，實不無可疑，茲列備參。劉偉浠：〈《清華大學藏戰國竹簡（五）》研究綜述〉，《牡丹江師範學院學報（哲學社會科學版）》2016 年第 4 期，頁 81-85。

[19] 高佑仁：〈〈湯處於湯丘〉札記六則〉，收入中山大學古文字研究所、出土文獻與中國古代文明研究協同創

實已漸趨一致，但其改訂說早於本文，今謹誌之備參，而除此之外，在〈湯處於湯丘〉簡中，亦有部分字例或存楚系文字之寫法，例如：

（清華〈湯處於湯丘〉簡6「名」）

（清華〈湯處於湯丘〉簡7「名」）

此類「名」字右上从月之寫法，在楚系文字中頗為常見，卻與部分秦文字不同，例如：

（郭店《老子・甲》簡22「名」）

（郭店〈太一生水〉簡12「名」）

（上博〈容成氏〉簡28「名」）

（里耶秦簡8.135「名」）

（里耶秦簡8.198「名」）

因此，清華簡此二篇部分字例應是沿承了較早之字形，而非全受異域相關書風之影響，倘若再將本文上文所論〈湯在啻門〉之「伇（伇、役；役）」字，以及下文所討論該篇另見「斉」字之相類情況納入考量，則此二篇之抄本性質既可能保留古體，又兼存戰國書風，代表今所見之文本，應是歷經傳抄，甚至已有修訂，且屬先秦時期偏晚之抄本。

最後，再來看此二篇在補字上之相關現象。本文在上文已個別討論過此二篇所見補脫之例，茲將其初步考釋結果，表列如下：

新中心、中山大學中國語言文學系編：《文字・文獻・文明》（上海：上海古籍出版社，2019年10月第一版），頁87-98。

隸定	出處	本文之界定
㠯	〈湯處於湯丘〉簡 8	疑非原書手所補之例。
我	〈湯處於湯丘〉簡 9	屬原文書手補脫之例，但書寫格式與其他補字或異。
惡	〈湯處於湯丘〉簡 16	疑非原書手所補之例。
猷	〈湯處於湯丘〉簡 19	疑非原書手所補之例。
孜	〈湯在啻門〉簡 6	疑非原書手所補之例，且其書寫格式與其他補字或異。
乃	〈湯在啻門〉簡 7	疑非原書手所補之例。
唯	〈湯在啻門〉簡 20	疑非原書手所補之例，且其書寫格式與其他補字或異。

　　賈連翔曾將前六例歸為「原文書手補脫」之例，[20]其說有一定之理據，惟透過字形、字跡或書寫格式之比較，本文頗疑部分字例並非原書手所補，且此二篇之補字應不只六字，尚包含上列〈湯在啻門〉簡 20 之「唯」字，因此，此等補字應該至少由兩位以上之書手所寫入，甚至是在不同時間補上，換言之，〈湯處於湯丘〉與〈湯在啻門〉二篇之書手，雖然有可能是同一位，但若考量補字性質，則今所見簡本恐怕是抄成後，再經多人多次增補之本子。

　　如此看來，〈湯處於湯丘〉與〈湯在啻門〉此二篇雖然有屬同一抄手之可能，但此中可能仍有部分疑義尚待解決，而以目前所看到之字形特徵而言，其比較合理之解釋，應該是此二篇主要內容為同一書手所寫，但書手或因底本來源之故，而承襲了不同時期之字形與書風，甚至再由其他書手在不同時間進行了校補之工作。

　　除了上述幾項本文對學界之研究成果，所作之初步討論外，清華簡此五篇另有幾項字形特徵，亦值得注意，包括：

　　若分析清華簡此五篇所見字形與《說文》古籀文或其他重文之關係，[21]又可發現此等相關字例可謂不少，例如：

一、形近古文者

---

[20] 賈連翔：〈談清華簡所見書手手跡和文字修改現象〉，收入楊振紅、鄔文玲主編：《簡帛研究‧2015‧秋冬卷》（桂林：廣西師範大學出版社，2015 年 10 月第一版），頁 38-52。

[21] 〔漢〕許慎編撰、〔宋〕徐鉉校定：《說文解字》（據清同治十二年陳昌治改刻本縮印，香港：中華書局，2014 年 8 月再版）。

隸定	字形
逞	（〈尹至〉簡4）　　／（〈赤鵠之集湯之屋〉簡1） ／（〈赤鵠之集湯之屋〉簡9）　　／（〈湯處於湯丘〉簡5）
旻（旻）	（〈湯處於湯丘〉簡6）　　（〈湯處於湯丘〉簡7） （〈湯處於湯丘〉簡10）　　（〈湯處於湯丘〉簡13） （〈湯在啻門〉簡5）
愍	（〈湯處於湯丘〉簡3）
儚	（〈湯處於湯丘〉簡4）
百	（〈湯處於湯丘〉簡7）　　（〈湯在啻門〉簡10）
於	（〈尹誥〉簡3）　　（〈赤鵠之集湯之屋〉簡2） ／（〈赤鵠之集湯之屋〉簡6）　　（〈湯處於湯丘〉簡1） （〈湯處於湯丘〉簡1）　　（〈湯處於湯丘〉簡5） （〈湯處於湯丘〉簡9）　　（〈湯處於湯丘〉簡9）

	（〈湯處於湯丘〉簡 11） ／ （〈湯處於湯丘〉簡 12）
	（〈湯處於湯丘〉簡 13） （〈湯處於湯丘〉簡 14）
	（〈湯處於湯丘〉簡 16） （〈湯處於湯丘〉簡 17）
	（〈湯處於湯丘〉簡 18） （〈湯在啻門〉簡 1）
	（〈湯在啻門〉簡 1） （〈湯在啻門〉簡 2）
	（〈湯在啻門〉簡 3） （〈湯在啻門〉簡 5）
	（〈湯在啻門〉簡 10） （〈湯在啻門〉簡 11）
	（〈湯在啻門〉簡 16） （〈湯在啻門〉簡 18）
	（〈湯在啻門〉簡 19）
秒	（〈湯處於湯丘〉簡 8） （〈湯處於湯丘〉簡 16）
勖	／ （〈湯處於湯丘〉簡 12） （〈湯在啻門〉簡 2）
	（〈湯在啻門〉簡 21）

字	字形及出處
箕	／（〈尹至〉簡3）
明	（〈湯處於湯丘〉簡2）　　（〈湯處於湯丘〉簡19） （〈湯在啻門〉簡13）
夗	（〈湯在啻門〉簡5）
宴	（清華〈湯在啻門〉簡14）
坚	（〈湯處於湯丘〉簡1）
兎	（〈湯處於湯丘〉簡8）　　（〈湯在啻門〉簡5） （〈湯在啻門〉簡8）　　（〈湯在啻門〉簡14）
忞	／（〈赤鵠之集湯之屋〉簡5）
愚	／（〈赤鵠之集湯之屋〉簡5）
潛	【如上引〈湯處於湯丘〉、〈湯在啻門〉所見「潛」字之形】
宎（容）	（〈湯在啻門〉簡10）　　（〈湯在啻門〉簡20）
閱	／（〈湯處於湯丘〉簡5）　　（〈湯處於湯丘〉簡11）

纞	（〈湯處於湯丘〉簡1）
四	（〈尹至〉簡4背）　（〈尹誥〉簡4背） （〈赤鵠之集湯之屋〉簡4） （〈赤鵠之集湯之屋〉簡4） （〈赤鵠之集湯之屋〉簡4背）
酒	（〈赤鵠之集湯之屋〉簡6）　（〈赤鵠之集湯之屋〉簡6） （〈湯處於湯丘〉簡14）

二、形近籀文者

隸定	字形
森	（〈湯處於湯丘〉簡2）
歠	（〈尹誥〉簡14）
鼎	（〈湯處於湯丘〉簡6） （〈湯處於湯丘〉簡10）

三、形近其他重文或相關異體字者

隸定	字形	類型
強	／ 　（〈赤鵠之集湯之屋〉簡 1）	小篆
善	（〈湯處於湯丘〉簡 1）　　（〈湯處於湯丘〉簡 6） （〈湯處於湯丘〉簡 9）　　（〈湯處於湯丘〉簡 10）	篆文
集	／ 　（〈赤鵠之集湯之屋〉簡 1） ／ 　（〈赤鵠之集湯之屋〉簡 15 背）	或體
于	（〈尹至〉簡 3）　　（〈尹至〉簡 5） （〈尹誥〉簡 2）　　（〈尹誥〉簡 3） （〈尹誥〉簡 4）　　（〈赤鵠之集湯之屋〉簡 1） （〈赤鵠之集湯之屋〉簡 5） ／ 　（〈赤鵠之集湯之屋〉簡 6） （〈赤鵠之集湯之屋〉簡 9）	隸變

	（〈赤鵠之集湯之屋〉簡 10）	
丂	（〈湯處於湯丘〉簡 13）	篆文
冊	（〈湯處於湯丘〉簡 18）	或體

　　據上所列，可知在清華簡此五篇中，其所見與古文形近之例最多，除了代表此批簡牘之底本來源可能偏早外，也說明了其與東方六國之密切關係，其中，〈湯處於湯丘〉與〈湯在啻門〉二篇形近《說文》古籀文或其他重文例者，更是最多，尤其此二篇類近古文者，其數量亦不少，若綜上所述其複雜之書風，可證明該二篇字形應是時代地域層累下之產物。

　　而除了以上所談有關清華簡此五篇彼此間之字跡關係外，個別篇章內部亦有不同之書寫風格，包括：

隸定	字形	同簡其他字形	古文字形近例
命	（〈湯處於湯丘〉簡 19）	（〈湯處於湯丘〉簡 17） （〈湯處於湯丘〉簡 19） （〈湯處於湯丘〉簡 19）	（春秋：蔡侯申鐘，《集成》00211.1）
唯	（〈湯處於湯丘〉簡 11）	（〈湯處於湯丘〉簡 10）	（第五期：《合集》36423） （西周：沈子它簋蓋，《集成》04330）

訇 （訇）	（〈湯處於湯丘〉簡 13） （〈湯處於湯丘〉簡 17） （〈湯處於湯丘〉簡 19）	（〈湯處於湯丘〉簡 9） （〈湯處於湯丘〉簡 9）	（戰國：鄂君啟車節，《集成》12110A（拓本）） （戰國：鄂君啟車節，《集成》12110R（摹本））
事	（〈湯處於湯丘〉簡 7） （〈湯在啻門〉簡 14） （〈湯在啻門〉簡 15）	（〈湯處於湯丘〉簡 6） （〈湯處於湯丘〉簡 7） （〈湯處於湯丘〉簡 8） （〈湯處於湯丘〉簡 9） ／（〈湯處於湯丘〉簡 9） （〈湯在啻門〉簡 11） （〈湯在啻門〉簡 12） （〈湯在啻門〉簡 12） （〈湯在啻門〉簡 15）	（清華〈管仲〉簡 9） （清華〈管仲〉簡 25）

	（〈湯在啻門〉簡15） （〈湯在啻門〉簡20）	
欨	／ （〈赤鵠之集湯之屋〉簡13）	／ （〈赤鵠之集湯之屋〉簡14）	（《璽彙》0630） （《璽彙》0631）
［歈］	（〈湯處於湯丘〉簡19）	（〈湯處於湯丘〉簡19）	（上博〈姑成家父〉簡10） （上博〈莊王既成　申公臣靈王〉簡1背） （上博〈顏淵問於孔子〉簡5）
今	（〈尹至〉簡3）	（〈尹至〉簡1） （〈尹至〉簡3）	（清華《繫年》簡103） （清華《攝命》簡3）
頸（郖、量、頸）	（〈湯處於湯丘〉簡3）	（〈湯處於湯丘〉簡12） ／ （〈湯處於湯丘〉）	【古文字首見之例】

		簡 12）	
		（〈湯處於湯丘〉簡 13）	
		（〈湯處於湯丘〉簡 13）	
		（〈湯處於湯丘〉簡 14）	
才	（〈尹至〉簡 1）	（〈尹至〉簡 3） （〈尹至〉簡 3）	（郭店《老子・甲》簡 4）
	（〈湯在啻門〉簡 8）	（〈湯在啻門〉簡 1） （〈湯在啻門〉簡 2）	
邑	（〈尹誥〉簡 1） （〈尹誥〉簡 1）	（〈尹誥〉簡 4） （〈尹誥〉簡 4）	（包山簡 3） （清華《繫年》簡 17）
朕	（〈赤𩰙之集湯之屋〉簡 11）	（〈赤𩰙之集湯之屋〉簡 11）	【原因不明，可能是羨筆】
見	/ （〈赤𩰙之集湯之屋〉簡 4）	（〈赤𩰙之集湯之屋〉簡 4）	（清華《繫年》簡 28）

			（清華〈筮法〉簡 5）
賢	（〈湯處於湯丘〉簡 15）	【如上文所引〈湯處於湯丘〉「𥎦」字之形】	（郭店《老子·丙》簡 5） （上博《從政·甲》簡 3） （上博《容成氏》簡 48）
所	（〈湯處於湯丘〉簡 15） （〈湯處於湯丘〉簡 18）	（〈湯處於湯丘〉簡 16） （〈湯處於湯丘〉簡 18） （〈湯處於湯丘〉簡 18）	（包山簡 154） （九店簡 56.40） （清華〈筮法〉簡 39）

　　此中「命」、「唯」等字，疑沿承較早之寫法，而「𩵋（急）」、「事」、「敬」、「[歆]」、「今」、「才」、「邑」、「見」、「賢」、「所」等字則是屬於同為戰國時期文字之異寫，甚至「命」、「事」、「[歆]」、「今」、「朕」、「見」、「所」等字之兩種異寫例，俱共存於同一枚簡，足見清華簡此五篇文字寫法之多樣性，尤其這五篇幾乎都有同一書手完成一篇以上之情況，若排除如〈湯處於湯丘〉與〈湯在啻門〉二篇或許有其他書手進行校補，則此等書手應有一定程度避免書法過於單調之觀念，除此之外，另值得注意者，尚有：「事」字異寫分見於〈湯處於湯丘〉與〈湯在啻門〉等二篇，且異寫筆法幾近相同，因此，可進一步證成上述學者所云此二篇應屬同一抄手所寫之說，而此種同篇異寫之情況，代表抄手可能保留其較早底本之寫法，同時也融入了與抄寫時間接近之共時性書寫方式；又如「敬」字，此異寫形構在目前所見「敬」字中，並不常見，且如上文相關章節所云，其形疑與齊璽文字最是相近，但同簡下文異體，又作楚系文字寫法，原因不明，這恐怕

是兼存戰國異域書風之情況，而據林清源之研究，[22]更可進一步推知楚、齊二系「曷」字之形與秦系文字差異較大，因此，這或許可作為推論清華〈赤鵠之集湯之屋〉篇抄手所據底本較近楚、齊二系之證據也說不定；至於「頣（郘、畺、顒）」字之情況較為複雜，在同一批簡中出現至少三種異構，只是从邑之形最是特殊，可謂今古文字首見之例，原因不明，而在前面章節中，本文曾云此可能與疊加或替換形符以表義之情況有關，今姑暫依此說，並將其作為此異體產生之原因，或仍有待新出；再如「朕」字所从廾形，其左上多了兩筆不明筆畫，疑乃羨筆，原因待考。

順再補充說明一項有關之字形特徵，即〈湯處於湯丘〉與〈湯在啻門〉等二篇之字形與清華〈管仲〉簡相近，除了上表所列「事」字外，「為」字也具有此特徵，如清華〈管仲〉簡「為」字即作以下此形：

（清華〈管仲〉簡 16）

（清華〈管仲〉簡 23）

（清華〈管仲〉簡 23）

其「爪」形右方「象首」與「象鼻」之形，即與上引〈湯處於湯丘〉與〈湯在啻門〉「為」字之形相當接近，因此，在不同之三篇簡牘中，至少有兩個字例具有相近之字形特徵，此是否代表這三篇之抄手有相近之書寫習慣，抑或屬同一人，都是值得再作進一步探究的。

綜上所述，清華簡此五篇個別篇章內部之部分字例，其彼此之寫法，或有相異之處，更有可能兼涉歷時性與共時性之相關字形，而由上述所云字形特徵而言，其保有較早期字形且兼存戰國文字其他異構之寫法，這應該是較為可信的，也就是說清華簡此五篇有可能是戰國時人據較早之底本抄寫或改換當時相關字形而來。

最後，關於清華簡此五篇文字在字形形構組合之特色，或可留意者，大抵在於偏旁替換例不少，茲列表如下：

隸定	字形	替換情況
昌	（〈湯處於湯丘〉簡 6）	偏旁「月」、「夕」替換

22 林清源：〈「敔」、「敨」考辨──釋「𣪘」及相關諸字〉，《漢學研究》28.1（2010 年 3 月），頁 1-34。

	（〈湯處於湯丘〉簡7）	
劋	（〈湯處於湯丘〉簡12） （〈湯在啻門〉簡2） （〈湯在啻門〉簡21）	偏旁「刀」、「刃」替換
剴	（〈湯處於湯丘〉簡11）	
秒	（〈湯處於湯丘〉簡8） （〈湯處於湯丘〉簡16）	
刱	（〈湯在啻門〉簡7）	
靭	（〈湯在啻門〉簡17） （〈湯在啻門〉簡20）	
茍戈	（〈湯處於湯丘〉簡14）	偏旁（形符）「攴」、「戈」替換

　　此類現象可能與偏旁之形義俱近有關，其類例在戰國文字中頗為常見，[23]而清華簡此五篇之替換類型，又以「刀」、「刃」替換例最多，且多集中於〈湯處於湯丘〉與〈湯

---

[23] 何琳儀：《戰國文字通論（訂補）》（上海：上海古籍出版社，2017年7月第一版），頁280-288。

在宮門〉等二篇，此或許是此二篇屬同一書手之另一實證，畢竟其在此用字之習慣上是相近的，但此二篇或有其他書手進行校補之可能性，仍然不能排除。

綜上所述，關於清華簡此五篇在字形或書寫上之關係，或可作以下幾項界定：首先，依相關字形特徵，知清華簡此五篇所據底本都應更早，皆應早於戰國；其次，〈尹至〉、〈尹誥〉與〈赤鵠之集湯之屋〉等三篇屬同一書手，此應無疑義，學界之既有研究成果，大抵是可信的；至於〈湯處於湯丘〉與〈湯在啻門〉此二篇，應由同一書手完成大部分內容，但參雜了不同時期或地域之字形特色，且抄成後，再由不同書手於不同時間將其補全。

第二節　文本之斷代與來源

關於本文所論清華簡〈尹至〉、〈尹誥〉、〈赤鵠之集湯之屋〉、〈湯處於湯丘〉、〈湯在啻門〉等篇文本之斷代與來源，向來是學界關注之焦點，茲試論如下：

一、 個別篇章部分

上文已據字形特色，初步判定清華簡此五篇之底本應早於戰國，而學界對此五篇之斷代、分域與文本來源，早有豐碩之成果，本文更曾在前面章節中，根據形制推論此五篇之編寫時間或地點，可能相當接近，抑或在當時被歸為同一類典籍，凡此皆為此五篇之斷代、分域與文本來源，提供不少研究依據。

先論〈尹至〉簡部分，諸家之說為：關於清華簡〈尹至〉簡之文本來源，學界所論甚多，如李學勤即根據字詞與語法等標準，認定清華〈尹至〉簡與《尚書》諸篇乃同出一源且屬同時期之作品，[24]而朱曉海則認為清華〈尹至〉簡可能是《尚書》中之〈疑至〉，抑或是與其為同一傳說之不同述古之作，[25]又如李均明也以為〈尹至〉之源文本應是甚早，[26]再如田旭東亦認為〈尹至〉簡當是《尚書》佚篇，[27]除此之外，近年馬文增亦將此篇釋即〈疑至〉，[28]雖有學者對此〈疑至〉說有所懷疑，[29]但仍可見清華〈尹至〉簡之文本來源應該甚早，且與《尚書》應有一定程度之關係，除此之外，另有以為其屬春秋以降以至戰國之版本者，如網路發言者子居、沈建華、陳民鎮、黃庭頎、夏大兆與黃德

---

[24] 李學勤：〈清華簡與《尚書》、《逸周書》的研究〉，《史學史研究》2011 年第 2 期，頁 104-109；李學勤等著：《出土簡帛與古史再建》（北京：經濟科學出版社，2017 年 7 月第一版），頁 342-343。

[25] 朱曉海：〈〈尹至〉可能是百篇《尚書》中前所未見的一篇〉，復旦大學出土文獻與古文字研究中心，網址：http://www.gwz.fudan.edu.cn/Web/Show/1187，2010 年 6 月 17 日，檢索日期：2018 年 7 月 25 日。

[26] 李均明：〈清華簡首集簡冊文本解析〉，收入清華大學出土文獻研究與保護中心、北京大學出土文獻研究所、荊州文物保護中心編，李學勤、朱鳳瀚、趙平安、方北松主編，馬楠、賈連翔助編：《古代簡牘保護與整理研究》（上海：中西書局，2012 年 6 月第一版），頁 39-49。

[27] 田旭東：〈尹摯與伊尹學派——以出土文獻為考察中心〉，收入清華大學出土文獻研究與保護中心編：《清華簡研究》1（上海：中西書局，2012 年 12 月第一版），頁 31-39。

[28] 馬文增：〈清華簡《尹至》新釋、注解、白話譯文〉，武漢大學簡帛研究中心，網址：http://www.bsm.org.cn/show_article.php?id=2246，2015 年 6 月 1 日，檢索日期：2018 年 6 月 20 日。

[29] 李爽：《清華簡「伊尹」五篇集釋》（吉林大學碩士論文，2016 年 6 月），頁 10。

寬、馬嘉賢等皆主此說，[30]這批學者立論之基礎，大多在於此篇內容應已經過改動或潤色，此等論點，並無可疑，不過，〈尹至〉部分用字或詞語，確實較為古老，證明〈尹至〉簡雖有可能屬東周時期之抄本，但其文本來源可能更早，此類字詞例除了上述李學勤所引之「某若曰：格」、「余及汝皆亡」與「其如台」外，又如：簡1之「䜌」字，如上所述，此字之形義可溯推至殷商甲骨文，而郭永秉更以為此或乃〈尹至〉簡屬較早期文獻之實證，[31]且如上文所證，戰國秦漢从䜌之相關類例，其用法多已未作殷商甲骨文之夜間時稱解，苗豐亦據此聯繫《詩經》之「中菁」、「中妘」，並界定〈尹至〉篇應相當古老，[32]可信，因此，清華〈尹至〉簡之文本來源，確實是早於戰國；至於簡2所見「惟茲」一詞，如上文所述，其詞於殷商甲骨文與《尚書》中習見其例，較晚者或僅見於《孟子》，即便《孟子》書中語，亦乃引自先聖，因此，清華〈尹至〉簡不僅文本來源可能甚早，且疑與古本《尚書》有相當程度之關聯，更有可能是上引朱曉海所云之〈疑至〉；[33]又如簡4之「湯盟質及尹」一語，黃庭頎曾據古文字與傳世文獻所見「盟」、「誓」、「盟誓」等用例，以為「〈尹至〉作者當係以春秋諸侯情況類比商湯與伊尹此時之關係，而盟誓之概念能如此普遍深植人心之時期，乃為戰國時代無疑。……本節討論〈尹至〉所見之『尹』、『摯』稱呼以及『湯盟誓及尹』一語，皆得出此數處用語，乃是戰國時人特有之習慣，故筆者以為〈尹至〉文本內容雖述及伊尹與成湯滅夏之史事，然其寫作年代應不早於春秋時期。儘管簡文記載之成湯滅夏傳說流傳甚久，但單就〈尹至〉文本而論，可推知應為戰國時人引據已有之歷史故事，並加以改寫而成的作品。」[34]知黃庭頎據字詞使用情況立說，有其一定之理據，惟「尹」、「摯」二詞，已如上本文所述，疑屬先秦眾多伊尹名號之一環，其在共時性之出土文獻證據方面，或猶有闕，且「尹」之稱呼，亦有可能沿承殷商卜辭，在此等疑慮下，倘判定〈尹至〉之寫作年代晚至春秋，雖可信，但論證仍或不足，再者，其所論「盟誓」，本文已贊同讀為「盟質」，「盟質」與「盟誓」義近，雖可能都是春秋戰國用語，但同樣缺少出土證據，因此，在時代之判定

---

[30] 網路發言者子居：〈清華簡《尹至》解析〉，「中國先秦史」網站，網址：http://xianqinshi.blogspot.com/2017/09/blog-post_15.html，2011年12月19日，檢索日期：2018年8月16日；沈建華：〈清華楚簡《尹至》釋文試解〉，《中國史研究》2011年第1期，頁67-72；陳民鎮：〈清華簡《尹至》集釋〉，復旦大學出土文獻與古文字研究中心，網址：http://www.gwz.fudan.edu.cn/Web/Show/1647，2011年9月12日，檢索日期：2018年8月12日；黃庭頎：〈論古文字材料所見之「伊尹」稱號——兼論〈尹至〉、〈尹誥〉之「尹」、「執」（摯）〉，《東華中文學報》5（2012年12月），頁63-86；夏大兆、黃德寬：〈關於清華簡《尹至》《尹誥》的形成和性質——從伊尹傳說在先秦傳世和出土文獻中的流變考察〉，《文史》2014年第3輯（總108），頁213-239；馬嘉賢：《清華壹《尹至》、《尹誥》、《皇門》、《祭公之顧命》研究》（國立彰化師範大學國文學系博士論文，2015年7月），頁11。

[31] 郭永秉：〈清華簡《尹至》「㷱至在湯」解〉，收入郭永秉：《古文字與古文獻論集續編》（上海：上海古籍出版社，2015年8月第一版），頁248-253。

[32] 苗豐：〈卜辭「中㝈」補證〉，復旦大學出土文獻與古文字研究中心，網址：http://www.gwz.fudan.edu.cn/Web/Show/1809，2012年3月25日，檢索日期：2018年9月3日。

[33] 不過，上引李爽曾認為篇名「尹」、「疑」之古音關係未臻相近，其說有一定之道理，代表這似乎也是一項亟待解決之問題，茲列備參，以俟新出。李爽：《清華簡「伊尹」五篇集釋》（吉林大學碩士論文，2016年6月），頁10。

[34] 黃庭頎：〈清華大學藏戰國竹簡〈尹至〉探析〉，《有鳳初鳴年刊》8（2012年7月），頁485-503。

上，上引黃庭頎以為〈尹至〉年代應不早於春秋，且為戰國寫本之說法，雖有其理，但在此類用語之解釋上，恐仍須再行補證更多證據；又如簡 5 之「弗附」一詞，其「附」字用例首見於《尚書》，而上所論之「盟誓」概念，亦猶夏大兆與黃德寬所云，更可能自殷商甲骨文發展而來。[35]綜上所述，凡此俱〈尹至〉簡文本來源時代應當更為偏早之實證也。

　　至於〈尹誥〉簡之性質，學界已有諸多討論，例如：李學勤以為清華簡此篇乃漢末所佚失之古文《尚書・尹誥》篇；[36]劉國忠本認為此篇應即《尚書》之〈咸有一德〉，但後來卻以為此篇與〈咸有一德〉不相關，應屬「秦焚書之前真正的《尹誥》寫本」，乃「先秦時期真正的古文《尚書》」，而〈咸有一德〉乃後人之偽作；[37]田旭東認為此批簡應是《尚書》之佚篇；[38]如同〈尹至〉簡，李均明亦以為〈尹誥〉之源文本相當早；[39]廖名春更以為清華此〈尹誥〉簡是「久佚的真正的《尹誥》或《咸有一德》」；[40]黃庭頎則以為此篇乃「戰國化或楚國化的〈咸有一德〉」；[41]李守奎亦以為〈尹誥〉乃「真古文《尚書》」，屬「班固所說的五十七篇《古文書經》之一」，其與〈咸有一德〉是「同一篇書的不同抄本」，且相較於〈緇衣〉，該篇成文可能更早，而應屬於《書》類卜獻，而李守奎亦引裘錫圭所云「有商代的底本為根據，然而已經經過了周人比較大的修改」之語，贊同其對此篇性質之界定；[42]馬文增認為此篇亦為「楚文字抄錄的商朝原始檔案」，乃伊尹所著；[43]劉光勝以為「清華簡《尹誥》與《尚書・尹誥》是不同的傳本」。[44]學者之說皆有其理據，不過，出土文獻作者多不可知，此篇商朝原本是否為伊尹所著，尚無所據，可暫不論，其下論及於此者，亦同。而從上述諸家之看法而言，可知學界多將〈尹誥〉

---

[35] 夏大兆、黃德寬：〈關於清華簡《尹至》《尹誥》的形成和性質——從伊尹傳說在先秦傳世和出土文獻中的流變考察〉，《文史》2014 年第 3 輯（總 108），頁 213-239。

[36] 李學勤：〈清華簡九篇綜述〉，《文物》2010 年第 5 期，頁 51-57，亦收入清華大學出土文獻研究與保護中心、北京大學出土文獻研究所、荊州文物保護中心編，李學勤、朱鳳瀚、趙平安、方北松主編，馬楠、賈連翔助編：《古代簡牘保護與整理研究》（上海：中西書局，2012 年 6 月第一版），頁 3-12。

[37] 劉國忠：《走近清華簡》（北京：高等教育出版社，2011 年 4 月第一版），頁 75；劉國忠：《走近清華簡：增補版》（北京：清華大學出版社，2020 年 6 月第一版），頁 100。

[38] 田旭東：〈尹摯與伊尹學派——以出土文獻為考察中心〉，收入清華大學出土文獻研究與保護中心編：《清華簡研究》1（上海：中西書局，2012 年 12 月第一版），頁 31-39。

[39] 李均明：〈清華簡首集簡冊文本解析〉，收入清華大學出土文獻研究與保護中心、北京大學出土文獻研究所、荊州文物保護中心編，李學勤、朱鳳瀚、趙平安、方北松主編，馬楠、賈連翔助編：《古代簡牘保護與整理研究》（上海：中西書局，2012 年 6 月第一版），頁 39-49。

[40] 廖名春：〈清華簡《尹誥》篇的內容與思想〉，收入清華大學出土文獻研究與保護中心編：《清華簡研究》1（上海：中西書局，2012 年 12 月第一版），頁 40-47。

[41] 黃庭頎：〈論古文字材料所見之「伊尹」稱號——兼論〈尹至〉、〈尹誥〉之「尹」、「執」（摯）〉，《東華中文學報》5（2012 年 12 月），頁 63-86。

[42] 李守奎：〈漢代伊尹文獻的分類與清華簡中伊尹諸篇的性質〉，《深圳大學學報（人文社會科學版）》2015 年第 3 期，頁 41-49，亦收入李守奎：《古文字與古史考——清華簡整理研究》（上海：中西書局，2015 年 10 月第一版），頁 346-368。

[43] 馬文增：〈清華簡《尹誥》新釋、簡注、白話譯文〉，武漢大學簡帛研究中心，網址：http://www.bsm.org.cn/show_article.php?id=2256，2015 年 6 月 8 日，檢索日期：2018 年 6 月 20 日。

[44] 劉光勝：《《清華大學藏戰國竹簡（壹）》整理研究》（上海：上海古籍出版社，2016 年 9 月第一版），頁 52-53。

簡釋作與《尚書》有關，尤其是今本《尚書》所見之〈咸有一德〉一篇，此若據鄭玄與
孔穎達之說，知〈尹誥〉簡與〈咸有一德〉有可能系出同源，[45]而關於此二本之性質，
今學界看法尚稱一致，即今本《尚書‧咸有一德》屬偽作，而清華〈尹誥〉簡則為文獻
中所引之〈尹誥〉篇，[46]再者，清華〈尹誥〉簡部分文句，與今本《尚書‧咸有一德》
或《禮記》引文相類，例如：簡1云「隹（惟）尹既逮（及）湯咸，又（有）一惪（德）」
（今本：「惟尹躬暨湯，咸有一德」；[47]《禮記‧緇衣》引文：「《尹吉》曰：『惟尹躬及湯，
咸有壹德』。」鄭注：「『吉』當為『告』，『告』，古文『誥』字之誤也。『尹告』，伊尹之
誥也。〈書序〉以為〈咸有一德〉，今亡」[48]）、簡1又云「尹念天之敗西邑夏」（《禮記‧
緇衣》引文：「《尹吉》曰：『惟尹躬天見於西邑夏，自周有終，相亦惟終。』」鄭注：「『尹
吉』亦『尹誥』也，『天』當為『先』字之誤，……『見』或為『敗』，『邑』或為『予』」
[49]），故如鄭注所云，此等傳世引文語料之出處當即〈尹誥〉，李學勤亦證成之，[50]換言
之，清華〈尹誥〉簡仍應與《尚書‧咸有一德》有一定程度之關係，但是否為同一篇，
此似仍有可議者，包括此二篇內容意旨並非完全相同、〈尹誥〉簡「咸有一德」之斷讀
與〈咸有一德〉或異等，尤其今本《尚書‧咸有一德》云伊尹反覆叮囑商王應「咸有一
德」，知伊尹雖有監國之責，但又不免有僭越之嫌，可見今本內容在語用上確有其矛盾
之處，因此，目前僅能判定清華〈尹誥〉簡與《尚書‧咸有一德》應有相當程度之關係，
惟是否具有相同之篇章來源，此則又可再商，劉光勝之懷疑，確有其理，除此之外，關
於今本《尚書‧咸有一德》之篇名與篇序問題，宋儒林之奇以為其名當取自篇中所云「惟
尹躬暨湯，咸有一德」語，以求能與相聯屬之〈伊訓〉、〈太甲〉等篇作出區隔，[51]近世
學者亦有相近之看法，[52]因此，今本《尚書‧咸有一德》篇名得名之所由，當屬篇名擷
取自內文之古書通例，但清華〈尹誥〉簡是否即今本《尚書‧咸有一德》之同文異簡？

---

[45] 《禮記》鄭注曰「『吉』當為『告』，『告』，古文『誥』字之誤也。『尹告』，伊尹之誥也。〈書序〉以為〈咸
有一德〉，今亡」；又孔疏云「『吉』當為『告』，是伊尹誥大甲，故稱《尹誥》，則《咸有一德》篇是也」。
〔漢〕鄭玄注、〔唐〕孔穎達疏：《禮記注疏》（清嘉慶二十年江西南昌府學重刊宋刻本，臺北：藝文印
書館，1997年8月初版），卷五十五，頁930。

[46] 與此相近之說，除了上述論著外，尚可參李學勤：〈清華簡與《尚書》、《逸周書》的研究〉，《史學
史研究》2011年第2期，頁104-109；廖名春：〈清華簡《尹誥》研究〉，《史學史研究》2011年第2期，
頁110-115；虞萬里：〈由清華簡《尹誥》論《古文尚書‧咸有一德》之性質〉，《史林》2012年第2
期，頁32-45，亦收入清華大學出土文獻研究與保護中心編：《清華簡研究》1，上海：中西書局，2012
年12月第一版，頁9-30；王寧：〈《清華簡〈尹誥〉獻疑》之疑〉，復旦大學出土文獻與古文字研究中心，
網址：http://www.gwz.fudan.edu.cn/Web/Show/2298，2014年6月23日，檢索日期：2018年6月12日。

[47] 〔漢〕孔安國傳、〔唐〕孔穎達疏：《尚書正義》（清嘉慶二十年江西南昌府學重刊宋刻本，臺北：藝文印
書館，1997年8月初版），頁120。

[48] 〔漢〕鄭玄注、〔唐〕孔穎達疏：《禮記注疏》（清嘉慶二十年江西南昌府學重刊宋刻本，臺北：藝文印書
館，1997年8月初版），卷五十五，頁929-930。

[49] 〔漢〕鄭玄注、〔唐〕孔穎達疏：《禮記注疏》（清嘉慶二十年江西南昌府學重刊宋刻本，臺北：藝文印書
館，1997年8月初版），卷五十五，頁932。

[50] 李學勤：〈清華簡與《尚書》、《逸周書》的研究〉，《史學史研究》2011年第2期，頁104-109。

[51] 〔宋〕林之奇：《尚書全解》，收入〔清〕永瑢、〔清〕紀昀等纂修：《景印文淵閣四庫全書》（國立故宮
博物院原書庋藏，臺北：臺灣商務印書館，1986年3月初版），頁55-1。

[52] 馬士遠：《周秦《尚書》學研究》（北京：中華書局，2008年9月北京第一版），頁39-40。

今在部分學者對其篇名取名之所由，仍存疑義之情況下，[53]亟待復作釐清，尤其屬同文異簡之郭店〈性自命出〉簡與上博〈性情論〉簡，因簡背篇名存異，故篇名或異，至於清華〈尹誥〉簡，其篇名未見於簡背，今僅能依《禮記》引文，得其篇名當為〈尹誥〉，若然，則「尹誥」得名之所由，實與今本所謂〈咸有一德〉之篇名來源無關，換言之，若欲判讀簡本〈尹誥〉與今本《尚書·咸有一德》之關係，甚或是否為相同篇章之異簡，實不可全依篇名而定，仍須通讀全文，始能得其證，再如篇序部分，今本《尚書·咸有一德》在商書〈伊訓〉、〈太甲〉之後，〈盤庚〉、〈說命〉之前，[54]若以簡本與今本所云伊尹仕湯之內容而言，似不該在〈太甲〉之後，此或今本《尚書·咸有一德》孔穎達之誤，換言之，〈咸有一德〉一篇在《尚書》中的地位尚且不明，倘以此判斷其與清華〈尹誥〉簡之關係，恐仍猶有可商。故總而言之，除了〈尹誥〉作者尚且不明，或暫可不論外，若就上引各因素而言，清華〈尹誥〉簡與今本《尚書·咸有一德》有一定程度上之關係，這是可以肯定的，但是否屬於同一篇，抑或該篇即班固所云《古文書經》五十七篇之一，有其可能性，不過，此終究是漢人之文獻分類，且先秦至漢期間，文本應已經過不少改易，因此，若以更明確之說法論之，則或許將〈尹誥〉簡視為《古文書經》五十七篇之取材或文本來源之一，而不勉強將其視為〈咸有一德〉之同篇異文，恐怕是比較合宜之推測，至於〈咸有一德〉之篇名或篇序問題，恐也與〈尹誥〉簡無太大關聯了。

　　故綜上所述，清華〈尹至〉簡之文本來源應偏早，但已融入部分春秋戰國之文化，足見其有可能是戰國時人據古本所改訂之抄本，〈尹誥〉簡之情況亦同，上引多數學者之推論應是大抵可信的，不過，本文所依據之「盟質」論證，與部分學者所論之「盟誓」或有不同，且此等論著在伊尹名號上仍缺出土實證，因此，〈尹至〉簡之年代雖已有初步之推論，但未來仍有待更多證據以資證成，至於〈尹誥〉簡之性質，倘據上文所作之初步推論，則可知其與《尚書·咸有一德》雖有一定程度之關聯，惟是否為異代同篇，恐怕仍有諸多討論之空間。是故，關於此二篇之來源與性質，實仍存在諸多疑義，但此中仍有部分線索可先作確認：如見於〈尹至〉簡之「吉志」與「吉好」、〈尹誥〉簡之「吉言」等，此類詞彙在古文字與先秦傳世文獻中罕見其例，或僅見於《尚書》，如《尚書·盤庚上》即云「汝不和吉言于百姓」，[55]抑或如花園莊東地甲骨文所見之「吉弓」，[56]而夏大兆與黃德寬則曾認為〈尹至〉與〈尹誥〉二篇所見「民本」與「德行」觀念，具春秋戰國時期之時代色彩，[57]因此，若就部分詞語與內容而言，可證〈尹至〉與〈尹誥〉

---

53 魯普平：〈清華簡《尹誥》篇名擬定之商榷〉，《哈爾濱學院學報》2014 年第 2 期，頁 72-74；楊善群：〈清華簡《尹誥》篇題辨正〉，《齊魯學刊》2016 年第 5 期，頁 5-9。

54 〔漢〕孔安國傳、〔唐〕孔穎達疏：《尚書正義》(清嘉慶二十年江西南昌府學重刊宋刻本，臺北：藝文印書館，1997 年 8 月初版)。

55 〔漢〕孔安國傳、〔唐〕孔穎達疏：《尚書正義》(清嘉慶二十年江西南昌府學重刊宋刻本，臺北：藝文印書館，1997 年 8 月初版)，卷九，頁 128。

56 此方面之考證，可參季旭昇：〈清華壹〈尹至〉〈尹誥〉中的「吉」字〉，《彰化師大國文學誌》32 (2016 年 6 月)，頁 43-51。

57 夏大兆、黃德寬：〈關於清華簡《尹至》《尹誥》的形成和性質——從伊尹傳說在先秦傳世和出土文獻中的流變考察〉，《文史》2014 年第 3 輯 (總 108)，頁 213-239。

二簡應有密切之關係，且其部分用語之時代甚早，更與《尚書》或有相當程度之關聯，其猶上引夏大兆與黃德寬所云「簡文不大可能是夏末商初或西周文獻的傳本。……《尹至》《尹誥》在形成過程中，有可能參考了當時所見到的一些《書》類文獻，整合了春秋戰國時期有關伊尹事跡的傳說並融入當時的某些思想觀念，……從而完成了體現春秋戰國時代思想的這兩篇《書》類文獻，其形成的可能時間大概在春秋末期到戰國中期這個時段。……清華簡《尹至》《尹誥》成書的年代大概不會晚於戰國中期」，又李守奎在談〈尹誥〉時，於文中曾引裘錫圭「有商代的底本為根據，然而已經經過了周人比較大的修改」之說，[58]當然也不無可能，再者，《尚書》學者亦曾據〈誥〉體之名篇特徵，推測此類文體在春秋末期即已存在，[59]有鑑於此，另在考量其部分字詞來源較早之情況下，或可將〈尹至〉與〈尹誥〉二簡界定為「其文本來源可溯至殷商，但已非原本面貌，而清華簡本則為春秋戰國時期時人增潤之寫本」，也許較為合理，尤其若復以古文字所見「成湯」之稱謂而言，如本文前面章節所引之例，更可證成清華簡此二篇之內容，應該是經過春秋以下時人之改動，而不再使用春秋以前「成湯」之稱呼。

　　至於〈湯處於湯丘〉簡，原整理者以為〈湯處於湯丘〉應為戰國時期之作品，且不排除此篇乃《伊尹》之佚篇；[60]王寧疑此篇乃〈書序〉所云之〈釐沃〉；[61]李守奎則認為〈湯處於湯丘〉「是有所依托的歷史演繹，許多內容是根據自己的理解附會上去的」；[62]馬文增認為此篇乃「楚文字轉錄的商代原始文獻」，乃伊尹自著，且非戰國時期之作品；[63]而劉成群據各篇之文辭與語法特徵，以為「《尹至》《尹誥》文辭古奧，從詞彙和句法特徵來看，當屬於西周或西周以前的資料；而《赤鵠之集湯之屋》《湯處於湯丘》《湯在啻門》三篇文辭較淺，屬於戰國時代流傳的商湯、伊尹故事」；[64]沈建華認為〈湯處於湯丘〉成書之時間與《墨子·貴義》相差不遠，且「可能有所本，從中原流傳至楚地，被民間作為歷史書類使用，這段歷史傳說被《墨子·貴義》共享使用，並重新做了改編」，同時，也有可能受到晏子思想之影響，另外，沈建華更考證〈湯處於湯丘〉所使用之文字語言，亦受到春秋時期流行字詞句式之影響，並據此推測其成書時期，大抵在戰國初

[58] 李守奎：〈漢代伊尹文獻的分類與清華簡中伊尹諸篇的性質〉，《深圳大學學報（人文社會科學版）》2015年第3期，頁41-49，亦收入李守奎：《古文字與古史考——清華簡整理研究》（上海：中西書局，2015年10月第一版），頁346-368。

[59] 馬士遠：《周秦《尚書》學研究》（北京：中華書局，2008年9月北京第一版），頁39-40。

[60] 清華大學出土文獻研究與保護中心編、李學勤主編：《清華大學藏戰國竹簡（伍）》（上海：中西書局，2015年4月第一版），頁134。

[61] 王寧：〈清華簡湯與伊尹故事五篇的性質問題〉，清華大學出土文獻研究與保護中心，網址：http://www.ctwx.tsinghua.edu.cn/publish/cetrp/6831/2015/20150601090347272748590/20150601090347272748590_.html，2015年6月1日，檢索日期：2018年9月1日。

[62] 李守奎：〈漢代伊尹文獻的分類與清華簡中伊尹諸篇的性質〉，《深圳大學學報（人文社會科學版）》2015年第3期，頁41-49，亦收入李守奎：《古文字與古史考——清華簡整理研究》（上海：中西書局，2015年10月第一版），頁346-368。

[63] 馬文增：〈清華簡《湯處于湯丘》新釋、注譯、析辯〉，武漢大學簡帛研究中心，網址：http://www.bsm.org.cn/show_article.php?id=2234，2015年5月19日，檢索日期：2018年6月20日。

[64] 劉成群：〈清華簡《湯處於湯丘》與商湯始居地考辨〉，《人文雜誌》2015年第9期，頁100-107。

期；[65]除此之外，也有學者曾考證〈湯處於湯丘〉簡之指示代詞「是」用法，屬於戰國時期楚人之書寫習慣。[66]如上文所述，今復考此篇簡文之字形，知其多數字例確實具有戰國文字或楚系文字之書寫特徵與風格，而以此篇所見文辭與語法而言，又明顯與〈尹至〉、〈尹誥〉二篇不同，故至少可確定其抄成之時代恐怕稍晚，大抵在戰國中期左右，且可能與楚地有較密切之關係，尤其以上引沈建華所彙整幾批楚簡中亦見《墨子》內容之情況而言，此推論更是可信的，不過，亦如本文上文相關章節所述，甲金文所見伊尹已有崇高之地位，且原整理者認為〈湯處於湯丘〉或為《伊尹》之佚篇，其所根據者，即簡文部分內容見於《墨子・貴義》、《呂氏春秋・本味》、《史記・殷本紀》與馬王堆《伊尹・九主》，可知伊尹此類題材在當時應相當流行，而李守奎又以為〈湯處於湯丘〉具有道家因素，甚至有依托之情況，劉成群更據〈湯處於湯丘〉與《墨子・貴義》文本主體大抵相似之理，以為「此篇文獻並完全不是戰國中期某些文士所臆造」，據此可知，〈湯處於湯丘〉之文本應當有所本，且是當時流行之題材，更可能是經過時人之依托改造，倘復據沈建華之考證，此篇尚有春秋時期之流行字詞句式，甚至本文上文亦曾考證此篇所見字詞，或具源自商地之地域性特徵，例如：「亟?」（簡18），若然，倘以語言從形成至流行，仍需一段發展時間之情況來看，此篇應比沈建華所推論簡本成書年代之戰國初期來得更早，是故，清華簡此文本也許是早在春秋以前即已成書，其後經歷時人之增潤改寫，而成為今所見或當時流傳於楚地之簡本，當然，也有可能如沈建華所云，受到部分齊國晏子思想之影響，抑或如本文在上文相關章節所述，其內容也參雜了儒家色彩；另古籍所見《伊尹》佚篇，最早始見於《漢書・藝文志》之所載，其云：「《伊尹》五十一篇、……右道三十七家九百九十三篇。」[67]又云「《伊尹說》二十七篇、……右小說十五家千三百八十篇。」[68]知《伊尹》原五十一篇，屬道家典籍，且亦有歸入小說家者，而〈湯處於湯丘〉具道家思想，此李守奎已有詳論，可從，換言之，〈湯處於湯丘〉應與《漢書・藝文志》所云《伊尹》五十一篇有關；又原整理者亦指出，本簡簡文所見「設九事之人」，或與馬王堆《伊尹・九主》之「事分在職臣」有關，皆強調「敬天」、「尊君」、「利民」思想，雖如上所述，此篇所云「九事之人」不一定與馬王堆《伊尹・九主》有所相關，但基本上，其與戰國黃老刑名思想仍是相近的。故綜上所論，知〈湯處於湯丘〉可能是《伊尹》五十一篇取材或文本之來源，在內容上為時人所依托，且雜揉了各家思想，而其抄寫年代約在戰國中期，但成書年代則疑在春秋以前，至於是否為

---

[65] 沈建華：〈清華簡《唐（湯）處于唐丘》與《墨子・貴義》文本〉，《中國史研究》2016年第1期，頁19-23；沈建華：〈清華簡《湯處於唐丘》校讀記〉，收入李學勤、艾蘭、呂德凱主編，清華大學出土文獻研究與保護中心、古代中國研究會編：《清華簡研究》3（上海：中西書局，2019年12月第一版），頁100-107。

[66] 風儀誠：〈讀清華簡《殷高宗問於三壽》《湯處於湯丘》《湯在啻門》三篇札記〉，收入李學勤、艾蘭、呂德凱主編，清華大學出土文獻研究與保護中心、古代中國研究會編：《清華簡研究》3（上海：中西書局，2019年12月第一版），頁55-77。

[67] 〔漢〕班固撰、〔唐〕顏師古注：《漢書》（瞿氏鐵琴銅劍樓藏北宋景祐刊本，臺北：臺灣商務印書館，2010年7月臺二版），〈志〉卷十，頁451。

[68] 〔漢〕班固撰、〔唐〕顏師古注：《漢書》（瞿氏鐵琴銅劍樓藏北宋景祐刊本，臺北：臺灣商務印書館，2010年7月臺二版），〈志〉卷十，頁453-454。

王寧所云之〈鰲沃〉佚篇，目前尚無確證，待考。

　　又如〈湯在啻門〉簡部分，其內容所見答問或反覆論述之方式，近於戰國諸子類文獻，例如：《墨子》、《荀子》或《孟子》等，代表該篇之成書或底本年代，應與此類文獻相近。惟王寧認為此篇應是《尚書》之〈帝誥（告）〉篇，[69]而張瀚墨則以為清華〈湯在啻門〉簡與馬王堆〈十問〉「不但結構一致、均為問答體、所問問題相似，而且提問中的用語也有若干相似之處」，並認為「毫無疑問，兩個文本之間存在這麼高的相似程度不該是偶然的，而是說明它們之間一定存在著直接或間接的承襲關係」，甚至以為清華〈湯在啻門〉簡、上博〈凡物流形〉簡、馬王堆〈十問〉等出土文獻篇章，在內容思想有其相關之處，[70]至於曹峰則據「五行」觀念之發展，認為「《湯在啻門》的創作時代有可能在戰國早期甚至春秋晚期」，[71]因此，據上述諸家之說，可知清華〈湯在啻門〉簡之內容，應與戰國秦漢間之社會學術風氣有密切之相關，也間接證明了其分期斷代，不過，這幾篇出土文獻是否有承繼關係，此則或有再作討論之空間，且其與《尚書‧帝誥（告）》之關係為何，尚且有待釐清；另外，風儀誠認為〈湯在啻門〉簡1之「貞月己斈」一詞，不符合戰國時期楚人之書寫習慣，且以為此「斈」字可能是抄寫者未按楚人書寫習慣而進行了改寫，[72]其說有一定之道理，倘依其說，則或可證清華〈湯在啻門〉簡之底本可能更早，其實，若以字形發展情況而言，「斈」字原整理者已疑其與「『啻』即『帝』字」之情況相類，[73]李爽亦認為「口」乃羨符，[74]即「斈」字可能是緟「口」之「亥」字異構，而「亥」字此寫法雖未見於楚系文字，但卻可上溯春秋金文，此可參考以下之字形比較表：

隸定 ＼ 出處	〈湯在啻門〉	楚系文字	春秋戰國文字
斈	（簡1）	未見其例	（春秋：邾公牼鐘，《集成》00149）

---

[69] 王寧：〈清華簡湯與伊尹故事五篇的性質問題〉，清華大學出土文獻研究與保護中心，網址：http://www.ctwx.tsinghua.edu.cn/publish/cetrp/6831/2015/20150601090347272748590/20150601090347272748590_.html，2015 年 6 月 1 日，檢索日期：2018 年 9 月 1 日。

[70] 張瀚墨：〈《湯在啻門》、十月懷胎與早期中國術數世界觀〉，《饒宗頤國學院院刊》4（2017 年 5 月），頁 173-212。

[71] 曹峰：〈清華簡《湯在啻門》譯注〉，收入李學勤、艾蘭、呂德凱主編，清華大學出土文獻研究與保護中心、古代中國研究會編：《清華簡研究》3（上海：中西書局，2019 年 12 月第一版），頁 108-143。

[72] 風儀誠：〈讀清華簡《殷高宗問於三壽》《湯處於湯丘》《湯在啻門》三篇札記〉，收入李學勤、艾蘭、呂德凱主編，清華大學出土文獻研究與保護中心、古代中國研究會編：《清華簡研究》3（上海：中西書局，2019 年 12 月第一版），頁 55-77。

[73] 清華大學出土文獻研究與保護中心編、李學勤主編：《清華大學藏戰國竹簡（伍）》（上海：中西書局，2015 年 4 月第一版），頁 143。

[74] 李爽：《清華簡「伊尹」五篇集釋》（吉林大學碩士論文，2016 年 6 月），頁 124。

			（春秋：郳公鎋鐘，《集成》00150） （春秋：郳公鎋鐘，《集成》00151） （春秋：郳公鎋鐘，《集成》00152）
亥		（春秋：王子午鼎，《集成》02811.2） （戰國：越王諸稽於賜戈，《集成》11320B1） （戰國：鄂君啟舟節，《集成》12113B（拓本）） （天星觀遣策簡） （包山簡19） （包山簡27）	（春秋：陳侯鼎，《集成》02650） （春秋：夆叔匜，《集成》10282） （春秋：庚兒鼎，《集成》02715） （春秋：子璋鐘，《集成》00114） （戰國：陳昉簋蓋，《集成》04190）

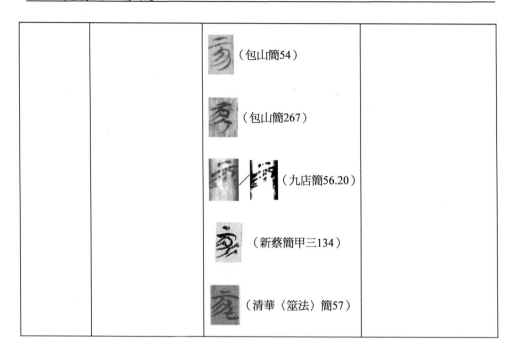

（包山簡54）

（包山簡267）

（九店簡56.20）

（新蔡簡甲三134）

（清華〈筮法〉簡57）

　　據上表所列字形，可知戰國「亥」字之寫法，其下方根荄之形多變，新蔡簡例更存在繁縟之筆畫，而〈湯在啻門〉此「亥」字與邾公牼鐘諸例相類，皆為縕「口」之異構，只不過此二形所從口之形構位置稍異耳，當然，如上引原整理者與風儀誠所云，簡文此例或者類同本簡「啻」字以及楚人干支用字「丙」、「辰」等，主因此等字例皆縕「口」形，然而，此中大概只有楚系「丙」縕「口」較為可信，可作為簡文此「啚」字釋形之旁證，「辰」字繁縕「口」者，目前所見仍以齊系文字為主，[75]且有可能是「唇」字，[76]至於「啻」字則更未必是「帝」字異體，尤其該字是否與「帝」有直接之關聯，這恐怕還有待確認，[77]即便如此，「啚」字乃「亥」字縕「口」之繁形異構，若以楚系「丙」字類比之，這應當是可信的，只不過目前尚且無法在楚簡中尋得類例，從其例字形可溯及春秋之情況而言，清華〈湯在啻門〉之抄手書寫此字或此句時，或許有可能保留了較早

---

[75] 何琳儀：《戰國古文字典——戰國文字聲系》（北京：中華書局，1998 年 9 月第一版），頁 1332；湯餘惠：《戰國文字編（修訂本）》（福州：福建人民出版社，2015 年 12 月第二版），頁 971。

[76] 何琳儀：《戰國古文字典——戰國文字聲系》（北京：中華書局，1998 年 9 月第一版），頁 1332。

[77] 楚、晉二系「丙」字或縕「口」，例如：　（望山簡1.9）、　（包山簡31）、　（九店簡56.40），此等字例可釋作「丙」字異構，殆無疑義；又如「辰」字，其繁縕「口」形者，目前所見仍以齊系文字為主，例如：　（戰國：陳璋壺，《集成》09703.2A（拓本））、　（戰國：陳璋壺，《集成》09703.2B（摹本））、　（戰國：陳璋繻，《集成》09975.1-2B（摹本）（此字與「辰」字不甚相類，似有誤筆，待考））、　（《璽彙》579），楚系文字則多縕「日」，例如：　（望山簡1.9）、　（包山簡20）、　（九店簡56.21）；至於「啻」、「帝」二字，本分屬不同字，而在歷來字書中，亦未見此二字屬異體之記載，因此，「啻」、「帝」二字是否為一字之異構，或猶有可商者。教育部「異體字字典」，網址：https://dict.variants.moe.edu.tw/variants/rbt/home.do，檢索日期：2020 年 1 月 16 日。

期之寫法，換言之，〈湯在啻門〉雖然與戰國以至西漢間所見思想類文獻有一定程度之關聯，但根據此所見保留古體之情形，其成書年代也許更早也說不定。

至於「貞月」在此讀為「正月」，其例僅見於清華〈程寤〉簡：

> 隹王元祀貞月既生魄。（清華〈程寤〉簡1）

而古文字亦未見此用法，其來源為何，待考。不過，此用例能否作為〈湯在啻門〉所據底本非來自楚地之佐證，若就目前所見證據而言，或猶嫌少，尤其簡21存一「尹」字，原整理者釋其為「伊尹」，[78]若然，倘依本文上述章節之推論，則此稱謂確實具有春秋楚地之特徵，如此又為此推論之反證也，是故，〈湯在啻門〉是否非來自楚地，仍有待更多新證據作進一步之討論。另值得注意的是，上述「辰」字緟「口」者，主要見於齊系文字，而或見緟「口」「亥」字之郳公鎛鐘，其郳國屬地亦在山東，甚至上所論《墨子》、《荀子》或《孟子》等書，也或多或少與齊魯有所關聯，再者，如本文前面章節所談，〈湯在啻門〉簡7之「肚（胡、固）」字亦與齊系文字有關，是故，頗疑清華〈湯在啻門〉簡此篇不僅成書年代應早於戰國，且可能來自齊魯一帶，尤其清華簡此五篇中，〈赤鵠之集湯之屋〉簡已有接近齊系之「敓」字，上述學者更曾論〈湯處於湯丘〉部分內容受到齊國晏子思想之影響，[79]另外，同屬清華簡之〈保訓〉篇，亦有接近齊系文字之書風，[80]皆可資佐證，只是今僅在郳公鎛鐘見到「亥」字緟「口」之類例，且干支字緟「口」亦見於晉系文字，部分清華簡篇目更或存晉系文字之書風，[81]因此，〈湯在啻門〉是否來自齊地之假說能否成立，也許有其可能，但此中仍有諸多疑義尚待作進一步之討論，不過，網路發言者子居即曾提出「《尹至》《尹誥》兩篇很可能是抄寫、來源于一個春秋晚期齊文化區域的寫本」之看法，[82]此與本文上所作之推論不謀而合，惟如上所述，相關待解之字形疑義，仍是此項說法成立與否之關鍵，一切或仍有俟新出矣；再如〈湯在啻門〉與〈湯處於湯丘〉皆有接近黃老刑名之思想，以〈湯在啻門〉簡而言，亦復如是，如簡文所見「地真」，趙平安即論其應與道家思想有關，[83]可信，故其成書時

---

[78] 清華大學出土文獻研究與保護中心、李學勤主編：《清華大學藏戰國竹簡（伍）》（上海：中西書局，2015 年 4 月第一版），頁 148。

[79] 沈建華：〈清華簡《唐（湯）處于唐丘》與《墨子·貴義》文本〉，《中國史研究》2016 年第 1 期，頁 19-23。

[80] 李松儒：〈清華簡書法風格淺析〉，收入中國文化遺產研究院編：《出土文獻研究（「簡帛文字與書法國際研討會」特輯）》13（上海：中西書局，2014 年 12 月第一版），頁 27-33。

[81] 據李松儒之研究，清華簡中所見〈良臣〉、〈祝辭〉等篇，其書法風格即與晉系文字相近，而上文本文亦曾云〈湯處於湯丘〉簡之「反」、「盃」等字，兼存晉系文字風格，凡此俱屬清華簡部分篇目存有晉系文字書風之證。李松儒：〈清華簡書法風格淺析〉，收入中國文化遺產研究院編：《出土文獻研究（「簡帛文字與書法國際研討會」特輯）》13（上海：中西書局，2014 年 12 月第一版），頁 27-33。

[82] 網路發言者子居：〈清華簡九篇九簡解析〉，「中國先秦史」網站，網址：http://www.xianqin.tk/2010/07/01/185/，2010 年 7 月 1 日，檢索日期：2018 年 6 月 24 日。

[83] 趙平安：〈「地真」「女真」與「真人」〉，《管子學刊》2015 年第 2 期，頁 104-105，又收入趙平安：《新出簡帛與古文字古文獻研究續集》（北京：商務印書館，2018 年 6 月第一版），頁 290-294。

代恐怕也不能太早，很有可能是二本有更早之底本，在春秋戰國時，歷經時人增補而成，且其與〈湯處於湯丘〉簡皆應為道家《伊尹》五十一篇取材之來源，甚至如曹峰所云，殆道教吸取先秦文獻資源之所本。[84]總之，關於〈湯在啻門〉之成書問題，尚有諸多疑義有待作進一步討論，今暫作此等初步之推測，待考。

最後，再談談清華簡此五篇中，其行文與內容最為特殊之〈赤鵠之集湯之屋〉簡。此篇之性質或來源最難作界定，尤其該篇究屬「小說」一類？虛構內容？《書》類文獻？傳說？抑或僅是楚人為伊尹故事所新增之文本？凡此在學界皆仍有不小之爭議，茲先列學界諸家之說，並復作初步之評析與推論，大抵有四：

（一）以為此篇乃「小說」一類或屬虛構內容者

李學勤以為此篇與《漢書・藝文志・諸子略》中所收之《伊尹說》二十七篇類似，但成篇要更早一些；[85]黃德寬根據「虛構故事」、「人物關係複雜」、「故事情節有起有伏」、「語言生動」與「文學功能明顯」等標準，以為「清華簡《赤鵠之集湯之屋》可以說是現在可見的最早的『小說』作品」；[86]艾蘭以為此篇是為了某一特定目的，如房屋建造之儀式，借託眾所周知之人物，以及與商湯、夏后有關之人物，所編造出來之故事；[87]李守奎亦以為此篇應屬「小說」一類，並云「這篇不僅完全合乎『其語淺薄，似依託也』的『小說家』言，也是文學意義上的最早的志怪小說」；[88]姚小鷗、李永娜據此篇之敘事形式與巫術色彩，以為「《清華簡・赤鵠之集湯之屋》以戰國以前廣泛流傳的伊尹傳說為底本敷衍而成，帶有強烈的巫術色彩，符合中國早期小說的文體特徵」；[89]近來劉嬌以為此篇所云戰國時人以發明磚瓦之事，歸因於夏桀「禦白兔」之事，應屬「小說家言」。[90]

（二）以為此篇乃《書》類文獻者

王寧曾認為清華簡此五篇可與《尚書・商書》之部分篇章相對應，[91]並以為「現在

84 曹峰：〈清華簡《湯在啻門》譯注〉，收入李學勤、艾蘭、呂德凱主編，清華大學出土文獻研究與保護中心、古代中國研究會編：《清華簡研究》3（上海：中西書局，2019 年 12 月第一版），頁 108-143。

85 李學勤：〈新整理清華簡六種概述〉，《文物》2012 年第 8 期，頁 66-71。

86 黃德寬：〈清華簡《赤鵠之集湯之屋》與先秦「小說」——略說清華簡對先秦文學研究的價值〉，《復旦學報（社會科學版）》2013 年第 4 期，頁 81-86。

87 艾蘭：〈〈赤鵠之集湯之屋〉：戰國時期關於伊尹「神靈附體」和房屋建造的故事〉，收入清華大學出土文獻研究與保護中心：《出土文獻與中國古代文明國際學術研討會論文集》（北京，2013 年 6 月 17日-18 日），頁 168-177。

88 李守奎：〈漢代伊尹文獻的分類與清華簡中伊尹諸篇的性質〉，《深圳大學學報（人文社會科學版）》2015年第 3 期，頁 41-49，亦收入李守奎：《古文字與古史考——清華簡整理研究》（上海：中西書局，2015年 10 月第一版），頁 346-368。

89 姚小鷗、李永娜：〈清華簡《赤鵠》篇與中國小說的文體特徵〉，收入姚小鷗主編：《清華簡與先秦經學文獻研究》（北京：生活・讀書・新知三聯書店，2016 年 10 月北京第一版），頁 398-430。

90 劉嬌：〈清華簡《赤鵠之集湯之屋》「是始為垾」與「桀作瓦屋」傳說〉，收入中國古文字研究會、吉林大學中國古文字研究中心編：《古文字研究》32（北京：中華書局，2018 年 8 月北京第一版），頁378-383。

91 「簡帛論壇：清華五《湯在啻門》初讀」13 樓王寧之發文，武漢大學簡帛研究中心，網址：http://www.bsm.org.cn/forum/forum.php?mod=viewthread&tid=3248&extra=page%3D2&page=2，2015 年 4 月 17 日，

知道《赤鵠》就是《女鳩女房》，就可以明白，先秦時期的人們并不是把它當作虛構的『小說』來對待的，而是把它看作一篇真正的《書》而信之不疑」；[92]劉光勝在補證〈赤鵠之集湯之屋〉、〈尹至〉與〈尹誥〉等三篇之聯讀基礎上，進一步從撰作背景、《書》類文獻的思想傾向與楚地小說之可能性等向度，推論〈赤鵠之集湯之屋〉簡應屬《書》類文獻，且有可能是「治理國家的經世大法」。[93]

（三）　以為此篇屬世代相傳之傳說者

雖然上引黃德寬以為〈赤鵠之集湯之屋〉簡之虛構成分居多，但其在另文中則認為伊尹真實身分恐非湯之賢相，而擔任湯庖廚小臣之事，更是春秋戰國時代「層累采綴」而來之傳說，非真實之歷史事實；[94]而姚小鷗、李永娜之說，亦已提及此篇與戰國以前廣泛流傳之伊尹傳說有關，不過，其仍將此篇界定為小說；[95]至於近年孫飛燕則提出與上述二家不同之看法，其根據此篇之主旨與思想、巫術特色、對伊尹之神化與強調，及其與〈尹至〉、〈尹誥〉之關係，認為「清華簡《赤鳩之集湯之屋》與《漢書‧藝文志‧諸子略》著錄的《伊尹說》性質不同，也非戰國時人編造的故事。該篇可能是伊尹本族世代相傳的傳說。該篇不屬於《尹至》、《尹誥》這類的《尚書》文獻」，另外，孫飛燕亦根據此篇具有「上帝的意願」之主旨與思想內容，以為「《赤鳩》的性質與《本味》之類的著作並不相同，而且也不符合『其語淺薄，似依託』這個定義」。[96]

（四）　其他

劉成群以為此篇可能是墓主人所認定之《書》類文獻，但因其語言並未具備商或周初之特徵，反而存有較明顯之春秋戰國時期特色，故其進一步推論，此篇或即戰國楚人為豐富伊尹傳說所演繹新增之文本，同時，劉成群亦認為清華簡此篇可歸在「先秦雜史體志怪小說」之範疇，且應是小說家《伊尹說》之其中一篇。[97]

知諸家多以故事情節或人物關係為中心，論證〈赤鵠之集湯之屋〉簡之性質，而部分學者在考證〈赤鵠之集湯之屋〉之內容時，雖未言及〈赤鵠之集湯之屋〉、〈尹至〉與〈尹誥〉等三篇是否聯讀，但其論證亦多引用〈尹至〉之內容，[98]因此，〈赤鵠之集

檢索日期：2018 年 6 月 15 日。

[92] 王寧：〈清華簡湯與伊尹故事五篇的性質問題〉，清華大學出土文獻研究與保護中心，網址：http://www.ctwx.tsinghua.edu.cn/publish/cetrp/6831/2015/20150601090347272748590/20150601090347272748590_.html，2015 年 6 月 1 日，檢索日期：2018 年 9 月 1 日。

[93] 劉光勝：《《清華大學藏戰國竹簡（壹）》整理研究》（上海：上海古籍出版社，2016 年 9 月第一版），頁 158-173。

[94] 夏大兆、黃德寬：〈關於清華簡《尹至》《尹誥》的形成和性質——從伊尹傳說在先秦傳世和出土文獻中的流變考察〉，《文史》2014 年第 3 輯（總 108），頁 213-239。

[95] 姚小鷗、李永娜：〈清華簡《赤鵠》篇與中國小說的文體特徵〉，收入姚小鷗主編：《清華簡與先秦經學文獻研究》（北京：生活‧讀書‧新知三聯書店，2016 年 10 月北京第一版），頁 398-430。

[96] 孫飛燕：〈論清華簡《赤鳩之集湯之屋》的性質〉，收入武漢大學簡帛研究中心主辦：《簡帛》16（上海：上海古籍出版社，2018 年 5 月第一版），頁 31-41。

[97] 劉成群：〈清華簡《赤鵠之集湯之屋》文體性質再探〉，《學術論壇》2016 年第 8 期，頁 100-105，129。

[98] 例如：劉國忠：〈清華簡《赤鵠之集湯之屋》與伊尹間夏〉，《深圳大學學報（人文社會科學版）》2013 年第 1 期，頁 64-67，亦收入清華大學出土文獻研究與保護中心編：《清華簡研究》2，上海：中西書局，2015 年 8 月第一版，頁 172-177，另收入劉國忠：《走近清華簡：增補版》（北京：清華大學出版社，2020

湯之屋〉簡是否能與〈尹至〉與〈尹誥〉聯讀，抑或該篇是否屬《書》類文獻，甚至其傳說之性質為何，皆有諸多疑義尚待商榷。茲以諸家理論為基礎，復考此中幾項論證之關鍵，包括：

（一）倘就先秦以至秦漢間對「小說」之界定而言，〈赤𪔅之集湯之屋〉簡似與其不甚相關：

本文在第二章曾引嚴可均所云「案：《漢志》道家有《伊尹》五十一篇，小說家有《伊尹說》二十七篇，本注：『其語淺薄，似依託也』，此疑即小說家之一篇，《孟子》『伊尹以割烹要湯』，謂此篇也。』[99]此應是上引學者所據以論證〈赤𪔅之集湯之屋〉屬「小說」一類之最主要依據，然而，「小說」一詞，最早見於《莊子・外物》，其云「飾小說以干縣令，其於大達亦遠矣」，[100]此殆指瑣碎偏頗之言，與今或謂文體之「小說」不同，而《漢書・藝文志》亦曾釋「小說」曰「小說家者流，蓋出於稗官。街談巷語，道聽塗說者之所造也。孔子曰：『雖小道，必有可觀者焉，致遠恐泥，是以君子弗為也。』」[101]知先秦或秦漢間所云之「小說」，乃相對於經世之大道而言，且可能出於街談巷語，更未必有巫術色彩，而以〈赤𪔅之集湯之屋〉簡所云伊尹間夏返商之事而言，其是否出於街談巷語，未由得知，雖說有神話傳說色彩，且不一定如上引艾蘭與孫飛燕所云有其政治或天命寓意，[102]但其內容與政事有關卻是無庸置疑，況學者或謂此簡與政事成分更高之清華簡〈尹至〉、〈尹誥〉等二篇可聯讀為同一篇，[103]孫飛燕更云此篇並無「其語淺薄，似依託」之情況，[104]是故，在此等條件下，〈赤𪔅之集湯之屋〉簡恐非《莊子》或《漢書》所云之「小說」，而更近於「大達」之篇，甚至有可能屬於李守奎所云漢代伊尹文獻之「道家」或「《詩》、《書》類」，[105]至於近年劉嬌之說，實立基於簡文「埤」字應讀為「甓」，有其一定之理據，但如本文上文所述，此讀法仍存在部分疑義，且其單就此傳說，即推測此乃非「大道」之「小說家言」，恐怕仍有續作深入討論之必要，

年 6 月第一版），頁 217-225。

99 〔清〕嚴可均撰；陳延嘉、王同策、左振坤校點主編：《全上古三代秦漢三國六朝文》（石家莊：河北教育出版社，1997 年 10 月第一版），頁 18。

100 〔清〕王先謙：《莊子集解》（臺北：東大圖書公司，2019 年 1 月五版），卷七，頁 249。

101 〔漢〕班固撰、〔唐〕顏師古注：《漢書》（瞿氏鐵琴銅劍樓藏北宋景祐刊本，臺北：臺灣商務印書館，2010 年 7 月臺二版），〈志〉卷十，頁 454。

102 艾蘭：〈《赤𪔅之集湯之屋》：戰國時期關於伊尹「神靈附體」和房屋建造的故事〉，收入清華大學出土文獻研究與保護中心編：《出土文獻與中國古代文明國際學術研討會論文集》（北京，2013 年 6 月 17 日-18 日），頁 168-177；孫飛燕：〈論清華簡《赤鳩之集湯之屋》的性質〉，收入武漢大學簡帛研究中心主辦：《簡帛》16（上海：上海古籍出版社，2018 年 5 月第一版），頁 31-41。

103 肖芸曉：〈試論清華竹書伊尹三篇的關聯〉，收入武漢大學簡帛研究中心主辦《簡帛》8，上海：上海古籍出版社，2013 年 10 月第一版，頁 471-476。

104 孫飛燕：〈論清華簡《赤鳩之集湯之屋》的性質〉，收入武漢大學簡帛研究中心主辦：《簡帛》16（上海：上海古籍出版社，2018 年 5 月第一版），頁 31-41。

105 如上文第二章所引，李守奎曾以為漢代之伊尹文獻，在當時可分為「《詩》、《書》」、「道家」與「小說家」等三類。李守奎：〈漢代伊尹文獻的分類與清華簡中伊尹諸篇的性質〉，《深圳大學學報（人文社會科學版）》2015 年第 3 期，頁 41-49，亦收入李守奎：《古文字與古史考——清華簡整理研究》（上海：中西書局，2015 年 10 月第一版），頁 346-368。

因此，其說尚難作為判定此篇或存「小說家言」之依據。故總而言之，〈赤鵠之集湯之屋〉簡恐怕與先秦或秦漢「小說」較無直接之關聯，反而是較接近李守奎所分類之漢代伊尹文獻「道家」或「《詩》、《書》類」。

（二）倘就本文所論清華簡所見幾篇湯與伊尹諮議篇章而言，以其聯讀之內容，可知〈赤鵠之集湯之屋〉簡仍較接近於《書》類文獻：

如上所述，學者或謂清華簡〈赤鵠之集湯之屋〉、〈尹至〉與〈尹誥〉或為內容相連貫之同一篇，[106]而本文亦大抵贊同其說，惟或猶孫飛燕所云，[107]〈赤鵠之集湯之屋〉簡內容多言神話傳說，在此方面，確實與多言政事之〈尹至〉、〈尹誥〉或異，再者，上引王寧雖曾云〈赤鵠之集湯之屋〉或與〈書序〉、《史記》所見〈女鳩女房〉有關，但此中在內容或人物上，仍有部分不甚相應之處，尤其〈女鳩女房〉早佚，內容不明，且此二書更為何俱連用二「女」字，卻未因其或有通假而另作改動，這些恐怕都是較難以解釋之處，因此，在〈赤鵠之集湯之屋〉、〈尹至〉與〈尹誥〉此三簡可聯讀為同一篇之基礎上，恐需更多證據才能證成此三簡與《書》類文獻有關。不過，仍有幾個現象值得注意，茲略作說明如下：

1. 〈赤鵠之集湯之屋〉簡所云之神話傳說內容，據本文第二章所引傳世文獻之內容，可知除了與《呂氏春秋・孝行覽・本味》或有關聯外，實際上，《楚辭・天問》亦有類似之記載，因此，本篇之神話傳說仍應是有所本，而非時人所虛構，不過，若再以本文前面章節所論此篇簡文之「小臣」與「天命」之性質而言，則其內容也應有不少時人所加入之成分。

2. 伊尹曾間夏，其後赴商，傳世文獻多可見其相關記載，此已如上文所述，學界對此早有所論，[108]但就其故事之合理性而言，近來劉國忠即根據〈赤鵠之集湯之屋〉與〈尹至〉簡之內容，合理解釋傳世文獻所載伊尹間湯之幾項疑點，包括：伊尹如何接觸妹喜、伊尹如何往來於桀湯之間與伊尹為桀湯效力之決心等，[109]其說大抵可從，也據此可知，清華〈赤鵠之集湯之屋〉與〈尹至〉簡兩篇，適正補足了傳世文獻所載伊尹間夏故事之不足，甚至可推知，此二篇在內容上，應有其密切之關係。

因此，就〈赤鵠之集湯之屋〉簡之內容性質而言，似仍有釋為《書》類文獻之可能性，上引王寧與劉光勝之說，或猶可從，而此篇之內容，應如夏大兆與黃德寬所云，

---

[106] 肖芸曉：〈試論清華竹書伊尹三篇的關聯〉，收入武漢大學簡帛研究中心主辦：《簡帛》8，上海：上海古籍出版社，2013 年 10 月第一版，頁 471-476。

[107] 孫飛燕：〈論清華簡《赤鵠之集湯之屋》的性質〉，收入武漢大學簡帛研究中心主辦：《簡帛》16（上海：上海古籍出版社，2018 年 5 月第一版），頁 31-41。

[108] 李零：《《孫子》十三篇綜合研究》（北京：中華書局，2006 年 4 月北京第一版），頁 438-440。

[109] 劉國忠：〈清華簡《赤鵠之集湯之屋》與伊尹間夏〉，《深圳大學學報（人文社會科學版）》2013 年第 1 期，頁 64-67，亦收入清華大學出土文獻研究與保護中心編：《清華簡研究》2（上海：中西書局，2015 年 8 月第一版），頁 172-177，另收入劉國忠：《走近清華簡：增補版》（北京：清華大學出版社，2020 年 6 月第一版），頁 217-225。

屬春秋戰國之一種傳說，且亦如孫飛燕或劉成群之所論者，此篇大抵也是歷代相傳之傳說，且經過春秋戰國時人之增潤，尤其〈赤鵠之集湯之屋〉簡亦可見遞承西周金文之字形，例如：「膺（鷹、籈）」（清華〈赤鵠之集湯之屋〉簡14），抑或沿承甲金文，而有別於其他戰國文字系統之「汖（汎；班）」（清華〈赤鵠之集湯之屋〉簡5），故其故事當有所本，且起源更早。不過，不可諱言，要很明確地將〈赤鵠之集湯之屋〉歸為《書》類文獻，恐怕仍有部分疑義尚待作進一步之探討，如以李守奎所界定之《書》類文獻三項判斷標準而言，[110]其所謂春秋以前之內容來源、佶曲聱牙之語言風格與相應之文體特點等，〈赤鵠之集湯之屋〉簡在此三方面大抵上是比較薄弱的，其實，尚有另外一個角度可作思考，即《尚書》與《詩經》一樣，其在先秦恐怕不只今吾見之數，可能也經過孔子之刪定，如《史記‧孔子世家》云「故孔子不仕，退而脩詩書禮樂，弟子彌眾，至自遠方，莫不受業焉。」[111]又如《史記‧孔子世家》亦曰「孔子之時，周室微而禮樂廢，詩書缺。追跡三代之禮，序《書傳》，上紀唐虞之際，下至秦繆，編次其事。曰：『夏禮吾能言之，杞不足徵也。殷禮吾能言之，宋不足徵也。足，則吾能徵之矣。』觀殷、夏所損益，曰：『後雖百世可知也，以一文一質。周監二代，郁郁乎文哉。吾從周。』故《書傳》、《禮記》自孔氏。」[112]因此，若以上文所證〈赤鵠之集湯之屋〉簡亦有可能屬《書》類文獻之假設條件下，不排除此篇之底本或其文本內容來源，或乃孔子刪定前之《書》類文獻古本，但這一切仍需更多實證以資證成，畢竟在時代或年代先後上，仍不易作出合理之解釋，甚至如本文上文所云，孟子曾對伊尹有關之傳說提出質疑，如此一來，〈赤鵠之集湯之屋〉簡是否尚未經儒家刪定，確有其可能性，不過，此等推論終究仍缺直接之證據，故今本文暫且將〈赤鵠之集湯之屋〉簡釋作與《書》類文獻有關，僅言及可能性，猶未敢斷言。至於王寧又曾以為清華簡此五篇「很可能都是先秦《尚書》的篇章」，[113]其說有一定之理據，然而，先秦《尚書》面貌為何，未猶得知，且其所認定之篇章，如〈汝鳩〉、〈汝方〉等，皆已亡佚，故本文僅能認定清華簡此五篇部分內容或與所謂《書》類文獻有關，但其是否可歸屬於古本《尚書》篇章之一，甚至是否如劉光勝所云其與《尚書》分屬不同系統，[114]此仍有待新出矣。

　　綜上所述，清華簡此五篇文本來源之時代跨距，恐怕是由商至春秋戰國，如李守奎

---

[110] 李守奎：〈漢代伊尹文獻的分類與清華簡中伊尹諸篇的性質〉，《深圳大學學報（人文社會科學版）》2015年第3期，頁41-49，亦收入李守奎：《古文字與古史考──清華簡整理研究》（上海：中西書局，2015年10月第一版），頁346-368。

[111] 〔漢〕司馬遷原著、〔日〕瀧川龜太郎著：《史記會注考證》（臺北：萬卷樓圖書公司，1993年8月初版），卷四十七，頁748。

[112] 〔漢〕司馬遷原著、〔日〕瀧川龜太郎著：《史記會注考證》（臺北：萬卷樓圖書公司，1993年8月初版），卷四十七，頁759。

[113] 王寧：〈清華簡湯與伊尹故事五篇的性質問題〉，清華大學出土文獻研究與保護中心，網址：http://www.ctwx.tsinghua.edu.cn/publish/cetrp/6831/2015/20150601090347272748590/20150601090347272748590_.html，2015年6月1日，檢索日期：2018年9月1日。

[114] 劉光勝：《《清華大學藏戰國竹簡（壹）》整理研究》（上海：上海古籍出版社，2016年9月第一版），頁178-183。

即認為受到「小臣」一職身分轉變之影響，戰國時人易曲解或演繹出不同之伊尹傳說，[115]其說可信，亦可知清華簡此五篇伊尹多變之身分，反映了此批簡應屬春秋戰國時期之斷代結果，而鄔可晶亦曾以為「伊尹之為有莘氏小臣，跟伊尹為庖廚、媵臣一樣，當是『小臣』一職淪為賤稱之後才產生的傳說，大概在入春秋以後」，[116]其說是在夏大兆與黃德寬所引諸家對「小臣」地位界定基礎上所作之推論，[117]同樣可信，故以清華簡此五篇所見「小臣」之用例而言，則或可推知，這五篇應已或多或少雜揉了春秋以來之伊尹傳說，換言之，其文本來源之年代，應不至於全在春秋以前，大抵仍有介於殷商至春秋戰國之間者。

二、　各篇之相互關係

　　如上文所述，清華簡此五篇之形制、編痕與容字等俱相近，因此，其各篇之間似有一定程度之關係。而學界對此相關論題，亦多有所論，如李學勤即認為〈尹至〉與〈尹誥〉二篇應有密切之關係；[118]原整理者亦以為〈尹至〉與〈尹誥〉二簡「應為同時書寫」；[119]孫飛燕曾製表分析比較〈尹至〉與〈尹誥〉二篇之簡文內容，認為此二篇「文意上的聯繫也非常密切」；[120]李均明在比較《清華（壹）》各篇時，認為「祇有《尹至》與《尹誥》兩篇共性明顯，其餘七篇皆各不相同，個性突出，表明它們在當時是被單篇抄錄，並未結集成書」；[121]孫沛陽亦認為〈尹至〉與〈尹誥〉可編為同一卷；[122]夏大兆與黃德寬更認為〈尹至〉與〈尹誥〉二簡在內容上密切相關，尤其「內容緊密銜接，篇章結構嚴謹」；[123]而原整理者又以為〈湯處於湯丘〉與〈湯在啻門〉二篇之形制、字跡相近，

[115] 李守奎：〈漢代伊尹文獻的分類與清華簡中伊尹諸篇的性質〉，《深圳大學學報（人文社會科學版）》2015年第3期，頁41-49，亦收入李守奎：《古文字與古史考——清華簡整理研究》（上海：中西書局，2015年10月第一版），頁346-368。

[116] 鄔可晶：〈「咸有一德」探微〉，收入復旦大學出土文獻與古文字研究中心與耶魯—新加坡國立大學學院陳振傳基金漢學研究委員會編：《出土文獻與中國古典學》（上海：中西書局，2018年3月第一版），頁153-167。

[117] 夏大兆、黃德寬：〈關於清華簡《尹至》《尹誥》的形成和性質——從伊尹傳說在先秦傳世和出土文獻中的流變考察〉，《文史》2014年第3輯（總108），頁213-239。

[118] 李學勤：〈清華簡九篇綜述〉，《文物》2010年第5期，頁51-57，亦收入清華大學出土文獻研究與保護中心、北京大學出土文獻研究所、荊州文物保護中心編，李學勤、朱鳳瀚、趙平安、方北松主編，馬楠、賈連翔助編：《古代簡牘保護與整理研究》（上海：中西書局，2012年6月第一版），頁3-12。

[119] 清華大學出土文獻研究與保護中心編、李學勤主編：《清華大學藏戰國竹簡（壹）》（上海：中西書局，2010年12月第一版），頁127。

[120] 孫飛燕：〈也談清華簡《尹誥》的「惟尹既及湯，咸有一德」〉，收入清華大學出土文獻研究與保護中心、北京大學出土文獻研究所、荊州文物保護中心編，李學勤、朱鳳瀚、趙平安、方北松主編，馬楠、賈連翔助編：《古代簡牘保護與整理研究》（上海：中西書局，2012年6月第一版），頁99-102，亦收入清華大學出土文獻研究與保護中心編：《清華簡研究》1（上海：中西書局，2012年12月第一版），頁57-61。

[121] 李均明：〈清華簡首集簡冊文本解析〉，收入清華大學出土文獻研究與保護中心、北京大學出土文獻研究所、荊州文物保護中心編，李學勤、朱鳳瀚、趙平安、方北松主編，馬楠、賈連翔助編：《古代簡牘保護與整理研究》（上海：中西書局，2012年6月第一版），頁39-49。

[122] 孫沛陽：〈簡冊背劃線初探〉，收入劉釗主編：《出土文獻與古文字研究》4（上海：上海古籍出版社，2011年12月第一版），頁449-462。

[123] 夏大兆、黃德寬：〈關於清華簡《尹至》《尹誥》的形成和性質——從伊尹傳說在先秦傳世和出土文獻中

且內容相關，應為同一抄手所寫，[124]學界對此多持肯定之意見；[125]肖芸曉認為清華簡〈赤
鵠之集湯之屋〉、〈尹至〉與〈尹誥〉等篇，應是「同一書手寫在同一卷相連的竹簡上」，
其篇序亦如是，且分屬兩個兩個不同筒之竹簡，而其立論之主要依據，乃在於簡背刻痕
之位置、故事情節之接續性、傳世文獻內容之對應性與相關異文之考證；[126]夏大兆與黃
德寬則以為《尹至》、《尹誥》二篇「既不是『夏代末年』真實的歷史記錄，也不是『作
於湯世』的《商書》佚篇，而更可能是整合春秋戰國時期流傳的《書》類和其他文獻傳
說中伊尹故事而編成的，因此，簡文既吸收了曾經流傳的關於伊尹的某些傳說故事，也
包含了產生較晚的有關思想觀念」；[127]賈連翔起初根據竹簡之契口與編痕，亦贊同學者
所認為〈赤鵠之集湯之屋〉、〈尹至〉與〈尹誥〉三篇可依次編連為一冊之說，不過，
其亦據篇題在簡背卷中之位置，認為這是在〈赤鵠之集湯之屋〉、〈尹至〉與〈尹誥〉
三篇編為一卷之情況下，「不太容易解釋的問題，故我們只能說不排除它們有編在一卷
的可能」；[128]李守奎以為〈尹至〉與〈尹誥〉兩篇「內容彼此相關」、「性質相同」，且是
「先後相聯兩篇」，並認為「清華簡第五冊〈湯處於湯丘〉和〈湯在啻門〉兩篇，竹簡
形制相同，字跡一致，都是關於伊尹相湯的故事，語言淺顯，思想駁雜，與……〈尹至〉、
〈尹誥〉明顯不同，顯然是依托之作」，不過，李守奎在討論〈湯處於湯丘〉之內容時，
曾提出該篇「從全篇來看，這一切都是取代夏邦的手段，都是權謀的一部分。這一點與
《尹誥》有一致性」，至於〈湯處於湯丘〉與〈赤鵠之集湯之屋〉二篇之關係，李守奎
則認為此二篇皆有《漢書》所云小說家「其語淺薄，似依托」之特點，但同時也將〈湯
處於湯丘〉與〈湯在啻門〉二篇視作「小說家言」，而李守奎對於〈赤鵠之集湯之屋〉、
〈尹至〉與〈尹誥〉三篇之關係，其以為此三篇從「形制完全相同、字跡相同來看，當
時同編一冊的可能性很大，很可能在當時是當作同類看待的」，最後，李守奎將清華簡
此五篇分為三類，即「《尹至》、《尹誥》是書類文獻；《湯處於湯丘》、《湯在啻門》大致
接近，以闡述伊尹的思想為主；《赤鵠之集湯之屋》則是比較典型的『其語淺薄』的小

的流變考察〉，《文史》2014 年第 3 輯（總 108），頁 213-239。

[124] 清華大學出土文獻研究與保護中心編、李學勤主編：《清華大學藏戰國竹簡（伍）》（上海：中西書局，
2015 年 4 月第一版），頁 134；沈建華：〈清華簡《唐（湯）處于唐丘》與《墨子·貴義》文本〉，《中國
史研究》2016 年第 1 期，頁 19-23。

[125] 例如：李守奎：〈漢代伊尹文獻的分類與清華簡中伊尹諸篇的性質〉，《深圳大學學報（人文社會科學版）》
2015 年第 3 期，頁 41-49，亦收入李守奎：《古文字與古史考——清華簡整理研究》（上海：中西書局，
2015 年 10 月第一版），頁 346-368；劉成群：〈清華簡《湯處於湯丘》與商湯始居地考辨〉，《人文雜誌》
2015 年第 9 期，頁 100-107；沈建華：〈讀清華簡《湯處於唐丘》中的「設九事之人」〉，收入清華大學
出土文獻研究與保護中心編、李學勤主編：《出土文獻》7（上海：中西書局，2015 年 10 月第一版），
頁 133-136。

[126] 肖芸曉：〈試論清華竹書伊尹三篇的關聯〉，收入武漢大學簡帛研究中心主辦：《簡帛》8（上海：上海古
籍出版社，2013 年 10 月第一版），頁 471-476。

[127] 夏大兆、黃德寬：〈關於清華簡《尹至》《尹誥》的形成和性質——從伊尹傳說在先秦傳世和出土文獻中
的流變考察〉，《文史》2014 年第 3 輯（總 108），頁 213-239。

[128] 賈連翔：〈反印墨跡與竹書編聯的再認識〉，收入清華大學出土文獻與保護中心編、李學勤主編：《出土
文獻》6（上海：中西書局，2015 年 4 月第一版），頁 229-245。

說家言」；[129]劉成群根據〈赤鵠之集湯之屋〉、〈尹至〉與〈尹誥〉等三篇可前後編序之理，認為此三篇應是墓主人所認定「《書》一類的文獻」；[130]劉光勝則又從竹簡形制、字體特徵、故事情節、人時地稱謂與用語習慣上，補證清華簡〈赤鵠之集湯之屋〉、〈尹至〉與〈尹誥〉此三篇確有密切之關係，應可聯讀，且認為〈赤鵠之集湯之屋〉簡亦可能同屬《書》類文獻；[131]鄔可晶認為〈湯處於湯丘〉與〈湯在啻門〉此二篇雖亦與伊尹有關，但其性質與其他三篇不同，反而與馬王堆帛書之〈九主〉較為接近，至於其對肖芸曉所論其他三篇合為一篇之說，則是以古文字與傳世文獻合編為同一卷之體例為依據，抱持較為保守之態度。[132]

　　如本文前面章節所述，清華簡此五篇在形制上有密切之關係，其編寫之時代或地點可能相近，亦可能歸為同一類典籍，而據上引李守奎之說，知其彼此間確實「互有關係」，不過，嚴格說來，依學界之看法，則此五篇大抵仍是〈赤鵠之集湯之屋〉、〈尹至〉與〈尹誥〉為一類，而〈湯處於湯丘〉與〈湯在啻門〉則為與馬王堆帛書〈九主〉較相近之另一組，後者乃就思想內容立說，這可以理解，近年學者更論證此二篇確實與戰國黃老道家思想有相應之處，[133]可參，然而，前三篇之內容與用語，差異甚鉅，其能否聯讀，抑或編為同一卷，學界實仍存異說。若僅以〈尹至〉與〈尹誥〉而言，此二篇用語相近，在聯讀並無太大疑義，且〈尹誥〉所見「惟尹既及湯咸有一德」一句，即如上引李守奎之說，抑或參照本文上文第四章之論證，確實有其篇章聯讀之功能，再者，本文在第四章亦曾論證〈尹至〉簡 5 之「料民」與〈尹誥〉簡 2 之「協」，也有上下呼應之關係，因此，此二篇可聯讀為上下篇，大抵可行，但此二篇與〈赤鵠之集湯之屋〉之關係為何，則又是一大難題。今在諸家之論證基礎上，復行補證幾項內容，包括：

（一）　就形制而言，上引孫沛陽、肖芸曉、賈連翔與鄔可晶之說，有一定之道理，只是諸家所引相關例證，或以漢簡為主，且即如賈連翔所云，篇題在簡卷中位置，此形制特色實仍猶有可疑者，而鄔可晶亦以為目前出土戰國簡牘中，還未見到簡背篇題寫在一篇或一卷中間的，凡此皆為此三篇能否編為一卷待解之問題，

[129] 李守奎：〈漢代伊尹文獻的分類與清華簡中伊尹諸篇的性質〉，《深圳大學學報（人文社會科學版）》2015年第 3 期，頁 41-49，亦收入李守奎：《古文字與古史考——清華簡整理研究》（上海：中西書局，2015年 10 月第一版），頁 346-368。

[130] 劉成群：〈清華簡《赤鵠之集湯之屋》文體性質再探〉，《學術論壇》2016 年第 8 期，頁 100-105，129。

[131] 劉光勝：〈同源異途：清華簡《書》類文獻與儒家《尚書》系統的學術分野〉，《中國高校社會科學》2017年第 2 期，頁 116-128；劉光勝：《出土文獻與《古文尚書》研究》（北京：中國社會科學出版社，2020年 8 月第一版），頁 143。

[132] 鄔可晶：〈「咸有一德」探微〉，收入復旦大學出土文獻與古文字研究中心與耶魯—新加坡國立大學學院陳振傳基金漢學研究委員會編：《出土文獻與中國古典學》（上海：中西書局，2018 年 3 月第一版），頁153-167。

[133] 郭梨華：〈《湯處於湯丘》、《湯在啻門》中的黃老思想初探〉，收入復旦大學出土文獻與古文字研究中心與耶魯—新加坡國立大學學院陳振傳基金漢學研究委員會編：《出土文獻與中國古典學》（上海：中西書局，2018 年 3 月第一版），頁 292-306；曹峰：〈清華簡《湯在啻門》譯注〉，收入李學勤、艾蘭、呂德凱主編，清華大學出土文獻研究與保護中心、古代中國研究會編：《清華簡研究》3（上海：中西書局，2019 年 12 月第一版），頁 108-143。

不過，以這三批簡之簡背劃線情況而言，賈連翔曾將〈尹至〉簡1至3與〈赤鵠之集湯之屋〉簡1至15以及〈尹至〉簡4至5與〈尹誥〉簡1至4等，分別歸為兩組，[134]而鄔可晶則云「《赤鳩之集湯之屋》的15支簡與《尹至》的前3支簡是從同一個竹筒剖析出來的（簡背劃線應是製簡之前刻劃在竹筒上的），《尹至》的後2支簡與《尹誥》的4支簡是從同一個竹筒剖析出來的」，[135]此或可證明此三篇之編寫時間相近，但若欲將其編聯為同一篇或同一卷，在形制上，恐怕仍需更多實證，當然也包括鄔可晶在文末所云「以15號簡為中軸對折」或「兩側對折」之情況，[136]凡此皆需考古實證，或仍有待新出，當然，再如李松儒也以為「雖然篇題寫在整篇竹簡背面中間的情況比較少見，這也似乎為《尹至》、《尹誥》篇未加篇題做出了較為合理的解釋」，並認為「《赤鵠之集湯之屋》、與《尹至》、《尹誥》同編一卷，也是對折收卷，《赤鵠之集湯之屋》的篇題一樣會露在外面的」，[137]其說雖可為此形制問題解套，但終究仍需實證，茲列備參。

（二）就部分特定字例之寫法而言，其雖非此三簡獨見之例，但目前也僅見於清華簡，本文上文談清華簡此五篇之字形特色時，已列舉各家說法，並略作評述，茲再提出幾則字例，續作討論，例如：「我」、「今」、「乃」等字，其形分作：

（〈尹至〉簡1「我」）

（〈尹至〉簡3「我」）

（〈尹至〉簡4「我」）

（〈尹誥〉簡2「我」）

---

134 賈連翔：《戰國竹書形制及相關問題研究——以清華大學藏戰國竹簡為中心》（上海：中西書局，2015年10月第一版），頁82-102。

135 鄔可晶：〈「咸有一德」探微〉，收入復旦大學出土文獻與古文字研究中心與耶魯—新加坡國立大學學院陳振傳基金漢學研究委員會編：《出土文獻與中國古典學》（上海：中西書局，2018年3月第一版），頁153-167。

136 鄔可晶：〈「咸有一德」探微〉，收入復旦大學出土文獻與古文字研究中心與耶魯—新加坡國立大學學院陳振傳基金漢學研究委員會編：《出土文獻與中國古典學》（上海：中西書局，2018年3月第一版），頁153-167。

137 李松儒：〈再論《祭公》與《尹至》等篇的字跡〉，收入復旦大學出土文獻與古文字研究中心編：《戰國文字研究的回顧與展望》（上海：中西書局，2017年8月第一版），頁252-260。

（〈尹誥〉簡 2「我」）

（〈赤鵠之集湯之屋〉簡 1「我」）

（〈赤鵠之集湯之屋〉簡 11「我」）

（〈金縢〉簡 1「我」）

（〈金縢〉簡 5「我」）

（〈耆夜〉簡 7「我」）

（〈尹至〉簡 3「今」）

（〈尹誥〉簡 2「今」）

（〈尹誥〉簡 2「今」）

（〈耆夜〉簡 12「今」）

（〈金縢〉簡 12「今」）

（〈尹至〉簡 4「乃」）

（〈尹誥〉簡 3「乃」）

（〈赤鵠之集湯之屋〉簡14「乃」）

此等「我」字之寫法，俱未見鋸齒形，應屬「我」字之簡化字形，今或僅見於清華簡，乃清華簡之特色筆法，且如上文所云，此類字形或寫法可遠紹西周金文；而「今」字則在其左側增繁一撇筆，今亦僅見於清華簡；再如「乃」字，其上下筆畫多未相連，而第二筆更有起筆之勢。凡此諸例，皆尚猶未見於清華以外之其他楚簡，可證此三批簡有可能出於一手，甚或為同一抄手。

另如「喪」字，其不從口之省構寫法，可謂近年楚簡此字之特色寫法，今亦見於清華簡此五篇之中，例如：

（〈尹至〉簡2「喪」）

（〈湯處於湯丘〉簡7「喪」）

（〈湯處於湯丘〉簡9「喪」）

即以〈湯處於湯丘〉簡二例而言，其寫法特殊，相類筆法又見於清華〈管仲〉簡，其形為：

（〈管仲〉簡20「喪」）

茲列備參。凡此所見字形特色，皆可作為證成清華簡此五篇應具有密切關係之佐證。

（三）〈尹誥〉所云「天之敗西邑夏」語，本文在前面章節將其讀為「顚之敗西邑夏」，其意殆指有關夏覆滅之事，亦進一步證成了簡本此句確實優於今本異文之說，且此句所見「西邑」並見於〈尹至〉與〈尹誥〉簡，足可證此等篇章之時代與來源，都有可能是相近的。

（四）就稱謂而言，「后」在此三篇中，皆與君王有關，且與古文字或傳世文獻用例相同，例如：「往已叔姬，虔敬乃后，孫孫勿忘。」（春秋：吳王光鑑，《集成》10298），又如《詩經・商頌・玄鳥》云「商之先后，受命不殆，在武丁孫子。」[138]再如

---

138 〔漢〕毛亨傳、〔漢〕鄭玄箋、〔唐〕孔穎達疏：《毛詩正義》（清嘉慶二十年江西南昌府學重刊宋刻本，臺北：藝文印書館，1997年8月初版），卷二十之三，頁794。

《左傳·僖公三十二年》或曰「其南陵，夏后皋之墓也。」[139]此可證簡文用語合乎古例，且其時代可溯及於先秦，然而，此尚且不能作為此三篇具密切關係之充足證據，因此，「帝」字與伊尹名號之釋讀，或乃論證此三篇關係之重要依據，主因此二項內容在此三篇中，用例或異，茲略作部分推論如下：

1. 〈尹至〉與〈赤鵠之集湯之屋〉二篇所見「帝」，應皆指天帝：在前面章節中，本文已初步論證〈尹至〉所見「帝」應指「天帝」，更引學者之說，言及〈赤鵠之集湯之屋〉簡與「上帝意願」有關，再者，〈赤鵠之集湯之屋〉簡以神話傳說內容為主，則其簡文中之「帝」，殆亦指「天帝」無疑，據此，知此二篇「帝」字語義相近，且合於上文所引古文字用例，自可初步排除此二篇未能聯讀為一篇之其中一項阻礙。

2. 如上文所論與所引學者之說，知〈尹至〉、〈尹誥〉二篇所見「尹」與「摯」，以及〈赤鵠之集湯之屋〉之「小臣」，皆與伊尹有關，伊尹可謂此三篇之中心人物。

綜上所述，可知清華簡此三篇在「后」、「帝」與伊尹名號之稱謂用法上，不僅合於古文字與先秦文獻用例，且具有聯讀為同一篇之可能性條件。

（五）　上引肖芸曉曾據〈赤鵠之集湯之屋〉、《呂氏春秋·慎大》與〈尹至〉所見異文，論證此中各篇之關聯性，在其所引「梦梦恂恂」、「旬日」與「紛紛分分」等詞中，不可否認，「梦梦恂恂」、與「紛紛分分」等二詞，在語義上確實有一定程度之關聯，但〈尹至〉之「旬日」應即「十日」，此已如本文前面章節所證，再者，此三詞之語境亦不同，是否為同一組異文，不無可疑，但其實〈赤鵠之集湯之屋〉中已見古語，實毋另作補證，如該篇所見起首語「曰古」，其用例確實見於西周金文，例如：「曰古文王」（西周：瘋鐘，《集成》00251）、「曰古文王」（西周：史牆盤，《集成》10175），其體例與《尚書》所見「曰若」例亦相近，可證〈赤鵠之集湯之屋〉之用語確如姚小鷗與孟祥笑所云，即西周以前古人追述往史之習慣用語。[140]

綜上所列幾項補證，知清華簡〈赤鵠之集湯之屋〉、〈尹至〉與〈尹誥〉等三篇似仍有聯讀為同一篇之可能性，不過，在形制上，仍有其尚待解決之疑義，且由於各篇之內容、用語與傳說來源，確實有一定之差異，故其文本來源，恐怕仍是各有不同，甚至屬於不同之年代，因此，此三篇雖大抵具備聯讀之條件，但是否其底本來自同一卷，恐猶有可商者；再者，也由於此三篇之文本來源各自不同，故此三篇有可能是編者或上引劉成群所說之墓主人，依其所認定之編卷標準，將其編為一卷，只是此三篇各有其中心思想，此標準是否即劉成群所云之「《書》類文獻」，抑或伊尹之相關傳說與事蹟，甚或其他傳世文獻之別類標準，這就不得而知了。

---

139 〔晉〕杜預注、〔唐〕孔穎達疏：《春秋左傳正義》（清嘉慶二十年江西南昌府學重刊宋刻本，臺北：藝文印書館，1997 年 8 月初版），卷十七，頁 288。

140 姚小鷗、孟祥笑：〈清華簡《赤鵠之集湯之屋》「曰」字的句讀問題〉，收入姚小鷗主編：《清華簡與先秦經學文獻研究》（北京：生活·讀書·新知三聯書店，2016 年 10 月北京第一版），頁 366-374。

　　然而，此中可以確定的是，清華簡這五篇都是以伊尹為中心，其隱含之部分思想內容，或許是佚書《伊尹》或馬王堆帛書〈九主〉所依據之文本來源之一，而李學勤曾云〈尹至〉與〈尹誥〉「曾為《慎大》作者所見，並且引為敘事的依據」，[141]這也應當是可信的，足證清華簡此批簡在文獻傳承上之意義與價值，另外，清華簡〈赤鵠之集湯之屋〉、〈尹至〉與〈尹誥〉等三篇既有可能聯讀，亦有可能屬《書》類文獻，且再依據李守奎所認為〈尹誥〉屬《漢書‧藝文志》所云《尚書古文經》五十七篇範圍之說，則又疑清華簡此三篇更近於儒家文獻，而非小說家。

　　綜上所述，且復參酌學者之看法，則清華簡此五篇之關係，或可作以下之初步界定：〈尹至〉與〈尹誥〉應可算是嚴格定義之《書》類文獻，但由於先秦《詩》、《書》仍有刪訂之過程，且如上引夏大兆與黃德寬所云，此二篇吸收采綴了春秋戰國時期之思想，因此，就清華簡此五篇而言，此二篇雖然最接近《書》類文獻，卻也雜揉了不少成分，而基於〈赤鵠之集湯之屋〉、〈尹至〉與〈尹誥〉等三篇具聯讀之條件，甚至在簡牘編聯形制上也有編成一卷之可能，因此，〈赤鵠之集湯之屋〉也應該和〈尹至〉、〈尹誥〉歸在同一類，至於〈湯處於湯丘〉與〈湯在啻門〉二篇，即如上引學者所云，其思想意涵本就相近，而本文上文亦曾論〈湯在啻門〉之篇序應接續在〈湯處於湯丘〉之後，有鑑於此，若復考量〈湯處於湯丘〉與〈赤鵠之集湯之屋〉等二篇倘如上引李守奎所言，其在語言使用與思想內容上，本有其共同點，再者，〈湯處於湯丘〉與〈尹誥〉二篇，李守奎亦曾云此二篇在「權謀」內容上有其「一致性」，如此一來，〈湯處於湯丘〉與〈湯在啻門〉等二篇，實際上，應該也會與〈赤鵠之集湯之屋〉、〈尹至〉與〈尹誥〉等三篇有一定程度之關係，換言之，清華簡這五篇都應是伊尹文獻「《詩》、《書》」或「道家」二類，抑或是馬王堆帛書〈九主〉等文獻取材或文本之來源。不過，這五篇究竟應歸在漢人文獻分法中之哪一類，因時代不同，且此類文獻多已亡佚，恐怕就如李守奎所云，毋須過度猜測了，另仍須說明的是，清華簡此五篇是否皆為《書》類文獻，經上述論證，知其部分內容或篇章雖然有其可能性，但也非全部，因此，比較謹慎的說法，應該是說清華簡此五篇皆與《書》類文獻有關，《書》類文獻部分內容可能取自這五篇之中。

　　而另值得留意的是，〈尹至〉、〈尹誥〉雖可歸屬於嚴格定義之《書》類文獻，但其所見伊尹助湯滅夏之內容，卻與《論語》或上博〈容成氏〉簡之「湯取天下後再任命伊尹」之情況不同，[142]這是將〈尹至〉、〈尹誥〉歸於屬儒家《詩》、《書》一類伊尹文獻之一大矛盾，因此，也只能說此二批簡與漢代《詩》、《書》一類之伊尹文獻有關，但也非絕對可歸於此類別，故本文在上文論證中，才會建議毋須強分；再如《孟子》亦反對有

---

[141] 李學勤：〈清華簡九篇綜述〉，《文物》2010 年第 5 期，頁 51-57，亦收入清華大學出土文獻研究與保護中心、北京大學出土文獻研究所、荊州文物保護中心編，李學勤、朱鳳瀚、趙平安、方北松主編，馬楠、賈連翔助編：《古代簡牘保護與整理研究》（上海：中西書局，2012 年 6 月第一版），頁 3-12。

[142] 如《論語‧顏淵》云「湯有天下，選於眾，舉伊尹，不仁者遠矣。」又如上博〈容成氏〉簡云「湯乃尃戒求賢，乃立伊尹以為佐。」（上博〈容成氏〉簡 37）〔魏〕何晏注、〔宋〕邢昺疏：《論語注疏》（清嘉慶二十年江西南昌府學重刊宋刻本，臺北：藝文印書館，1997 年 8 月初版），卷十二，頁 110。

謂「伊尹割烹要湯」之說，[143]因此，與此內容有關之〈湯處於湯丘〉或〈赤鵠之集湯之屋〉等二篇，則又與儒家想法或隔，不過，即如上文第二章所引《史記》內容而言，一向對史料整理相對謹慎之司馬遷，仍將眾所熟知之「伊尹負鼎干湯」一事納入，而夏大兆與黃德寬更以為司馬遷在揀擇眾多伊尹史料時，較傾向於伊尹負鼎干湯之說，[144]可見伊尹此事蹟應仍有一定之可信度，換言之，有關「伊尹割烹要湯」或「伊尹負鼎干湯」之事，不一定是界定〈湯處於湯丘〉與〈赤鵠之集湯之屋〉二篇學派歸屬或文獻性質之惟一標準，但仍可作為參考，而在考量《詩》、《書》仍未見此方面內容之情況下，本文暫且將此二篇界定為其內容或與漢代道家類伊尹文獻有關，且兼存了儒、道之內容。

第三節　文本所見之古史與傳說內容

　　清華簡此五篇多以湯與伊尹之諮議內容為主，但其所談之內容，涉及層面含括古史與傳說，古史部分自有其歷史研究之意義與價值，如〈尹至〉與〈尹誥〉簡所見湯滅夏之過程，皆可作為正史商滅夏之補證資料，尤其湯滅夏之行軍方向或夏桀料民入水以戰等事蹟，多是正史較為欠缺之內容，除此之外，有關伊尹與夏、商兩強間之互動情況，亦可作為傳世文獻所載「伊尹間夏」內容之考證依據，包括：伊尹歸湯之時程，除了本文前面章節所引傳世文獻之「奔夏三年」、「五就湯、五就桀」外，另有「旬日」之時程；再如伊尹歸湯之時間可能在「𤏳」，此亦乃正史未見之資料，彌足珍貴；又如湯與伊尹之「盟質」，可證成部分傳世文獻所載結盟之內容。當然，最值得留意的是，上述古史資料多見於〈尹至〉簡，故總的來說，〈尹至〉簡之古史價值，恐怕是清華簡此五篇中較為重要的。

　　而在傳說部分，雖然大多正史未見，但學界仍以為此等內容有其重要性，如劉國忠即以為〈赤鵠之集湯之屋〉簡或存「怪力亂神」之內容，但其仍有一定之史料價值，故其便根據簡文中所云伊尹、夏桀與商湯之關係，為「伊尹間夏」之古史傳說重作分析與界定，並嘗試解釋了傳世文獻所見幾則未能解決之問題，甚至補上了古史記載之不足；[145]又簡文所云湯娶妻於有莘氏，而有莘氏媵以小臣伊尹一段，上引傳世文獻亦多有記載，可知湯因有莘氏而得伊尹以治，且亦如簡文所云，伊尹確實「善為食、烹之和」。

　　最後，再談談有關伊尹身分或地位之問題，夏大兆與黃德寬曾據甲骨文用例，認為伊尹恐非湯之賢相身分，而是有崇高之地位，甚至有姻親關係，[146]本文曾在第二章據殷

---

143 如上引《孟子・萬章章句》即云「吾聞其以堯舜之道要湯，未聞以割烹也」。〔漢〕趙岐傳、〔宋〕孫奭疏：《孟子注疏》（清嘉慶二十年江西南昌府學重刊宋刻本，臺北：藝文印書館，1997 年 8 月初版），卷九，頁 171。

144 夏大兆、黃德寬：〈關於清華簡《尹至》《尹誥》的形成和性質──從伊尹傳說在先秦傳世和出土文獻中的流變考察〉，《文史》2014 年第 3 輯（總 108），頁 213-239。

145 劉國忠：〈清華簡《赤鵠之集湯之屋》與伊尹間夏〉，《深圳大學學報（人文社會科學版）》2013 年第 1 期，頁 64-67，亦收入清華大學出土文獻研究與保護中心編：《清華簡研究》2，上海：中西書局，2015 年 8 月第一版，頁 172-177，另收入劉國忠：《走近清華簡：增補版》（北京：清華大學出版社，2020 年 6 月第一版），頁 217-225。

146 夏大兆、黃德寬：〈關於清華簡《尹至》《尹誥》的形成和性質──從伊尹傳說在先秦傳世和出土文獻中

商甲骨文用例證成此說，今若再以清華簡此五篇之內容而言，知伊尹既能言政經大事，又能談生命與氣之問題，甚至成為神話中之人物，在在顯示伊尹之地位不僅不低，且具有一定之本事，對湯而言，不管伊尹是否為其相，但至少應當是相當重要之人物，其實，早些年張政烺曾對伊尹之身分作了相當明確之界定，與今所見傳世文獻或古文字所見伊尹之情況相類，足證其當年之卓識，其云「商和有莘氏當時還處於母系制度的末期，從有莘氏這方面講，伊尹本有繼位的資格，他放棄自己的繼承權，和商併為一國，但舅權的尊嚴還在，故廢立太甲易如反掌，而天下也不以為僭。自周以來，父系制度加強，男尊女卑已成天理，綱常名教不容動搖，一切母系制度的故事被視為野蠻無理。……才把伊尹極力貶低，說成是有莘氏的奴隸」，[147]是故，伊尹在殷商時期，應是地位極高之人物，其與湯更可能是姻親，但隨著「小臣」地位之衰頹與春秋戰國百家之爭鳴，其相關史跡也就增添更多神話與思想之成分。

[147] 張政烺：〈釋它示——論卜辭中沒有蠶神〉，收入中國古文字研究會、吉林大學古文字研究室編：《古文字研究》1（北京：中華書局，1979 年 8 月第一版），頁 63-70。

第九章　　結論

　　清華簡伊尹五篇，涉及湯與伊尹之諮議內容，各篇在形制、字詞或篇章等方面，仍存在不少疑義，不過，各篇彼此之間亦有其一定之關係。今本文透過初步之討論，在學界較為關注之疑難字例或相關問題等方面，提出幾項芻議：

一、在形制編聯方面

（一）據原理者之說，知〈尹至〉與〈尹誥〉二篇雖疑出自同一書手，但若細究其容字情況，則其書寫格局或規範，仍是有所不同。

（二）〈尹至〉篇應是「先寫後編」之簡牘文獻，李均明之說是可信的，且此篇應屬篇幅較短之古籍篇章。

（三）清華〈赤𪔗之集湯之屋〉簡數枚簡有綴合之情況，若以各簡上下片缺口形狀、綴合處字形、簡片紋路與簡背簡號之字形密合度等標準而言，原整理者所作之綴合應是可信的。

（四）若據字形、接合縫與上下簡片紋路等標準，可知原整理者對〈湯在啻門〉簡所作之殘簡綴合，應該是可信的，且如其所云，此篇之文字內容保存完整，應無闕文。

（五）就竹簡取材之角度而言，僅能證明〈湯處於湯丘〉與〈湯在啻門〉此二篇之抄寫時間相近，抑或抄寫者先寫了〈湯在啻門〉，再寫〈湯處於湯丘〉，但無法證成〈湯在啻門〉即可排在〈湯處於湯丘〉之前，再者，若據此二篇內容所見具時代標記之詞語而言，〈湯處於湯丘〉之篇章順序，確實應排在〈湯在啻門〉之前，二篇應為相鄰之兩篇章。

（六）〈尹至〉、〈尹誥〉與〈赤𪔗之集湯之屋〉等三篇疑出自同一書手，抄寫之時間點應是相近的，且其底本之來源或許更早，甚至根據簡長、編痕與容字等標準，〈湯處於湯丘〉與〈湯在啻門〉等二篇在抄寫時間或地點方面，也有可能與此三篇相近，抑或歸為同一類典籍。

（七）〈湯處於湯丘〉與〈湯在啻門〉二篇皆具補脫字之體例，此乃其書寫風格相近之實證。

（八）〈湯處於湯丘〉與〈湯在啻門〉二篇大抵是由同一書手完成大部分內容，並參雜了不同時期或地域特色之字形，且有可能於其抄成後，再由不同書手於不同時間補全。

二、在字詞校詁方面

（一）主要仍承舊說者：

1. （清華〈尹至〉簡1）：本文仍承郭永秉釋讀為「」之說，另補證相關字形發

展現象。

2. 清華〈尹至〉簡之「吉志」、「吉好」與〈尹誥〉簡之「吉言」：本文從季旭昇之說，

仍將此「吉」字訓作「堅實」，但另疑此字可逕通讀為「實」。

3. （清華〈尹至〉簡1）：本文承舊說，仍將簡文此字隸作「兒」，讀為「聞」，

且補訓作「知」。

4. （清華〈尹至〉簡2）：本文仍從原整理者之說，將簡文此字隸作「倉」，而在

釋讀方面，則從沈培之說，將其讀為「喪」。

5. （清華〈尹至〉簡2）：本文據既有之研究成果，將簡文此字隸釋作「喪」，

並從多數學者之說，將其讀為「亡」，惟在訓釋上，則從原整理者與季旭昇之說，

訓作「滅亡」。

6. 清華〈尹至〉簡2、3之「隹（惟）䜴（茲）：盧（？、虐）、㥈（賊）、瘰（？、

暴）、𧑳（？、貪），亡（無）箅（典、典）」：關於此段簡文幾個字例之釋讀，本

文之看法為：

（1）（清華〈尹至〉簡2「䜴」）：本文從王寧之說，將其讀為「茲」。

（2）（清華〈尹至〉簡2「盧」）：本文對此字之釋形猶且存疑，但仍從原

整理者之說，將其釋讀為「虐」，且訓作與陳民鎮說相近之「殘害」或「欺

凌」義。

（3）（清華〈尹至〉簡2「瘰」）：本文依嚴式隸定原則，將其隸釋從暴，

但仍對其形源存疑，而在釋讀上，則猶從原整理者與諸家之說，將其讀為

「暴」，惟或訓作「凶殘」。

（4）（清華〈尹至〉簡2「軀」）：本文仍從原整理者之隸釋，將其隸作「軀」，同樣對其形源存疑，但在考量相關簡文與古音關係之基礎上，將其例改讀為「貪」，訓作「欲求無度」。

（5）（清華〈尹至〉簡3「箅」）：本文仍從原整理者之說，將簡文此字隸作「箅」，釋為「典」之異構，且從多數學者之看法，仍將其讀為「典」，訓作「常道或法則」。

7. 清華〈尹至〉簡2、3之「葊（？、茲）乃柔（務）大鷙（祭）」：關於簡文此句幾個字例之釋讀，本文基本上仍從既有學界之看法，包括：
　　（1）「茲乃」：本文贊同馮勝君將其釋為具因果關係連詞之說法。
　　（2）「柔（務）」：本文仍從黃人二與趙思木之說法，將其讀為「務」。
　　（3）（清華〈尹至〉簡4「鷙（祭）」）：本文仍從原整理者對此字之隸釋，並贊同網路發言者子居之看法，將其讀為「祭」。
　　（4）本文將「務大祭」釋作「湯盟質及尹」之後續作為，乃下文「湯往征」之行前準備，藉此以祈求禳災與一切順利，並強調其決心，大抵是有『『茲乃』或『隨即且臨時』地進行『務大祭』」之意，可與傳世文獻之「祭」祭相互證成；而在此句語意尚且完整之考量下，故本文仍從原整理者之斷讀，未作更動。

8. （清華〈尹至〉簡5）：本文仍從諸家之說，將簡文此字釋從㲒得聲，讀為「附」，惟仍對其形源存疑待考。

9. （清華〈尹至〉簡5）：本文仍從復旦大學讀書會之說，將簡文此字釋為「料」，並釋其具「考察、簡擇、聚集、計數」之意。

10. 「惟尹既及湯咸有一德」（清華〈尹誥〉簡1）：關於此段簡文之釋讀，本文之幾項芻議為：

（1）將「及」字訓作「致仕」，大抵是孫飛燕與季旭昇說之引申，並釋「既及」與今本「躬暨」為一組近義詞，「躬」字則疑為簡文字形之傳訛。

（2）今本《尚書‧咸有一德》「惟尹躬暨湯咸有一德」之訓釋，仍應依據簡本「惟尹既及湯咸有一德」之內容。

（3）本文據相關字形、簡文文意與張秉權之說，頗疑「咸有一德」句之古本原讀，應斷讀為「惟尹既及湯咸，有一德」，此所云之「湯咸」，即大乙成湯。

（4）關於「一」字之釋讀，本文大抵贊同鄔可晶之說，並將其逕讀如本字，訓作「一致」。

11. ／ （清華〈尹誥〉簡 4）：本文仍從復旦大學讀書會之說，將簡文此字釋為「日」，讀為「切」，不過，幾經考量，仍對此說或猶存疑。

12. ／ （清華〈赤鵠之集湯之屋〉簡1）、 ／ （清華〈赤鵠之集湯之屋〉簡 15 背）：本文雖然對簡文此等字例是否為「鵠」字異構仍有所存疑，但大抵仍從李學勤與原整理者之隸釋，將其釋為從咎得聲，並讀為「鵠」。

13. ／ （清華〈赤鵠之集湯之屋〉簡 1）、 ／ （清華〈赤鵠之集湯之屋〉簡13）、 ／ （清華〈赤鵠之集湯之屋〉簡14）、 ／ （清華〈赤鵠之集湯之屋〉簡15）、 ／ （清華〈赤鵠之集湯之屋〉簡 15 背）：本文仍從孟蓬生之說，將其隸作「廲」，並釋作從室鹿省聲，或即「屋」字異構。

14. ／ （清華〈赤鵠之集湯之屋〉簡 1）、 ／ （清華〈赤鵠之集湯之屋〉簡2）、 ／ （清華〈赤鵠之集湯之屋〉簡2）、 ／ （清華〈赤鵠之集湯之屋〉簡3）、 ／ （清華〈赤鵠之集湯之屋〉簡5）：本文仍依李

學勤與原整理者隸定，將簡文此等字例隸作「⿱⿰弓采皿」，且仍從多數學者之說，將其隸釋作「⿱⿲弓采弓灬」，即春秋金文「⿱⿲弓采弓灬」之省構，乃陳劍所云東方六國之特定寫法，另外，本文亦疑此等字例所从皿，應與陳劍所云「『鼎或鬲加火旁』之形的下方變為从『鬲』或从『皿』」之釋形內容有關，不過，本文對春秋金文與楚簡此等相關類例能否讀為「饎」，尚且存疑，待考。

15. ／（清華〈赤⿰馬咎之集湯之屋〉簡 5）：本文雖對簡文此字之形源存疑，但大抵仍從原整理者與黃傑之說，將其讀為「寐」，訓作「睡著」。

16. ／（清華〈赤⿰馬咎之集湯之屋〉簡 8）：本文仍從原整理者之隸定，將簡文此字隸作「⿸疒忞」，並進一步釋其為「嫉」字之異構，而在釋讀上，則從周鳳五之說，將其讀為「疢」，訓作「病」，同時，本文亦認為簡文所謂「疢疾」，可能不僅有患病之意，更有痛苦或憂傷之感。不過，本文仍對簡文此字之釋讀，持較保守之意見，暫且存疑，待考。

17. ／（清華〈赤⿰馬咎之集湯之屋〉簡 9）：本文仍從學界之主要看法，將簡文此字釋从⿱吅大（⿱𦥑大），但認為應更精確地將其釋為从⿱⿰臼臼⿱吅大（⿱𦥑大）省為宜，且其例在此可讀為「⿱山忩」，訓作「辛勞」。

18. ／（清華〈赤⿰馬咎之集湯之屋〉簡 13）、／（清華〈赤⿰馬咎之集湯之屋〉簡 14）：本文仍從部分學者既有之看法，將簡文此等字例釋从曷，且讀為「徹」，訓作「拆毀」或「毀壞」。

19. ／（清華〈赤⿰馬咎之集湯之屋〉簡 15）：本文仍從原整理者之考證，將簡文此字讀為「陴」，但改訓為更具防堵義之「城牆」，同時，亦將簡文所謂「為陴」，釋作「築牆」之意。

20. （清華〈赤鵠之集湯之屋〉簡 15）：本文仍從郭永秉（丁若山）之說，將

簡文此字釋讀為「覆」，並將其釋為變體象形或變體字結構。

21. 清華〈湯處於湯丘〉簡1之「唐丘」：本文仍從劉成群之說，贊同其地望大約在晉南一帶，即今垣曲商城附近，並認為「唐丘」應是湯之重要都邑，而桓曲商城亦有成為「亳」之可能。

22. 「𢇉（絕、絕）飴（芳）旨以䬻（出）」（清華〈湯處於湯丘〉簡1、2）：本文仍從散宜凌之說，將學界所論甚眾之「䬻」字讀為「出」，訓作「表露」，並將「絕」字訓作「竭」、「盡」，「以」字則釋為連詞，訓作「而」或「且」，至於「芳旨」，又疑其或存「美味」之意。故整體而言，此句殆指有莘之女在享盡美食後，在下文中表現出「身體順平，九竅發明，以道心嗌，舒快以恆」之感覺或效果。

23. 「𢡺（惜、舒）忎（快、快）以忌（恆、恆）-」（清華〈湯處於湯丘〉簡2）：關於簡文「𢡺（惜、舒）」、「忌（恆、恆）」二字，其形為：

（清華〈湯處於湯丘〉簡2）

（清華〈湯處於湯丘〉簡2）

前者本文仍從原整理者之說，將其釋為「惜」，讀為「舒」，訓作「緩慢」或「從容」；而後者本文亦從原整理者之看法，將其隸作「忌」，釋為「恆」。

24. 「九事」（清華〈湯處於湯丘〉簡8）：本文仍從李學勤與沈建華之說，將簡文此所謂「九事之人」，釋作《周禮》之「九職」；不過，本文另疑《周禮》之「九職」當存二義，其一殆指九種職業，與簡文「九事」類同，另一則指九種官職，乃「掌邦」之事。

25. ![img](）／![img](）（清華〈湯處於湯丘〉簡15）：本文將簡文此字改隸為「餤」，並從王

寧之說，疑其應从慎省，惟是否為「餤」字異構，甚至其形源為何，本文則與蔡

一峰之看法相近，仍持較保留之態度；而在釋讀上，本文仍從多數學者之看法，

將其讀為「珍」，訓作「稀有之美食」，並將上文「嗜」字訓作「貪求」，釋簡文所

謂「食時不嗜餤」句為「進食時，不貪求珍貴美食」之意，以呼應簡文上文所云

「古之先聖人所以自愛」之內容。

26. （清華〈湯處於湯丘〉簡 16）、（清華〈湯在啻門〉簡 16）：本文仍

從原整理者與李守奎之隸釋，即「牝」字，惟將其嚴式隸作「企」，並釋為从化得

聲之同文亦聲字，同時，亦初步認定詛楚文例應可作為簡文此字之類例，但能否

納入毛公鼎例，本文之看法則較為保留；至於此類字例之釋讀，前者本文仍從原

整理者之說，其讀為「過」，訓作「過分」，而後者則亦依原整理者之看法，讀為

「禍」，即災禍之謂也。

27. ／（清華〈湯處於湯丘〉簡 18）：本文雖仍暫從原整理者之說，將簡

文此字隸作「亟」，但對其確切之隸釋，猶且存疑；至於此字之釋讀，本文在其上

文「遠」字改訓為「疏遠」或「不親近」之基礎上，亦從原整理者之說，將其訓

作「愛」，且有其「加惠」、「愛護」或「關心」之意。

28. （清華〈湯處於湯丘〉簡 18）：本文仍從多數學者之看法，將簡文此字隸釋

作「思」，惟對其是否與「息」字有相混或互訛之可能，則持較保留之態度；至於

此字之釋讀，本文則亦從多數學者之說法，將其讀為「息」，訓作「休息」。

29. ／（清華〈湯在啻門〉簡 5）：關於簡文此字之隸釋，本文仍從原整理者

之說，將其隸作「者」，惟對其例是否即「耆」或「胡」字，猶且存疑；而在釋讀

上，本文亦從陳劍之看法，將簡文此字讀為「胡」，以表達較強烈之疑問或反詰語

氣。

30. ／（清華〈湯在啻門〉簡 6、7）：本文雖對簡文此字之形源猶且存疑，

但仍在王寧與網路發言者暮四郎之釋形基礎上，將其進一步釋作从易包省聲，且

讀為「孕」，訓作「懷胎」。

31. （清華〈湯在啻門〉簡8）：本文仍從網路發言者之隸釋，將簡文此字釋

從絲，且其例應从解得聲；而在釋讀上，則如原整理者之說，將其讀為「顯」，並

訓作「顯揚」或「昭著」。

32.「𧴪（瞀、懵？）絲（繽、懈）雙（癹、發）綹（？、治）」（清華〈湯在啻

門〉簡8）：首二字乃此段簡文釋讀之關鍵，其形為：

（清華〈湯在啻門〉簡8）

（清華〈湯在啻門〉簡8）

本文大抵仍從原整理者之說，將此二例分釋為「瞀」與「繽」，且各讀為「懵」、

「懈」，分訓作「瑟縮」與「弛緩不振」，同時，亦在此釋讀基礎上，將簡文

所云「其氣懵、懈、發、治」，釋作或指氣之瑟縮、不振、抒發、調適等情況。

33. （清華〈湯在啻門〉簡9）：本文仍依原整理者之隸定，將簡文此字隸作

「叕」，但對其是否為「壯」字猶且存疑；在釋讀上，則亦從原整理者之說，將其

讀為「壯」，或指「當年」或「盛壯」之意，以呼應上文「奮昌」一詞。

34. （清華〈湯在啻門〉簡9）：本文仍從原整理者之說，將其讀為「徐」，

訓作「緩慢」，惟仍對此字之形源存疑。

35. 關於清華〈湯在啻門〉簡「伇（伇、役；役）」字諸例，此等字例包括：

（清華〈湯在啻門〉簡11）

（清華〈湯在啻門〉簡12）

（清華〈湯在啻門〉簡12）

（清華〈湯在啻門〉簡 15）

（清華〈湯在啻門〉簡 16）

（清華〈湯在啻門〉簡 16）

（清華〈湯在啻門〉簡 16）

本文仍從多數學者之看法，將簡文此等字例釋作「役」，且據字形分析，疑其形當為從辵省，役省聲，在此可隸作「伇」；至於此類字例之釋讀，本文仍讀為「役」，並認為其義訓應較近於「勞役」之事，或非「兵役」一類。

36.「寁（鞭、褊）亟」（清華〈湯在啻門〉簡 14）：據學者既有之研究成果，知簡文此「寁」字確應釋从卞，且與「鞭」字初文有關；而在釋讀上，本文仍從網路發言者暮四郎與張富海之說，將簡文此字讀為「褊」，訓作「狹急」。

37. （清華〈湯在啻門〉簡 17）：本文將簡文此字隸作「譗」，釋作从喆得聲，

其例可從網路發言者瑜小楨之說，即讀為「愆」，訓作「失」。

（二）提出改釋假說者：

1. 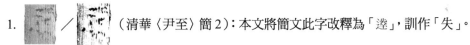（清華〈尹至〉簡 2）：本文將簡文此字改釋為「遶」，訓作「失」。

2. 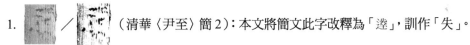（清華〈尹至〉簡 2）：本文依嚴式隸定原則，將簡文此字改隸作「浚」，釋

作「浚」，但仍從孟蓬生之說，讀為「率」。

3. 清華〈尹至〉簡 2、3 之「隹（惟）戡（茲）：蠱（？、虐）、悳（賊）、瘧（？、暴）、難（？、貪），亡（無）箕（典、典）」：關於此段簡文所見「悳」、「難」等字，如上所述，雖然「難」字釋形本文仍承舊說，但對於此二字之釋讀，本文提出改讀為「賊」、「貪」之議，且分訓作「傷害」、「欲求無度」，另外，「瘧」字即使亦從多數學者看法，讀為「暴」，惟本文已改訓作「凶殘」；同時，本文也將此段簡文斷讀為「惟茲：虐、賊、暴、貪，無典」，譯作「（夏桀之行）在此大抵有：

殘害（人民）、傷害（人民）、凶殘與欲求無度等，皆已無常道或法則」，其內容應可與上博〈為政〉所言「毋暴、毋虐、毋賊、毋貪」四事合證，並呼應上文所云有夏施政無道之事。

4. （清華〈尹至〉簡 4）：本文將簡文此字改隸作「⿰言⿱斤心」，但仍從網路發言者海天之說，將其讀為「質」，訓作近於海天與馮勝君所云之「誠信」義。

5. （清華〈尹至〉簡 5）、（清華〈尹誥〉簡 2）：本文疑此等字例乃「𢦏」字異構，並可讀為「仇（讎）」或「擊」，兼存「仇（讎）滅」或「擊滅」義，且主「攻伐」之意。

6. ／（清華〈尹誥〉簡 1）：本文疑簡文此字與「匜」字有關，惟仍對其形源存疑，並將其讀為「移」，訓作「遷移」或「驅逐」。

7. 「飤（飤、食）、亯（享、烹）之咊（和、和）」（清華〈湯處於湯丘〉簡 1）：本文將此段簡文斷讀為「食、烹之和」，並釋簡文所謂「小臣善為食、烹之和」為「小臣（伊尹）善於在食用與烹煮間作最適切之調和」；至於「咊」字能否釋讀為「盉」，本文仍持較保守之看法。

8. ／（清華〈湯處於湯丘〉簡 4）：本文將簡文此字釋為「勺」字異構，或「酌」字之初文，其於簡文中可訓作「調和」。

9. （清華〈湯處於湯丘〉簡 11）：本文雖仍從原整理者之說，將簡文此字隸釋作「閑」，或即「閒」字，且亦從 ee（單育辰）之說法，釋其與毛公鼎「閈」字有關，但改依郭沫若舊說，另將簡文此字讀為「夨」，訓作「明」，表「察視」之意。

10. 「⿱从日（皆、皆）⿰糸矛（？、靳）禹（儔）祈-（儷；儷）」（清華〈湯處於湯丘〉簡 13）：本文除了將「禹」改讀為「儔」外，至於「⿰糸矛（？、靳）」、「祈-（儷；儷）」二字與此段簡文之文意：

（1）／（清華〈湯處於湯丘〉簡 13）：目前僅知其从矛，形源則待考，其例在此或可讀為「靳」，訓作「嘲弄」。

（2）（清華〈湯處於湯丘〉簡13）：本文釋其形為从二人，會相偕旅行之

形，或即「儷」之本字，在此可逕讀如其本字。

（3）「儔」、「儷」二字，或指同胞，故簡文所謂「民人皆侮儔麗」，即「（因為
刑法或法度不夠之故，）民人皆得以欺侮自己同胞」之意，指不團結且互
相攻訐之情況。

11. 　/　（清華〈湯處於湯丘〉簡16）：本文雖仍從 ee（單育辰）或程燕

之釋形，並將簡文此例隸作「𡦼」，但另改讀為「衍」，訓作「多餘」。

12. 　/　（清華〈湯在啻門〉簡9）：本文對簡文此字之形源猶且存疑，並將

其例改讀為「終」，訓作「足」或「滿」，作動詞解，可與下文「備」字之「周遍」

義相互呼應。

（三）關於其他缺字或待考殘字：

1. 　/　（清華〈赤鵠之集湯之屋〉簡1）：據簡文此字下文「𢍰（？、徹）」字

之考釋結果，僅知其與「𢍰（？、徹）」字非對文，但其具體之釋讀，仍是待考。

2. 　/　（清華〈赤鵠之集湯之屋〉簡5）：簡文此字字形或見殘泐，本文在網
路發言者汗天山之釋讀基礎上，疑其乃「叡」字之殘形，不過，其例在此可如字
讀，或表卜問吉凶之行為，只是此字形源為何，尚且存疑待考。

三、 在篇章釋讀方面

根據各篇簡文內容，本文大抵作了以下幾項推論：

（一）本文將〈尹至〉篇合併為兩個主要段落：

1. 簡1至簡4中段前所云「商湯稱讚伊尹有堅定之意志，伊尹便將有夏之無道與其人
民之憤懣情況，向商湯彙報」。
2. 簡4中至簡5所載「商湯與伊尹盟誓信約與往征之事」。
而此篇內容大抵可與《呂氏春秋・慎大覽・慎大》與《史記・殷本紀・成湯本
紀》之內容相互呼應，惟此中仍有部分內容稍有差異，雖有學者據此重新詮釋
商湯之形象，但本文仍維持其乃聖君之看法。

（二）本文將〈尹誥〉篇分為兩個段落，即簡 1 至簡 2 前段之「伊尹向商湯報告有夏之情況」與簡 2 後段至簡 4 末之「使臣民效忠之施政方針」。

（三）據〈尹誥〉篇之內容，可知商湯在戰勝夏桀之後，應有賞賜夏民，藉以獲取其信任之事。

（四）今本《尚書・咸有一德》雖為偽作，但其部分內容仍有可與清華〈尹誥〉簡相應者。

（五）〈赤鵠之集湯之屋〉簡雖與疑有更早之流傳本源，而非僅限於楚地或楚人之神話傳說而已，且其仍有一定之思想意涵，部分內容所反映之「上帝」、「天帝」等意念，更或與甲金文、楚簡、傳世文獻一脈相承。

（六）疑〈赤鵠之集湯之屋〉篇「小臣」仍沿承商與西周用法，而此篇之故事內容，或已是春秋戰國時人所增潤之結果。

（七）〈湯處於湯丘〉篇大抵可分為兩個段落：簡 1 至簡 11 上為湯與伊尹討論「食事與為政」關係之內容；簡 11 下至簡 19 則為湯向伊尹請教有關「滅夏、聖人自愛、為君與為臣之道」等相關問題，再由伊尹逐一回答。

（八）〈湯處於湯丘〉簡應是《伊尹》五十一篇取材或文本之來源，其內容或為時人所依托，並雜揉了各家思想，推測其抄成年代約在戰國中期，成書年代則可能在春秋以前。

（九）〈湯在啻門〉篇乃湯向小臣就問古先帝良言之事，涉及「成人」、「成邦」、「成地」與「成天」等主題，即如學者所云，此篇與道家思想有關，且其以「氣」與「五行」建構「成人」之歷程，輔以上述幾項主題，可窺見古人對於天地終始運行宇宙觀之看法；而此篇「成人」主題所論及之懷孕過程，亦結合了「氣」與「五行」，此或可謂古人對懷孕過程之認知情況，應可作為古代生命醫療文獻研究之參考。

（十）除《呂氏春秋》、《史記》與《說苑》等傳世文獻，與湯、伊尹之諮議內容有其相關性外，他如《楚辭》，對於清華簡此五篇之通讀，亦有相當關鍵之地位與內容。

（十一）此五篇疑皆為《書》類文獻取材或文本之來源，且若以李守奎之分類為依據，則其大抵屬於漢代所載伊尹文獻之《詩》、《書》或道家等二類，惟是否與小說家之《伊尹說》有關，似仍有再作討論之空間。

四、 在字形特色部分

透過相關字形之分析，本文大抵提出以下芻議：

（一）〈尹至〉、〈尹誥〉與〈赤鵠之集湯之屋〉等三篇確屬同一書手，且抄寫年代應相當接近，不過，其底本來源可能更早。

（二）〈湯處於湯丘〉與〈湯在啻門〉二篇亦屬同一書手，但或因底本來源因素之影響，沿承了不同時期之字形與書風，甚至其後另由其他書手在不同時間進行了

校補。

（三）透過清華簡此五篇與《說文》古籀文或其他重文之比較分析，可知形近古文之比重或數量最高，此可證明其底本應偏早，且與東方六國有密切關係之情況，其中，〈湯處於湯丘〉與〈湯在啻門〉二篇形近古籀文或其他重文之數量最多，也代表此二篇文字是時代地域層累下之產物。

（四）依據清華簡此五篇個別篇章內部字例之分析結果，知其既有沿承早期字形者，亦有兼存戰國文字其他異構之情況，代表此批簡有可能是戰國時人據較早底本抄寫或改易當時之字形而來。

（五）清華簡此五篇文字在形符替換部分，數量亦不少，其中，又以〈湯處於湯丘〉與〈湯在啻門〉等二篇所見「刀」、「刃」替換例最多，此可證成二篇殆同一書手之說，但仍無法排除此二篇或有其他書手進行校補之可能。

（六）〈湯處於湯丘〉與〈湯在啻門〉二篇部分字例之字形，或與清華〈管仲〉簡相近，例如：「事」、「為」、「喪」等，此是否代表這三篇有相近之書寫習慣，甚至有書手上之關係，值得作進一步之討論。

（七）根據字形分析，知清華簡此五篇所據底本都應早於其抄成之戰國以前。

五、 在文本之斷代與來源部分

透過初步之討論，此部分本文所提出之幾項芻議為：

（一）〈尹至〉簡之文本來源確實偏早，篇中部分字詞具時代特徵，但也有一些遺存之古字詞，其來源恐需更多出土證據以資證成。

（二）〈尹誥〉簡確應與今本《尚書‧咸有一德》有一定程度上之關係，惟是否為同一篇，抑或即班固《古文書經》五十七篇之一，雖有其可能性，但若考量文獻分類與文本改易等因素，則或許將其釋為《古文書經》五十七篇取材或文本來源之一，而不強訂其與〈咸有一德〉之同篇異簡關係，似乎更為適切。

（三）關於〈尹至〉與〈尹誥〉二簡之文本來源或斷代，或可界定作「其文本來源可溯至殷商，但已非原本面貌，而清華簡本則為春秋戰國時期時人增潤之寫本」，且可能與漢代《詩》、《書》一類之伊尹文獻有所相關。

（四）〈尹至〉與〈尹誥〉二篇與《尚書》應有一定程度之關係，而就篇中相關用語而言，〈尹至〉與〈尹誥〉二篇確實有聯讀為上下篇之可能性。

（五）〈赤鵠之集湯之屋〉簡應與先秦或秦漢之「小說」無直接之關聯，而與李守奎所分之漢代伊尹文獻「道家」或《詩》、《書》類較為接近，甚至兼存了儒、道思想。而此篇之內容，如夏大兆與黃德寬所云，應是春秋戰國時之一種傳說，且如孫飛燕或劉成群所論之內容，知其篇大抵亦為歷代相傳之傳說，並經春秋戰國時人之增補或潤色，此亦可從本文所考幾則疑沿承甲金文字形與用法之字例證之，換言之，其故事當有所本，且其起源有可能更早。

（六）〈赤鵠之集湯之屋〉、〈尹至〉與〈尹誥〉等三篇確實可歸為同一類，且具有聯

讀為同一篇之可能性，但在形制上，仍有尚待解決之問題，且文本來源亦應是各有不同，抑或屬於不同之年代，換言之，其底本是否來自同一卷，恐猶有可商者；此三篇確實有可能由原編者或墓主人依其編卷標準編為一卷，但此標準為何，尚且無法完全確認。

（七）〈湯處於湯丘〉簡應是《伊尹》五十一篇取材或文本之來源，其內容為時人所依托，並雜揉了各家思想，包括儒、道思想在內；其抄寫年代大約在戰國中期，成書年代則或疑在春秋以前，且具有楚文字與齊文化之色彩。

（八）〈湯在啻門〉簡之成書年代應早於戰國，甚至有可能是來自齊魯一帶，此可證成學者曾論清華伊尹五篇部分篇章與齊文化有關之說，惟此中仍有部分字形疑義尚待解決；〈湯在啻門〉簡與〈湯處於湯丘〉簡相同，皆應有更早之底本，甚至皆與齊魯文化有一定程度之關係，而於春秋戰國由時人增補而成，俱屬道家《伊尹》五十一篇取材之來源。

（九）關於〈湯在啻門〉之篇序，應接在〈湯處於湯丘〉篇之後。

（十）關於清華簡此五篇文本來源之時代跨距，大抵是由商至春秋戰國。

（十一）清華簡此五篇皆應為「《詩》、《書》」與「道家」二類伊尹文獻，以及馬王堆帛書〈九主〉篇等相關篇章取材或編纂文本之來源。

（十二）清華簡此五篇之部分內容應與所謂《書》類文獻有關，《書》類文獻部分內容可能取自這五篇，但是否能歸屬於古本《尚書》篇章之一，甚至是否如學者所云，其與《尚書》存有分屬不同系統之可能，此或仍有俟新出矣。

六、 在古史研究方面：

清華簡此五篇所涉古史研究部分，本文之初步結果為：

（一）關於簡文「尹」之稱謂，其來源可能相當早，可證清華簡此五篇之部分內容，應是沿承了早期原始字詞之形式，也代表了此戰國文本當是經過一段時間增潤後之結果。

（二）〈尹誥〉簡所見「致眾」，其「眾」字應可從王寧之說，釋作軍隊。

（三）〈尹至〉與〈尹誥〉簡所載湯滅夏之過程，包括湯滅夏之行軍方向或夏桀料民入水以戰等，皆可作為正史上商滅夏之補證。

（四）清華簡此等篇章所見伊尹與夏、商兩強間之互動情形，可作為傳世文獻「伊尹間夏」之考證依據。

（五）就古史之內容與性質而言，〈尹至〉簡應是清華簡此五篇中，古史價值較高者。

（六）〈赤鵠之集湯之屋〉簡所見伊尹、夏桀與商湯之關係，確實可為「伊尹間夏」之古史傳說續作補證，而據簡文所云湯娶有莘氏，以及有莘氏媵以小臣伊尹等內容，可證湯因有莘氏進而得伊尹以治，且伊尹確實具有「善為食、烹之和」之專長。

（七）就清華簡此五篇之內容而言，伊尹是一位既能論政經大事，又可談生命與氣等

問題之重要人物，甚至在簡文裡，另又化作神話中之角色，代表其地位不低，且有一定之本事，但可能隨著歷代「小臣」地位變化或春秋戰國百家爭鳴，其相關史蹟也就增潤了不少神話與思想之成分。

本文據現有研究成果與資料，初擬了以上多項不成熟之意見或想法，惟受限於時間或相關材料之限制，論證實仍多所不足且或存訛謬，謹請學界指導與賜正。

參考文獻

說明：傳世經籍類除了《十三經注疏》外，儘量以原典或原著之時代先後為序；在標示符號上，朝代以「〔 〕」方式示之，若為外國作者，則以符號「（ ）」標示之。

一、傳世經籍：

1. 〔魏〕王弼注、〔東晉〕韓康伯注、〔唐〕孔穎達疏：《周易正義》，清嘉慶二十年江西南昌府學重刊宋刻本，臺北：藝文印書館，1997 年 8 月初版。

2. 〔漢〕孔安國傳、〔唐〕孔穎達疏：《尚書正義》，清嘉慶二十年江西南昌府學重刊宋刻本，臺北：藝文印書館，1997 年 8 月初版。

3. 〔漢〕毛亨傳、〔漢〕鄭玄箋、〔唐〕孔穎達疏：《毛詩正義》，清嘉慶二十年江西南昌府學重刊宋刻本，臺北：藝文印書館，1997 年 8 月初版。

4. 〔漢〕鄭玄注、〔唐〕賈公彥疏：《周禮注疏》，清嘉慶二十年江西南昌府學重刊宋刻本，臺北：藝文印書館，1997 年 8 月初版。

5. 〔漢〕鄭玄注、〔唐〕賈公彥疏：《儀禮注疏》，清嘉慶二十年江西南昌府學重刊宋刻本，臺北：藝文印書館，1997 年 8 月初版。

6. 〔漢〕鄭玄注、〔唐〕孔穎達疏：《禮記注疏》，清嘉慶二十年江西府學宋刻本，臺北：藝文印書館，1997 年 8 月初版。

7. 〔晉〕杜預注、〔唐〕孔穎達疏：《春秋左傳正義》，清嘉慶二十年江西南昌府學重刊宋刻本，臺北：藝文印書館，1997 年 8 月初版。

8. 〔魏〕何晏注、〔宋〕邢昺疏：《論語注疏》，清嘉慶二十年江西南昌府學重刊宋刻本，臺北：藝文印書館，1997 年 8 月初版。

9. 〔漢〕趙岐傳、〔宋〕孫奭疏：《孟子注疏》，清嘉慶二十年江西南昌府學重刊宋刻本，臺北：藝文印書館，1997 年 8 月初版。

10. 〔晉〕郭璞注、〔宋〕邢昺疏：《爾雅注疏》，清嘉慶二十年江西南昌府學重刊宋刻本，臺北：藝文印書館，1997 年 8 月初版。

11. 〔唐〕唐玄宗注、〔宋〕邢昺疏：《孝經注疏》，清嘉慶二十年江西南昌府學重刊宋刻本，臺北：藝文印書館，1997 年 8 月初版。

12. 黃懷信、張懋鎔、田旭東撰；黃懷信修訂；李學勤審訂：《逸周書彙校集注》，以《四部叢刊》影印明嘉靖二十二年四明章檗校刊本為底本，上海：上海古籍出版社，2007 年 3 月第一版。

13. 〔魏〕王弼等：《老子四種》，臺北：臺大出版中心，2016 年 6 月初版。

14. 王利器：《文子疏義》，北京：中華書局，2009 年 3 月第二版。

15. 〔周〕孫武原著、〔漢〕曹操等注、郭化若譯：《十一家注孫子》，據宋本標點排印，臺北：華正書局，1989 年 10 月初版。

16. 〔漢〕韋昭註：《國語》，重刊宋明道二年本，臺北：臺灣商務印書館，1956 年 4 月臺初版。

17. 〔唐〕尹知章注、〔清〕戴望校正：《管子校正》，以張巨山紹興己未寫本內容為基礎，定其句讀且校正之，臺北：世界書局，1955 年 11 月臺一版。

18. 〔周〕鬼谷子撰，趙全璧注、發行：《鬼谷子注釋》，臺北：作者發行，1978 年 5 月初版。

19. 〔清〕張純一：《墨子集解》，臺北：文史哲出版社，2011 年 8 月 BOD 版。

20. 〔周〕列禦寇：《列子》，收入〔清〕永瑢、〔清〕紀昀等纂修：《景印文淵閣四庫全書》，國立故宮博物院原書庋藏，臺北：臺灣商務印書館，1986 年 3 月初版。

21. 〔周〕列禦寇原著、楊伯峻編撰：《列子集釋》，收入嚴靈峯編輯：《無求備齋老列莊三子集成補編》，民國 68 年北平中華書局增訂排印本，臺北：成文出版社，1982 年。

22. 〔周〕列禦寇原著、楊伯峻編著：《列子集釋》，以清代汪繼培湖海樓叢書校本為底本，復作訂正，盧重玄之解則以道藏四解本為依據，擇善校正，臺北：華正書局，1987 年 9 月初版。

23. 〔周〕吳起：《吳子》，收入〔清〕永瑢、〔清〕紀昀等纂修：《景印文淵閣四庫全書》，國立故宮博物院原書庋藏，臺北：臺灣商務印書館，1986 年 3 月初版。

24. 〔清〕嚴萬里校、簡書箋：《商君書箋正》，臺北：廣文書局，1975 年 4 月初版。

25. 〔周〕尸佼著、〔清〕汪繼培輯：《尸子》，收入《叢書集成新編》，臺北：新文豐出版公司，1985 年元月初版。

26. 〔唐〕成玄英：《南華真經注疏》，收入嚴靈峯編輯：《莊子集成續編》，據民國二十三年排印本影印，臺北：藝文印書館，1974 年 12 月初版。

27. 〔清〕王先謙：《莊子集解》，臺北：東大圖書公司，2019 年 1 月五版。

28. 〔漢〕王逸章句：《楚辭章句》，臺北：藝文印書館，2010 年 9 月初版。

29. 〔宋〕洪興祖：《楚辭補注》，據汲古閣刊本標點、排印、校正與增補，臺北：頂淵文化事業公司，2005 年 10 月初版。

30. 〔宋〕朱熹：《楚辭集注》，臺北：藝文印書館，1983 年 6 月四版。

31. 〔清〕王先謙：《荀子集解》，臺北：藝文印書館，2007 年 3 月初版。

32. 〔晉〕郭璞注、〔清〕洪頤煊校：《穆天子傳》，臺北：臺灣商務印書館，1965 年 2 月臺一版。

33. 〔周〕呂不韋著、〔漢〕高誘註：《呂氏春秋》，臺北：藝文印書館，出版年不詳。

34. 〔周〕呂不韋著、〔漢〕高誘註：《呂氏春秋》，臺北：藝文印書館，1969 年 10 月再版。

35. 〔周〕呂不韋撰，〔漢〕高誘註：《呂氏春秋》，臺北：藝文印書館，1974 年三版。

36. 〔周〕呂不韋著、〔宋〕陸游評、〔明〕凌稚隆批：《呂氏春秋》，收入蕭天石總主編：《中國子學名著集成（宋元明清善本叢刊）》，明萬曆庚申吳興凌氏刊朱墨套

印本，臺北：中國子學名著集成編印基金會，1978 年 12 月初版。

37. 王利器：《呂氏春秋注疏》，成都：巴蜀書社，2002 年 1 月第一版。

38. 〔清〕王先慎：《韓非子集解》，臺北：藝文印書館，2008 年 3 月初版。

39. 〔漢〕陸賈：《新語》，收入蕭天石總主編：《中國子學名著集成（宋元明清善本叢刊）》，明萬曆辛卯十九年范大冲校刊本，臺北：中國子學名著集成編印基金會，1978 年 12 月初版。

40. 〔漢〕賈誼：《賈子新書》，臺北：臺灣商務印書館，1968 年 3 月臺一版。

41. 〔漢〕韓嬰原著、屈守元箋疏：《韓詩外傳箋疏》，以元刊本為主，兼存明刻本內容，成都：巴蜀書社，1996 年 3 月第一版。

42. 〔漢〕焦延壽：《焦氏易林》，校宋本重雕，臺北：藝文印書館，1983 年 6 月再版。

43. 〔漢〕董仲舒撰、〔明〕孫鑛等評：《春秋繁露》，收入蕭天石總主編：《中國子學名著集成（宋元明清善本叢刊）》，明天啟乙丑西湖沈氏花齋刊本，臺北：中國子學名著集成編印基金會，1978 年 12 月初版。

44. 〔漢〕劉安原編，〔漢〕高誘注：《淮南子》，日本古鈔卷子本《淮南鴻烈兵略閒詁》第廿、影鈔宋本淮南鴻烈解廿一卷，臺北：藝文印書館，出版年不詳。

45. 〔漢〕劉安原編，〔漢〕劉向、劉歆原校訂，劉文典撰：《淮南鴻烈集解》，以莊逵吉校本為底本，臺北：文史哲出版社，2003 年 10 月再版。

46. 〔漢〕司馬遷原著、（日）瀧川龜太郎著：《史記會注考證》，臺北：萬卷樓圖書公司，1993 年 8 月初版。

47. 〔漢〕劉向編訂、〔漢〕高誘註：《戰國策》，剡川姚氏本，臺北：藝文印書館，2009 年 11 月初版。

48. 〔漢〕劉向原撰、左松超著：《說苑集證》，以商務印書館《四部叢刊》景印平湖葛氏傳樸堂藏明鈔本為底本，臺北：國立編譯館，2001 年 4 月初版。

49. 〔漢〕劉向撰、〔清〕陳用光校：《新序》，臺北：臺灣商務印書館，1965 年 5 月臺一版。

50. 〔漢〕揚雄：《方言》，收入《四部叢刊初編・經部》，上海商務印書館縮印江安傅氏雙鑑樓藏宋刊本，臺北：臺灣商務印書館，1965 年。

51. 〔漢〕戴德原編、〔清〕王聘珍著、王文錦點校：《大戴禮記解詁》，以清光緒十三年廣雅書局刻本為底本，並同咸豐元年家刻本進行校對，臺北：文史哲出版社，1986 年 4 月初版。

52. 〔漢〕趙曄：《吳越春秋》，收入《吳越春秋　越絕書》，臺北：世界書局，1959 年 12 月初版。

53. 〔漢〕王充：《論衡》，據明刻本校刊，臺北：臺灣中華書局，1968 年 8 月臺二版。

54. 〔漢〕許慎編撰、〔宋〕徐鉉校定：《說文解字》，據清同治十二年陳昌治改刻本

縮印，香港：中華書局，2014 年 8 月再版。

55. 〔漢〕許慎撰、〔清〕段玉裁注：《說文解字注》，據經韻樓藏版影印，臺北：洪
    葉文化公司，2016 年 10 月三版。

56. 〔漢〕班固撰、〔唐〕顏師古注：《漢書》，瞿氏鐵琴銅劍樓藏北宋景祐刊本，臺
    北：臺灣商務印書館，2010 年 7 月臺二版。

57. 〔漢〕蔡邕：《蔡中郎集》，收入《四部叢刊初編·集部》，上海涵芬樓景印明蘭
    雪堂活字本原書，上海：上海書店，據商務印書館 1926 年版重印。

58. 〔漢〕徐幹：《中論》，收入蕭天石總主編：《中國子學名著集成（宋元明清善本
    叢刊）》，明程榮刊漢魏叢書本，臺北：中國子學名著集成編印基金會，1978 年
    12 月初版。

59. 〔漢〕劉熙：《釋名》，收入《景印摛藻堂四庫全書薈要》，臺北：國立故宮博物
    院珍藏，臺北：世界書局，1988 年 2 月初版。

60. 〔魏〕張揖撰、〔清〕王念孫疏證：《廣雅疏證》，臺北：廣文書局，1971 年 10
    月初版。

61. 〔魏〕王肅注：《孔子家語》，收入文懷沙主編：《四部文明·商周文明卷》，景印
    明覆宋刊本，西安：陝西人民出版社，2007 年 8 月第一版。

62. 陸肇興藏：《三體石經》，有正書局代印，1924 年 11 月出版，收入林慶彰主編《民
    國時期經學叢書》，臺中：文听閣圖書公司，2013 年 5 月初版。

63. 〔晉〕陳壽原撰、〔宋〕裴松之注、楊家駱編：《新校本三國志注附索引》，臺北：
    鼎文書局，1987 年 5 月六版。

64. 〔晉〕葛洪：《抱朴子內外篇》，臺北：臺灣商務印書館，1965 年 11 月臺一版。

65. 〔南劉宋〕范曄：《後漢書》，據涵芬樓藏紹興本影印（百衲本），新北：臺灣商
    務印書館，2010 年 10 月臺二版。

66. 〔南朝梁〕蕭統編、〔唐〕李善注：《文選》，宋淳熙本重雕鄱陽胡氏藏版，臺北：
    藝文印書館，1983 年 6 月十版。

67. 〔南朝梁〕顧野王原著、國字整理小組編：《玉篇》，臺北：國字整理小組，出版
    年不詳。

68. 〔隋〕楊廣（隋煬帝）：〈重與智者請義書〉，收入王德毅主編：《叢書集成三編》，
    臺北：新文豐出版公司， 1997 年三月台一版，頁 707。

69. 〔唐〕李延壽撰、楊家駱編：《新校本南史附索引》，臺北：鼎文書局，1985 年 3
    月四版。

70. 〔唐〕房玄齡等撰、楊家駱編：《新校本晉書并附編六種》，臺北：鼎文書局，1987
    年元月五版。

71. 〔唐〕張九齡撰、熊飛校注：《張九齡校注》，以 1989 年《四部叢刊》初編重印
    之《張子壽文集》（上海涵芬樓借印南海潘氏藏本）為底本，北京：中華書局，
    2008 年 11 月第一版。

72. 〔唐〕杜佑：《通典》，據民國 24 年至 25 年之印本攝製，臺北：臺灣商務印書館，1987 年 12 月臺一版。

73. 〔唐〕韓愈撰；屈守元、常思春主編：《韓愈全集校注》，以廖氏世綵堂本《昌黎先生集》四十卷、《昌黎先生外集》十卷、《昌黎先生遺文》一卷為主要內容，並兼收廖本以外之佚文，成都：四川大學出版社，1996 年 7 月第一版。

74. 〔遼〕釋行均：《新修龍龕手鑑》，上海涵芬樓景印江安傅氏雙鑑樓藏宋刊本，臺北：臺灣商務印書館，1966 年。

75. 〔宋〕郭忠恕原著；〔清〕鄭珍、〔清〕鄭知同箋正：《汗簡箋正》，臺北：藝文印書館，1991 年元月初版。

76. 〔宋〕陳彭年等重修、林尹校訂：《新校正切宋本廣韻》，臺北：黎明文化事業公司，1976 年 9 月初版。

77. 〔宋〕（日）丹波康賴：《醫心方》，收入嚴一萍選輯：《原刻景印叢書菁華・彙編類・續聚珍版叢書》，臺北：藝文印書館，1972 年。

78. 〔宋〕夏竦：《古文四聲韻》，臺北：學海出版社，1978 年 5 月初版。

79. 〔宋〕丁度編：《集韻》，據上海圖書館藏述古堂影宋鈔本影印，並依清顧千里修補曹棟亭刻本補殘缺字，臺北：學海出版社，1986 年 11 月初版。

80. 〔宋〕歐陽修等撰、楊家駱編：《新校本新唐書附索引》，臺北：鼎文書局，1985 年二月四版。

81. 〔宋〕李昉等：《太平御覽》，上海涵芬樓據日本岩崎氏靜嘉堂文庫藏宋刊本影印，臺北：臺灣商務印書館，1967 年 11 月臺一版。

82. 〔宋〕林之奇：《尚書全解》，收入〔清〕永瑢、〔清〕紀昀等纂修：《景印文淵閣四庫全書》，國立故宮博物院原書庋藏，臺北：臺灣商務印書館，1986 年 3 月初版。

83. 〔宋〕洪适：《隸續》，收入嚴耕望編：《石刻史料叢書甲編》，臺北：藝文印書館，1966 年。

84. 〔宋〕朱熹：《周易本義》，據清同治山東書局尚志堂四卷本排印，並參校清康熙間內府覆刻宋咸淳乙丑九江吳革十二卷本，臺北：大安出版社，1999 年第一版。

85. 〔宋〕薛季宣撰、〔清〕劉世珩校刊：《尚書隸古定經文》，收入《叢書集成續編》，上海：上海書店出版社，1994 年 6 月初版。

86. 〔元〕熊忠編：《古今韻會舉要》，收入〔清〕永瑢、〔清〕紀昀等纂修：《景印文淵閣四庫全書》，國立故宮博物院原書庋藏，臺北：臺灣商務印書館，1986 年 3 月初版。

87. 〔元〕周伯琦：《六書正訛》，收入〔清〕永瑢、〔清〕紀昀等纂修：《景印文淵閣四庫全書》，國立故宮博物院原書庋藏，臺北：臺灣商務印書館，1986 年 3 月初版。

88. 〔明〕張自烈編、〔清〕廖文英補：《正字通》，北京：國際文化出版公司，1996

年 1 月第一版。

89. 〔明〕梅膺祚：《字彙》，掃葉山房藏本，臺北：世界書局，2018 年 9 月初版。

90. 〔清〕閻若璩：《尚書古文疏證》，上海：上海古籍出版社，2010 年 12 月。

91. 〔清〕畢沅編撰：《續資治通鑑》，收入《聚珍仿宋四部備要・史部》，中華書局據原刻本校刊，臺北：臺灣中華書局，1981 年 6 月豪華一版。

92. 〔清〕永瑢、紀昀等：《四庫全書總目提要》，據文淵閣藏武英殿刻本印行，臺北：臺灣商務印書館，1983 年 10 月初版。

93. 〔清〕孫星衍：《尚書今古文註疏》，據北京圖書館藏戴望手校孫氏冶城山館自刻本影印，濟南：山東省出版公司，1991 年 10 月第一版。

94. 〔清〕嚴可均撰；陳延嘉、王同策、左振坤校點主編：《全上古三代秦漢三國六朝文》，石家莊：河北教育出版社，1997 年 10 月第一版。

95. 〔清〕王引之：《經義述聞》，臺北：臺灣商務印書館，1979 年 1 月臺一版。

96. 〔清〕王引之：《經傳釋詞》，臺北：河洛出版社，1980 年 8 月臺影印出版。

97. 〔清〕馬瑞辰：《毛詩傳箋通釋》，據廣雅書局叢書本影印，濟南：山東友誼書社，1992 年 5 月第一版。

98. 〔清〕朱駿聲編著：《說文通訓定聲》，據臨嘯閣刻本斷句、影印，北京：中華書局，1984 年 6 月第一版。

99. 〔清〕魏源、黃曙輝校點：《老子本義》，據袁刻本校點，上海：華東師範大學出版社，2010 年 1 月第一版。

100. 〔清〕孫詒讓撰，王文錦、陳玉霞點校：《周禮正義》，以乙巳本為底本，再與楚本對校，北京：中華書局，1987 年 12 月第一版。

101. 〔清〕王國維：〈殷卜辭中所見先公先王考〉，收入〔清〕王國維：《觀堂集林》，據商務本增刪校訂，北京：中華書局，1959 年 6 月第一版，卷九，頁 409-437。

二、 近人論著（以姓氏筆畫為序）

1. 丁山：〈由三代都邑論其民族文化〉，收入鄭傑祥編：《夏文化論集》，北京：文物出版社，2002 年 12 月第一版，頁 24-61。

2. 丁若山（網路發言者）：〈讀清華三懸想一則〉，武漢大學簡帛研究中心，網址：http://www.bsm.org.cn/show_article.php?id=1807，2013 年 1 月 12 日，檢索日期：2018 年 6 月 20 日。

3. 丁原植：《郭店竹簡老子釋析與研究（增修版）》，臺北：萬卷樓圖書公司，1999 年 4 月再版。

4. 山西省文物工作委員會編，張頷、陶正剛、張守中著：《侯馬盟書》，太原：山西古籍出版社，2006 年 4 月第一版。

5. 于省吾：《諸子新證》，臺北：樂天出版社，1970 年 9 月 25 日再版。

6. 于省吾：《殷契駢枝全編》，臺北：藝文印書館，1975 年 11 月再版。

7. 于省吾：《甲骨文字釋林》，北京：中華書局，1979 年 6 月第一版。

8. 于省吾主編、姚孝遂按語編撰：《甲骨文字詁林》，北京：中華書局，1996 年 5 月第一版。

9. 于茀：〈清華簡《赤鵠之集湯之屋》補釋〉，《北方論叢》2017 年第 2 期，頁 29-31。

10. 子居（網路發言者）：〈清華簡九篇九簡解析〉，「中國先秦史」網站，網址：http://www.xianqin.tk/2010/07/01/185/，2010 年 7 月 1 日，檢索日期：2018 年 6 月 24 日。

11. 子居（網路發言者）：〈清華簡《尹至》解析〉，「中國先秦史」網站，網址：http://xianqinshi.blogspot.com/2017/09/blog-post_15.html，2011 年 12 月 19 日，檢索日期：2018 年 8 月 16 日。

12. 子居（網路發言者）：〈清華簡八《治邦之道》解析〉，「中國先秦史」網站，網址：http://www.xianqin.tk/2010/07/01/185/，2019 年 5 月 10 日，檢索日期：2019 年 11 月 25 日。

13. （日）大西克也：〈從語法的角度論楚簡中的「囟」字〉，收入中山大學古文字研究所編：《康樂集：曾憲通教授七十壽慶論文集》，廣州：中山大學出版社，2006 年 1 月第一版，頁 310-318。

14. 中國社會科學院考古研究所編輯：《甲骨文編》，北京：中華書局，1965 年 9 月第一版。

15. 中國社會科學院歷史研究所編、郭沫若主編：《甲骨文合集》，北京：中華書局，1978 年-1983 年。

16. 中國社會科學院考古研究所編：《小屯南地甲骨》，上海：中華書局，1980 年-1983 年。

17. 中國社會科學院考古研究所編：《殷周金文集成》，北京：中華書局，1986 年-1996 年。

18. 中國社會科學院歷史研究所編：《甲骨文合集補編》，北京：語文出版社出版，1999 年 7 月第一版。

19. 中國社會科學院考古研究所編：《殷周金文集成（修訂增補本）》，北京：中華書局，2007 年 4 月第一版。

20. 中國社會科學院考古研究所編著：《殷墟小屯村中村南甲骨》，昆明：雲南人民出版社，2012 年 4 月第一版。

21. 王力主編：《王力古漢語字典》，北京：中華書局，2000 年 6 月第一版。

22. 王帥：〈商周青銅器自名新解〉，《中原文物》2013 年第 4 期，頁 75-77，90。

23. 王昆：《清華簡《尹至》、《尹誥》、《赤鵠之集湯之屋》集釋》，河北大學文學碩士學位論文，2016 年 5 月。

24. 王子楊：〈關於〈別卦〉簡 7 一個卦名的一點看法〉，復旦大學出土文獻與古文字研究中心，網址：http://www.gwz.fudan.edu.cn/Web/Show/2212，2014 年 1 月 9

日，檢索日期：2018 年 10 月 5 日。

25. 王永昌：〈清華簡文字釋讀四則〉，《管子學刊》2016 年第 1 期，頁 107-108。

26. 王志平：〈釋「𩰫」〉，收入中國古文字研究會、河南大學甲骨學與漢字文明研究所編：《古文字研究》33，北京：中華書局，2020 年 8 月北京第一版，頁 203-211。

27. 王志平、孟蓬生、張潔：《出土文獻與先秦兩漢方言地理》，北京：中國社會科學出版社，2014 年 12 月第一版。

28. 王恩田編著：《陶文圖錄》，濟南：齊魯書社，2006 年 6 月第一版。

29. 王恩田：〈清華簡「湯丘」與「湯社」〉，復旦大學出土文獻與古文字研究中心，網址：http://www.gwz.fudan.edu.cn/Web/Show/2459，2015 年 3 月 5 日，檢索日期：2018 年 6 月 6 日。

30. 王雲飛：〈清華簡《尹至》補釋〉，收入羅運環主編：《楚簡楚文化與先秦歷史文化國際學術研討會論文集》，武漢：湖北教育出版社，2013 年 8 月第一版，頁 262-264。

31. 王進鋒：〈清華簡（伍）《殷高宗問於三壽》《湯處於湯丘》《湯在啻門》三篇集釋〉，收入李學勤、艾蘭、呂德凱主編，清華大學出土文獻研究與保護中心、古代中國研究會編：《清華簡研究》3，上海：中西書局，2019 年 12 月第一版，頁 392-497。

32. 王輝：《古文字通假釋例》，臺北：藝文印書館，1993 年 4 月初版。

33. 王輝：〈郭店楚簡釋讀五則〉，收入李學勤、謝桂華主編：《簡帛研究》，桂林：廣西師範大學出版社，2001 年 9 月第一版。

34. 王輝編著：《古文字通假字典》，北京：中華書局，2008 年 2 月第一版。

35. 王輝：〈一粟居讀簡記（一）〉，收入清華大學出土文獻研究與保護中心編：《清華簡研究》1，上海：中西書局，2012 年 12 月第一版，頁 343-355。

36. 王輝主編；楊宗兵、彭文、蔣文孝編著：《秦文字編》，北京：中華書局，2015 年 4 月北京第一版。

37. 王寧：〈清華簡〈尹至〉、〈尹誥〉中「西邑」和「西邑夏」的問題〉，簡帛研究網，網址：http://www.jianbo.org/admin3/2011/wangning001.htm，2011 年 1 月 19 日，檢索日期：2013 年 2 月 1 日。

38. 王寧：〈清華簡《尹至》、《尹誥》中的「眾」和「民」〉，復旦大學出土文獻與古文字研究中心，網址：http://www.gwz.fudan.edu.cn/Web/Show/1396，2011 年 2 月 4 日，檢索日期：2018 年 6 月 25 日。

39. 王寧：〈清華《尹至》釋證四例〉，武漢大學簡帛研究中心，網址：http://www.bsm.org.cn/show_article.php?id=1403， 2011 年 2 月 21 日，檢索日期：2018 年 7 月 12 日。

40. 王寧：〈清華簡《尹至》「勞」字臆解〉，武漢大學簡帛研究中心，網址：http://www.bsm.org.cn/show_article.php?id=1724，2012 年 7 月 31 日，檢索日期：2018 年 7 月 12 日。

41. 王寧：〈讀清華簡三〈赤鵠之集湯之屋〉散札〉，武漢大學簡帛研究中心，網址：http://www.bsm.org.cn/show_article.php?id=1814，2013 年 1 月 16 日，檢索日期：2018 年 6 月 18 日。

42. 王寧：〈清華簡（參）的「倒」字臆解〉，原發表於簡帛網，2013 年 12 月，因網站因素未見其文，其說見於李爽：《清華簡「伊尹」五篇集釋》，吉林大學碩士論文，2016 年 6 月，頁 100。

43. 王寧：〈《清華簡〈尹誥〉獻疑》之疑〉，復旦大學出土文獻與古文字研究中心，網址：http://www.gwz.fudan.edu.cn/Web/Show/2298，2014 年 6 月 23 日，檢索日期：2018 年 6 月 12 日。

44. 王寧：〈清華簡「湯丘」為「商丘」說〉，復旦大學出土文獻與古文字研究中心，網址：http://www.gwz.fudan.edu.cn/Web/Show/2451，2015 年 2 月 22 日，檢索日期：2018 年 5 月 26 日。

45. 王寧：〈釋《清華簡（伍）》的「僗」〉，復旦大學出土文獻與古文字研究中心，網址：http://www.gwz.fudan.edu.cn/Web/Show/2496，2015 年 4 月 14 日，檢索日期：2018 年 6 月 15 日。

46. 王寧：〈釋清華簡五《湯在啻門》的「孕」〉，復旦大學出土文獻與古文字研究中心，網址：http://www.gwz.fudan.edu.cn/Web/Show/2499，2015 年 4 月 18 日，檢索日期：2018 年 7 月 9 日。

47. 王寧：〈讀清華五《湯處於湯丘》散札〉，復旦大學出土文獻與古文字研究中心，網址：http://www.gwz.fudan.edu.cn/Web/Show/2501，2015 年 4 月 21 日，檢索日期：2018 年 3 月 5 日。

48. 王寧：〈釋清華簡五《湯在啻門》的「渝」〉，武漢大學簡帛研究中心，網址：http://www.bsm.org.cn/show_article.php?id=2219，2015 年 4 月 23 日，檢索日期：2018 年 6 月 27 日。

49. 王寧：〈讀《湯在啻門》散札〉，復旦大學出土文獻與古文字研究中心，網址：http://www.gwz.fudan.edu.cn/Web/Show/2513，2015 年 5 月 6 日，檢索日期：2018 年 6 月 27 日。

50. 王寧：〈清華簡湯與伊尹故事五篇的性質問題〉，清華大學出土文獻研究與保護中心，網址：http://www.ctwx.tsinghua.edu.cn/publish/cetrp/6831/2015/201506010903472727485590/20150601090347272748590_.html，2015 年 6 月 1 日，檢索日期：2018 年 9 月 1 日。

51. 王寧：〈清華簡《說命》補釋五則〉，武漢大學簡帛研究中心，網址：http://www.bsm.org.cn/show_article.php?id=2472，2016 年 2 月 19 日，檢索日期：2018 年 6 月 27 日。

52. 王顯：〈讀了《說𢁥》以後〉，《中國語文》1980 年第 2 期，頁 137-139。

53. 王挺斌：〈清華簡《尹誥》「遠邦歸志」考〉，復旦大學出土文獻與古文字研究中心，網址：http://www.gwz.fudan.edu.cn/Web/Show/2082，2013 年 6 月 30 日，檢索日期：2018 年 7 月 16 日。

54. 王挺斌：〈談談古文字資料中从二化的字〉，收入教育部人文社會科學重點研究基地、清華大學出土文獻與中國古代文明研究中心、清華大學出土文獻研究與保護中心編，李學勤主編：《出土文獻》10，上海：中西書局，2017 年 4 月第一版，頁 79-84。

55. 王連成：〈《清華簡（參）「丁（釘）」字句解〉，原發表於簡帛網，2013 年 4 月 12 日，因網站因素未見其文，其說見於李爽：《清華簡「伊尹」五篇集釋》，吉林大學碩士論文，2016 年 6 月，頁 100。

56. 王瑜楨：〈《清華大學藏戰國竹簡（壹）》「皇門」考〉，收入《第二十四屆中國文字學國際學術研討會論文集》，嘉義：國立中正大學中國文學系、中國文字學會，2013 年 5 月，頁 67-84。

57. 王瑜楨：〈談古文字中老旁與攸旁的訛混現象〉，收入季旭昇主編：《孔壁遺文論集》，臺北：藝文印書館，2013 年 8 月初版，頁 291-304。

58. 王睿：〈桓曲商城的年代及其相關問題〉，《考古》1998 年第 8 期，頁 81-91。

59. 方詩銘、王修齡：《古本竹書紀年輯證》，臺北：華世出版社，1983 年 2 月影印初版。

60. 牛新房：〈釋楚文字中的幾個役字〉，收入中國古文字研究會、吉林大學中國古文字研究中心編：《古文字研究》32，北京：中華書局，2018 年 8 月北京第一版，頁 464-468。

61. 白於藍：〈郭店楚簡《老子》「丞」、「賽」、「杢」校釋〉，《古籍整理研究學刊》2000 年第 2 期，頁 58-61。

62. 白於藍：〈釋「䣃」〉，收入中國古文字研究會、中山大學古文字研究所編：《古文字研究》24，北京：中華書局，2002 年 7 月第一版，頁 355-359。

63. 白於藍編著：《簡牘帛書通假字字典》，福州：福建人民出版社，2008 年 1 月第一版。

64. 白於藍編著：《戰國秦漢簡帛古書通假字彙纂》，福州：福建人民出版社，2012 年 5 月第一版。

65. 白於藍：〈《清華大學藏戰國竹簡（三）拾遺》〉，收入安徽大學漢字發展與應用研究中心編《漢語言文字研究》第一輯（上海：上海古籍出版社，2015 年 2 月第一版），頁 142-148；白於藍：〈《清華大學藏戰國竹簡（參）拾遺》〉，收入白於藍著《拾遺錄——出土文獻研究》（北京：科學出版社，2017 年 6 月第一版），頁 146-154。

66. 古國順：〈清儒輯佚尚書之成績（一）、（二）〉，《孔孟月刊》第 19 卷第 6 期、第 7 期，1981 年 2 月、3 月，頁 51-54、頁 26-31。

67. 左松超：《漢語語法（文言篇）》，臺北：五南圖書出版公司，2008 年 9 月二版。

68. 石小力：〈據清華簡（柒）補證舊說四則〉，清華大學出土文獻研究與保護中心，網址：http://www.ctwx.tsinghua.edu.cn/publish/cetrp/6831/2017/2017042306454543 0510109/20170423064545430510109_.html，2017 年 4 月 23 日，檢索日期：2018 年 7 月 10 日。

69. 石小力：《東周金文與楚簡合證》，上海：上海古籍出版社，2017 年 7 月第一版，頁 40-45。

70. 田旭東：〈尹摯與伊尹學派——以出土文獻為考察中心〉，收入清華大學出土文獻研究與保護中心編：《清華簡研究》1，上海：中西書局，2012 年 12 月第一版，頁 31-39。

71. 申超：〈清華簡《尹誥》「我克協我友，今惟民遠邦歸志」試說〉，武漢大學簡帛研究中心，網址：http://www.bsm.org.cn/show_article.php?id=1672，2012 年 4 月 20 日，檢索日期：2018 年 6 月 26 日。

72. 申超：《清華簡與先秦史事探研》，北京：光明日報出版社，2019 年 9 月第一版。

73. 朱守亮：《詩經評釋》，臺北：臺灣學生書局，1984 年 10 月初版。

74. 朱自清、郭沫若、吳晗、葉聖陶編輯：《聞一多全集（二）　古典新義》，臺北：里仁書局，2002 年 12 月 15 日初版。

75. 朱情牽注：《老子譯釋》，唐易州龍興觀道德經碑本，臺北：里仁書局，1980 年 10 月。

76. 朱芳圃：《殷周文字釋叢》，臺北：臺灣學生書局，1972 年 8 月景印初版。

77. 朱德熙、裘錫圭：〈平山中山王墓銅器銘文的初步研究〉，《文物》1979 年第 1 期，頁 42-52。

78. 朱德熙、裘錫圭：〈戰國時代的「料」和秦漢時代的「半」〉，《文史》8（北京：中華書局，1980 年 3 月第一版），頁 1-4，另收入朱德熙：《朱德熙文集》，北京：商務印書館，1999 年 9 月第一版，卷五（古文字論文），頁 115-120。

79. 朱鳳瀚：《古代中國青銅器》，天津：南開大學出版社，1995 年 6 月第一版。

80. 朱鳳瀚：〈再讀殷墟卜辭中的「眾」〉，《古文字與古代史》2，臺北：中央研究院歷史語言研究所，2009 年 12 月，頁 1-37。

81. 朱鳳瀚主編：《新出金文與西周歷史》，上海：上海古籍出版社，2011 年 5 月第一版。

82. 朱曉海：〈〈尹至〉可能是百篇〈尚書〉中前所未見的一篇〉，復旦大學出土文獻與古文字研究中心，網址：http://www.gwz.fudan.edu.cn/Web/Show/1187，2010 年 6 月 17 日，檢索日期：2018 年 7 月 25 日。

83. 朱曉雪：《包山楚簡綜述》，福州：福建人民出版社，2013 年 12 月第一版。

84. 朱疆：〈從古璽文等出土文字看《尚書》文獻〉，《中文自學指導》2000 年第 3 期，頁 38-40。

85. 艾蘭：〈《赤鵠之集湯之屋》：戰國時期關於伊尹「神靈附體」和房屋建造的故事〉，收入清華大學出土文獻研究與保護中心編：《出土文獻與中國古代文明國際學術研討會論文集》，北京，2013 年 6 月 17 日-18 日，頁 168-177。

86. 安徽大學漢字發展與應用研究中心編，黃德寬、徐在國主編：《安徽大學藏戰國竹簡（一）》，上海：中西書局，2019 年 8 月第一版。

87. 邢文：〈談清華簡《尹至》的「動亡典，夏有祥」〉，武漢大學簡帛研究中心，網址：http://www.bsm.org.cn/show_article.php?id=1423，2011 年 3 月 25 日，檢索日期：2018 年 8 月 16 日。

88. 邢文：〈試釋清華簡《尹至》的「一勿遺」〉，收入清華大學出土文獻研究與保護中心編：《清華簡研究》1，上海：中西書局，2012 年 12 月第一版，頁 1-8。

89. 邢文：〈《尹至》「夏有祥」小議〉，收入羅運環主編：《楚簡楚文化與先秦歷史文化國際學術研討會論文集》，武漢：湖北教育出版社，2013 年 8 月第一版，頁 260-261。

90. 何琳儀：〈古璽雜識再續〉，《中國文字》新 17，1993 年 3 月，頁 289-300。

91. 何琳儀：〈釋洀〉，《華夏考古》1995 年第 4 期，頁 104-109。

92. 何琳儀：《戰國古文字典——戰國文字聲系》，北京：中華書局，1998 年 9 月第一版。

93. 何琳儀：〈楚王熊麗考〉，《中國史研究》2000 年第 4 期，頁 13-16。

94. 何琳儀：〈郭店竹簡選釋〉，收入李學勤、謝桂華主編：《簡帛研究》，桂林：廣西師範大學出版社，2001 年 9 月第一版，頁 159-167。

95. 何琳儀：〈說麗〉，《殷都學刊》2006 年第 1 期，頁 82-84。

96. 何琳儀：《戰國文字通論（訂補）》，上海：上海古籍出版社，2017 年 7 月第一版。

97. 何琳儀：〈第二批滬簡選釋〉，收入上海大學古代文明研究中心、清華大學思想文化研究所編：《上博館藏戰國楚竹書研究續編》，上海：上海書店出版社，2004 年 7 月第一版，頁 444-455。

98. 何琳儀、程燕：〈滬簡《周易》選釋〉，原發表於簡帛研究網，2004 年 5 月 16 日，惟因網站內容調整，其內容俱轉見於季旭昇主編，陳惠玲、連德榮、李綉玲合撰：《《上海博物館藏戰國楚竹書（三）》讀本》，臺北：萬卷樓圖書公司，2005 年 10 月初版，頁 150。

99. 何有祖：〈讀《上博六》札記（二）〉，武漢大學簡帛研究中心，網址：http://www.bsm.org.cn/show_article.php?id=601，2007 年 7 月 9 日，檢索日期：2018 年 6 月 15 日。

100. 何有祖：〈清華大學藏簡讀札（一）〉，武漢大學簡帛研究中心，網址：http://www.bsm.org.cn/show_article.php?id=1372，2011 年 1 月 8 日，檢索日期：2018 年 7 月 12 日。

101. 吳匡、蔡哲茂：〈釋金文 🀄、🀄、🀄、🀄 諸字〉，收入吳榮曾等著：《盡心集：

張政烺先生八十慶壽論文集》，北京：中國社會科學出版社，1996 年 11 月第一版，頁 137-145。

102. 吳振武：〈「𢦏」字的形音義——為紀念殷墟甲骨文發現一百週年而作〉，收入國立臺灣師範大學國文系、中央研究院歷史語言研究所編《甲骨文發現一百周年學術研討會論文集》，臺北：文史哲出版社，1998 年 5 月，頁 287-300，亦收入王宇信、宋鎮豪主編：《夏商周文明研究（四）　紀念殷墟甲骨文發現一百周年國際學術研討會論文集》，北京：社會科學文獻出版社，2003 年 3 月第一版，頁 139-148。

103. 吳振武：〈說徐王糧鼎銘文中的「魚」字〉，收入中國古文字研究會、華南師範大學文學院編：《古文字研究》26，北京：中華書局，2006 年 11 月第一版，頁 224-229。

104. 吳振武：《《古璽文編》校訂》，北京：人民美術出版社，2011 年 1 月第一版，頁 335-336。

105. 吳振武：〈「者𣱛觝鈼」即吳王闔廬說〉，收入中國古文字研究會、復旦大學出土文獻與古文字研究中心編：《古文字研究》29，北京：中華書局，2012 年 10 月北京第一版，頁 384-385。

106. 吳雪飛：〈也談清華簡（三）《赤鵠之集湯之屋》之「湶」〉，武漢大學簡帛研究中心，網址：http://www.bsm.org.cn/show_article.php?id=1817，2013 年 1 月 16 日，檢索日期：2018 年 6 月 16 日。

107. 吳雪飛：〈說「湶」〉，收入濟南大學出土文獻與文學研究中心編：《出土文獻文本釋讀與文學研究學術研討會論文集》，2021 年 5 月。

108. 吳鎮烽：〈記新發現的兩把吳王劍〉，《江漢考古》2009 年第 3 期，頁 81-84。

109. 吳鎮烽編著：《商周青銅器銘文暨圖像集成》，上海：上海古籍出版社，2012 年 9 月第一版。

110. 吳昌哲：《《清華大學藏戰國竹簡（伍）・湯處於湯丘》研究》，國立臺灣師範大學國文學系碩士論文，2017 年 6 月。

111. 李豪：〈上博簡「羹」字補釋〉，復旦大學出土文獻與古文字研究中心，網址：http://www.gwz.fudan.edu.cn/Web/Show/4738，2020 年 12 月 29 日，檢索日期：2020 年 12 月 30 日。

112. 李守奎編著：《楚文字編》，上海：華東師範大學出版社，2003 年 12 月第一版。

113. 李守奎：〈《曹沫之陣》之隸定與古文字隸定方法初探〉，收入中國文字學會、河北大學漢字研究中心編：《漢字研究》1，北京：學苑出版社，2005 年 6 月北京第一版，頁 492-499。

114. 李守奎：〈《楚居》中的樊字及出土楚文獻中與樊相關文例的釋讀〉，《文物》2011 年第 3 期，頁 75-78，亦收入李守奎：《古文字與古史考——清華簡整理研究》，上海：中西書局，2015 年 10 月第一版，頁 40-48。

115. 李守奎：〈清華簡的形制與內容〉，其相關內容原發表於「歐洲中國出土寫本研究討論會」，巴黎：法蘭西學院，2012 年 7 月 3 日-6 日，其後收入李守奎：《古文字與古史考——清華簡整理研究》，上海：中西書局，2015 年 10 月第一版，頁 4-25。

116. 李守奎：〈楚文獻中的教育與清華簡《繫年》性質初探〉，收入復旦大學出土文獻與古文字研究中心編：《出土文獻與古文字研究》6，復旦大學出土文獻與古文字研究中心成立十周年紀念文集，上海：上海古籍出版社，2015 年 2 月第一版，頁 291-302，亦收入李守奎：《古文字與古史考——清華簡整理研究》，上海：中西書局，2015 年 10 月第一版，頁 99-115。

117. 李守奎：〈漢字倒寫構形與古文字的釋讀〉，《漢學研究》33.2，2015 年 6 月，頁 173-194，亦收入李守奎：《古文字與古史考——清華簡整理研究》，上海：中西書局，2015 年 10 月第一版，頁 251-271。

118. 李守奎：〈漢代伊尹文獻的分類與清華簡中伊尹諸篇的性質〉，《深圳大學學報（人文社會科學版）》2015 年第 3 期，頁 41-49，亦收入李守奎：《古文字與古史考——清華簡整理研究》，上海：中西書局，2015 年 10 月第一版，頁 346-368。

119. 李守奎：〈您知道幾個一？〉，收入《美文》，轉引自李爽：《清華簡「伊尹」五篇集釋》，吉林大學碩士論文，2016 年 6 月。

120. 李守奎、曲冰、孫偉龍編著：《上海博物館藏戰國楚竹書（一—五）文字編》，北京：作家出版社，2007 年 12 月第一版。

121. 李守奎、賈連翔、馬楠：《包山楚墓文字全編》，上海：上海世紀出版公司，2012 年 12 月第一版。

122. 李存智：《上博楚簡通假字音韻研究》，臺北：萬卷樓圖書公司，2010 年 2 月初版。

123. 李均明：〈清華簡首集簡冊文本解析〉，收入清華大學出土文獻研究與保護中心、北京大學出土文獻研究所、荊州文物保護中心編，李學勤、朱鳳瀚、趙平安、方北松主編，馬楠、賈連翔助編：《古代簡牘保護與整理研究》，上海：中西書局，2012 年 6 月第一版，頁 39-49。

124. 李均明、劉軍：《簡牘文書學》，南寧：廣西教育出版社，1999 年 6 月第一版。

125. 李宗焜編著：《甲骨文字編》，北京：中華書局，2012 年 3 月第一版。

126. 李松儒：〈清華簡書法風格淺析〉，收入中國文化遺產研究院編：《出土文獻研究（「簡帛文字與書法國際研討會」特輯）》13，上海：中西書局，2014 年 12 月第一版），頁 27-33。

127. 李松儒：〈清華簡殘泐字辨析三則〉，收入中國古文字研究會、清華大學出土文獻研究與保護中心、中國社會科學院甲骨文殷商史研究中心、首都師範大學甲骨文研究中心編：《古文字研究》31，北京：中華書局，2016 年 10 月北京第一版，頁 397-400。

128. 李松儒：〈再論《祭公》與《尹至》等篇的字跡〉，收入復旦大學出土文獻與古文字研究中心編：《戰國文字研究的回顧與展望》，上海：中西書局，2017 年 8 月第一版，頁 252-260。

129. 李松儒：〈談清華簡中「倒山」形字〉，收入《第四屆古文字與出土文獻語言研究學術研討會暨出土文獻語言文字研究青年學者論壇論文集》，長春：東北師範大學，2021 年 7 月 23 日-25 日，頁 71-75。

130. 李家浩：〈信陽楚簡中的「柿枳」〉，收入李學勤主編：《簡帛研究》2，北京：法律出版社，1996 年 9 月第一版，頁 1-11。

131. 李家浩：〈燕國「洀谷山金鼎瑞」補釋——為紀念朱德熙先生逝世四周年而作〉，收入李家浩：《著名中年語言學家自選集　李家浩卷》，合肥：安徽教育出版社，2002 年 12 月第一版，頁 148-159。

132. 李家浩：〈包山二六六號簡所記木器研究〉，收入袁行霈主編：《國學研究》2，北京：北京大學出版社，1994 年 7 月第一版，頁 525-554，其後經修訂，收入李家浩：《著名中年語言學家自選集　李家浩卷》，合肥：安徽教育出版社，2002 年 12 月第一版，頁 222-257。

133. 李家浩：〈攻敔王者㝬虘劍與者減鐘〉，《古文字與古代史》3，臺北：中央研究院歷史語言研究所，2012 年 3 月，頁 215-235。

134. 李零：〈郭店楚簡校讀記〉，收入陳鼓應編：《道家文化研究》17，北京：生活·讀書·新知三聯書店，1999 年 8 月北京第一版，頁 455-542。

135. 李零：《郭店楚簡校讀記》，北京：北京大學出版社，2002 年 3 月第一版。

136. 李零：《《孫子》十三篇綜合研究》，北京：中華書局，2006 年 4 月北京第一版。

137. 李零：《楚帛書研究（十一種）》，上海：中西書局，2013 年 12 月第一版。

138. 李瑤、孫剛：〈東周齊系金文所見古史傳說輯考〉，《古籍整理研究學刊》2013 年第 6 期，頁 28-31，73。

139. 李銳：〈讀清華簡札記（五則）〉，收入卜憲群、楊振紅主編：《簡帛研究　2012》，桂林：廣西師範大學出版社，2013 年 10 月第一版，頁 1-7。

140. 李爽：《清華簡「伊尹」五篇集釋》，吉林大學碩士論文，2016 年 6 月。

141. 李學勤：〈論史墻盤及其意義〉，《考古學報》1978 年第 2 期，頁 149-158。

142. 李學勤：〈岐山董家村訓匜考釋〉，收入中國古文字研究會、吉林大學古文字研究室編：《古文字研究》1，北京：中華書局，1979 年 8 月第一版，頁 149-156，亦收入李學勤：《新出青銅器研究》，北京：人民美術出版社，2016 年 2 月第一版，頁 93-96。

143. 李學勤：《殷代地理簡論》，臺北：木鐸出版社，1982 年 4 月初版。

144. 李學勤：〈由楚簡《周易》看馬王堆帛書《周易》經文〉，《湖南省博物館館刊》1，深圳：《船山學刊》雜誌社，2004 年 7 月第一版，頁 56-57。

145. 李學勤：〈談楚簡《慎子》〉，《中國文化》25、26（2007 年第 2 期），頁 43-45。

146. 李學勤：〈清華簡九篇綜述〉，《文物》2010 年第 5 期，頁 51-57，亦收入清華大學出土文獻研究與保護中心、北京大學出土文獻研究所、荆州文物保護中心編，李學勤、朱鳳瀚、趙平安、方北松主編，馬楠、賈連翔助編：《古代簡牘保護與整理研究》，上海：中西書局，2012 年 6 月第一版，頁 3-12。

147. 李學勤：〈清華簡與《尚書》、《逸周書》的研究〉，《史學史研究》2011 年第 2 期，頁 104-109。

148. 李學勤：〈再談甲骨金文的「𣥏」字〉，收入李學勤：《三代文明研究》，北京：商務印書館，2011 年 11 月第一版，頁 70-72。

149. 李學勤：〈斗子鼎與成王岐陽之盟〉，《中國國家博物館館刊》2012 年第 1 期，頁 53-55。

150. 李學勤：〈新整理清華簡六種概述〉，《文物》2012 年第 8 期，頁 66-71。

151. 李學勤：〈初識清華簡〉，收入李學勤著《初識清華簡》，上海：中西書局，2013 年 6 月第一版，頁 1-14。

152. 李學勤：〈關於清華簡中的「丁」字〉，收入李學勤著《初識清華簡》，上海：中西書局，2013 年 6 月第一版，頁 186-188。

153. 李學勤：〈清華簡的文獻特色與學術價值〉，收入姚小鷗主編：《清華簡與先秦經學文獻研究》，北京：生活・讀書・新知三聯書店，2016 年 10 月北京第一版，頁 1-6。

154. 李學勤主編；沈建華、賈連翔編：《清華大學藏戰國竹簡（壹─參）文字編》，上海：中西書局，2014 年 5 月第一版。

155. 李學勤等著：《出土簡帛與古史再建》，北京：經濟科學出版社，2017 年 7 月第一版。

156. 李運富：〈楚系簡帛文字叢考（一）〉，《古漢語研究》1996 年第 3 期，頁 1-9。

157. 李運富：《楚國簡帛文字構形系統研究》，長沙：嶽麓書社，1997 年 10 月第一版。

158. 李春桃：《傳抄古文綜合研究》，吉林大學博士學位論文，2012 年 4 月，頁 236-239。

159. 李裕民：〈伊尹的出身及其姓名考辨〉，《山西大學學報》1983 年第 4 期，頁 98-103。

160. 沈之瑜：〈甲骨卜辭新獲〉，《上海博物館集刊》3，上海：上海古籍出版社，1986 年 4 月第一版，頁 157-179，亦收入沈之瑜著、陳秋輝編：《沈之瑜文博論集》，上海：上海古籍出版社，2003 年 6 月第一版，頁 158-180。

161. 沈培：〈周原甲骨文裡的「囟」和楚墓竹簡裡的「囟」或「思」〉，收入中國文字學會、河北大學漢字研究中心編：《漢字研究》1，北京：學苑出版社，2005 年 6 月北京第一版，頁 345-366。

162. 沈培：〈試釋戰國時代从「之」从「首（或从『頁』）」之字〉，武漢大學簡帛研究中心，網址：http://www.bsm.org.cn/show_article.php?id=630，2007 年 7 月 17 日，檢索日期：2015 年 8 月 22 日。

163. 沈培:〈略說《上博(七)》新見的「一」字〉,復旦大學出土文獻與古文字研究中心,網址:http://www.gwz.fudan.edu.cn/Web/Show/582,2008 年 3 月 21 日,檢索日期:2017 年 4 月 19 日。

164. 沈培:〈清華簡字詞考釋二則〉,復旦大學出土文獻與古文字研究中心,網址:http://www.gwz.fudan.edu.cn/Web/Show/1367,2011 年 1 月 9 日,檢索日期:2018 年 7 月 3 日。

165. 沈培:〈清華簡和上博簡「就」字用法合證〉,武漢大學簡帛研究中心,網址:http://www.bsm.org.cn/show_article.php?id=1779,2013 年 1 月 6 日,檢索日期:2021 年 7 月 15 日。

166. 沈建華:〈清華楚簡《尹至》釋文試解〉,《中國史研究》2011 年第 1 期,頁 67-72。

167. 沈建華:〈楚簡「唐丘」與晉南夏商遺跡考〉,收入清華大學出土文獻與保護中心編、李學勤主編:《出土文獻》6,上海:中西書局,2015 年 4 月第一版,頁 207-214。

168. 沈建華:〈讀清華簡《湯處於唐丘》中的「設九事之人」〉,收入清華大學出土文獻研究與保護中心編、李學勤主編:《出土文獻》7,上海:中西書局,2015 年 10 月第一版,頁 133-136。

169. 沈建華:〈清華簡《唐(湯)處于唐丘》與《墨子·貴義》文本〉,《中國史研究》2016 年第 1 期,頁 19-23。

170. 沈建華:〈釋卜辭「協」及有關字〉,收入中國古文字研究會、吉林大學中國古文字研究中心編:《古文字研究》32,北京:中華書局,2018 年 8 月北京第一版,頁 49-53。

171. 沈建華:〈《湯處於湯丘》新釋文、注釋、白話譯文〉,收入李學勤、艾蘭、呂德凱主編,清華大學出土文獻研究與保護中心、古代中國研究會編:《清華簡研究》3,上海:中西書局,2019 年 12 月第一版,頁 90-99。

172. 沈建華:〈清華簡《湯處於唐丘》校讀記〉,收入李學勤、艾蘭、呂德凱主編,清華大學出土文獻研究與保護中心、古代中國研究會編:《清華簡研究》3,上海:中西書局,2019 年 12 月第一版,頁 100-107。

173. 沈建華、曹錦炎編著:《新編甲骨文字形總表》,香港:香港中文大學,2001 年。

174. 宋華強:〈清華簡校讀散札〉,武漢大學簡帛研究中心,網址:http://www.bsm.org.cn/show_article.php?id=1380,2011 年 1 月 10 日,檢索日期:2018 年 8 月 16 日。

175. 宋鎮豪:〈談談商代開國名臣伊尹〉,收入羅運環主編:《楚簡楚文化與先秦歷史文化國際學術研討會論文集》,武漢:湖北教育出版社,2013 年 8 月第一版,頁 252-259。

176. 呂浩:〈《郭店楚墓竹簡》釋文訂補〉,收入教育部人文社會科學重點研究基地、華東師範大學中國文字研究與應用中心編:《中國文字研究》2,南寧:廣西教育

出版社，2001 年 10 月第一版，頁 278-288。

177. 呂佩珊：〈楚簡「疾」字用例初探〉，收入《第 31 屆中國文字學國際學術研討會論文集》，花蓮：中國文字學會、慈濟大學國際暨跨領域學院、國立東華大學中國語文學系，2020 年 12 月，頁 347-367。

178. 肖攀：《清華簡《繫年》文字研究》，吉林大學博士學位論文，2010 年 6 月。

179. 肖芸曉：〈試論清華竹書伊尹三篇的關聯〉，收入武漢大學簡帛研究中心主辦：《簡帛》8，上海：上海古籍出版社，2013 年 10 月第一版，頁 471-476。

180. 河南省文物考古研究所編著：《新蔡葛陵楚墓》，鄭州：大象出版社，2003 年 10 月第一版。

181. 屈萬里：《小屯・第二本・殷虛文字甲編考釋》，臺北：中央研究院歷史語言研究所，1961 年。

182. 屈萬里：《尚書集釋》，臺北：聯經出版事業公司，1983 年 2 月初版。

183. 屈萬里：《尚書釋義》，臺北：中國文化大學出版部，1995 年 7 月第二版。

184. 季旭昇：〈讀郭店楚墓竹簡札記：卞、絕偽棄作、民復季子〉，《中國文字》新 24，1998 年 12 月，頁 129-134。

185. 季旭昇：〈《上博二・昔者君老》簡文探究及其與《尚書・顧命》〉，《中國文哲研究集刊》24，2004 年 3 月，頁 253-292。

186. 季旭昇：〈《上博三・周易》零釋七則〉，原發表於簡帛研究網，2004 年 4 月 24 日，惟因網站內容調整，其內容轉見於季旭昇主編，陳惠玲、連德榮、李綉玲合撰：《《上海博物館藏戰國楚竹書（三）》讀本》，臺北：萬卷樓圖書公司，2005 年 10 月初版，頁 150。

187. 季旭昇主編，陳美蘭、蘇建洲、陳嘉凌合撰：《《上海博物館藏戰國楚竹書（二）》讀本》，臺北：萬卷樓圖書公司，2003 年 7 月初版。

188. 季旭昇主編，陳霖慶、鄭玉珊、鄒濬智合撰：《《上海博物館藏戰國楚竹書（一）》讀本》，臺北：萬卷樓圖書公司，2004 年 6 月初版。

189. 季旭昇主編，陳惠玲、連德榮、李綉玲合撰：《《上海博物館藏戰國楚竹書（三）》讀本》，臺北：萬卷樓圖書公司，2005 年 10 月初版。

190. 季旭昇主編，袁國華協編，陳思婷、張繼凌、高佑仁、朱賜麟合編：《《上海博物館藏戰國楚竹書（四）》讀本》，臺北：萬卷樓圖書公司，2007 年 3 月初版。

191. 季旭昇主編、王瑜楨等合撰：《清華大學藏戰國竹簡（壹）讀本》，臺北：藝文印書館，2013 年 11 月初版。

192. 季旭昇主編，張榮焜、金宇祥、黃澤鈞、駱珍伊合撰：《清華大學藏戰國竹簡（肆）讀本》，臺北：萬卷樓圖書公司，2019 年 4 月初版。

193. 季旭昇：《說文新證》，臺北：藝文印書館，2014 年 9 月二版。

194. 季旭昇：〈清華壹〈尹至〉〈尹誥〉中的「吉」字〉，《彰化師大國文學誌》32，2016 年 6 月，頁 43-51。

195. 季旭昇、高佑仁主編：《《上海博物館藏戰國楚竹書（九）》讀本》，臺北：萬卷樓圖書公司，2017 年 5 月初版。

196. 季旭昇：〈談清華柒〈越公其事〉的「必視」及相關問題〉，《中國文字》2020 年夏季號，總 3，2020 年 6 月，頁 69-83。

197. 季旭昇：〈說「役」〉，收入《第 31 屆中國文字學國際學術研討會論文集》，花蓮：中國文字學會、慈濟大學國際暨跨領域學院、國立東華大學中國語文學系，2020 年 12 月，頁 513-526。

198. 周法高主編：《金文詁林》，京都：中文出版社，1981 年 10 月出版。

199. 周法高編撰：《金文詁林補》，臺北：中央研究院歷史語言研究所，1982 年 5 月初版。

200. 周鳳五：〈楚簡文字瑣記（三則）〉，第一屆簡帛學術討論會發表論文，臺北：中國文化大學史學系，1999 年 12 月 10 日-12 日，其後收入周鳳五：《朋齋學術文集：戰國竹書卷》，臺北：國立臺灣大學出版中心，2016 年 12 月，頁 565-575。

201. 周鳳五：〈郭店〈性自命出〉「怒欲盈而毋暴」說〉，收入周鳳五：《朋齋學術文集：戰國竹書卷》，臺北：國立臺灣大學出版中心，2016 年 12 月，頁 147-159。

202. 周鳳五：〈眉縣楊家村窖藏《四十二年逑鼎》銘文初探〉，《華學》7，廣州：中山大學出版社，2004 年 12 月第一版，頁 93-103。

203. 周鳳五：〈讀上博楚竹書〈從政（甲篇）〉箚記〉，收入周鳳五：《朋齋學術文集：戰國竹書卷》，臺北：國立臺灣大學出版中心，2016 年 12 月，頁 219-235。

204. 周鳳五：〈上博四〈昭王與龔之脽〉重探〉，收入周鳳五：《朋齋學術文集：戰國竹書卷》，臺北：國立臺灣大學出版中心，2016 年 12 月，頁 339-355。

205. 周鳳五：《朋齋學術文集：戰國竹書卷》，臺北：國立臺灣大學出版中心，2016 年 12 月。

206. 孟蓬生：〈郭店楚簡字詞考釋〉，收入中國古文字研究會、中山大學古文字研究所編：《古文字研究》24，北京：中華書局，2002 年 7 月第一版，頁 404-408。

207. 孟蓬生：〈清華簡（參）「屋」字補釋——兼說戰國文字中的「虎」字異構〉，收入武漢大學簡帛研究中心主辦：《簡帛》9，上海：上海古籍出版社，2014 年 10 月第一版，頁 137-146。

208. 孟蓬生：〈清華簡《厚父》「者魯」試釋〉，收入中國古文字研究會、吉林大學中國古文字研究中心編：《古文字研究》32，北京：中華書局，2018 年 8 月北京第一版，頁 384-389。

209. 邱德修：《上博楚簡《容成氏》注譯考證》，臺北：臺灣古籍出版公司，2003 年 10 月初版。

210. 邱德修：《上博楚簡（一）（二）字詞解詁》，臺北：臺灣古籍出版公司，2005 年 10 月初版。

211. 林澐：〈讀包山楚簡札記七則〉，《江漢考古》1992 年第 4 期，頁 83-85。

212. 林清源：〈「敓」、「敚」考辨——釋「𣪊」及相關諸字〉，《漢學研究》28.1，2010年3月，頁1-34。

213. 林義光：《文源》，上海：中西書局，2012年3月第一版。

214. 林志強：〈新出材料與《尚書》文本的解讀〉，《福建師範大學學報（哲學社會科學版）》2004年第3期，頁129-132。

215. 林志強：《古本《尚書》文字研究》，廣州：中山大學出版社，2009年4月第一版。

216. 林志鵬：〈釋楚系簡帛中的「𢁭」字——兼論車蔽的形制及別名〉，收入上海社會科學院編：《傳統中國研究集刊》3，上海：上海人民出版社，2007年11月第一版，頁88-103。

217. 林素清：〈郭店竹簡《語叢四》箋釋〉，收入武漢大學中國文化研究院編：《郭店楚簡國際學術研討會論文集》，武漢：湖北人民出版社，2000年5月第一版，頁389-397。

218. 林宏明：〈卜辭黃尹即伊尹補證〉，收入國立政治大學中國文學系主編：《出土文獻研究視野與方法》4，臺北：國立政治大學中國文學系、秀威資訊科技公司，2014年6月POD一版，頁145-159。

219. 林啟新：〈清華簡〈尹至〉與上博簡〈容成氏〉互證研究〉，《問學》19（2015年6月），頁33-58。

220. 金景芳：〈《尚書‧盤庚》新解〉，《社會科學戰報》1996年第3期，頁266-276。

221. 武漢大學簡帛研究中心、荊門市博物館編著：《楚地出土戰國簡冊合集（一） 郭店楚墓竹書》，北京：文物出版社，2011年11月第一版。

222. 房德鄰：〈《清華大學藏戰國竹簡（壹）》收錄的〈尹誥〉是一篇偽作〉，北京大學歷史學系官方網站，網址：http://web5.pku.edu.cn/history/，2011年3月10日，檢索日期：2011年4月10日。

223. 故宮博物院編：《古璽文編》，北京：文物出版社，1981年10月第一版。

224. 故宮博物院編：《古璽匯編》，北京：文物出版社，1981年12月第一版。

225. 胡小石：〈讀契雜記〉，《胡小石論文集三編》，上海：上海古籍出版社，1995年10月第一版，頁101-102。

226. 胡厚宣主編：《甲骨文合集釋文》，北京：中國社會科學出版社，1999年8月第一版。

227. 胡厚宣主編、肖良瓊等編：《甲骨文合集材料來源表》，北京：中國社會科學出版社，1999年8月第一版。

228. 胡厚宣、胡振宇：《殷商史》，上海：上海人民出版社，2003年4月第一版。

229. 南陽市文物考古研究所：〈河南南陽春秋楚彭射墓發掘簡報〉，《文物》2011年第3期，頁4-31。

230. 《保利藏金》編輯委員會編：《保利藏金——保利藝術博物館精品選》，深圳：嶺

南美術出版社，1999 年 9 月第一版。

231. 施謝捷：〈說「䚅（䚅䚅䚅」及相關諸字（上）〉，收入復旦大學出土文獻與古文字研究中心編：《出土文獻與傳世典籍的詮釋——紀念譚樸森先生逝世兩週年國際學術研討會論文集》，上海：上海古籍出版社，2010 年 10 月第一版，頁 47-66。

232. 侯乃峰：〈《赤鵠之集湯之屋》的「赤鵠」或當是「赤鳩」〉，武漢大學簡帛研究中心，網址：http://www.bsm.org.cn/show_article.php?id=1786，2013 年 1 月 8 日，檢索日期：2018 年 12 月 21 日；其後收入清華大學出土文獻與保護中心編、李學勤主編：《出土文獻》6，上海：中西書局，2015 年 4 月第一版，頁 195-197。

233. 侯乃峰：〈清華簡（三）所見「倒山形」之字構形臆說〉，武漢大學簡帛研究中心，網址：http://www.bsm.org.cn/show_article.php?id=1811，2013 年 1 月 14 日，檢索日期：2018 年 6 月 20 日。

234. 侯乃峰：〈也說清華簡〈赤鳩之集湯之屋〉篇的「㳬」〉，中國文字學會第八屆學術年會發言稿，2015 年，其內容轉引自李爽：《清華簡「伊尹」五篇集釋》，吉林大學碩士論文，2016 年 6 月，頁 84，其後收入收入教育部人文社會科學重點研究基地、華東師範大學中國文字研究與應用中心、華東師範大學語言文字工作委員會主辦：《中國文字研究》24，上海：上海書店出版社，2016 年 12 月第一版，頁 64-67。

235. 侯乃峰：〈讀清華簡（伍）雜志〉，《中國文字》新 43，2017 年 3 月，頁 75-88。

236. 范常喜：〈《上博（四）·昭王與龔之脽》簡 8 補釋〉，簡帛研究網，2005 年 5 月 9 日，該網站內容已調整，其內容今參見陳劍〈楚簡「㝵」字試解〉與程燕〈說樊〉二文中所引。

237. 范常喜：〈簡帛《周易·夬卦》「喪」字補說〉，武漢大學簡帛研究中心，網址：http://www.bsm.org.cn/show_article.php?id=285，2006 年 3 月 14 日，檢索日期：2018 年 8 月 2 日，其後收入《周易研究》2006 年第 4 期，頁 39-42。

238. 范常喜：〈對於楚簡中「喪」字的一點補充〉，武漢大學簡帛研究中心，網址：http://www.bsm.org.cn/show_article.php?id=290，2006 年 3 月 17 日，檢索日期：2018 年 8 月 2 日。

239. 范常喜：〈清華簡、金文與〈管子·小問〉「㳬」字合證〉，收入復旦大學出土文獻與古文字研究中心編：《出土文獻與傳世典籍的詮釋》，上海：中西書局，2019 年 11 月第一版，頁 89-96。

240. 段凱：〈《清華藏簡（伍）》拾遺〉，收入武漢大學簡帛研究中心主辦：《簡帛》14，上海：上海古籍出版社，2017 年 5 月第一版，頁 21-28。

241. 姚小鷗、孟祥笑：〈清華簡《赤鵠之集湯之屋》「曰」字的句讀問題〉，收入姚小鷗主編：《清華簡與先秦經學文獻研究》，北京：生活·讀書·新知三聯書店，2016 年 10 月北京第一版，頁 366-374。

242. 姚小鷗、盧翮：〈清華簡《赤鵠》篇與「后土」人格化〉，收入姚小鷗主編：《清

華簡與先秦經學文獻研究》，北京：生活‧讀書‧新知三聯書店，2016 年 10 月北京第一版，頁 389-397。

243. 姚小鷗、李永娜：〈清華簡《赤鵠》篇與中國小說的文體特徵〉，收入姚小鷗主編：《清華簡與先秦經學文獻研究》，北京：生活‧讀書‧新知三聯書店，2016年 10 月北京第一版，頁 398-430。

244. 姚孝遂、肖丁：《小屯南地甲骨考釋》，北京：中華書局，1985 年 8 月第一版。

245. 姚孝遂主編、肖丁（趙誠）副主編：《殷墟甲骨刻辭類纂》，北京：中華書局，1989 年 1 月第一版。

246. 姚萱：《殷墟花園莊東地甲骨卜辭的初步研究》，北京：線裝書局，2006 年 11 月第一版。

247. 姚蘇傑：〈清華簡《尹誥》「一德」論析〉，《中華文史論叢》2013 年第 2 期，頁 371-404。

248. 洪君妤：《戰國竹書伊尹文獻研究》，國立中興大學中國文學研究所碩士論文，2017 年 8 月。

249. 風儀誠：〈讀清華簡《殷高宗問於三壽》《湯處於湯丘》《湯在啻門》三篇札記〉，收入李學勤、艾蘭、呂德凱主編，清華大學出土文獻研究與保護中心、古代中國研究會編：《清華簡研究》3，上海：中西書局，2019 年 12 月第一版，頁 55-77。

250. 苗豐：〈卜辭「中彔」補證〉，復旦大學出土文獻與古文字研究中心，網址：http://www.gwz.fudan.edu.cn/Web/Show/1809，2012 年 3 月 25 日，檢索日期：2018 年 9 月 3 日。

251. 姜亮夫：〈秦詛楚文考釋——兼釋亞駝、大沈久湫兩辭〉，《蘭州大學學報（社會科學版）》1980 年第 4 期，頁 54-71。

252. 姜廣輝、傅贊：〈清華簡《尹誥》獻疑〉，《湖南大學學報（社會科學版）》2014 年第 3 期，頁 109-114。

253. 容庚編著、張振林與馬國權摹補：《金文編》，北京：中華書局，1985 年 7 月第一版。

254. 島邦男撰，溫天河、李壽林譯：《殷墟卜辭研究》，臺北：鼎文書局，1975 年。

255. 唐蘭：《天壤閣甲骨文存并考釋》，上海：上海古籍出版社，2016 年 12 月第一版。

256. 徐中舒：〈西周墻盤銘文箋釋〉，《考古學報》1978 年第 2 期，頁 139-148。

257. 徐中舒主編：《甲骨文字典》，成都：四川辭書出版社，1998 年 10 月。

258. 徐在國：〈郭店楚簡文字三考〉，收入李學勤、謝桂華主編：《簡帛研究》，桂林：廣西師範大學出版社，2001 年 9 月第一版，頁 177-185。

259. 徐在國：〈釋楚簡「敓」兼及相關字〉，收入中國古文字研究會、浙江省文物考古研究所編：《古文字研究》25，北京：中華書局，2004 年 10 月第一版，頁 347-351。

260. 荊門市博物館編：《郭店楚墓竹簡》，北京：文物出版社，1998 年 5 月第一版。

261. 荆鈴鈴:〈先秦時期伊尹形象的演變〉,收入教育部人文社會科學重點研究基地、清華大學出土文獻與中國古代文明研究中心、清華大學出土文獻研究與保護中心編,李學勤主編:《出土文獻》11,上海:中西書局,2017 年 10 月第一版,頁 184-193。

262. 夏大兆、黃德寬:〈關於清華簡《尹至》《尹誥》的形成和性質──從伊尹傳說在先秦傳世和出土文獻中的流變考察〉,《文史》2014 年第 3 輯(總 108),頁 213-239。

263. 高明編著:《古陶文彙編》,北京:中華書局,1990 年 3 月第一版。

264. 高明:《中國古文字學通論》,臺北:五南圖書公司,1993 年 12 月初版。

265. 高中華:〈《清華大學藏戰國竹簡(壹)》校讀五則〉,收入姚小鷗主編::《清華簡與先秦經學文獻研究》,北京:生活‧讀書‧新知三聯書店,2016 年 10 月北京第一版,頁 361-365。

266. 高亨:《周易大傳今注》,濟南:齊魯書社,1979 年 6 月第一版。

267. 高亨纂著、董治安整理:《古字通假會典》,濟南:齊魯書社,1989 年 7 月第一版。

268. 高佑仁:〈釋左冢楚墓漆棋局的「事故」〉,武漢大學簡帛研究中心,網址:http://www.bsm.org.cn/show_article.php?id=828,2008 年 5 月 17 日,檢索日期:2018 年 7 月 9 日。

269. 高佑仁:〈取膚盤的「麗」字析辨〉,收入《第二十五屆中國文字學國際學術研討會論文集》,臺北:中國文化大學中國文學系,2014 年 5 月,頁 261-272。

270. 高佑仁:〈〈湯處於湯丘〉札記六則〉,「文字、文獻與文明──第七屆出土文獻青年學者論壇暨國際學術研討會」,廣州:中山大學古文字研究所,2018 年 8 月 17-20 日,其後經修訂,收入中山大學古文字研究所、出土文獻與中國古代文明研究協同創新中心、中山大學中國語言文學系編:《文字‧文獻‧文明》,上海:上海古籍出版社,2019 年 10 月第一版,頁 87-98。

271. 高鴻縉:《中國字例》,臺北:三民書局,1992 年 10 月九版。

272. 馬士遠:《周秦《尚書》學研究》,北京:中華書局,2008 年 9 月北京第一版。

273. 馬文增:〈清華簡《湯處于湯丘》新釋、注譯、析辯〉,武漢大學簡帛研究中心,網址:http://www.bsm.org.cn/show_article.php?id=2234,2015 年 5 月 19 日,檢索日期:2018 年 6 月 20 日。

274. 馬文增:〈清華簡《湯在帝門》新釋、簡注、白話譯文〉,武漢大學簡帛研究中心,網址:http://www.bsm.org.cn/show_article.php?id=2238,2015 年 5 月 27 日,檢索日期:2018 年 6 月 20 日。

275. 馬文增:〈清華簡《尹至》新釋、注解、白話譯文〉,武漢大學簡帛研究中心,網址:http://www.bsm.org.cn/show_article.php?id=2246,2015 年 6 月 1 日,檢索日期:2018 年 6 月 20 日。

276. 馬文增：〈清華簡《尹誥》新釋、簡注、白話譯文〉，武漢大學簡帛研究中心，網址：http://www.bsm.org.cn/show_article.php?id=2256，2015 年 6 月 8 日，檢索日期：2018 年 6 月 20 日。

277. 馬文增：〈清華簡《赤鳩之集于湯之屋》九題〉，《殷都學刊》2020 年第 1 期，頁 34-40。

278. 馬楠：〈清華簡第一冊補釋〉，《中國史研究》2011 年第 1 期，頁 93-98，又收入清華大學出土文獻研究與保護中心、北京大學出土文獻研究所、荊州文物保護中心編，李學勤、朱鳳瀚、趙平安、方北松主編，馬楠、賈連翔助編：《古代簡牘保護與整理研究》，上海：中西書局，2012 年 6 月第一版，頁 66-72。

279. 馬楠：〈《芮良夫毖》與文獻相類文句分析及補釋〉，《深圳大學學報（人文社會科學版）》2013 年第 1 期，頁 76-78。

280. 馬承源：〈新獲西周青銅器研究二則〉，收入上海博物館集刊編輯委員會編：《上海博物館集刊——建館四十周年特輯》6，上海：上海古籍出版社，1992 年 1 月第一版，頁 150-154。

281. 馬承源主編：《上海博物館藏戰國楚竹書（一）》，上海：上海古籍出版社，2001 年 11 月第一版。

282. 馬承源主編：《上海博物館藏戰國楚竹書（二）》，上海：上海古籍出版社，2002 年 11 月第一版。

283. 馬承源主編：《上海博物館藏戰國楚竹書（三）》，上海：上海古籍出版社，2003 年 12 月第一版。

284. 馬承源主編：《上海博物館藏戰國楚竹書（四）》，上海：上海古籍出版社，2004 年 12 月第一版。

285. 馬承源主編：《上海博物館藏戰國楚竹書（五）》，上海：上海古籍出版社，2005 年 12 月第一版。

286. 馬承源主編：《上海博物館藏戰國楚竹書（六）》，上海：上海古籍出版社，2007 年 7 月第一版。

287. 馬承源主編：《上海博物館藏戰國楚竹書（七）》，上海：上海古籍出版社，2008 年 12 月第一版。

288. 馬承源主編：《上海博物館藏戰國楚竹書（八）》，上海：上海古籍出版社，2011 年 5 月第一版。

289. 馬承源主編：《上海博物館藏戰國楚竹書（九）》，上海：上海古籍出版社，2012 年 12 月第一版。

290. 馬叙倫：〈讀金器刻識〉，文科研究所編輯委員會編輯：《國學季刊》5.1，國立北京大學，1935 年，頁 83-94。

291. 馬嘉賢：《清華壹《尹至》、《尹誥》、《皇門》、《祭公之顧命》研究》，國立彰化師範大學國文學系博士論文，2015 年 7 月。

292. 馬曉穩：《出土戰國文獻《尚書》文字輯證》，安徽大學碩士論文，2012 年 4 月。

293. 袁金平：〈從《尹至》篇「播」字的討論談文義對文字考釋的重要性〉，收入清華大學出土文獻研究與保護中心編、李學勤主編：《出土文獻》5，上海：中西書局，2014 年 10 月第一版，頁 121-126，亦收入袁金平：《出土文獻與古籍新詮》，北京：社會科學文獻出版社‧人文分社，2020 年 8 月第一版，頁 164-172。

294. 袁國華：〈戰國楚簡文字零釋〉，《中國文字》新 18，1994 年 1 月，頁 209-230。

295. 袁國華：〈郭店竹簡「刀」（邵）、「其」、「卡」（下）諸字考釋〉，《中國文字》新 25，1999 年 12 月，頁 161-169。

296. 袁國華：〈《郭店楚墓竹簡‧五行》「遞」字考釋〉，《中國文字》新 26，2000 年 12 月，頁 169-176。

297. 袁國華：〈望山楚墓卜筮祭禱簡文字考釋四則〉，《中央研究院歷史語言研究所集刊》74：2，2003 年 6 月，頁 307-324。

298. 晏昌貴：〈天星觀「卜筮祭禱」簡釋文輯校（修訂稿）〉，武漢大學簡帛研究中心，網址：http://www.bsm.org.cn/show_article.php?id=31，2005 年 11 月 2 日，檢索日期：2018 年 9 月 1 日，其後收入丁四新主編：《楚地簡帛文獻思想研究（二）》，武漢：湖北教育出版社，2005 年 4 月第一版，頁 265-298。

299. 孫永鳳：《清華簡《周公之琴舞》集釋》，吉林大學碩士學位論文，2015 年 4 月。

300. 孫飛燕：〈試論《尹至》的「至在湯」與《尹誥》的「及湯」〉，復旦大學出土文獻與古文字研究中心，網址：http://www.gwz.fudan.edu.cn/Web/Show/1373，2011 年 1 月 10 日，檢索日期：2018 年 8 月 1 日。

301. 孫飛燕：〈讀《尹至》、《尹誥》札記〉，收入中國文化遺產研究院編：《出土文獻研究》10，北京：中華書局，2011 年 7 月北京第一版，頁 38-41。

302. 孫飛燕：〈也談清華簡《尹誥》的「惟尹既及湯，咸有一德」〉，收入清華大學出土文獻研究與保護中心、北京大學出土文獻研究所、荊州文物保護中心編，李學勤、朱鳳瀚、趙平安、方北松主編，馬楠、賈連翔助編：《古代簡牘保護與整理研究》，上海：中西書局，2012 年 6 月第一版，頁 99-102，亦收入清華大學出土文獻研究與保護中心編：《清華簡研究》1，上海：中西書局，2012 年 12 月，頁 57-61。

303. 孫飛燕：〈論清華簡《赤鳩之集湯之屋》的性質〉，收入武漢大學簡帛研究中心主辦：《簡帛》16，上海：上海古籍出版社，2018 年 5 月第一版，頁 31-41。

304. 孫海波原編：《校正甲骨文編》，臺北：藝文印書館，1974 年 10 月再版。

305. 孫海波：《古文聲系》，收入《民國時期語言文字學叢書》第一編，臺中：文听閣圖書公司，2009 年 10 月初版。

306. 孫沛陽：〈簡冊背劃線初探〉，收入劉釗主編：《出土文獻與古文字研究》4，上海：上海古籍出版社，2011 年 12 月第一版，頁 449-462。

307. 孫剛、李瑤：〈釋虎台丘君戈銘文中的人名——兼談「般」、「役」的構形〉，收

入中國古文字研究會、吉林大學中國古文字研究中心編：《古文字研究》32，北京：中華書局，2018 年 8 月北京第一版，頁 317-324。

308. 秦永龍：〈釋「麗」〉，《北京師範大學學報》1984 年第 6 期，頁 47-50。

309. 涂宗流、劉祖信：〈郭店楚簡《緇衣》通釋〉，收入武漢大學中國文化研究院編：《郭店楚簡國際學術研討會論文集》，武漢：湖北人民出版社，2000 年 5 月第一版，頁 182-197。

310. （日）宮島和也：〈戰國楚簡中的「𡊣」字以及古書中若干「反/返」的含意〉，收入中山大學古文字研究所、出土文獻與中國古代文明研究協同創新中心、中山大學中國語言文學系編：《文字‧文獻‧文明》，上海：上海古籍出版社，2019 年 10 月第一版，頁 99-105。

311. 曹瑋編著：《周原甲骨文》，北京：世界圖書出版公司，2002 年 10 月第一版。

312. 曹方向：〈清華大學藏戰國竹簡《尹誥》篇補議一則〉，武漢大學簡帛研究中心，網址：http://www.bsm.org.cn/show_article.php?id=1373，2011 年 1 月 8 日，檢索日期：2018 年 6 月 24 日。

313. 曹方向：〈清華簡《湯處于湯丘》補論一則〉，武漢大學簡帛研究中心，網址：http://www.bsm.org.cn/show_article.php?id=2203，2015 年 4 月 13 日，檢索日期：2018 年 6 月 22 日。

314. 曹方向：〈清華五與馬王堆醫書對比探析〉，收入《第二十七屆中國文字學國際學術研討會論文集》，臺中：國立臺中教育大學語文教育學系、中國文字學會，2016 年 5 月，頁 479-485。

315. 曹方向：〈清華簡《湯處於湯丘》「絕芳旨而滑」試解〉，收入中國古文字研究會、清華大學出土文獻研究與保護中心、中國社會科學院甲骨文殷商史研究中心、首都師範大學甲骨文研究中心編：《古文字研究》31，北京：中華書局，2016 年 10 月北京第一版，頁 388-390。

316. 曹錦炎：〈彭射銅器銘文補釋〉，《文物》2011 年第 6 期，頁 94-95。

317. 曹峰：〈道家「帝師」類文獻初探〉，《哲學論集》49，新北：輔仁大學哲學系，2018 年 2 月出版，頁 33-60。

318. 曹峰：〈清華簡《湯在啻門》譯注〉，收入李學勤、艾蘭、呂德凱主編，清華大學出土文獻研究與保護中心、古代中國研究會編：《清華簡研究》3，上海：中西書局，2019 年 12 月第一版，頁 108-143。

319. 曹雨楊：《《清華大學藏戰國竹簡（壹）—（參）》疑難字詞集釋及釋文校注》，吉林大學碩士學位論文，2020 年 5 月。

320. 曹娜：〈試論清華簡《尹誥》篇研究中的兩個問題〉，《先秦、秦漢史》2018 年第 4 期，頁 90-94。

321. 許錟輝：〈《尚書》的經學要義與史學價值〉，《臺北市立圖書館錢穆先生紀念館館刊》5，1997 年 12 月，頁 47-70。

322. 許錟輝:《文字學簡編‧基礎篇》,臺北:萬卷樓圖書公司,1999 年 3 月初版。

323. 許錟輝:《先秦典籍引《尚書》考》,臺北:花木蘭文化出版社,2009 年 9 月初版。

324. 許學仁:《《古文四聲韻》古文研究‧古文合證篇》,臺北:文史哲出版社,1997 年。

325. 許進雄:〈識字有感一〉,《中國文字》新 1,1980 年 3 月,頁 53-64。

326. 許文獻:〈關於清華〈鄭武夫人規孺子〉簡 7 之「𣏐」字〉,武漢大學簡帛研究中心,網址:http://www.bsm.org.cn/show_article.php?id=3024,2018 年 3 月 16 日,檢索日期:2018 年 6 月 7 日。

327. 許文獻:〈說「一」〉,收入馮志弘、謝家浩、施仲謀主編:《語文教育與思想文化》,香港:中華書局,2020 年 4 月初版,頁 12-27。

328. 許文獻:〈試論北大簡《蒼頡篇》「悉起臣僕」與其版本之訛抄異文〉,《中國文字》總 4,2020 年冬季號,2020 年 12 月,頁 131-149。

329. 清華大學出土文獻研究與保護中心編、李學勤主編:《清華大學藏戰國竹簡（壹）》,上海:中西書局,2010 年 12 月第一版。

330. 清華大學出土文獻研究與保護中心編、李學勤主編:《清華大學藏戰國竹簡（貳）》,上海:中西書局,2011 年 12 月第一版。

331. 清華大學出土文獻研究與保護中心編、李學勤主編:《清華大學藏戰國竹簡（參）》,上海:中西書局,2012 年 12 月第一版。

332. 清華大學出土文獻研究與保護中心編、李學勤主編:《清華大學藏戰國竹簡（肆）》,上海:中西書局,2013 年 12 月第一版。

333. 清華大學出土文獻研究與保護中心編、李學勤主編:《清華大學藏戰國竹簡（伍）》,上海:中西書局,2015 年 4 月第一版。

334. 清華大學出土文獻研究與保護中心編、李學勤主編:《清華大學藏戰國竹簡（陸）》,上海:中西書局,2016 年 4 月第一版。

335. 清華大學出土文獻研究與保護中心編、李學勤主編:《清華大學藏戰國竹簡（柒）》,上海:中西書局,2017 年 4 月第一版。

336. 清華大學出土文獻研究與保護中心編、李學勤主編:《清華大學藏戰國竹簡（捌）》,上海:中西書局,2018 年 11 月第一版。

337. 清華大學出土文獻研究與保護中心編、黃德寬主編:《清華大學藏戰國竹簡（玖）》,上海:中西書局,2019 年 11 月第一版。

338. 清華大學出土文獻研究與保護中心編、黃德寬主編:《清華大學藏戰國竹簡（拾）》,上海:中西書局,2020 年 11 月第一版。

339. 清華大學出土文獻讀書會:〈清華簡第五冊整理報告補正〉,清華大學出土文獻研究與保護中心,網址:http://www.ctwx.tsinghua.edu.cn/publish/cetrp/6831/2015/20150408112711717568509/20150408112711717568509_.html,2015 年 4 月 8 日,

檢索日期：2018 年 6 月 19 日。

340. 張守中撰集：《侯馬盟書字表新編》，北京：文物出版社出版發行，2017 年 7 月第一版。

341. 張亞初編著：《殷周金文集成引得》，北京：中華書局，2001 年 7 月第一版。

342. 張亞初、劉雨：《西周金文官制研究》，北京：中華書局，1986 年 5 月第一版，頁 43-45。

343. 張世超：〈釋「逸」〉，收入華東師範大學中國文學研究與應用中心編：《中國文字研究》6，南寧：廣西教育出版社，2005 年 10 月第一版，頁 8-10。

344. 張世超：〈清華簡〈繫年〉「哉」字說〉，中國古文字研究會第十九屆學術年會論文，2012 年 12 月。

345. 張光裕主編、袁國華合編：《包山楚簡文字編》，臺北：藝文印書館，1992 年 11 月初版。

346. 張光裕、滕壬生、黃錫全主編：《曾侯乙墓竹簡文字編》，臺北：藝文印書館，1997 年元月初版。

347. 張光裕主編、袁國華合編：《郭店楚簡研究　第一卷　文字編》，臺北：藝文印書館，1999 年元月初版。

348. 張桂光：〈金文札記三則〉，中國古文字研究會、吉林大學古文字研究室編：《古文字研究》27，北京：中華書局，2008 年 9 月北京第一版，頁 228-232。

349. 張其昀：〈論《尚書》「其」字兼及「厥」字〉，載林慶彰編：《經學研究論叢》第十一輯，臺北：臺灣學生書局，2003 年 6 月初版，頁 57-79。

350. 張利軍：〈釋金文中 字——兼論青銅器匜之得名〉，《文博》2008 年第 6 期，頁 33-36。

351. 張秉權：《小屯‧第二本‧殷虛文字：丙編‧上輯（一）》，臺北：中央研究院歷史語言研究所，1957 年。

352. 張岩：〈清華簡《咸有一德》《說命》真偽考辨〉，《山東青年政治學院學報》2015 年第 1 期，頁 119-137。

353. 張政烺：〈釋它示——論卜辭中沒有蠶神〉，收入中國古文字研究會、吉林大學古文字研究室編：《古文字研究》1，北京：中華書局，1979 年 8 月第一版，頁 63-70。

354. 張政烺：〈釋「哉」〉，收入中國古文字研究會、四川大學歷史系古文字研究室編：《古文字研究》6，北京：中華書局，1981 年 11 月第一版，頁 133-140，亦收入張政烺：《張政烺文史論集》，北京：中華書局，2004 年 4 月第一版，頁 607-613。

355. 張崇禮：〈讀上博四《昭王與龔之脽》箚記〉，武漢大學簡帛研究中心，網址：http://www.bsm.org.cn/show_article.php?id=557，2007 年 5 月 1 日，檢索日期：2018 年 9 月 1 日。

356. 張崇禮：〈釋清華簡《尹至》的「瓚」字〉，復旦大學出土文獻與古文字研究中

心，網址：http://www.gwz.fudan.edu.cn/Web/Show/1748，2011 年 11 月 23 日，檢索日期：2018 年 6 月 25 日。

357. 張崇禮：〈釋金文中的「閒」字〉，復旦大學出土文獻與古文字研究中心，網址：http://www.gwz.fudan.edu.cn/Web/Show/1871，2012 年 5 月 28 日，檢索日期：2018 年 6 月 8 日。

358. 張崇禮：〈清華簡《尹誥》考釋〉，復旦大學出土文獻與古文字研究中心，網址：http://www.gwz.fudan.edu.cn/Web/Show/2400，2014 年 12 月 17 日，檢索日期：2018 年 6 月 25 日。

359. 張富海：〈清華簡《尹至》字詞補釋二則〉，收入中國文字學會編：《中國文字學報》5，北京：商務印書館，2014 年 7 月第一版，頁 143-145。

360. 張富海：〈清華簡字詞補釋三則〉，收入中國古文字研究會、清華大學出土文獻研究與保護中心、中國社會科學院甲骨文殷商史研究中心、首都師範大學甲骨文研究中心編：《古文字研究》31，北京：中華書局，2016 年 10 月北京第一版，頁 351-354。

361. 張富海：〈釋清華簡《湯在啻門》的「徧急」〉，收入清華大學出土文獻研究與保護中心編、李學勤主編：《出土文獻》12，上海：中西書局，2018 年 4 月第一版，頁 130-134。

362. 張淑惠：〈近二十年來出土文獻對經學研究的影響〉，載林慶彰編：《經學研究論叢》7，臺北：臺灣學生書局，1999 年 9 月初版。

363. 張宇衛：〈說「茲」字及其相關字形〉，《臺大中文學報》69，2020 年 6 月，頁 1-40。

364. 張新俊：〈說饎〉，原發表於簡帛研究網，2004 年 4 月 29 日，因該網站內容進行調整，今據其博士論文之內容補之。張新俊：《上博楚簡文字研究》，吉林大學博士學位論文，2005 年 4 月。

365. 張新俊：《上博楚簡文字研究》，吉林大學博士學位論文，2005 年 4 月。

366. 張儒、劉毓慶：《漢字通用聲素研究》，太原：山西古籍出版社，2002 年 4 月第一版。

367. 張瀚墨：〈〈湯在啻門〉、十月懷胎與早期中國術數世界觀〉，《饒宗頤國學院院刊》4（2017 年 5 月），頁 173-212。

368. 張顯成：《簡帛文獻學通論》，北京：中華書局，2004 年 10 月第一版。

369. 陳民鎮：〈清華簡《尹至》集釋〉，復旦大學出土文獻與古文字研究中心，網址：http://www.gwz.fudan.edu.cn/Web/Show/1647，2011 年 9 月 12 日，檢索日期：2018 年 8 月 12 日。

370. 陳民鎮注釋、按語：〈清華簡《尹誥》集釋〉，復旦大學出土文獻與古文字研究中心，網址：http://www.gwz.fudan.edu.cn/Web/Show/1648，2011 年 9 月 12 日，檢索日期：2018 年 6 月 28 日。

371. 陳民鎮：〈清華簡《尹誥》釋文校補〉，《中華文化論壇》2011 年第 4 期，頁 110-114。

372. 陳光田：《戰國璽印分域研究》，長沙：嶽麓書社，2009 年 5 月第一版。

373. 陳英傑：〈史、吏、事、使分化時代層次考〉，《中國文字》新 40，2014 年 7 月，頁 63-179。

374. 陳昭容：〈從秦系文字演變的觀點論〈詛楚文〉的真偽及其相關問題〉，《中央研究院歷史語言研究所集刊》62：4，1993 年 4 月，頁 569-621。

375. 陳昭容：〈從古文字材料談古代的盥洗用具及其相關問題——自淅川下寺春秋楚墓的青銅水器自名說起〉，《中央研究院歷史語言研究所集刊》71：4，2000 年 12 月，頁 857-932。

376. 陳初生編纂、曾憲通審校：《金文常用字典》，西安：陝西人民出版社，2004 年 1 月第二版。

377. 陳偉：〈《鄭子家喪》通釋〉，武漢大學簡帛研究中心，網址：http://www.bsm.org.cn/show_article.php?id=964，2009 年 1 月 10 日，檢索日期：2018 年 8 月 2 日。

378. 陳偉等：《楚地出土戰國簡冊[十四種]》，北京：經濟科學出版社，2009 年 9 月第一版。

379. 陳偉：〈讀《清華竹簡〔伍〕》札記（三則）〉，武漢大學簡帛研究中心，網址：http://www.bsm.org.cn/show_article.php?id=2189，2015 年 4 月 11 日，檢索日期：2018 年 6 月 20 日。

380. 陳偉：〈讀《清華竹簡（伍）》札記（續）〉，武漢大學簡帛研究中心，網址：http://www.bsm.org.cn/show_article.php?id=2192，2015 年 4 月 12 日，檢索日期：2018 年 7 月 10 日。

381. 陳偉武：〈荊門左塚楚墓漆梮文字補釋〉，復旦大學出土文獻與古文字研究中心，網址：http://www.gwz.fudan.edu.cn/Web/Show/853，2009 年 7 月 21 日，檢索日期：2018 年 8 月 2 日，此文修訂後，另收於復旦大學出土文獻與古文字研究中心編：《出土文獻與傳世典籍的詮釋——紀念譚樸森先生逝世兩週年國際學術研討會論文集》，上海：上海古籍出版社，2010 年 10 月第一版，頁 197-201。

382. 陳斯鵬：〈上海博物館藏楚簡《曹沫之陳》釋文校理稿〉，原發表於簡帛研究網，2005 年 2 月 20 日，因網站內容調整，其說轉見於季旭昇主編，袁國華協編，陳思婷、張繼凌、高佑仁、朱賜麟合編：《《上海博物館藏戰國楚竹書（四）》讀本》，臺北：萬卷樓圖書公司，2007 年 3 月初版，頁 192-194。

383. 陳斯鵬：〈論周原甲骨和楚系簡帛中的「囟」與「思」——兼論卜辭命辭的性質〉，《文史》2006 年第 1 輯，頁 5-20。

384. 陳斯鵬：《簡帛文獻與文學考論》，廣州：中山大學出版社，2007 年 12 月第一版。

385. 陳斯鵬：〈吳王闔廬劍小考〉，復旦大學出土文獻與古文字研究中心，網址：http://www.gwz.fudan.edu.cn/Web/Show/1775，2012 年 1 月 15 日，檢索日期：2018

年 6 月 6 日。

386. 陳復澄：〈咸為成湯說〉，《遼寧文物》1983 年第 5 期，頁 6-9。

387. 陳夢家：《殷虛卜辭綜述》，北京：中華書局，1988 年 1 月第一版。

388. 陳劍：〈青銅器自名代稱、連稱研究〉，收入李圃主編：《中國文字研究》1，南寧：廣西教育出版社，1999 年 7 月第一版，頁 335-370。

389. 陳劍：〈郭店簡補釋三篇〉，收入郭店楚簡研究（國際）中心編：《古墓新知——紀念郭店楚簡出土十周年論文專輯》，香港：香港國際炎黃文化出版社，2003 年 11 月第一版，頁 114-131，其後經增補、修訂與改寫，收入陳劍：《戰國竹書論集》，上海：上海古籍出版社，2013 年 12 月第一版，頁 42-56。

390. 陳劍：〈上博簡《子羔》、《從政》篇的竹簡拼合與編連問題小議〉，《文物》2003 年第 5 期，頁 56-59，64，亦收入陳劍：《戰國竹書論集》，上海：上海古籍出版社，2013 年 12 月第一版，頁 24-31。

391. 陳劍：〈上博竹書《曹沫之陳》新編釋文〉，原發表於簡帛研究網，2005 年 2 月 12 日，其後經增補修訂，收入陳劍：《戰國竹書論集》，上海：上海古籍出版社，2013 年 12 月第一版，頁 114-124。

392. 陳劍：〈釋上博竹書《昭王毀室》的「幸」字〉，收入中國文字學會、河北大學漢字研究中心編：《漢字研究》1，北京：學苑出版社，2005 年 6 月北京第一版，頁 456-463，其後亦收入陳劍：《戰國竹書論集》，上海：上海古籍出版社，2013 年 12 月第一版，頁 231-260。

393. 陳劍：〈談談《上博（五）》的竹簡分篇、拼合與編聯問題〉，原發表於簡帛網，2006 年 2 月 19 日，其後經修訂，收入陳劍：《戰國竹書論集》，上海：上海古籍出版社，2013 年 12 月第一版，頁 168-182。

394. 陳劍：〈上博竹書「葛」字小考〉，收入華東師範大學中國文學研究與應用中心主編：《中國文字研究》2007 年第一輯，頁 68-70，99，其後收入陳劍：《戰國竹書論集》，上海：上海古籍出版社，2013 年 12 月第一版，頁 183-188。

395. 陳劍：〈說慎〉，收入陳劍：《甲骨金文考釋論集》，北京：線裝書局，2007 年 4 月第一版，頁 39-53。

396. 陳劍：〈甲骨金文「戠」字補釋〉，收入陳劍：《甲骨金文考釋論集》，北京：線裝書局，2007 年 4 月第一版，頁 99-106。

397. 陳劍：〈釋上博竹書和春秋金文的「羹」字異體〉，2007 年中國簡帛學國際論壇論文，2007 年 11 月 10 日-11 日，同文修訂後，發表於復旦大學出土文獻與古文字研究中心，網址：http://www.gwz.fudan.edu.cn/Web/Show/295，2008 年 1 月 6 日，檢索日期：2018 年 6 月 16 日，其後亦收入陳劍：《戰國竹書論集》，上海：上海古籍出版社，2013 年 12 月第一版，頁 231-260。

398. 陳劍：〈楚簡「𡠽」字試解〉，收入武漢大學簡帛研究中心主辦：《簡帛》4，上海：上海古籍出版社，2009 年 10 月第一版，頁 135-159，其後亦收入陳劍：《戰

國竹書論集》，上海：上海古籍出版社，2013 年 12 月第一版，頁 353-384。

399. 陳劍：〈簡談《繫年》的「戠」和楚簡部分「半音」字當釋讀為「捷」〉，《安徽大學學報（哲學社會科學版）》2013 年第 6 期，頁 67-70。

400. 陳劍：〈《清華簡（伍）》與舊說互證兩則〉，復旦大學出土文獻與古文字研究中心，網址：http://www.gwz.fudan.edu.cn/Web/Show/2494，2015 年 4 月 14 日，檢索日期：2019 年 6 月 18 日。

401. 陳劍：〈據《清華簡（伍）》的「古文虞」字說毛公鼎和殷墟甲骨文的有關諸字〉，《古文字與古代史》5，臺北：中央研究院歷史語言研究所，2017 年 4 月，頁 261-286。

402. 陳劍：〈清華簡字義零札兩則〉，收入復旦大學出土文獻與古文字研究中心編：《戰國文字研究的回顧與展望》，上海：中西書局，2017 年 8 月第一版，頁 190-203。

403. 陳劍：〈釋甲骨金文的「徹」字異體——據卜辭類組差異釋字又一例〉，收入復旦大學出土文獻與古文字研究中心編：《出土文獻與古文字研究》7，上海：上海古籍出版社，2018 年 5 月第一版，頁 1-19。

404. 陳新雄：《古音研究》，臺北：五南圖書公司，1999 年 4 月初版。

405. 陳麗桂：〈《湯在啻門》的氣化胎產說與天人論述〉，收入復旦大學出土文獻與古文字研究中心編：《出土文獻與傳世典籍的詮釋》，上海：中西書局，2019 年 11 月第一版，頁 97-112。

406. 陳致：〈清華簡（伍）《湯處於湯丘》《湯在啻門》《殷高宗問於三壽》三篇札記〉，收入李學勤、艾蘭、呂德凱主編，清華大學出土文獻研究與保護中心、古代中國研究會編：《清華簡研究》3，上海：中西書局，2019 年 12 月第一版，頁 78-89。

407. 陳高志：〈《郭店楚墓竹簡·緇衣篇》部分文字隸定檢討〉，收入《張以仁先生七秩壽慶論文集》，臺北：臺灣學生書局，1999 年 1 月初版，頁 363-376。

408. 陳昌遠、陳隆文：〈論山西垣曲商城遺址與「湯始居亳」之歷史地理考察〉，《河南大學學報（社會科學版）》2000 年第 1 期，頁 39-46。

409. 郭沫若：《卜辭通纂：附考釋索引》，臺北：大通書局，1976 年 5 月初版。

410. 郭沫若：《兩周金文辭大系圖錄攷釋》，上海：上海書店出版社，1999 年 7 月第一版。

411. 郭沫若著作編輯出版委員會編：《郭沫若全集　歷史編》，北京：人民出版社，1982 年 9 月第一版。

412. 郭沫若著作編輯出版委員會編：《郭沫若全集　考古編》，北京：科學出版社，2002 年 10 月第一版。

413. 郭永秉：〈釋上博楚簡《平王問鄭壽》的「訊」字〉，收入中國古文字研究會、吉林大學古文字研究室編：《古文字研究》27，北京：中華書局，2008 年 9 月北京第一版，頁 489-493。

414. 郭永秉：〈上博藏西周寓鼎銘文新釋——兼為春秋金文、戰國楚簡中的「羹」字

祛疑〉，收入《出土文獻與傳世典籍的詮釋——紀念譚樸森先生逝世兩週年國際學術研討會論文集》，上海：上海古籍出版社，2010 年 10 月第一版，頁 81-97。

415. 郭永秉：〈補說「麗」、「瑟」的會通——從《君人者何必安哉》的「㐮」字說起〉，《中國文字》新 38，2012 年 12 月，頁 73-90，亦收入郭永秉：《古文字與古文獻論集續編》，上海：上海古籍出版社，2015 年 8 月第一版，頁 14-30。

416. 郭永秉；〈釋清華簡中倒山形的「覆」字〉，《中國文字》新 39，2013 年 12 月，頁 77-88，亦收入清華大學出土文獻研究與保護中心編：《清華簡研究》2，上海：中西書局，2015 年 8 月第一版，頁 143-151，又收入郭永秉：《古文字與古文獻論集續編》，上海：上海古籍出版社，2015 年 8 月第一版，頁 262-272。

417. 郭永秉：〈清華簡《尹至》「㴲至在湯」解〉，收入郭永秉：《古文字與古文獻論集續編》，上海：上海古籍出版社，2015 年 8 月第一版，頁 248-253。

418. 郭錫良：《漢字古音手冊》，北京：北京大學出版社，1986 年 11 月第一版。

419. 郭梨華：〈《湯處於湯丘》、《湯在啻門》中的黃老思想初探〉，收入復旦大學出土文獻與古文字研究中心與耶魯—新加坡國立大學學院陳振傳基金漢學研究委員會編：《出土文獻與中國古典學》，上海：中西書局，2018 年 3 月第一版，頁 292-306。

420. 郭倩文：《《清華五》、《上博九》集釋及新見文字現象整理與研究》，華東師範大學碩士學位論文，2016 年 5 月。

421. 國立故宮博物院編輯委員會編：《故宮西周金文錄》，臺北：國立故宮博物院，2001 年 7 月初版。

422. 崔仁義：《荊門郭店楚簡《老子》研究》，北京：科學出版社，1998 年 10 月第一版。

423. 崔恒昇：《簡明甲骨文詞典：增訂本》，合肥：安徽教育出版社，2001 年 9 月第二版。

424. 梁月娥：〈說《清華（參）》〈赤鵠之集湯之屋〉之「渻」〉，武漢大學簡帛研究中心，網址：http://www.bsm.org.cn/show_article.php?id=1793，2013 年 1 月 8 日，檢索日期：2018 年 6 月 16 日。

425. 梁立勇：〈甲骨文「𦍒」補釋兼釋清華簡「𤑔」〉，清華大學出土文獻研究與保護中心編：《清華簡研究》1，上海：中西書局，2012 年 12 月第一版，頁 53-56。

426. 梁鶴：《《清華大學藏戰國竹簡（壹）》、《清華大學藏戰國竹簡（貳）》通假字整理》，吉林大學碩士論文，2015 年 4 月。

427. 麻愛民：《墻盤銘文集釋與考證》，東北師範大學碩士學位論文，2002 年 5 月。

428. 商豔濤：〈金文「蔵」字補議〉，《古漢語研究》2008 年第 2 期，頁 83-85。

429. 湖北省文物考古研究所、北京大學中文系編：《九店楚簡》，北京：中華書局，2000 年 5 月第一版。

430. 湖北省文物考古研究所、荊門市博物館、襄荊高速公路考古隊編著：《荊門左塚楚墓》，北京：文物出版社，2006 年 12 月第一版。

431. 湖北省文物考古研究所、隨州市博物館：〈湖北隨州葉家山西周墓地發掘簡報〉，《文物》2011 年第 11 期，頁 4-60。

432. 湖北省荊沙鐵路考古隊編：《包山楚墓》，北京：文物出版社，1991 年 10 月第一版。

433. 湖南省博物館、復旦大學出土文獻與古文字研究中心編纂，裘錫圭主編：《長沙馬王堆漢墓簡帛集成》，北京：中華書局，2014 年 6 月第一版。

434. 復旦大學出土文獻與古文字研究中心研究生讀書會：〈《上博七·吳命》校讀〉，復旦大學出土文獻與古文字研究中心，網址：http://www.gwz.fudan.edu.cn/Web/Show/577，2008 年 12 月 30 日，檢索日期：2018 年 8 月 2 日。

435. 復旦大學出土文獻與古文字研究中心研究生讀書會：〈《上博（七）·凡物流形》重編釋文〉，復旦大學出土文獻與古文字研究中心，網址：http://www.gwz.fudan.edu.cn/Web/Show/581，2008 年 12 月 31 日，檢索日期：2017 年 4 月 19 日。

436. 復旦大學出土文獻與古文字研究中心研究生讀書會：〈《上博七·鄭子家喪》校讀〉，復旦大學出土文獻與古文字研究中心，網址：http://www.gwz.fudan.edu.cn/Web/Show/584，2008 年 12 月 31 日，檢索日期：2018 年 8 月 2 日。

437. 復旦大學出土文獻與古文字研究中心研究生讀書會：〈清華九簡研讀札記〉，復旦大學出土文獻與古文字研究中心，網址：http://www.gwz.fudan.edu.cn/Web/Show/1166，2010 年 5 月 30 日，檢索日期：2018 年 6 月 25 日。

438. 復旦大學出土文獻與古文字研究中心研究生讀書會：〈清華簡《尹至》、《尹誥》研讀札記（附：《尹至》、《尹誥》、《程寤》釋文）〉，復旦大學出土文獻與古文字研究中心，網址：http://www.gwz.fudan.edu.cn/Web/Show/1352，2011 年 1 月 5 日，檢索日期：2018 年 6 月 25 日。

439. 復旦大學出土文獻與古文字研究中心研究生讀書會：〈清華簡《皇門》研讀札記〉，復旦大學出土文獻與古文字研究中心，網址：http://www.gwz.fudan.edu.cn/Web/Show/1345，2011 年 1 月 5 日，檢索日期：2018 年 7 月 9 日。

440. 復旦大學出土文獻與古文字研究中心：〈清華簡《尹至》、《尹誥》、《程寤》研讀札記〉，收入彭林主編：《中國經學》8，桂林：廣西師範大學出版社，2011 年 6 月第一版，頁 23-30。

441. 華東師範大學中文系出土文獻研究工作室：〈讀《清華大學藏戰國竹簡（伍）》書後（三）〉，武漢大學簡帛研究中心，網址：http://www.bsm.org.cn/show_article.php?id=2211，2015 年 4 月 17 日，檢索日期：2018 年 6 月 9 日。

442. 黃人二、趙思木：〈讀《清華大學藏戰國竹簡》書後（一）〉，武漢大學簡帛研究中心，網址：http://www.bsm.org.cn/show_article.php?id=1368，2011 年 1 月 7 日，檢索日期：2018 年 7 月 15 日。

443. 黃人二、趙思木：〈清華簡《尹至》補釋〉，武漢大學簡帛研究中心，網址：http://www.bsm.org.cn/show_article.php?id=1383，2011 年 1 月 11 日，檢索日期：

2018 年 7 月 13 日。

444. 黃人二、趙思木：〈清華簡《尹至》餘釋〉，武漢大學簡帛研究中心，網址：http://www.bsm.org.cn/show_article.php?id=1385，2011 年 1 月 12 日，檢索日期：2018 年 6 月 11 日。

445. 黃天樹：〈殷墟甲骨文所見夜間時稱考〉，收入黃天樹：《黃天樹古文字論集》，北京：學苑出版社，2006 年 8 月第一版，頁 178-193。

446. 黃盛璋：〈「𢦏」為「截」之初文形、音、義證〉，收入《于省吾教授誕辰 100 周年紀念文集》，長春：吉林大學出版社，1996 年 9 月第一版，頁 233-238。

447. 黃德寬：〈「𢇬」及相關字的再討論〉，收入吉林大學古文字研究室編：《中國古文字研究》1，長春：吉林大學出版社，1999 年 6 月第一版，頁 321-327。

448. 黃德寬：〈清華簡《赤鵠之集湯之屋》與先秦「小說」——略說清華簡對先秦文學研究的價值〉，《復旦學報（社會科學版）》2013 年第 4 期，頁 81-86。

449. 黃德寬、何琳儀、徐在國：《新出楚簡文字考》，合肥：安徽大學出版社，2007 年 9 月第一版。

450. 黃冠雲：〈說《湯在啻門》論「氣」一節文字〉，收入李學勤、艾蘭、呂德凱主編，清華大學出土文獻研究與保護中心、古代中國研究會編：《清華簡研究》3，上海：中西書局，2019 年 12 月第一版，頁 159-170。

451. 黃懷信：〈清華簡《尹至》補釋〉，武漢大學簡帛研究中心，網址：http://www.bsm.org.cn/show_article.php?id=1416，2011 年 3 月 17 日，檢索日期：2018 年 8 月 16 日。

452. 黃懷信：〈由清華簡《尹誥》看《古文尚書·咸有一德》〉，武漢大學簡帛研究中心，網址：http://www.bsm.org.cn/show_article.php?id=1424，2011 年 3 月 25 日，檢索日期：2018 年 6 月 26 日。

453. 黃懷信：〈由清華簡《尹誥》看《古文尚書》〉，《魯東大學學報（哲學社會科學版）》2012 年第 6 期，頁 66-69。

454. 黃庭頎：〈清華大學藏戰國竹簡〈尹至〉探析〉，《有鳳初鳴年刊》8（2012 年 7 月），頁 485-503。

455. 黃庭頎：〈論古文字材料所見之「伊尹」稱號——兼論〈尹至〉、〈尹誥〉之「尹」、「執」（摯）〉，《東華中文學報》5（2012 年 12 月），頁 63-86。

456. 黃錫全：《汗簡注釋》，武漢：武漢大學出版社，1990 年 8 月第一版。

457. 黃錫全：《讀上博〈戰國楚竹書（三）〉箚記六則》，簡帛研究網，2004 年 4 月 29 日，因網站調整因素，該文相關說法轉見於范常喜：〈簡帛《周易·夬卦》「喪」字補說〉，武漢大學簡帛研究中心，網址：http://www.bsm.org.cn/show_article.php?id=285，2006 年 3 月 14 日，檢索日期：2018 年 8 月 2 日。

458. 黃傑：〈初讀清華簡釋文筆記〉，武漢大學簡帛研究中心，網址：http://www.bsm.org.cn/show_article.php?id=1366，2011 年 1 月 7 日，檢索日期：2018 年 6 月 2

4 日。

459. 黃傑：〈初讀清華簡（參）《赤𩵋（从鳥）之集湯之屋》筆記〉，武漢大學簡帛研究中心，網址：http://www.bsm.org.cn/show_article.php?id=1802，2013 年 1 月 10日，檢索日期：2018 年 6 月 18 日。

460. 黃麗娟：〈清華簡〈尹誥〉疑難字詞考釋〉，《國文學報》52（2012 年 12 月），頁 33-58。

461. 黃澤鈞：〈清華簡〈尹誥〉研究四題〉，收入《思辨集》15，第十八屆臺灣師範大學國文學系研究生論文發表會論文集，臺北：國立臺灣師範大學國文學系，2012年 6 月，頁 165-190。

462. 黃澤鈞：〈清華伍〈湯在啻門〉釋文補注〉，第二十七屆中國文字學國際學術研討會發表論文，臺中：國立臺中教育大學，2016 年 5 月 13 日、14 日。

463. 曾運乾：《尚書正讀》，臺北：宏業出版社，1973 年。

464. 曾憲通：〈楚文字釋叢（五則）〉，《中山大學學報（社會科學版）》1996 年第 3期，頁 58-65。

465. 曾憲通：〈說繇〉，收入中國古文字研究會、山西省文物局考古研究所、中華書局編輯部編：《古文字研究》10，北京：中華書局，1983 年 7 月第一版），頁 23-36。

466. 散宜凌：〈清華簡《湯處於湯丘》補說〉，清華大學出土文獻研究與保護中心，網址：http://www.ctwx.tsinghua.edu.cn/publish/cetrp/6831/2015/201504130837499007794842/20150413083749907794842_.html，2015 年 4 月 13 日，檢索日期：2018年 3 月 6 日。

467. 彭裕商：〈關於「𢼸」字釋讀的一點淺見〉，收入中國古文字研究會、清華大學出土文獻研究與保護中心、中國社會科學院甲骨文殷商史研究中心、首都師範大學甲骨文研究中心編《古文字研究》31，北京：中華書局，2016 年 10 月北京第一版，頁 497-499。

468. 湯餘惠：《戰國文字編（修訂本）》，福州：福建人民出版社，2015 年 12 月第二版。

469. 馮勝君：《郭店簡與上博簡對比研究》，北京：線裝書局，2007 年 4 月第一版。

470. 馮勝君：〈讀清華三《赤鵠之集湯之屋》札記〉，收入吉林大學古籍研究所編：《吉林大學古籍研究所建所三十周年紀念論文集》，上海：上海古籍出版社，2014 年11 月第一版，頁 80-84。

471. 馮勝君：〈清華簡《尹至》「茲乃柔大縶」解〉，收入中國文化遺產研究院編：《出土文獻研究（「簡帛文字與書法國際研討會」特輯）》13，上海：中西書局，2014年 12 月第一版，頁 310-317。

472. 單周堯：〈甲骨文中的 𦫵 與 𦫵 〉，《中國語文》1980 年第 2 期，頁 140-141。

473. 單育辰：《《曹沫之陳》文本集釋與相關問題研究》，吉林大學碩士學位論文，2007年 4 月。

474. 單育辰:〈佔畢隨錄之六〉,武漢大學簡帛研究中心,網址:http://www.bsm.org.cn/show_article.php?id=860,2008 年 8 月 5 日,檢索日期:2018 年 9 月 1 日。

475. 單育辰:〈談戰國文字中的「梟」〉,收入武漢大學簡帛研究中心主辦:《簡帛》3,上海:上海古籍出版社,2008 年 10 月第一版,頁 21-28。

476. 單育辰:〈佔畢隨錄之九〉,武漢大學簡帛研究中心,網址:http://www.bsm.org.cn/show_article.php?id=977,2009 年 1 月 19 日,檢索日期:2018 年 8 月 3 日。

477. 單育辰:《楚地戰國簡帛與傳世文獻對讀之研究》,北京:中華書局,2014 年北京第一版。

478. 單育辰:《新出楚簡《容成氏》研究》,北京:中華書局,2016 年 3 月北京第一版。

479. 單育辰:〈《清華大學藏戰國竹簡(伍)》釋文訂補〉,收入復旦大學出土文獻與古文字研究中心編:《戰國文字研究的回顧與展望》,上海:中西書局,2017 年 8 月第一版,頁 204-210。

480. 程元敏:《尚書學史》,臺北:大安圖書公司,2006 年 6 月初版。

481. 程燕:〈說樊〉,武漢大學簡帛研究中心,網址:http://www.bsm.org.cn/show_article.php?id=1363,2011 年 1 月 6 日,檢索日期:2018 年 6 月 28 日。

482. 程燕:〈清華五箚記〉,武漢大學簡帛研究中心,網址:http://www.bsm.org.cn/show_article.php?id=2187,2015 年 4 月 10 日,檢索日期:2018 年 6 月 9 日;程燕:〈清華五札記二則〉,收入中國古文字研究會、清華大學出土文獻研究與保護中心、中國社會科學院甲骨文殷商史保護中心、首都師範大學甲骨文研究中心編《古文字研究》31,北京:中華書局,2016 年 10 月北京第一版,頁 366-369。

483. 程薇:〈民人皆督禹麗〉,收入清華大學出土文獻與保護中心編、李學勤主編:《出土文獻》6,上海:中西書局,2015 年 4 月第一版,頁 215-219。

484. 華學誠:《周秦漢晉方言研究史》,上海:復旦大學出版社,2003 年 3 月第一版。

485. 裘錫圭:〈說「玄衣朱襮袊」——兼釋甲骨文「虣」字〉,《文物》1976 年第 12 期,頁 75-76,亦收入裘錫圭:《古文字論集》,北京:中華書局,1992 年 8 月第一版,頁 350-352,另收入裘錫圭:《裘錫圭自選集》,鄭州:大象出版社,1994 年 7 月第一版,頁 73-76。

486. 裘錫圭:〈釋秘(附錄:釋「弋」)〉,收入中國古文字研究會、中華書局編輯部編:《古文字研究》3,北京:中華書局,1980 年 11 月第一版,頁 7-31,亦收入裘錫圭:《古文字論集》,北京:中華書局,1992 年 8 月第一版,頁 17-34。

487. 裘錫圭:〈戰國璽印文字考釋三篇〉,收入中國古文字研究會、山西省文物局考古研究所、中華書局編輯部編:《古文字研究》10,北京:中華書局,1983 年 7 月第一版,頁 78-100。

488. 裘錫圭:〈說字小記〉,《北京師院學報(社會科學版)》1988 年第 2 期,頁 8-17,亦收入裘錫圭:《古文字論集》,北京:中華書局,1992 年 8 月第一版,頁 638-651。

489. 裘錫圭：〈釋「𡿌」〉，收入裘錫圭：《古文字論集》，北京：中華書局，1992 年 8 月第一版，頁 11-16。

490. 裘錫圭：〈應侯視工𣪘補釋〉，《文物》2002 年第 7 期，頁 72-74，亦收入裘錫圭：《裘錫圭學術文集》，上海：復旦大學出版社，2012 年 6 月第一版，頁 142-145。

491. 裘錫圭：〈釋郭店《緇衣》「出言有丨，黎民所訂」——兼說「丨」為「針」之初文〉，收入郭店楚簡研究（國際）中心編：《古墓新知——紀念郭店楚墓出土十周年論文專輯》，香港：香港國際炎黃文化出版社，2003 年 11 月第一版），頁 1-8，亦收入裘錫圭：《中國出土古文獻十講》，上海：復旦大學出版社，2004 年 12 月第一版，頁 294-302。

492. 裘錫圭：〈釋戰國楚簡中的「旮」字〉，收入中國古文字研究會、華南師範大學文學院編：《古文字研究》26，北京：中華書局，2006 年 11 月第一版，頁 250-256。

493. 裘錫圭著、許錟輝校訂：《文字學概要》，臺北：萬卷樓圖書公司，1995 年 4 月再版。

494. 裘錫圭、李家浩：〈曾侯乙墓鐘磬銘文釋文說明〉，收入饒宗頤、曾憲通：《隨縣曾侯乙墓鐘磬銘辭研究》，香港：中文大學出版社，1985 年初版，頁 149-155。

495. 裘錫圭、李家浩：〈曾侯乙墓鐘、磬銘文釋文與考釋〉，收入湖北省博物館編：《曾侯乙墓》，北京：文物出版社，1989 年 7 月第一版，頁 532-582。

496. 董蓮池：《新金文編》，北京：作家出版社，2011 年 10 月第一版。

497. 董蓮池：〈釋麥器銘文中的「𢾅、𡄹」〉，收入中國古文字研究會、河南大學甲骨學與漢字文明研究所編：《古文字研究》33，北京：中華書局，2020 年 8 月北京第一版，頁 184-190。

498. 虞萬里：〈清華簡《尹誥》「隹尹既 湯咸又一憲」解讀〉，《史林》2011 年第 2 期，頁 35-40。

499. 虞萬里：〈由清華簡《尹誥》論《古文尚書·咸有一德》之性質〉，《史林》2012 年第 2 期，頁 32-45，亦收入清華大學出土文獻研究與保護中心編：《清華簡研究》1，上海：中西書局，2012 年 12 月第一版，頁 9-30。

500. 鄔可晶：〈《墨子》「畢劫」、「畢強」解〉，《文史》2014 年第 3 輯，頁 275-280，又收入鄔可晶：《戰國秦漢文字與文獻論稿》，上海：上海古籍出版社，2020 年 6 月第一版，頁 380-388。

501. 鄔可晶：〈《尹至》「惟𢦔虐德暴𦤑亡典」句試解〉，收入教育部人文社會科學重點研究基地、清華大學出土文獻與中國古代文明研究中心、清華大學出土文獻研究與保護中心編、李學勤主編：《出土文獻》9，上海：中西書局，2016 年 10 月第一版，頁 166-172。

502. 鄔可晶：〈「咸有一德」探微〉，收入復旦大學出土文獻與古文字研究中心與耶魯—新加坡國立大學學院陳振傳基金漢學研究委員會編：《出土文獻與中國古典學》，上海：中西書局，2018 年 3 月第一版，頁 153-167。

503. 鄔可晶：〈戰國時代寫法特殊的「曷」的字形分析，並說「敫」及其相關問題〉，收入鄔可晶：《戰國秦漢文字與文獻論稿》，上海：上海古籍出版社，2020 年 6 月第一版，頁 1-34。

504. 楊樹達：《積微居金文說（增訂本）》，北京：中華書局，1997 年 12 月第一版。

505. 楊樹達：《積微居甲文說》，收入楊樹達：《楊樹達文集》，上海：上海古籍出版社，2006 年 12 月第一版。

506. 楊樹達：〈詛楚文跋〉，收入楊樹達：《積微居小學述林全編》，上海：上海古籍出版社，2007 年 8 月第一版。

507. 楊秋紅：〈由清華簡《赤鵠》篇探兔子成神淵源〉，收入姚小鷗主編：《清華簡與先秦經學文獻研究》，北京：生活‧讀書‧新知三聯書店，2016 年 10 月北京第一版，頁 375-388。

508. 楊澤生：〈上博簡《凡物流形》中的「一」字試解〉，復旦大學出土文獻與古文字研究中心，網址：http://www.gwz.fudan.edu.cn/Web/Show/695，2009 年 2 月 15 日，檢索日期：2017 年 4 月 19 日。

509. 楊蒙生：〈讀清華簡〈赤鵠之集湯之屋〉筆記〉，出土文獻與中國古代文明國際學術研討會發言稿，2013 年，其內容分別轉引自李爽：《清華簡「伊尹」五篇集釋》，吉林大學碩士論文，2016 年 6 月；洪君妤：《戰國竹書伊尹文獻研究》，國立中興大學中國文學研究所碩士論文，2017 年 8 月。

510. 楊坤：〈跋清華竹書所見「也」字〉，武漢大學簡帛研究中心，網址：http://www.bsm.org.cn/show_article.php?id=1812，2013 年 1 月 15 日，檢索日期：2018 年 6 月 20 日。

511. 楊善群：〈清華簡《尹誥》篇題辨正〉，《齊魯學刊》2016 年第 5 期，頁 5-9。

512. 溫皓月：《出土文獻與傳世文獻之伊尹材料整理及相關問題研究》，吉林大學碩士論文，2016 年 4 月。

513. 賈連敏：〈釋祼、瓚〉，中國古文字研究會第九屆學術研討會發表論文，南京：南京大學，1992 年 11 月。

514. 賈連翔：〈清華簡九篇書法現象研究〉，《書法叢刊》2011 年第 4 期，頁 18-36，亦收入清華大學出土文獻研究與保護中心、北京大學出土文獻研究所、荊州文物保護中心編，李學勤、朱鳳瀚、趙平安、方北松主編，馬楠、賈連翔助編：《古代簡牘保護與整理研究》，上海：中西書局，2012 年 6 月第一版，頁 59-65。

515. 賈連翔：〈清華簡壹－參輯字形校補札記〉，收入清華大學出土文獻研究與保護中心編、李學勤主編：《出土文獻》4，上海：中西書局，2013 年 12 月第一版，頁 97-104。

516. 賈連翔：〈談清華簡文字的基本筆畫及其書寫順序〉，中國文化遺產研究院編：《出土文獻研究（「簡帛文字與書法國際研討會」特輯）》13，上海：中西書局，2014 年 12 月第一版，頁 77-89。

517. 賈連翔：〈反印墨跡與竹書編聯的再認識〉，收入清華大學出土文獻與保護中心編、李學勤主編：《出土文獻》6，上海：中西書局，2015 年 4 月第一版，頁 229-245。

518. 賈連翔：〈談清華簡所見書手手跡和文字修改現象〉，收入楊振紅、鄔文玲主編：《簡帛研究‧2015‧秋冬卷》，桂林：廣西師範大學出版社，2015 年 10 月第一版，頁 38-52。

519. 賈連翔：《戰國竹書形制及相關問題研究──以清華大學藏戰國竹簡為中心》，上海：中西書局，2015 年 10 月第一版。

520. 臧克和：〈上海博物館藏《戰國楚竹書‧緇衣》所引《尚書》文字考──兼釋《戰國楚竹書‧緇衣》有關的幾個字〉，《古籍整理研究學刊》2003 年第 1 期，頁 4-8。

521. 趙立偉編纂：《《尚書》古文字編》，北京：中國社會科學出版社，2015 年 12 月第一版。

522. 趙平安：〈釋易與匜──兼釋史喪尊〉，《考古與文物》1991 年第 3 期，頁 71-73。

523. 趙平安：〈詛楚文辨疑〉，《河北大學學報》1992 年第 2 期，頁 23-29。

524. 趙平安：〈關於「丂」的形義來源〉，收入中國文字學會編：《中國文字學報》2，北京：商務印書館，2008 年 12 月第一版，頁 17-22。

525. 趙平安：〈談「瑟」的一個變體〉，復旦大學出土文獻與古文字研究中心，網址：http://www.gwz.fudan.edu.cn/Web/Show/648，2009 年 1 月 12 日，檢索日期：2018 年 7 月 10 日。

526. 趙平安：〈上博簡釋字四篇〉，收入武漢大學簡帛研究中心主辦：《簡帛》4，上海：上海古籍出版社，2009 年 10 月第一版，頁 205-213，亦收入趙平安：《新出簡帛與古文字古文獻研究續集》，北京：商務印書館，2018 年 6 月第一版，頁 61-72。

527. 趙平安：〈說「役」〉，《語言研究》2011 年第 3 期，頁 12-14，亦收入趙平安：《金文釋讀與文明探索》，上海：上海古籍出版社，2011 年 10 月第一版），頁 78-83。

528. 趙平安：〈『京』、『亭』考辨〉，《復旦學報（社會科學版）》2013 年第 4 期，頁 87-92。

529. 趙平安：〈「盈」字何以從「盈」〉，收入清華大學出土文獻研究與保護中心編：《出土文獻》6，上海：中西書局，2015 年 4 月第一版，頁 111-114，又收入趙平安：《新出簡帛與古文字古文獻研究續集》，北京：商務印書館，2018 年 6 月第一版，頁 46-50。

530. 趙平安：〈再論所謂倒山形的字及其用法〉，《深圳大學學報（人文社會科學版）》2014 年第 2 期，頁 52-53，又收入趙平安：《新出簡帛與古文字古文獻研究續集》，北京：商務印書館，2018 年 6 月第一版，頁 56-60。

531. 趙平安：〈戰國文字「噬」的來源及其結構分析〉，收入中國古文字研究會、中山大學古文字研究所編：《古文字研究》30，北京：中華書局，2014 年 9 月北京第一版，頁 286-289，又收入趙平安：《新出簡帛與古文字古文獻研究續集》，北京：商務印書館，2018 年 6 月第一版，頁 23-28。

532. 趙平安：〈「地真」「女真」與「真人」〉，《管子學刊》2015 年第 2 期，頁 104-105，又收入趙安平：《新出簡帛與古文字古文獻研究續集》（北京：商務印書館，2018年 6 月第一版），頁 290-294。

533. 趙思木：《《清華大學藏戰國竹簡（壹）》集釋及專題研究》，華東師範大學博士論文，2017 年 6 月。

534. 趙延旱：《尚書正讀》，作者自著出版，1970 年 7 月初版。

535. 趙建偉：〈郭店竹簡《老子》校釋〉，收入陳鼓應編：《道家文化研究》17，北京：生活‧讀書‧新知三聯書店，1999 年 8 月北京第一版，頁 260-296。

536. 廖名春：《郭店楚簡老子校釋》，北京：清華大學出版社，2003 年 6 月第一版。

537. 廖名春：〈清華簡與《尚書》研究〉，《文史哲》2010 年第 6 期，頁 120-125。

538. 廖名春：〈清華〈尹誥〉篇補釋〉，「孔子 2000」網站「清華大學簡帛研究」專欄，2011 年 1 月 5 日，該網站目前已關閉，今據其後來之刊行稿誌之。

539. 廖名春：〈清華簡《尹誥》研究〉，《史學史研究》2011 年第 2 期，頁 110-115。

540. 廖名春：〈清華簡《尹誥》篇的內容與思想〉，收入清華大學出土文獻研究與保護中心編：《清華簡研究》1，上海：中西書局，2012 年 12 月第一版，頁 40-47。

541. 管燮初：〈說戔〉，《中國語文》1978 年第 3 期，頁 206。

542. 滕壬生：《楚系簡帛文字編（增訂本）》，武漢：湖北教育出版社，2008 年 10 月第一版。

543. 蔡一峰：《《清華簡（伍）字詞零釋四則》》，收入楊振紅、鄔文玲主編：《簡帛研究‧2016‧春夏卷》，桂林：廣西師範大學出版社，2016 年 6 月第一版，頁 29-35。

544. 蔡哲茂：〈殷卜辭「伊尹𤓽示」考——兼論它示〉，《中央研究院歷史語言研究所集刊》58：4，1987 年 12 月，頁 755-808。

545. 蔡哲茂：〈論殷卜辭中的「𠬜」字為成湯之「成」——兼論「𣅗」「𣅗」為咸字說〉，《中央研究院歷史語言研究所集刊》77：1，2006 年 3 月，頁 1-32。

546. 蔡哲茂：〈金文研究與經典訓讀——以《尚書‧君奭》與《逸周書‧祭公篇》兩則為例〉，《東華漢學》12，2010 年 12 月，頁 1-20。

547. 蔡哲茂：〈夏王朝存在新證　說殷卜辭的「西邑」〉，《中國文化》44（2016 年第2 期），頁 47-51。

548. 鄧飛：《商代甲金文時間範疇研究》，北京：人民出版社，2013 年 10 月第一版。

549. 鄧佩玲：〈春秋黃器銘文文例「永某某」考釋——兼談古文字所見「者」與其相關字形〉，收入史亞當主編：《出土文獻與物質文化》，香港：中華書局，2017年 12 月第一版，頁 385-429。

550. 劉成群：〈清華簡《湯處於湯丘》與商湯始居地考辨〉，《人文雜誌》2015 年第 9期，頁 100-107。

551. 劉成群：〈清華簡《赤鵠之集湯之屋》文體性質再探〉，《學術論壇》2016 年第 8期，頁 100-105，129。

552. 劉光勝：《《清華大學藏戰國竹簡（壹）》整理研究》，上海：上海古籍出版社，2016 年 9 月第一版。

553. 劉光勝：〈同源異途：清華簡《書》類文獻與儒家《尚書》系統的學術分野〉，《中國高校社會科學》2017 年第 2 期，頁 116-128。

554. 劉光勝：《出土文獻與《古文尚書》研究》，北京：中國社會科學出版社，2020 年 8 月第一版。

555. 劉志基：《《清華五》、《上博九》集釋及新見文字現象整理與研究》，華東師範大學碩士論文，2016 年 5 月。

556. 劉波：〈清華簡《尹至》「僮亡典」補說〉，復旦大學出土文獻與古文字研究中心，網址：http://www.gwz.fudan.edu.cn/Web/Show/1421，2011 年 3 月 4 日，檢索日期：2018 年 8 月 16 日。

557. 劉信芳：〈楚簡文字考釋五則〉，收入《于省吾教授誕辰 100 周年紀念文集》，長春：吉林大學出版社，1996 年 9 月第一版，頁 186-189。

558. 劉信芳：〈楚帛書論綱〉，《華學》2，廣州：中山大學出版社，1996 年 12 月第一版，頁 53-60。

559. 劉信芳：《荊門郭店竹簡老子解詁》，臺北：藝文印書館，1999 年元月初版。

560. 劉信芳：〈郭店簡《緇衣》解詁〉，收入武漢大學中國文化研究院編：《郭店楚簡國際學術研討會論文集》，武漢：湖北人民出版社，2000 年 5 月第一版，頁 165-181。

561. 劉信芳：《子彈庫楚墓出土文獻研究》，臺北：藝文印書館，2002 年元月初版。

562. 劉信芳：《包山楚簡解詁》，臺北：藝文印書館，2003 年元月初版。

563. 劉信芳：〈安徽鳳陽卞莊一號墓出土鐘鎛銘文初探〉，《考古與文物》2009 年第 3 期，頁 102-108。

564. 劉信芳：〈清華藏簡（壹）試讀〉，復旦大學出土文獻與古文字研究中心，網址：http://www.gwz.fudan.edu.cn/Web/Show/1643，2011 年 9 月 9 日，檢索日期：2018 年 6 月 20 日。

565. 劉洪濤：〈清華簡補釋四則〉，復旦大學出土文獻與古文字研究中心，網址：http://www.gwz.fudan.edu.cn/Web/Show/1479，2011 年 4 月 27 日，檢索日期：2018 年 6 月 26 日。

566. 劉洪濤：〈釋上官登銘文的「役」字〉，復旦大學出土文獻與古文字研究中心，網址：http://www.gwz.fudan.edu.cn/Web/Show/1409，2011 年 2 月 16 日，檢索日期：2018 年 6 月 18 日。

567. 劉洪濤：《論掌握形體特點對古文字考釋的重要性》，北京大學博士學位論文，2012 年 6 月，頁 224-229。

568. 劉洪濤：〈甲骨金文「截」字補釋——兼釋《詩經》中的「截」字〉，收入教育部人文社會科學重點研究基地、清華大學出土文獻與中國古代文明研究中心、清華大學出土文獻研究與保護中心編，李學勤主編：《出土文獻》9，上海：中西書

局，2016 年 10 月第一版，頁 34-40。

569. 劉洪濤：〈釋虢季子白盤銘的「經纘四方」〉，收入教育部人文社會科學重點研究基地、華東師範大學中國文字研究與應用中心、華東師範大學語言文字工作委員會主辦：《中國文字研究》24，上海：上海書店出版社，2016 年 12 月第一版，頁 45-49。

570. 劉釗：〈談甲骨文中的「倒書」〉，收入《于省吾教授誕辰 100 周年紀念文集》，長春：吉林大學出版社，1996 年 9 月第一版，頁 55-59。

571. 劉釗：《郭店楚簡校釋》，福州：福建人民出版社，2003 年 12 月第一版。

572. 劉釗：《古文字構形學》，福州：福建人民出版社，2006 年 1 月第一版。

573. 劉釗：〈釋甲骨文中的「役」字〉，收入復旦大學出土文獻與古文字研究中心編：《出土文獻與古文字研究——復旦大學出土文獻與古文字研究中心成立十周年紀念文集》6，上海：上海古籍出版社，2015 年 2 月第一版，頁 33-67，亦收入劉釗：《書馨集續編——出土文獻與古文字論叢》，上海：中西書局，2018 年 11 月第一版，頁 4-50。

574. 劉釗：〈甲骨文「害」字及从「害」諸字考釋〉，收入劉釗：《書馨集續編——出土文獻與古文字論叢》，上海：中西書局，2018 年 11 月第一版，頁 51-65。

575. 劉釗、洪颺、張新俊：《新甲骨文編》，福州：福州人民出版社，2009 年 5 月第一版。

576. 劉起釪：《尚書源流及傳本考》，瀋陽：遼寧大學出版社，1997 年 3 月第二版。

577. 劉風華：〈殷墟村南系甲骨卜辭中有關伊尹稱「示」的材料〉，收入華東師範大學中國文字研究與應用中心編：《中國文字研究》2009 年第 1 輯，總第 12 輯，鄭州：大象出版社，2009 年 6 月第一版，頁 63-69。

578. 劉國忠：《走近清華簡》，北京：高等教育出版社，2011 年 4 月第一版。

579. 劉國忠：〈清華簡《赤鵠之集湯之屋》與伊尹間夏〉，《深圳大學學報（人文社會科學版）》2013 年第 1 期，頁 64-67，亦收入清華大學出土文獻研究與保護中心編：《清華簡研究》2，上海：中西書局，2015 年 8 月第一版，頁 172-177，另收入劉國忠：《走近清華簡：增補版》，北京：清華大學出版社，2020 年 6 月第一版，頁 217-225。

580. 劉國忠：《走近清華簡：增補版》，北京：清華大學出版社，2020 年 6 月第一版。

581. 劉國勝：〈曾侯乙墓 E61 號漆箱漆書文字研究——附「瑟」考〉，收入《第三屆國際中國古文字學研討會論文集》，香港：香港中文大學，1997 年 10 月第一版，頁 691-710。

582. 劉國勝：〈郭店竹簡釋字八則〉，《武漢大學學報（哲學社會科學版）》1999 年第 5 期，頁 42-44。

583. 劉樂賢：〈釋《赤鵠之集湯之屋》的「堲」字〉，清華大學出土文獻研究與保護中心，網址：http://www.ctwx.tsinghua.edu.cn/publish/cetrp/6831/2013/2013010515

5850543558094/20130105155850543558094_.html，2013 年 1 月 5 日，檢索日期：
2018 年 6 月 16 日。

584. 劉傳賓：〈讀簡札記三則〉，收入教育部人文社會科學重點研究基地、華東師範
大學中國文學研究與應用中心、華東師範大學語言文字工作委員會編：《中國文
字研究》22，上海：上海世紀出版公司，2015 年 12 月第一版，頁 70-72。

585. 劉偉浠：〈《清華大學藏戰國竹簡（五）》研究綜述〉，《牡丹江師範學院學報（哲
社版）》2016 年第 4 期，頁 81-85。

586. 劉偉浠：〈《清華大學藏戰國竹簡（五）》疑難字詞集釋〉，復旦大學出土文獻與
古文字研究中心，網址：http://www.gwz.fudan.edu.cn/Web/Show/2790，2016 年 5
月 10 日，檢索日期：2018 年 6 月 15 日。

587. 劉嬌：〈清華簡《赤𫚉之集湯之屋》「是始為埻」與「桀作瓦屋」傳說〉，收入
中國古文字研究會、吉林大學中國古文字研究中心編：《古文字研究》32，北京：
中華書局，2018 年 8 月北京第一版，頁 378-383。

588. 劉寶俊：〈冬部歸向的時代和地域特點與上古楚方音〉，《中南民族學院學報（哲
學社會科學版）》1990 年第 5 期，頁 79-86。

589. 劉曉東：〈《郭店楚墓竹簡·緇衣》初探〉，《蘭州大學學報（社會科學版）》2000
年第 4 期，頁 108-115。

590. 劉瓊：〈商湯都亳研究綜述〉，《南方文物》2010 年第 4 期，頁 101-119。

591. 蔣文：《先秦秦漢出土文獻與《詩經》文本校勘和解讀》，上海：中西書局，2019
年 8 月第一版。

592. 禤健聰：〈上博楚簡（五）零札（一）〉，武漢大學簡帛研究中心，網址：
http://www.bsm.org.cn/show_article.php?id=226，2006 年 2 月 24 日，檢索日期：
2018 年 6 月 17 日。

593. 禤健聰：〈楚簡「喪」字補釋〉，收入中國文字學會編：《中國文字學報》3，北
京：商務印書館，2010 年 11 月第一版，頁 127-135。

594. 禤健聰：《戰國楚系簡帛用字習慣研究》，北京：科學出版社，2017 年 3 月第一
版。

595. 魯普平：〈清華簡《尹誥》篇名擬定之商榷〉，《哈爾濱學院學報》2014 年第 2
期，頁 72-74。

596. 蕭從禮：〈讀簡帛《周易》札記五則〉，收入卜憲群、楊振紅編：《簡帛研究·
2005》，桂林：廣西師範大學出版社，2008 年 9 月第一版，頁 76-83。

597. 鍾柏生：《殷商卜辭地理論叢》，臺北：藝文印書館，1989 年 9 月初版。

598. 鍾柏生：〈卜辭中所見的尹官〉，《中國文字》新 25，1999 年 12 月，頁 1-18。

599. 鍾柏生、陳昭容、黃銘崇、袁國華編：《新收殷周青銅器銘文暨器影彙編》，臺
北：藝文印書館，2006 年 4 月初版。

600. 鍾馨：〈白於藍教授來我中心作講座〉，復旦大學出土文獻與古文字研究中心，

網址：http://www.gwz.fudan.edu.cn/Web/Show/1566，2011 年 6 月 26 日，檢索日期：2018 年 7 月 10 日。

601. 韓自強、馮耀堂：〈安徽阜陽地區出土的戰國時期銘文兵器〉，《東南文化》1991年第 2 期，頁 258-261。

602. 薛培武：〈「瑂生器」中用為「寔/實」之字補論〉，武漢大學簡帛研究中心，網址：http://www.bsm.org.cn/show_article.php?id=2411，2015 年 12 月 31 日，檢索日期：2018 年 3 月 7 日。

603. 薛培武：〈《大誥》「予不敢閉于天降威」獻疑〉，武漢大學簡帛研究中心，網址：http://www.bsm.org.cn/show_article.php?id=2464，2016 年 2 月 4 日，檢索日期：2018 年 6 月 9 日。

604. 謝佩霓：〈郭店楚簡「与」構形試探〉，《中國文字》新 28，1999 年 12 月，頁143-153。

605. 魏宜輝：〈試析楚簡文字中的「顥」「畾」字〉，《江漢考古》2002 年第 2 期，頁74-77。

606. 魏慈德：〈楚地出土戰國書籍抄本與傳世文獻同源異本關係試探——以與《尚書》有關的篇章為主〉，收入教育部人文社會科學重點研究基地、清華大學出土文獻與中國古代文明研究中心、清華大學出土文獻研究與保護中心編，李學勤主編：《出土文獻》9，上海：中西書局，2016 年 1 月第一版，頁 98-116。

607. 魏慈德：《新出楚簡中的楚國語料與史料》，臺北：五南圖書公司，2016 年 4 月初版。

608. 魏啟鵬：《楚簡老子柬釋》，臺北：萬卷樓圖書公司，1999 年 8 月初版。

609. 魏棟：〈清華簡《湯處於湯丘》校讀記〉，《管子學刊》2016 年第 1 期，頁 104-106。

610. 顏世鉉：〈郭店楚簡淺釋〉，收入《張以仁先生七秩壽慶論文集》，臺北：臺灣學生書局，1999 年 1 月初版，頁 379-396。

611. 顏世鉉：〈郭店楚簡〈六德〉箋釋〉，《中央研究院歷史語言研究所集刊》72：2，2001 年 6 月，頁 443-501。

612. 羅振玉考釋、商承祚類次：《殷虛文字類編》，收入羅振玉：《羅雪堂先生全集》，臺北：大通書局，1976 年 7 月初版，六編。

613. 羅福頤：《漢印文字徵》，香港：中華書局，1979 年 8 月香港第一次版。

614. 羅運環：〈清華簡（壹－參）字體分類研究〉，收入中國文化遺產研究院編：《出土文獻研究（「簡帛文字與書法國際研討會」特輯）》13，上海：中西書局，2014年 12 月第一版，頁 62-76。

615. 羅琨：〈讀《尹至》「自夏徂亳」〉，收入清華大學出土文獻研究與保護中心編、李學勤主編：《出土文獻》2，上海：中西書局，2011 年 11 月第一版，頁 8-16。

616. 鵬宇：〈《清華大學藏戰國竹簡（伍）》零識〉，清華大學出土文獻研究與保護中心，網址：http://www.ctwx.tsinghua.edu.cn/publish/cetrp/6831/2015/201504100812

48634790207/20150410081248634790207_.html，2015 年 4 月 10 日，檢索日期：
2018 年 3 月 6 日。

617. 鵬宇：〈清華大學藏戰國竹簡（伍）文字訓釋三則〉，《管子學刊》2015 年第 2
期，頁 106-107。

618. 龐壯城：〈說「絕」、「斷」〉，第十八屆中區文字學學術研討會發表論文，臺中：
東海大學，2016 年 5 月 21 日。

619. 饒宗頤、曾憲通編著：《楚帛書》，香港：中華書局，1985 年 9 月版。

620. 蘇建洲：〈楚文字雜識〉，原表於簡帛研究網，2005 年 10 月 30 日，但因網站內
容調整，其說今轉見於范常喜：〈簡帛《周易‧夬卦》「喪」字補說〉，武漢大學
簡帛研究中心，網址：http://www.bsm.org.cn/show_article.php?id=285，2006 年 3
月 14 日，檢索日期：2018 年 8 月 2 日，其後，此文刊登於《周易研究》2006
年第 4 期，頁 39-42。

621. 蘇建洲：〈「喪」字補說〉，原發表於簡帛研究網，2006 年 3 月 15 日，但因網站
內容調整，其說今轉見於范常喜：〈對於楚簡中「喪」字的一點補充〉，武漢大學
簡帛研究中心，網址：http://www.bsm.org.cn/show_article.php?id=290，2006 年 3
月 17 日，檢索日期：2018 年 8 月 2 日。

622. 蘇建洲：《《上海博物館藏戰國楚竹書（二）校釋（上）、（下）》》，臺北：花木蘭
文化出版社，2006 年 9 月初版。

623. 蘇建洲：《《上博楚竹書》文字及相關問題研究》，臺北：萬卷樓圖書公司，2008
年 1 月初版。

624. 蘇建洲：〈《上博七‧凡物流形》「一」、「逐」二字小考〉，復旦大學出土文獻與
古文字研究中心，網址：http://www.gwz.fudan.edu.cn/Web/Show/597，2009 年 1
月 2 日，檢索日期：2017 年 4 月 19 日。

625. 蘇建洲：〈《清華簡》考釋四則〉，復旦大學出土文獻與古文字研究中心，網址：
http://www.gwz.fudan.edu.cn/Web/Show/1368，2011 年 1 月 9 日，檢索日期：2018
年 8 月 24 日。

626. 蘇建洲：《楚文字論集》，臺北：萬卷樓圖書公司，2011 年 12 月初版。

627. 蘇建洲、吳雯雯、賴怡璇：《清華二《繫年》集解》，臺北：萬卷樓圖書公司，
2013 年 12 月初版。

628. 蘇建洲：〈釋《赤鵠之集湯之屋》的「奠」字〉，復旦大學出土文獻與古文字研
究中心，網址：http://www.gwz.fudan.edu.cn/Web/Show/1994，2013 年 1 月 16 日，
檢索日期：2018 年 6 月 22 日。

629. 蘇建洲：〈《清華二‧繫年》中的「申」及相關問題討論〉，《古文字與古代史》4，
臺北：中央研究院歷史語言研究所，2015 年 2 月，頁 449-490。

630. 蘇建洲：〈清華三《赤鵠之集湯之屋》考釋兩篇〉，收入清華大學出土文獻研究
與保護中心編：《清華簡研究》2，上海：中西書局，2015 年 8 月第一版，頁 178-192。

631. 蘇建洲：〈說「牽」〉，收入濟南大學出土文獻與文學研究中心編：《出土文獻文本釋讀與文學研究學術研討會論文集》，山東：濟南大學，2021 年 5 月。

632. 闞緒杭、周群、孫祥寬、唐更生：〈鳳陽卞莊 M1 鎛鐘銘文「童鹿」即「鍾離」初識〉，收入安徽省文物考古研究所、鳳陽縣文物管理所編著：《鳳陽大東關與卞莊》，北京：科學出版社，2010 年 8 月第一版，頁 197-203。

633. 顧頡剛、顧廷龍輯：《尚書文字合編》，上海：上海古籍出版社，1996 年 1 月第一版。

634. 顧史考：〈清華竹簡（伍）《湯在啻門》札記〉，收入李學勤、艾蘭、呂德凱主編，清華大學出土文獻研究與保護中心、古代中國研究會編：《清華簡研究》3，上海：中西書局，2019 年 12 月第一版，頁 144-148。

三、 網站論著與相關資源

1. 中央研究院歷史語言研究所金文工作室：「殷周金文暨青銅器資料庫」，網址：http://www.ihp.sinica.edu.tw/~bronze/。

2. 「中國先秦史」網站，網址：http://www.xianqin.tk/。

3. 簡帛網——武漢大學簡帛研究中心，網址：http://www.bsm.org.cn/。

4. 教育部「異體字字典」，網址：https://dict.variants.moe.edu.tw/variants/rbt/home.do。

5. 復旦大學出土文獻與古文字研究中心，網址：http://www.gwz.fudan.edu.cn/。

6. 清華大學出土文獻研究與保護中心，網址：http://www.ctwx.tsinghua.edu.cn/。

7. 「簡帛論壇：《尹至》中的『暴動』」，武漢大學簡帛研究中心，網址：http://www.bsm.org.cn/bbs/read.php?tid=2560&fpage=22。

8. 「簡帛論壇：《清華壹·尹至》釋字一則」，武漢大學簡帛研究中心，網址：http://www.bsm.org.cn/forum/forum.php?mod=viewthread&tid=3175&extra=page%3D18。

9. 「簡帛論壇：《清華（參）》〈赤鵠之集湯之屋〉初讀」，武漢大學簡帛研究中心，網址：http://www.bsm.org.cn/bbs/read.php?tid=3051&fpage=16&page=1。

10. 「簡帛論壇：清華五《湯處於湯丘》初讀」，武漢大學簡帛研究中心，網址：http://www.bsm.org.cn/bbs/read.php?tid=3247&fpage=3。

11. 「簡帛論壇：清華五《湯在啻門》初讀」，武漢大學簡帛研究中心，網址：http://www.bsm.org.cn/bbs/read.php?tid=3248。

12. 「簡帛論壇：清華七《越公其事》初讀」，武漢大學簡帛研究中心，網址：http://www.bsm.org.cn/forum/forum.php?mod=viewthread&tid=3456&extra=page%3D2。

13. 「簡帛論壇：清華八《治邦之道》初讀」，武漢大學簡帛研究中心，網址：http://www.bsm.org.cn/forum/forum.php?mod=viewthread&tid=4357&extra=page%3D1。

附錄　清華簡伊尹五篇字形比較表

凡例

一、在各篇關係之討論上，由於學界多將此五篇分成兩類作討論，即〈尹至〉、〈尹誥〉、〈赤鵠之集湯之屋〉等三篇為一類，而〈湯處於湯丘〉、〈湯在啻門〉則又為另一類，因此，本文亦依照此標準，將本表分為二類，俾便作字形或書體方面之比較。

二、各字頭以嚴式隸定為主，並標示其今通行字或同一形源之異體，但也包含部分訛字之正字。

三、本表基本上以隸定字形所屬《說文》字頭或重文為序，[1]不過，若隸定字形與今通行字或同一形源異體，分屬《說文》不同字頭者，以隸定字形之排序為主，惟此中「見（視）」字例外，其例本文雖然依學界慣例逕隸作「見」，但仍以其今通行體「視」字之《說文》排序為主；隸定字形倘未見於《說文》者，依其所屬今通行字或同一形源異體之《說文》排序為主，惟若其今通行字或同一形源異體有兩個以上，則以見於《說文》字頭或重文者之排序為主，抑或取其與隸定字形在形構發展關係較近者之《說文》字頭或重文為序；至若其字仍可隸釋，但《說文》未收，更未收錄其今通行字或同一形源異體者，則歸於其所可能隸屬之部首下，並附於所有部首從屬字之末；合文例則以其釋讀首字之部首進行排序；缺字或殘形待考例，則不另作排序，並歸入「附編」；訛字則以其訛形之隸定字形所屬《說文》字頭或重文為序；「大」字在《說文》中分為二部，本表所見「大」部之字，俱歸於《說文》所釋古文「大」部之下。

四、特殊隸定字形，如「見」、「視」二字，其隸定字形皆仍作「見」，但屬「視」字者，在其隸定字形後，另標示「（視）」以明之。

五、各字形後之數字為簡號與字序，其格式為「簡號.字序」。

六、凡隸定存疑、合文、重文、缺字或待考殘字等例，則置於「附編」。

七、部分圖版或稍微調整其亮度。

八、在隸定字形中，合文始標注合文符，重文亦如此，若為句讀符號，雖圖版取其形，

但為避免混淆，並未將其標示在隸定字形之中，例如：（〈尹誥〉簡 3.10），其

右下為合文符，在此可隸作「虘＝」，並將其字頭歸於「附編」之合文例；又如

---

[1] 〔漢〕許慎編撰、〔宋〕徐鉉校訂：《說文解字》（據清同治十二年陳昌治改刻本縮印，香港：中華書局，2014 年 8 月再版）。

（〈尹至〉簡 1.10），此字字形含重文符，在字表隸定字形中即標示為「湯＝」，並

歸於「附編」之重文例；至於 （〈尹至〉簡 1.10），其右下符號為屬句讀性質，

因此，在字表中，即逕隸定為「倉」，而未對其句讀符號另作標示，且收入正編。

九、各簡嵌字在本表中，不另以縮小隸定字形方式作標示，而是一律歸入其所屬隸釋字
頭之下。

十、本屬一字分化之例，其例若在簡文中形義已有別，則分立字頭以示之，例如：「史」、
「事」。

十一、 其他相關符號之意義或釋文之標示方式，悉依本文凡例所示內容。

正編

	今通行字或同一形源之異體（或部分訛字之正字）	〈尹至〉	〈尹誥〉	〈赤鵠之集湯之屋〉	〈湯處於湯丘〉	〈湯在啻門〉
		卷一				
隸定						
一		5.28 1背.1	1.8 1背.1	14.16 14.30 1背.1		
天						

		3.13	1.12	10.19	4.15	3.1
				10.30	10.2	3.24
					11.18	4.27
					14.2	19.24
						21.2
						21.6
走	上			9.1		
				13.2		
帝		5.26		7.21		1.16

				8.17		21.11
				11.21		
				12.18		
下				3.21		
				8.4		
				8.30		
				12.5		
				12.31		

神						 11.10 18.22 20.7
祭				 7.2		
祀					 14.5	
社					 8.19	
禂		 3.22				
禱				 6.29		

袚					 5.27	
三		 3背.1	 3背.1	 3背.1	 3.24	 7.6
王					 4.16 10.3 13.11	
玉		 2.13	 4.2			 6.25
宀	中		 4.14			
屯				 8.24		

				12.25		
藍			2.20			
若		4.12 4.16			12.9 14.10 17.1 17.5	12.6 12.10 12.14 12.18 12.22 12.26

					13.3 13.7 13.11 13.15
萅（芚）	春				12.22	20.18
薆	薂、薆	1.5				
莘		4.23				
茨				8.23		

				12.24		
				13.27		
				14.24		

卷二

少				1.18	3.5	1.11
				2.1	3.12	1.26
				2.12	3.20	3.6
				2.20	4.3	3.25
				3.5	4.22	5.8

				 3.17	 4.29	 5.21
				 3.29	 7.21	 6.5[2]
				 4.14	 12.2	 10.18
				 5.4	 12.11	 11.3
				 5.14	 13.20	 12.1
				 5.25	 13.27	 13.16
				 6.17	 14.29	 18.3
				 9.26	 15.8	 18.15

---

[2] 右上方小點畫乃句讀符號。

				10.1	16.31	19.18
				10.15	17.6	19.31
				10.25	17.21	
				11.5	17.27	
				11.18	18.32	
				14.5	19.6	
八				8背.1		7.26
分	分				16.20	

尔	爾			3.8		
				3.16		
				10.12		
				10.29		
必					4.6	
					5.20	
					7.13	
余		1.26		4.18	11.2	

		2.22			11.15	
告		4.7	2.22			
蒜	嗑				2.15	
杏	味				15.31	6.12
昌	名				6.26 / 7.10	
君					4.14 / 5.11	

					5.14	
					6.6	
					9.23	
					10.1	
					14.21	
					16.34	
					17.10	
					19.9	

					19.15	
命					1.17	17.16
					7.22	19.3
					8.18	19.16
					11.22	19.25
					12.19	
唯					10.7	6.9
					11.1	11.7

						14.19 18.19 20.4 21.8
哤	和				1.20 3.2 7.29	
哉	哉				16.2	6.16

訇 (訆)	台	4.3		15.4	9.7	6.29
					9.13	
					13.26	
					17.26	
					19.5	
咸		3.23	1.6			17.1
啻						1.7
吉		1.16	4.7			

		2.2			
吟				5.13	
各		1.12			20.22
咠				14.6	
芒	喪	2.26		7.12	
				9.20	
越		1.23			
記〔記〕	起		10.4		14.23

						15.7 15.19 16.3
逳	歸		3.5		4.5 5.19	
塱					11.12	
墅						18.11 18.29

豐	癹				2.10	8.17
此					2.26	13.27
					8.22	14.15
					10.13	15.3
					16.22	15.15
						15.27
						16.11
						16.19

						17.6
						17.15
						17.23
						20.26
正					8.9	7.29
						11.14
						11.22
						13.1

						13.5
						16.15
						17.9
是				6.16	4.17	5.26
				8.8	6.25	6.15
				9.6	7.9	6.23
				12.9	8.23	8.19
				13.7	9.24	9.2

				15.3	11.24	9.12
					18.13	10.1
					18.17	11.11
					18.23	18.23
					19.22	20.8
銜	達	3.17				
		4.11				
証		5.1				

盦	逾				 18.18	
逆					 11.22	 9.25
遺		 5.30				
逃				 5.18		
遠			 3.3		 17.31 18.19	
道					 2.13 5.24	 21.3

复止 （遟）	復		2.7		4.1	
遧	往	4.29		1.29 9.21	5.15	
㫑	微	1.27				12.11 12.19 12.27 13.8 14.1

						15.5
						16.1
						16.21
						17.17
遷	復、退				19.17	
昃 (昱)	得			15.2	6.22 7.6 10.18	5.13

					13.13	
戠	御			15.11		
行				10.6	5.2	
					19.27	
					20.14	
逪	路			6.2	5.25	

卷三

器					16.11	
句		1.20	2.17	2.7	13.30	

		2.6	3.24	2.26	14.19	
				6.25		
				7.11		
				7.31		
				8.6		
				8.10		
				8.19		
				8.27		

				9.3		
				9.8		
				10.22		
				11.12		
				11.31		
				12.7		
				12.11		
				12.20		

				12.28 13.4 13.9 13.14 13.28 14.2		
古					13.31 14.31	1.13 15.14

					15.11	21.9
十				10 背.1		8.5
言			3.21	6.7	6.17	1.20
			4.8	7.19	10.5	2.8
				14.8	10.14	3.10
						3.14
						3.18
						3.22

						21.14
訓					11.23	15.22
愳	謀				3.15	
諏					12.28	
係	訊			7.6 10.24	5.6	
訐	信					13.23
訾	譌、訛					14.11

善					1.15 6.10 9.29 10.24	
章		3.11 3.30			7.25	8.4
儳	僕				4.20	
奉					5.23	

					8.18	
共				8.25 12.26	14.1 17.15 19.2 19.24	
與			1.32	7.26 11.26 13.21	3.11 7.16 11.5	

				14.15	16.18	
宴	鞭					14.8
猛	羹			1.22 2.4 2.19 3.25 5.13		
為				8.21	1.16	6.18

				12.22	8.24	8.21
				15.6	9.6	9.4
					9.25	9.14
					16.33	10.3
					17.2	
					17.9	
					17.13	
毁	攰、執				8.11	

又			1.15	1.7	1.3	1.21	1.18
			1.29	1.23	6.26	3.22	2.2
			2.5	3.29	14.22	4.18	2.6
			2.17			4.24	14.25
			3.4			6.16	
			3.15			12.4	
			5.17			12.14	
						14.22	

					16.4 17.32 18.4 18.8	
尹		1.2 1.18 4.14 4.22	1.2 1.10			21.7

虘	叔					8.23
返	及	2.23　4.21	1.4			
反					3.29	
取					1.6	
萅	友		2.29			
乍	作		2.3　3.12			

卑			3.15			
史					12.18 14.12 15.20	
事					6.20 7.4 7.15 8.13	11.20 12.12 12.16 14.24

					9.10	15.6
					9.16	15.8
						15.18
						20.28
畫						20.16
臣				1.19	3.6	1.12
				2.2	3.13	1.27
				2.13	3.21	3.7

				 2.21	 4.4	 3.26
				 3.6	 4.23	 5.9
				 3.18	 7.22	 6.6
				 3.30	 10.8	 10.19
				 4.15	 12.3	 11.4
				 5.5	 12.12	 12.2
				 5.15	 13.21	 13.17
				 5.26	 13.28	 18.4

				 6.18	 14.30	 18.16
				 9.27	 15.9	 19.19
				 10.1	 16.32	 20.1
				 10.16	 17.3	
				 10.26	 17.7	
				 11.6	 17.14	
				 11.19	 17.22	
				 14.6	 17.28	

					19.1 19.7	
位	役、役					11.21 12.20 12.24 15.20 16.2 16.4

						16.14
殺				3.15 13.18 14.11	16.17	
寺		4.13 4.17				
昰	皮					6.10 11.8

					18.20 20.5
故			1.2		
攸				8.5	
敗	敗		1.14		
收					7.17
改	改			12.24	21.18
敨			13.16		

字頭						
					14.9	
厰					16.13	
烬					9.6	
𦣞	貞				1.1	

卷四						
相（𢙳、𢔻）	（相）				7.18	4.15
						10.27
						11.17
自		1.3	1.20	3.19	14.11	17.4

		5.10			15.6 15.17 16.24	
𠈌	皆	2.25			13.6 16.1 18.21	10.12
者				15.8		
𣉻	智			8.15	9.19	

				11.2 11.9 12.16		
百	百				7.26	10.10
隹		1.1 2.27 3.19	1.1 1.26 3.1	10.13	11.21	20.27 21.1
畬	奮					8.28

集				1.6　15背.5		
貽				1.5　15背.3		
鴃	鷙			6.9　6.14　7.4　7.8		

				7.17		
				9.19		
				9.23		
於			3.9	2.17	1.3	1.10
				6.1	1.8	1.23
					5.2	2.11
					9.8	3.5
					9.14	5.7

					11.17	10.17
					12.1	11.27
					13.19	16.9
					14.28	18.2
					16.30	19.17
					17.20	
					18.31	
幾						3.9

						3.13
						3.17
						3.21
受					3.22	5.10
					3.28	19.14
					4.16	
敨	敢				2.23	11.9
死						10.9

				19.20	
體				9.5	2.5	17.3
肉						7.21
膫肉	膫？					7.25
胃				2.11 3.4	6.4	6.24 11.12 13.28 14.16

						15.4
						15.16
						15.28
						16.12
						16.20
						17.7
						17.16
						17.24

					18.24 20.9
肫	胡				7.13
胸			9.29		
脂			1.21		
戴		2.28			
雋		5.3			
剴	剴				11.8

杨	利				 8.1 16.21	
勳	則				 12.25	 2.13 21.15
荆	刑					 7.9
韌	解					 17.2 20.25
		卷五				
亓	丌	 1.14	 1.22	 1.25	 6.3	 6.20

		1.28	3.25	2.27	6.19	8.13
		2.4	3.28	4.17	6.23	8.20
		2.9		7.1	7.3	8.26
		2.16		8.3	7.7	9.3
		3.14		8.31	9.9	9.13
		4.1		12.4	9.15	10.2
		5.16		13.1	13.14	
				13.31		

				14.29		
箕	典	3.2				
晉	巫			6.13		
				7.7		
				7.16		
				9.22		
				10.20		
				10.31		

𦥌	甘			13.12		
𣅼	曷			10.14		
日		1.11	1.18	1.1	2.24	2.1
		1.19	2.24	1.20	3.8	3.8
		2.21	3.8	2.14	6.9	3.28
		3.18	3.23	2.25	6.27	5.10
		3.24		3.7	7.11	6.8
		4.5		5.9	9.28	11.6

		4.15		6.15	10.23	18.18
		5.24		7.9	17.30	20.3
		5.27		7.20		21.5
				10.11		
				10.17		
				10.27		
				11.7		
				11.13		

				11.20		
朁	朁					8.15
乃		4.24	4.9	1.16	3.10	7.4
				4.3	4.12	7.8
				5.17		7.12
				5.22		7.24
				5.27		7.28
				7.5		8.7

				7.18		8.10
				9.20		9.18
				9.24		9.22
				10.3		10.8
				10.23		
				14.3		
				14.19		
				14.26		

卣					13.2	
可			3.11	6.21 7.15 9.14 11.17	2.27 3.9 6.7 9.22 10.17 12.8 15.4	2.14 2.18 2.22 2.26 5.12 5.16 11.1

						14.3
						18.13
						19.29
						21.16
于		3.12	2.5	1.7		
		5.22	3.13	5.19		
			4.12	6.31		
				9.16		

				10.8		
旨					2.1 15.28	
嘗（棠）	嘗			2.15 2.24 3.11 4.1 4.20	16.27 17.22	

虗				〔3.12〕 〔5.12〕	〔6.5〕 〔8.21〕 〔9.21〕 〔13.22〕	
卬	卬？					〔17.5〕
朕	朕			〔1.14〕		
青						〔1.21〕
〔歔〕	既、既		〔1.3〕	〔2.3〕	〔19.10〕	

自 言					19.13	
					15.29	
飤 （飤）	飼			6.11	1.17	
				6.22	1.25	
				6.32	2.22	
					6.24	
					7.8	
					7.17	

					15.25 18.10	
饋				5.6		
餡	飢？				18.7	
飭					1.28	
飿					2.3	
盦	合				3.7 12.13	1.28 3.27

					13.29	6.7
					15.10	11.5
					17.8	13.18
					17.29	18.17
					19.8	20.2
今		1.24	2.16		4.21	1.24
		3.26	2.30		7.20	2.12
		3.31				

舍	舍		4.5	8.5		
				12.6		
倉		2.10				
內		5.21				
㦰	射？			1.12		
矣					15.24	
高					18.15	
央						10.5

亯	享			1.26	1.18	
筥	篤			5.10		5.20
良						1.19 2.7 21.13
逨	來	1.22				
顕 (邺、 昰、顕)	夏	1.4 1.30	1.17 1.19	5.20 6.24	3.16 12.5	20.19

		 3.3	 2.15	 7.10	 12.15	
		 4.9	 3.30	 10.21	 13.10	
				 11.11	 13.24	
				 14.1	 14.23	
韋			 3.19			

卷六

木					 19.4
李			 3.26		
末					 6.21

柔		4.25			
棟				8.2 12.3	
牀				8.29 12.30	
⼽	析？			9.2 13.3	
朱		3.21			

東		3.9 3.27				
楚				6.30		
才		1.9 3.6 3.8			6.11 9.30 10.25 12.10 14.24	1.6 2.3 8.25

之				1.13	1.9	1.19	1.14
				2.8	1.13	1.23	4.8
				3.27	1.15	1.26	4.16
				3.31	1.23	2.23	5.3
				4.6	1.27	4.11	6.13
					2.5	5.7	10.28
					4.2	5.26	11.18
					4.8	6.2	15.2

				4.21	6.13	18.12
				4.27	8.8	18.30
				5.24	8.14	19.28
				6.12	8.26	20.15
				7.12	10.4	21.12
				7.32	10.27	21.19
				8.1	11.4	
				8.28	12.6	

				9.4	12.16	
				9.9	14.17	
				9.28		
				11.10		
				11.32		
				12.2		
				12.29		
				13.5		

				13.29		
				14.7		
				14.28		
				15 背.4		
				15 背.7		
出					3.27	
生					10.12	5.15
					19.21	7.20

						8.12
柬						16.16
鼎	員				6.14 10.28	
貨					12.19	
貣					12.29	
賜					5.12	
邑		5.14	1.16			

			1.34			
			4.4			
			4.15			
邦			3.4		3.17	2.21
						3.16
						4.12
						10.24
						16.10

郒					1.22	
卷七						
日			4.3			
膏	時				5.18	8.11
					8.7	15.21
					15.26	16.6
						20.23
旮	晦			4.26		
甘（昌）	昌				6.28	9.1

昜						7.1
朝					5.4	
月					3.25	1.2 6.28 7.3 7.7 7.11 7.15

						7.19
						7.23
						7.27
						8.2
						8.6
明					2.11 19.12	13.21
𥆞	盟	4.19				

麥	夜				 4.7 5.21	 20.17
外				 4.9 4.28		
夗	多					 5.17
虜	勮、虜？				 3.4 9.11 18.27	 1.25

				19.26	
甬		2.9			
克		2.26			
彔	𤎩、彔 1.7				
穜					6.26
褽	褽、稷			8.20	
隻禾 (穫)	穫?、穫			14.26 15.10	

秌	秋				 12.23	 20.20
穩						 19.11
氣	氣					 6.14 6.22 8.14 8.27 9.7 9.16

					9.20
					9.24
					10.6
厇	宅	5.5			
室			7.34		
			12.1		
宏					20.11
湏	寡			19.19	

害			2.18			
夲		5.15				
纖	織？				4.13	
夋					2.9	
保						14.5
窬	窮？					10.13
帚	寢			5.30 7.33		

				11.33		
疾				6.27	3.23	10.4
				7.13	4.25	
				8.7	5.3	
				8.12	14.18	
				11.4		
				11.15		
				12.8		

				13.30		
疗	病					15.11
瘩	瘵、瘧				16.16	
瘳				13.32		
瘈		2.31				
疾				5.28		
畀				5.2		
冂	覆			15.7		

箬	席			9.17		
白		1.6	4.13	7.28 11.28 13.22 14.17 14.31 15.12		
			卷八			
人				8.16	5.29	2.17

					8.15	3.12
				12.17	9.2	4.4
					12.27	5.11
					13.5	5.27
					15.3	6.19
					15.14	
傑					14.16	
備					16.8	9.11

						15.24
丕	儷				13.9	
瘉	嫉			8.11		
俑						15.26
鼑	真					18.26
比	妣？				16.9	16.23
從				14.4		
坖	丘				1.5	

眾 （𤆥）		1.31	1.28	6.8		
		2.18	3.17	7.3		
			4.11	9.18		
身				9.10	2.4	
				13.6	14.14	
𤱶		2.32				
饌					2.6	
衾					11.11	

裹						7.5
老						5.23 9.19
耆	耆					5.24
塵	屋			1.10 13.17 14.10 15.9		

				15 背.8		
屈						10.7
方					4.8 / 9.26	9.28 / 17.14
允身	允				2.25	
先						1.15
朕			3.20 / 11.4	11.3	11.20 / 14.13	

見		3.10	4.12 4.31	4.2 8.25 8.30	
見（視）	視		6.3		
䁭		4.10			
歁			9.25		
卷九					
首					20.29
㢟	文			16.10	

昭	卲			4.4 4.23		
辟			2.2			
苟	敬				14.4	
畏					11.19 14.3	
禹					13.8	
山					18.16	

坐	密？			13.24 14.20		
塵					7.24	
兂	長				8.17	5.19 8.22 14.28
勿		5.29	3.18			
而				2.18	5.5	5.22

				3.31	6.21	5.28
				4.19	7.5	
				5.29	9.17	
				6.4	10.10	
				8.13	10.19	
				10.5		
				11.1		
				12.14		

卷十

琞				5.3		
鷹				14.25		
麗			2.10			
兔				7.29		
				11.29		
				13.23		
				14.18		
				14.32		

				 15.15		
猷	猶				 5.9	 5.25 9.23
鼠						 6.27
能					 6.6	 6.18 7.2 7.23
罷						 6.1

						6.3
火						19.2
然				4.5 4.24		
光						4.7
燹						9.8
繎						9.21
赤				1.4		

				 15 背.2		
大 （〔大〕）		 4.26				 4.28 16.7
亦			 1.25	 3.14 4.22	 2.21	 1.17 20.30
交					 11.7	 9.9
㚓　幸					 11.14	
執		 5.4	 2.21			 13.22

		5.6	3.22			14.10
夫					9.1	10.20 19.20
遣					16.6	17.19
凶				8.9		
思				9.7 12.10 13.8	4.27 7.14 18.6	

心			2.11	13.13	2.14	
恚	情					17.11
志			1.17 2.8	3.6		10.11
意			2.30 5.7	1.9	12.7 12.17	4.5 11.19 12.4 12.8

						13.19
						14.2
						14.7
						14.18
誫	慎	4.20				
恝	快				2.17	
念			1.11			
憲	憲、憲	3.25				

忞	恕			 5.8		
慫	慈				 14.7	
悳	惟				 4.9 9.27	
思	懼			 5.16		
㤅	愛				 15.7 15.18 16.25	

					17.11 17.23 18.25	
惑					12.21	
悬	悁		2.4			
窓	懵	5.9				
恚	惜				2.16	
羕		3.5				

		3.28				
忈	慁				3.14	
㤚		2.15				
惹					11.25 13.15	
恋	戀？				13.3	

卷十一

水		5.23				19.1
渭				9.30		

宋	深				18.11	
清						2.9
冊	淵				18.12	
洊	泛			5.11		
淒					18.14	
湯		4.4	1.5	1.8	1.1	1.5
		4.18	2.23	1.11	1.4	3.2
		4.28	3.7	1.28	2.20	5.4

				2.6	3.28	10.14
				5.1	6.8	11.24
				5.7	10.22	17.27
				5.21	11.26	19.14
				15 背.6	13.16	21.4
					14.25	
					16.27	
					17.17	

					 18.28	
浚	浚	 2.20				
滅			 2.14			
溼					 14.22	
宏	荒			 2.10 3.3 3.24 3.27		

				 4.7		
濬					 19.11	 13.20
兇(容)	冬					 10.9 20.21
龍		 2.11				
非			 1.29		 18.24 19.23	
卷十二						
不		 3.29	 2.19	 3.9	 3.26	 15.25

		5.8		3.13	5.8	16.5
				4.11	5.16	17.13
				4.30	9.18	20.24
				6.5	13.12	
				6.20	15.19	
				8.14	15.22	
				9.13	15.27	
				12.15	16.3	

				 15.1	 16.7 16.12 16.15	
至		 1.8	 4.10	 10.7		 1.22 2.10
之室	臺				 4.19	
西		 3.7 5.11	 1.15			

		5.13			
門					1.8
閖	閒			5.1 11.16	
聖				15.2 15.13	
尔 昏耳 （聑）	聞		13.10	4.10 6.1	1.9 3.4

					10.20	5.6
					11.28	10.16
					13.18	11.26
					14.27	18.1
					15.21	19.16
					16.29	
					17.19	
					18.30	

遘	失？	2.1				
女		1.13		7.14	1.24	2.4
		2.24		10.28	4.26	
		4.2		11.16	8.27	
		4.6		13.15	11.13	
					13.25	
					17.25	
					19.4	

妻				2.8	1.7	
母					9.3	
娍	媄					12.3
好（孜）	好	2.3			6.4[3] 8.24	
媚					1.11	
民		2.19 3.16	1.24 1.30		3.3 5.28	8.9 14.27

---

³ 左下方小點畫為簡文下文「少」字字形之一部分。

| | | 5.20 | 3.2 3.14 | | 8.3 12.26 13.4 14.9 16.19 17.12 17.24 18.20 | 15.12 15.23 16.28 |

				18.26	
弗		2.14		2.22	8.29
		5.2			10.15
也				4.13	10.6	11.2
				4.32	10.29	18.14
				6.19	16.26	19.30
				6.23		
〔氏〕	氒	2.7	1.27			

			 2.1			
或					 10.11	 3.3
					 10.16	 5.5
					 11.27	 7.16
					 13.17	 10.15
					 14.26	 11.25
					 16.28	 14.21
					 17.18	 17.28

					18.29	19.15
戓	戓、戜				13.23	
敎		5.12	2.13			
戚						9.17
我		1.21	2.12	1.24	8.28	
		3.20	2.25	2.16	9.5	
		4.8	2.28	3.1	9.12	
			3.16	3.10	14.8	

				  10.18 11.8		
義					 7.27	 13.25
亡		 3.1	 1.31	 4.10 4.29	 13.1	 2.5 14.13 15.9 15.13 16.26

						17.21
苤	匝？		1.21			
凵	曲					19.9
弜						16.8
綮	系				16.35 17.4	12.5 12.9 12.13 12.17

						12.21
						12.25
						13.2
						13.6
						13.10
						13.14

卷十三

紸				2.9		
				3.2		

				3.23 / 3.26		
絲	絕				1.27	
縈		4.27				
縉					5.22	
絲					13.7	
縈	緉					8.16
絅						8.18

觲 絲系						8.3
螶 	螶			9.12		
膚 蠱		2.29				
可 蠱				9.11		
它				7.25 11.25 13.20 14.14		

二		2.12	2 背.1	7.23		7.2	
		2 背.1		7.27			
				8.22			
				11.23			
				11.27			
				12.23			
				14.12			
				14.23			

				 2背.1		
亟 (窀) (圅)	亟、亟？			 9.15	 18.2 18.22	 14.9
忎	恆				 2.19	
土				 8.20 12.21		 19.5
陞 (陛)	地			 13.25 14.21		 2.25 3.20

						 4.20 18.8 18.25
堂				 3.20		
塈	型				 12.30	 11.23 13.9 13.13 17.10

						17.26
埤				15.6		
坒	當				7.19	9.5
黃				7.24 11.24 13.19 14.13		
力						9.15

袋	勞				18.3
㓞					2.7
劦	協		2.27		
卷十四					
金（釒）			4.1		19.3
鋌	鏤？			16.14	
呺	勺？			4.28	
尻（尻）	處		7.30 8.26	1.2 15.23	

				頁11.30 頁12.27	15.15 16.5 18.1 18.5 18.9	
所						
料		5.19				

斬				13.26 14.27		
四		4背.1	4背.1	4.6 4.25 4背.1	8.6	4.9 7.10 10.21 11.9 11.13
亞（亞）	亞					6.2

						12.7
						12.15
						12.23
						13.4
						13.12
						14.17
						15.17
						16.13

						17.8
						17.25
五		5 背.1		5 背.1	15.30	4.1
						4.13
						4.21
						6.11
						7.14
						10.25

| 六 | | | | 6背.1 | | 11.15
18.9
18.27
19.8
19.12
7.18
19.25
20.12 |

七				7背.1		7.22
九				9背.1	2.8	4.17
				8.12		4.24
						8.1
						18.5
						18.21
						19.21
						20.6

						20.10
萬					8.2	15.1
罒		5.25				
獸			1.33			
燮（辭）	亂			13.11		9.26 16.24
成					3.19	2.16 2.20

						2.24
						2.28
						3.11
						3.15
						3.19
						3.23
						4.3
						4.11

						4.19
						4.26
						8.8
						10.23
						13.26
						14.6
						14.14
						14.20

						16.18
						18.7
						19.7
						19.23
己						1.3
子					6.12	
					10.26	
教	斅					19.13

孤					11.3	
巳	已				10.21 / 14.15	
吕	以			15.10	1.12 / 2.2 / 2.12 / 2.18 / 3.1	2.15 / 2.19 / 2.23 / 2.27 / 4.2

					5.17	4.6
					7.28	4.10
					8.4	4.14
					8.10	4.18
					8.16	4.22
					9.4	4.25
					11.10	5.1
					12.20	5.14

					15.5	5.18
					15.16	6.17
					16.23	9.10
						9.27
						10.22
						10.26
						11.16
						13.24

						14.4
						14.12
						16.17
						16.25
						17.12
						17.20
						18.6
						18.10

| | | | | | | 18.28 19.6 19.10 19.22 19.26 20.13 21.17 |
| 未 | | | | | 3.18 | |

隸定	今通行字或同一形源之異體（或部分訛字之正字）	〈尹至〉	〈尹誥〉	〈赤鵠之集湯之屋〉	〈湯處於湯丘〉	〈湯在啻門〉
					7.1	
牊	醬			6.10　6.28	14.20	
亥	亥					1.4

附編

重文例

隸定	今通行字或同一形源之異體（或部分訛字之正字）	〈尹至〉	〈尹誥〉	〈赤鵠之集湯之屋〉	〈湯處於湯丘〉	〈湯在啻門〉
湯=		1.10				
顥=	夏=	5.18		10.9		

民=			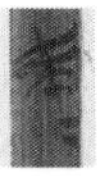 2.6			
句=				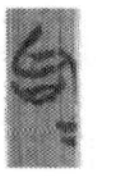 10.10		
⿱楚心=				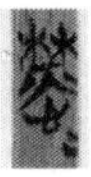 12.12		
⿹勹心=	恂=			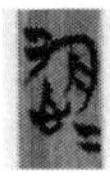 12.13		
又=					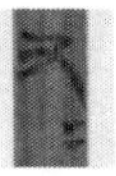 1.9	
⿰桒阝=					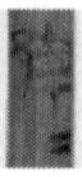 1.10	
少=					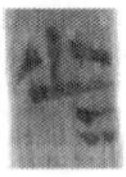 1.13	
臣=					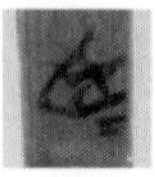 1.14	

正=						 16.22
埊=	型=					 17.18

合文例

隸定	今通行字或同一形源之異體（或部分訛字之正字）	〈尹至〉	〈尹誥〉	〈赤鵠之集湯之屋〉	〈湯處於湯丘〉	〈湯在啻門〉
昀=		 1.25				
卡=					 11.6	
虘=			 3.10			
十一				 11 背.1		

十二				12背.1		
十三				13背.1		
十四				14背.1		
十五				15背.1		
先=					6.15 15.1 15.12	21.10
𤵸-	醬止					4.23

缺字或待考殘字例

隸定	今通行字或同一形源之異體（或部分訛字之正字）	〈尹至〉	〈尹誥〉	〈赤鵠之集湯之屋〉	〈湯處於湯丘〉	〈湯在啻門〉
□				 1.30		
□				2.28		
□	敊？			 5.23		

文獻研究叢書・出土文獻譯注研析叢刊 0902019

清華簡伊尹五篇研究

作　　者　許文獻
責任編輯　林以邠

發 行 人　林慶彰
總 經 理　梁錦興
總 編 輯　張晏瑞
編 輯 所　萬卷樓圖書股份有限公司
　　　　　臺北市羅斯福路二段 41 號 6 樓之 3
　　　　　電話 (02)23216565
　　　　　傳真 (02)23218698

發　　行　萬卷樓圖書股份有限公司
　　　　　臺北市羅斯福路二段 41 號 6 樓之 3
　　　　　電話 (02)23216565
　　　　　傳真 (02)23218698
　　　　　電郵 SERVICE@WANJUAN.COM.TW
香港經銷　香港聯合書刊物流有限公司
　　　　　電話 (852)21502100
　　　　　傳真 (852)23560735

ISBN 978-986-478-489-9

2021 年 8 月初版一刷
定價：新臺幣 1200 元

如何購買本書：

1. 劃撥購書，請透過以下郵政劃撥帳號：
　帳號：15624015
　戶名：萬卷樓圖書股份有限公司
2. 轉帳購書，請透過以下帳戶
　合作金庫銀行 古亭分行
　戶名：萬卷樓圖書股份有限公司
　帳號：0877717092596
3. 網路購書，請透過萬卷樓網站
　網址 WWW.WANJUAN.COM.TW
大量購書，請直接聯繫我們，將有專人為您
服務。客服：(02)23216565 分機 610

如有缺頁、破損或裝訂錯誤，請寄回更換

國家圖書館出版品預行編目資料

清華簡伊尹五篇研究 / 許文獻著. -- 初版.
-- 臺北市 ： 萬卷樓圖書股份有限公司,
2021.08
　面 ；　公分. -- (文獻研究叢書 ；902019)

ISBN 978-986-478-489-9(平裝)

1.簡牘學　2.簡牘文字　3.研究考訂

796.8　　　　　　　　　110011253